GEORGE LUCAS

BRIAN JAY JONES

GEORGE LUCAS
UMA VIDA

Tradução
Alexandre Martins
Celimar de Oliveira
Gabriel Oliva Brum
Raquel Zampil

1ª edição

RIO DE JANEIRO | 2017

CIP-BRASIL. CATALOGAÇÃO NA PUBLICAÇÃO
SINDICATO NACIONAL DOS EDITORES DE LIVROS, RJ

J67g

Jones, Brian Jay, 1967-
George Lucas: uma vida / Brian Jay Jones; tradução Alexandre Martins ... [et al.]. – 1ª ed. – Rio de Janeiro: Best*Seller*, 2017.
: il.

Tradução de: George Lucas: A Life
Inclui bibliografia
ISBN 978-85-465-0068-0

1. Lucas, George, 1944-. 2. Diretores e produtores de cinema – Estados Unidos – Biografia. I. Martins, Alexandre. II. Título.

17-45241

CDD: 927.9143028
. CDU: 929:791.43.071.2

Texto revisado segundo o novo Acordo Ortográfico da Língua Portuguesa.

Título original
GEORGE LUCAS: A LIFE

Copyright © 2016 by Brian Jay Jones.
Copyright da tradução © 2017 by Editora Best Seller LTDA.

Publicado mediante acordo com a Little, Brown, and Company, Nova York, Nova York, USA. Todos os direitos reservados.

Adaptação de capa: Guilherme Peres
Editoração eletrônica: Abreu's System
Imagem de capa: Getty Image

Todos os direitos reservados. Proibida a reprodução,
no todo ou em parte, sem autorização prévia por escrito da editora,
sejam quais forem os meios empregados.

Direitos exclusivos de publicação em língua portuguesa para o Brasil
adquiridos pela
EDITORA BEST SELLER LTDA.
Rua Argentina, 171, parte, São Cristóvão
Rio de Janeiro, RJ – 20921-380
que se reserva a propriedade literária desta tradução.

Impresso no Brasil

ISBN 978-85-465-0068-0

Seja um leitor preferencial Record.
Cadastre-se e receba informações sobre nossos lançamentos e nossas promoções.

Atendimento e venda direta ao leitor
mdireto@record.com.br ou (21) 2585-2002.

Para Barb
(A Força é intensa nela.)

Sumário

Prólogo: Fora de controle *Março de 1976* ... 9

PARTE I: ESPERANÇA *1944-1973*
1. Diabinho mirrado *1944-1962* ... 15
2. Geeks e nerds *1962-1966* ... 47
3. O cavalo certo *1967* ... 79
4. Radicais e hippies *1967-1971* ... 99
5. Loucuras de verão *1971-1973* ... 143

PARTE II: IMPÉRIO *1973-1983*
6. Sangrando na página *1873-1976* ... 187
7. "Tenho um mau pressentimento sobre isto" *1976-1977* ... 239
8. Contra-atacando *1977-1979* ... 273
9. Céus ameaçadores *1979-1983* ... 308

PARTE III: O RETORNO *1983-2016*
10. Brilho vazio *1983-1994* ... 359
11. Um universo digital *1994-1999* ... 422
12. Otimismo cínico *1999-2005* ... 450
13. Desapegando *2005-2016* ... 481

Agradecimentos 523

Notas 527

Bibliografia selecionada 583

Prólogo
Fora de controle

Março de 1976

R2-D2 recusava-se a funcionar.

Não era teimosia da parte do droide — característica que tornaria o personagem querido por milhões de fãs de *Star Wars* em todo o mundo. Na verdade, quando o primeiro dia das filmagens de *Star Wars* começou, na manhã de 22 de março de 1976, no deserto tunisiano, R2-D2 havia *parado* de funcionar. Suas baterias já haviam descarregado.

O pequeno droide não era o único problema. Vários outros robôs, operados por controle remoto pela equipe por trás das câmeras, também não estavam funcionando direito. Uns tombavam, outros nem chegavam a se mexer, enquanto os sinais de outros sofriam interferência de transmissões de rádio árabes que reverberavam pelo solo do deserto, fazendo com que disparassem em total descontrole pela areia, ou com que se chocassem uns contra os outros. "Os robôs enlouqueciam, trombavam uns nos outros, caíam, quebravam", disse Mark Hamill, o ator bronzeado de 24 anos que interpretava o herói Luke Skywalker. "Eram necessárias várias horas para ajeitá-los de novo."[1]

O diretor do filme, um californiano taciturno e barbado de 31 anos chamado George Lucas, simplesmente aguardava. Quando um robô funcionava adequadamente, ainda que por um único momento, Lucas filmava tanto quanto podia, até o droide parar de novo. Em outras ocasiões, a unidade com defeito era puxada por um fio invisível até que a linha arrebentasse ou o droide caísse. De qualquer forma, não tinha importância: Lucas planejava consertar tudo isso na sala de edição. Na verdade, era onde ele queria estar, e não ali, apertando os olhos por trás de uma câmera no meio do deserto.

Era o primeiro do que viriam a ser 84 longos e excruciantes dias filmando *Star Wars* — vinte dias para além do prazo. E desde o início as filmagens foram praticamente um desastre. "Eu estava muito deprimido com aquela situação toda", disse Lucas.[2]

A infelicidade do diretor devia-se, em parte, ao fato de ele sentir que já havia perdido o controle do próprio filme. Ele responsabilizava os executivos sovinas da 20th Century Fox, que seguravam a verba ao longo de todo o projeto, negando-lhe a quantia necessária para garantir que tudo funcionasse. Os engravatados da Fox estavam céticos; insistiam em que a ficção científica era um gênero morto e que os acessórios, figurinos e efeitos especiais eram caros demais. Na visão do estúdio, Lucas conseguiria se virar com um orçamento baixo e simplesmente resolveria os problemas com seus robôs no decorrer das filmagens. "A Fox não disponibilizava o dinheiro até ser tarde demais", declarou Lucas, irritado. "Todos os dias perdíamos cerca de uma hora por causa daqueles robôs, e não teríamos desperdiçado todo esse tempo se tivéssemos mais seis semanas para terminá-los, testá-los e deixá-los em perfeito estado antes de começarmos."[3]

Não eram apenas os robôs de controle remoto que estavam lhe causando problemas. Anthony Daniels, ator britânico com formação clássica escalado para o papel do droide de protocolo C-3PO, estava infeliz dentro de seu apertado figurino de plástico dourado reluzente, e incapaz de ver ou ouvir muita coisa. A cada movimento, ele esbarrava em algo pontiagudo ou cortante — "coberto de cicatrizes e arranhões", suspirou ele — e, quando caía, o que acontecia com relativa frequência, tudo o que podia fazer era esperar que alguém da equipe reparasse e o ajudasse a levantar.[4] Na primeira semana de filmagem, Daniels já temia não chegar inteiro ao final do filme. "Foi muito, muito difícil fazer tudo caminhar", disse Lucas anos depois. "A verdade é que os robôs simplesmente não funcionavam. C-3PO trabalhava de forma dolorosa... Eu não conseguia fazer R2 andar mais de alguns metros sem se chocar com algo... Tudo era um protótipo... tipo, 'Caramba, vamos construir isso — não temos dinheiro, mas vamos tentar fazer isso funcionar'. Mas nada funcionava de fato."[5] Lucas jurou que jamais entregaria de novo o controle de seus filmes a executivos de estúdios. O que eles sabiam sobre fazer filmes? "Eles dizem às pessoas o que fazer sem dar qualquer justificativa", reclamava Lucas. "Cedo ou tarde, decidem que sabem mais sobre fazer um filme do que os diretores. Mandachuvas de estúdio. Não dá para enfrentá-los, porque deles é que vem o dinheiro."[6]

Se *Star Wars* desse certo, uma coisa, sem dúvida, teria de mudar: *ele* controlaria o dinheiro.

Ainda assim, havia coisas que ele jamais controlaria, por mais que desejasse. O clima incrivelmente imprevisível da Tunísia, por exemplo, não estava facilitando a produção. Na primeira semana de filmagem, começou a chover no vale de Nefta pela primeira vez em sete anos e não parou por quatro dias. Equipamentos e veículos atolaram na lama, o que tornou necessária a ajuda do Exército tunisiano para retirar tudo do lodo. Em geral, fazia frio pela manhã e um calor escaldante à tarde, e Lucas começava a maior parte dos dias com seu casaco marrom e as mãos enfiadas nos bolsos enquanto olhava pelo visor da câmera; à medida que o sol subia no céu, ele tirava o casaco, colocava os óculos escuros e dirigia seus atores vestindo camisa xadrez, com um boné de beisebol protegendo o rosto. Quando não estava chovendo, os ventos derrubavam os cenários, deixando o rastejador da areia em pedaços e soprando o set, como disse um membro da equipe, "para longe, quase até a Algéria".[7]

E parecia que a areia entrava em tudo, irritando olhos, esfolando peles e se enfiando por praticamente toda fenda e fissura. Embora Lucas mantivesse suas câmeras Panavision envoltas em plástico para que não fossem danificadas pelo vento e pela areia, ainda assim a lente de uma delas estava quase estragada. Ele tinha problemas com os equipamentos e também estava com azar — pura e simplesmente azar. Um caminhão pegou fogo, danificando vários robôs. Quando não podia contar com caminhões, Lucas transportava os equipamentos no lombo de burros.

Ao final das duas primeiras semanas de filmagens, Lucas estava exausto. Com os contratempos constantes causados pelo clima ruim, por droides defeituosos e figurinos que não serviam direito, ele tinha a sensação de que só havia conseguido filmar cerca de dois terços do que gostaria — e não estava feliz com o material. "As cenas eram cortadas constantemente por conta de todo esse drama", disse Lucas, "e eu não achava que estavam muito boas". Estava tão frustrado que não compareceu a uma festa que ele mesmo dera para marcar o fim das filmagens na Tunísia, trancando-se em seu quarto de hotel para chafurdar na própria infelicidade. "Eu estava seriamente deprimido na ocasião, pois nada dera certo", suspirou ele. "Tudo dera errado. Eu estava desesperadamente infeliz."[8]

Pouco mais de um ano antes da data marcada para estrear nos cinemas, se é que um dia estrearia, o projeto *Star Wars* era uma bagunça e o filme seria terrível.

Lucas tinha certeza disso.

PARTE I
ESPERANÇA

1944-1973

1
Diabinho mirrado

1944-1962

O desfavorecido vitorioso — e quanto mais promissor e menosprezado melhor — era uma narrativa que George Lucas sempre adorou. Lucas gostava de pensar que havia um azarão triunfante entre seus antepassados, "algum criminoso, ou alguém que fora deportado da Inglaterra ou da França", disse ele a um repórter. Contudo, não é segredo que Lucas gostava de ser enigmático; isso está praticamente em seu sangue. "Minha família veio de lugar nenhum", explicou certa vez. "Ninguém sabe de onde vieram."[1]

Como parte da quarta geração de californianos da família, Lucas conseguia traçar sua ascendência ainda mais longe que a maioria dos americanos, com as raízes de sua árvore genealógica fincadas no fundo do solo de Modesto, Califórnia, após percorrerem Arkansas, Illinois e Virgínia quase um século antes da Revolução Americana. Mas "acaba aí", insistiu Lucas, sem se estender no assunto. Não importava se ele tinha vindo de uma linhagem de fazendeiros coloniais, sapateiros ou pedreiros, e não era de seu feitio olhar para trás. "Estou sempre meio que vivendo para o amanhã, para o bem ou para o mal", declarou ele. "É uma peculiaridade minha."[2] Porém, havia algo de que ele tinha certeza. "É ótimo não ter nascido príncipe", observou Lucas certa vez. "Sou grato por isso. De fato, acredito que, neste país, é possível fazer qualquer coisa se você se dedicar."[3]

Dedique-se. Era o tipo de advertência que George Lucas Sr. — o pai metodista de Lucas, que vinha de uma cidade pequena — poderia ter feito. E que provavelmente fez, balançando o dedo enfático diante do rosto de seu único filho.

Conforme seu filho o descreveu mais tarde, George Lucas Sr. "era um sujeito muito antiquado… o típico comerciante de cidade pequena que você veria num filme".[4] Como proprietário da papelaria mais bem-sucedida de Modesto — e, ainda por cima, presidente do Departamento de Varejistas —, George Lucas Sr. era inteligente, conservador, um pilar para a comunidade local. E vinha trabalhando duro — *dedicando-se* — praticamente por toda a vida.

George Walton Lucas Sr. nasceu em 1913, em Laton, Califórnia — na época, tal como agora, pouco mais do que um ponto no mapa ao sul de Fresno —, o único menino em meio ao bando de filhas de Walton e Maud Lucas. Walton, operário de campo petrolífero, era também diabético e, em 1928, quando o filho tinha 15 anos, morreu de complicações decorrentes da doença — que pularia uma geração até o neto famoso de Walton. Um ano após a morte de Walton, Maud mudou-se com George Sr. e sua irmã mais velha, Eileen, duas vezes, primeiro para Fresno, que ficava perto, e depois mais de 140 quilômetros passando pelo vale de San Joaquin até Modesto, onde George Sr. moraria pelo resto da vida.

Fundada em 1870 entre os trigais que ladeavam o rio Tuolumne, Modesto foi erguida como uma das últimas paradas na Central Pacific Railroad, ferrovia que saía de Los Angeles rumo à capital, Sacramento, ao norte. Na verdade, os fundadores da cidade insistiram em chamar o novo povoado de Ralston, em homenagem a William Ralston, diretor da Central Pacific. Contudo, Ralston recusou a homenagem, um gesto de humildade que supostamente teria inspirado o nome da nova cidade: Modesto.

Apesar do nome, essa pequena cidade tinha grandes ambições, que refletiam a atitude otimista da Califórnia, assim como sua tendência à gratificação imediata. Na época em que foi formalmente estabelecida, em 1884, havia 25 construções no local, em sua maioria negócios cujos proprietários — prevendo as várias oportunidades que surgiam para quem vivia perto da ferrovia — simplesmente haviam levado para Modesto suas casas e escritórios das vizinhas Paradise City ou Tuolumne City.

Modesto não se apressou em se tornar uma metrópole — chegaria a cem mil habitantes somente na década de 1980 —, mas, à medida que crescia, levava a sério seu orgulho cívico e, no início do século XX, já se vangloriava dos gramados bem cuidados e das roseiras coloridas de seus moradores, assim como de seu comprometimento com a educação e a cultura. Em 1912, seus orgulhosos habitantes ergueram um grande arco para receber os visitantes quando entrassem na Ninth Street com seus automóveis — uma invenção nova e exótica que ninguém tinha certeza se pegaria — e passassem debaixo do lema da cidade em luzes incandescentes: ÁGUA, RIQUEZA, FELICIDADE, SAÚDE.[5] Era um lema tão direto quanto os moradores dali.

Quando George Lucas Sr. chegou a Modesto com a mãe e a irmã, em 1929, a população havia crescido para quase 14 mil habitantes, espalhados por uma série de loteamentos quadriláteros planos, típicos das cidades do Oeste. À medida que os Estados Unidos entravam na Grande Depressão, George Sr. dividia seu tempo entre as aulas na Modesto High School e um trabalho como aprendiz de mecânico em uma oficina de máquinas de escrever, já exercendo esse ofício aos 16 anos. No censo de 1930, tanto Maud quanto Eileen listaram suas ocupações como "nenhuma", o que fazia de George a única e muito necessária fonte de sustento para a irmã e a mãe viúva.[6] Portanto, ganhar a vida era uma responsabilidade que George Sr. levava muito a sério. Não havia tempo para ficar à toa, para preguiça ou para sonhar acordado. George Sr.

decidiu que estudaria direito e se tornaria advogado, esforçando-se na escola para tirar boas notas. E, ainda assim, na Modesto High School, o jovem sério — empertigado, de cabelos ondulados escuros e um corpo magricela feito para ternos abotoados — apaixonou-se à primeira vista por uma garota de sua aula de história e, sem perder tempo, informou à mãe que iria se casar com ela, mesmo ainda sem saber seu nome.[7]

Depois de algumas perguntas, George descobriu que se apaixonara por Dorothy Bomberger, uma jovem que pertencia a uma das famílias mais antigas e proeminentes de Modesto. O fato de o filho famoso deles mais tarde declarar-se um californiano da quarta geração devia-se inteiramente à sua linhagem como um Bomberger, uma família cujas raízes nos Estados Unidos eram anteriores à Declaração da Independência. Durante gerações, os Bomberger fizeram investimentos discretos em imóveis, o que lhes traria riqueza e reputação. No século XX, vários dos Bomberger eram donos e administradores de propriedades por todo o vale de San Joaquin — e o pai de Dorothy, Paul, possuía ainda outros investimentos em companhias de grãos e concessionárias de carros —, o que os tornava uma das famílias mais conhecidas e prósperas do vale. As atividades dos Bomberger eram assunto constante das colunas sociais do *Modesto Bee and News-Herald*.

Dorothy era uma beldade morena de olhos escuros, esguia e um tanto frágil, mas um bom partido — e ela e George formavam um casal bonito, popular e completamente dedicado. No último ano de colégio, ambos estrelaram a peça da turma, uma comédia em três atos intitulada *Nada além da verdade*,[8] e George atuou como presidente da classe, tendo Dorothy como sua vice-presidente. Após a formatura, estudaram juntos por um breve período na Modesto Business College, onde George entrou para a fraternidade Delta Sigma, enquanto Dorothy continuou a participar do Clube de Garotas da Phi Gamma.[9] George não tardou a conseguir um emprego na Lee Brothers, uma das papelarias mais novas — embora ainda pequena — de Modesto, atendendo os clientes em uma loja apertada na Tenth Street. Para sua surpresa, descobriu que realmente gostava do ramo da papelaria. "Foi pura sorte", disse ele anos depois. "Eu nem mesmo tinha certeza do que 'papelaria' significava."[10] Seus planos de estudar direito foram, então, abandonados.[11]

Em 3 de agosto de 1933, George Sr. e Dorothy casaram-se na Igreja Episcopal Metodista local. Dada a ligação com os Bomberger, o evento foi chamado de "casamento de amplo interesse" pelo jornal local, que relatou em minúcias os preparativos e o envio de convites para a cerimônia.[12] George tinha 20 anos; Dorothy, 18 — e o jovem casal começou a vida a dois com os Estados Unidos oficialmente no meio da Depressão. E, embora Dorothy fosse instruída e bem relacionada, George, com sua crina metodista conservadora eriçada, não permitiu que a esposa trabalhasse. Trabalhar — *dedicar-se* — e sustentar uma família eram obrigações do homem. Então, George trabalharia, enquanto Dorothy ficaria em casa e cuidaria dos filhos, que, George tinha certeza, seriam inevitáveis.

Pouco depois do casamento, os Lucas mudaram-se para Fresno, onde George conseguiu um emprego na H.S. Crocker Co., Inc., uma das maiores papelarias da Califórnia. O trabalho pagava US$75 por semana, uma quantia respeitável em uma época em que uma geladeira nova podia custar US$100.[13] Porém, Dorothy sentia falta de sua família, de modo que, em 1934, após somente cinco meses em Fresno, eles voltaram para Modesto, onde George encontrou trabalho na principal papelaria de Modesto, a L.M. Morris Company.[14]

A L.M. Morris, fundada por um grupo de irmãos em 1904, era uma das papelarias mais antigas da região. LeRoy Morris comprara o negócio de seus irmãos em 1918, mudara o nome para L.M. Morris Company e tornara a loja um alicerce do centro de Modesto, onde permaneceria no mesmo endereço, na I Street, por quase sessenta anos. Quando George Sr. começou a trabalhar lá, em 1934, a empresa estava celebrando, com orgulho, seu 30º aniversário.[15]

A Morris era especializada em móveis de escritório, máquinas de escrever e calculadoras, mas, ao longo dos anos, diversificou-se, acrescentando filmadoras e projetores, livros infantis e brinquedos e um departamento de presentes do qual seu proprietário vangloriava-se como "repleto das últimas novidades". Como sempre, George Sr. dedicou-se com afinco — "Eu gostava do tipo de cliente que aparecia", explicou ele mais tarde — e logo se destacou entre os 12 melhores empregados da Morris.[16] E claro, quando LeRoy Morris colocou um anúncio gigantesco no *Modesto Bee*, no final de 1934, lá, logo abaixo da foto do próprio Morris, havia uma foto de George Sr, olhando para os leitores com um leve sorriso no rosto.[17]

George era mais do que esforçado; era ambicioso e astuto, e sabia o que as pessoas queriam. E o fato de ele e LeRoy Morris terem se dado bem de imediato sem dúvida ajudou — ambos provavelmente estavam cientes de que precisavam um do outro. Embora Morris, com 52 anos, tivesse duas filhas casadas, não tinha um filho homem, nenhum sucessor para quem pudesse passar o negócio.[18] Enquanto isso, George Sr. — que perdera Walton Lucas para a diabetes havia menos de uma década — não tinha pai, nenhuma figura paterna, nenhum legado familiar para herdar. Cada um preenchia um papel para o outro. Era uma relação sutil e complexa de mentor-aprendiz, exatamente o tipo que o próprio filho de George Sr. viria a desejar — e explorar na tela dos cinemas — décadas mais tarde.

As coisas iam bem o suficiente para que, pouco mais de um ano após ter sido contratado por Morris, George Sr. mencionasse ao patrão, com certa ousadia, que esperava ter uma loja própria, "ou pelo menos parte de uma", quando tivesse 25 anos.[19] Assim, em 1937, quando ainda George Sr. ainda tinha 24 anos, Morris ofereceu ao seu esforçado protegido 10% do negócio, visando a uma eventual parceria plena. George afirmou que não tinha dinheiro para investir na firma, mas Morris não queria saber. "Você assinará uma promissória declarando que me deve tal quantia", disse Morris ao jovem. "Esse negócio não será bom se não compensar."[20] Detendo uma parte efetiva da empresa, George Sr. começou a trabalhar seis dias por semana, determinado a corresponder à devoção profissional e paterna de Morris.

Enquanto George Sr. estava concentrado nos negócios da L.M. Morris, Dorothy cuidava da vida familiar com a mesma dedicação. No final de 1934, ela deu à luz a primeira filha, chamada Ann, seguida, dois anos depois, por uma segunda filha, a quem deram o nome de Katherine, mas que todos sempre chamariam de Katy ou Kate. Com a família aumentando e os negócios prosperando, George comprou um lote no número 530 da Ramona Avenue, nos limites de Modesto, e, usando US$5 mil emprestados pelos pais de Dorothy, construiu uma respeitável casa térrea de estuque que tinha certeza de que ele e Dorothy encheriam com mais filhos.

Contudo, duas gestações em três anos custaram caro à saúde de Dorothy. Delicada desde sempre e provavelmente sofrendo de pancreatite, Dorothy sentiu que cada gravidez era mais difícil que a anterior, forçando-a a passar longos períodos deitada em repouso — a ponto de, após o nascimento de Kate, os médicos a aconselharem a parar de ter filhos.[21] Porém, ela e George continuariam tentando engravidar pelos próximos oito anos, sofrendo pelo menos dois abortos espontâneos.

Por fim, no final de 1943, Dorothy engravidou de novo, dessa vez de um bebê que daria à luz. Assim, às cinco e meia da manhã de 14 de maio de 1944, um domingo — uma manhã agradável e límpida do Dia das Mães —, Dorothy deu à luz um filho. Talvez percebendo que, com a saúde fragilizada de Dorothy, aquela seria sua única chance de usar o próprio nome, George desistiu do nome Jeffrey, que antes fora cogitado para o recém-nascido, em favor de um nome mais apropriado a um herdeiro: George Walton Lucas Jr. O bebê era muito pequeno — pesava somente 2,66kg —, mas era saudável, e debateu-se tanto quando a médica assistente o colocou sobre a barriga de Dorothy que ele quase lhe escapou das mãos. "Não o deixe cair", advertiu ela. "Esse é o único filho homem que tenho!"[22]

Tal como seus pais, George Jr. era moreno e tinha olhos escuros, assim como outra característica marcante na linhagem dos Lucas: orelhas que tendiam a ser salientes. Na verdade, as de George Jr. eram mais proeminentes do que a maioria, e uma delas era até meio mole — uma deficiência que o pai resolveu rapidamente colando-a com fita. Ele a acabaria chamando de "uma boa orelha",[23] mas as orelhas de George Jr., que apontavam para cima e para fora, sempre seriam uma de suas características predominantes. "[Ele] era um rapazinho mirrado de orelhas grandes", recordou sua irmã Kate com ternura.[24]

Mirrado. Era um dos muitos diminutivos que Lucas passaria décadas ouvindo. Quando bebê, "[ele] era muito pequeno", disse sua mãe. "Um amendoim, na época."[25] Com 6 anos, Lucas pesava quase 16kg; no ensino médio, alcançaria sua altura máxima, de 1,67m, e mal pesaria 45kg. "Um diabinho mirrado", disse o pai.[26]

A irmã mais nova, Wendy, nasceria três anos depois, o último bebê que Dorothy teria. Talvez, como era possível prever, as duas gestações tenham lhe esgotado, e, durante boa parte da infância de George Jr., Dorothy passaria longos períodos entrando e saindo de hospitais ou confinada a uma cama. "Sua saúde meio que desceu ladeira abaixo", recordou Kate. As crianças ficaram principalmente aos cuidados de uma governanta extrovertida, chamada Mildred Shelley, que todos chamavam de Till. Ela podia ser rígida e ligeira com as costas da mão, mas também era expansiva e engraçada, contando histórias em um sotaque sulista arrastado, e as crianças dos Lucas a adoravam. Graças a Till, disse Kate, "nunca ficamos sem uma figura materna".[27] Porém, era George Jr., acreditava ela, que tinha um lugar especial no coração da governanta. "Ele era o único menino na família, era meio que o queridinho de todos."[28] Quanto a George Jr., ele sempre falaria com afeição da animada Till. "Tenho sentimentos de muita ternura em relação àquela época", afirmou ele — sem dúvida uma recordação efusiva vinda de Lucas, famoso por seu jeito taciturno.[29]

Em 1949, quando George Jr. tinha 5 anos, LeRoy Morris — cumprindo sua promessa de uma década atrás — vendeu a L.M. Morris Company a George Lucas Sr. Eles anunciaram a transação em 26 de janeiro nas páginas do *Modesto Bee*, e em seguida Morris aposentou-se — morrendo de forma inesperada sete dias mais tarde.[30] "Ele era um dos cavalheiros de Deus", disse George Sr. sobre seu parceiro, pai substituto e benfeitor. "Ele me preparou para, aos poucos, assumir seu negócio."[31] Agora, George Sr. pretendia fazer o mesmo com o próprio filho. Se tudo corresse conforme o planejado, George Jr. trabalharia duro — iria se *dedicar* —, entraria para a empresa e, aos poucos, assumiria o negócio da família. Era uma meta ambiciosa, que também se mostraria um grande motivo de discórdia entre pai e filho.

Para George Lucas Jr., crescer em Modesto como filho do dono de papelaria mais próspero da cidade nunca foi uma vida ruim. No entanto, Lucas permaneceria sempre ambivalente, e teria sentimentos levemente conflitantes, sobre sua infância. "Tive minha dose de traumas e problemas", disse ele posteriormente, "mas, ao mesmo tempo, aproveitei bastante minha infância".[32] Às vezes, seu pai o irritava; a cada verão, obrigava o filho a usar um corte escovinha, um ritual que Lucas odiava. "Meu pai era rígido", observou Lucas mais tarde, embora até mesmo essa lembrança se mostrasse um tanto confusa. "Quero dizer, ele não era rígido *demais*", acrescentou. "Ele era razoável. E era justo. Meu pai era extremamente justo."[33] Justo ou não, no final das contas Lucas lembra-se de ter passado a maior parte da infância "muito bravo" com o pai.

Embora a companheira de infância mais dedicada de Lucas provavelmente tenha sido sua irmã mais nova, Wendy, ele tinha um grupo estável de amigos, que incluía seu melhor amigo, John Plummer, que Lucas conheceu quando tinha 4 anos e permaneceria próximo por toda a vida, e George Frankenstein, um pouco mais velho. Os três sempre brincavam juntos na residência de Lucas, na Ramona Avenue, e mesmo Plummer e Frankenstein mantinham distância do dono da casa. "Minha lembrança é de nunca irritá-lo", disse Frankenstein sobre o pai de Lucas. "Digo, se você fizesse algo que o tirava do sério... Ele era o tipo de pessoa que só dava uma chance."[34] Como disse John Plummer, "toda vez que o Sr. Lucas aparecia, dávamos um jeito de nos esconder".[35]

Ainda assim, havia vantagens em andar com o filho do dono de uma papelaria: George Jr. podia pegar os brinquedos e bugigangas mais novos diretamente das prateleiras da loja do pai. "Ele tinha todos os brinquedos", disse Frankenstein, "e estava sempre disposto a dividir".[36] George orgulha-se especificamente de compartilhar um gigantesco trem Lionel de três motores que, admitiu, "ocupava quase todo o meu quarto", percorrendo cenários elaborados em miniatura que ele havia criado usando soldadinhos, carrinhos de brinquedo e ervas e plantas pequenas arrancadas do quintal.[37] Em determinado momento, conseguiu inclusive pegar o concreto de um depósito de madeira local, que ele e seus amigos despejaram em moldes feitos à mão para formar pequenas construções pelas quais o trem pudesse passar em disparada. Posteriormente, construiria dioramas — que sempre chamou de "ambientes" —, exibindo-os em um estojo de madeira com tampa e laterais de vidro. "Sempre tive interesse em construir coisas", disse Lucas, "então eu tinha um pequeno galpão nos fundos com várias ferramentas, e criava jogos de xadrez, casas de boneca e carros, um monte de carros de corrida que empurrávamos para lá e para cá, descíamos morros e tudo o mais".[38]

Um de seus projetos mais memoráveis — realizado com a ajuda do sempre disposto Plummer — foi uma elaborada montanha-russa de tamanho infantil construída com o auxílio de um rolo de cabo telefônico para puxar o carrinho até o topo de uma ladeira inclinada, quando, então, era solto e descia chacoalhando por outra série de rampas até o solo. "Não sei como não matamos ninguém", confessou Plummer.[39] "Provavelmente tinha só 1,20m de altura, mas nós a construímos. Foi divertido, um grande evento; todas as crianças da vizinhança apareceram. E nós meio que ficamos conhecidos por fazer coisas assim. George era criativo. Não era um líder, mas era muito mais imaginativo... Ele sempre aparecia com um monte de ideias."[40]

"Quando era bem novo, eu adorava faz de conta", disse Lucas. "Mas era o tipo de faz de conta que usava todos os brinquedos tecnológicos que eu podia arranjar, como aeromodelos e carros. Imagino que uma extensão desse interesse tenha levado ao que depois veio ocupar minha mente, as histórias de *Star Wars*."[41] No entanto, "não houve muito na minha infância que tenha me inspirado no que passei a fazer como adulto".[42] Ou pelo menos era o que sempre afirmaria.

Ao contrário de um amigo e colaborador posterior, Steven Spielberg, que tornou infâncias mágicas o foco de muitos de seus filmes,

Lucas jamais teve uma visão romântica ou idealizada dessa época. "Eu estava bastante ciente de que crescer não era agradável; era simplesmente... assustador", disse Lucas posteriormente. "Eu me lembro de passar boa parte do tempo infeliz. Não infeliz de verdade — eu aproveitei minha infância. Mas acho que todas as crianças, pelo lugar que ocupam, sentem-se deprimidas e intimidadas. Apesar de eu ter me divertido bastante, minha impressão mais forte era de que eu estava sempre atento à ameaça do monstro maligno que espreitava logo depois da esquina."[43]

Às vezes, os monstros eram as outras crianças de seu próprio quarteirão, que praticavam *bullying* e intimidavam o pequeno George Jr., segurando-o para tirar seus sapatos e jogá-los no meio dos irrigadores dos gramados. George nem sequer revidava, deixando que sua irmã Wendy espantasse os agressores e recolhesse seus sapatos molhados.[44]

Faz sentido, então, que, ao longo de boa parte de sua vida, o diminuto Lucas buscasse figuras de irmãos mais velhos para servirem como mentores e protetores. Um dos primeiros foi o noivo de Ann, sua irmã mais velha; Lucas era absolutamente afeiçoado a ele. "É uma das maneiras de aprender", reconheceu mais tarde. "Você se liga a alguém mais velho e sábio do que você, aprende tudo o que ele têm para ensinar e parte para realizar as próprias coisas." Quando o jovem foi morto na Coreia, Lucas ficou arrasado. Não é de espantar que ele sempre olhasse para a própria infância com emoções levemente conflitantes. Foi uma "infância normal, árdua, reprimida, repleta de medo e agitação por todos os lados", assinala. "Mas, no geral, eu a aproveitei. Foi boa."[45]

Ele era igualmente ambivalente sobre Modesto. Durante anos, uma leve vergonha marcaria o modo como ele falaria de sua cidade natal. Ainda que viesse a abraçar com orgulho seu status como um filho de Modesto — e seu filme *Loucuras de verão* tornaria a cidade praticamente um destino turístico —, nas primeiras décadas de sua vida Lucas sempre se sentiu um pouco constrangido por suas raízes. Quando perguntavam de onde era, respondia de maneira ambígua e não muito específica: "Califórnia". Caso insistissem, ele admitia que vinha do "norte da Califórnia" ou às vezes era um pouco mais preciso com "sul de São Francisco" antes de murmurar, por fim, "Modesto".[46] Porém, ele sabia que sua cidade natal tinha encantos. "Era como se Modesto tivesse saído das obras de Norman Rockwell na revista *Boys' Life*... onde se juntavam folhas nas tardes de sábado e se acendiam fogueiras", diria Lucas mais tarde. "Algo bem típico da cultura americana."[47]

E, para um garoto que cresceu na década de 1950, essa cultura americana também envolvia idas frequentes à escola dominical — uma obrigação que Lucas logo começou a odiar. "Quando tive idade suficiente, 12 ou 13 anos, eu me rebelei contra isso."[48] Na verdade, mesmo quando criança, Lucas já tinha uma relação complicada com Deus; aos 6 anos — idade em que a maioria das crianças O vê simplesmente como um benevolente homem barbudo no céu —, Lucas teve uma experiência mística "muito profunda" que moldaria o modo como passaria a encarar a espiritualidade na vida e no trabalho. "Era centrada em Deus", recordou. Lucas se viu perguntando: "'O que é Deus?'. Porém, mais do que isso, 'O que é a realidade? O que é isso?' Como se você parasse e dissesse de repente, 'Espera um pouco... O que é esse mundo? O que nós somos? O que eu sou? Como funciono nisso, e o que está acontecendo aqui?'"[49] Eram perguntas que ele digeriria com certa dificuldade, exploraria e, com a criação da Força em *Star Wars*, tentaria responder em seus filmes.

"Tenho sentimentos fortes sobre Deus e a natureza da vida, mas não me devoto a uma fé em particular", disse Lucas posteriormente.[50] Apesar de ter sido criado como metodista, ficara mais intrigado com as cerimônias na igreja luterana alemã de Till, onde os fiéis ainda usavam chapéus largos e toucas e falavam em um tom carregado de sotaque e reverencial. Lucas era fascinado pela formalidade das cerimônias deles, muito parecidas com uma peça elaborada em que todos sabiam seus papéis. "A cerimônia fornece algo essencial para as pessoas", reconheceu.[51] Ele sempre permaneceria "academicamente curioso a respeito das religiões organizadas", e suas opiniões sobre Deus e religião continuariam a evoluir com o passar do tempo.[52] Ele acabaria descrevendo sua religião como uma mescla de metodismo e budismo. ("É o Condado de Marin", disse ele em 2002, referindo-se às inclinações de esquerda da área. "Somos *todos* budistas aqui.")[53] Contudo, por ora, ele permaneceria um metodista devoto, ainda que frustrado. O pai não aceitava que fosse de outra forma.

Por pior que fosse a escola dominical, para Lucas ela não chegava aos pés das aulas regulares. Ele se lembra de ter ficado aterrorizado em seu primeiro dia de aula na John Muir Elementary School — "uma sensação de pânico total", como a chamou —, e as coisas não melhorariam muito: "Nunca fui muito bom na escola, então nunca fiquei muito entusiasmado com ela."[54] No começo, parecia promissor. "Ele se saiu bem. Ele era inteligente", observa Dorothy Elliot, sua professora do segundo ano. "[Mas] George era... quieto como um ratinho. Ele jamais falava, a não ser que você lhe dirigisse a palavra."[55] No entanto, para Lucas, simplesmente não havia muito na escola sobre o qual valesse a pena falar. "Um dos maiores problemas que tive, mais do que qualquer outra coisa, é que eu sempre queria aprender algo diferente do que estava sendo ensinado", disse ele. "Eu ficava *entediado*."[56] Embora gostasse das aulas de educação artística e tenha atuado com empenho na peça do terceiro ano — onde apareceu por último na lista de alunos —, Lucas odiava matemática, sua ortografia era terrível, e a escrita seria sempre um processo dolorosamente lento. Mesmo no ensino médio, teve de contar com a ajuda da irmã Wendy, três anos mais nova, para revisar seus trabalhos, à procura de erros.

Lucas pode ter tido dificuldades com a ortografia e com a escrita, mas gostava de ler, uma atividade provavelmente encorajada por sua mãe, que passou longos períodos de recuperação acompanhada de um livro, entrando e saindo de hospitais. Quando era pequeno, sua mãe lia com frequência para ele os contos de fadas dos Irmãos Grimm; porém, quando foi deixado por conta própria, os gostos de Lucas seguiram para o lado das histórias de aventuras, como *Raptado*, *A ilha do tesouro* e *A família Robinson*. Ele também reuniu uma coleção enorme de livros da série Landmark, composta por títulos históricos e biografias escritos para leitores mais jovens. "Eu era viciado [neles]", disse Lucas. "Eu costumava adorar ler aqueles livros. Foi o início de um amor duradouro pela História... Quando eu era criança, passava muito tempo tentando relacionar o passado ao presente."[57]

Lucas admitiria mais tarde: "Eu não era de ler muito."[58] Porém, isso também não era de todo verdade. Além da série Landmark, havia outra coisa que Lucas colecionava e devorava: revistas em quadrinhos. "Nunca tive vergonha de ler quadrinhos", disse ele.[59] Lucas descobriu as HQs em um momento em que estavam vendendo aos milhões em quase todo gênero imaginável, de romance e faroeste a crime e terror a super-heróis e ficção científica. John Plummer, cujo pai tinha contato com o dono da banca de jornal local, levava para casa pilhas de quadrinhos toda semana, sem as capas e marcadas como não vendidas. "George costumava sentar na minha varanda o tempo todo só lendo quadrinhos", recorda-se Plummer.[60] Mesmo muito tempo depois de Plummer ter sido chamado para entrar e jantar, George permanecia sozinho na varanda, curvado sobre sua pilha de quadrinhos, lendo atentamente.

Mais tarde, George e sua irmã Wendy passaram a juntar suas mesadas para comprar os próprios quadrinhos, dez por 1 dólar, e em pouco tempo tinham uma coleção grande o suficiente para que seu pai construísse um galpão no quintal com um espaço dedicado somente a eles. George e Wendy jogavam colchas no chão dentro do galpão e ficavam sentados durante horas lendo quadrinhos.[61] Não era de admirar que Lucas fosse atraído por eles; dadas as suas dificuldades com ortografia e escrita, seu estilo de aprendizado era claramente mais visual do que verbal. Os quadrinhos eram "histórias contadas através de imagens",[62] disse ele, e observa que foi nos quadrinhos seu primeiro contato com os chamados "fatos estranhos" e com um vocabulário exótico, palavras como *brioche*.[63] Nos melhores momentos de Lucas, seu próprio estilo de contar histórias imitaria o brilhantismo espalhafatoso das páginas dos quadrinhos: palavras e imagens trabalhando juntas para impulsionar a ação, com pouco tempo para discursos ou monólogos.

Talvez de forma um tanto previsível, Lucas preferia os quadrinhos de ficção científica aos de super-heróis. "Eu gostava de aventuras no espaço", admitiu.[64] Ainda que Lucas possa ter aproveitado a arte suntuosa de Wally Wood e as histórias de ficção científica "com algo mais" na revista imensamente popular da EC chamada *Weird Science*, preferia o policial intergaláctico mais pitoresco da DC, Tommy Tomorrow, que aparecia regularmente nas páginas finais da *Action Comics*, também do Superman. Plummer achava que compreendia as preferências do amigo. "Uma das coisas que tirávamos dos quadrinhos… eram os valores, tão importantes para nós", disse Plummer. "Havia os mocinhos e os bandidos. Acho que isso o marcou bastante."[65]

Porém, se Lucas tivesse de escolher um personagem favorito, ele não seria encontrado nas páginas de uma revista em quadrinhos de ficção científica. Era o Tio Patinhas, o tio sovina e viajante do Pato Donald, que estrelava sua própria revista em quadrinhos, *Walt Disney's Uncle Scrooge*, publicada mensalmente pela Dell. Escritas e desenhadas por Carl Barks, as histórias do Tio Patinhas eram inteligentes, engraçadas e genuinamente sofisticadas. Nelas, Barks enviava o Tio Patinhas e um elenco elaborado de personagens pitorescos em aventuras nas minas de ouro da América do Sul, no alto de montanhas no Extremo Oriente, no fundo do mar, viajando para o passado ou para o espaço.

Lucas adorava as histórias — haveria um pouco do espírito aventureiro do Tio Patinhas de ir de um continente a outro no DNA de Indiana Jones — e era fascinado não só pelas proezas do Tio Patinhas, mas também pelo seu jeito descaradamente capitalista. "Em vez de trabalhar duro, trabalhe com inteligência", esse era o lema do Tio Patinhas, e suas histórias eram repletas de planos engenhosos que, em geral, deixavam-no ainda mais rico e bem-sucedido. No mundo do Tio Patinhas, trabalhar duro compensava, sim — assim como a inteligência e o desejo de fazer algo de uma forma que ninguém tivesse pensado antes. A ética do Tio Patinhas refletia a do artista-escritor Carl Barks, que pregava "honra, honestidade [e] permitir que outras pessoas acreditem em suas próprias ideias, sem tentar colocar todos à força dentro de um mesmo molde".[66]

Lucas achava isso tudo muito empolgante e inspirador. "Para mim, o Tio Patinhas... é um indicador perfeito da psique americana", observou ele posteriormente. "Há tanta coisa nele que é precisamente a essência dos Estados Unidos que chega a ser inacreditável."[67] Assim, de certa forma, as lições que Lucas aprendeu com o Tio Patinhas iriam moldar o tipo de artista e homem de negócios que ele se tornaria no futuro: conservador e determinado, acreditando intensamente na própria visão e indo atrás dela com dinamismo, enquanto, ao mesmo tempo, nutria uma pontada de nostalgia por épocas melhores, que podiam ou não ter existido. Anos mais tarde, quando estava começando a acumular uma fortuna que iria rivalizar com a do próprio Tio Patinhas, uma das primeiras ilustrações que Lucas compraria seria uma página da arte original de Carl Barks para uma revista do personagem — um reconhecimento modesto de seu precursor dos quadrinhos.

Além de Carl Barks, havia outro artista que Lucas adorava e que criava o mesmo tipo de "história contada em imagens" que ele admirava em Barks, ainda que em um formato um pouco diferente. Sempre que tinha uma oportunidade, Lucas ia atrás de exemplares do *Saturday Evening Post*, para admirar as capas fotorrealistas pintadas de forma deslumbrante pelo ilustrador Norman Rockwell. A obra de Rockwell para o *Post* era propositalmente catártica, com garotos e garotas nadando, patinando no gelo, juntando folhas, jogando bola, subindo em árvores ou celebrando felizes o Natal ou o Dia da Independência. Mesmo que estivessem fazendo travessuras, eles raramente ficavam encrencados, e eram observados com ternura por pais e figuras de autoridade compreensivos. Lucas ficava encantado com os detalhes das obras de Rockwell; era como uma tira em quadrinhos comprimida em um único quadro, e tentar entender a história inteira que o artista estava contando em uma pintura tornou-se uma espécie de jogo. "Cada ilustração [mostra] o meio ou o final da história, e é possível ver o início, mesmo ele não estando lá", disse Lucas. "É possível ver todas as partes ausentes... porque aquele único quadro conta tudo o que é necessário saber."[68]

Rockwell, segundo Lucas, oferecia "uma sensação do que os Estados Unidos estavam pensando, quais eram os ideais [dos americanos] e o que havia em seus corações".[69] Não importava que Lucas nunca tivesse pulado em um lago ou visto um Natal com neve, ou que mal soubesse jogar beisebol; aquelas pinturas eram retratos da "vida como devia ser". Lucas jamais seria piegas sobre a própria infância, mas podia se mostrar bastante emotivo sobre aquela que ele *poderia* ter tido em uma pintura de Rockwell. Décadas mais tarde, assim como ocorrera com a obra de Carl Barks, Lucas também colecionaria a arte de Rockwell. Para Lucas, era algo raro e valioso: arte que de fato o sensibilizava.

Em maio de 1954, George Lucas Jr. completou 10 anos e, naquele verão, foi acrescentado algo ao lar dos Lucas que mudaria sua vida para sempre: uma televisão.

Durante seus primeiros dez anos, George — como milhões de americanos na época — sentava-se no chão, na frente do rádio, impressionado com os dramas radiofônicos, muitos dos quais usavam efeitos sonoros incrivelmente elaborados e convincentes. "Sempre fui fascinado pela fantasia do rádio", disse Lucas mais tarde. "Eu adorava ouvir e imaginar como seriam as imagens."[70] Ele gostava em particular de suspenses como *Inner Sanctum* e *The Whistler*, assim como de aventuras como *O cavaleiro solitário*. O rádio, disse ele, "desempenhou um papel importante na minha vida". Contudo, não seria nada comparado à televisão.[71]

John Plummer foi o primeiro a conseguir um aparelho. Em 1949, o pai de Plummer levou para casa uma pequena TV Champion, que ele colocou na garagem, então construiu alguns bancos para que os vizinhos pudessem sentar e assistir às lutas de boxe. O próprio pai de George ficou intrigado, mas estava cético; ele esperaria alguns anos até que a tecnologia melhorasse antes de investir em um produto tão caro. Embora George Jr. assistisse quanto podia de televisão na casa dos Plummer, teria de esperar mais cinco anos para ter a própria TV.

Porém, quando a conseguiu, ele não sabia bem o que fazer com ela. O problema, conforme Lucas recordou, era que "não havia muito a que assistir na televisão".[72] Ainda assim, o *Modesto Bee* fazia questão de informar as programações televisivas todos os dias, listando o que era exibido em canais como o KJEO, de Fresno, e o KOVR, de Sacramento, que tinham sinais fracos demais para que fossem bem sintonizados em Modesto. Era necessário ter paciência e um pouco de destreza para sintonizar os poucos canais com sinais mais fortes — principalmente o KRON, de São Francisco, e o KTVU, de Stockton —, mas, quando Lucas conseguia sintonizá-los, não queria mais desligar. Nunca mais.

Assim como gerações de outras crianças, Lucas acordava nas manhãs de sábado para assistir aos desenhos, sentado de pernas cruzadas na frente da TV com seu gato.[73] A TV podia ficar ligada o dia inteiro, exibindo programas de jogos e telejornais, jogos de beisebol e comédias — e George Sr. tivera o cuidado de instalá-la em um suporte giratório, para que a família pudesse virá-la na direção da sala de jantar e assistir durante as refeições. À noite, era sintonizada em programas mais sérios, como o drama de tribunal *Perry Mason*, ou em faroestes, como *Have Gun, Will Travel*, que Lucas nunca perdia.[74]

Porém, os programas de TV de que Lucas se lembra com mais carinho eram aqueles blocos de meia hora de programação local nos finais de tarde e inícios de noite que as emissoras, em busca de conteúdo, simplesmente preenchiam com episódios de filmes antigos em série.[75] Havia faroestes e aventuras na selva, policiais comuns e da polícia montada canadense, espiões e óperas espaciais, todos em episódios de meia hora feitos praticamente para a televisão — e que terminavam em ganchos, garantindo que os telespectadores sintonizariam na tarde seguinte. "Filmes em série eram os eventos mais importantes", disse Lucas. "Eu adorava principalmente os seriados de Flash Gordon."[76]

Produzido pela Universal, na década de 1930, os três seriados de Flash Gordon — baseados na famosa tira de Alex Raymond — foram produzidos em pouquíssimo tempo e a um custo baixo, com acessórios, cenários e figurinos emprestados de outros filmes de terror e ficção científica da Universal. E eram ficções no sentido mais puro e simples da palavra, absurdas e exageradas, mas sinceras, onde Flash enfrentava Ming, o Impiedoso, e acabava salvando a galáxia. "Se eu parar para pensar no que realmente gostava quando era criança, eu diria que eram aqueles seriados, aquele jeito bizarro de encarar as coisas", disse Lucas. "Acho que nunca deixei de gostar deles. Aqueles seriados serão sempre algo de que me lembrarei, apesar de serem terríveis de um ponto de vista técnico."[77]

Lucas fez parte da primeira geração criada na frente da televisão — um fenômeno da cultura popular que mudaria para sempre a maneira como o público se relacionava e respondia ao seu entretenimento. Programas de TV eram rápidos, convenientes e descartáveis, disponíveis ao clique de um botão e um giro do seletor. Com blocos de apenas meia ou uma hora para contar uma história — e com comerciais interrompendo a narrativa —, os enredos televisivos precisavam avançar depressa, impelindo a história adiante, geralmente à custa do desenvolvimento dos personagens. Prender a atenção do público não era fácil e, caso houvesse longos períodos sem ação, os telespectadores girariam o seletor da TV para mudar de canal, à procura de algo melhor. À medida que a televisão ficava mais barulhenta e rápida, algumas sutilezas tornavam-se antiquadas ou, no mínimo, desafiadoras. Isso mudaria fundamentalmente a maneira como Lucas — e outros cineastas de sua geração — contaria histórias com uma câmera cinematográfica.

Além disso, pela primeira vez não era necessário ir ao cinema para ver filmes; George podia vê-los em sua própria sala de estar, girando a TV para a sala de jantar quando necessário, para garantir que não perderia um só momento. Lucas lembrava-se de assistir a "uma série inteira de faroestes na televisão, filmes de John Wayne, dirigidos por John Ford, antes que eu soubesse quem era John Ford", acrescentando: "Acho que eles tiveram muita influência no modo como passei a gostar de filmes."[78]

Quanto a ir ao cinema assistir a filmes... bem, Lucas raramente fazia isso. "Tínhamos alguns cinemas em Modesto. Eles exibiam *A bolha assassina* e *Lawrence da Arábia* e coisas assim."[79] Mas esses filmes não o impressionavam. Mesmo na adolescência, Lucas estava mais interessado no que estava acontecendo dentro do cinema do que na tela. "Eu ia ao cinema principalmente... para ir atrás de garotas", admitiu ele.[80] Embora se lembrasse de assistir a alguns filmes memoráveis na TV ou nos cinemas de Modesto — *O planeta proibido, Metrópolis, A ponte do rio Kwai* —, no geral filmes eram simplesmente uma distração agradável, e não uma inspiração.

O jovem Lucas pode ter sido ambivalente em se tratando de filmes, mas havia um entretenimento, um lugar, na verdade, pelo qual ele era *muito* encantado. "Eu adorava a Disneylândia", confessou — tal como, aparentemente, o pai, que levou a família inteira de avião até o sul da Califórnia para estarem lá na abertura do parque, em julho de 1955.[81] Os Lucas ficaram em Anaheim durante uma semana, hospedados no Disneyland Hotel, e visitaram o parque diariamente — algo que se tornaria uma tradição corriqueira. Com suas locações e brinquedos temáticos e imersivos, de imediato o lugar causou forte impressão em George, então com 11 anos. "Eu passeava pelo parque. Visitava as atrações e os carros de choque, os navios a vapor, os estandes de tiro, os passeios na selva. Eu estava no paraíso."[82]

Na década de 1950, a Disneylândia era muito diferente do parque focado em montanhas-russas e atrações emocionantes que é hoje, mas ninguém, naquela época ou atualmente, projetava atrações como os famosos Imagenheiros da Disney. Um dos brinquedos mais engenhosos era o "Foguete para a Lua", que atraía visitantes com a promessa de uma viagem virtual de ida e volta até o satélite. A parte mecânica era simples, mas convincente: os passageiros sentavam-se em um pequeno teatro redondo com janelas enormes — que, na verdade, eram telas de vídeo — instaladas no chão e no teto, passando a sensação de que viam o céu aberto e a lua através da janela no alto e a Terra cada vez menor através da janela abaixo enquanto voavam pelo espaço. Décadas mais tarde, quando Lucas teria a oportunidade de desenvolver uma atração com o tema de *Star Wars* para os parques Disney, usaria uma configuração semelhante à do "Foguete para a Lua": telas de vídeo que funcionam como janelas em uma espaçonave, onde, então, as imagens eram sincronizadas com a melhor tecnologia de movimentos para transmitir aos passageiros uma experiência de viagem espacial ainda mais convincente e fascinante.

Contudo, por ora, o foguete de Disney era emocionante o suficiente — e, ao voltar para Modesto, o garoto que odiava escrever pôs mãos à obra para relatar, empolgado, suas aventuras na Disneylândia para um novo jornal local.

O jornal era o *Daily Bugle*, e foi um dos que Lucas ajudou a fundar naquele verão, com um amigo de 10 anos, Melvin Cellini. Após assistir a um programa de TV em que vários personagens tentavam bolar um nome para um jornal, Cellini inspirou-se a criar o próprio jornal e procurou Lucas para que fosse um colaborador. A primeira edição, que Lucas e Cellini distribuíram de graça na Muir Elementary School, em 4 de agosto, anunciava a si mesma com uma manchete grande que dizia: "MELVIN CELLINI FUNDA JORNAL, NOMEIA GEORGE LUCAS COMO PRINCIPAL REPÓRTER".[83]

Os garotos tinham entusiasmo, mas produzir um jornal diário — inclusive imprimindo cem exemplares de cada edição — era algo muito trabalhoso. "O jornal será distribuído de segunda a sexta", anunciaram. "Mas nesta sexta-feira não será publicado porque a prensa quebrou." Lucas, cujos instintos de "faça você mesmo" já estavam dando as caras, convenceu depressa o pai a deixá-los usar as prensas na L.M. Morris para o *Bugle*, com a promessa de que quaisquer despesas seriam reembolsadas. Porém, o efeito da novidade desapareceu em menos de uma semana. "O *Daily Bugle* está encerrando suas operações", relataram os meninos aos leitores. "O *Weekly Bugle* será publicado somente às quartas-feiras. Com as mesmas notícias." E, conforme enfatizaram, eles não estavam contratando. "Não precisamos de repórteres, impressores ou jornaleiros. Não fazemos assinaturas."[84]

Apesar das dificuldades, um jornal publicado por crianças era novidade o bastante para aparecer nas páginas do *Modesto Bee*, inclusive com uma foto de George e Cellini posando, curvados, sobre uma edição do *Weekly Bugle* enquanto conversavam. Lucas, com o corte escovinha e vestindo uma camisa descolada com estampas tropicais, já sabia o que era preciso para vender sua imagem como repórter principal do *Bugle* e colocara um lápis recém-apontado atrás da orelha direita.[85]

O *Bugle* logo fechou as portas — mas, embora Cellini tivesse ficado desapontado com a perda de receita que previra com a venda de "cerca de duzentos exemplares por semana" a 1 centavo por edição, Lucas não se incomodou. Ele não participara da empreitada pelo dinheiro, declarara ao *Bee*. Tudo o que ganhasse com o *Bugle* ele planejava devolver ao jornal, pagando a quaisquer entregadores que tivessem e reembolsando a L.M. Morris pelos custos de papel, tinta e estênceis.[86] Embora Lucas talvez não tivesse percebido ou apreciado, seu pai — e o Tio Patinhas — lhe ensinara bem: pense diferente, acredite em si mesmo e, quando puder, invista em si mesmo. Mas *pague as suas dívidas*.

Lucas demonstrou discernimento comercial semelhante para administrar sua mesada. Debaixo do teto do pai, o dinheiro tinha de ser *merecido*, e George Jr. e suas irmãs deviam executar algumas tarefas em troca de suas mesadas. A principal tarefa semanal de George Jr. era cortar a grama com um gigantesco cortador rotatório manual, algo com o que ele tinha dificuldade e logo passou a temer. "A coisa mais frustrante é que era uma grama difícil de cortar e eu era um garotinho."[87] Ele acabaria juntando dinheiro suficiente cortando grama e, com um pequeno empréstimo da mãe, Lucas conseguiu comprar um cortador movido a gasolina, que tornou a tarefa muito mais fácil. Lucas havia descoberto aquilo de que precisava para resolver um problema e, então, usou seu dinheiro para resolvê-lo. *Invista em si mesmo*. Seu pai ficou impressionado, ainda que a contragosto.

Porém, por mais bem-intencionado que George Sr. pudesse ser, distribuindo mesadas com sermões sobre frugalidade e trabalho duro, ele e seu filho jamais chegariam a estimar um ao outro de fato. "Ele nunca me ouvia. Era o queridinho da mãe", disse George Sr. sobre seu único filho homem. "Se ele queria uma câmera, ou isso ou aquilo, conseguia. Era difícil entendê-lo."[88] Quanto mais tentava transmitir seus valores metodistas de velha guarda ao filho, mais seu filho se rebelava ou o frustrava. "Ele era um tipo de homem conservador que se fez pelo próprio esforço", disse Lucas posteriormente sobre o pai, "com vários preconceitos extremamente irritantes".[89]

Para o pai, as tensões com o filho devem ter sido particularmente frustrantes — sobretudo porque a empresa que ele esperava lhe passar estava prosperando. Na verdade, em 1956, o negócio estava a todo vapor. Naquele ano, George Sr. transferiu a L. M. Morris para um novo local, no número 1.107 da I Street — a primeira mudança de endereço da empresa em cinco décadas — e abriu a Lucas Company, o único fornecedor das novas copiadoras em toda a região. Com o crescimento da empresa, George Sr. também foi à procura de um novo endereço residencial com um refinamento mais adequado. A casa na Ramona Avenue foi vendida, e os Lucas mudaram-se para um imóvel térreo grande com piscina, cercado por 13 acres de nogueiras, no número 821 da Sylvan Road. O novo lar dos Lucas ficava a apenas 8 quilômetros da Ramona Avenue — mas a quilômetros de Modesto, e, para George, poderia muito bem ficar em outro planeta.

Lucas ficou "muito irritado" com a mudança, como disse mais tarde. "Eu era muito apegado àquela casa [na Ramona Avenue]."[90] Isso abalou seu humor. "Ele começou a mudar", recordou John Plummer. "Começou a prestar mais atenção a discos. Estava se tornando mais introspectivo. Ele começou a se tornar um pouco baderneiro... a seguir alguns dos garotos de má influência." Lucas ficou indignado com essa sugestão em particular. "Eu andava com *todas* as turmas", disse ele. "Eu era pequeno e engraçado. Era fácil de se dar comigo. Eu fazia amigos com bastante facilidade."[91] Ou era o que ele pensava. Entretanto, a verdade era que Lucas, como milhões de adolescentes, havia descoberto o rock'n'roll.

Lucas tivera aulas de música em uma ampla gama de instrumentos e, apesar de não ter dado continuidade a nenhum deles, adorava música. Quando era criança, gostava das marchas de John Philip Sousa, percebendo, de forma intuitiva, a importância dos temas, e adorando o modo como uma boa marcha alta podia fazer o coração bater mais forte. Porém, sua vida mudou em setembro de 1956, quando Elvis Presley rebolou e rosnou durante quatro músicas no *Ed Sullivan Show*. Quando Elvis apresentou-se em São Francisco, em outubro de 1957, Lucas estava lá.[92] Para ele, o rock — e Elvis — havia chegado para ficar. Todos os dias depois da escola, Lucas se fechava em seu novo quarto na Sylvan, lia os quadrinhos que adorava, comia barras Hershey e bebia Coca-Cola, enquanto sua pequena vitrola tocava rock and roll. No decorrer da década seguinte, juntaria uma coleção "gigantesca" de discos de rock.[93]

Quando começou a estudar na Thomas Downey High School, em 1958, suas melhores notas, talvez de forma previsível, eram em educação artística e música. Nas outras aulas, ele se sentava em silêncio nos fundos da sala. "Eu não era um aluno ruim; eu era um aluno *mediano*", explicou. "Eu era um aluno nota C, às vezes C-. Definitivamente, eu não era excepcional."[94] Para dizer o mínimo; ao final de seu primeiro ano na escola, ele estava tirando D em ciências e inglês. "Eu viva sonhando acordado", disse posteriormente. "Nunca me descreveram como um aluno que não era inteligente. Eu era sempre descrito como alguém que podia se sair muito melhor, que não estava usando todo o seu potencial. Eu ficava muito entediado."[95]

Sua verdadeira sala de aula provavelmente ficava em casa, onde Lucas aprendeu fotografia e transformou um banheiro extra da casa em uma sala escura. Aprendeu o básico sozinho, tirando fotos de aviões em pleno voo, e acabou se tornando bom o suficiente para conseguir tirar uma foto de seu gato no meio de um pulo. Porém, assim como dava preferência à arte e à música no lugar das aulas, as fotografias teriam de dividir espaço com uma nova paixão que ocuparia quase todo o tempo nos seis anos seguintes — e quase ocuparia sua vida. "Minha adolescência foi completamente dedicada a carros", recorda-se. "Foi a coisa mais importante na minha vida dos 14 aos 20 anos."[96]

No início, eram motocicletas, nas quais Lucas, aos 13 anos, andava em alta velocidade — com o motor roncando, os pneus cantando — pelas fileiras de nogueiras na Sylvan. ("Sempre gostei de velocidade", admitiria ele mais tarde.)[97] Aos 15 anos, "vieram os carros. Comecei a ir a uma oficina, mexer em carros e trabalhar em motores".[98] Ele também era bom nisso: o garoto que consertava trenzinhos de brinquedo e que criou um passeio de montanha-russa com um rolo de fio telefônico sentia-se em casa debaixo do capô de um carro. Não demorou para que Lucas quisesse ter um carro só seu, e George Sr., que já vira o filho correr de forma perigosa pela propriedade em uma moto, adiantou-se e comprou o que ele achou que seria o melhor para o filho corredor: um minúsculo Fiat Bianchina amarelo com um motor de dois cilindros. "Ele imaginou que seria seguro porque o carro não corria muito", disse Lucas.[99] Mas o motor, reclamou ele, era "o de uma máquina de costura... Era um carrinho ridículo. O que eu podia fazer com ele? Era praticamente uma lambreta".[100]

O que ele podia fazer era desmontar o carro e, após fazer alguns ajustes, montá-lo de novo. "Eu o deixei extremamente rápido", disse Lucas, com orgulho.[101] "Eu corria em volta do pomar, derrapava e enfiava o pé no acelerador."[102] Então começava tudo de novo, levando seu carro até a Foreign Car Service, uma oficina local especializada em carros europeus, onde Lucas reconstruiu o Fiat, tirando o teto do carro e abaixando o para-brisa o máximo que pôde, envenenando o motor, instalando uma barra para o cinto de segurança e mexendo na suspensão. Assim como a *Millennium Falcon*, de Han Solo, o Bianchina de Lucas não aparentava ser muita coisa, mas compensava onde importava — e ele fez pessoalmente várias das modificações especiais.

Em maio de 1960, George Lucas completou 16 anos. Não haveria mais derrapagens e aceleradas com o Bianchina entre as nogueiras; agora, "eu podia dirigir por aí, nas ruas".[103] A escola, que nunca fora uma prioridade, havia sido praticamente esquecida. "Eu não estava prestando muita atenção no ensino médio", admitiu mais tarde. "Achava tudo aquilo muito entediante e passava todo o meu tempo livre trabalhando no meu carro."[104] Daquele ponto em diante, "eu me dediquei completamente aos carros".[105]

Conforme suas notas pioravam, Lucas começou a se parecer cada vez mais com o delinquente juvenil que seus professores já estavam convencidos de que ele era. O corte escovinha foi deixado de lado, e Lucas penteava o cabelo para trás com brilhantina, no estilo que todos chamavam de "bunda de pato", ou esculpia para cima seu cabelo já ondulado em uma variante californiana lustrosa do topete chamado de "breaker". Não desenvolveu muitos dos maus hábitos típicos de baderneiros de verdade — ele não bebia, e seu maior vício era se empanturrar de barras Hershey —, mas sem dúvida se parecia com um, usando jeans sujo e botas com pontas de metal. Contudo, com apenas 1,67m, Lucas parecia mais emburrado do que intimidador, e John Plummer achava que seu amigo simplesmente parecia perdido, andando com os "indesejados e os motoristas de carros rebaixados da cidade".[106]

Com base apenas na reputação, um dos maiores grupos de "indesejados e motoristas de carros rebaixados" de Modesto eram membros de um clube automotivo conhecido como Faros. Conforme um membro descreveu posteriormente, seus objetivos noturnos eram simples: "garotas, cerveja e carros."[107] Eles provavelmente mais se vangloriavam do que eram uma ameaça — eles próprios admitiram que não fumavam nem xingavam muito —, mas pareciam perigosos e podiam sempre arranjar encrenca com gangues e clubes automotivos rivais. Lucas, que já havia criado o hábito de fazer amizade com protetores mais velhos e mais fortes, andava junto com os Faros, embora mais como um mascote do que como um membro efetivo. "A única maneira de evitar levar uma surra era andar com sujeitos bastante intimidadores que por acaso fossem seus amigos", disse ele. Os Faros viam Lucas principalmente como a isca perfeita para provocar as gangues rivais e atraí-las diretamente para seus punhos. "Eles me mandavam para esperar que alguém puxasse briga comigo, então apareciam e davam uma surra neles. Eu era a isca. Estava sempre com medo de eu mesmo levar uma surra."[108]

Porém, para Lucas, estar na rua nunca teve a ver com brigas. Ter o próprio carro significava duas coisas: correr e dar voltas. E Modesto, com suas ruas dispostas em longos quadriláteros, era ideal para isso. "[George] era viciado [em dar voltas], mais do que qualquer outra pessoa, acho", recorda-se Plummer.[109] Para Lucas, dar voltas era mais do que um vício; era "um ritual de acasalamento tipicamente americano", disse ele posteriormente. "[É] muito peculiar porque é todo realizado em carros."[110]

O ritual era elaborado, mas previsível: em geral, Lucas e seus companheiros de passeio atravessavam a Tenth Street — "cortar a Tenth", como chamavam isso — e, então, seguiam uma quadra a leste até a Eleventh Street, onde davam uma volta antes de retornarem para a Tenth, indo e vindo a noite toda. Às vezes estacionavam no *drive-in*, pediam comida e iam de carro em carro, ouvindo Buddy Holly ou Chuck Berry, conversando pelas janelas abertas ou, caso alguém se desse bem, indo para o banco de trás de um carro para dar alguns amassos rápidos. Era um ritual que passou a consumir todo o tempo de Lucas. "Era o principal entretenimento, meio que apenas ficar andando em círculos atrás de garotas a noite toda. Chegávamos em casa às 4 da manhã, dormíamos umas duas horas e então íamos para a escola."[111]

No entanto, apesar de todos os esforços, Lucas não conquistava muitas garotas. "Nunca tive nenhum tipo de namorada de colégio ou algo assim", disse ele. "Eu estava sempre dando voltas, cantando garotas e torcendo pelo melhor."[112] Embora supostamente tenha perdido a virgindade no banco traseiro de um carro, ele parecia gostar mais da procura — do *ritual* — do que da conquista.[113] "Dar voltas é como pescar", explicou mais tarde. "A não ser... que você consiga fisgar um tubarão, não há muitos momentos emocionantes. É basicamente ficar sentado conversando, se divertindo... De vez em quando, você fisga um peixe, mas nunca é muito emocionante."[114]

Porém, o que *era* emocionante era correr. Com seu Bianchina envenenado, Lucas impunha respeito nas longas retas de Modesto; o carrinho agora estava modificado para ser veloz, era baixo e leve, com um motorista que ainda não pesava mais de 45 kg. "George sabia dirigi-lo", disse Plummer com admiração. "Ele realmente era bom nisso." Lucas adorava pisar fundo e, então, "cantar pneu em todas as quatro marchas com três mudanças... Era a emoção de fazer algo muito bem".[115] Não é de espantar que a polícia de Modesto o considerasse um alvo fácil, aplicando-lhe tantas multas por excesso de velocidade que ele teve de comparecer ao tribunal — e, ainda por cima, vestindo um *terno* pavoroso.

Depois de sua imersão no cenário automobilístico, Lucas agora sabia o que queria fazer da vida. Não queria somente correr pelas ruas de Modesto; queria ganhar a vida pilotando um carro de corrida. Infelizmente, as leis da Califórnia o proibiam de correr oficialmente até completar 21 anos. Assim, Lucas participou de eventos de *autocross* no norte da Califórnia, colocando à prova seu pequeno Fiat em circuitos fechados em estacionamentos ou aeródromos sinalizados com cones vermelhos. Ele conseguiu até mesmo ganhar alguns troféus, o que lhe permitiu se gabar entre os outros aficionados por carros na oficina Foreign Car Service.

No entanto, havia um piloto de *autocross* na Foreign Car Service melhor do que Lucas, outro filho de Modesto, chamado Allen Grant, quatro anos mais velho que George e que parecia jamais perder uma corrida. Lucas, que adorava velocidade, ficou impressionado. "Como eu era o piloto mais rápido, George gostou de mim e nos tornamos amigos", disse Grant.[116] Em Grant, Lucas havia encontrado mais uma figura de irmão mais velho à qual podia se apegar. Ele se juntou a Grant como seu mecânico e, quando necessário, como copiloto. Quando se debruçavam sobre o motor do carro de Grant, Lucas, em pouco tempo, podia levar Grant, e o resto da equipe da Foreign Car Service, quase à loucura. "Ele estava sempre tagarelando... 'Que tal isso? E se fizer assim?'", disse Grant. "E nós não o levávamos muito a sério, sabe? Mas gostávamos dele."[117]

A comunidade corredora forneceu a Lucas uma estrutura de que ele muito precisava. Não era a escola, mas era social, organizada e respeitável, de uma forma alternativa. Lucas entrou para o recém-formado Ecurie AWOL Sports Car Competition Club — criado quase unicamente para que seus membros pudessem competir em *autocross* — e editou o boletim do grupo, redigindo os principais comentários e preenchendo as páginas com desenhos de carros. E conseguiu seu primeiro emprego de verdade como mecânico na Foreign Car Service. Lucas ainda parecia um *greaser*, mas agora estava agindo mais como um mecânico, consertando carros, recondicionando motores e servindo como a equipe de box de Grant nas corridas que o piloto parecia ganhar praticamente sem esforço.[118]

Mas nem tudo se resumia a dar voltas pela cidade e a corridas. Um carro também deu a Lucas "minha própria vida", disse ele — liberdade para explorar o mundo que existia fora de Modesto.[119] E o que ele viu o intrigou. Para começar, havia cinemas de arte que exibiam filmes dos quais nunca ouvira falar, suas fachadas reluzindo com títulos estranhos e glamorosos, como *Les quatre cents coups* ou *À bout de souffle*, e diretores com nomes que lhe soavam exóticos, como Truffaut e Godard. Com seus temas existenciais, de relevância social, movimentos de câmera frequentemente trêmulos e autoconsciência na qual personagens costumavam se dirigir ao público, esses e outros filmes da chamada Nova Onda (*Nouvelle Vague*) francesa eram simplesmente *diferentes* de qualquer um dos filmes a que Lucas assistira no Strand Theatre de Modesto. "Eu *adorava* o estilo dos filmes de Godard", diria posteriormente. "As imagens, esse senso de humor, a maneira como ele retratava o mundo — ele era muito cinemático."[120] Em 1962, Lucas não sabia muito bem o que pensar da crescente Nova Onda de filmes franceses; sabia apenas que eram algo muito diferente de *A bolha assassina* ou *Cinderelo sem sapato*.

Lucas e John Plummer estavam fazendo viagens regulares também para o norte, até a região de Berkeley, para frequentar o recém-fundado Canyon Cinema, uma "cinemateca livre" fundada pelo cineasta de vanguarda Brice Baillie e vários outros colegas para exibir filmes alternativos, experimentais e de vanguarda. Lucas jamais vira algo como aquilo. Baillie havia inaugurado o Canyon Cinema original em seu quintal em Canyon, Califórnia, servindo pipoca e vinho grátis enquanto projetava filmes da janela de sua cozinha em uma tela sobressalente do Exército; em outras ocasiões e localidades, os filmes podiam simplesmente ser projetados em lençóis.[121] Embora Baillie estivesse promovendo principalmente cineastas locais, cujos filmes tinham pouca chance de chegar aos cinemas, filmes de diretores estrangeiros como Federico Fellini, Ingmar Bergman e Jonas Mekas também apareciam com relativa frequência na programação. Lucas achava todos eles muito interessantes, mas preferia os filmes mais de vanguarda — "os que, em essência, eram mais abstratos".[122] Lucas saia da exibição de volta para Modesto dirigindo seu Bianchina com a cabeça repleta de imagens e sons.

Seus pais não sabiam de nada disso: sobre cortar a Tenth a noite toda, sobre as corridas de *autocross* com Allen Grant, ou sobre os filmes autorais em São Francisco. "Ele simplesmente desaparecia à noite", disse sua irmã Wendy.[123] Lucas achava que a falta de interesse do pai por ele era típica — e, em retrospecto, provavelmente compreensível. "Eu era terrível. Não ia muito bem na escola. Meu pai achava que eu me tornaria um mecânico de automóveis e que não faria nada de significativo... Meus pais... não a minha mãe, mães nunca dão os filhos como perdidos, mas meu pai fez isso."[124]

O barril de pólvora da tensão entre pai e filho explodiu de vez quando Lucas fez 18 anos. Os dois sabiam que o pavio havia sido acendido e que vinha queimando havia muito tempo. No entanto, além do cabelo comprido, das notas ruins e dos sumiços à noite que já irritavam e muito, o fato de Lucas ter ido trabalhar para o pai na L.M. Morris de maneira truculenta e breve não ajudou em nada. Lucas odiava arrastar as gigantescas caixas de um lado para o outro, varrer o chão, limpar privadas. Ou mesmo entrar no seu Bianchina para entregar encomendas. Lucas logo se demitiu — e o pai ficou furioso.

Lucas se sentiu do mesmo modo. "Fiquei muito bravo com meu pai e disse para ele, 'Nunca vou trabalhar em um emprego em que tenha de fazer a mesma coisa sem parar todos os dias', mas ele simplesmente não queria ouvir nada disso." O desentendimento havia começado. "Ele havia trabalhado duro para me passar [o negócio da família], então o fato de eu recusar era um assunto sério. Ele achou que eu iria embora para morrer de fome feito um artista ou coisa do tipo, vivendo em um sótão."[125]

"Você vai voltar daqui a alguns anos", disse George Sr. ao filho, convencido de que isso aconteceria.

"Eu nunca vou voltar", retrucou Lucas. "E, inclusive, vou virar milionário antes dos 30!"[126]

Ao recordar o desentendimento quarenta anos depois — muito após se tornar um dos homens de negócios mais bem-sucedidos e ricos do mundo —, Lucas só conseguia sorrir diante da ironia de bater boca com o próprio pai, que era um empreendedor próspero, assim como de sua surpreendente determinação. "Tivemos essa grande desavença, quando ele quis que eu entrasse no negócio da família e eu recusei", disse, em 1997. "E ainda disse a ele: 'Eu tenho certeza de duas coisas. Uma é que vou acabar fazendo algo com carros, e a outra é que nunca serei presidente de uma empresa.' Acho que mordi a língua."[127]

Por ora, Lucas admitiria somente que estava disposto a terminar o ensino médio antes de deixar a L.M. Morris, e talvez Modesto, para trás de vez. Ele e Plummer estavam sempre planejando passar o verão na Europa, talvez ir para a França, assistir a Le Mans, ou para a Alemanha, onde poderiam correr pela *autobahn* sem se preocupar com limites de velocidade. Depois disso, Lucas iria para uma escola de arte — o que fez com que recebesse outro olhar de desaprovação do pai e começasse mais uma rodada de discussões — ou se tornaria mecânico ou piloto de corrida em tempo integral. Porém, primeiro ele tinha de se formar na Thomas Downey High School, e, à medida que a data da formatura em junho se aproximava, até mesmo isso parecia cada vez menos provável. Restando apenas algumas semanas de aula, Lucas ia mal em várias matérias — e, com as provas finais chegando, ele ainda tinha três trabalhos para entregar. Ser reprovado era uma possibilidade bastante real.

Então, em 12 de junho de 1962 — uma terça-feira escaldante —, a três dias da formatura, Lucas entrou em seu Bianchina com pilhas de livros escolares e foi para a biblioteca, que ficava a cerca de vinte minutos de distância, onde planejava passar a tarde estudando para as provas finais e fazendo os trabalhos que ainda estavam atrasados. Como era de se esperar, em pouco tempo ele estava entediado e, por volta das 16h30, Lucas voltou para o carro e seguiu para casa. Às 16h50, estava dirigindo depressa pela Sylvan Road, com a estrada de terra para a propriedade da família aproximando-se pela esquerda. Lucas diminuiu a velocidade do Bianchina e começou a fazer a curva à esquerda.

Lucas não viu nem ouviu o Chevy Impala, dirigido por Frank Ferreira, de 17 anos, subindo a rua a toda velocidade na direção oposta. No meio da curva, o Impala de Ferreira chocou-se com tudo contra a lateral do pequeno Fiat. O Bianchina capotou várias vezes e, então, bateu em uma enorme nogueira, dobrando-se em volta do tronco, em uma armadilha mortal de metal retorcido. O motor cuidadosamente envenenado de Lucas rolou para fora do casco destroçado do carro, pingando óleo e fluido de radiador no solo quente de Modesto.[128]

2

Geeks e nerds

1962-1966

Dentro da casa dos Lucas, Dorothy ouviu pneus cantarem e o som horrível do Bianchina capotando e se chocando contra a nogueira. "Foi devastador para os meus pais, pois foi logo na entrada da propriedade e minha mãe ouviu", recordou Kate Lucas. "E ela... saiu para ver o que havia acontecido... Era o seu filho."[1]

O acidente foi terrível — uma foto do carro destruído apareceria na primeira página do *Modesto Bee* na manhã seguinte —, mas, milagrosamente, Lucas não estava dentro do carro quando o veículo batcu na árvore. Quando o Bianchina capotou pela terceira vez, o cinto de segurança de Lucas — o que ele mesmo havia instalado com tanto cuidado, prendendo-o no chão do carro com uma placa grossa de metal — arrebentou. Ele foi jogado para fora do veículo antes do impacto, caindo de bruços com tanta força que desmaiou na hora. Quebrou a escápula esquerda e lesionou os pulmões ao aterrissar; seus batimentos cardíacos diminuíram drasticamente, e ele entrou em choque. Ficara gravemente ferido, mas, caso o cinto de segurança tivesse funcionado, ele teria sido esmagado e provavelmente teria morrido dentro do Bianchina, que bateu na nogueira com força suficiente para inclina-la em um ângulo de 45 graus, com as raízes arrancadas do solo.

Uma ambulância chegou com as sirenes ligadas, e Lucas foi levado às pressas para o Modesto City Hospital, que ficava perto dali. No caminho, a cor de Lucas passou de pálida para azul, e ele começou a vomitar sangue. Um corte aberto na testa continuava a sangrar, sujando seu rosto de sangue e manchando de escarlate a gola de sua camisa. A situação não era boa e, quando Lucas chegou ao hospital, o principal diagnosticador do lugar, Dr. Paul Carlsen, foi chamado às pressas para determinar a extensão dos ferimentos. Mas, para a surpresa do médico, Lucas estava melhor do que aparentava; apesar de ter havido algum sangramento nos pulmões lesionados, exames posteriores não revelaram nenhuma outra hemorragia interna. E, à exceção de algumas fraturas menores, tudo o mais estava intacto.

Quando Lucas acordou, sete horas mais tarde, viu-se em uma cama de hospital com um tubo de oxigênio no nariz e vários outros tubos ligados a uma agulha em seu braço, por onde estava recebendo uma transfusão de sangue. Sua mãe, que quase desmaiara ao ver seus ferimentos, estava por perto com sua irmã Wendy. Ainda grogue, ele só conseguiu perguntar: "Mãe, fiz algo de errado?" Dorothy Lucas desatou a chorar.[2]

O Fiat esmagado foi rebocado em uma carreta e levado para ser transformado em sucata. "A maioria dos garotos da minha escola achava que eu tinha morrido", disse Lucas mais tarde. "Meu carro era um amontoado de ferro retorcido que foi rebocado pela rua principal por onde eu dava voltas... Todo mundo pensou que eu havia morrido no acidente."[3] Seus professores na Thomas Downey High School sentiram pena, pois acreditavam que o jovem estava com os dias contados. "Todos os professores que iam me reprovar me deram um D", disse Lucas, "então consegui tirar o meu diploma pelo fato de que todo mundo pensou que eu estaria morto dentro de três semanas, de qualquer forma".[4]

Lucas passaria a maior parte dos quatro meses seguintes na cama, recuperando-se dos ferimentos. Ele pensou bastante — sobre o acidente, sobre a vida e sobre o universo e seu lugar nele. O fato de ter sido salvo pelo mau funcionamento do cinto de segurança que instalara para se proteger não passara batido por ele. "Percebi principalmente como nossa existência é frágil, e eu realmente queria fazer algo da minha vida." Foi similar à crise existencial pela qual passara aos 6 anos de idade — *O que eu sou? Como funciono nisso e o que está acontecendo aqui?* —, só que agora parecia que ele finalmente estava prestes a encontrar algumas respostas. "Sofri um acidente ao qual, em tese, ninguém poderia sobreviver. Então, foi tipo, 'Bem, estou aqui, e todo dia agora é um dia extra. Recebi um dia extra, então tenho que tirar o máximo de proveito dele. E, assim, no dia seguinte comecei com *dois* dias extras'... Não dá para evitar naquela situação, mas você começa a pensar dessa forma... É uma dádiva que se recebe, e todo dia é uma dádiva. E eu queria tirar o maior proveito dela."[5] Como disse posteriormente, foi "quase como começar uma vida nova".[6]

Logo, a questão envolvendo o que fazer com essa vida nova devia ser encarada com seriedade. Porém, dirigir um carro de corrida provavelmente estava fora de cogitação. "Antes daquele primeiro acidente, você está alheio ao perigo porque não percebe quão perto está do limite", disse Lucas. "Mas, assim que passa dos limites e descobre o que há do outro lado, isso muda a sua perspectiva... Percebe qual futuro existe [nas corridas] e que provavelmente você acabará morrendo. E eu simplesmente decidi que talvez aquilo não fosse para mim."[7] Lucas não deixaria de gostar de carros, mas seus dias de corredor haviam acabado — e "Eu teria que encontrar outra coisa para fazer", disse ele, "se não quisesse ser um mecânico".[8]

E assim, no outono de 1962, o jovem que nunca dera muita atenção aos estudos decidiu voltar às aulas, matriculando-se na Modesto Junior College — "onde era relativamente fácil de entrar", observou Lucas.[9] Com sua nova perspectiva, ele prometeu dedicar-se aos estudos — uma escolha de palavras que seu pai provavelmente aprovava, mesmo que achasse que o filho estava perdendo tempo ao fazer cursos de artes e ciências humanas.[10] Agora que Lucas estava no comando de seu próprio destino educacional e não estava mais sujeito aos requisitos do sistema de escolas públicas da Califórnia, podia escolher cursos que realmente despertavam seu interesse: sociologia, antropologia, psicologia. "Coisas que você não via no ensino médio", disse ele.[11] "Eram coisas que realmente me interessavam e me instigavam", embora tenha admitido, "era muito difícil e eu não tinha [a] formação necessária — eu não sabia sequer soletrar".[12]

Pela primeira vez, Lucas tinha um interesse genuíno nos estudos. John Plummer notou de imediato a mudança no amigo. "Dava para ver que ele agora era um estudante sério e que aquelas coisas [sociologia e antropologia] realmente significavam algo para ele."[13] Lucas trabalhou duro e tinha orgulho de seu esforços. "Eu estava envolvido com algo com que realmente me importava, e a situação das minhas notas mudou por completo", disse ele. "Eu pensara que era um aluno terrível, e então, de repente, eu era um ótimo aluno."[14] "Ótimo" talvez fosse algo relativo; embora tenha recebido um A em astronomia e B em oratória, sociologia e história da arte, a maioria de suas notas era composta por C. Porém, levando tudo em consideração, foi uma mudança notável.

Lucas recebeu seu diploma em artes na Modesto Junior College em 9 de junho de 1964. Embora a antropologia tenha sido seu foco acadêmico principal nos dois anos anteriores, Lucas também havia encarado com mais seriedade ilustração e fotografia, e estava determinado a ir para uma escola de arte, de preferência a Art Center College of Design, em Pasadena. Contudo, havia uma pessoa que tinha um problema com esse plano específico: George Lucas Sr., que deixara bem claro que não haveria artistas na família — ainda mais se *ele* estivesse bancando. "De jeito nenhum", disse ao filho. "Não vou pagar por isso. Faça você mesmo se quiser. Nunca conseguirá viver como artista."[15]

Lucas sabia que o pai, com o apoio do poder do talão de cheques, estava mais bem armado que o filho. "Ciente, imagino, de que eu era basicamente um preguiçoso", disse Lucas, "[meu pai] sabia que eu não iria para uma escola de artes se eu tivesse que trabalhar para isso".[16] Encurralado, Lucas decidiu tentar a San Francisco State University — que era gratuita, como a maioria das instituições públicas da Califórnia na época — para cursar antropologia, o único curso acadêmico pelo qual tinha paixão genuína. Pelo menos esse plano contou com a aprovação de seu pai, e as notas de Lucas na escola técnica eram boas o suficiente para que a San Francisco State o aceitasse. Seu caminho parecia estar determinado — e então, quase imediatamente, de repente não estava mais.

Foi, em parte, culpa de John Plummer. Naquele verão, Plummer decidira tentar administração na University of Southern California em Los Angeles e convidou Lucas para acompanhá-lo até Stockton, para fazer a prova de admissão da USC. Lucas franziu o cenho. "O que eu vou fazer lá?" Plummer explicou que a USC tinha um curso de cinema — que Plummer pensou parecer bastante com fotografia, para que Lucas achasse interessante.[17] Ele *estava* interessado; *cinema* soava muito mais sério do que *escola de artes*, o que talvez contasse para a aprovação de seu pai. "Então, fomos de carro até Stockton e fizemos as... provas de admissão. E eu me inscrevi", disse Lucas. Apesar de Plummer ter lhe assegurado que a prova de admissão era fácil — e de que o programa de cinema seria ainda mais fácil —, Lucas não tinha tanta certeza disso. "Eu não achava que passaria, pois, apesar de minhas notas terem melhorado bastante na escola [técnica], eu achava que não eram boas o suficiente."[18]

Lucas comprou um Camaro prateado naquele verão, aprontando-se para sua mudança no outono — embora ainda não soubesse se seria para São Francisco ou Los Angeles. E, ainda que tivesse jurado nunca mais correr, isso não significa que ele tivesse abandonado por completo os carros. De vez em quando, ainda se encontrava com Allen Grant, andando pelos boxes e ajudando-o a preparar seu carro para as corridas.[19] Porém, a essa altura, era mais provável que Lucas fotografasse a corrida — ou, melhor ainda, que filmasse os carros em disparada e seus pilotos usando uma pequena câmera de 8mm que seu pai lhe dera. E, enquanto ia atrás de Grant, Lucas foi apresentado a outro fã de corridas que sabia usar uma câmera cinematográfica: o diretor de fotografia Haskell Wexler.

Wexler, de 42 anos, recentemente terminara de filmar o drama político *The Best Man*, com Henry Fonda, e estava preparando seu documentário *The Bus*, sobre direitos civis, para ser lançado em 1965. Entre uma filmagem e outra, Wexler tinha sua própria equipe de corrida e estava nos boxes quando um membro da equipe o apontou para Lucas. Conversando sobre carros e fotografia, Lucas e Wexler logo se tornaram amigos — outra figura de irmão mais velho à qual Lucas podia se apegar e com quem podia aprender —, e Lucas mencionou que recentemente tentara entrar para a USC e estava nervoso com suas chances. Wexler prometeu ligar para um amigo na universidade e pedir que ficasse de olho em um garoto de Modesto. "Tive a impressão de que ele era um sujeito com um desejo ardente de explorar visuais distintos, coisas fílmicas", disse Wexler mais tarde.[20]

Lucas ficou sabendo que havia sido aceito na USC pouco tempo depois. Embora a história fosse recontada posteriormente com Wexler mexendo os pauzinhos para Lucas entrar na USC, foi uma mera coincidência. Até mesmo Wexler diria, mais tarde, que ele apenas "havia encorajado [Lucas] a ir para uma escola de cinema".[21] Lucas, para sua grande surpresa, passou na prova de admissão e entrou na USC por mérito próprio. No entanto, posteriormente ele se lembraria do apoio de Wexler e retribuiria.

A decisão de entrar para a USC também contou com a aprovação de George Sr. A instituição tinha uma sólida reputação — e, ainda que pudesse ser um tanto liberal demais para seu gosto, era uma universidade *particular*. De fato, como uma universidade particular, a USC não era gratuita, mas o pai de Lucas havia concordado em pagar pela instrução do filho, assim como por livros e outras taxas — e até mesmo uma mesada — com a condição de que Lucas levasse os estudos a sério e tratasse isso como um emprego. Ele deixou claro ao filho que o fracasso significaria Modesto e a L.M. Morris. O pai de Lucas estava tão determinado a dar uma lição de vida ao filho que mal pareceu notar o curso declarado do filho, tal como Lucas previra. "Eu não podia cursar artes, isso teria irritado meu pai, mas cinema era algo obscuro o suficiente", disse Lucas. "Ele não sabia o que era e não se importava, desde que eu não estivesse no Departamento de Artes."[22] Ou pelo menos desde que ele não lesse até o fim a descrição da faculdade: Lucas se matricularia na Divisão de Cinema da Escola de Artes Dramáticas da USC.[23]

Não havia muitas escolas de cinema nos Estados Unidos em meados da década de 1960, mas as três maiores e melhores ficavam na USC, na Universidade de Nova York, em Manhattan, e na rival da USC do outro lado da cidade, a UCLA. O currículo da USC era o mais antigo e conceituado do país, criado pela Academia de Artes e Ciências Cinematográficas em 1929, com um corpo docente fundador que incluía alguns dos maiores nomes de Hollywood, incluindo Douglas Fairbanks e o produtor Irving Thalberg. A universidade levava a sério seu currículo e adotava novas mídias sem preconceito — a instituição começou a oferecer cursos de televisão ainda em 1947 —, e, no final da década de 1950, oferecia a única pós-graduação do país em estudos cinematográficos. A escola era bem conceituada por produzir filmes educacionais e documentários. Em 1956, o professor de cinema Wilbur T. Blume ganhou, inclusive, um Oscar de Melhor Curta-Metragem por *The Face of Lincoln*.[24] Meio que sem intenção, Lucas escolhera bem. Porém, mais do que os professores da escola, foram os outros estudantes que conheceu e o acesso a equipamentos de filmagem que realmente lhe serviram de incentivo.

No meio do verão, Lucas encheu seu Camaro e partiu para Los Angeles para ficar com John Plummer em um apartamento que o amigo estava alugando em Malibu. Antes que as aulas começassem no outono, Lucas planejava passar algum tempo trabalhando em restaurantes próximos da praia, desenhando garotas — por dinheiro, se tivesse a sorte, e conquistando algumas, se fosse ainda mais sortudo — e procurando por empregos de verão na indústria cinematográfica. Ele ficaria desapontado; as portas de todas as companhias às quais bateu ao longo da Ventura Boulevard foram fechadas na sua cara. Filmes eram estritamente uma panelinha, um jogo de gente de dentro, fechado para aqueles que não tinham ligações, parentes ou contatos na indústria. "Em todo o lugar aonde eu ia, eu dizia que estava procurando emprego e que faria qualquer coisa", disse Lucas. "Não tive sorte."[25]

O mais frustrante era que Lucas, na verdade, *tinha* um contato na indústria cinematográfica: Haskell Wexler. O experiente diretor de fotografia, que já era fã de Lucas havia algum tempo, permitira que Lucas visitasse, naquele verão, sua própria companhia cinematográfica comercial, a Dove Films, para ver como os filmes eram feitos. Porém, nem mesmo Wexler podia arranjar um emprego para Lucas em sua própria companhia sem que Lucas fizesse parte do sindicato. Lucas, que nunca foi muito de entrar em nada — e com uma aversão a sindicatos que aprendera com seu pai conservador —, ficou indignado. Era outra lição que não esqueceria tão cedo: para entrar na máquina cinematográfica, era preciso fazer parte do sistema. E Lucas já havia decidido que não gostava do sistema — aliás, nem da máquina. "Eu não via a coisa toda com bons olhos, sobretudo por causa da minha primeira experiência de tentar conseguir um emprego com Haskell e não poder", disse Lucas em 1971, ainda remoendo a rejeição. "Ser barrado... Achei extremamente injusto."[26]

No final das contas, ir para a escola de cinema também não parecia uma forma de entrar no sistema. Naquela época, "ninguém de uma escola de cinema nos Estados Unidos já havia trabalhado na indústria cinematográfica", disse Lucas. "Ir para uma escola de cinema era algo idiota de se fazer porque você nunca conseguiria um emprego. As únicas pessoas que acabavam lá eram aquelas que amavam filmes. Então, havia esse movimento alternativo de nerds de filmes que nunca seriam algo na vida. Até onde sabíamos, os estúdios não faziam ideia de que existíamos."[27] Isso provavelmente era verdade: na época, um diploma em cinema não significava nada para os estúdios. Já era difícil o bastante arranjar um emprego; arranjar um para trabalhar em um longa-metragem era quase impossível. A maioria dos estudantes presumia que provavelmente fariam documentários, comerciais ou filmes industriais depois que se formassem — isso se realmente fossem trabalhar com filmes. Até mesmo o ex-aluno mais famoso da USC na época, o diretor Irvin Kershner, de 41 anos, esforçara-se para ir de filmes governamentais à televisão antes de, por fim, conseguir uma oportunidade com o mestre dos filmes B, Roger Corman, para dirigir *Stakeout on Dope Street* em 1958, e depois tornar-se respeitável com *Face in the Rain*, em 1963. Era uma estrada longa para o sucesso. O colega de classe de Lucas, Walter Murch, mais tarde um editor e sonoplasta oscarizado, lembrava-se de haver recebido uma explicação franca do estado das coisas em seu primeiro dia na USC. "A primeira coisa que nosso professor de cinema nos disse... foi: 'Saiam desse ramo agora. Não há futuro nele. Não há emprego para nenhum de vocês. Não façam isso'."[28]

Lucas também ouviu as mesmas reclamações e desaconselhamentos. "Mas isso não me convenceu", disse ele. "Eu tinha o objetivo de terminar a escola de cinema e, só então, me concentrar em trabalhar naquilo... Eu não sabia para onde iria depois disso." Contudo, ele sabia que "todo mundo pensava que eu era um idiota".[29] O pai de Lucas, apesar de dar sua aprovação seca ao currículo do filho, temia que ele nunca encontrasse um emprego de verdade — e ainda mantinha abertas as portas da Lucas Company para receber de volta em Modesto o filho pródigo. Lucas até mesmo foi ridicularizado pelo pessoal dos boxes na pista de corrida. "Eu perdi muito respeito", disse Lucas, "porque, para os corredores, entrar para o cinema era uma ideia muito tola".[30]

Lucas entrou na escola de cinema da USC, como calouro, no outono de 1964. Ele esperava que o campus tivesse um pouco do glamour de Hollywood, mas, sem dúvida, ficou desapontado. Apesar de sua longa existência na USC, a escola de cinema parecia ter sido colada nos limites externos do campus da universidade, quase como algo de última hora, acessível por um portão espanhol ornamentado e espremida entre o campus principal e o dormitório feminino. E os prédios onde ficavam as salas de aula tinham a fama de não custar muito para serem mantidos: alguns barracões Quonset e um grupo de bangalôs construídos com madeiras recuperadas de quartéis da Primeira Guerra Mundial. Dessa forma, disse um dos diretores da escola de cinema da USC, ela "parecia vários estúdios de cinema. Tinha o jeito deles, com corredores pequenos, alas e adjacências. O Departamento de Roteiro ficava aqui, o Departamento de Edição ali, o estúdio de som logo dobrando a esquina, e assim por diante". Isso não os tornava necessariamente mais atraentes. Até mesmo Steven Spielberg, que estudou na Long Beach State, a 40 quilômetros de distância, conhecia bem a falta de charme da escola. "Um gueto de cinema", disse Spielberg, dando de ombros, "o equivalente cinematográfico a morar no South Bronx".[31]

E, ainda assim, algo na aparência confusa e precária da escola também inspirava um senso de companheirismo, um senso de comunidade, entre seus alunos — cuja maioria, disse Lucas, "era como os geeks e nerds da nossa era".[32] Para muitos, era a primeira vez que tinham um grupo só seu ou um lugar para se reunir no qual podiam falar sobre seus interesses — filmes — sem o desdém e as reviradas de olhos dos garotos legais. Os prédios podiam ser precários, mas eram os *seus* prédios, abarrotados com o equipamento barulhento — câmeras, projetores, Moviolas — de que precisavam para dar vida às suas visões. Alguém escrevera *A realidade termina aqui* sobre a entrada de uma das salas de aula e, em um sentido criativo, isso, sem dúvida, era verdade; mas, para muitos, a realidade finalmente *começava* quando entravam para a escola de cinema. Quanto a Lucas, ele sabia que havia encontrado seu caminho. "Eu estava meio que tropeçando à procura de algo. E então, quando finalmente descobri o cinema, fiquei loucamente apaixonado por ele, eu o comia e respirava 24 horas por dia. Não havia mais volta depois disso."[33]

O mesmo podia ser dito de muitos dos colegas de Lucas, que encontraram vocação similar. Na verdade, a segunda metade da década de 1960 e o início da de 1970 marcaram um momento extraordinário para as principais escolas de cinema dos Estados Unidos — um período curto que daria origem a alguns dos diretores, editores, roteiristas, produtores e artesãos mais duradouros e prolíficos do cinema. Escolas em Nova York estavam produzindo artistas com uma abordagem crua e rústica de cinema, como Martin Scorsese e Oliver Stone na NYU e Brian De Palma na Columbia. Na Califórnia, o versátil Francis Ford Coppola abria caminho lentamente na UCLA — mesmo enquanto escrevia e dirigia filmes baratos para Roger Corman —, enquanto Steven Spielberg estava na Long Beach State, improvisando seu próprio currículo cinematográfico, de onde sairia em 1968, pouco antes de se formar. Mas seria a USC que produziria uma classe notável após a outra por quase uma década.

"Eu sempre a chamo de 'a classe na qual caíram as estrelas'", disse o colega de classe de Lucas, John Milius, uma referência à classe de 1915 da West Point, famosa por ter produzido uma quantidade incomum de generais de várias estrelas, assim como um presidente dos Estados Unidos.[34] Na USC, Lucas seria membro de um grupo de jovens cineastas altamente motivados e talentosos, todos amigos, que teriam impacto duradouro no cinema e na cultura — e, se puderem de fato ser considerados similares aos famosos West Pointers, foi Lucas que acabou com o cargo presidencial, o cineasta mais rico e bem-sucedido do grupo, cercado por vários generais oscarizados capazes e inteligentes. Era um grupo que viria a chamar a si mesmo de "Os 12 Condenados", inspirado no filme de 1967 sobre um grupo eclético e um tanto perigoso de soldados americanos caçadores de nazistas. Porém, Lucas costumava referir-se a todos eles como "a Máfia da USC".[35] Esse acabaria sendo um nome mais apropriado, uma vez que todos eles iriam contratar, despedir e conspirar uns com os outros em incontáveis projetos nas cinco décadas seguintes, criando uma espécie de "sistema" próprio.

"George fez alguns amigos na USC e decidiu que eram basicamente todos de que precisava pelo resto da vida", disse o colega de classe Willard Huyck, que se tornaria um desses amigos, assim como a primeira opção de roteirista de Lucas para filmes como *Loucuras de verão* e *Indiana Jones e o templo da perdição*.[36] Havia também Randal Kleiser, um garoto bonito da região holandesa da Pensilvânia que pagava parte de suas mensalidades trabalhando como modelo para anúncios de revistas e outdoors por todo o sul da Califórnia. Após se formar, ele começou dirigindo séries de TV como *Marcus Welby, M.D.* e *Starsky & Hutch* antes de estrear no cinema, em 1978, como diretor do filme musical mais bem-sucedido de todos os tempos, *Grease — Nos tempos da brilhantina*.

E então havia John Milius, outro amigo de longa data de Lucas e um dos alunos mais pitorescos da USC. Mesmo aos 20 e poucos anos,

Milius já era um sujeito impressionante, de voz alta e peito largo, e tão dedicado ao surfe quanto Lucas fora dando voltas em seu carro. Fã de pistoleiros e samurais, Milius vivia em um abrigo antibombas, vestia-se como um revolucionário cubano e, depois que terminasse a escola de cinema, planejava se juntar aos fuzileiros navais e morrer de forma gloriosa no Vietnã. A asma crônica deixaria Milius de fora do recrutamento e, assim, dos fuzileiros navais e do Vietnã; ele viria, então, a escrever, promover ou dirigir um roteiro ou filme vigoroso após o outro, de *Apocalypse Now* e *Perseguidor implacável* a *Conan, o Bárbaro* e *Amanhecer violento*.

Um pouco mais velho que Lucas era Walter Murch, que fora da Johns Hopkins para o curso de pós-graduação em cinema da USC, junto com os colegas Caleb Deschanel e Matthew Robbins, também da Hopkins. Tão motivado quanto brincalhão, Murch era fascinado por sons desde menino e pendurara microfones do lado de fora de janelas, batera em esculturas de metal, e cortara e colara fitas para criar os próprios sons; mais tarde, ele praticamente reinventaria a arte da sonoplastia cinematográfica, ganhando um Oscar por seu trabalho em *Apocalypse Now* e *O paciente inglês*. Enquanto isso, Deschanel seria indicado ao Oscar de fotografia cinco vezes, enquanto Robbins escreveria e dirigiria mais de uma dúzia de filmes, incluindo *O dragão e o feiticeiro* e *O milagre veio do espaço*.

O primeiro encontro de Murch com Lucas foi brusco. Murch estava revelando fotos em uma sala escura quando Lucas entrou, observou-o por um momento e então lhe disse, casualmente: "Você está fazendo errado." Murch o mandou embora com rispidez, mas teve de admirar a audácia do jovem. "[Isso] era bem típico de George naquela época", disse Murch, achando graça. "Ele sabia como fazer e queria se certificar de que todo mundo sabia disso."[37] Foi o início de uma longa amizade.

Apesar dessa apresentação um pouco complicada, Lucas e os estudantes de cinema formavam um grupo coeso, todos com aproximadamente a mesma idade e com a mesma paixão pelo cinema. Desde o início, eles se dedicaram a ajudar uns aos outros com seus filmes — dando uma mão com edição, filmagens, trabalhando como figurantes ou simplesmente carregando equipamentos —, não importando o gênero ou o tema. E seus interesses específicos podiam ser muito variados. Lucas gostava dos filmes artísticos esotéricos aos quais assistira no Canyon Cinema; Murch adorava os filmes da *Nouvelle Vague* francesa; enquanto outro colega, Don Glut, não se cansava de monstros e super-heróis. "Apesar de estar me dedicando a filmagens completamente abstratas, eu me envolvi com tudo que é tipo de filme", disse Lucas. "E o que era ótimo sobre aquela escola de cinema era que havia cineastas interessados em quadrinhos, havia cineastas interessados em Godard, havia cineastas interessados em John Ford, e havia cineastas interessados em comerciais e filmes de surfe. E todos nós nos dávamos bem."[38] Como disse Caleb Deschanel, "Realmente nos sentíamos como se fizéssemos parte de um grupo seleto que estava começando a fazer filmes".[39]

Eles também sentiam que eram melhores cineastas do que seus concorrentes do outro lado da cidade, na UCLA — uma rivalidade saudável que continua até hoje. A percepção, explicada pelo ex-aluno da UCLA Francis Ford Coppola, era de que a USC produzia documentaristas, cineastas com proficiência no aspecto técnico de um filme, enquanto os alunos da UCLA eram mais indicados para produzir um "filme de ficção" comercial.[40] Isso era bobagem, bufou Walter Murch, fingindo desdém. "Todos nós nos conhecíamos", disse Murch. "A UCLA nos acusava de sermos desalmados vendidos à tecnologia, e nós os acusávamos de serem narcisistas drogados incapazes de contar uma história ou usar uma câmera."[41] Todos tinham muito orgulho de comparecer a exibições de filmes e gritar ou vaiar os filmes produzidos na escola rival.

Como todos os alunos novos, Lucas precisava morar no campus e foi colocado no Touton Hall, um dormitório masculino alto e dilapidado no meio do campus, sem refeitório. Para piorar a situação, Lucas — que sempre tivera um quarto só seu — tinha um dormitório apertado que dividia com um colega de quarto, nesse caso um garoto simpático de Los Angeles chamado Randy Epstein. Lucas se dava bem com Epstein, mas jurou escapar dos dormitórios assim que possível. Nesse ínterim, ele não planejava passar muito tempo lá, de qualquer forma, e preferia comprar seus almoços e jantares nas máquinas de doces na fraternidade cinematográfica Delta Kappa Alpha e socializar no pátio central da escola de cinema, onde havia um círculo de mesas de piquenique em volta de uma bananeira que parecia cansada. Ali, disse Milius, ele e Lucas "sentávamos na grama e tentávamos cantar as garotas que passavam".[42] Não tiveram muita sorte. "As garotas dos dormitórios passavam longe dos estudantes de cinema, porque eram considerados estranhos", disse Lucas.[43]

Mas Lucas *era* estranho, mesmo entre os estudantes de cinema. Ele parara de se vestir como um *greaser* e abandonara o penteado "bunda de pato", mas agora parecia pequeno e tinha cara de coitado, com um casaco esportivo com tiras prateadas que parecia ser dois números maior. Quando acrescentou seus óculos de aro grosso, alguns achavam que ele lembrava um Buddy Holly baixinho. Para Don Glut, ele tinha até "uma aparência conservadora… como a de um jovem homem de negócios".[44] Outros achavam que Lucas parecia ter empacado entre *hipster* e almofadinha, sua versão equivocada do que era legal em Los Angeles. E ele também *soava* diferente, com uma voz aguda que podia ficar ainda mais esganiçada quando ele se animava ou se irritava. "Igual a Caco, o Sapo", zombou Epstein.[45]

Logo, é compreensível que Lucas esperasse ser mais discreto na USC. Ele aparecia para *trabalhar*, e não para se preocupar com o que vestia. Como muitos alunos novos, teve de ocupar seu horário com cursos que preenchiam os requisitos básicos da USC para que se formasse, frequentando aulas como inglês, história e astronomia. No primeiro semestre, suas únicas aulas de cinema foram uma de história do cinema e uma de história da animação. Mas era o suficiente. "Em um semestre, eu estava completamente atraído pela coisa",[46] disse Lucas — embora mais tarde admitisse que não sabia *exatamente* o que era cinema até que começou a ter aulas sobre o assunto. "Descobri que a escola de cinema realmente era sobre fazer filmes. Achei isso insano. Eu não sabia que era possível ir para a faculdade para aprender a fazer filmes."[47]

Ao contrário da escola de cinema rival na UCLA, onde os alunos recebiam uma câmera quase de imediato e permissão para fazer filmes, a USC primeiro mergulhava seus alunos em todos os detalhes do processo de se fazer um filme. "Eles não ensinavam *uma* arte, e sim *todas* as artes", disse Bob Dalva, colega de classe de Lucas e posteriormente editor de filmes indicado ao Oscar. "Aprendíamos a filmar, a expor [filme], sem dúvida aprendíamos a editar."[48] Em outras aulas, os alunos assistiam a filmes e falavam sobre eles — ou, como na classe do professor Arthur Knight, que era bem relacionado, alguns diretores famosos eram trazidos, como David Lean, que discutiu seu filme *Doutor Jivago*. Posteriormente, Lucas compararia boa parte de suas experiências na escola de cinema a assistir a um filme em DVD enquanto se ouvem as várias faixas de comentários. Não era de espantar que os estudantes de outros departamentos vissem os estudantes de cinema com tamanho desdém. "Na época, estudar cinema era mais ou menos como estudar fabricação de cestas", disse Randal Kleiser. "Todo mundo no campus achava que estávamos apenas tentando tirar A com facilidade assistindo a filmes."[49]

Para Lucas, na verdade, *não era* tão fácil assim. "Tive que assistir às minhas aulas de roteiro, mas penei nelas. Eu tinha de ir até o Departamento de Artes Cênicas e trabalhar em peças e nos bastidores, mas odiava subir no palco e atuar. O que eu queria mesmo era estar em uma situação real com uma câmera no ombro acompanhando a ação. Isso, para mim, era empolgante."[50] Lucas, como seus colegas de classe, não via a hora de fazer um filme — mas todos teriam de cumprir os pré-requisitos primeiro, passando por roteiro, edição, sonoplastia, iluminação e até mesmo crítica cinematográfica antes de começar a fazer os próprios filmes. No fim, eles chegariam à meca: uma aula avançada chamada oficina de produção, onde finalmente teriam permissão para fazer filmes, ainda que com regras rígidas sobre orçamentos, cronogramas, locações e tipos de filme. "A aula avançada", tanto na época quanto agora, era onde tudo acontecia.

No entanto, Lucas deixaria sua marca bem antes disso e, apesar de seus esforços para ser discreto, ele iria se tornar, quase de imediato, uma das estrelas em ascensão da USC antes de frequentar uma aula de produção cinematográfica. "Todos os outros andavam dizendo: 'Ah, como eu queria poder fazer um filme! Como queria estar em uma aula de produção!'", disse Lucas.[51] Mas ele não estava disposto a esperar; já havia decidido que, assim que alguém largasse um rolo de filme em suas mãos, ele faria um filme, não importando qual fosse a tarefa.

A oportunidade surgiu em sua aula de animação do primeiro ano — na verdade, Animação 448 —, onde o instrutor Herb Kosower deu a cada aluno 1 minuto de filme para a câmera de animação e pediu que fizessem um curta-metragem para demonstrar domínio básico do equipamento. "Era um teste", recordou Lucas. "Havia certos requisitos que precisavam ser preenchidos. Era preciso fazer a câmera subir e descer, então o professor olhava o resultado e dizia: 'Ah, sim, você moveu essa máquina para fazer essas coisas.'"[52] Enquanto a maioria dos alunos dedicou-se a criar clipes de *stop motion* ou desenhos curtos feitos à mão, Lucas tinha algo bem diferente em mente.

No breve período em que estava na USC, Lucas já havia se tornado fã da obra do diretor e montador sérvio Slavko Vorkapich, ex-diretor da escola de cinema da USC que também fora colega do inovador diretor russo Sergei Eisenstein. Assim como Eisenstein, Vorkapich preferia impacto psicológico a uma narrativa direta, criando montagens complexas a partir de imagens e sons aparentemente aleatórios e sem relação entre si, alguns dos quais relatavam uma história, enquanto outros se concentravam no tom. Lucas, já atraído pelos filmes esotéricos do Canyon Cinema, ficou fascinado e assistiu várias vezes aos filmes sérvios. "A influência de Vorkapich estava por todo lado na escola", disse Lucas. "Nós nos concentrávamos muito em expressão e gramática fílmica. Eu não tinha interesse em contar histórias."[53]

A obra de Vorkapich teria forte influência nos filmes estudantis de Lucas. O sérvio distinguia-se nas "fantasias pictóricas" como *Moods of the Sea*, de 1941, no qual ondas se quebram sobre rochas, gaivotas voam e focas mergulham e brincam ao som da música de Felix Mendelssohn. No mesmo ano, Vorkapich também lançou *Forest Murmurs*, oito minutos de ursos, árvores, montanhas, lagos e esquilos, todos aparentemente pulando, acenando e correndo em estranha sincronia com a música de Richard Wagner. Contudo, mesmo as suas obras com foco maior na história eram diferentes de tudo; seu filme de 1928, *The Life and Death of 9413: A Hollywood Extra*, entremeava cenas com atores reais e cenários em miniatura — a maioria deles recortados em papelão — e um pouco de teatro de sombras para contar a história de um ator aspirante preso a papéis como figurante e mencionado pela indiferente máquina hollywoodiana somente através de um número impessoal carimbado em sua testa.

Lucas reagiu fortemente não só à mídia de Vorkapich, como também à sua mensagem: ele já conseguia sentir o mesmo desdém que o cineasta nutria pelo sistema hollywoodiano, e o herói que tinha o número como nome, esforçando-se contra uma sociedade impassível, era um artifício com o qual Lucas se identificou o suficiente para usar mais tarde em *THX 1138*. Porém, na USC, Lucas buscaria inspiração em Vorkapich para seu filme de 1 minuto, procurando em edições das revistas *Look* e *Life* imagens sobre as quais pudesse passar a câmera de um lado para o outro, para cima e para baixo, para frente e para trás — sem dúvida, de acordo com o que era pedido pelo instrutor Herb Kosower, mas muito além do que Kosower, ou qualquer um, esperaria.

Após a tela de abertura em que se lia a frase "Olhe para a VIDA", Lucas deixou imediatamente claras as suas intenções com seu primeiro crédito na tela. Aquele não era um trabalho estudantil; era UM CURTA-METRAGEM DE GEORGE LUCAS. Além disso, Lucas optara por colocar música em seu filme — um claro desafio às instruções de Kosower —, escolhendo a obra de percussão furiosa "A Felicidade — Batucada", de Antônio Carlos Jobim, da trilha sonora do filme *Orfeu Negro*, de 1959. Nos 55 segundos seguintes, em perfeita sincronia com uma explosão de tambores e outros instrumentos de percussão, Lucas atacou os espectadores com uma saraivada de imagens voando pela tela uma após a outra. As imagens, em sua maioria, eram de agitação e desordem: revoltas raciais. Cães policiais atacando manifestantes. Políticos gesticulando. Cadáveres.

Por um momento, o fluxo de imagens de manifestantes e revoltas dá lugar à palavra AMOR, seguida por casais se beijando e garotas dançando. As imagens parecem pulsar ao ritmo dos tambores — inspiração direta de Vorkapich — até que Lucas, enfim, se afasta lentamente da foto de um jovem com as mãos para o alto e o nariz sangrando, enquanto um pastor cita em voz alta Provérbios: "O ódio excita contendas, mas o amor cobre todos os pecados." Lucas encerra em um tom ambíguo, com um recorte no qual se lê: QUALQUER UM PELA SOBREVIVÊNCIA, que primeiro dá lugar a FIM e, em seguida, se transforma em um ponto de interrogação, que lentamente se torna um borrão. *Finis.*

Mesmo cinquenta anos depois, *Olhe para a VIDA* é uma estreia impressionante: agressivo, político e totalmente seguro de si. "Assim que fiz meu primeiro filme, pensei, 'Ei, eu sou bom nisso. Sei como fazer isso'", disse Lucas. "Desde então, nunca questionei isso."[54] Mesmo em seus primeiros 60 segundos de filme, o talento de Lucas para uma edição astuta e inteligente está bem à vista: ele corta do dedo de uma figura apontado para o alto imediatamente para a mão de outra pessoa acenando; em seguida, após a foto de um casal se beijando, ele coloca uma imagem de Drácula cravando os dentes no pescoço de uma mulher. Em outros momentos, Lucas transmite a ilusão de movimento ao passar a câmera depressa por uma foto de manifestantes em fuga ou de uma jovem dançando. "[Com esse filme], fui apresentado à edição cinematográfica — a todo o conceito de edição", disse Lucas, "e acho que, no final das contas, meu verdadeiro talento estava na edição de filmes".[55]

Sua classe de animação ficou atordoada. "Só de olhar para aquela coisa, a turma ficou completamente energizada", disse Murch. "Ninguém esperava nada como aquilo… Todo mundo se virou para os lados e perguntou: 'Quem fez isso?' E tinha sido o George."[56] De repente, Lucas virou o Garoto Maravilha. "Ninguém lá, nem mesmo os professores, já tinha visto algo assim", lembra-se ele. "O filme deixou a minha marca no departamento. Foi quando de repente fiz muito mais amigos e os professores disseram: 'Ah, temos um vivo aqui.'"[57] Também foi a primeira vez, disse Murch, em que "vimos aquela fagulha que George tinha que ninguém mais tinha igual".[58]

Lucas terminou seu primeiro ano na USC de maneira triunfante, mas o trabalho havia afetado a sua saúde; ele acabou com mononucleose. O fato de que a maioria de suas refeições ainda vinha das máquinas da DKA e de doces provavelmente não ajudou, mas é improvável que ele tenha contraído mono da maneira costumeira que os universitários contraem. "George estava atrás de garotas", disse Milius com deboche. "Não conseguia nenhuma, mas *estava* atrás delas."[59] Embora a Máfia da USC possa ter rido quando Lucas pegou a chamada "doença do beijo", todos sabiam que havia sido o estresse, e não beijos, que haviam desgastado seu jovem amigo.

Passado o primeiro ano, Lucas pôde, enfim, abandonar a vida no dormitório e literalmente fugiu para as colinas, onde alugou uma casa de madeira de três andares e dois quartos no número 9.803 da Portola Drive, nas colinas de Benedict Canyon, cerca de meia hora de carro da USC. O lugar era barato em todos os sentidos da palavra, erguido no alto de uma escadaria íngreme de concreto na encosta, com quartos apertados, banheiros minúsculos e um quarto no último andar com acesso somente por uma escada do lado de fora. O pai de Lucas concordou, a contragosto, em pagar o aluguel de U$80 — e Lucas, sentindo-se levemente culpado, no fim acabou decidindo levar Randal Kleiser para ser colega de quarto, dividindo, assim, os custos e reduzindo as despesas do pai.

Kleiser foi uma boa influência para Lucas: alinhado, modesto, extrovertido e disposto a levar Lucas para situações sociais, gostasse Lucas ou não. Na verdade, Kleiser fez de Lucas um membro fundador do que chamou de Clube de Cinema Alinhado, trazendo também Don Glut, o antigo colega de quarto de Lucas, Randy Epstein, e um jovem chamado Chris Lewis — o filho da atriz Loretta Young, vencedora do Oscar e do Emmy — como seus primeiros membros. Embora tenha sido iniciado principalmente como um grupo de apoio para debater e se debruçar sobre os projetos cinematográficos uns dos outros — "O relacionamento de George com seus amigos era mais sobre fazer filmes", a primeira esposa de Lucas comentaria mais tarde —, ainda assim era o mais sociável que Lucas havia sido na vida até então.[60]

Entretanto, Kleiser não conseguiria mudar *demais* Lucas. Apesar de seus esforços, Kleiser descobriu que Lucas preferia se fechar no seu quarto, no último andar, sentado diante da prancheta, planejando seus filmes e esboçando ideias. "Eu sempre tentava ir a festas, clubes, coisas assim", disse Kleiser, "e George geralmente ficava em seu quarto", desenhando "aqueles soldadinhos espaciais". Porém, para Lucas, isso era muito melhor do que ir a festas. "Eu trabalhava o dia inteiro, a noite toda, vivendo de barras de chocolate e café", disse Lucas. "Era uma ótima vida."[61]

Mesmo quando as drogas estavam se tornando mais frequentes nos campi das faculdades, barras de chocolate e café — assim como biscoitos com gotas de chocolate e Coca-Cola — seriam as piores porcarias que Lucas colocaria em seu corpo. "Eu tinha todo esse entusiasmo jovem e estava ocupado demais para usar drogas", disse ele. "Depois de um tempo, percebi que era uma ideia ruim, de qualquer forma."[62] Para Lucas, filmes, e não maconha, eram seu vício, e, quando tinha um momento livre, ele — e a maioria de seus amigos na escola de cinema, na verdade — achava que os filmes de Akira Kurosawa e George Cukor forneciam o melhor tipo de "barato". "Éramos apaixonados por filmes... Era como um vício", disse ele. "Estávamos sempre correndo para conseguir nossa próxima dose, colocar um pouco de filme na câmera e filmar algo."[63]

Lucas estava até mesmo trabalhando em projetos que iam além dos pedidos em aula; durante o seu último ano, ele, Kleiser e Lewis formariam sua própria produtora, a Sunrise Productions, "com escritórios na Sunset Boulevard", enfatizou Kleiser — e, no estilo dos *cinéastes* que eles se imaginavam ser, Kleiser inventou "nomes artísticos mais impactantes" para ele e Lucas. "Eu era 'Randal Jon'", disse Kleiser, "e ele era 'Lucas Beaumont'".[64] A Sunrise Productions produziria exatamente um curta-metragem, *Five, Four, Three* — o título era uma referência consciente à contagem regressiva vista no início de um filme —, um "*mockumentary*" (documentário falso) sobre as filmagens de um filme de praia adolescente e satírico chamado *Orgy Beach Party*. Lucas filmou em estilo de documentário, seguindo Kleiser enquanto ele salvava sua namorada de biquíni do monstro de Don Glut, ao mesmo tempo que, na faixa de som, executivos de estúdio vaiavam o filme. Era autorreferencial e autodepreciativo, e nunca foi concluído.

Lucas começou seu último ano na USC no outono de 1965. Com a maioria dos requisitos preliminares fora do caminho, ele podia enfim concentrar-se completamente nas aulas relacionadas a cinema. Podia, enfim, matricular-se em cinema 310 — uma aula de produção cinematográfica com o nome pomposo de "A linguagem do cinema" —, em que seria capaz de fazer filmes de verdade, usando equipamentos cinematográficos reais, em vez de se apoderar de uma câmera de animação como fizera com *Olhe para a VIDA*. Os alunos tinham permissão de reunir pequenos grupos para servirem como suas equipes de filmagem, e Lucas — já determinado a fazer pessoalmente o máximo de trabalho que pudesse — não precisou procurar fora do Clube de Cinema Alinhado, chamando Kleiser e Lewis para atuarem principalmente como atores e serem responsáveis pelo equipamento.

O filme de Lucas em cinema 310 foi um misto de suspense de três minutos sobre a Guerra Fria com manifesto político, chamado *Freiheit*, a palavra alemã para "liberdade". Filmado inteiramente em Malibu Canyon, *Freiheit* estrelava Kleiser — sem paletó e de sapato, gravata torta e óculos levemente enviesados — no papel de um jovem aterrorizado que fugia de perseguidores invisíveis enquanto rumava para a cerca que separava a Alemanha Oriental comunista da Alemanha Ocidental democrática. Com a fronteira da liberdade à vista, o estudante de Kleiser corre por um espaço aberto e acaba alvejado por tiros de metralhadora a poucos metros de seu destino. Enquanto um narrador destila lugares-comuns — "A liberdade é algo que você tem de merecer", "Você precisa trabalhar por ela" —, Kleiser faz uma última tentativa de alcançar a cerca antes de ser abatido por outra saraivada de balas. Enquanto os créditos sobem, Chris Lewis, vestido como um soldado soviético, fica sobre o tombado Kleiser, de arma em punho. "É claro que vale a pena morrer pela liberdade", entoa uma voz fora da tela. "Porque, sem liberdade, estamos mortos."

"Fui a marchas [na década de 1960]", disse Lucas, "mas eu não era um instigador de nada".[65] Ainda assim, com *Freiheit*, Lucas estava fazendo um manifesto de maneira clara e agressiva. É essencialmente o filme de um jovem que quer ser levado a sério como artista e insurgente — e, para mérito seu, funcionou. "Ele era capaz de fazer algo artístico, mas também comercial", observou Kleiser. "O filme tinha um estilo engenhoso."[66] Em *Freiheit*, Lucas trabalha em um estilo de narrativa mais direto do que em *Olhe para a VIDA*, usando um tom monocromático azulado para dar ao filme uma aparência sobrenatural levemente sinistra. E, mais uma vez, é o jeito de Lucas com a edição que faz o filme funcionar: enquanto Kleiser espera nos arbustos pela chance de correr na direção da cerca, Lucas mantém a câmera no ofegante Kleiser quase por tempo demais, o que torna a tentativa fracassada de fuga para a liberdade ainda mais excruciante. E, quando ele corre, Lucas insere brevemente uma tomada da corrida na perspectiva de Kleiser, tornando o espectador, por um momento, corredor e vítima.

Como obra política, é um jovem Lucas sendo intencionalmente provocativo, ainda que pouco sutil, das cenas em câmera lenta do angustiado Kleiser correndo para a cerca até a sequência do título, que identifica solenemente *Freiheit* como UM FILME DE LUCAS. "Na década de 1950, eu não tinha muita consciência dos eventos que estavam ocorrendo à minha volta", disse Lucas. "Foi só quando Kennedy foi morto que me envolvi com várias coisas às quais eu não havia prestado atenção antes."[67] Kleiser lembrava-se de Lucas ter ficado muito irritado com estudantes que romantizavam morrer no Vietnã em nome da liberdade. "George queria fazer uma declaração de como era fácil dizer aquilo, mas como, na realidade, as pessoas estavam sendo mortas."[68] No final das contas, a pergunta subjacente de *Freiheit* — "Qual o preço, liberdade?" — seria uma que Lucas exploraria e com a qual lutaria nas décadas seguintes, como artista e como homem de negócios.

Dentro e fora da sala de aula, Lucas continuava a se aprofundar em filmes de uma ampla variedade de cineastas. A escola de cinema "era um lugar perfeito para eu ser exposto a vários tipos diferentes de filmes." Na época anterior aos DVDs ou ao *streaming*, um pequeno filme artístico ou estrangeiro "tinha de vir de alguma casa artística". Do contrário, "era preciso assistir às 2 da manhã na televisão, ou era possível assistir na escola de cinema".[69] No que dizia respeito a diretores americanos, Lucas se interessava especialmente pelos filmes de John Ford e William Wyler, este segundo um diretor influente lembrado não só por ganhar três Oscars, mas também por sua incapacidade de se identificar com atores — uma crítica que mais tarde seria feita a Lucas. Godard e Fellini continuavam a ser os deuses estrangeiros de Lucas. Ele era um grande fã em particular do filme mais recente de Godard, o suspense de ficção científica *noir* distópica *Alphaville*, no qual o diretor usou a Paris dos dias atuais como substituta da cidade futurística do título. No entanto, nos últimos tempos, ele havia descoberto um novo ídolo: o diretor japonês Akira Kurosawa.

Encorajado por John Milius, Lucas foi assistir a vários filmes de Kurosawa no La Brea Cinema, em Los Angeles, e lembrava-se de ficar "realmente espantado" com o filme *Os sete samurais* do diretor, de 1954. "Realmente teve grande influência na minha vida ver algo tão brilhante e tão emocional, e ao mesmo tempo tão exótico."[70] Ele havia adorado o estilo de Kurosawa, "tão vigoroso e peculiar",[71] com transições horizontais entre cenas, a edição vibrante e o aspecto empoeirado e levemente desgastado de seus cenários e figurinos. Tudo em um filme de Kurosawa parecia ter sido usado, consertado e, então, usado de novo — uma estética que Lucas levaria para *Star Wars*. Lucas também gostava de Kurosawa ter confiança suficiente no seu modo de contar histórias para jogar o público no meio do Japão medieval ou do século XIX sem o benefício do pano de fundo. Deixe o público passar um pouco de tempo com a mitologia, pensava Kurosawa, e o estranho parecerá familiar — outro conceito que seria levado para *Star Wars*.

No entanto, mesmo com seu crescente vocabulário fílmico, Lucas retornaria à linguagem mais familiar de Vorkapich para seu terceiro filme, *Herbie*, finalizado para sua classe de cinema 405. Dessa vez, o instrutor Sherwood Omens formou uma dupla entre o veterano Lucas e o calouro Paul Golding. Lucas provavelmente resmungou; estava ficando cada vez mais mal-humorado diante da ideia de trabalhar com outros e preferia fazer tudo sozinho. Podia se irritar facilmente se fosse colocado com membros de equipe que não conseguissem acompanhá-lo. "Eu estava enfurecido com o processo democrático de filmagem, em que ajudávamos o aluno que não chegaria longe", disse Lucas posteriormente. "Eu preferia fazer da coisa uma competição, quem conseguisse terminar primeiro e da melhor forma. Se não conseguiam ser bons o bastante, eles não deviam estar lá."[72]

Porém, Golding passaria no teste de Lucas; ele era um colaborador entusiasmado que, por acaso, também tinha acesso às chaves do depósito da escola de cinema, assegurando, assim, que somente ele e Lucas tivessem acesso à cobiçada câmera Arriflex.[73] Esse era o tipo de rebeldia ambiciosa que Lucas podia apoiar, e ele e Golding — que também tinha orgulho de sua própria habilidade de edição — colaborariam em vários outros filmes na USC.

Após a política presente tanto em *Olhe para a VIDA* quanto em *Freiheit*, *Herbie* definitivamente é brando: belas cenas em preto e branco de luzes noturnas refletidas nas curvas de carros — enfim Lucas podia exibir um carro! —, enquanto o jazz suave do Miles Davis Quintet tocando "Basin Street Blues" preenche a faixa sonora. O nome *Herbie*, na verdade, vem do pianista Herbie Hancock, pois Lucas e Golding se enganaram ao achar que ele estava tocando piano nessa música. (Na realidade, era o predecessor de Hancock no quinteto, Victor Feldman.) Tal como as "fantasias pictóricas" de Vorkapich, *Herbie* mescla imagens não relacionadas com música para criar uma obra inteiramente nova, mas, de alguma forma, ainda coesa. É jazz cinematográfico, em todos os sentidos — e à medida que a nota final vai sumindo, o único crédito na tela afirma calmamente que ESSES MOMENTOS DE REFLEXÃO FORAM TRAZIDOS A VOCÊ POR PAUL GOLDING E GEORGE LUCAS.

Após seus três primeiros filmes, não era mais possível, para Lucas, deixar de chamar atenção, apesar de seus melhores esforços. "George sempre foi quieto", disse Walter Murch. "Ele não era uma das pessoas que sempre comentava algo durante as aulas. Ele costumava ficar na sua e se expressar através de seus filmes."[74] Mas agora, após suas primeiras produções curtas, "ele foi reconhecido como uma estrela".[75] Conforme Matthew Robbins lembrava-se, Lucas era "muito conceituado por todos os estudantes e uma fonte de perplexidade para boa parte do corpo docente".[76]

Independentemente do que o corpo docente pudesse pensar daquele jovem calado, seus filmes conseguiram atrair a atenção deles — e estava claro que ele estava se tornando um dos editores mais habilidosos da USC. Enquanto outros alunos se incomodavam e reclamavam de más atuações, membros de equipe ausentes, equipamentos nos quais não podiam confiar ou da falta de tempo adequado para conseguirem as tomadas desejadas, Lucas trabalhava depressa e sem reclamar; ele esconderia quaisquer defeitos, falhas ou ausência de tomadas na sala de edição.

Não era de espantar que Lucas se sentisse à vontade na sala de edição e com os equipamentos lá existentes. A sala de edição da USC parecia uma oficina, com teto alto, luzes que zuniam, paredes cobertas de grafite e equipamentos que ocupavam a maior parte do piso. E as máquinas de edição Moviola eram o tipo de aparelho de que Lucas gostava, sentindo-se tão à vontade com elas quanto atrás do volante de um carro, com pedais para controlar a velocidade do filme, um freio de mão, uma alavanca de motor variável e a tela de exibição do tamanho de um espelho retrovisor. Pequenos motores zumbiam enquanto estudantes enrolavam e desenrolavam filmes; pedaços descartados de filmes simplesmente eram jogados no chão para serem varridos depois. Tornou-se algo tão familiar quanto trabalhar em seu próprio carro na Foreign Auto Service. Além disso, por saber mexer em máquinas, Lucas não precisou de muito tempo para descobrir como consertar as Moviolas, famosas por serem instáveis e quebrarem com uma regularidade frustrante.

Alguns membros invejosos da fraternidade DKA consideravam Lucas pouco mais do que um exibido e um amador, mas o presidente da DKA, Howard Kazanjian, ficou do lado dele e até mesmo ameaçou renunciar caso não o aceitassem. Foi um ato de amizade e lealdade que Lucas recompensaria mais tarde, quando Kazanjian tornou-se vice-presidente da própria empresa de Lucas, assim como sua primeira opção como produtor para filmes como *Indiana Jones e os caçadores da arca perdida* e *O retorno de Jedi*. Contudo, apesar de seu status oficial com a DKA, o único envolvimento real de Lucas com a fraternidade era usá-la como fonte de combustível para suas sessões prolongadas de trabalho, visto que continuava a saquear as máquinas de venda automática em busca de biscoitos e refrigerantes.

Lucas chegou à aula avançada, cinema 480, no segundo semestre de seu último ano. Ali, o instrutor Douglas Cox dividiu a classe em pequenas equipes para completar um filme de dez minutos, com som sincronizado em três faixas, em um período de dez semanas. O problema de trabalhar em uma esquipe designada significava, como observou com irritação o colega de classe Don Glut, que "nem todos nós tivemos o grande privilégio de realmente dirigir um projeto".[77] Lucas, no entanto, escreveria e dirigiria seu projeto de último ano, liderando uma equipe que acabaria aumentando para 14 pessoas, algumas das quais receberiam créditos na tela, outras não. Todos trabalhariam juntos, claro, mas, em essência, estariam fazendo do jeito de Lucas.

Cox também impôs alguns termos e condições ao projeto, cuja maioria Lucas desprezaria ou ignoraria por completo. As equipes podiam filmar em cores ou em preto e branco, por exemplo; porém, se escolhessem cores, receberiam somente metade da quantidade de filme. "Eles nos desencorajavam a filmar em cores", disse Lucas, "porque leva muito tempo para o filme ser revelado".[78] Desafio aceito: Lucas filmaria em cores. Cox também exigiu que as equipes fizessem suas filmagens perto do campus; Lucas ignoraria isso por completo e levaria sua equipe para uma locação a 130 quilômetros dali. Ele não se importava com as regras. "Eu desobedecia a todas elas — todos nós desobedecíamos", disse Lucas. "Sempre que eu desobedecia às regras, fazia um filme bom, então não havia muito que o corpo docente pudesse fazer a esse respeito."[79]

A desobediência às regras chegava a virar furto, assim como arrombamento. Com uma quantidade limitada de tempo e equipamentos, era intensa a competição pelas melhores câmeras e máquinas de edição. Lucas, declarou Matthew Robbins, "era muito engenhoso. Ele sempre encontrava um jeito de conseguir o que precisava em termos de equipamento e gente para formar uma equipe".[80] Paul Golding guardara a Arriflex para que Lucas usasse em *Herbie*; dessa vez, foi John Milius, sempre disponível para um pouco de delinquência, que arrombou a sala de equipamentos e "pegou emprestado" a câmera Éclair NPR que Lucas adorava. "Ele queria muito usar aquela câmera", disse Milius, "e eu a roubei e escondi no meu carro, e dormi no meu carro com a câmera durante uma semana enquanto ele a usava".[81] E, quando se tratava de edição, Lucas também não queria limitar seu uso do equipamento ao horário de funcionamento do prédio. "Subíamos pelo cano da calha, atravessávamos o telhado e pulávamos para o pátio, e então entrávamos nas salas de edição para trabalhar durante todo o fim de semana", disse Lucas.[82]

Para seu filme, Lucas combinaria duas de suas paixões, uma antiga — corrida — e uma nova. "O *cinéma vérité* estava começando naquela época. Nós o estudávamos bastante".[83] O *cinéma vérité* ("cinema-verdade", em francês) era um novo tipo de estilo de documentário em que a câmera observava pessoas reais, em situações sem controle, sem noções preconcebidas ou resultados planejados. Em sua forma mais pura, envolvia pouco mais do que usar uma câmera e um equipamento de gravação de som para filmar e, então, apresentar a filmagem crua, praticamente sem edição. No entanto, a maioria possuía um pouco mais de conteúdo que isso — e Lucas foi bastante influenciado pelos filmes que estavam surgindo da unidade francesa da Agência Nacional de Cinema do Canadá, que produzia *cinéma vérité* com entusiasmo e atitude.

Lucas gostava especialmente do filme *60 Cycles*, de 1965, do diretor Jean-Claude Labrecque, que seguia os ciclistas na Tour de St. Laurent enquanto percorriam mais de 2.400 quilômetros pelo interior do Canadá ao som da música de Booker T. & the M.G.'s. Lucas "surtou com o filme", disse o colega de classe Charley Lippincott, que obtivera o filme junto ao Consulado canadense.[84] Parte documentário, parte *slice of life*, parte filme experimental, com 16 minutos ele fez todas as coisas que Lucas queria fazer com seu filme da 480: tomadas longas, tomadas aéreas, multidões e — o melhor de tudo, no espírito do genuíno *cinéma vérité* — nenhum ator. Lucas não se cansava do filme e o pegava emprestado de Lippincott para assistir sem parar, até que Lippincott teve de devolvê-lo, com muito atraso, aos impacientes canadenses.

Assim, para seu próprio pedaço de *cinéma vérité* chamativo, Lucas levou sua equipe para a pista de corrida Willow Springs em Rosamond, a fim de filmar o piloto Peter Brock enquanto ele colocava seu Lotus 23 amarelo à prova. Lucas filmou tudo de ângulos escolhidos com cuidado; às vezes o carro parece casual, vislumbrado somente quando passa acelerando por trás de uma série de placas, em uma tomada aérea ou visto ao longe, onde o canto dos pássaros é quase mais alto do que o ronco do motor. Em outros momentos, Lucas coloca a câmera no carro para ter o ponto de vista de Brock por trás do volante, com um olho no velocímetro, ou vira a câmera para Brock quando ele troca de marcha ou — em um momento glorioso não planejado — faz uma careta ao ligar o motor depois de o Lotus rodar e apagar. Por fim, Lucas dá um close no visor de um cronômetro quando um membro da equipe de box o interrompe com um clique mecânico audível, os ponteiros parados no tempo da melhor volta de Brock: 1:42.08. Lucas usaria esse tempo como o título do filme.

Lucas classificou *1:42.08* como um "poema sinfônico visual",[85] refletindo seu interesse em carros, assim como o "impacto visual de uma pessoa correndo contra o relógio" — um tema que retomaria em *THX 1138*.[86] No fundo, também é sobre o homem e a tecnologia — outro tema que Lucas exploraria —, bem como sobre nossos esforços para dominar a tecnologia sem deixar que ela nos domine primeiro... mesmo que *rodemos* para fora da pista de vez em quando. Para sua surpresa, descobriu que havia gostado de trabalhar com uma equipe e ficou orgulhoso de terem entregado o projeto a tempo. "Tivemos apenas dez semanas para fazer o filme, do ponto no qual o roteiro é iniciado até aquele em que precisa ter a cópia final. Para estudantes, é um feito impressionante."[87] E isso não foi tudo o que aconteceu em Willow Springs. Enquanto estavam lá, Lucas deparou com outra equipe de filmagem, um grupo avançado do filme de corrida *Grand Prix*, seguindo o astro James Garner enquanto ele treinava com um piloto dublê. Com uma quantidade mínima de lábia, Lucas conseguiu um trabalho como operador de câmera na segunda unidade do filme, recebendo alguns trocados e seus primeiros créditos profissionais hollywoodianos por alguns dias a mais na pista.

No fim, *1:42.08* pode ter sido um esforço em conjunto, mas Lucas deixara sua marca ao desobedecer às regras e fazer do seu jeito. De novo. O filme não espantou tanto os professores de Lucas quanto suas obras anteriores, mas ele estava em boa forma; o instrutor Douglas Cox era fã de filmes artísticos — ele travava discussões com Glut por fazer filmes de monstro de baixa qualidade como *Wrath of the Sun Demon* — e apreciava o que Lucas estava buscando.[88] Deixando o *cinéma vérité* de lado, *1:42.08* mostra Lucas encontrando seu próprio estilo como diretor, satisfeito em deixar que uma câmera bem posicionada captasse a ação de maneira quase casual. E Lucas é um editor quase criativo demais para fazer de fato um *cinéma vérité* puro; ele não resiste e usa uma série rápida de cortes piscantes para fazer com que o Lotus de Brock pareça mover-se ainda mais depressa, ou insere uma tomada curta de uma placa fazendo propaganda de um restaurante, chamado George & Aggie's — uma aparição tão breve e discreta que, se piscarmos, podemos deixá-la passar. E em seu primeiro filme sonoro de fato, Lucas já gosta bastante de um áudio estremecedor, como se nota quando o Lotus de Brock berra sem parar como uma das TIE fighters de *Star Wars*.

Lucas formou-se na University of Southern California com um diploma de cinema em 6 de agosto de 1966, e nunca deixaria de gostar da USC. "Descobri meu talento aqui", disse ele durante uma cerimônia na universidade em 2006.[89] No entanto, seu futuro era incerto. "Eu imaginava que faria o tipo de filme de vanguarda que estava sendo feito em São Francisco naquela época", recordou-se. "Não dá para viver daqueles filmes, então imaginei que também trabalharia como cinegrafista de documentários. Era isso que eu queria mesmo fazer, de qualquer forma. Eu ganharia a vida como cinegrafista de documentários e faria filmes nas horas vagas. Era o que eu iria fazer na minha vida."[90] Ou foi o que pensou que faria.

Como a maioria das pessoas formadas em escolas de cinema, Lucas encontrou as portas dos estúdios cinematográficos comerciais fechadas para ele. "Era impossível entrar na indústria em qualquer uma das associações ou sindicatos", disse Gary Kurtz, que se formara na USC em 1962, e, em 1966, ainda trabalhava em filmes de baixo orçamento como *Beach Ball*. "Várias das pessoas formadas em escolas de cinema simplesmente se cansavam desse processo e faziam outras coisas... Começavam a trabalhar em filmes educacionais ou documentários, que não eram sindicalizados com tanta rigidez."[91]

O serviço militar também pairava sobre Lucas. Como um diplomado desempregado, Lucas podia ser recrutado, com uma possibilidade muito real de ser enviado ao Vietnã. Lucas considerava-se um ativista — "Eu estava irritado na época e me envolvi em todas as causas", disse ele — e se opunha à guerra, mas seus amigos lhe diziam que, com seu diploma e habilidades, ele provavelmente poderia ser um oficial na unidade de fotografia da Força Aérea. Lucas achou a ideia criativamente intrigante. Ao contrário de seu colega John Milius, Lucas não via nada de romântico nas Forças Armadas ou na guerra, mas ele *tinha* de admitir que o Vietnã apresentava possibilidades fílmicas; se ele fosse para a guerra e sobrevivesse, as histórias testemunhadas e vivenciadas dariam um ótimo filme. "Eu iria passar dois anos em algum lugar chafurdando na lama", imaginou ele, "esperando ser designado para algo razoável e usando a experiência para escrever a respeito anos mais tarde". Porém, admitiu: "Para começar, eu não estava muito empolgado para ir. Estava fazendo isso por puro desespero."[92]

Empolgado ou desesperado, ele nunca foi recrutado. Lucas apresentou-se para seu exame médico, ocasião em que, para seu total espanto, foi classificado como 4-F; ele não havia passado no exame. Os médicos encontraram diabetes, a mesma doença que matara seu avô Walton. Receitaram Orinase a Lucas, e ele teria de lidar com a medicação para a doença pelo resto da vida. Isso também significava que não podia usar drogas ou álcool, uma condição com a qual podia lidar com facilidade; sua imagem de virtuoso agora seria verdadeira por necessidade. Contudo, a diabetes também significava abrir mão dos biscoitos com gotas de chocolate, das barras Hershey e dos refrigerantes com que convivera por boa parte dos últimos dez anos. Isso seria mais difícil.

Já que não havia qualquer chance de uma carreira militar, Lucas deixou o cabelo crescer — o que, para ele, significava que o cabelo tendia a se acumular no alto de sua cabeça em vez de descer pelas costas. Ele também deixou a barba crescer, um cavanhaque escuro e devidamente aparado em volta da boca. Embora parecesse mais beatnik do que hippie, ele também parecia *descolado* — mesmo com suas orelhas protuberantes. Lucas estava encontrando seu visual.

Ser rejeitado para o serviço militar também significava que Lucas podia voltar para a USC para fazer pós-graduação, mas isso também teria de esperar; ele perdera a chance de se matricular para o semestre do outono de 1966. Por enquanto, estava sem rumo, desempregado e sem nenhuma perspectiva real. No fim, tirou proveito dos únicos contatos reais que tinha na indústria cinematográfica e ligou para o designer gráfico Saul Bass, que conhecera ao trabalhar como operador de câmera na segunda unidade de *Grand Prix*. Bass, que fora o responsável pelas sequências de abertura visualmente impressionantes de *Intriga internacional*, de Hitchcock, e *O homem do braço de ouro*, de Otto Preminger, fora chamado pelo diretor John Frankenheimer para criar uma sequência de abertura igualmente vibrante para *Grand Prix*, programado para estrear em dezembro. Lucas, que adora montagens, ajudou Bass a editar as cenas para os momentos iniciais empolgantes e barulhentos do filme. Naquele mesmo verão, Bass estava trabalhando em um documentário seu chamado *Why Man Creates* — que ganharia um Oscar em 1968 — e contou com Lucas para servir como operador de câmera e faz-tudo.

No início da primavera, o trabalho de Lucas com Bass terminara e ele estava de novo à procura de emprego. Ainda estava morando na casa em Portola, ainda se fechava em seu quarto no último andar, embora, de vez em quando, *pudesse* ser persuadido a participar de uma festa de alunos e ex-alunos da escola de cinema. Em uma festa naquele outono, Lucas e Matthew Robbins estavam na cozinha falando de filmes quando Lucas mencionou que queria "fazer um filme sobre alguém escapando da polícia", conforme Robbins relembrou, de um ponto de vista "de um Grande Irmão onipresente, um 'olho no céu'".[93] Robbins achou que a ideia soava empolgante e se ofereceu para esboçar uma história, e acabou chamando Walter Murch para colaborar em um roteiro chamado *Breakout*, que terminaram no início de outubro. Majoritariamente, uma sequência estendida de perseguição, a cena final descreve o herói saindo de um alçapão no deserto, gritando de alegria e correndo para a liberdade em direção ao pôr do sol — o final feliz que havia sido negado ao jovem herói de Lucas em *Freiheit*. "À medida que o homem se afasta", continua o esboço de Robbins, "[uma] mão surge da sala subterrânea, encontra a maçaneta do alçapão e o fecha lentamente".[94] O visual marcou Lucas. Ele queria ver esse filme. Assim que pudesse, *faria* esse filme.

Mas, primeiro, precisava de um emprego. Após tentar sem sucesso ser contratado pelos estúdios de animação Hanna-Barbera, enfim Lucas conseguiu um cargo na Agência de Informações dos Estados Unidos (USIA, em inglês) como *grip* — a pessoa responsável por cuidar e carregar o equipamento de câmera — para as equipes que trabalhavam em filmes de educação e propaganda. Não era muito, mas ainda era o tipo de oportunidade pelo qual a maioria das pessoas formadas em uma escola de cinema daria uma perna para conseguir.

George Lucas, herdeiro de uma papelaria, sobrevivente de um acidente de carro, amante de fotografia e cinema, estava trabalhando oficialmente na indústria cinematográfica, mesmo que não fosse fazendo nada de espetacular.

3
O cavalo certo

1967

Lucas voltou para a USC em janeiro de 1967 e matriculou-se em alguns cursos de pós-graduação cinematográficos, incluindo uma aula sobre direção de filmes ministrada pelo comediante Jerry Lewis — uma aula que, em pouco tempo, passou a odiar. "Lewis tinha um ego extremamente exagerado", declarou um colega de classe.[1] Lucas ficava encolhido em uma cadeira na última fileira da sala de aula, carrancudo. Em vez de ir em busca dos ensinamentos de Lewis, a maioria dos alunos se matriculara na matéria apenas porque esperava que o comediante pudesse ajudá-los a entrar na alardeada Directors Guild of America. Todos ficariam desapontados.

Quase na mesma época em que voltou a estudar na USC, Lucas teve um golpe de sorte: seu amigo Bob Dalva, que editava e catalogava documentários na Agência de Informações dos Estados Unidos, estava saindo do emprego e recomendou Lucas para substituí-lo. Lucas, ansioso para começar a usar o equipamento da USIA em vez de apenas carregá-lo, aceitou e apresentou-se nos estúdios da editora veterana Verna Fields, que estava trabalhando em uma instalação que organizara na garagem de sua casa, no Vale de San Fernando.

Baixa e um pouco encorpada, com óculos grandes e uma cabeleira escura e desgrenhada, Fields — apesar da aparência despretensiosa e da baixa estatura — tinha uma personalidade expansiva, com uma voz alta e aguda. Como editora, ela era rápida e realmente muito boa — em grande parte porque, como uma das poucas mulheres em uma profissão dominada por homens, ela precisava ser. "Entrei para o cinema por acidente", disse ela posteriormente, e em parte isso era verdade; na década de 1930, enquanto passeava por um estúdio de cinema com seu namorado, ela foi avistada pelo diretor Fritz Lang, que perguntou, com seu sotaque alemão carregado: "Quem é aquela garota que sempre anda por aqui?", e a contratou como aprendiz de editora de som. Quatro anos de trabalho fizeram com que entrasse nos sindicatos — o bilhete dourado para dentro daquela indústria que tantos outros cobiçavam.

Fields parou de editar quando se casou e teve filhos, até seu marido morrer de ataque cardíaco aos 38 anos, em 1954, deixando-a viúva com dois filhos para sustentar. Fields construiu salas de edição em sua casa e conseguiu empregos editando programas de TV como *Sky King* e *Fury*. ("Eu dizia às crianças que eu era a rainha das manhãs de sábado", disse ela, rindo.) Em pouco tempo, passou para longas-metragens, trabalhando em filmes como o documentário experimental *Savage Eye* e o blockbuster *El Cid*, com Charlon Heston. Porém, Fields, franca e politicamente liberal, era uma batalhadora — "Eu estava interessada em usar o cinema para reformas sociais" — e acabou se envolvendo com entusiasmo com a Grande Sociedade do Presidente Johnson, editando filmes para o Departamento de Oportunidades Econômicas do governo dos Estados Unidos e para a USIA.[2] Recentemente estava editando um filme da USIA chamado *Journey to the Pacific*, sobre a visita de Johnson à região para a conferência de cúpula de Manila em 1966, e precisava de todas as mãos que fossem boas com edição que pudesse arranjar.

Lucas — como quase todo mundo que trabalhava para Fields — não demorou a adorá-la, mas, de forma igualmente rápida, aprendeu a odiar a edição de filmes governamentais. "Se você faz um filme para o governo, ele vai querer ser bem retratado", disse Lucas. "É Hollywood invadindo tudo." Ele recebeu instruções que diziam que Lady Bird Johnson não podia ser mostrada de ângulos pouco lisonjeiros, enquanto que nenhuma tomada em que a careca do presidente Johnson estivesse visível poderia ser usada. Até mesmo tomadas que Lucas achava serem artísticas eram examinadas para o caso de conterem algo ofensivo. "Eu havia inserido a tomada de um bando de cavalos na Coreia correndo por uma rua para ajudar a controlar as multidões imensas", disse ele. "Alguém achou que parecia um pouco fascista demais — não parecia — e nos fez retirá-la. Mas eu gostava dessa tomada."[3]

Apesar de Lucas não apreciar editar cenas de alguém "dizendo coisas nas quais eu não acreditava só porque eu precisava ganhar a vida", o que ele simplesmente não gostava, acima de tudo, era de ser mandado.[4] Irritava-o dizerem quais tomadas ele podia ou não usar. "O diretor aparecia e dizia: 'Você não pode cortar dessa forma; você tem que cortar *dessa* forma'", disse Lucas. "E eu dizia, 'Não gosto disso'. Àquela altura, eu realmente queria ser um editor e operador de câmera... [e] enquanto eu... fazia isso, meio que disse, 'Sabe de uma coisa? Talvez eu queira ser diretor. Não quero pessoas me dizendo o que fazer.'"[5]

Lucas não era o único que trabalhava nas salas de edição de Fields. Embora Fields tenha revirado as salas de aula da USC à procura de alunos dispostos a editar e catalogar cenas, também contratara editores profissionais mais experientes de pequenas produtoras e os colocara para trabalhar ao lado dos estudantes menos experientes. Lucas foi colocado ao lado de uma jovem editora-assistente da Sandler Films chamada Marcia Griffin, um ano mais nova do que ele, mas que já ganhava a vida como editora profissional havia mais de um ano. Griffin era uma editora talentosa e intuitiva — e, segundo John Plummer, "uma graça", com cabelos castanhos e lisos,, e a voz fina —, mas Lucas se sentia mais ameaçado do que impressionado pela presença dela na sala de edição. "Marcia mostrava bastante desdém por nós, pois éramos todos estudantes de cinema", recordou Lucas. "Ela era a única profissional de verdade ali."[6]

Ela tivera de trabalhar duro para chegar onde chegou. Nascida em Modesto, filha de um oficial da Força Aérea que abandonou a família quando Marcia tinha 2 anos, ela e sua irmã foram criadas pela mãe em um pequeno apartamento em North Hollywood. Sem receber pensão para as filhas, a mãe de Marcia fazia o melhor que podia com o pouco que ganhava como funcionária de uma agência de seguros, mas dinheiro sempre seria um problema. "Fomos muito amadas e tínhamos uma família que nos apoiava", recordou Marcia. "Mas, economicamente, era muito difícil para a minha mãe."[7] Quando ela era adolescente, seu pai entrou de novo em sua vida, e Marcia mudou-se para a Flórida para viver com ele e sua nova família, uma experiência bem-intencionada que viria a fracassar. Passados dois anos, ela voltou para Hollywood, terminou o ensino médio e, então, matriculou-se em aulas noturnas de química na Los Angeles City College, ao mesmo tempo que trabalhava em tempo integral em uma firma bancária hipotecária para ajudar a mãe e a irmã.

Assim como Verna Fields, Marcia entrou para a edição quase por acidente: "Simplesmente caminhei até uma porta e entrei", disse ela.[8] Ela tinha ido até a agência de empregos do estado da Califórnia para tentar conseguir um emprego como bibliotecária e foi enviada para a Sandler Film Library, que estava em busca de um aprendiz de bibliotecário de filmes. O emprego não pagava tanto quanto o que ela estava ganhando no banco, mas Marcia descobriu que gostava do trabalho e que era boa nele. "Eu teria editado filmes de graça de tanto que eu gostava de fazer aquilo", declarou. Até então, seu trabalho estava compensando; ela havia entrado para o sindicato. Além disso, Marcia estava disposta a se esforçar no sistema de editor aprendiz, em geral um processo frustrante de oito anos no qual provavelmente veria a maioria dos trabalhos de edição de destaque ir para os homens — sobretudo porque editoras eram consideradas frágeis demais para carregar latas pesadas de filme ou delicadas demais para aguentar a quantidade de palavrões que os editores cinematográficos costumavam usar em serviço.

No entanto, era improvável que ela escutasse muitos palavrões trabalhando ao lado de Lucas — aliás, nem muitas palavras. Quando estava editando, Lucas preferia ouvir música e raramente puxava papo — e, quando o fazia, preferia falar de cinema a abordar qualquer assunto pessoal. Embora Lucas tenha permanecido cauteloso e um pouco assustado com aquela presença indesejável na sala de edição, a verdade era que Marcia também se sentia levemente intimidada por ele. Ela pôde ver de imediato quanto Lucas era bom. "Ele era quieto e não falava muito, mas parecia ser realmente talentoso e bastante concentrado, uma pessoa muito focada", disse Marcia. "Eu saíra de um mundo agitado de produções comerciais, e ali estava esse sujeito calmo que mexia na Moviola bem devagar e com muito cuidado. Ele lidava com o filme com imensa *reverência*."[9] Por ora, Lucas permaneceria reservado. Porém, apesar de sua cautela, Marcia o intrigava; com o tempo, pensou Lucas, poderia até falar com ela.

Depois de passar os dias em aula e, então, ficar sentado durante horas na frente de uma Moviola para Verna Fields, Lucas passava as noites na frente de uma turma na USC, servindo de assistente para o professor de cinema Gene Peterson, um trabalho que começara a fazer para ajudar a custear algumas de suas matrículas. A aula noturna de Lucas contava com alunos peculiares; Peterson tinha um contrato com as forças armadas para ensinar seus cameramen, a maioria representante da Marinha e da Aeronáutica, a "se soltarem um pouco", conforme Lucas explicou. "Esses cameramen veteranos da Marinha aprenderam a filmar conforme as regras." Assim, o trabalho de Lucas era fazê-los pensar mais como artistas. "Eu tinha de treinar os caras da Marinha para filmar usando a luz disponível, pensando em composição, e tentar com que fizessem um filme de um modo diferente."[10]

Lucas provavelmente foi um pouco ridicularizado pela Máfia da USC; com a Guerra do Vietnã ocupando cada vez mais a primeira página todos os dias e os manifestantes estudantis descontando suas frustrações em políticos e nos soldados que voltavam para casa, dar aula para uma classe cheia de militares com cortes do tipo escovinha se assemelhava a uma confraternização com o inimigo. "Eles mandaram esses militares se juntarem a todos nós, que tínhamos cabelo desgrenhado e estávamos protestando e marchando", disse Willard Huyck. "E não íamos nos misturar com os militares."[11] Contudo, Lucas via as coisas de um modo um pouco diferente. Como a aula que ele estava ministrando era patrocinada e subsidiada pelo governo federal, as equipes da Marinha possuíam equipamentos melhores do que uma classe de cinema da USC em geral — e o que era mais importante: tinham acesso quase ilimitado a filmes coloridos com som. Logo, o que Lucas viu foi uma sala de aula cheia de ótimos equipamentos, um suprimento ilimitado de filmes e uma equipe que sabia obedecer às ordens. Ele podia fazer coisas inteiramente do seu jeito, com todo o equipamento e filme de que precisasse.

O instinto de Lucas estava certo: as equipes militares sabiam receber ordens; elas só não queriam receber ordens *dele*. Ao perceber com astúcia o ânimo da turma, Lucas decidiu apelar para o espírito competitivo deles. Ele os dividiu em dois grupos, sendo que um ele orientaria para fazer o *seu* filme, enquanto o outro grupo seguiria as instruções do oficial mais graduado. Era uma competição em que o grupo adversário estava destinado a perder desde o início, pois *Lucas* já sabia que filme faria. Ele faria aquele filme sobre o qual discutira com Matthew Robbins e Walter Murch em uma cozinha de Hollywood — aquele sobre o homem saindo do subterrâneo e correndo para a liberdade.

Haveria pouco enredo; com apenas 12 semanas para concluir o projeto, Lucas queria concentrar-se mais na aparência e na sensação do filme do que no enredo ou nos personagens — uma crítica que também seria feita a alguns de seus filmes tardios. "Eu gostava da ideia de fazer algo futurístico", disse Lucas. "Eu queria fazer algo extremamente visual que não tivesse nenhum diálogo e nenhum personagem — uma mistura de experiência teatral com não teatral. Algo meio experimental."[12] Na verdade, seria algo *muito* experimental, uma vez que Lucas tinha algumas ideias não convencionais que, como ele mesmo disse, estavam "fervendo na minha cabeça havia muito tempo".[13]

Primeiro, como em *Alphaville*, de Godard, Lucas usaria o presente para representar o futuro. Não haveria necessidade de construir cenários ou acessórios espaciais; com alguns trabalhos astutos de câmera e um pouco de fita e tecido, Lucas podia fazer com que roupas e maquinário dos anos 1960 parecessem futurísticos e, ainda assim, de certa forma desgastados e vagamente familiares — a ideia de "universo usado" que mais tarde levaria para *Star Wars*. Além do mais, com o poder das autorizações militares, Lucas podia acessar salas de computadores e outras instalações nos locais aos quais normalmente não teria acesso, incluindo o LAX, o Aeroporto Van Nuys e um estacionamento subterrâneo na UCLA. Também usaria ao máximo a luz natural, o que conferiria ao filme a sensibilidade de um documentário, quase uma sensação de "filme perdido" que, de alguma maneira, viajara do futuro para 1967.

Lucas também tinha uma nova musa cinemática, mais um produto da Agência Nacional de Cinema do Canadá: um filme eclético em preto e branco chamado *21-87*, de um brilhante montador de 31 anos chamado Arthur Lipsett. Lucas admitiu haver assistido ao filme "vinte ou trinta" vezes.[14] O filme "teve um efeito muito poderoso em mim", disse ele posteriormente. "Era essencialmente o tipo de coisa que eu queria fazer. Fui muito influenciado por esse filme em particular."[15] Não só teria um impacto profundo no modo como Lucas pensaria a respeito de som e o usaria em seus filmes, como também inspiraria, de forma sutil, uma parte fundamental da mitologia de *Star Wars*.

Para *21-87*, Lipsett havia criado uma montagem cinematográfica de quase dez minutos, usando filmes curtos que conseguira em Nova York, além de pedaços aleatórios de filmes recolhidos do chão da sala de edição da Agência Nacional de Cinema. O resultado é chocante e fascinante: pessoas comuns em suas vidas cotidianas — passeando no parque, falando ao telefone, indo para o trabalho — interpostas por cenas bizarras e, em geral, desconcertantes, como um cavalo pulando de um trampolim, uma autópsia ou uma cabeça sorridente de boneco fazendo propaganda de cigarros na vitrine de uma loja. Contudo, é a percepção singular de Lipsett sobre o som que confere às imagens uma sensação vívida, quase subversiva, contagiando tudo que há na tela com atmosfera e personalidade: a faixa sonora de Lipsett zune e ressoa com fragmentos de conversas sobre moralidade, a Bíblia e reflexões sobre Deus. Blues e música gospel são tocados em cenas de casais dançando e jovens atirando uns nos outros com pistolas de brinquedo. Um coro exulta enquanto pessoas gargalham diante de suas imagens distorcidas em uma casa de espelhos e passageiros saem por uma escada rolante. "Quando George assistiu a *21-87*, uma lâmpada se acendeu em sua mente", disse Walter Murch. "Uma das coisas que claramente queríamos... era fazer um filme em que o som e as imagens flutuassem livremente."[16]

Em um momento memorável — sobretudo por ter afetado Lucas —, Lipsett insere sobre imagens de pombos batendo asas um trecho de discussão existencial entre Warren S. McCulloch, pioneiro da inteligência artificial, e o diretor de fotografia Roman Kroitor. Enquanto McCulloch afirma que os seres humanos são apenas máquinas complexas, Kroitor rebate dizendo que ele não pode ser tão simplista e desalmado assim, argumentando que, à medida que os humanos contemplam o mundo à sua volta, "tornam-se cientes de alguma espécie de força... por trás dessa aparente máscara que vemos diante de nós e que chamamos de Deus". Uma década depois, Lucas reconheceria que sua própria versão da Força, embora baseada na ideia universal de forças vitais, era uma referência a Lipsett, "um eco daquela expressão em *21-87*".[17]

Lucas pegaria emprestado mais um conceito de *21-87*: "Acho que é um dos motivos de eu ter começado a chamar a maioria dos meus filmes [universitários] por números", revelou.[18] Assim, esse filme receberia o nome do personagem principal, chamado, na distopia de Lucas, de *THX 1138 4EB*. Tal como Vorkapich fizera com seu personagem em *Life and Death of 9413: A Hollywood Extra*, Lucas gravaria o número de identificação de seu herói na testa dele. Embora Lucas tenha sempre insistido que as letras THX "[não] significam nada",[19] Matthew Robbins — que deixara o protagonista sem nome em seu primeiro esboço — achava que Lucas poderia simplesmente ter gostado da aparência das três letras, observando como "as letras T, H e X são simétricas".[20] Outros especularam que Lucas tirara discretamente o título do número de seu telefone, 849-1138, com as letras THX correspondendo aos números 8, 4 e 9 no disco do telefone.[21]

Lucas filmou *THX 1138 4EB* durante três dias longos e cansativos, em janeiro de 1967. Ele fazia sua equipe de filmagem da Marinha trabalhar duro a noite toda, carregando equipamentos até laboratórios de informática e estacionamentos para filmar seu personagem principal atravessando um corredor após o outro, enquanto seus perseguidores o monitoravam da sala de controle. Às vezes era praticamente cinema de guerrilha, uma vez que Lucas e sua equipe filmavam tudo que podiam em um estacionamento antes que a luz mudasse ou seu tempo esgotasse. E, mesmo com o equipamento das Forças Armadas à sua disposição, ainda faltavam coisas, e os equipamentos deixavam de funcionar. Lucas simplesmente lidava com os problemas e improvisava durante as filmagens, com uma resiliência que impressionava os calejados oficiais da Marinha. Por exemplo, sem o equipamento apropriado para as cenas em movimento, Lucas e o cameraman Zip Zimmerman apenas firmavam a câmera em seus ombros e sentavam-se, imóveis, em uma plataforma móvel que era puxada lentamente para trás.

Para dificultar ainda mais, Lucas continuava trabalhando em tempo integral para Verna Fields, organizando e editando cenas do Presidente Johnson para *Journey to the Pacific* durante o dia, para então retornar ao seu próprio filme à noite. O ritmo era exaustivo; com frequência, Fields flagrava Lucas dormindo diante de sua Moviola, com a cabeça baixa, enquanto o filme caía desenrolado no chão. A noite, ele mal tinha forças para carregar a câmera, optando, então, por aninhá-la nos braços, em vez que colocá-la no ombro. Na maior parte do tempo, ele deixava o trabalho de câmera com Zimmerman, preferindo dirigir pelos lados. De todo o modo, os três dias de filmagem seriam a parte mais fácil; Lucas faria todo o trabalho *de verdade* sozinho, na sala de edição, onde acrescentaria efeitos óticos, *chroma key* e uma faixa sonora interessante e agressiva. Com as filmagens terminadas, Lucas, exausto, levou suas latas de filme para a casa de Fields, onde planejava passar as dez semanas seguintes editando o filme nas Moviolas dela noite adentro.

Uma vez concluídas as filmagens de *THX* — apesar de ainda haver semanas de edição pela frente —, Lucas voltou-se ao próximo projeto, *anyone lived in a pretty [how] town*, um filme artístico de seis minutos inspirado no poema homônimo de E. E. Cummings. Pela primeira vez, Lucas tinha à sua disposição, um Cinemascope de 35 milímetros completamente colorido, embora isso não tenha sido fácil. "Não podíamos nem mesmo filmar esse filme em cores", disse Lucas. "Era um projeto de cinco semanas, e disseram que não podíamos usar cores em cinco semanas porque levava quase uma semana só para receber de volta para edição o que fora filmado." Mesmo assim, Lucas decidiu filmar em cores, trabalhando de novo com Paul Golding, seu colaborador em *Herbie*, e com uma equipe de tamanho considerável, que incluía vários atores, com figurinos e acessórios. Lucas filmou durante 12 dias — nove a mais do que levara para filmar *THX* — com um orçamento de apenas 40 dólares, e concluiu o filme dentro do prazo de cinco semanas. "Fomos um dos únicos grupos a terminar", disse Lucas, embora tenha admitido que ele e sua equipe *foram* repreendidos pelo instrutor Douglas Cox por filmarem em cores depois de ele haver aconselhado a não fazê-lo.[22]

Lucas continuou a editar *THX* pelas madrugadas adentro, prestando atenção especialmente em como o filme soava. Ele e Walter Murch — que achava a edição de som "inebriante" — conversavam com frequência sobre a importância do som, e ambos sabiam que a faixa sonora certa podia transformar um filme em uma *experiência*.[23] Viram isso em primeira mão na USC, onde a sala de exibição ficava situada de tal forma que o som era afunilado pelo corredor e saía para o pátio aberto — e, "quando havia um filme que soava realmente interessante", explicou Lucas, "o departamento inteiro corria para ver o que era".[24] Assim, Lucas sempre iria querer que o som e a música em seus filmes fossem o mais nítidos e imersivos possível — uma batalha que travaria com destreza por toda a sua carreira, não só ao escolher o maestro dinâmico John Williams para fazer a trilha sonora de seus filmes, como também defendendo, com sucesso, o uso de sistema de som em cinemas com acústica e alto-falantes melhores.

Enquanto Lucas se curvava sobre a Moviola na sala de edição de Fields — selecionando as filmagens de Lyndon Johnson durante o dia e enrolando e desenrolando *THX 1138 4EB* a noite toda —, passou a conversar cada vez com mais facilidade com Marcia. A conversa casual entre eles ainda era principalmente sobre filmes, mas Lucas *gostava* do fato de ela falar sobre cinema com a mesma empolgação, o mesmo apreço pelo aspecto técnico das coisas que ele tinha. Até encontrar Marcia, as poucas mulheres com que Lucas saíra na faculdade, em sua maioria, haviam sido o que ele classificava como "um monte de criaturas burras".[25] Ali estava alguém que queria falar sobre enredo e mecânica cinematográfica, e que também nutria o mesmo desdém pelo sistema hollywoodiano, ao mesmo tempo que tentava abrir caminho através desse mesmo sistema. Ela era inteligente e fácil de conversar, então Lucas acabou reunindo coragem para convidá-la para sair. Mais ou menos.

"Não foi realmente um encontro", disse Lucas sobre a ida com ela até a sede do AFI, em Beverly Hills, para assistir a um filme de um amigo em comum. "Mas foi a primeira vez que ficamos sozinhos juntos." Houve mais conversas em seus apartamentos, seguidas de mais filmes e, de repente, antes que percebessem, estavam namorando. "Marcia e eu nos dávamos muito bem", disse Lucas, simplesmente. Já Marcia ficara atraída pelo ímpeto e a intensidade de Lucas, mas também o achava surpreendentemente "fofo, engraçado e bobo".[26]

Eles pareciam um casal improvável. Enquanto Lucas era sério e taciturno, Marcia, como disse seu colega de classe Richard Walter, "era muito radiante e animada. Basicamente, a mulher mais adorável que você já vira na vida".[27] Milius, que nunca fora de medir palavras, achava que Lucas estava claramente em desvantagem. "Nós todos nos perguntávamos como o pequeno George conseguira essa garota linda", bufou Milius, embora achasse saber a resposta: Marcia "também era inteligente, obcecada por filmes". E, acrescentou ele, dando uma cutucada, "ela era melhor editora do que ele".[28] Porém, Golding achava que eles ficavam ótimos juntos. "Os dois são tão pequenos", disse ele casualmente.[29]

O próximo filme acadêmico de Lucas foi um ambicioso documentário em preto e branco centrado na celebridade radiofônica de Los Angeles, Bob Hudson, um DJ fanfarrão que chamava a si mesmo de "o Imperador". Lucas, que passara a maior parte da adolescência ouvindo DJs falarem enquanto dava voltas por Modesto, queria fazer um documentário sobre uma celebridade radiofônica havia algum tempo. "As pessoas desenvolvem essa relação com gente do rádio", disse Lucas. "Pensam nelas como se fossem de um jeito e criam uma espécie de aura em torno delas. E ficam muito íntimas dos radialistas, embora, claro, não sejam íntimas de fato."[30] A princípio, ele queria fazer um filme sobre o enigmático Wolfman Jack — que, em 1967, percorria as ondas de rádio com o apoio de 250 mil watts da estação de rádio XERB, de Tijuana —, "mas eu não sabia onde ele estava", disse Lucas.[31] Assim, Hudson fora um acidente feliz. "[George e eu] estávamos ouvindo o programa de rádio do Imperador Hudson na época", disse Paul Golding, "e tentamos ligar um para o outro exatamente ao mesmo tempo, porque sabíamos que queríamos fazer um filme sobre aquele sujeito".[32]

Lucas e Golding reuniram-se de novo com sua pequena equipe de *pretty [how] town* para o documentário, que, originalmente, teria dez minutos de duração, mas Lucas e Golding eram "um tanto ambiciosos" e viam o filme como uma espécie de programa de televisão de meia hora, com comerciais e tudo.[33] Lucas importunou seus instrutores para conseguir mais filme, travando várias discussões acirradas até arrancar deles filme suficiente para rodar cenas adicionais, com a condição de que o projeto final fosse editado para não passar de dez minutos. "Eu me acostumei a filmar um monte de material e fazer um filme com ele na sala de edição", disse Lucas.[34] Não tinha nenhuma intenção de cumprir com a exigência que limitava o filme a dez minutos.

Lucas filmaria *O Imperador* durante boa parte de março e abril de 1967, filmando Hudson enquanto ele soltava a língua no ar e pelo telefone, e conseguindo até mesmo entrevistá-lo. "Ele não tinha ideia do que iria acontecer conosco lá no seu estúdio", disse Golding, "e não queria ninguém ali estragando seu programa de rádio".[35] Hudson, no fim, passou a confiar e a gostar de Lucas e de sua equipe de filmagem, participando até mesmo de uma brincadeira filmada em que Hudson sai de seu carro ladeado por guarda-costas mal-encarados interpretados por Lucas e Golding, em participações ao estilo de Hitchcock. Quando não estava atrás de Hudson, Lucas filmou propagandas falsas que lembravam a revista *Mad* e até algo mais surreal, inclusive a propaganda para um Camaro que, no fim, é um rinoceronte, em vez de um carro, e bananas que podiam ser fumadas — este último estrelando Milius no papel de um bandido mexicano com um sorriso de satisfação no rosto.

Foi uma boa experiência para todos os envolvidos. "Era cinema em sua forma mais pura", recordou Golding. "Todos trabalhamos maravilhosamente bem juntos e estávamos muito abertos às ideias uns dos outros."[36] Milius também sempre consideraria *O Imperador* um dos filmes definidores de Lucas. "De certa forma, ele era um grande tipo de artista gráfico", disse Milius. "Tinha uma espécie de orientação visual definida para as coisas... um grande senso do que queria fazer, sabe, e ele fazia coisas incomuns."[37] De fato, um dos momentos mais incomuns e desconcertantes de *O Imperador* ocorre no meio do filme, quando os créditos começam a subir, aparentemente marcando o final. Na verdade, era uma farsa com o intuito de contradizer os instrutores da USC, fazendo parecer como se Lucas tivesse cumprido as exigências de encerrar o filme após dez minutos. Durante a exibição do filme, recordou Golding, "dava para ouvir a onda de tristeza e desapontamento na plateia porque todo mundo sabia... sobre as batalhas travadas com a escola para filmar aquilo, e acharam que tínhamos cedido às suas exigências". Quando os espectadores perceberam que o filme continuava por mais 12 minutos depois dos créditos, a sala explodiu em vibração. "Cada minuto depois daqueles créditos", disse Golding em um tom endiabrado, "foi o nosso ataque deliberado ao corpo docente".[38] Lucas recebeu os aplausos com satisfação. Ele estava certo. *De novo.*

Naquela primavera, Marcia foi morar com Lucas em seu apartamento no alto da colina em Portola. Os amigos coçaram a cabeça; os dois pareciam muito diferentes um do outro. Porém, tanto Lucas quanto Marcia achavam que era exatamente o que os tornava perfeitos um para o outro. "Sempre senti que eu era otimista porque sou extrovertida, e sempre achei que George era mais introvertido, quieto e pessimista", disse Marcia. Lucas era tipicamente inescrutável. "Marcia e eu somos muito diferentes e também muito parecidos", disse ele. Se pressionado, ele também teria de admitir que gostava do fato de ela preparar o jantar todas as noites. Quando os pais de Lucas viram os dois juntos, souberam, pela relativa naturalidade com que ele agia perto dela, que Marcia era ideal para o filho. Para consolidar essa impressão na cabeça de muitos membros da família, Lucas confessou ao seu cunhado: "Marcia é a única pessoa que conheço que pode me fazer erguer a voz."[39] Vindo do retraído Lucas, esse era mesmo um grande elogio.

Nas semanas seguintes ao lançamento de *O Imperador*, Lucas finalmente terminou o trabalho com *THX 1138 EB*. Ele ficou satisfeito com o filme — "Não esperava me sair tão bem", admitiu — e esforçara-se para torná-lo uma experiência que atacasse todos os sentidos.[40] Visualmente, Lucas enchera a tela com vários truques tecnológicos: imagens distorcidas ou preenchidas com estática, como a oscilação de um canal de televisão mal sintonizado; números percorrem as laterais e a parte de baixo da tela, transmitindo ao espectador uma sensação desorientadora de estar assistindo a tudo de um monitor de vídeo, tal como os perseguidores de THX. Algumas sequências parecem ser filmadas por uma câmera de segurança, enquanto outras apresentam tonalidades alaranjadas, como as vistas pelo visor do capacete de um policial, com um mostrador na tela indicando que estávamos vendo o ponto de vista de PERFECTBOD2180. A data pisca rapidamente em determinado momento: 5-14-2187 — a homenagem de Lucas ao filme influente de Lipsett.

As semanas de atenção de Lucas à faixa sonora também compensaram, pois, mesmo hoje, poucos outros filmes soam como esse. "Havia essa mistura frenética de Bach", disse Walter Murch, "e, entremeadas a isso, as vozes quase indistinguíveis de controle de tráfego aéreo, ou algo assim".[41] Lucas pegou emprestado músicas interessantes de qualquer lugar em que pudesse encontrá-las, usando a misteriosa "Still I'm Sad", dos Yardbirds, com os créditos de abertura e os acordes altos de órgão que reverberam durante a corrida triunfante de THX em direção ao pôr do sol nos últimos momentos do filme. Quanto ao roteiro, Lucas acrescentou uma camada extra de paranoia, com a companheira de THX, YYO 7117, sendo interrogada pelo Estado — representado por uma figura de Cristo com 0000 gravado na testa — pelo crime de "ATOSEX". Há várias sequências longas de pessoas apertando botões e operando máquinas, assim como tomadas de THX correndo por corredores intermináveis, agitando os braços — e, ainda assim, com a edição ligeira, efeitos de tela e sons surreais de Lucas, tudo é empolgante de alguma forma. *THX 1138 4EB* funciona, simples assim.

"Eu estava tentando criar emoções através de técnicas puramente cinemáticas", disse Lucas, mais tarde. "Todos os filmes que fiz naquele período são focados em transmitir emoções através de experiências cinemáticas, não necessariamente por meio da narrativa. Sempre permaneci um entusiasta do cinema durante toda a minha carreira; embora eu tenha acabado fazendo filmes com uma narrativa mais convencional, sempre tentei transmitir emoções através de experiências essencialmente cinemáticas."[42] Foi de fato uma experiência cinemática; a estreia do filme foi um acontecimento. Os estudantes vibraram desde o momento em que o logotipo da USC apareceu na tela, e a vibração transformou-se em um brado quando a cor do logotipo foi mudando lentamente de amarelo para vermelho-sangue.

O sucesso de *THX* também ajudou a mitigar um pouco da tensão contínua entre pai e filho. Ainda que George Lucas Sr. tivesse aceitado havia muito que seu filho estava determinado a ser cineasta, isso não significava que tinha de se contentar com a situação. No entanto, ao assistir aos filmes do filho em um festival de filmes universitários na USC, com a plateia vibrando entusiasmada à sua volta, pôde ver que o filho não só havia encontrado sua vocação, como também ganhara o respeito dos colegas. "Bem, fui contrário a isso de ele ir para a escola de cinema desde o primeiro dia, mas achamos que ele havia finalmente encontrado seu nicho", falou o pai. "Enquanto voltávamos de carro para casa, eu disse a Dorothy: 'Acho que colocamos nosso dinheiro no cavalo certo.'"[43]

Sentindo-se confiante e justificado por *THX 1138 4EB*, Lucas inscreveu-se para uma bolsa estudantil oferecida pela Columbia Pictures e pelo produtor-roteirista Carl Foreman, que estava supervisionando a produção do filme *O ouro de Mackenna*, com Gregory Peck, em Utah e no Arizona. Foreman estava oferecendo uma oportunidade para quatro alunos — dois da UCLA e dois da USC — observarem sua equipe de filmagem em ação e, o que era mais importante, passarem seu tempo produzindo curtas-metragens sobre as filmagens de *O ouro de Mackenna* que Foreman pudesse usar mais tarde, a fim de promover o filme. Para a provável decepção de Lucas, ele não foi um dos dois alunos da USC selecionados; as bolsas foram para os colegas de classe Charley Lippincott e Chuck Braverman. Contudo, na última hora, Lippincott recusou, após conseguir emprego com um diretor-assistente na Columbia Pictures, e recomendou Lucas como seu substituto — e lá foi Lucas para o deserto do Arizona para se encontrar com Foreman e a equipe de *O ouro de Mackenna*. Foi a primeira vez que ele teve a oportunidade de ver um filme grande ser feito — e Lucas, que, para começar, nunca foi um espectador paciente, não ficou impressionado.

"Nunca tínhamos estado perto de tamanha opulência, zilhões de dólares sendo gastos a cada cinco minutos naquela coisa imensa e pouco prática", disse Lucas mais tarde. "Era espantoso para nós porque vínhamos fazendo filmes de 300 dólares, e ver aquele desperdício imenso... aquilo era o pior de Hollywood."[44] Porém, o que Lucas não se dava conta era de que estava se beneficiando dessa abundância, pois Foreman fornecera a seus quatro jovens cineastas — além de Lucas e Braverman, da USC, havia J. David Wyles e David MacDougall, da UCLA — o equipamento e o transporte de que necessitariam para fazer seus próprios curtas-metragens, e estava até mesmo pagando a cada um deles um salário semanal, cuja maior parte Lucas embolsaria. Ele ainda podia trabalhar no estilo de guerrilha que preferia, mas Foreman estava lhe fornecendo alguns dos melhores equipamentos de sua carreira iniciante.

Apesar de sua aversão pela "opulência" no set, Lucas pessoalmente esperava que sua experiência em *O ouro de Mackenna* pudesse enfim abrir as portas para um trabalho em Hollywood, e ele queria causar uma boa impressão em Foreman. Seria uma batalha árdua, pois Foreman — que escrevera *Matar ou morrer* e supervisionara os bastante lucrativos *Os canhões de Navarone* e *A história de Elsa* — tinha a reputação de ter pavio curto. E talvez com razão: ele fora colocado na lista negra durante a "ameaça vermelha" na década de 1950 e exilara-se em Londres por mais de uma década. *O ouro de Mackenna* marcava seu primeiro projeto importante desde que voltara aos Estados Unidos.

No entanto, se Lucas esperava agradá-lo, começou com o pé esquerdo. Embora Foreman tivesse dado carta branca aos quatro jovens cineastas para fazerem seus filmes — não teriam supervisão, ninguém conferindo seu trabalho —, ele *pediu* para primeiro aprovar os respectivos projetos. Wyles ofereceu-se para fazer um filme sobre os cuidadores dos cavalos, enquanto MacDougall seguiria o diretor J. Lee Thompson, e Braverman acompanharia o próprio Foreman. Lucas, que admitiu ser "um garoto muito hostil naquela época", não queria nada tão convencional e ofereceu-se para fazer um "poema sinfônico" ao estilo de *1:42.08*. Foreman tentou convencê-lo a fazer outra coisa, mas, quanto mais se opunha, mais Lucas permanecia irresoluto. "Se iam me dar uma bolsa para fazer um filme, então eu faria um filme", protestou Lucas. "Eu não ia fazer um filme promocional só para divulgar o longa."[45]

Lucas saía sozinho — mais tarde, Foreman o acusaria de "menosprezar" seus colegas cineastas, o que Lucas negou — e filmava a paisagem do deserto, o céu vasto, os moinhos de vento e cães-de-pradaria, com meros vislumbres da equipe de filmagem de *O ouro de Mackenna* ao fundo, intrusos visíveis apenas ao longe. Lucas usou como título de seu filme a data em que terminou de filmar, chamando-o de *6-18-67* — outro filme batizado numericamente. Parte faroeste de John Ford, parte poema sinfônico, Lucas disse a Marcia que também era "um filme sobre você, porque, não importa o que eu esteja fotografando, finjo e desejo que seja você". Porém, Foreman não ficou impressionado e reclamou que o filme artístico de quatro minutos de Lucas ia diretamente de encontro à tarefa original e tinha pouco a ver com *O ouro de Mackenna*. Entretanto, um ano depois, quando *6-18-67* foi exibido em um canal PBS de Los Angeles, Foreman admitiu, a contragosto, que Lucas fizera um manifesto. "A vida [no deserto] já existia antes de nós, e a vida continua depois de nós", disse, "e é disso que tratava o filme de George".[46]

Lucas voltou para Los Angeles em junho, ocasião em que, para sua surpresa, descobriu que ele e Walter Murch haviam sido indicados para a muito desejada Samuel Warner Memorial Scholarship. A bolsa era outra daquelas oportunidades para observar — "observar não ensina nada", resmungou Lucas —, mas *enviava* o vencedor aos estúdios da Warner Bros., para trabalhar durante seis meses em qualquer departamento que escolhesse, e pagava inclusive um salário semanal de 80 dólares. "Era importante", admitiu Lucas, e, devido à sua oportunidade perdida com Foreman, talvez representasse outra chance de entrar para o rígido sistema fechado de Hollywood. Enquanto ele e Murch aguardavam no pátio da USC até que o comitê de seleção da bolsa informasse o nome do vencedor, os dois prometeram que, de alguma forma, aquele que ganhasse a bolsa usaria a oportunidade para ajudar o outro. Lucas ganhou a bolsa e, anos mais tarde, honraria o pacto contratando Murch para editar o som de *Loucuras de verão*. "Fomos bons amigos durante todo o meu tempo no departamento, e pude ajudá-lo depois", disse Lucas, calorosamente. "Naquela época, todo mundo se ajudava."[47]

Como Lucas logo descobriu, não era uma boa época para se estar na Warner Bros. A Warner, como a maioria dos grandes estúdios, era um dinossauro que parecia rumar lentamente para a extinção. As idas ao cinema haviam despencado no decorrer das duas décadas anteriores

— no início dos anos 1950, os cinemas nos Estados Unidos já vendiam 34 milhões de ingressos a menos *semanalmente* do que haviam vendido apenas três anos antes — em grande parte por causa de uma invenção arrivista chamada televisão, que proporcionava mais opções de entretenimento aos espectadores e as disponibilizava no conforto de seus lares. Em busca de público, os estúdios começaram a fazer filmes imensos de orçamento alto, muitos dos quais deixavam os estúdios em dificuldades quando não iam bem nas bilheterias — incluindo, como exemplo mais famoso, o filme *Cleópatra*, de 1963, do diretor Joseph Mankiewicz, que quase faliu a 20th Century Fox. Em 1967, a bomba musical *Camelot* debilitaria a Warner de maneira similar.

Além disso, os mandachuvas haviam falecido ou estavam se aposentando. De fato, na Warner, o presidente do estúdio Jack Warner, de 75 anos, vendera recentemente suas ações para a Seven Arts e estava se preparando para atravessar a cidade, a fim de começar sua própria produtora. Conforme os estúdios perdiam dinheiro, atores e roteiristas que trabalhavam diretamente para eles eram despedidos. Para piorar, à medida que os sindicatos espremiam cada vez mais os lucros dos estúdios, muitos presidentes achavam mais barato e fácil deixar de fazer filmes nos estúdios e filmar em locações ou com equipes de filmagem estrangeiras. Estúdios de som foram fechados. Em determinado momento, Lucas esperou dedicar-se à animação na famosa unidade de animação da Warner, que produzira uma série aparentemente infindável de desenhos de qualidade dos Looney Tunes durante décadas —, mas ela também fora fechada em 1963 e não seria reaberta. "Tudo estava fechado", disse Lucas. "Era como uma cidade fantasma."[48]

No fim, nem *tudo* estava fechado; havia um filme em produção ali, que começara recentemente uma filmagem de 12 semanas com um diretor iniciante: uma adaptação cinematográfica do antigo musical *O caminho do arco-íris*, estrelando o igualmente antigo Fred Astaire, de 68 anos. Lucas gemeu ao ir para o set. "Eu não estava interessado de verdade", disse ele. "Eu terminara havia pouco tempo uma bolsa observando *O ouro de Mackenna* e, a essa altura, já havia decidido que não queria entrar para o ramo de longas-metragens, de qualquer forma. Eu queria ser um cameraman de documentários."[49] E agora lá estava ele, preso em um estúdio quase deserto da Warner Bros., mais uma vez fazendo o pavoroso papel de *observador* — e de um diretor novato, ainda por cima.

Lucas andou pelo set de *O caminho do arco-íris* por vários dias, assistindo em silêncio — *observando* — de braços cruzados e a cara séria. O diretor acabou notando o "jovem magro" o observando e perguntou a alguém quem ele era. Ao saber que seu convidado era um "observador aluno da USC", ele se aproximou timidamente de Lucas, que tinha um rosto impassível durante as tomadas.

"Viu algo de interessante?", perguntou a Lucas.

Lucas sacudiu lentamente a cabeça. "Não", respondeu, seco, fazendo um gesto de corte lateral com a palma da mão para baixo. "Ainda não."

E "foi assim", disse o diretor — um sujeito corpulento e barbado de 28 anos chamado Francis Ford Coppola —, "que conheci George Lucas".[50]

4

Radicais e hippies

1967-1971

"Francis [Ford Coppola] e eu nos tornamos bons amigos desde o momento em que nos conhecemos", disse Lucas.[1] Apesar das primeiras palavras tipicamente bruscas de Lucas — não eram exatamente as rudes "você está fazendo errado" com que certa vez cumprimentara Murch, mas eram quase isso —, Coppola também sentiu afinidade imediata com ele. Em parte, tinha a algo a ver com a pouca diferença de idade entre eles. Lucas tinha 23 anos; Coppola, 28. "Naquela época, diretores de filmes não eram jovens. Eram basicamente homens muito mais velhos de ternos que fumavam cachimbos", disse Coppola. "Quando vi George, foi meio como ver um dos meus, alguém mais da minha idade... com a minha formação e as minhas atitudes sobre fazer filmes."[2]

À primeira vista, os dois não pareciam ter muito em comum. Ao contrário de Lucas, Coppola fora criado em uma família que tolerava e até mesmo encorajava expressões artísticas. O pai de Coppola, Carmine, era um músico da Orquestra Sinfônica de Detroit que, por acaso, estava tocando flauta no programa de rádio *The Ford Sunday Evening Hour* na noite em que Francis nasceu, em 7 de abril de 1939 — e, assim, usou o nome do patrocinador do programa para o nome do meio de seu filho recém-nascido. Diferentemente do que ocorrera no lar dos Lucas, não haveria confrontos entre Francis e o pai — e, quando Francis contraiu pólio, aos 10 anos, seu pai quase foi "consumido" de angústia, uma demonstração de afeto que seria incomum vinda de George Lucas Sr.[3] Francis se recuperaria da doença depois de quase um ano de quarentena na cama, em seu próprio quarto — um confinamento que nunca esqueceu. "Boa parte da minha decisão de entrar para o cinema vem do fato de eu sentir esse isolamento", diria Coppola mais tarde.[4]

Após se formar na Jamaica High School, em Nova York, Coppola matriculou-se na Universidade de Hofstra em 1956, na qual assumiu rapidamente o programa de artes dramáticas por sua capacidade de fazer tudo: escrever, dirigir, atuar e produzir. Ele também refinou uma veia independente e desafiadora. "Todo o tom do meu regime — e era um regime", disse Coppola, "era colocar o controle do Departamento de Artes Dramáticas nas mãos dos alunos", coisa que ele fez de forma bem-sucedida. Após se formar — "Saí de Hofstra como o sujeito mais importante", recordou com orgulho —, ele descobriu os filmes do diretor soviético Sergei Eisenstein e imediatamente transferiu seu amor do teatro para o cinema. "Na segunda-feira, eu estava no teatro, e, na terça-feira, eu queria ser cineasta."[5]

Inspirado, Coppola matriculou-se como aluno de pós-graduação na escola de cinema da UCLA, no outono de 1960. Com seu talento para roteiros, ele venceu o prestigiado Samuel Goldwyn Award e logo se viu — como tantos cineastas aspirantes da época — trabalhando para Roger Corman, para quem escreveu e dirigiu o filme de terror de baixo orçamento *Dementia 13* em 1963. Naquele mesmo ano, seus roteiros também chamaram a atenção da Warner Bros.-Seven Arts, que o colocou sob contrato para escrever ou melhorar roteiros, um dos quais, *Patton: Rebelde ou herói?* mais tarde lhe renderia um Oscar. Contudo, Coppola logo ficou frustrado ao escrever filmes para outras pessoas. Ele escreveu um roteiro baseado no romance *You're a Big Boy Now*, que filmou em locações em Nova York em apenas 29 dias, em 1966. Aos 27 anos, Coppola oficialmente fizera um filme grande. Era notável, e Coppola sabia bem disso. "Naqueles anos, um sujeito jovem fazer um longa-metragem era algo sem precedentes", disse posteriormente. "Eu fui o primeiro!"[6]

Para alunos e ex-alunos de cinema frustrados, que, com frequência, encontravam as portas de Hollywood fechadas e trancadas, Coppola já era "uma lenda", disse Walter Murch.[7] "Por sua personalidade, ele conseguiu colocar a mão na maçaneta e abrir a porta, e de repente havia uma brecha de luz, e podíamos ver que um de nós, um estudante de cinema sem qualquer contato na indústria do cinema, dera um passo depois do outro e realmente fizera a transição de estudante para alguém que fez um longa-metragem patrocinado por um dos estúdios."[8] Para Steven Spielberg, Coppola era "a minha estrela-guia... Francis foi a primeira inspiração para muitos cineastas jovens, porque teve sucesso antes de muitos outros".[9]

Convencida por seu trabalho em *Agora você é um homem* de que Coppola era um cineasta legítimo, a Warner agora o colocava na direção de *O caminho do arco-íris,* seu projeto solitário no estúdio quase vazio. Como as duas pessoas mais jovens no set, Lucas e Coppola logo se viram passando muito tempo juntos — outra figura de irmão mais velho à qual Lucas podia se apegar. Porém, nesse caso, era um papel que Coppola faria de bom grado, e estava até mesmo ansioso para tal. "Eu queria ter um amigo", disse Coppola, "e, como acabou acontecendo, algo que nunca tive, que era um irmão mais novo".[10] E, como irmãos costumam fazer, os dois brigariam, às vezes furiosamente, e então fariam as pazes diversas vezes com o passar dos anos.

No entanto, naquele momento, Lucas sentia-se entediado. Coppola era uma boa companhia, mas Lucas queria fazer qualquer coisa que não fosse "observar". Ele já ficara parado o suficiente durante a produção de *O ouro de Mackenna* naquela primavera. Assim, Lucas começou a sair do estúdio — e de perto de Coppola — para bisbilhotar o prédio de animação vazio, à procura de algum pedaço abandonado de filme que pudesse usar para fazer um curta-metragem. "As câmeras ainda estavam lá", disse Lucas, "então imaginei que encontraria alguns pedaços de filme e passaria os seis meses do meu horário de trabalho ali fazendo um filme animado".[11]

Coppola notou a ausência do rapaz e não gostou. "O que você está fazendo?", perguntou ele a Lucas. "Eu não o entretenho o suficiente?"[12] Quando Lucas explicou que preferia *fazer* a *observar*, Coppola assentiu com compreensão e deu a Lucas um trabalho como seu assistente administrativo, prometendo 3 mil dólares por seis meses de trabalho. Embora Lucas cuidasse de muitos detalhes diários no set, tirando fotos para assegurar a continuidade de acessórios e móveis no decorrer de várias tomadas, Coppola esperava mais do jovem, a quem ele cada vez mais via como seu protegido. "Eu costumava lhe dizer coisas como 'George, todo dia você precisa aparecer com uma ideia brilhante. Esse é o seu trabalho'", recordou Coppola. "E todos os dias ele surgia com uma ideia brilhante, então percebi logo que se tratava de uma pessoa excepcional."[13]

Eles faziam uma dupla estranha. Lucas era baixo e modesto, enquanto Coppola, com mais de 1,80m de altura, era jovial e extrovertido. Porém, quanto mais se conheciam, mais gostavam um do outro — e passavam a apreciar ainda mais suas diferenças. "Os pontos fortes [de George] eram em áreas diferentes das minhas", disse Coppola. "Eu havia saído do teatro e tentara ser roteirista durante muito tempo, e ele saíra mais do design e era muito bom com edição. Então, havia uma espécie de combinação mútua dessas especialidades."[14] Enquanto Lucas, por exemplo, tinha pouco interesse em lidar com os dramas diários dos atores, Coppola, com seu histórico de atuação no teatro, entrava de bom grado nas confusões, sem se preocupar com sentimentos ou egos. Em determinado momento durante a produção de *O caminho do arco-íris*, Coppola fez questão de despedir com estardalhaço Hermes Pan, o coreógrafo escolhido por Fred Astaire, mesmo diante das objeções de Astaire, que resmungava em voz baixa que ele "odiava as coisas que via Coppola fazer".[15]

Quanto a Lucas, era fácil ser levado pelo entusiasmo barulhento do carismático Coppola. "Francis é muito extravagante, muito italiano, muito 'vai lá e faz'. Eu sou mais 'vamos pensar sobre isso primeiro'", disse Lucas posteriormente. "Mas éramos ótimos juntos, porque eu era o peso em volta do seu pescoço que o desacelerava um pouquinho para impedir que lhe cortassem a cabeça. Esteticamente, tínhamos sensibilidades muito compatíveis... mas éramos o oposto um do outro no jeito como funcionávamos e na maneira como fazíamos as coisas. E acho que isso nos permitiu ter uma relação bastante ativa."[16] De vez em quando, Coppola era até mesmo capaz de orientar sua equipe com total desprezo pelas regras que Lucas admirava. Para uma cena em *O caminho do arco-íris*, Coppola levara uma equipe até São Francisco para filmar Fred Astaire na famosa Ponte Golden State. Sem as licenças apropriadas, Coppola simplesmente filmou até que um carro da polícia os expulsou — um pouco de filmagem insurrecional que Lucas era capaz de apreciar.[17]

Eles podem ter sido personalidades complementares nos seus vinte e tantos anos, mas havia uma coisa sobre Lucas que Coppola estava determinado a mudar. "Você vai ter que aprender a escrever se quiser dirigir um dia", disse Coppola a ele.[18] "Ninguém o levará a sério se não souber escrever."[19] Lucas suspirou, estremecendo ao se lembrar das longas noites que passara penando com trabalhos do colégio e da faculdade, lutando com a ortografia e a gramática básica. "Não sou escritor", protestou ele. "*Odeio* escrever."[20] Além do mais, disse a Coppola, "gosto de *cinéma vérité*, documentários... poemas sinfônicos sem história e sem personagens".[21]

Mas Coppola não cedeu; qualquer diretor digno de nota tinha de saber como montar um roteiro. Coppola prometeu ajudá-lo da maneira que pudesse e tinha até um projeto em mente para o primeiro roteiro de Lucas: o próprio *THX 1138 4EB*, o curta-metragem estudantil com a fuga para o deserto, que Coppola estava convencido de que podia ser expandido para um longa-metragem. Para tornar a ideia ainda mais atraente, Coppola pensou em uma maneira na qual Lucas pudesse escrever seu roteiro *e* receber por ele. Tudo de que precisariam era de um pouco de subterfúgio ao estilo de Coppola.

Quando, naquele outono, Coppola terminou de filmar *O caminho do arco-íris*, já estava ansioso para começar seu próximo filme, dessa vez um de seus próprios roteiros chamado *Caminhos mal traçados*, inspirado por uma experiência de infância, quando sua mãe fugiu de seu pai após uma briga e hospedou-se em um motel local, literalmente desaparecendo por vários dias. Coppola o imaginava como um filme mais íntimo e pessoal do que qualquer um que fizera até então e queria usar um estilo de filmagem mais cru. "Tenho esse plano de fazer um filme pequeno com um grupo pequeno de pessoas, meio como um filme estudantil", disse ele a Lucas, "subir num caminhão e dirigir pelos Estados Unidos, fazendo um filme pelo caminho. Sem planejamento, sem nada — apenas fazer".[22] Coppola queria que Lucas fosse seu braço direito no projeto. Lucas *ficou* intrigado, mas se mostrava um pouco cético. Achava que Coppola precisava, primeiro, pensar com cuidado nas coisas; Coppola achava que Lucas não tinha senso de aventura. "Ele costumava me chamar de o velho de 85 anos", suspirou Lucas.[23]

Com sua lábia típica, Coppola sacudiu *Caminhos mal traçados* diante da Warner Bros.-Seven Arts por várias semanas e, então, desapareceu discretamente, uma jogada estratégica para convencer o estúdio de que ele estava levando seu projeto para outro lugar. Funcionou: sem demora, a Warner Bros.-Seven Arts concordou em dar a Coppola 750 mil dólares para filmar exatamente como queria: na estrada, longe do estúdio e sem aprovação do roteiro. Além disso, como parte do acordo, Coppola persuadira o estúdio a incluir 3 mil para Lucas escrever o roteiro de *THX 1138*. Coppola disse a Lucas para pensar naquilo como seu salário; ele podia trabalhar com Coppola em *Caminhos mal traçados* durante o dia e escrever *THX 1138* à noite.

Impressionado, Lucas nada pôde fazer além de sacudir a cabeça, espantado com a coragem colossal de Coppola. "Francis podia vender gelo para os esquimós", disse Lucas mais tarde. "O carisma dele desafia a lógica. Entendo agora que tipo de homens foram os grandes Césares da história, seu magnetismo."[24]

Coppola tinha boas razões para acreditar no potencial de *THX* como um longa-metragem. Durante o ano de 1967 e o início de 1968, o *THX 1138 4EB* de Lucas ainda era exibido no circuito de filmes estudantis, onde vinha recebendo elogios — e prêmios — de estudantes, críticos e até mesmo de gente de Hollywood. Ned Tanen, um jovem produtor da Universal, lembrava-se de sair do cinema quase atordoado. "Você olhava para o filme e dizia, 'Jesus, quem diabos fez *isso*? Não sei onde ele filmou escondido, mas é alguém muito especial.'"[25]

O pináculo para *THX* — e para Lucas como cineasta universitário — ocorreu em janeiro de 1968, quando *THX* foi eleito o melhor filme dramático no terceiro National Student Film Festival, realizado no Royce Hall da UCLA. Na verdade, Lucas teve filmes inscritos em três das quatro categorias principais; além de *THX*, *O Imperador* competiu na categoria de documentários, enquanto *6-18-67* foi inscrito como um filme experimental — e, segundo rumores, Lucas de fato também *venceu* nessas categorias antes de ser rebaixado para "menção honrosa", a fim de evitar que um único cineasta universitário vencesse em todas as categorias. No fim, Lucas teve até uma participação como vencedor da categoria de animação, *Marcello, I'm So Bored*, do colega de classe da USC John Milius, pois Lucas editara o som. Foi o suficiente para receber uma menção na revista *Time* e aplausos do *Los Angeles Times* como "o jovem talento mais impressionante a sair do departamento de cinema de uma universidade nos últimos cinco anos".[26] O crítico de cinema Charles Champlin foi ainda mais longe, declarando que, "pela engenhosidade, poder e profissionalismo, *THX 1138 4EB*, de Lucas, é fenomenal e precisa ser visto".[27]

Além dos elogios e da atenção, a competição acabou por se revelar marcante para Lucas — e para o cinema — por uma razão bem diferente. Quando a cortina subiu no Royce Hall em uma sexta-feira, 19 de janeiro de 1968, para a primeira noite do festival, sentado na plateia havia um estudante do terceiro ano da California State Long Beach chamado

Steven Spielberg. "Eu não sabia de antemão sobre nenhum dos filmes... então não esperava nada", lembra-se Spielberg. "Assisti a alguns dos curtas primeiro, mas, quando *THX* foi exibido, havia tanta virtuosidade na concepção, na visão e na emoção daquela história que... eu não podia acreditar que era um filme estudantil... Ele parou completamente o festival. Dava para ouvir um alfinete cair naquele cinema."[28] Spielberg ficou abismado — e praticamente roxo de inveja pelo jovem diretor do filme. "Minha primeira impressão foi 'Eu te odeio!'", disse Spielberg mais tarde, rindo. "'Odeio esse cara! Ele é muito melhor do que eu!'"[29]

Depois da exibição, Spielberg foi para os bastidores, onde encontrou Lucas com Coppola — e suas lembranças individuais, anos depois de seu primeiro encontro, refletem tanto suas personalidades quanto seus estilos narrativos. Spielberg lembra-se do momento calorosamente e com clareza. "George se mostrou bastante amigável", de acordo com Spielberg. "[Ele disse], 'Ei, como vai?' e apertamos as mãos e nos tornamos amigos daquele momento em diante. A amizade começou com um aperto de mão."[30] Porém, ao contar sua versão dos eventos, Lucas não estava disposto a confirmar a emoção ou os detalhes. "Acho que posso ter me encontrado com ele. Apareceram muitas pessoas depois da exibição", disse Lucas. "Mas", admitiu, "se nos encontramos, sem dúvida foi [apenas] um aperto de mão: 'Oi, como vai?'".[31]

Por mais memorável — ou não — que tenha sido o começo, a amizade entre Lucas e o homem ao qual mais tarde se referiria afetuosamente como "meu parceiro, meu camarada, minha inspiração, meu desafiante"[32] talvez fosse inevitável, pois os dois eram muito parecidos. Na adolescência, ambos não se encaixavam nos padrões da sociedade, ainda que, no caso de Spielberg, ele tenha sido mais nerd do que *greaser*. "Eu era muito solitário", disse Spielberg, lembrando-se de seus anos crescendo no Arizona. "Eu era o único garoto judeu na escola, era muito tímido e indeciso."[33] Spielberg também era um aluno apático, devoto de quadrinhos e autoproclamado "viciado em TV". No entanto, ao contrário de Lucas, Spielberg sabia, desde o ensino fundamental, que queria ser cineasta, filmando seus próprios faroestes, suspenses, fazendo até mesmo um filme de pilotos da Segunda Guerra Mundial chamado *Fighter Squad*. "Sempre levei a sério fazer filmes desde que eu tinha 12 anos", disse Spielberg posteriormente. "Não considero aqueles primeiros anos um hobby... Eu realmente comecei naquela época."[34]

Notas ruins impediram que Spielberg entrasse para a escola de cinema da USC, então ele se matriculou na Cal State Long Beach, onde teve de improvisar um currículo de cinema, uma vez que a Long Beach não tinha uma escola de cinema oficial. Seja como for, provavelmente isso não importou; Spielberg passou a maior parte de seus anos de faculdade entrando escondido na Universal Studios para assistir a filmes serem feitos, sentado com editores em salas de edição e, de vez em quando, sendo expulso de estúdios de som. Embora tenha concluído vários filmes amadores — inclusive um longa-metragem chamado *Firelight*, que estreou em um cinema de verdade em Phoenix quando ele tinha 17 anos —, na época de seu primeiro encontro com Lucas, no início de 1968, a carreira de cineasta de Spielberg ainda era mais aspirante do que verdadeira. Porém, Lucas e sua obra o inspiraram de novo. "Meus exemplos... não eram mais John Ford, Walt Disney, David Lean", disse Spielberg. "Era alguém mais próximo da minha idade, alguém que eu podia conhecer de fato, com quem podia competir, por quem podia ser inspirado."[35] Motivado, em parte, pelo que vira na tela do Royce Hall, Spielberg arrecadaria dinheiro para escrever e dirigir um filme impressionante de 25 minutos chamado *Amblin'* — e, ao final do ano, assinaria contrato com a Universal e não seria mais um observador.

Em fevereiro de 1968, Lucas saiu da Califórnia e foi para Long Island, Nova York, para procurar locações para *Caminhos mal traçados*. Coppola planejava começar a filmar em março e fora para Nova York antes de Lucas, a fim de filmar cenas adicionais em Hofstra e preparar sua caravana de sete veículos para a longa viagem pelo país. Coppola já havia anunciado que esposas e namoradas não seriam permitidas na viagem, de modo que Lucas levara Marcia para Nova York, para passarem algum tempo juntos antes que ele partisse em uma aventura prolongada com Coppola. Enquanto perambulava pelas redondezas de Garden

City, procurando lugares em que Coppola depois filmaria uma sequência de casamento, Lucas pediu a mão de Marcia.

Para Lucas, a decisão de se casar com ela foi tão inexplicável quanto óbvia. "Não é que eu a tenha visto na sala de edição e dito, 'Vou me casar com essa garota'. Foi mais como, 'Essa é outra garota e vamos nos divertir e que se dane o resto'. Eu certamente nunca esperei me casar com Marcia." Mas "Marcia e eu nos dávamos muito bem. Nós éramos dois irascíveis e não aceitávamos calados as besteiras um do outro. Eu gostava disso. Não gostava quando podia passar por cima da pessoa."[36] John Plummer, que estivera lá desde o início, não ficou nem um pouco surpreso. "Ela acreditava em várias das coisas em que George acreditava", disse Plummer. "Como um casal, incentivavam muito um ao outro. Tinham uma missão juntos, o que queriam fazer. Parecia um relacionamento muito bom."[37]

Essa missão, pelo menos como George a via, envolvia a eventual mudança deles para o norte da Califórnia, onde Marcia poderia continuar editando comerciais e tocando um projeto cinematográfico ocasional, enquanto ele seguia carreira como cineasta de vanguarda independente. "Vamos fazer [filmes] juntos e vendê-los lá", disse a ela. "Provavelmente vai ser bastante difícil." No entanto, Marcia admirava esse tipo de pensamento premeditado. "George sempre gostou de planejar as coisas com bastante antecedência", disse ela. "Ele sempre pensa no que pode acontecer dentro de um ou dois anos e determina quais são todas as possibilidades para que possa lidar com qualquer situação que surja. Ele é muito bom em tirar proveito de todas as opções."[38]

Assim como em sua amizade com Coppola, Lucas via suas diferenças e as de Marcia como uma força subjacente ao relacionamento deles; porém, como de costume, ele não conseguia articular isso com facilidade. "Eu digo preto, ela diz branco", explicou Lucas. "Mas temos gostos, formações, sentimentos sobre coisas e filosofias similares." Marcia explicou de forma mais elegante, observando que "queremos nos completar, então procuramos alguém que é forte naquilo em que somos fracos". Entretanto, se havia algo que realmente os tornava compatíveis era seu amor mútuo pela edição. "Essa é uma das razões de o nosso relacionamento funcionar — nós dois amamos a mesma coisa."³⁹ Em retrospecto, provavelmente não foi a melhor base sobre a qual construir um casamento.

Oficialmente noivos, Marcia voltou para a Califórnia, enquanto Lucas subiu em uma das várias peruas que Coppola conseguira para transportar toda a sua equipe de filmagem de vinte pessoas — diretor, atores, dublês, *grips*, sonoplastas, todo mundo — em uma viagem de quase cinco meses por 18 estados. Coppola também planejava transportar todo o equipamento de que precisava, incluindo uma mesa de edição Steenbeck de ponta e de tamanho original que havia comprado do próprio bolso, subtraindo o custo de seu salário como diretor. O processo de filmagem de *Caminhos mal traçados* foi "um trabalho de amor", disse Coppola mais tarde. "Tínhamos uma equipe muito pequena em um ônibus Dodge remodelado que nós mesmos reconstruímos e enchemos com os equipamentos de filmagem mais avançados à disposição."⁴⁰ No fim, o plano era que *não havia plano*: embora Coppola tivesse um roteiro de filmagem, não tinha qualquer cronograma determinado para filmar e nenhuma locação específica em mente; caso visse um lugar que parecesse promissor para certa cena, ele parava e filmava. A inspiração definiria a direção deles a cada dia. Era filmar sem uma rede de proteção — o tipo de cinema de guerrilha que Lucas adorava.

Contudo, não havia nada de fácil na empreitada. Os horários eram particularmente penosos para Lucas, que acordava todos os dias às 4 da manhã para agonizar sobre seu roteiro para *THX 1138* durante duas horas, quando, então, saía às 6 horas para passar o resto do dia como terceiro diretor-assistente, braço direito e faz-tudo de Coppola. O processo de escrita foi particularmente lento e miserável. "Francis... praticamente algemou George à mesa", recordou Marcia.⁴¹ Porém, Lucas perseverou. "[Francis] meio que o colocou sob sua proteção", conforme Lucas explicou mais tarde: "Ele disse, 'Vou ajudar você.'"⁴² O primeiro conselho de Coppola: "Nunca leia o que escreveu. Tente terminar em uma ou duas semanas, então volte e arrume o texto... simplesmente continue arrumando."⁴³

GEORGE LUCAS

Ao mesmo tempo, Lucas — que nunca foi de perder uma oportunidade de conseguir um pouco de filme e começar a filmar — começara a trabalhar em um documentário de bastidores sobre as filmagens, seguindo Coppola com uma câmera de 16mm e um gravador Nagra. "George ficava por perto de um jeito bem silencioso", disse o produtor Ron Colby. "Você olhava ao redor e, de repente, lá estava George em um canto com sua câmera. Ele meio que só ficava andando pelo local. Mas filmou sozinho, editou o próprio som. Era basicamente uma banda de um homem só."[44] Ele também descobriu que o tempestuoso Coppola era um tema ideal; era fácil pegar o diretor discutindo com seus atores — entre eles, estavam James Caan e Robert Duvall —, brigando com autoridades locais ou queixando-se em voz alta no telefone sobre interferências do sindicato e desafiando executivos da Warner a chamarem a polícia para prendê-lo. Porém, Coppola adorava o que Lucas estava fazendo e conseguiu até mesmo transferir 12 mil dólares do orçamento de publicidade do filme para pagar pelo documentário, que Lucas acabaria chamando de *filmmaker* (cineasta).

Quando o comboio de Coppola saiu de Nova York por Nova Jersey, em direção à Pensilvânia, ele ordenou que a equipe toda raspasse a barba — incluindo a si próprio, o que Lucas achou que deixou Coppola "irreconhecível" — para ficarem com uma aparência mais conservadora, o que seria mais aconselhável para lidar com as autoridades locais.[45] Às vezes o estratagema funcionava, visto que Coppola, com sua lábia, conseguiu filmar no meio de um desfile do Dia das Forças Armadas no Tennessee. Contudo, em Kentucky, um balseiro irritadiço recusou-se a permitir que Coppola filmasse a bordo, enquanto, em Nebrasca, ele bateu de frente com policiais locais por usar insígnias da polícia. Durante todos esses eventos, Lucas estava por perto em silêncio, com a câmera rodando — mesmo quando não estava filmando, ele *ainda* ficava perto de Coppola, com as mãos enfiadas no bolso, a sombra silenciosa do cineasta. "Sem dúvida, aqueles dois eram como unha e carne", recordou Colby. "George era muito retraído, muito quieto, muito tímido. E Francis era bastante agitado e extrovertido."[46]

Radicais e hippies

Mesmo assim, Lucas e Coppola não eram tão unha e carne a ponto de não discutirem de vez em quando; Lucas achava particularmente irritante quando Coppola se isentava de todos os termos e condições que ele impusera ao restante da equipe para sua aventura. Por exemplo, embora Coppola tivesse decretado que esposas e namoradas não seriam permitidas na viagem, ainda assim levara a própria esposa, Eleanor, e os filhos, e os colocara em um micro-ônibus Volkswagen, no fim do comboio. Essa ofensa Lucas foi capaz de deixar de lado, embora tenha feito questão de mostrar a família de Coppola em *filmmaker*, com uma breve narração lisonjeira. Porém, quando Coppola abandonou o comboio em um motel dilapidado na Pensilvânia para passar um fim de semana em relativo conforto em Nova York — havia rumores de que Coppola estava visitando uma amante —, Lucas ficou furioso. "Francis estava dizendo tudo isso de 'todos por um', mas foi embora para se divertir em Nova York", disse Lucas. "Ele achava que tinha o direito de fazer isso, e eu lhe disse que não era justo. Tivemos uma briga feia por causa disso."[47] *Justiça* seria sempre algo importante para Lucas.

Fora esses desentendimentos, tanto Lucas quanto Coppola acharam revigorante todo o processo de filmar *Caminhos mal traçados* sem planejamento. Não precisavam de sets nem dos recursos de um estúdio — e tudo que Coppola *não* tivesse à mão podia conseguir como achasse melhor. Por exemplo: apesar de não possuir consigo equipamentos para imprimir as filmagens de cada dia, Coppola simplesmente mandava o filme de avião para Nova York toda noite, a fim de ser impresso para tornar possível ver as gravações alguns dias depois. E o que era ainda melhor: ele podia fazer tudo isso sem os engravatados de Hollywood olhando por sobre seu ombro ou visitando o set e dando conselhos inúteis. "Começamos a nos sentir como Robin Hood e seu bando", disse Coppola. "Tínhamos mesmo uma máquina de cinema em nossas mãos e não precisava ser em Hollywood. Podia ser em qualquer lugar."[48]

Em qualquer lugar podia até mesmo ser no meio de lugar nenhum. No final de junho, Coppola tinha tanto material gravado nas mãos que decidiu ficar durante algumas semanas em Ogallala, Nebrasca, para examinar tudo. Transformou uma antiga loja de sapatos em uma sala de edição, onde se debruçou sobre a Steenbeck com o editor Barry "Blackie" Malkin para montar uma versão preliminar de exibição. Lucas sugeriu que as coisas poderiam andar mais rápido se Malkin tivesse um assistente e, então, recomendou Marcia para o trabalho, subvertendo discretamente a regra de Coppola contra namoradas em nome da praticidade. Porém, quando Lucas telefonou para ela com a oferta, Marcia ficou dividida; ela recebera uma oferta de Haskell Wexler para trabalhar em seu filme *Dias de fogo*, que Wexler estava planejando filmar na Convenção Nacional Democrata de 1968, naquele que acabaria sendo um verão bastante tumultuado. Lucas tinha seus projetos; Marcia tinha os dela — mas, como haviam noivado recentemente, Marcia sentiu-se obrigada a escolher o projeto de Lucas, e não o seu, e apareceu para o serviço na loja de sapatos em Nebrasca. No fim, um atraso no cronograma de filmagens de Wexler permitiria que ela trabalhasse nos dois filmes, mas um padrão já estava se formando: o trabalho de Lucas vinha antes do trabalho dela. E às vezes antes *dela*.

No entanto, Lucas ficou feliz de ter Marcia por perto — assim como Coppola, que admirava mais do que somente sua habilidade com edição. "Todos queriam Marcia", disse John Milius, seco, e Coppola — casado, mas com uma reputação, segundo as palavras de Marcia, de ser um "baita caçador de xoxota"[49] — "tentou dar em cima de Marcia", segundo Milius, "porque ele tentava dar em cima das esposas de todo mundo". Lucas só podia assistir a tudo isso de cara fechada, anotando essa nova ofensa para futura referência, enquanto Marcia repelia, educadamente, as insinuações de Coppola. "Esse era Francis", disse Milius. "Francis estava do lado de Francis — mas Francis era demais; um grande homem, mesmo."[50] Às vezes, isso era suficiente; outras vezes, não. Lucas podia perdoar, mas não esqueceria.

Coppola voltou à versão preliminar de *Caminhos mal traçados* e estava de fato tão concentrado no processo que, no final de junho, decidiu cancelar o compromisso que tinha de participar de uma conferência de professores em São Francisco. Ele concordara em integrar uma mesa-

-redonda chamada "O cinema em relação com a palavra impressa" com vários outros cineastas que haviam feito adaptações cinematográficas de livros, assim como Coppola fizera com *Agora você é um homem*. Na última hora, Coppola decidiu que *não* iria — mas, em vez de abandonar por completo o evento, resolveu mandar Lucas em seu lugar.

Lucas chegou ao Hilton de São Francisco bem a tempo para a mesa-redonda, sentando-se em uma cadeira no palco atrás de uma placa que ainda tinha o nome de Coppola. A seu lado, estava um cineasta independente de 31 anos do norte da Califórnia chamado John Korty, que adaptara seu filme *The Crazy-Quilt* a partir do conto "The Illusionless Man and the Visionary Maid", do psicanalista Allen Wheelis. Embora Korty falasse com eloquência sobre o assunto em pauta, foi quando passou a falar sobre sua maneira de filmar que Lucas realmente se interessou.

Nos últimos três anos, Korty trabalhara em sua própria instalação cinematográfica, dentro de seu celeiro em Stinson Beach, uma pequena cidade balneária ao norte de São Francisco. Ele arrecadara os 100 mil dólares para *Crazy-Quilt* de um jeito alternativo: pedindo dinheiro a amigos, colegas e até mesmo aos seus atores, filmara o longa-metragem localmente e, então, o editara com o próprio equipamento. Na estreia no Museu de Arte Moderna em São Francisco, o filme foi ovacionado de pé durante um longo tempo, e executivos de Hollywood correram para distribuí-lo e recrutar Korty, sendo cortejado com insistência pelo produtor David Wolper. Mas Korty não queria saber de nada daquilo. "Pelo que vi de Hollywood, estou melhor sozinho", disse Korty. "Prefiro trabalhar para mim mesmo... [Em Hollywood] você tem um produtor fungando no seu pescoço. Hollywood está morrendo aos poucos. Aqui [no norte da Califórnia] sou mais feliz trabalhando com menos dinheiro. O risco de fracasso é bem menor. Podemos terminar um filme em cerca de um ano... conseguindo os resultados que queremos."[51]

Era um discurso que Coppola ou Lucas poderiam ter feito — e provavelmente fizeram. Assim que a sessão terminou, Lucas puxou Korty de lado com animação. "Você precisa falar com Francis", disse ele, e os dois encontraram um telefone público no saguão e ligaram para Coppola em Nebrasca.[52] Coppola ficou extasiado; ele queria se encontrar com Korty o mais rápido possível — e, em 4 de julho, Coppola, Lucas e Ron Colby se reuniram com Korty em sua sede, em Stinson Beach.

Korty e sua esposa viviam em uma casa de dois andares com vista para o mar, a poucos passos de um celeiro cinzento de janelas quebradas que Korty usava como seu estúdio cinematográfico de múltiplas finalidades. A vista era maravilhosa. "Onde mais você pode pisar fora de casa e estar no lugar ideal para começar a filmar?", perguntou Korty.[53] O celeiro estava repleto de "todos os brinquedos de um jovem cineasta", recordou Colby, impressionado.[54] Uma grande tela de cinema ficava pendurada sobre um palco em uma das extremidades do celeiro, de frente para uma sala de projeção à prova de som, onde ficava um projetor de 35mm. Korty estava terminando de trabalhar em seu filme mais recente, *Funnyman*, e mostrou a Coppola os equipamentos de gravação, edição e dublagem guardados debaixo do telhado. Não eram necessariamente os mais modernos, mas eram todos *seus*, e Coppola e Lucas ficaram deslumbrados. Aquilo era exatamente o que tinham em mente para si mesmos. "[Korty] nos inspirou", disse Coppola. "Ele era um verdadeiro inovador."[55]

Coppola, Lucas e Colby entraram em sua perua para voltar para Nebrasca, onde *Caminhos mal traçados* ainda era enrolado na Steenbeck. Contudo, Coppola e Lucas tinham visto o futuro no celeiro à beira-mar de Korty — e, quando sua caravana de filmagens chegasse ao fim, Coppola iria construir sua própria comunidade cinematográfica... em algum lugar. "Se você pode fazer", dissera ele com entusiasmo a Korty, "nós também podemos".[56]

Finalmente, Coppola concluiu a versão preliminar de *Caminhos mal traçados* em São Francisco, em meados de outubro. Enquanto Francis terminava seu filme, George e Marcia estavam editando juntos o documentário de Lucas, agora oficialmente chamado *filmmaker: a diary by george lucas*, em sua casinha em Portola. Como sempre, a edição de filmes, não importando o tempo que levasse, era a parte divertida — e era ótimo

Radicais e hippies

que ele e Marcia pudessem fazer isso juntos. Porém, no resto do tempo, Lucas estava trabalhando no roteiro de *THX 1138*. Coppola continuara insistindo com Lucas que era a capacidade de escrever materiais originais que separava *cineastas* de meros *diretores*. "Escreva o roteiro e então o realize como produtor e diretor", aconselhou Coppola.[57] A ironia é que, no decorrer de suas carreiras, seria Lucas, o autoproclamado "mau escritor", quem escreveria e dirigiria seus próprios materiais — e criaria duas franquias cinematográficas icônicas ao longo do caminho —, enquanto Coppola faria sua fama em grande parte adaptando obras de outras pessoas para a grande tela. Contudo, naquele momento, Lucas estava levando o conselho de seu mentor muito a sério, escrevendo e reescrevendo, colocando tudo no papel, exatamente como Coppola havia instruído.

Em 1º de novembro, a primeira versão estava terminada. "É terrível", disse Lucas a Coppola ao lhe entregar o roteiro, e Coppola não discordou.[58] Depois de várias semanas trabalhando com Lucas em uma segunda versão, Coppola enfim admitiu que estava perplexo. "Simplesmente não entendo sua visão", disse ele a Lucas. "Talvez o que tenhamos de fazer é contratar um roteirista e deixar que ele tente." Coppola, então, entregou as duas primeiras versões ao roteirista televisivo Oliver Hailey, mas, depois de revisar o trabalho de Hailey, Lucas ficou ainda mais frustrado, queixando-se: "O roteiro dele não era nada do que eu queria."[59] Lucas continuaria revisando. E permaneceria infeliz.

Para Lucas, escrever sempre foi difícil — a não ser que outra pessoa estivesse fazendo isso, quando, então, Lucas transbordava de ideias e sugestões. Nos últimos tempos, Lucas ficara cada vez mais intrigado com um roteiro em que John Milius estava mexendo para um filme de guerra que se passava no Vietnã — um tópico perigoso em 1968, sem dúvida. Era um misto de *Dr. Fantástico* — um filme que Milius e Lucas adoravam — e *O coração das trevas*, de Joseph Conrad, um romance que Milius estava ansioso para adaptar porque parecia bastante impossível. (Uma adaptação cinematográfica bem-sucedida, disse Milius com orgulho, "deixaria perplexos todos esses grandes roteiristas".) No início, Milius chamou o roteiro de *The Psychedelic Soldier*, mas acabou optando por *Apocalypse Now*, uma cutucada inspirada nos bótons de NIRVANA NOW, que estavam sendo usados pelos hippies que Milius desprezava. Lucas adorou o roteiro e, conforme Milius continuava a escrever, Lucas oferecia uma ideia atrás da outra sobre como o filme deveria ser feito. Naturalmente, ele iria dirigir e o faria em um estilo de documentário com um filme de 16mm, para conseguir um efeito quase de noticiário. "George disse, 'Coloque todas as coisas legais aí, todos os helicópteros'", disse Milius, rindo. Na mente de Lucas, "ser o grande herói era ser o diretor",[60] disse Milius, não o roteirista.

Naquele inverno, enquanto *THX* ainda era preparado, Lucas começou a procurar lugares possíveis em Marin County para estabelecer a grande comunidade cinematográfica de Coppola. Coppola também estava procurando. Embora Francis preferisse que sua nova sede fosse em São Francisco — passara a apreciar o "fermento político e cultural" daquela área —, não se limitava quando havia inspiração envolvida.[61] No final de 1968, Coppola e Ron Colby viajaram para a Dinamarca para visitar outra companhia cinematográfica independente, a Lanterna Film, onde o cineasta dinamarquês Mogens Skot-Hansen vinha supervisionando produções cinematográficas — a maioria composta por comerciais e pornô leve — desde 1955. Coppola e Colby chegaram e encontraram Skot-Hansen trabalhando em uma antiga mansão na encosta de uma colina com vista para um lago, repleta de equipamentos de ponta, uma equipe de belas loiras e abrigando uma comunidade boêmia de cineastas. Coppola queria tudo aquilo, da casa ao equipamento e à camaradagem. Ele e Skot-Hansen ficaram amigos — ficaria com Skot-Hansen e sua família por quase três semanas — e, quando Coppola foi embora, o dinamarquês o presenteou com um brinquedo óptico do século XIX, um cilindro que, quando girado, olhava-se através de uma série de fendas, e ele produzia a ilusão de movimento.[62] Embora Coppola tenha gostado do brinquedo, adorou ainda mais o nome: *zoetrope*, das palavras gregas que significam "movimento da vida".

Na volta para casa, Coppola fez uma parada na feira comercial Photokina em Colônia, onde gastou, de bom grado, 80 mil dólares em uma nova mesa de edição e mixadores de som, embora não pudesse pagar por nada disso — e, quando o equipamento foi enviado para os Estados Unidos, ele não tinha onde colocá-lo. Não importava; Coppola estava empolgado demais em busca do sonho de sua própria comuna cinemática, sua própria liberdade criativa, para se incomodar com esses detalhes. "É meu", disse Coppola com orgulho sobre seu novo equipamento.[63] "Se você não estiver disposto a arriscar algum dinheiro quando é jovem, certamente não vai arriscar qualquer coisa no futuro."[64] Ao chegar a São Francisco, ele telefonou, animado, para Lucas, a fim de lhe contar sobre Skot-Hansen, a mansão e seus novos brinquedos. "Eis o que precisamos fazer", disse a Lucas. "Precisamos conseguir um casarão antigo, como uma fraternidade, e fazer filmes. E fazer isso aqui, em algum lugar fora de Hollywood."[65] Isso soava bem para Lucas, que queria ficar o mais longe possível de lá.

Na verdade, enquanto Lucas dirigia por Marin County, estava procurando mais do que apenas um local para o estúdio de Coppola; ele e Marcia estavam planejando se mudar para o norte da Califórnia — como Lucas jurara que fariam quando haviam noivado —, e ele encontrara uma casinha no alto de uma colina em Mill Valley. O lugar era pequeno, mas pitoresco — com sua cerca branca, parecia algo saído de uma pintura de Norman Rockwell —, e por 120 dólares mensais, sem dúvida era viável. Era justamente o tipo de lugar onde um jovem casal poderia viver. "Estávamos realmente felizes e otimistas", disse Lucas mais tarde sobre o tempo que passaram em Mill Valley. "No nosso estilo de vida, só usávamos dois cômodos, a cozinha e o quarto. Quando não estávamos em um, estávamos no outro."[66]

George e Marcia casaram-se no sábado de 22 de fevereiro de 1969 — quase exatamente um ano depois de anunciarem seu noivado —, na First United Methodist Church, em Pacific Grove, Califórnia. Lucas, com seu terno e gravata mais escuros, estava magricela, mas sorrindo de orelha a orelha quando ele e Marcia trocaram votos. Coppola estava lá com um paletó cor de ameixa e uma camisa da mesma cor, assim como os colegas de classe da USC Walter Murch e Matthew Robbins, e Verna

Fields, que estivera presente no início daquele relacionamento inesperado. "Foi um casamento pequeno, informal", disse John Plummer. "Foi entre amigos, uma ocasião extraordinária."[67] Os Lucas recém-casados partiram para uma curta lua de mel em Big Sur e, então, voltaram para Mill Valley, onde Marcia esperava ficar e começar uma família, enquanto Lucas foi para São Francisco para cumprir o papel de homem de negócios ao lado de Coppola.

Nos últimos meses, Coppola chegara perto de encontrar um lar para sua companhia. A certa altura, Lucas descobriu, na pequena cidade de Ross, o que parecia ser uma propriedade ideal: uma mansão antiga conhecida localmente como Dibble Estate. Coppola vendeu, animado, a própria casa e quase tudo o mais que tinha à mão para conseguir o dinheiro para a entrada, mas outro comprador chegou primeiro ("o que foi muito decepcionante", suspirou Coppola).[68] Começaram, então, as negociações por outra propriedade, que *também* não resultaram em nada, deixando Coppola em apuros, pois a mesa de edição e os mixadores de som que havia comprado em Colônia estavam finalmente a caminho de São Francisco, sem que ele tivesse um lugar para colocá-los. Com o tempo acabando, John Korty ajudou a localizar um armazém de três andares no número 827 da Folsom Street, em São Francisco — "um prédio de tijolos grande e estranho", como Coppola o chamou — bem a tempo de Coppola instalar seus novos volumosos equipamentos.[69] Lucas sugeriu, todo entusiasmado, que chamassem a companhia de Transamerican Sprocket Works, mas Coppola recusou esse nome, argumentando que parecia mais uma banda de rock. E Coppola tinha outro nome em mente, uma referência a Skot-Hansen e a seu maravilhoso brinquedo óptico: American Zoetrope.

Coppola nomeou-se presidente da Zoetrope, é claro, nomeando Lucas vice-presidente executivo. E por que não? "George era como um irmão mais novo para mim", disse Coppola. "Eu o amava. Aonde eu ia, ele ia junto."[70] Porém, isso era mais do que apenas outra empreitada cinematográfica juntos; Zoetrope era *liberdade*, um desprezo deliberado por Hollywood e sua influência repressora no cinema — e Lucas adorava fazer o papel de revolucionário. "Francis disse: 'É isso que queremos fazer', e eu disse, 'Sim, é isso que queremos fazer', então nos mudamos imediatamente para cá [em São Francisco] e começamos a American Zoetrope", relatou Lucas mais tarde. "Quando chegamos, eles [os estúdios de Hollywood] disseram: 'Vocês não podem fazer filmes aqui.' E dissemos: 'Bem, não damos a mínima para isso.' Eu disse: 'Amo São Francisco e é onde eu quero viver e não dou a mínima.' Continuei sendo teimoso e persistente."[71]

Um dos primeiros atos de Lucas como vice-presidente de Coppola foi recrutar talentos compatíveis. Lucas telefonou de imediato para Walter Murch, que estava trabalhando em comerciais com Haskell Wexler em Los Angeles, e pediu que ele largasse tudo, se mudasse para São Francisco e começasse a editar o som de *Caminhos mal traçados* nos equipamentos recém-instalados da Zoetrope. "Eu me lembro de George dizer: 'Bem, todos nós podemos voltar daqui a um ano com o rabo entre as pernas, mas pelo menos será divertido enquanto estivermos fazendo isso. Quem sabe o que acontecerá?'", recordou-se Murch. "A maioria das pessoas em Hollywood achava que o que estávamos fazendo era loucura. Mas era o final dos anos 1960, era São Francisco, era tudo parte do que víamos na época como o início da democratização técnica do processo de se fazer um filme — com relativamente pouco dinheiro, você podia mesmo pegar a estrada e filmar um longa-metragem."[72] Murch foi para São Francisco.

John Korty também se juntara à aventura, embora estivesse mais interessado em alugar escritórios e usar os equipamentos de ponta disponíveis na Zoetrope do que em se tornar parte do bando de Coppola. Haskell Wexler também demonstrou interesse em se juntar ao projeto, atraído pela ideia de usar equipes pequenas com equipamentos portáteis. De fato, Coppola estava disposto a fazer negócios com qualquer cineasta, roteirista, editor ou técnico que pensasse de maneira similar à sua, e ele e Lucas acabaram por recrutar outros amigos e colegas dispostos, incluindo Matthew Robbins, Willard Huyck, John Milius e Carroll

Ballard. Coppola, encantado por ter apóstolos, fechou a maioria de seus acordos com um aperto de mão, em vez de um contrato formal — porque contratos, disse Coppola, em uma típica fanfarrice antiestabelecimento, eram "meio que imorais".[73]

Contudo, havia um amigo que não seria convidado a entrar para o círculo da Zoetrope. Em determinado momento, Lucas levou Spielberg para mostrar a Coppola *Amblin'*, o filme estudantil recém-concluído de 26 minutos de Spielberg. Coppola pode ter ficado impressionado, mas não se convenceu de que Spielberg fosse digno da Zoetrope; Spielberg fedia muito a Hollywood para ser um verdadeiro revolucionário. "Eu não fazia realmente parte do círculo de Francis. Eu era um intruso, eu era o *establishment*", disse Spielberg. "Estava sendo criado e educado na Universal Studios, uma companhia muito conservadora, e aos olhos dele e também aos olhos de George, eu estava trabalhando dentro do sistema."[74] Spielberg continuaria a olhar para dentro do lado de fora — por ora.

Apesar de sua lábia, Coppola admitiu que se preocupava com a forma de financiar a Zoetrope, ainda mais porque *O caminho do arco-íris* desaparecera rapidamente de vista após a estreia, no final de 1968. Coppola não podia ganhar dinheiro sem um projeto à mão. "Eu não quero ter que criar sucessos", queixou-se para a imprensa. "Sabe, se isso significa que tenho de trabalhar com filmes de 6 mil dólares em São Francisco, então acho que é isso que tenho de fazer. Não sei. Provavelmente vou fazer outro filme grande agora. Preciso mesmo do dinheiro."[75]

Coppola chegou à conclusão de que provavelmente seria possível espremer dinheiro da Warner Bros.-Seven Arts, empresa na qual ele ainda tinha alguma influência. Apesar do fracasso de *O caminho do arco-íris*, o estúdio estava animado com *Caminhos mal traçados*, programado para estrear em setembro de 1969, e Coppola enviou, com entusiasmo, a versão mais recente do roteiro de Lucas de *THX 1138* a executivos no escritório do presidente do estúdio, Eliot Hyman. Para o espanto de Coppola, Hyman e sua equipe não ficaram impressionados; rejeitaram o roteiro de imediato, o que deixou Lucas desolado. Porém, o astuto Coppola sabia de algo que Lucas não sabia. A Warner Bros.-Seven Arts estava prestes a ser comprada pela Kinney National Services, que até 1969 era conhecida principalmente por seus estacionamentos e serviços de limpeza. "O que vamos fazer é esperar até que esses novos sujeitos entrem para a diretoria", disse Coppola a Lucas. "Não precisamos dizer a eles que [*THX*] já foi rejeitado. Apenas vamos fingir que já o começamos."[76]

A troca iminente de liderança na Warner foi um golpe de sorte. Em julho de 1969, Coppola teria outro.

Em 14 de julho de 1969, estreou nos cinemas o longa *Sem destino*, um filme de estrada de contracultura dirigido e coescrito por Dennis Hopper, de 33 anos, e produzido completamente fora de Hollywood. Filmado na estrada — como *Caminhos mal traçados* — com um orçamento baixo, que ficou em torno de 350 mil dólares, *Sem destino* se tornaria um dos filmes mais lucrativos já feitos. Seu único contato com o sistema hollywoodiano fora para a distribuição — "o último grande mistério pelo qual os estúdios continham a todos", lamentou um diretor —, cujos direitos haviam sido adquiridos com avidez pela Columbia.[77] "Houve uma grande inovação em *Sem destino*", disse Walter Murch, "que, enfim, sugeriu aos estúdios que podia haver algo de valor no modo como pensávamos".[78] Hopper pode ter chegado antes de Coppola, mas provara que seus instintos revolucionários estavam certos.

Os estúdios não se importavam com quem havia chegado primeiro lá; eles apenas farejavam dinheiro. Por que investir milhões para bancar um filme enorme no pátio de estúdio quando se podia simplesmente distribuir filmes produzidos de maneira independente? De repente, filmes independentes — feitos por jovens diretores, roteiristas, atores e produtores — estavam em demanda. Os estúdios queriam jovens talentos, às vezes recrutando diretamente das escolas de cinemas. Foi um movimento que Lucas aplaudiu. "Acho que os filmes estudantis são a única esperança real", disse Lucas a um repórter. "Acho [que os estúdios estão] começando a perceber lentamente que os estudantes sabem o que estão fazendo, entende? Que não são apenas um bando de crianças tolas brincando por aí."[79]

Hollywood estava mudando — pelo menos por enquanto — na direção de uma nova onda de cinema americano dinâmico, definido em grande parte pelas visões pessoais dos diretores *auteurs* — tão integrais a um filme, de acordo com o raciocínio, quanto um poeta era a um poema. "'Cinema pessoal', essa era uma expressão que usávamos bastante", explicou Coppola. "Um filme pessoal era algo que você escrevia e dirigia sobre coisas que talvez não compreendesse por completo, mas a que o processo de filmagem responderia; não seria apenas a repetição constante de um filme de gênero... tentar fazer filmes que pudessem explicar a vida."[80]

Não demoraria muito para o movimento morrer — e Lucas, para seu espanto, seria, em grande parte, responsável pela mudança gradual de filmes mais crus e pessoais para arrasa-quarteirões populares mais acessíveis.

Contudo, por ora, *Sem destino* havia criado um tsunami de entusiasmo independente e, em agosto, Coppola seguiu a onda direto para dentro dos escritórios da Warner Bros.-Seven Arts — ele supostamente entrou correndo no estúdio em uma moto —, a fim de fazer uma nova oferta ao novo regime praticamente irrecusável. Após a aquisição da Warner pela Kinney, o estúdio nomeara o ex-agente de talentos Ted Ashley como seu novo presidente, e ele limpara a casa, trazendo o produtor cinematográfico John Calley para ser seu diretor de produção. Coppola tinha quase certeza de que conseguiria abrir a carteira de Calley com um pouco do seu famoso charme — e ele fez propostas insistentes a Calley e aos executivos da Warner, oferecendo-lhes um "pacote multifilme" de sete roteiros, dos quais poucos haviam sido de fato escritos. Porém, Coppola prometeu, confiante, a Calley que não só todos eram sucesso garantido, como também, no espírito dos filmes independentes de baixo orçamento como *Sem destino*, podiam ser produzidos por menos de 1 milhão de dólares cada. Incluído no pacote, estava um roteiro seu chamado *A conversação* — Coppola garantiu a Calley que Marlon Brando estava interessado no filme (ele não estava) — e, claro, *THX 1138*, de Lucas, que Coppola, tal como havia prometido, afirmou que já estava em produção.

No fim, isso era quase verdade. Após várias tentativas, Lucas terminara a versão final do roteiro de *THX* com Walter Murch — uma boa escolha, visto que Murch trabalhara com Lucas no esboço para o filme estudantil original —, mas Coppola não estava disposto a deixar ninguém da Warner dar uma olhada no roteiro esotérico de Lucas. "Vocês precisam entender uma coisa", Coppola disse à Warner. "Não posso fazer Lucas trabalhar com um estúdio para desenvolver um roteiro. Ele confia em mim, podemos fazer isso juntos, ele e eu, será fantástico, mas fiquem fora disso. Vamos trazer para vocês o filme terminado."[81] E, para evitar preocupação, Coppola disse a Calley que Lucas era um gênio e "um talento gigantesco" — algo de que Calley não discordou. "Todos que o conheciam sentiam que [Lucas] era uma espécie de gênio do cinema em potencial", disse Calley, "certamente alguém revolucionário".[82] A palavra de Coppola e a reputação de Lucas eram boas o bastante para Calley.

Lucas também estava escolhendo o elenco e as locações. A princípio, imaginou filmar *THX* no Japão, usando a arquitetura distintamente moderna do país para transmitir uma atmosfera surreal do futuro. Após enviar o diretor de arte Michael Haller ao Japão para tirar fotos, Lucas, enfim, foi até lá pessoalmente — com o dinheiro da Zoetrope —, a fim de escolher as locações. Funcionários locais ficaram animados com a ideia de Lucas de filmar no interior de vários complexos industriais — incluindo uma usina nuclear —, mas logo ficou evidente que conseguir as permissões oficiais seria um pesadelo. Lucas voltou para São Francisco, onde continuou procurando por locações na região, ao mesmo tempo que supervisionava a escolha do elenco.

Na verdade, Lucas estava no meio de um teste de atores quando Coppola entrou no cinema e o puxou de lado para lhe dizer que chegara a um acordo com Calley para o financiamento de sete filmes. (Uma vez que ele fazia aniversário em 7 de abril, Coppola sempre considerou sete seu número de sorte.) A Warner concordara em dar a Coppola 300 mil para o desenvolvimento de *THX* e seis outros roteiros — um dos quais, disse a Lucas, era *Apocalypse Now*, seu e de Milius. Era um filme que Coppola não tinha o direito de usar como moeda de troca; ele não vira o roteiro e não tinha nada a ver com ele, a não ser ter conhecimento do envolvimento de Lucas, mas seu próprio entusiasmo ganhara o dia.[83] "Fiquei chocado", diria Lucas posteriormente. "Foi ótimo por *THX*, mas Francis nem mesmo me havia perguntado ou falado sobre *Apocalypse*."[84] No entanto, não havia como convencer Coppola do contrário e não havia mais volta. "Ninguém pode encontrar defeitos nesse [acordo]", disse Coppola. "É a coisa certa. Posso sentir... Sei que é bom."[85]

"Foi nesse momento que a American Zoetrope realmente nasceu", disse Lucas mais tarde.[86] "Assim que *THX* recebeu o sinal verde, fomos capazes de pagar às pessoas e, de repente, todo mundo tinha um emprego."[87] Publicamente, Calley dera apoio e até mesmo se mostrara animado com a relação da Warner com a Zoetrope. "Estamos dispostos a apostar de forma esclarecida em jovens", declarou Calley a um escritor.[88] Porém, ser esclarecido não significava que ele fosse ingênuo ou idiota. Calley dera o dinheiro a Coppola sob uma condição bastante sagaz: aqueles roteiros não estavam sendo comprados; aquilo era um *empréstimo*. No momento em que a Warner Bros.-Seven Arts perdesse a fé em Coppola ou em qualquer um de seus filmes, eles poderiam suspender o empréstimo e Coppola teria de devolver tudo.

Coppola estava confiante de que isso nunca aconteceria, afirmando publicamente que sua companhia valeria 10 milhões de dólares em 1975.[89] Radiante com o dinheiro de Calley, Coppola passou o final do verão de 1969 fazendo a Zoetrope parecer uma empresa de verdade, incumbindo sua esposa, Ellie, da tarefa de transformar as oito salas de edição e os três andares de escritórios da Zoetrope em "um lugar acolhedor, sem suntuosidade nem nada do tipo".[90] Ellie encheu o lugar de sofás infláveis e outros móveis, pintou as paredes de tijolos de vermelho, branco e azul — ou as cobriu com tecidos laranja e azuis — e pendurou fotos em preto e branco gigantescas de antigos diretores em cada sala. Coppola orgulhava-se em particular da área de recepção, onde colocou uma mesa de sinuca antiga e uma lustrosa máquina prateada de café expresso, cobriu as paredes com armários envidraçados repletos de equipamentos de filmagem antigos e contratou a mais bonita das recepcionistas com a saia mais curta.[91]

Entretanto, a maior parte do dinheiro foi destinada aos equipamentos. Além de suas caras máquinas alemãs de edição, Coppola possuía o único mixador Keller de três telas da Califórnia, uma máquina fantástica — parecia pertencer à ponte da Enterprise de *Jornada nas estrelas* — que podia editar três tamanhos de filme em três velocidades distintas. Havia luminárias portáteis, equipamentos de som e câmeras com personalidades tão distintas quanto a de cineastas, da Super 8 a uma Arriflex, e uma Mitchell BNCR de 40 mil dólares.[92] Tudo estava disponível para ser alugado por qualquer cineasta — e, no decorrer do ano seguinte, a maioria seria extraviada, perdida ou simplesmente roubada.[93] "O estúdio nem sempre foi administrado com prudência", admitiu Coppola mais tarde. "A companhia foi criada mais por idealismo do que por qualquer outra coisa."[94]

Isso sem dúvida era verdade — e ele e Lucas com frequência brigavam exatamente sobre o idealismo de quem deveria prevalecer. "Acho que Francis sempre olhou para George como um assistente novato que tinha as próprias opiniões. E não há nada mais perigoso do que um assistente com opiniões, certo?", disse Steven Spielberg, rindo."[95] Enquanto Coppola imaginava a Zoetrope como um complexo corporativo, com seu próprio aeroporto e sua frota de helicópteros, Lucas queria algo menor, até mesmo aconchegante, e menos opressor. "O que estamos buscando é total liberdade, com a possibilidade de financiarmos nossos filmes, fazê-los do nosso jeito, lançá-los onde quisermos que sejam lançados e sermos completamente livres para nos expressar", explicou Lucas. "Isso é muito difícil de ser feito no mundo dos negócios. Neste país, a única coisa com voz é o dinheiro, e você precisa ter dinheiro para exercer o poder de ser livre. Assim, o risco é acabar sendo tão opressor quanto qualquer um com aqueles que estão em uma posição inferior à sua. Vamos fazer o possível para evitar essa armadilha."[96]

Ainda assim, tanto Coppola quanto Lucas proclamavam a quem quisesse ouvir que o cinema independente era a onda do futuro, tendo a Zoetrope como a porta-estandarte. O sistema de estúdio hollywoodiano estava morto, vociferou Coppola ao *Christian Science Monitor*. "É como se a Rússia czarista tivesse se derrubado... Dentro de dez anos, não restará nenhum estúdio grande."[97] Lucas explicou, em termos menos inflamados, e disse a um repórter: "A única coisa que eles têm de que precisamos é o dinheiro. E eles estão conseguindo cada vez menos. A coisa mais empolgante sobre o cinema é que está apenas começando. Todos em Hollywood têm mais de 50 anos e estão com as juntas rangendo. Eles veem filmes como o passado. Nós os vemos como o futuro."[98]

No final das contas, Coppola via Zoetrope ocupando o mesmo espaço no cinema que a Apple Corps dos Beatles ocupava na música: uma companhia em que a criatividade vinha antes do aspecto comercial e sempre merecia ser ouvida. "Damos valor ao fato de que gente jovem vem até nós", disse Coppola. "Assistiremos ao filme e leremos o manuscrito de qualquer pessoa."[99] Lucas concordava com essa abordagem até certo ponto — "Nós dizemos: 'Achamos que você é uma pessoa talentosa e trabalhadora, e o estamos contratando por suas habilidades e receberemos o que quer que você crie'", disse —, mas ele não via Zoetrope exatamente como o Éden artístico de Coppola. Para Lucas, era mais "uma confederação vaga de radicais e hippies".[100] Em suas palavras: "Era algo bastante rebelde. Tínhamos ideias bastante incomuns que jamais permitiriam que se infiltrassem nos estúdios."[101]

Algumas dessas ideias incomuns estendiam-se para além do que estava na tela, ou seja, para como os filmes deveriam ser feitos, distribuídos e vendidos. Tanto Coppola quanto Lucas previam um futuro ousado de alta tecnologia, com filmes "vendidos como sopa", disse Coppola. "Você poderá comprar o filme em cartuchos por 3 dólares e reproduzi-lo como faria com um disco, em casa."[102] Sentado para uma conversa com Mel Gussow, do *New York Times*, em seu escritório na Zoetrope, certa tarde, debaixo de uma foto de parede inteira de Eisenstein, Lucas apoiou o entusiasmo de Coppola por videocassetes — uma tecnologia que chegaria a quase todos os lares mais de uma década mais tarde — e previu com confiança que os filmes acabariam sendo produzidos em formato 3-D, talvez até mesmo como hologramas. No entanto, ele estava ainda mais animado com a ideia de que câmeras e outros equipamentos de filmagem eventualmente pudessem tornar-se tão compactos e baratos que qualquer um poderia fazer um filme, eliminando, com isso, a necessidade da máquina hollywoodiana. "A piada aqui é que a Mattel lançará um kit completo de filmagem. Será todo de plástico, e qualquer criança de 10 anos poderá fazer um filme", brincou Lucas. "Espero ansiosamente pela dispersão, quando não mais precisaremos de um lugar como este."[103] Lucas adorava a ideia de democratizar o processo de filmagem: para ele, era disso que realmente se tratava a Zoetrope.

Lucas começou a filmar *THX 1138* em uma segunda-feira, dia 22 de setembro de 1969, gravando das 8 da manhã às 7 da noite no ainda inacabado sistema de Bay Area Rapid Transit. Transformar seu projeto estudantil de 15 minutos em um filme mais elaborado de noventa minutos exigiu que Lucas analisasse algumas de suas próprias experiências para estabelecer a aparência e a ambientação de seu protagonista THX. "[George] disse que tirou parte da ideia para o mundo estéril quando dirigia pelas rodovias de concreto no sul da Califórnia", recordou sua mãe, Dorothy, "e quando olhava para todos os seus prédios de concreto, ele exclamava: 'Que mundo!'".[104] Para o visual distintamente desolador de *THX*, Lucas tiraria o máximo proveito das locações escolhidas a dedo — iria construir somente um set interior —, filmando não só no sistema BART vazio, mas também na Oakland Arena, no Marin Civic Center e no campus da Berkeley. Com uma câmera estrategicamente colocada, Lucas podia fazer até mesmo uma escada rolante comum parecer vagamente exótica. E, assim como sua experiência filmando a primeira versão de *THX*, havia dias em que ele e sua equipe tinham de filmar depressa e sem autorização. "Às vezes tínhamos apenas cerca de duas horas para filmar em um lugar específico", disse Lucas. "Havia várias coisas que fizeram com que se parecesse com um filme de rua — chegávamos lá, filmávamos nossas tomadas antes que a polícia chegasse e, então, fugíamos o mais rápido possível."[105]

A sociedade impessoal, imperfeita e mecanizada de *THX* foi inspirada por uma experiência na USC em que o novo sistema de computadores da universidade misturou os horários dos cursos de todos os alunos. "Isso realmente deixou uma impressão em sua mente", disse Dorothy Lucas.[106] Assim, o roteiro final estabelece um mundo que havia sido somente sugerido no filme estudantil de Lucas, colocando THX em uma sociedade fria e opressora em que o governo monitorava seus residentes, determinava as prioridades com base em orçamentos e exigia que seus cidadãos vivessem e trabalhassem em um estupor sem emoções e induzido por drogas.

Lucas e Murch também desenvolveram o papel da parceira de THX, LUH 3417, que diminui a quantidade de drogas sancionadas pelo governo usadas por THX. À medida que THX liberta-se gradualmente da influência das drogas, ele fica mais consciente e é mais afetado pelas emoções, até que ele e LUH, enfim, fazem amor — uma infração penal que o leva a julgamento por perversão sexual e evasão de drogas. THX é sentenciado a ser condicionado e permanecer em detenção: um espaço branco interminável povoado por outros não conformistas — alguns perigosos, alguns meramente diferentes —, incluindo o orador SEN 5241, que pode ou não ter um interesse lascivo por THX. Cansado do aprisionamento, THX simplesmente sai do confinamento para o vazio branco. Esse era um ponto crítico na história, e Lucas queria que todos compreendessem a mensagem que ele estava tentando transmitir. Era "a importância do eu e de ser capaz de sair de qualquer coisa em que se esteja e de seguir em frente, em vez de ficar preso à sua pequena rotina", explicou Lucas em 1971. "As pessoas dariam qualquer coisa para largar seus empregos. Tudo o que precisam fazer é largar... São pessoas em celas com portas abertas."[107]

Quando as autoridades tomam conhecimento do desaparecimento de THX, anunciam o tempo e o orçamento estimado para sua captura — e Lucas dedica o terço final do filme à perseguição de THX, colocando, enfim, a sequência de perseguição estendida de seu filme estudantil em um contexto maior. Com policiais robôs de rosto cromado em seu encalço, THX acaba roubando um carro — Lucas sempre adoraria a oportunidade de filmar carros correndo — e dispara por uma série infindável de túneis, batendo, por fim, em andaimes. Ele continua a pé, acossado, por um momento, pelo mirrado povo-concha, até que alcança uma escada e começa a subir, com um policial robô quase em seus calcanhares, apenas alguns degraus abaixo dele. Quando THX aproxima-se do topo, o policial recebe ordens de abandonar a perseguição porque o orçamento para a captura de THX havia estourado. Finalmente livre de perseguidores, THX sobe até a superfície, onde, então, fica de pé com um cenário ao fundo dominado pelo pôr do sol — a tomada que Lucas imaginara desde pelo menos 1966, agora totalmente em cores *e* em wide-screen.

No fundo, *THX 1138* era sobre recusar-se a aceitar o *status quo*. "[É] sobre um herói que vive em um formigueiro e ousa sair", diria Lucas posteriormente. De certo modo, era o que ele e Coppola estavam fazendo com a Zoetrope. Como THX, eles também haviam escapado do sistema em busca de uma liberdade que podia ser conquistada, necessitando apenas que se estivesse disposto a deixar o *status quo* para trás. Conforme Lucas observou, "essa questão de sair de um ambiente seguro e rumar para o desconhecido" seria uma premissa subjacente em seus três primeiros filmes, seguindo por uma linha reta temática de *THX*, passando por *Loucuras de Verão* e chegando a *Star Wars*. "Eu fui bastante consistente em minhas obsessões cinemáticas", admitiu ele.[108] Embora, mais tarde, os críticos fossem demolir *THX*, esse e seus outros filmes sairiam do mesmo núcleo emocional e psicológico.

A verdadeira força de Lucas, como sempre, estava em seu senso visual e artístico. De vez em quando, Lucas podia ser deliberadamente artístico, mostrando um lagarto arrastando-se em meio aos fios internos de algum maquinário — uma imagem que Lucas insistiu ser uma metáfora, mas que Walter Murch sentia que funcionava melhor se não fosse explicada. Com frequência, Lucas seria acusado de favorecer o maquinário no lugar de pessoas em seus filmes e de ser frio e sem emoção — ou, no mínimo, desinteressado —, mas ele realmente queria que suas imagens transmitissem sentimentos. Na verdade, ele estava convencido de que *THX* era todo *sobre* emoções — sobre suprimi-las, lutar para controlá-las e, por fim, soltá-las e aceitá-las, apesar das consequências. Era "cinema puro", insistiu ele; não precisava fazer sentido sempre, mas definitivamente tinha de provocar uma sensação ou uma resposta.

Também era importante para Lucas que *THX* não se parecesse com nada já feito. "Meu conceito primário ao abordar a produção de *THX 1138* era o de fazer uma espécie de filme *cinema vérité* do futuro", explicou ele ao *American Cinematographer*, "algo que parecesse como se uma equipe de documentário tivesse feito um filme sobre algum personagem em uma época ainda remota".[109] Por essa razão, ele chamara para serem seus diretores de fotografia dois documentaristas — o cameraman de noticiário Albert Kihn e Dave Meyers, que filmara cenas para o documentário *Woodstock* — e insistiu que trabalhassem quase exclusivamente com a luz disponível, tal como ele fizera para seu filme estudantil. As coisas podiam ser especialmente desafiadoras na sequência da detenção, que contava com atores em figurino branco em móveis brancos contra um fundo branco. Lucas gostou desse visual distinto — com receio de deixar marcas no chão branco, ele andava pelo set de meia — e pediu que Kihn mantivesse a câmera parada, deixando que os atores entrassem e saíssem de cena de uma maneira quase casual, tal como em um documentário. Em outros momentos, Lucas deixava seus cameramen em escuridão quase total e, então, mandava que "colocassem suas lentes mais rápidas, abrissem o máximo possível e filmassem".[110] Para a surpresa de Lucas, a maior parte do material filmado "parecia boa". Porém, ele de jeito nenhum mostraria isso ao estúdio, nem mesmo se pedissem. "Teriam me despedido na hora", disse ele posteriormente.[111]

Isso poderia ter sido verdade. Felizmente, os executivos da Warner haviam prometido importuná-lo o mínimo possível, embora tenham insistido com Coppola para designar um produtor executivo para ficar de olho em Lucas e nesse filme artístico de ficção científica, que os deixava cada vez mais apreensivos. Coppola nomeou Larry Sturhahn, seu diretor assistente em *Agora você é um homem* para o trabalho, sobretudo porque ele sentia que Sturhahn era áspero o suficiente para manter Lucas dentro do cronograma. O plano funcionaria — Lucas entregaria o filme a tempo e dentro do orçamento —, mas ele reclamava constantemente de Sturhahn, que parecia estar sempre ao telefone em vez de permanecer no set ajudando. Nas palavras de Matthew Robbins, "Sturhahn foi apontado para *THX* para que George tivesse alguém para odiar".[112]

Mesmo que odiasse seu produtor executivo, Lucas adorava seu "elenco profissional, composto por excelentes atores".[113] Sabia que estava pedindo muito deles; todos teriam de raspar a cabeça, a maquiagem e os figurinos seriam mínimos, e, com a direção de Lucas, a aparência demonstrada pelos personagens seria de "emoção confusa". Até mesmo o diálogo era "intencionalmente abstrato", disse Lucas, com frequência sem relação com o visual presente na tela, tal como o uso que Lipsett fizera de diálogos em *21-87*.[114] "Para o ator", disse Lucas, "quanto menos você tem que fazer, mais difícil é".[115]

Felizmente, Lucas escolhera bem seus atores; para o papel principal, ele havia contratado Robert Duvall, com quem fizera amizade durante *Caminhos mal traçados*. "Eu me decidira por Bobby antes mesmo de terminar o roteiro", disse ele mais tarde.[116] O papel de LUH ficou com Maggie McOmie, uma ex-funcionária da Kelly que tinha pouca experiência como atriz, mas que estava disposta a raspar seu longo cabelo louro-arruivado para o papel — uma decisão que incomodou mais o Lucas do que a ela. Enquanto isso, o papel de SEN ficou com o instigante Donald Pleasence, que era ótimo para interpretar essa combinação de inteligência e estranheza.[117] Lucas sempre admitiria que trabalhar com atores nunca foi seu forte — "Não sou muito bom com pessoas, nunca fui", disse ele —, e durante as filmagens de *THX* ele optou por não fazer muitos ensaios, preferindo preparar a cena, ensaiar uma vez e, então, filmar, sem marcações e com poucas medições.[118] Contudo, Duvall achou essa abordagem de não interferência animadora. "[Lucas] deixa você em paz", disse Duvall. "Isso sempre é bom... A sensação era de estar em mãos seguras."[119]

De qualquer forma, isso não importava muito para Lucas; ele cuidaria de tudo durante o processo de edição.[120] Lucas terminou as gravações de *THX* na noite de 21 de novembro de 1969, quando filmou carros colidindo no gelado Caldecott Tunnel, em Oakland. Com as filmagens concluídas, ele levou seu filme — os mais de 76 mil metros dele — para casa, em Mill Valley, onde planejava editá-lo em seu sótão, e não nas novas instalações da Zoetrope. Os escritórios na Folsom Street eram cheios e barulhentos demais, com muitas distrações, explicou Lucas,— "como tentar escrever um romance na sala de redação de um jornal".[121]

Foi uma decisão que não surpreendeu nem um pouco Coppola. "Você sabe como George é", suspirou ele.[122]

Após passar a última parte de 1969 renovando e decorando os escritórios da Zoetrope, Coppola estava pronto para abrir oficialmente as portas — e em uma sexta-feira, 12 de dezembro, ele fez isso com sua desenvoltura costumeira, dando uma festa enorme à qual praticamente toda a cidade de São Francisco foi convidada. "Todas as bandas de rock estavam lá", recordou Milius. "Havia muita droga sendo fumada, muito sexo. Foi ótimo."[123] John Calley também estava lá, com as mãos nos bolsos, a boca entreaberta e provavelmente se perguntando em que raios metera a si mesmo e a Warner.

Coppola não se importava com isso. Com Lucas trabalhando na edição de *THX 1138* e os demais apóstolos desenvolvendo roteiros e planejando projetos, Coppola enfim tinha o seu Éden cinemático — parte comuna hippie, parte colônia de artistas, e tudo seu. "Era como um sonho", disse ele. "Era como uma escola de cinema que nunca existiu." Lucas também achava que era o mais próximo do nirvana a que um cineasta poderia chegar. "O mais próximo que chegamos do sonho foi quando estávamos fazendo *THX* e todo mundo estava escrevendo seus roteiros", disse Lucas, "e todo mundo estava em volta da mesa de sinuca bebendo cappuccinos e filosofando sobre a nova ordem mundial e tudo o mais". John Milius concordou. "Foi a melhor coisa que já fizemos", disse ele, com entusiasmo.[124]

Não duraria muito — e, em grande parte, isso seria culpa de Lucas e de *THX*.

Após completar as filmagens de *THX*, em novembro de 1969, Lucas, Marcia e Walter Murch passaram quase seis meses editando o filme, trabalhando quase sem parar durante sete dias por semana. "O barulho dos rolos de filme era ouvido 24 horas por dia", observou Murch.[125] George e Marcia editavam o dia inteiro e paravam à noite, quando Murch chegava de moto, vindo de Sausalito, a 8km dali, onde estava morando em uma casa flutuante. Eles discutiam o filme durante o jantar e, então, Murch passava a noite toda editando o som do filme. Diariamente, Lucas esperava ter deixado para Murch algo no visual do filme que o inspiraria na maneira como editava o som; da mesma forma, quando Murch entregava o filme todas as manhãs, ele esperava que Lucas ouvisse algo na faixa sonora que influenciasse o modo como ele montava o filme. Era um casamento de som e imagem, e Lucas adorava o modo como se complementavam — e conversavam sobre a evolução contínua do filme durante o café da manhã, antes de Murch voltar para Sausalito e os Lucas subirem as escadas até a sala de edição.

E assim a coisa seguiu até a primavera de 1970. O ritmo era exaustivo, mas Lucas adorava o processo de edição e estava satisfeito com a forma que o filme estava tomando. Marcia não tinha a mesma certeza. Embora Lucas continuasse insistindo que *THX* era todo sobre emoção, Marcia não achava que estivesse funcionando. "Gosto de ficar envolvida emocionalmente com um filme", disse ela. "Nunca me importei com *THX* porque o filme não despertava nada em mim." Porém, esse tipo de crítica apenas deixava Lucas irritado; ele dizia a Marcia que ela não entendia. Marcia assentia e continuava a editar o filme de acordo com a visão de Lucas, mas não estava feliz com isso. "Tudo o que ele queria fazer era cinema abstrato, poemas tonais, coleções de imagens", suspirou ela.[126]

Em maio de 1970, executivos apreensivos da Warner Bros. finalmente pediram para ver pessoalmente *THX 1138*. Fazia sete meses que Lucas terminara as filmagens, e Coppola assegurava constantemente ao estúdio que Lucas estava levando o tempo necessário para lhes dar algo verdadeiramente fantástico. Agora era hora de Coppola mostrar algo ou se calar. Na noite anterior à sua reunião com a Warner, Coppola foi até a casa de Lucas para dar sua primeira olhada em *THX*.

Quando terminou, Coppola permaneceu sentado em silêncio por um momento. "Bem", disse ele lentamente, "isso vai ser uma obra-prima ou uma masturbação".[127] Mas ele disse a Lucas para não se preocupar — ele garantiria à Warner que o filme ainda era um trabalho em andamento e que Lucas podia consertar qualquer coisa de que não gostassem na próxima edição. "Esse é o nosso primeiro filme, estamos todos aprendendo, estamos tentando algo novo aqui", disse a Lucas. "Seria loucura pensar que vamos acertar em cheio de primeira."[128] Coppola pegou o filme e foi para Hollywood. Tudo o que Lucas podia fazer era ficar em Mill Valley com Marcia e esperar.

No dia seguinte, Coppola exibiu *THX* na Warner Bros. Além de Ashley e Calley, o estúdio levara vários nomes de peso para a sessão, incluindo Frank Wells, o diretor comercial, Dick Lederer, vice-presidente de produção, e o editor de histórias Barry Beckerman. A reação deles não foi encorajadora, para dizer o mínimo. Os executivos ficaram sobretudo perplexos. "Espere um pouco, Francis", perguntou um, "o que está acontecendo? Esse não é o roteiro que dissemos que iríamos fazer. Esse não é um filme comercial". Coppola só pôde afundar no seu assento e resmungar: "Não sei que porra é essa."[129]

Lucas esperara e estava preparado para essa reação. "[Francis] não vê o lado negativo", explicou Lucas posteriormente. "Eu estou *sempre* vendo o lado negativo. E ele fala, 'Ah... você é um garoto de 80 anos... Por que está sempre preocupado com a possibilidade de tudo dar errado? Por que simplesmente não pensa em todo o sucesso que faremos?'"[130] No entanto, nesse caso Lucas tinha razão de ficar preocupado, pois havia uma chance bastante real de que os executivos pegassem o filme e eles mesmos o reeditassem. Lucas jurou que isso não aconteceria — e ele até mesmo cooptou vários zoetropers para um plano B. Enquanto o filme era exibido, Murch, Caleb Deschanel e Matthew Robbins aguardavam ao pé da famosa torre d'água da Warner Bros., do lado de fora da sala de exibição. Assim que o filme terminou, eles correram para a sala de projeção, pegaram as latas do filme e partiram em disparada no micro-ônibus Volkswagen de Robbins.

Embora Ashley não estivesse planejando tomar o filme de Lucas — pelo menos não ainda —, disse a Coppola que o filme precisava tornar-se mais "acessível" ao público. Lucas ficou pasmo; na sua opinião, ele fizera um longa que era *muito* mais acessível do que o filme estudantil original. Era "acessível, mas também estilizado e bidimensional", disse Lucas mais tarde, e ficara frustrado com o fato de os executivos do estúdio simplesmente não entenderem.[131] "Eles não entenderam nada", reclamou. "Ficaram completamente confusos com o filme."[132] Marcia tentou não lembrar o marido de que havia lhe avisado disso. "Não fiquei surpresa quando o estúdio não gostou do filme", disse ela mais tarde. "Mas George simplesmente me disse que eu era idiota e que eu não sabia de nada. Porque eu era apenas uma garota do Valley. Ele era o intelectual."[133]

Intelectual ou não, Lucas tinha um problema muito real. Ashley estava disposto a dar a Lucas a oportunidade de reeditar pessoalmente o filme e pediu que trabalhasse com Fred Weintraub, o vice-presidente de serviços criativos do estúdio, para encontrar um meio-termo. Weintraub era um homem grande e barbado com uma veia boêmia, mas, aos 42 anos, tinha pouca paciência com a vanguarda; ele queria apelo comercial. Em 1975, ele produziria *Operação Dragão*, de Bruce Lee, um filme que era muito mais do seu feitio. Assim, uma das primeiras recomendações de Weintraub foi que Lucas pegasse o diminuto povo-concha, que aparecia na segunda metade do filme, e o colocasse no início do filme, e então contasse o restante do filme em flashback. "Coloque as aberrações na frente", disse ele casualmente a Lucas — e, até hoje, Lucas só consegue repetir a frase com desprezo: *Coloque as aberrações na frente*. "Esqueça", disse Lucas a Coppola, "não vou fazer nada disso", e ele e Weintraub ficariam dando voltas e mais voltas. "[George] tinha de ficar sentado na mesma sala com um dos monstros, que tinha o poder de lhe dizer o que fazer", disse Murch.[134]

A certa altura, Weintraub parou de falar sobre aberrações e flashbacks e concordou em deixar Lucas reduzir algumas das cenas na sequência da detenção no limbo branco. Contudo, Coppola sabia que o filme provavelmente estava com problemas e que seu próprio capital com a Warner Bros. estava diminuindo rapidamente. Ficou ainda pior com o lançamento de *Caminhos mal traçados* no final de agosto; apesar das críticas positivas, o filme foi um fracasso de bilheteria. Com a Warner perdendo a paciência e com a Zoetrope perdendo dinheiro, Coppola precisava, desesperadamente, de capital.

Então, no final do verão de 1970, apareceu uma oferta que ele não podia recusar.

Durante boa parte de 1970, alguns executivos da Paramount insistiram para que Coppola assumisse a direção de um filme de ação de baixo orçamento, baseado em um dos maiores livros de 1969, um romance verborrágico de gângsteres de Mario Puzo chamado *O Poderoso Chefão*. Coppola estava com Lucas, reeditando *THX* na sala de edição de Mill Valley, quando o executivo da Paramount Peter Bart telefonou mais uma vez para lhe oferecer *O Poderoso Chefão*. "Eles acabaram de me oferecer esse filme de gângsteres italianos", disse Coppola a Lucas. "É um filme comercial de 3 milhões de dólares, baseado em um best-seller. Devo fazer?"[135] Para Lucas, cujo pai sempre reforçou o conceito de não ficar no vermelho, a resposta era óbvia. "Não acho que você tenha alguma escolha", disse a Coppola. "Estamos endividados. Você precisa de um emprego."[136] Em 28 de setembro, Coppola assinou o contrato com a Paramount para dirigir *O Poderoso Chefão*, cuja produção estava programada para começar na primavera de 1971. Ofereceram-lhe 75 mil dólares para dirigir o filme, mais 6% dos lucros — não muito, ainda mais se o filme não desse certo, considerando-se ainda que Coppola era um gastador.[137] "Não é preciso imaginação para viver dentro das próprias possibilidades", Coppola gostava de dizer.[138] Mas era um trabalho.

Na quinta-feira, 19 de novembro de 1970 — uma data que veio a ser conhecida entre os zoetropers como a "Quinta-feira Negra" —, Coppola foi até a Warner Bros. para apresentar a versão final de *THX*, assim como todos os roteiros que escrevera no último ano, aos mandachuvas. Coppola, ciente de que já estava pisando em ovos, queria causar uma boa impressão e tinha consigo 12 exemplares de cada roteiro, encadernados em couro — um para cada executivo na mesa —, que ele então colocou dentro de uma longa caixa prateada com o logotipo da American Zoetrope gravado nela. Décadas depois, Korty ainda revirava os olhos pela teatralidade. "Qualquer um que entrasse e olhasse para aquilo diria: 'Credo, parece um caixão.'"[139]

Ele não fazia ideia.

A exibição de *THX* ocorreu primeiro. A reação dos executivos foi a mesma da exibição de maio. "Eles ficaram furiosos... Foi quando a merda foi jogada no ventilador", disse Lucas. "Foi como se estivéssemos revivendo a quebra da Bolsa de 1929."[140] Calley odiara a primeira versão de *THX* e, na sua opinião, aquela não era melhor. "Não havia ninguém na sala... que soubesse o que fazer com *THX 1138*", recontou Calley posteriormente. "Todos pensaram que era um fracasso."[141] "Foi insano", disse Lucas sobre a exibição. "Queria ter filmado aquilo. Foi como levar um público até a Mona Lisa e perguntar: 'Vocês sabem por que ela está sorrindo?' 'Desculpa, Leonardo, você vai ter que fazer algumas mudanças.'"[142]

Era o fim. Ashley e Calley haviam perdido toda a confiança em Coppola e no seu bando de hippies. Ainda distribuiriam *THX* pelo selo da Zoetrope, mas, depois disso, o acordo estaria encerrado. Ashley não quis nenhum dos roteiros de Coppola — basicamente jogando fora *A conversação* e *Apocalypse Now* — e, para piorar a situação, queriam os 300 mil dólares de volta. Por fim, dessa vez eles não tinham a menor intenção de deixar que o filme desaparecesse no fundo de um ônibus VW. Eles levaram *THX 1138* embora.

Coppola saiu da reunião completamente atordoado. "A Warner não gostou e tripudiou o filme. Disseram que não tinha qualquer apelo", disse Coppola mais tarde. "Eles podiam ter ajudado bastante se quisessem, mas, àquela altura, estavam furiosos demais conosco." Ele admitiu que *THX* "era imprevisível — não era um filme de ficção científica padrão, mas a Warner estava tão brava que rompeu todas as relações".[143] Acabaria sendo uma atitude incrivelmente infeliz da parte do estúdio. "Eles recusaram o que se tornou todo o movimento do cinema dos anos 1970", disse Coppola.[144] "Eles não entendiam. E não entendiam esse grupo maravilhoso de jovens que claramente fariam os filmes pelas próximas duas décadas... Eles rejeitaram todos os projetos que tínhamos e, então, basicamente, nos abandonaram."[145]

Lucas ficou furioso. "Eles não respeitam talento", reclamou a um jornalista "Eles não sabem o que é uma ideia e simplesmente passam por cima dela, e esse é o tipo de coisa que me deixa furioso."[146] Não falaria com Ashley de novo; mais de uma década mais tarde, quando Lucas estava oferecendo os direitos de distribuição de *Indiana Jones e os Caçadores da Arca Perdida*, ele exigiu uma desculpa de Ashley antes de sequer considerar a possibilidade de dar os direitos à Warner Bros. Ashley desculpou-se; mesmo assim, Lucas entregou os direitos à rival Paramount.

Para ser justo, não foi *THX* ou Lucas que acabaram com o acordo. Em meados da década de 1970, a indústria cinematográfica havia mudado mais uma vez, em grande parte girando em torno de sucessos fenomenais de bilheteria repletos de astros e produzidos em demasia, como *Aeroporto* (desdenhado apenas um ano antes pelo astro Burt Lancaster como "o maior lixo já feito") ou filmes melosos como *Love Story*, que seria o campeão de bilheteria de 1970.[147] Tão rápido quanto haviam causado impacto fenomenal, filmes independentes voltados para a juventude, como *Sem destino*, agora sem dúvida já não mais interessavam. "Houve uma mudança na indústria inteira", disse John Korty. "Francis fez uma aposta ao abrir a Zoetrope em um momento... [em que] *Sem destino* estava bem recente na cabeça de todo mundo. Então veio *Aeroporto*, as políticas de administração mudaram, e o solo debaixo da Zoetrope começou a tremer."[148]

"Quando comecei o longa *THX*, estávamos em uma verdadeira Renascença de oito meses lá [na Zoetrope]", explicou Lucas no início de 1971. "De repente, havia liberdade, sobretudo por causa de *Sem destino*... *Sem destino* fez algo fenomenal, mas não durou muito... O estúdio assistiu [*THX*] e enlouqueceu porque foi quando *Aeroporto* estreou... e depois *Love Story*."[149] A Warner "decidiu não financiar mais nenhum filme louco e aventureiro voltado para a juventude. Eles voltaram para os filmes que eram realmente de entretenimento. Para eles, foi uma boa decisão porque ganharam muito dinheiro. Mas eles nos traíram".[150]

THX 1138 foi entregue ao editor veterano Rudi Fehr, que cortou um pouco mais de quatro minutos da versão final de Lucas. Foi outro ato que Lucas jamais esqueceria ou perdoaria. "Essa foi a primeira experiência de George com 'interferências de estúdio'", disse Murch. "E, assim, George passou o diabo porque aquele era o seu bebê, era o seu primeiro filme, e tinha a sensação de que o estúdio o estava mutilando."[151] Aqueles quatro minutos transformaram o cinismo de Lucas com relação a Hollywood em pura fúria. "Não havia nenhum motivo para fazerem aquilo além de exercer algum poder", disse ele. "[A atitude deles foi] 'Podemos mexer de qualquer jeito no seu filme, então vamos fazer isso'... Nós nos opomos e eles fizeram isso, e eu fiquei furioso."[152] E ele não tinha paciência com executivos que argumentavam que haviam cortado apenas quatro minutos de um filme de noventa minutos. "Estavam cortando fora os dedos do meu bebê", disse ele, irritado.[153]

"Foi inacreditável", disse Matthew Robbins. "Como é possível que tivessem o direito de dizer ao cineasta o que fazer? Foi uma injustiça."[154] Para Lucas, era mais do que injusto; era imoral. "O terrível desse país é que o dólar tem mais valor do que o individual", disse Lucas. "Você pode comprar outra pessoa, não importando quão talentosa ela seja, e lhe dizer que ela está errada. Eles não gostam de confiar nas pessoas."[155] Lucas não confiaria de novo nos estúdios. Nunca mais.

A Quinta-feira Negra deixou a Zoetrope em uma queda livre financeira e criativa da qual não se recuperaria — "a morte de um sonho", lamentou Ron Colby.[156] "A Zoetrope foi depenada", disse Coppola com tristeza. "Todo mundo a usou, ninguém contribuiu, e houve um momento em que eu estava literalmente impedindo que o delegado passasse a corrente na porta."[157]

"Cada um foi para um lado àquela altura", disse Lucas — inclusive ele próprio.[158] Coppola ficou desapontado e um tanto magoado com essa perda de fé de seus seguidores. "Sempre considerei George meu legítimo herdeiro", disse Coppola. "Ele assumiria a Zoetrope para mim enquanto eu saísse para fazer meus filmes pessoais. Todo mundo usou a Zoetrope para se projetar, mas ninguém quis continuar nela."[159]

O colapso da Zoetrope — e especialmente a experiência com *THX* e a Warner — geraria alguns ressentimentos entre Lucas e Coppola. "Eu tive uma relação muito volátil com Francis", disse Lucas mais tarde. "É de ambos os lados, como se fôssemos casados e nos divorciássemos. Foi uma das relações mais íntimas que já tive com alguém."[160]

A maior parte de seus desentendimentos foi desencadeada por seus diferentes estilos de administração e atitudes com relação a dinheiro. "Sou muito cauteloso", disse Lucas. "Não pego dinheiro emprestado. Sou muito protetor com as coisas que construo."[161] Lucas, sempre mão-fechada, via, consternado, que Coppola continuava a gastar dinheiro imprudentemente, às vezes com júbilo, com equipamentos exóticos e convites caros. "George ficou muito desanimado com minha administração 'boêmia'", disse Coppola.[162]

Ainda mais exasperante, pelo menos aos olhos de Lucas, era o fato de que Coppola frequentemente tinha a ousadia de agir como uma *daquelas pessoas*, os terríveis engravatados de Hollywood, a quem Lucas odiava. Ele ficou ressentido quando Coppola descontou algumas das despesas da Zoetrope do orçamento de *THX*. Para Lucas, aquele dinheiro era *seu*, apenas para *THX*, e não para Coppola usar. E, quando a administradora da Zoetrope, Mona Skager, descobriu que Lucas fizera ligações interurbanas dos escritórios da Zoetrope para conseguir trabalhos de edição para Marcia, apresentou a Lucas uma conta de 1.800 dólares, uma vez que as ligações não podiam ser consideradas negócios da Zoetrope. Até mesmo Coppola sabia que aquilo era ir longe demais. "Eu nunca teria feito isso com um amigo", disse Coppola mais tarde. "Mona passara muito dos limites. Sempre acreditei que esse incidente foi uma das coisas que irritaram George e que causaram o rompimento."[163]

Quanto a Lucas, ele jamais deixaria que o fim da Zoetrope fosse considerado sua responsabilidade. Jamais se desculparia por *THX* — nem naquela época, nem nunca. "[Foi] minha única chance de fazer um filme de vanguarda", diria Lucas mais tarde. "Quase acabou com a American Zoetrope... [e] quase destruiu minha carreira. Mas, sem dúvida, valeu a pena na época."[164] Ele agora havia decidido afastar-se de Coppola — que já estava a caminho da Itália para procurar locações para *O Poderoso Chefão* — e virar-se sozinho. "Eu precisava desenvolver outro projeto", disse Lucas. "Não podia depender da Zoetrope para fazer isso por mim. Ela estava em pedaços."[165]

Determinado a controlar seus próprios projetos — nenhum estúdio, jurou, iria forçá-lo a comprometer sua visão de novo —, Lucas buscou a ajuda do advogado de entretenimento Tom Pollock para preparar os documentos para a formação de sua própria empresa. Em 1971, Lucas abriu oficialmente a Lucasfilm Ltd., sua própria companhia de produção independente administrada de sua pequena casa em Mill Valley. Seus únicos funcionários eram ele e Marcia.

A Warner Bros. finalmente lançou *THX 1138* em março de 1971. O estúdio mantivera sua promessa de distribuir o filme, mas não tinha muita esperança nele.

Ainda assim, o filme tinha seus fãs, a maioria admirando o senso visual de Lucas. "A força de *THX 1138* é sua completa fidelidade a uma visão muito pessoal", escreveu Kenneth Turan no *Washington Post*, "uma visão forte o bastante para transformar o que pode soar como um amontoado de efeitos baratos em um filme de ficção científica visualmente gratificante".[166] Roger Ebert, escrevendo no *Chicago Sun-Times*, observou que "Lucas parece não se ter preocupado muito com o roteiro... porém, como uma obra de imaginação visual, é especial", e deu ao filme três de quatro estrelas.[167] Críticos do *New York Times* foram particularmente efusivos, sendo que um resenhista aplaudiu a "virtuosidade técnica que... alcança uma intensidade emocional excepcional" de Lucas (enfim, alguém que entendeu o filme!),[168] enquanto Vincent Canby chamou o filme de "sucesso". *THX 1138*, escreveu Canby, "é praticamente uma iconografia de gráficos contemporâneos, em que os atores são intencionalmente quase indistinguíveis da decoração".[169] Era uma opinião que seria dada sobre a obra de Lucas, às vezes de forma depreciativa, durante a maior parte de sua carreira.

Outras resenhas foram mais severas. A *Variety* disparou que o filme "provavelmente não seria um sucesso artístico ou comercial".[170] Sucesso comercial, ele definitivamente não foi; à exceção de algumas poucas críticas positivas, tanto resenhistas como espectadores em geral ficaram confusos com o tema de *THX* e com seu visual de vanguarda e minimalista, e o filme foi um fracasso de bilheteria. Lucas nem mesmo contou aos pais sobre o filme; eles só assistiriam à película em junho, em sua estreia no Covell Theatre em Modesto.

Lucas levou tudo para o lado pessoal. "Críticos são os vândalos da nossa época, como pichadores que sujam muros", reclamou. Ele jurou parar de se importar com o que os críticos achavam; foram colocados na mesma categoria daqueles executivos cinematográficos impassíveis que não sabiam nada sobre fazer um filme e lhe diziam para *colocar as aberrações na frente*! Afinal, quem eram eles para criticar? "Eu basicamente disse: 'Pro inferno com as resenhas!'"[171]

Alguns amigos tentaram mostrar apoio e solidariedade. "George achava que conseguira não só fazer um filme visualmente empolgante, como também que falava sobre algo", disse Matthew Robbins. "Ele ficou desapontado por não haver público para filmes autorais americanos."[172] Ron Colby achava que entendia por que o público passou longe do filme. *THX*, disse Colby, "foi realizado de uma bela maneira. Mas é deprimente".[173]

Marcia pensava o mesmo. "Depois que *THX* foi por água abaixo, nunca falei, 'Eu te disse'", recordou ela, "mas lembrei George de que eu o avisara sobre o filme não envolver emocionalmente o público". Lucas odiava esse tipo de crítica. "Envolver emocionalmente o público é fácil", disse a ela. "Qualquer um pode fazer isso de olhos fechados. Pegue um gatinho e coloque alguém quebrando seu pescoço."[174]

Marcia insistiu, até que George acabou jogando as mãos para o alto, fingindo render-se.

"Vou mostrar a você como é fácil", disse a ela. "Vou fazer um filme envolvente."[175]

5
Loucuras de verão

1971-1973

As semanas seguintes após a implosão da Zoetrope foram difíceis para Lucas. Ele estava se sentindo abandonado por Coppola, que, no início de 1971, já estava bastante envolvido com o trabalho de pré-produção de *O Poderoso Chefão*, como parte de seu esforço constante para conseguir devolver os 300 mil dólares à Warner. Contudo, enquanto Coppola tinha um emprego, Lucas estava desempregado. Por ora, ele e Marcia se sustentavam a duras penas com o que ela ganhava editando o filme *O Candidato*, de Michael Ritchie. Nesse ínterim, Lucas considerava pegar trabalhos como cameraman de documentários, ou juntar o dinheiro necessário para fazer mais dos pequenos e artísticos "poemas sinfônicos", que tanto adorava.

Havia também *Apocalypse Now*, ainda em queda livre desde o seu abandono pela Warner na Quinta-Feira Negra. Era o único projeto de Lucas que estava de fato na fase de roteiro, e ele ainda tinha grandes planos para o filme, enquanto continuava repassando as páginas com

Milius. Pouco tempo antes, Lucas havia trazido outro colaborador para o projeto: um produtor de 31 anos sério e de fala mansa chamado Gary Kurtz.

Assim como Lucas e Milius, Kurtz, nascido em Los Angeles, formara-se na faculdade de cinema da USC, embora gostasse de observar que, quando se formou, em 1963, a faculdade "era uma prima pobre" daquela em que Lucas e Milius entraram, um ano depois.[1] Como a maioria dos formados em cinema, Kurtz não conseguiu encontrar um emprego em Hollywood, de modo que simplesmente permaneceu na USC como funcionário, trabalhando em filmes de informações médicas para o Serviço de Saúde Pública dos Estados Unidos e administrando a biblioteca cinematográfica da faculdade. No fim, também conseguiu um emprego com Roger Corman, tornando-se um faz-tudo, cuidando de som, fotografia e até mesmo de efeitos especiais.

Porém, ao contrário de Lucas e Milius, Kurtz não escapou da guerra; em 1966, foi recrutado pelos fuzileiros e mandado para o Vietnã. Estava no meio de seu treinamento básico, recordou ele, quando "simplesmente percebi que eu era um questionador dotado de consciência".[2] Um solidário superior e experiente aconselhou Kurtz a guardar para si suas objeções e colocou uma câmera cinematográfica em sua mão em vez de um rifle. Kurtz passou dois anos no Vietnã com uma equipe de filmagem, apertando o olho pelo visor de uma câmera para registrar o sangue e as aldeias incendiadas, com um coldre vazio na cintura. Em 1968, voltou para casa com uma espiritualidade recém-descoberta, portando-se com a dignidade silenciosa de um quacre e até deixando crescer uma barba sem bigode que fazia com que se parecesse um pouco com Abe Lincoln ou com o capitão Ahab.

Kurtz voltou para o cinema e, em 1970, estava trabalhando com o diretor Monte Hellman — outro discípulo de Corman — no filme de estrada *Corrida sem fim*. Sem dúvida, o filme era de baixo orçamento, financiado às pressas por Ned Tanen na Universal para pegar o embalo de *Sem destino* — e Kurtz, tentando fazer o orçamento durar o máximo possível, queria que Hellman filmasse *Corrida sem fim* no barato formato Techniscope de 35mm. O único problema era que nem Kurtz, nem Hellman tinham experiência com Techniscope. Assim, Kurtz ligou para Coppola — *outro* membro da fraternidade Corman — pedindo ajuda. Coppola, com sua típica linguagem bombástica, disse a Kurtz que ele precisava visitar um de seus protegidos, que acabara de filmar seu primeiro filme, *THX 1138*, em Techniscope, e que estava editando o filme em seu sótão, em Mill Valley.

Seguindo a orientação de Coppola, Kurtz dirigiu até Mill Valley e bateu à porta. Quando Lucas atendeu, Kurtz achou que ele se parecia com um estudante de cinema. "Ele era aquele sujeito baixinho", disse Kurtz, de jeans, tênis e uma camisa social para fora da calça que parecia dois números maior do que o necessário. Contudo, quanto mais ele e Lucas conversavam — e quanto mais ele observava Lucas mexer com destreza nos controles de sua mesa de edição Steenbeck —, mais Kurtz gostava dele. "Nós dois cursamos a faculdade do 'faça você mesmo'", disse Kurtz. "Ele era meu tipo de cineasta."[3] Kurtz saiu de Mill Valley impressionado e foi fazer *Corrida sem fim* em Techniscope, enquanto Lucas continuou brigando com a Warner por *THX* pelo resto de 1970. Porém, esse foi o início de uma das parcerias criativas mais importantes de Lucas — eles supervisionariam, juntos, três filmes fenomenalmente bem-sucedidos em um intervalo de dez anos — e talvez tenha sido apropriado que fosse Coppola a juntar Lucas com sua próxima figura de irmão mais velho. "Eu conhecia George Lucas de reputação — assistira a alguns de seus filmes universitários", recordou Kurtz, "mas foi Francis quem nos juntou".[4]

De fato, foi Coppola quem os reuniu de novo enquanto Lucas pensava em *Apocalypse Now*. Coppola assistira a uma parte do material que Kurtz filmara no Vietnã e sugeriu a Lucas que Kurtz poderia ser o colaborador ideal em um filme de guerra. Entretanto, Kurtz não tinha a mesma certeza. Ao contrário dos diametralmente opostos Lucas e Coppola, Lucas e Kurtz tinham o mesmo temperamento; os dois eram silenciosos e retraídos, e Kurtz estava preocupado com a possibilidade de que nenhum dos dois tivesse uma personalidade enérgica o suficiente para comandar um set de filmagem. Ainda assim, ele e Lucas se davam bem o bastante para seguir em frente.

Kurtz estava genuinamente intrigado com *Apocalypse*; ele o via como uma oportunidade de fazer uma comédia de humor negro no mesmo estilo do filme *M*A*S*H*, de Robert Altman, de 1970. Porém, quanto mais conversavam, mais Lucas hesitava. Havia certo debate sobre se o filme era mesmo deles para que o oferecessem por aí; tecnicamente, era propriedade da Zoetrope, embora o sempre rebelde Lucas argumentasse que o filme pertencia a ele e Milius, e que Coppola não tinha o direito de usá-lo como moeda de barganha para começo de conversa. Entretanto, mais do que tudo, Lucas estava em dúvida quanto a fazer um filme de guerra. Com uma guerra altamente impopular ainda estampada nas primeiras páginas dos jornais todos os dias, Lucas estremecia diante da ideia de fazer parte de uma tendência cínica e insidiosa. "Eu estava trabalhando em filmes basicamente negativos — *Apocalypse Now* e *THX*, ambos muito raivosos", disse Lucas posteriormente.[5] "Percebi depois de *THX* que as pessoas não se importam com o fato de o país estar sendo arruinado. Tudo o que aquele filme fez foi deixá-las mais pessimistas, mais deprimidas e menos dispostas a se envolver em tentativas de tornar o mundo melhor." Ele decidiu que "temos de regenerar o otimismo".[6]

Após *THX*, Lucas foi levado a fazer um filme que não só era otimista, mas também comercial e empolgante. *Apocalypse Now* foi engavetado, mas Lucas, sem dúvida, queria continuar trabalhando com Kurtz. Assim, ao mesmo tempo que juravam que voltariam a *Apocalypse Now* em algum momento no futuro, ele e Kurtz continuaram trocando ideias para um novo longa. De que tipo de filme *eles* gostavam? O que *eles* achavam empolgante? Por um momento, consideraram fazer um remake do clássico *A fortaleza escondida*, de Kurosawa, reimaginando-a em um cenário mais moderno da mesma forma que o diretor John Sturges transferira outro filme de Kurosawa, *Os sete samurais*, do Japão antigo para o Velho Oeste em seu filme *Sete homens e um destino*, de 1960.

Porém, o que *realmente* os empolgava era *Flash Gordon*. Lucas descreveu com animação os seriados de *Flash Gordon* a que adorara assistir no canal KRON quando criança, mas não precisava se dar o trabalho: Kurtz também era fã e discutiu animado com Lucas as possibilidades de adquirirem os direitos com a King Features. Lucas entrou em contato com o sindicato e inclusive fez uma viagem rápida até Nova York para mostrar suas intenções, mas "eles eram caros demais para nós", recordou Kurtz. A King Features talvez tenha pedido um valor alto para tirar Lucas do mercado de forma intencional, na esperança de que um diretor famoso assumisse a franquia, uma vez que também estavam balançando discretamente os direitos diante de Federico Fellini. Lucas continuou insistindo, e "eles não se negaram a discutir", disse Kurtz, "mas suas restrições eram tão draconianas que percebemos de imediato que não era uma probabilidade muito boa na época".[7] O sindicato acabou abusando da sorte, pois Fellini também não aceitaria.

Tanto Lucas quanto Kurtz sabiam que o que eles queriam mesmo fazer era "alguma espécie de história de ficção científica no estilo de *Flash Gordon*", disse Kurtz.[8] Era "algo que queríamos ver, que pagaríamos para ver! E ninguém estava fazendo!".[9] Se Lucas não podia conseguir os direitos de *Flash*, então simplesmente criaria um mundo próprio que não precisaria aderir às regras de outra pessoa ou trabalhar com os personagens de outros. Ao negar *Flash* a Lucas, a King Features, inadvertidamente, colocara-o no caminho da criação de *Star Wars*. De fato, *Flash Gordon* só apareceria na tela grande em 1980, em uma bomba produzida por Dino De Laurentis, que tentava demais tirar proveito da mania por ficção científica que Lucas desencadeara com *Star Wars* — uma ironia que Lucas nunca deixou de notar.

Mas Lucas ainda não estava pronto para começar outro filme de ficção científica. "Depois de *THX*, fui considerado um diretor frio e estranho, uma espécie de cara da ficção científica que carregava uma calculadora. E eu não sou nem um pouco assim", disse Lucas mais tarde.[10] Além de Marcia, Coppola também desafiara Lucas a tentar algo diferente. "Não seja tão estranho", Coppola lhe disse. "Tente fazer algo humano. Não faça essas coisas abstratas."[11] Ele aconselhou a Lucas: "Por que não tenta escrever algo baseado em sua própria vida que tenha calor humano e humor?"[12]

Desafio aceito. "Se eles querem uma comédia humana calorosa", disse Lucas, "vou lhes dar uma, só para mostrar que posso fazer isso".[13] Ele achava que sabia exatamente como realizar essa tarefa. Mais tarde, Lucas afirmaria que foi seu interesse crescente em antropologia que representou o ímpeto por trás de *Loucuras de verão*. "Fiquei fascinado pelos rituais de acasalamento modernos da juventude americana, que fazia sua dança em carros, e não nas praças da cidade ou de outras formas que as sociedades costumavam fazer", diria ele aos repórteres, quarenta anos mais tarde. E, ainda assim, isso provavelmente era verdade apenas em parte. O escritor que odiava escrever estava sobretudo seguindo o caminho da menor resistência — ao escrever, como sugerira Coppola, algo baseado em sua própria vida. "Se você é um roteirista e um diretor", disse Lucas, "faz filmes sobre as coisas que conhece". Então, para Lucas, isso significava que nunca houve qualquer dúvida sobre o que ele escreveria: "Crescendo em Modesto, passei muitos anos dando voltas pela Tenth Street, e fiquei fascinado com a experiência."[14]

Isso ainda não significava que o processo de escrever de fato seria mais fácil. "Quando comecei com *Loucuras de verão*, eu disse a mim mesmo: 'Não quero escrever isso. Não suporto escrever'", confessou Lucas posteriormente, "e fui para tudo que é lado tentando freneticamente conseguir um acordo para desenvolver o roteiro".[15] No entanto, para conseguir um acordo, seria preciso, no mínimo, ter um resumo, então Lucas escreveu um esboço de cinco páginas sobre quatro rapazes, a maioria *cruisers* (gente que dava voltas em carros) ou pretensos *cruisers*, que se preparavam para sair do ensino médio, com suas vidas rumando em direções bem diferentes. Lucas tinha em mente um filme de amadurecimento no mesmo estilo de *Os boas-vindas*, de Fellini, que acompanha cinco jovens à medida que vão passando por pontos críticos em suas vidas. "[Era] mais ou menos a mesma questão sobre crescer", disse Lucas. "Foi um dos temas do meu primeiro filme, *THX*, e eu queria

Loucuras de verão

expandi-lo."[16] Com um pouco de ajuda de seus colegas da faculdade de cinema Willard Huyck e sua esposa, Gloria Katz, a proposta de cinco páginas de Lucas acabou sendo aumentada para 18. Lucas prometeu aos Huyck que, caso a proposta fosse vendida, eles ficariam com o trabalho de roteiristas, e então entregou a proposta a outro parceiro novo em sua vida criativa, um agente de 22 anos chamado Jeff Berg, para que Berg oferecesse aos estúdios. Para Lucas, procurar estúdios para apoiar um projeto era como enfiar o rabo entre as pernas; ele jurara nunca mais fazer parte da máquina hollywoodiana. Mas, sem dinheiro ou perspectivas, Lucas ficaria com o que pudesse conseguir.

Infelizmente, o momento não poderia ter sido pior. Em março de 1971, enquanto Berg passava *Loucuras de verão* de mão em mão para ser avaliado, *THX 1138* estreou nos cinemas e, apesar de uma proposta atraente para seu segundo filme, Lucas estava com má reputação. "O trabalho mais fácil de conseguir é o de tentar fazer o seu primeiro filme", comentou Lucas, posteriormente, com pesar. "Esse é fácil de conseguir... porque ninguém sabe se você é capaz ou não de fazer um filme... Depois de fazer esse longa-metragem, você tem uma dificuldade imensa para tirar o segundo filme do papel. Eles olham para o primeiro filme e dizem: 'Ah, bem, não queremos mais você.'"[17] E eles não queriam. Praticamente todas as portas foram fechadas na cara de Berg; somente David Chasman, um produtor da United Artists que supervisionara os filmes de James Bond e *Os reis do Iê, Iê, Iê*, demonstrou leve interesse.

THX 1138 tinha seus fãs, e a maioria deles estava na França, onde foi selecionado como um dos 52 filmes a serem exibidos como parte da Quinzena dos Diretores no Festival de Cannes. Foi dessa maneira indireta que o primeiro filme de Lucas o ajudou a fazer seu segundo. "É claro que a Warner não iria pagar para nos levar até lá", resmungou Lucas.[18] Mas Lucas decidiu ir para a Europa mesmo assim. "Que diabo", disse ele a Marcia, "vamos".[19] O casal tirou seus últimos 2 mil dólares do banco para pagar por uma viagem prolongada. Planejavam viver da forma mais barata possível, hospedando-se em albergues ou com amigos, e de mochila nas costas durante a maior parte do caminho; sua maior despesa seria um conjunto de passagens de trem. Walter Murch e sua esposa, Aggie, concordaram de bom grado em se juntar a eles.

Os Lucas partiram da Califórnia no início de maio com destino a Londres, onde planejavam ficar alguns dias em uma pensão barata antes de ir para Cannes. Sua primeira parada: Nova York, onde George e Marcia passariam a noite com os Coppola. Lucas estava determinado a aproveitar ao máximo sua breve visita a Nova York para ir aos escritórios de David Picker, presidente da United Artists, o único estúdio cinematográfico que demonstrara interesse, ainda que remoto, em *Loucuras de verão*. "Se ao menos eu conseguir falar com ele", imaginou Lucas, "talvez consiga propor o filme e eles possam fazê-lo".[20] Lucas conseguiu falar com ele — e propôs *Loucuras de verão* com insistência, lembrando também ao mandachuva o interesse de David Chasman. Picker assentiu, ficou com uma cópia da proposta de Lucas para *Loucuras de verão* e disse que queria pensar a respeito. Picker também estava indo para Cannes no final da semana e pediu que Lucas voltasse a entrar em contato assim que chegasse a Londres.

Lucas passou uma noite agitada com os Coppola. "Francis estava terrivelmente traumatizado", disse ele, bastante envolvido com o trabalho em *O Poderoso Chefão* e odiando quase todos os momentos nele. ("Era simplesmente uma ansiedade incessante", disse Coppola, "e imaginando quando eu seria despedido".)[21] Para aumentar a tensão, Ellie Coppola estava grávida de nove meses de sua filha, Sofia. "Tínhamos de sair às 7 da manhã para pegar o avião para Londres", recordou Lucas, "mas Francis e Ellie acordaram às 4 da manhã e passaram correndo pelo quarto a caminho do hospital, pois ela estava em trabalho de parto. Sofia nasceu naquele mesmo dia. Quando chegamos a Londres... Encontrei um telefone público e liguei para David Picker, que disse: 'Pensei sobre aquilo, e você pode receber algum dinheiro e escrever [*Loucuras de verão*]. Vou ficar hospedado no [Hotel] Carlton [em Cannes]. Vá me visitar lá e conversaremos mais sobre isso'". Era o dia 14 de maio — o aniversário de 27 anos de Lucas. "Então, era o meu aniversário, o aniversário de Sofia, e eu consegui *Loucuras de verão*, tudo no mesmo dia."[22]

Picker não tinha muito dinheiro a oferecer — somente 10 mil dólares para desenvolver o roteiro completo —, mas foi o suficiente para Lucas ligar para os Huyck na Califórnia e lhes informar que havia um acordo. "Consegui o dinheiro", disse a eles. "Podemos começar a trabalhar no roteiro." Para sua decepção, os Huyck recusaram; estavam se preparando para fazer seu próprio filme de terror de baixo orçamento em Londres e não podiam se comprometer a escrever um roteiro completo. Lucas desligou e ligou para Gary Kurtz. "Quero tirar essa coisa do papel", disse a Kurtz, e os dois concordaram em passar o serviço para Richard Walter, outro colega de classe da USC. Porém, Lucas queria que Walter trabalhasse depressa; o ideal seria que o roteiro estivesse pronto quando Lucas voltasse de Cannes. Kurtz disse a Lucas que cuidaria disso.

Satisfeitos, os Lucas foram para Cannes, onde a celebração do aniversário de 25 anos já começara havia dias. Charlie Chaplin estava lá. John Lennon e Yoko Ono passeavam pelo calçadão, assim como a maioria dos Rolling Stones, que estavam lá para assistir à estreia do documentário de rock *Gimme Shelter*.[23] Lucas estava espantado, mas, sem dinheiro, não podia sequer comprar ingressos para a exibição de seu próprio filme; ele e Marcia tiveram de entrar às escondidas pela porta dos fundos. Para seu deleite, o público francês adorou *THX*, e os organizadores de Cannes prepararam uma coletiva de imprensa em que Lucas poderia falar sobre o filme — um evento do qual Lucas sequer tinha conhecimento e, assim, não compareceu, para a irritação de seus anfitriões. "Mal consegui entrar na sala para meu próprio filme, que dirá para uma coletiva de imprensa", explicou Lucas. "Mas durante uns bons anos os franceses pensaram que eu era um verdadeiro esnobe."[24]

Contudo, Lucas compareceu ao compromisso que marcara com Picker, indo até o Hotel Carlton, conforme fora instruído, e encontrando-se com o presidente do estúdio "em uma daquelas grandes suítes", disse ele. "Essa foi minha primeira experiência cinematográfica grandiosa."

Ali, eles firmaram o acordo para *Loucuras de verão* — e Lucas tinha alguma outra coisa para oferecer? Em um momento semelhante ao de Coppola usando, de forma entusiasmada, o inacabado *Apocalypse Now* em sua proposta para a Warner, Lucas contou a Picker tudo sobre suas ideias para seu "filme de fantasia e ópera espacial ao estilo de *Flash Gordon*", ainda sem título.

"Ótimo", disse Picker, "vamos fazer um acordo para esse também".

"E esse", disse Lucas mais tarde, "foi realmente o nascimento de *Star Wars*. Até então, era apenas uma ideia — naquele momento, tornou-se uma obrigação!".[25]

Ao sair do encontro, Picker deu a Lucas seus próprios ingressos para os eventos de Cannes, para que o jovem casal pudesse desfrutar do resto do festival com estilo. Quando o festival terminou, em 27 de maio, os Lucas passaram as várias semanas seguintes viajando de trem pela Europa e, em um lembrete de que era possível tirar Lucas da pista de corrida, mas que não era possível tirar por completo a pista de corrida de Lucas, eles assistiram ao máximo de corridas possível, incluindo a corrida de resistência de Le Mans e o Grand Prix de Mônaco, antes de voltarem para os Estados Unidos e seus filmes.

Quando Lucas retornou para a Califórnia, no fim do verão, ligou para Richard Walter para conferir seu progresso com o roteiro de *Loucuras de verão*. Imediatamente ele soube que havia vários problemas. Em primeiro lugar, Kurtz prometera a Walter todos os 10 mil dólares que Picker fornecera para o desenvolvimento do roteiro — o que significava que Lucas já estava sem dinheiro antes mesmo de ter lido uma página do roteiro. O outro problema era o roteiro em si. Quando Lucas sentou-se para ler, "parecia muito carrancudo", recordou Walter. "George sempre parecia que estava prestes a ser executado — e pude ver que ele não estava gostando muito daquele roteiro."[26]

De acordo com Walter, Kurtz lhe entregara a proposta de 18 páginas, descrevera o enredo básico e, então, dissera a Walter para "não dar atenção a essas páginas". Walter, achando que recebera total liberdade de criação, sugerira basear o roteiro em um romance seu de rock and roll ambientado em Nova York, chamado *Barry and the Persuasions* — dificilmente a cena californiana de jovens dando voltas em carros que Lucas havia esboçado. ("Sou um judeu de Nova York", disse Walter mais tarde. "O que eu sei sobre Modesto? Nós não tínhamos carros.")[27] Kurtz tivera a sensatez de rejeitar a ideia, mas, ainda assim, Lucas odiou o roteiro final que Walter entregara. "Acabei em casa com um roteiro completamente inútil sobre corridas que era basicamente *Hot Rods to Hell*", disse Lucas. "Era algo completamente diferente da proposta original... Meu desejo intenso de arranjar um roteirista saiu pela culatra e acabei com um roteiro imprestável e sem dinheiro."[28] Então, por mais excruciante que pudesse ser a experiência, Lucas escreveria ele mesmo o roteiro. Pelas três semanas seguintes, Lucas escreveu das 8 da manhã às 8 da noite, sete dias por semanas, *sangrando* nas páginas, como sempre diria.

No fim do verão, o agente Jeff Berg levou o roteiro finalizado de volta para David Picker na United Artists, e Picker o rejeitou de imediato. Embora ainda estivesse intrigado com a ideia, ficou desapontado com o modo como Lucas a executara: quatro histórias diferentes, porém interligadas, acompanhadas por uma trilha sonora de rock and roll. Apesar de ser comum e quase um clichê hoje em dia, em 1971 ninguém tinha visto ou ouvido falar de uma abordagem desse tipo para fazer um filme. "A estrutura que apresentei simplesmente não era feita naquela época", disse Lucas.[29]

Com um filme de ficção científica fracassado em seu nome e um novo roteiro que ninguém queria, Lucas não tinha nenhuma perspectiva real e nenhum dinheiro. Desesperado, ele pegou dinheiro emprestado de Coppola e — a humilhação final — de seu pai. "Ele estava lutando financeiramente", recordou a irmã Kate. "Foi uma época difícil para ele. Acho que, sendo filho do meu pai, ele não acreditava em dívidas."[30] Porém, Lucas também estava determinado a não aceitar não como resposta. Berg continuaria a oferecer o roteiro até encontrar alguém, qualquer um, que pudesse apreciar o que Lucas estava tentando fazer. Nesse ínterim, ele conseguiu um pouco de trabalho com

Coppola para filmar uma montagem de *O Poderoso Chefão* no início de 1972 — a sequência de manchetes rodopiantes de jornais e fotos de cenas de crimes quando as Cinco Famílias entram em guerra —, mas não muito mais que isso.

Ainda assim, Lucas estava determinado a seguir em frente e trabalhava com seu advogado para enviar a papelada necessária para formar, oficialmente, a Lucasfilm Ltd., que, naquele momento, era pouco mais que uma empresa fantasma com um nome qualquer. Conforme ele e Kurtz preenchiam os formulários, Lucas quase rejeitou o uso contínuo da extensão tipicamente britânica "Ltd." em vez de sua contraparte americanizada, "Inc.". "Ele estava um pouco desconfiado", disse Kurtz. "Achava que tinha algo a ver com ego. Mas pensamos em chamá-la assim para o registro e nos preocuparíamos com isso mais tarde."[31] Eles nunca mais se preocupariam com isso. Ela permaneceria Lucasfilm Ltd. para sempre.

Enquanto Berg oferecia o roteiro de *Loucuras de verão*, descobriu que, embora houvesse poucos compradores para o filme, *havia* estúdios interessados em Lucas como diretor. A Tomorrow Entertainment em particular queria que Lucas dirigisse um longa-metragem que o estúdio tinha em preparação, um filme de assalto estrelando Donald Sutherland chamado *A deusa do sexo e os diamantes fatais*. O estúdio fez uma proposta atraente para Lucas, aumentando sua remuneração como diretor para 100 mil dólares, acrescida de uma parte do lucro líquido. Houve também outras ofertas para dirigir filmes baseados no álbum conceitual *Tommy*, do Who, ou o musical de rock *Hair*. "Todos esses produtores estavam me ligando e dizendo, 'Ouvi dizer que você é muito bom com materiais que não têm uma história. Tenho um disco que eu quero que você transforme em filme'", recordou Lucas. "E eles estavam me oferecendo muito dinheiro... mas eram projetos terríveis."[32]

Porém, ele *precisava* do dinheiro. Lucas conversou sobre isso com Marcia, que o encorajou a permanecer firme em sua busca por *Loucuras de verão*. Afinal, se o filme fosse vendido, ele não poderia estar no meio de um projeto de outra pessoa. Assim, Lucas recusou todas as ofertas — mas não foi fácil. "Aquele foi um período muito sombrio para mim", diria ele posteriormente.[33] "Estávamos em uma condição financeira terrível... Recusei [*A deusa do sexo e os diamantes fatais*] no meu pior momento, quando eu estava em dívida com meus pais, em dívida com Francis Coppola, em dívida com meu agente; eu estava tão endividado que achava que nunca conseguiria quitar tudo."[34] Passaram-se anos "para ir do meu primeiro filme para meu segundo filme, batendo de porta em porta, tentando fazer as pessoas me darem uma chance", recordou Lucas. "Escrevendo, lutando, sem dinheiro no banco... fazendo bicos, ganhando a vida como podia. Tentando sobreviver e oferecendo um roteiro que ninguém queria."[35]

Dois obstáculos estavam dificultando a venda de *Loucuras de verão* para Berg. Um era o título (em inglês, *American Graffiti*), que deixava os estúdios confusos; achavam que soava como um filme italiano sobre pés americanos. No entanto, o maior problema era que Lucas estava promovendo *Loucuras de verão* não só como filme, mas como uma espécie de musical, e de fato escreveu na primeira página do roteiro: "*Loucuras de verão* é um MUSICAL. Há canções e dança, mas não é um musical no sentido tradicional, porque os personagens no filme não cantam nem dançam." Não é de espantar que os estúdios ficassem confusos. Para piorar, *Loucuras de verão* era visto como mais um filme que tentava apelar para o mercado jovem — um movimento que Dennis Hopper destruíra de maneira tão espetacular quanto criara quando sua continuação de *Sem destino*, *O último filme*, foi um fracasso de bilheteria.

E então, no início de 1972, o roteiro foi parar na mesa de Ned Tanen, na Universal. Tanen, um fã antigo do filme universitário *THX*, de Lucas, também era um amante de carros — embora tenha sido um *cruiser* do sul da Califórnia, e não do norte —, de modo que achou que sabia o que Lucas estava tentando fazer com o roteiro. Tanen e Kurtz também tinham um relacionamento, pois haviam trabalhado juntos em *Corrida sem fim*, vários anos antes. Tanen achou que aquela era uma equipe com a qual ele provavelmente poderia trabalhar. Ligou para Berg e lhe disse que queria se encontrar com Lucas para discutir *Loucuras de verão*.

Lucas apareceu no escritório de Tanen com uma fita repleta de músicas gravadas de sua grande coleção de vinis: Buddy Holly, The Beach Boys, Elvis, The Platters — tudo o que ele escutara dando voltas em Modesto quando era adolescente. Tal como prometia a primeira página de seu roteiro, Lucas propôs *Loucuras de verão* como um musical — e, à medida que descrevia a Tanen as histórias de cada um de seus quatro personagens principais, Lucas tocava a música correspondente de sua fita cassete. Ele sabia que cada música evocaria um momento em particular no tempo — "o que certa geração de americanos pensava que era ser um adolescente — de cerca de 1945 a 1962", disse ele mais tarde.[36] E funcionou; Tanen entendeu de imediato. "É sobre cada garoto que já estudou com você", disse Tanen, entusiasmado. "É sobre tudo que já aconteceu ou não com você, ou com o que você fantasiou ou se lembra de ter acontecido com você."[37] Sim, ele e Lucas podiam fechar o negócio — mas havia algumas condições.

Em primeiro lugar, Tanen só produzia filmes com orçamentos de até 1 milhão de dólares. *Loucuras de verão* teria um orçamento de 750 mil dólares. E Lucas não teria espaço em estúdio à sua disposição; o filme teria de ser feito em locações. E o ponto mais crítico era que não haveria um orçamento adicional para cobrir os custos da aquisição dos direitos musicais. Se Lucas queria usar músicas de Elvis em *Loucuras de verão*, não tinha problema — mas ele teria de pagar por isso com seus 750 mil dólares. Era ainda menos dinheiro do que Lucas havia recebido para *THX 1138*, e ele sabia que poderia custar até 100 mil dólares para conseguir as músicas. Antes que pudesse filmar um único quadro de filme, Lucas sabia que pelo menos 10% de seu orçamento desapareceriam.

Para tornar as coisas ainda mais desafiadoras, havia uma última exigência, que talvez fosse a mais difícil: o estúdio queria um ator famoso envolvido, alguém cujo nome no pôster de um filme pudesse atrair a atenção do público. Lucas argumentou que, uma vez que o filme era sobre adolescentes, o elenco provavelmente seria composto por atores jovens e desconhecidos, e ele não tinha intenção de comprometer a história para inserir, de forma arbitrária, um astro de visibilidade. Tanen concordou com a posição de Lucas e sugeriu encontrar um produtor famoso. E na primavera de 1972, após o lançamento de *O Poderoso Chefão*, com críticas excelentes e números de bilheteria que espantaram até mesmo seu diretor, não havia nome mais famoso do que Francis Ford Coppola.

Tanen e Coppola já se conheciam — Tanen sempre chamaria Coppola de "Francis, o Louco" —, mas a ideia de promover *Loucuras de verão* ligando-o a Coppola deixou os executivos da Universal fascinados.[38] Lucas ainda nutria ressentimento em relação a Coppola por causa do fim da Zoetrope — e, se pressionado, ele provavelmente admitiria que esperava ser considerado um cineasta independente e presidente da Lucasfilm Ltd., em vez de, novamente, ser o jovem aprendiz de Coppola. Contudo, conhecendo Coppola tão bem quanto conhecia, Lucas sabia que Francis não ficaria em seu caminho e deixaria a produção diária e as locações para Kurtz. Lucas disse a Tanen que adoraria ter Coppola como seu produtor — e então foi discutir isso com ele.

"Sim, claro, ótimo", disse Coppola a Lucas — e, então, expressou o que achava ser uma ideia ainda melhor. "Sabe, *nós* devíamos fazer esse filme", disse Coppola. "Vamos tirá-lo da Universal. Eu mesmo vou financiá-lo."[39] Lucas, prestes a fechar acordo com a Universal, achou que era uma má ideia; se Tanen descobrisse que Coppola estava tentando tirar o filme dele, isso poderia acabar de vez com o acordo. Mas era Francis sendo Francis de novo. Lucas decidiu dar a Coppola um pouco de tempo para ver o que ele podia fazer e, com seus lucros de *O Poderoso Chefão* como garantia, Coppola foi até o City Bank em Beverly Hills para conseguir um empréstimo de 700 mil dólares para aplicar em *Loucuras de verão*. Entretanto, tanto o contador quanto sua esposa impediram o plano de Coppola antes que pudesse colocá-lo em prática. Ellie Coppola não gostou do roteiro e informou claramente ao marido que, se ele iria apostar seus lucros em um filme, seria em um dos seus filmes, e não em um feito por um protegido. Repreendido, Coppola decidiu não ir atrás do empréstimo. Ele ficaria com o dinheiro da Universal.

"Não conseguimos o [OK de Tanen] com o [roteiro]", recordou Kurtz posteriormente. "Conseguimos com o nome de Francis... Eles [a Universal] achavam que o conceito podia funcionar, mas queriam ter um pouco mais de certeza, e a reputação dele forneceu essa certeza."[40] Com Coppola oficialmente a bordo, Tanen podia fechar o contrato. Como produtor, Coppola receberia 25 mil dólares mais 10% do líquido; Lucas, enquanto isso, receberia 50 mil dólares para escrever e dirigir, assim como 40% do lucro líquido.[41] Embora os valores fossem pequenos, o contrato era generoso e prometia render um dinheiro a Lucas e Coppola se — e era um grande se — *Loucuras de verão* fosse lucrativo. Por fim, tal como fizera em seu acordo inicial com a United Artists, Lucas também colocou sua ópera espacial sem título — "o negócio ao estilo de *Flash Gordon*" — no acordo com a Universal. Se tudo desse certo, seria seu próximo projeto.

Lucas ficou feliz com o acordo, e foi Tanen, na verdade, quem foi falar em favor de Lucas com o então presidente do estúdio, Lew Wasserman, que estava cético a respeito de *Loucuras de verão* e ainda mais desconfiado em relação ao negócio no estilo de *Flash Gordon*. Mais tarde, Tanen diria que simplesmente tinha uma intuição sobre Lucas. "Dava para sentir que algo aconteceria com ele", disse Tanen.[42] Lucas também gostava de Tanen e apreciava em particular o modo como ele trabalhava. "[A Universal] na prática assinava um cheque para você e lhe dizia para ir embora e voltar com um filme pronto", disse Lucas mais tarde. "Eles nunca o incomodavam. Era uma atmosfera muito boa mesmo."[43]

Bem, isso em relação a quase tudo. Só havia uma coisa que Lucas não conseguiu com o acordo: controle sobre a versão final editada do filme. Após o relativo fracasso de *THX*, não havia muita margem para Berg negociar essa questão em seu nome. Lucas concordou, a contragosto, em entregar o controle editorial à Universal. E mais uma vez acabaria arrependendo-se disso.

Com o apoio da Universal e a proteção de Kurtz, Lucas colocou *Loucuras de verão* imediatamente em pré-produção. Ele abriu um escritório de produção em San Rafael, a cerca de 15 minutos de distância de Mill Valley. Lucas gostava da aparência das ruas principais de San Rafael — ao contrário de Modesto, as fachadas das lojas ainda tinham muito da aparência de uma década antes — e planejava filmar ali a maior parte das tomadas externas do filme. À procura de carros da época apropriada para darem voltas pelas ruas durante as filmagens, Lucas colocou anúncios nos jornais da Bay Area prometendo aos donos 20 dólares por dia para dirigir carros do período de 1962.[44] A assistente de Kurtz, Bunny Alsup — que também era sua cunhada —, fotografou cada carro e cada motorista que respondeu aos anúncios, para que Lucas tivesse uma variedade de veículos à sua escolha. Porém, foi Kurtz quem encontrou o calhambeque de 1932 com o capô serrado que seria limpo e pintado de amarelo — mais um carro esporte amarelo! — para criar o automóvel mais icônico de *Loucuras de verão*.

Talvez a questão mais urgente no momento fosse a obtenção dos direitos das músicas. Sem elas, insistiu Lucas, *não* havia filme; como lembrou a todos, era um *musical*. Lucas fizera uma lista extensa de músicas, selecionando pelo menos três para cada cena, para o caso de não conseguir as duas primeiras. Quando Kurtz entregou a lista aos executivos da Universal, eles "praticamente tiveram um ataque cardíaco", disse Kurtz, e insistiram para que Lucas gravasse as músicas com uma orquestra ou uma banda cover. Kurtz empalideceu. "Não podemos fazer isso", disse ele. "Temos que usar as gravações originais."[45] Os executivos acabaram concordando, mas advertiram Kurtz de que, caso os direitos excedessem 10% do orçamento, a diferença sairia do bolso de Coppola.

De todo o modo, Lucas não conseguiria pagar por metade das músicas que queria. As músicas de Elvis estavam fora de cogitação logo de cara; os direitos eram caros demais, e a gravadora do Rei recusou-se a negociar. Kurtz teve mais sorte com os Beach Boys, em grande parte porque conhecia pessoalmente o baterista Dennis Wilson, após ter trabalhado com ele em *Corrida sem fim*. No fim, Kurtz conseguiu algumas músicas da banda, incluindo "Surfin' Safari" e "All Summer Long", por um valor razoável — e, assim que Kurtz e Lucas puderam mencionar o envolvimento dos Beach Boys, a liberação dos direitos de outras músicas ficou muito mais fácil. Lucas acabaria conseguindo 43 músicas para o filme, incluindo sucessos de Buddy Holly, Chuck Berry, Fats Domino, os Del-Vikings e Booker T. & the M.G.'s. Lucas garantira a trilha sonora que faria o filme — e ele e Kurtz conseguiram os direitos por cerca de 90 mil dólares. Bem no alvo.

A escolha do elenco também era crucial. Lucas ainda pretendia usar atores jovens, que tivessem idades próximas das dos personagens que interpretariam, e até procurou em peças de ensino médio talentos promissores. Por recomendação de Coppola e Kurtz, Lucas buscou a ajuda do experiente diretor de elenco Fred Roos para essa tarefa. Para Lucas, o elenco não era apenas importante; era pessoal: cada um dos quatro personagens principais era baseado em sua própria personalidade e experiências de vida. "Eu sou meio que todo mundo", diria Lucas posteriormente.[46] "Todos eles eram personagens com várias partes, baseados na minha vida e na vida de amigos meus", disse ele a um repórter.[47] "Eu era Terry, o Sapo, metendo os pés pelas mãos com garotas, depois me tornei um corredor como John.... E no fim me tornei Curt. Fiquei sério e fui para a faculdade."[48] Na verdade, o único personagem com o qual teve dificuldade no roteiro foi o bem-sucedido Steve. "[Esse foi] o único personagem que eu realmente não era", disse ele. Ainda assim, "tenho muitos amigos que eram o Steve, que ficaram e apenas seguiram o caminho que havia sido escolhido para eles".[49]

Lucas realizou audições abertas durante semanas para avaliar o maior número possível de atores. Com Roos ao seu lado, Lucas viu milhares de jovens artistas em apresentações de dez minutos, seis dias por semana, de 12 a 14 horas por dia. Lucas levou todos em consideração, anotando seus pensamentos em cadernos com sua letra difícil de entender e raramente dizendo muita coisa. Seu silêncio angustiou alguns dos jovens atores. "Ele mal me disse duas palavras", disse Candy Clark, que acabaria com o papel da atrapalhada porém bem-intencionada Debbie. "Ele ficava basicamente olhando para mim, o que torna a audição muito inquietante, quando alguém está apenas julgando você, sem interagir."[50]

Quando a primeira rodada de audições chegou ao fim, Lucas escolheu quatro ou cinco atores para cada um dos papéis principais, formou casais entre eles e, então, os filmou para poder assistir às suas performances com atenção diversas vezes — uma prática que se tornaria padrão na indústria. Depois de esmiuçar os vídeos, Lucas pegava os dois ou três melhores de cada casal e filmava suas performances de novo, dessa vez em um filme de 16mm. Era um processo longo e excruciante, mas Lucas estava determinado a fazer a escolha certa para cada papel.

As semanas de trabalho duro compensaram, pois Lucas foi capaz de reunir um elenco perfeito, cuja maioria teria longas carreiras. Lucas ficou impressionado o suficiente com Richard Dreyfuss para deixá-lo escolher interpretar o intelectual mas aventureiro Curt ou o popular porém confuso Steve. (Dreyfuss escolheu Curt, por acreditar que era muito mais parecido com esse personagem.) Suzanne Somers, em seu primeiro papel em um filme de verdade, conseguiu o papel da enigmática loira estonteante e motorista de Thunderbird que quase convence Curt a não ir embora de sua pequena cidade — para *escapar*, conforme Lucas explicou, o mesmo tema que motivara *THX 1138*. A busca de uma noite inteira de Curt pela loira no carrão guarda mais do que uma leve semelhança com a própria verdade de Lucas; de acordo com sua mãe, "George sempre quis ter uma namorada loira. Mas nunca a encontrou".[51] Curt também não encontraria.

No entanto, o personagem que *conseguiu* ficar com a loira provavelmente era o mais parecido com Lucas: Terry, o Sapo, interpretado com um entusiasmo geek por Charles Martin Smith. "Há tanto de George em Terry, o Sapo, que chega a ser inacreditável", disse John Plummer. "Os infortúnios de sua vida, sua inaptidão social para lidar com as mulheres."[52] Smith perdera as primeiras rodadas de audição para *Loucuras de verão*, mas Lucas o encontrou no prédio de um estúdio e pediu que ele fizesse um teste. E, sem dúvida, o fato de que, com seus óculos de aro grosso, Smith até mesmo se *parecia* um pouco com Lucas ajudou.

Cindy Williams, que conseguiu o papel de Laurie — o papel ingênuo, como Lucas o chamou —, estava sofrendo de *jet lag* e estava com os olhos tão vermelhos durante todo o processo de audição que pensou que ficaria péssima no papel e quase não o aceitou, até que Coppola insistiu. "Fiquei simplesmente atônita quando Francis Coppola me telefonou", disse Williams. "Eu fiquei, tipo, hipnotizada: *Sim, mestre maligno, vou fazer o filme*, eu disse. *Claro que vou fazer.*"[53]

O papel de Steve, personagem com o qual Lucas tivera mais dificuldade no roteiro, foi para um dos atores mais experientes e jovens no filme, Ron Howard, de 18 anos. Embora Howard tivesse mais de uma década de experiência como ator — incluindo um período de oito anos no incrivelmente bem-sucedido *The Andy Griffith Show* e um papel memorável no filme *Vendedor de ilusões* —, ainda era uma incógnita se ele daria conta de um filme como adulto, principalmente porque não estava claro se o público aceitaria que o precoce Opie, de *Andy Griffith*, havia crescido.

Na verdade, em 1972, Howard estava se preparando para entrar na faculdade de cinema da USC, determinado a se tornar mais do que apenas um ator, mas, quando ouviu que Lucas estava realizando audições abertas, Howard decidiu fazer um teste para o papel. Ele realizou o teste "com certo nervosismo", disse ele mais tarde, principalmente porque estava confuso com a insistência de Lucas em chamar *Loucuras de verão* de musical. "George, preciso admitir uma coisa", disse Howard a Lucas durante a audição. "Sei que estive em *Vendedor de ilusões*, mas acho que me escolheram porque eu não sabia cantar — porque realmente não sei. E, sem dúvida, também não sei dançar. Na verdade, mal consigo assoviar." Lucas deu de ombros. "Ah, não se preocupe com isso", disse ele a Howard. "Você não precisaria cantar. Ninguém canta, na verdade, mas *é* um musical."

"E foi isso", disse Howard, que conseguiu o papel e nunca mais perguntou sobre cantar. Mas ele continuaria confuso, pelo menos por ora, com o "musical" de Lucas.[54]

Foi o diretor de elenco, Roos, que traria o membro menos convencional do elenco, um carpinteiro autodidata chamado Harrison Ford. Com dificuldade para ganhar a vida como ator, Ford passara a trabalhar como carpinteiro para pagar as contas — e era tão bom que ganhou a reputação de "Carpinteiro das Estrelas" ao construir um estúdio de gravação para Sérgio Mendes e um terraço para Sally Kellerman e por fazer trabalhos eventuais para o grupo de rock artístico The Doors. De fato, Ford estava se saindo tão bem que quase não ficou com o papel do corredor Bob Falfa, uma vez que pagava menos da metade do que ele ganhava fazendo serviços de carpintaria. Embora Ford, no fim, tenha aceitado receber um pouco mais acima da tabela, seu limite era cortar o cabelo em estilo militar, o que ele se recusou a fazer. Lucas concordou em permitir que Ford enfiasse o cabelo em um chapéu branco de caubói. Não seria o último chapéu icônico que Ford usaria para Lucas.

Foram necessários cinco meses exaustivos para definir o elenco do filme. Trabalhar com atores nunca foi o forte de Lucas, claro, mas ele estabelecera para si mesmo uma agenda particularmente extenuante, voando de São Francisco para Los Angeles toda semana para assistir às audições o dia inteiro e, em seguida, dormir no sofá na casa de Matthew Robbins, em Benedict Canyon, à noite. Por coincidência, Lucas não era o único na casa de Robbins; naquela primavera, Robbins estava trabalhando em um roteiro para Steven Spielberg chamado *Louca escapada*, e Spielberg aparecia todas as noites para conversar sobre o roteiro enquanto jantavam. "Então, eles ainda estavam na mesa da cozinha discutindo o roteiro", disse Lucas, "e jantávamos, conversávamos e passávamos um tempo juntos. Foi quando realmente nos conhecemos".[55]

Desde o momento de seu primeiro encontro na exibição de filmes universitários na UCLA, em 1969 — quando Spielberg brincou que ele ficara "morrendo de inveja" de Lucas como cineasta —, a relação de Lucas e Spielberg seria sempre um misto de competição amigável e admiração mútua. Por exemplo, em janeiro de 1971, após Spielberg ter dirigido, de forma chamativa, um episódio da série *Os Audaciosos*, da NBC, intitulado "L.A. 2017", Lucas teve prazer em observar que o cenário do episódio — um futuro vagamente distópico em que os moradores de Los Angeles viviam no subterrâneo — tinha mais do que uma semelhança passageira com *THX 1138*.⁵⁶ Porém, Lucas só tinha elogios para o trabalho mais recente de Spielberg, um suspense eletrizante feito para a TV chamado *Encurralado*, sobre um motorista afável que era perseguido pelo motorista invisível de um caminhão-tanque. Lucas assistira ao filme na casa de Coppola durante uma festa, fechando-se em um quarto no andar de cima enquanto as festividades aconteciam no andar de baixo. "Eu desci correndo a escada e disse: 'Francis, você precisa vir ver esse filme. Esse cara é bom *mesmo*'... Eu fiquei realmente muito impressionado com o trabalho dele."⁵⁷

Spielberg também sempre se lembraria com carinho daquelas longas noites em Benedict Canyon, trocando histórias com Lucas e reclamando dos desafios para se conseguir fazer um filme. "Nós éramos os moleques do cinema que se conheciam havia muito tempo e que haviam decidido falar sobre como é difícil fazer filmes", disse Spielberg. "Digo, reclamamos constantemente. Adoramos reclamar um para o outro."⁵⁸ As conversas na mesa de jantar na casa de Robbins — com reclamações e tudo o mais — consolidaria de vez a nova amizade.

A última grande tarefa em *Loucuras de verão* consistia em arrumar o roteiro escrito por Lucas que tanto irritara Ellie Coppola. Lucas entrou em contato de novo com os Huyck e ficou aliviado ao descobrir que estavam disponíveis para trabalhar no roteiro. Lucas e os Huyck começaram a trocar páginas entre si, escrevendo e reescrevendo, às vezes até datilografando sobre as páginas de uma versão anterior. Os Huyck escreviam rápido, e Lucas ficou agradecido por sua ajuda e era generoso ao elogiar o talento do casal. "O que eles fizeram foi melhorar os diálogos, torná-los mais engraçados, mais humanos, mais verdadeiros", explicou Lucas. Ainda assim, disse ele, "era basicamente a minha história. As cenas são minhas, os diálogos são deles".⁵⁹ O roteiro final foi concluído em 10 de maio de 1972 e bem a tempo, pois Lucas estava com as câmeras prontas para rodar em San Rafael na segunda-feira, 26 de junho, o primeiro dia de um período de filmagens acelerado de 28 dias.

Ele teve problemas quase de imediato. "O mais difícil era que o filme todo era à noite", disse mais tarde. "Era um período muito curto...

pois o sol se punha às 9 da noite e nascia às 5 da manhã. Isso nos deixava com um dia muito curto e... eu tinha apenas 28 deles, então era um cronograma muito, muito, muito acelerado e curto, ainda mais levando-se em conta que tudo era feito em locações com carros que enguiçavam e todos os outros dramas que ocorriam... Era, em essência, algo muito difícil de realizar."[60] Na primeira noite de filmagem, Lucas reuniu sua equipe na Fourth Street em San Rafael às 4 da tarde para dar início à tarefa de instalar suportes de câmeras nos capôs e nas laterais de vários veículos — um processo demorado que ocupou tanto tempo que Lucas só começou a filmar quando era quase meia-noite. Depois do intervalo para o jantar — ou talvez fosse o café da manhã —, à 1 da manhã, Lucas filmou sem parar até o sol nascer, às 5 horas, mas mal conseguiu completar cerca de metade das cenas do cronograma. Já "estávamos meio dia atrasados", lamentou Lucas, "atrasar meio dia em um cronograma de 28 dias é como se fosse o fim do mundo".[61]

A segunda noite não foi melhor. Apesar do acordo que ele negociara com a cidade de San Rafael, no qual ele pagaria 300 dólares por noite para filmar na Fourth Street, os comerciantes locais já estavam reclamando do fechamento da rua. Quando Lucas e sua equipe chegaram à cidade, na terça-feira à noite, descobriram que o conselho municipal havia cancelado a permissão de filmar e não permitiria que a polícia afastasse ou controlasse o tráfego na Fourth Street. Mesmo assim, Lucas aproveitou a noite ao máximo, filmando depressa por 19 cenários enquanto Kurtz corria para encontrar uma nova locação. "Então, tivemos problemas de foco com a câmera, e o cameraman assistente foi atropelado por um carro", recordou Lucas com um suspiro. "Depois, tivemos um incêndio. Foi uma noite peculiar."[62]

Kurtz conseguiu encontrar um local de filmagem mais receptivo na cidade de Petaluma, a cerca de 32km ao norte de San Rafael, mas isso não significava que as coisas ficariam mais fáceis. San Rafael, justiça seja feita, permitiria que Lucas retornasse mais duas noites para filmar a maioria das cenas de voltas de carro de *Loucuras de verão*, mas ele estava tendo problemas que iam além de simples locações. Em primeiro lugar, estava exausto. Depois de filmar a noite inteira, Lucas tentava dormir durante o dia; porém, em geral, passava o dia assistindo ao que fora filmado na noite anterior, fazendo anotações que passava para Marcia, que estava editando uma versão preliminar do filme com Verna Fields tão rápido quanto Lucas podia lhes entregar o material. Quando chegava a Petaluma à noite para começar a filmar, ele mal havia dormido durante o dia. Algumas noites, Lucas era encontrado dormindo em sua cadeira, enrolado no casaco de Kurtz; outras vezes, adormecia pendurado em uma plataforma, na lateral de um carro em movimento, cabeceando. "O ritmo de noite após noite afetou George", recordou Harrison Ford. "George, em geral, já estava dormindo quando chegava a hora de dizer 'Corta'. Eu costumava acordá-lo para dizer que era hora de tentar de novo."[63] As noites no norte da Califórnia podiam ser frias mesmo em junho e, apesar de usar seu casaco da USC, Lucas tremia de frio a noite inteira. Ele acabou pegando uma gripe, e sua diabetes, que ele costumava manter sob controle, o estava deixando preocupado. "Não acho que vou durar assim", disse ele a Milius, com a voz trêmula.[64]

E, pior ainda, ele não estava feliz com o que estava vendo. Lucas estava filmando *Loucuras de verão* em um estilo de documentário, quase livre — preparando a câmera e, então, deixando-a rolar conforme os atores entravam e saíam de cena. Ele também estava filmando de novo em Techniscope barato, sobretudo porque adorava a aparência granulosa que o formato conferia a tudo. Entretanto, sua abordagem de documentário também se aplicava a usar principalmente luz natural, contando, em grande parte, com as luzes de rua, os faróis de carros e os letreiros de neon. Porém, com uma iluminação tão ruim, nada permanecia em foco. "Parecia embaçado", disse Kurtz.[65] Após assistir às filmagens de uma semana inteira, Lucas sabia que tinha um problema sério.

Quando se tratava de resolver problemas de iluminação, Lucas sabia exatamente quem chamar para ajudar: Haskell Wexler. Na verdade, ele queria Wexler ao seu lado como cameraman desde o início, mas Wexler recusara; não gostava de filmar em Techniscope e já estava bastante ocupado filmando comerciais em Los Angeles. "Mas, quando ficamos encrencados e pedi que ele fizesse, ele fez — como amigo, para me ajudar", disse Lucas, com carinho.[66] A agenda de Wexler seria quase tão severa quanto a de Lucas; todos os dias ele viajava entre Los Angeles e São Francisco, filmando comerciais o dia inteiro e *Loucuras de verão* a noite toda. Embora Kurtz se preocupasse com a possibilidade de o ritmo afetar a saúde de Wexler, Wexler afirmava que isso não o incomodava nem um pouco. "Não me afetou", disse ele, dando de ombros. "Eu adorava. Adorava trabalhar perto daqueles garotos, de George e a história... Foi uma grande experiência."[67]

A perícia de Wexler faria diferença de imediato. Lucas dissera a Wexler que queria que *Loucuras de verão* se parecesse com uma *jukebox*, "muito chamativo, azul, amarelo e vermelho berrante"[68] — "feio", murmurou Marcia[69] —, e Wexler fizera isso, instalando lâmpadas mais fortes em placas e postes, e colocando estrategicamente lâmpadas de baixa voltagem em carros para iluminar diretamente o rosto dos atores. Wexler, disse Lucas, foi "um salva-vidas".[70] Lucas era só elogios para ele. "Ele é realmente excepcional, então simplesmente o deixei trabalhar e não me preocupei mais com isso... e ele fez um trabalho fantástico. O filme ficou bem com o visual que eu queria."[71]

Com os problemas técnicos nas mãos capazes de Wexler, Lucas podia concentrar-se em preparar suas tomadas, orientando seus atores e colocando o filme dentro do cronograma. Lucas estava bastante ciente de que trabalhar com atores era seu ponto fraco, de modo que teve a felicidade de haver escolhido um elenco que não precisava de muita direção. "George ficou com esse elenco e tinha de filmar tão rápido que não havia tempo para direção", disse Coppola. "Ele os posicionava e os filmava, e eles eram muito talentosos... Ele teve muita sorte."[72] Richard Dreyfuss achava que havia mais do que sorte envolvida. "Ele confiava na gente", disse Dreyfuss. E por que não? Na visão de Lucas, ele contratara os melhores atores, escolhidos cuidadosamente para cada papel, então por que *não* confiar neles para realizar um bom trabalho?

Entretanto, o estilo de Lucas como diretor podia ser incrivelmente imprevisível. De vez em quando, ele conversava com os atores pouco antes de uma cena, analisava algumas opções e variações e, então, por fim balançava a cabeça e perguntava: "É assim que você quer fazer?", antes de desaparecer para preparar a tomada. Após uma cena, o único comentário que Lucas fazia não passava de "Ótimo! Fantástico!" e talvez "Vamos tentar de novo!". Era "um pouco desconcertante", disse Ron Howard, "porque George não falava muito conosco".[73] Em outros momentos, Lucas não dizia *nada* e simplesmente preparava várias câmeras sem dizer aos atores qual delas filmaria a tomada principal. Em parte, era uma questão de rapidez e economia; com duas câmeras rodando, Lucas estava essencialmente conseguindo duas versões distintas de cada cena para depois escolher entre elas na sala de edição. No entanto, isso também dava ao filme um estilo de documentário, quase um visual de "filme perdido", que Lucas adorava. Com várias câmeras rodando, os atores geralmente não tinham certeza para que lado deveriam atuar. "Apenas continuem fazendo a cena!", gritava Lucas — uma abordagem que Ron Howard achou tão empolgante quanto confusa. "Em geral, não sabíamos onde as câmeras estavam. Você não sabia se era uma lente longa o enquadrando em close a qualquer momento", disse Howard. "Então no início foi desconcertante — mas acabou sendo incrivelmente libertador."[74]

"[George] era uma espécie de maníaco por controle", disse Willard Huyck em solidariedade, "e dirigir estava fora de seu controle".[75] E eram esses momentos fora do controle que podiam resultar em perfeição cinemática. Na cena inicial de *Loucuras de verão*, Terry, o Sapo, entra no Mel's Drive-In em uma lambreta Vespa e, então, sobe em um meio-fio, com o motor dando estouros, e bate em uma fileira de máquinas de venda automática. Foi tudo um acidente da parte do ator Charles Martin Smith, que apenas tentou soltar depressa a embreagem para que a lambreta parasse com um solavanco. "Em vez disso, ela acelerou comigo ainda pendurado nela", disse Smith, que se afastou mancando da lambreta, ainda no personagem, com o orgulho intacto — uma entrada perfeita não proposital para o nerd residente de *Loucura de verão*.[76]

À medida que as semanas iam se passando, mesmo com a presença firme de Wexler atrás da câmera e a calma estoica de Kurtz nos basti-

Loucuras de verão

dores, havia problemas que Lucas não podia evitar. Os eixos de vários carros quebraram, a ré do calhambeque 32 amarelo parou de funcionar, e a adorada câmera Éclair de Lucas — a que ele aninhava nos braços e carregava como um porco premiado — ficou bastante avariada depois de cair de um tripé.[77] E, longe do set, alguns membros do elenco estavam se comportando mal. "Se você coloca um grupo de jovens juntos em um Holiday Inn, o que vai acontecer?", perguntou Candy Clark. "Eles vão beber um pouco! Quando não estavam trabalhando, eles se reuniam e bebiam cerveja ou uísque. Não era um comportamento anormal nem nada escandaloso."[78] Harrison Ford, em particular, podia ser um bêbado brincalhão, ao jogar garrafas de cerveja no estacionamento do hotel só para vê-las explodir, e escalar o letreiro do Holiday Inn para colocar uma garrafa no topo. No fim, Kurtz puxou o ator de lado e lhe deu uma bronca — um sermão que Ford nunca esqueceu. "[Kurtz] foi o sujeito que me disse 'nada de cerveja nas ruas'", disse Ford, "e então 'nada de cerveja no trailer', e depois 'nada de cerveja'".[79] Felizmente, nem Ned Tanen, nem os engravatados da Universal apareciam com muita frequência em Petaluma para ver como andavam as coisas — e, quando Tanen visitou o set, Lucas fez questão de ignorá-lo. "George não tinha traquejo social", disse Gloria Katz. "E, em sua psicologia, os engravatados só serviam para assinar os cheques. Ele não queria ouvir o que diziam, não os respeitava, nada."[80]

Se havia alguém no set por quem Lucas *tinha* muito respeito, provavelmente era a personalidade impressionante que Lucas escolhera para servir de coro grego e consciência do filme: um DJ de 34 anos chamado Robert Smith, mais conhecido como Wolfman Jack.

Apesar de Lucas sempre afirmar se lembrar de ouvir Wolfman Jack enquanto dava voltas de carro quando estava no colégio, isso não era bem verdade; Smith não criou seu personagem Wolfman antes de 1962, quando ainda botava discos para tocar como "Big Smith com os Vinis" na KCIJ-AM, em Shreveport, Louisiana — e, mesmo nessa época, sua voz não podia ser ouvida muito além das fronteiras do estado. Porém, em 1964, Smith foi para a estação de rádio mexicana XERF-AM — que transmitia seu sinal para boa parte da América do Norte com o apoio de 250 mil watts — e depois, em 1965, para a XERB em Tijuana, outra "rádio de fronteira" que quase todo mundo nos Estados Unidos podia sintonizar na frequência 1090 AM. Foi aí que Lucas, em seus primeiros dias na USC, teria ouvido Wolfman pela primeira vez enquanto ele gania e uivava a caminho do estrelato, fascinando os ouvintes com sua voz rouca e a atitude descolada: "Cês tão me ouvindo por aí?", perguntava ele todas as noites. Os ouvintes não sabiam se ele era branco ou negro, ou se transmitia do México, da Califórnia, de um barco no Pacífico ou até mesmo da lua.[81]

Lucas adorava cada minuto. "Ele era um personagem realmente místico, acredite", disse Lucas. "Ele era louco, fazia essas ligações malucas e surgiu de lugar nenhum. E era uma estação pirata. Ele era um fora da lei, o que obviamente chamava a atenção dos garotos." Lucas também compreendia melhor do que a maioria o poder de um DJ; com razão, ele escolhera o DJ Imperador Hudson como o tema de seu primeiro documentário na USC: "Vários adolescentes têm um DJ como um amigo imaginário, mas ele é muito mais real porque fala com eles, faz piadas... Ele é parte da família. Você o escuta todo dia, é muito íntimo dele, compartilha seus momentos mais íntimos com ele".[82]

O envolvimento de Wolfman Jack foi fundamental para o filme; seria a música de seu programa de rádio, intercalada com suas tiradas no ar, que levariam o filme adiante de cena em cena. De fato, Lucas sentou-se com Jack para gravar um programa de rádio inteiro, que Lucas planejava editar e inserir na faixa sonora do filme, inclusive cenas reais de rádio de Wolfman recebendo telefonemas e gracejando no ar com ouvintes de verdade. Lucas ficou agradecido pelo fato de o enigmático Jack ter concordado em assumir o papel. Seria a primeira vez que a maioria de seus ouvintes o veria, e Jack temia que isso pudesse remover um pouco do brilho de sua personalidade radiofônica. Embora o orçamento limitado de Lucas lhe permitisse pagar apenas 3 mil dólares ao DJ, Lucas deu a Wolfman uma de suas porcentagens no filme. Se o filme desse lucro, Wolfman também lucraria. Acabaria sendo um dos trabalhos mais lucrativos que Jack já fez.

Lucas também colocou o DJ no centro de um dos momentos mais importantes de *Loucuras de verão*, uma vez que seria Wolfman quem passaria a mensagem central do filme: "Mexa essa bunda", diz ele a Curt com serenidade, transmitindo sabedoria em declarações ponderadas, da mesma forma que Yoda aconselharia Luke Skywalker, uma década mais tarde. Para Lucas, era uma mensagem similar à de *THX 1138*, embora mais madura. Aquele filme fora sobre escapar; *Loucuras de verão* era sobre crescer. Para Lucas, e tantos outros de sua geração, 1962 — o ano anterior ao assassinato de Kennedy — foi o ano antes de o mundo mudar para sempre, para melhor ou para pior. Os que passaram por ele tinham uma escolha simples: evoluir ou encarar a extinção.

Por esse motivo, Lucas jamais alteraria o título, não importava quanto os executivos do estúdio reclamassem; até mesmo Coppola encorajaria o elenco e a equipe a pensar em uma alternativa — sugeriu *Rock Around the Block*. Porém, Lucas sabia *exatamente* o que o título significava. O próprio filme *era* grafite americano — um momento singular no tempo, preservado em celuloide, gravando sua essência na tela do cinema como os entalhes em monumentos egípcios, a fim de assegurar que sua memória não se perdesse para sempre. "É sobre um período de transição na história nos Estados Unidos, onde, em um ano, havia um presidente que muitos garotos admiravam... Havia um tipo específico de rock'n'roll, um tipo de país onde era possível acreditar nas coisas... Tinha-se um tipo de vida", explicou Lucas em 1974. "Porém, nos dois anos seguintes, tudo mudou: você não era mais um adolescente, era um adulto indo para a faculdade ou fazendo o que quer que fosse fazer. O governo mudou radicalmente, e a atitude de todo mundo com relação a ele mudou radicalmente. As drogas apareceram. Embora sempre estivesse presente, uma guerra veio à tona como um problema. A música mudou por completo. *Loucuras de verão* é sobre o fato de você precisar aceitar essas mudanças — elas estavam à vista — e, se não aceitasse, você teria problemas... Você tenta lutar contra isso... e perde."[83] *Mexa essa bunda.*

Lucas terminou de filmar *Loucuras de verão* na sexta-feira de 4 de agosto de 1972. Talvez de forma previsível, as duas últimas semanas foram repletas de um problema mecânico após o outro, como a quebra de uma barra de direção impedindo a filmagem de um carro de dublê, filme sem exposição suficiente, tornando necessária uma longa série de refilmagens, e um pneu furado que manteve o avião da cena final preso ao solo. Embora Lucas tenha alegrado um pouco as coisas na última semana de filmagem com um baile de verdade no ginásio da Tamalpais High School — Coppola compareceu a esse baile, assim como Marcia —, ficou feliz quando acabou. "Não há dinheiro suficiente para passar pelo que é preciso passar para se fazer um filme", reclamou ele para o *New York Times*. "É penoso. É horrível. Você fica fisicamente doente. Sempre pego uma tosse e uma gripe terrível quando dirijo um filme. Não sei se é psicossomático ou não. Você se sente horrível. Há uma quantidade imensa de pressão e dor emocional... Mas eu faço mesmo assim, e realmente adoro fazer isso. É como escalar montanhas."[84]

Como de costume, Lucas estava ansioso para começar o processo de edição. "Vou dirigir de fato na sala de edição", disse ele a Ron Howard. "É quando vou fazer minhas escolhas."[85] A maior parte das responsabilidades de edição estava nas mãos da editora preferida de Tanen, Verna Fields, que estava montando o filme na garagem da casa de Coppola. No entanto, como Fields tinha outro trabalho com maior visibilidade — ela estava editando *Lua de papel*, de Peter Bogdanovich —, uma assistente igualmente capaz lhe fora designada: Marcia Lucas. Pelo menos isso assegurava que Lucas teria *alguma* influência na edição. E, para garantir, também assumira as rédeas de outro componente fundamental do processo de edição: a música. Lucas sabia exatamente quais músicas queria que fossem tocadas em cenas específicas, mas inserir de fato as músicas no filme para que se fundissem perfeitamente com a cena exigiria certo tipo de estilo. Lucas, que chamara Haskell Wexler quando teve um problema de iluminação, sabia exatamente a quem chamar quando se tratava de dificuldades com o som: Walter Murch.

Lucas sabia que não podia simplesmente acrescentar as músicas por cima da ação no filme. "Você deixaria o público furioso se fizesse isso", concordou Murch. Em vez disso, queria que a música do filme soasse

Loucuras de verão

como se estivesse sendo transmitida por rádios de carros ou por alto-falantes de ginásios, ou por alto-falantes minúsculos de rádios transístores. Eles teriam de descobrir como "mundializar" a música, disse Lucas — e Murch mal podia esperar para começar. Ele e Lucas gravaram toda a faixa sonora do filme — inclusive a tirada de Wolfman Jack — em alto-falantes que reverberavam por ginásios, saíam por sistemas antigos de anúncios públicos e até mesmo no próprio quintal de Lucas, onde ele carregava, lenta e aleatoriamente, um alto-falante pelo terreno, tocando a faixa sonora enquanto o gravador de Murch registrava tudo.[86] "Pegamos todas as músicas e fizemos com que ressoassem pelo ambiente... como um efeito sonoro", explicou Lucas. "Então, pegamos os efeitos sonoros e os usamos nos lugares em que realmente precisávamos de tensão e drama."[87]

Foi a primeira vez que uma trilha sonora pop ganhou sua própria presença dramática em um filme — uma inovação que cineastas como Quentin Tarantino e Joel e Ethan Coen adotariam quando construíssem filmes como *Pulp Fiction* e *E aí, meu irmão, cadê você?* em torno de músicas pop e folk cuidadosamente escolhidas. Em seu desejo de transformar sua trilha sonora em um efeito sonoro, Lucas tornara a faixa sonora — e o álbum da trilha sonora — uma parte vital da experiência cinematográfica. Editar a trilha sonora e inseri-la no filme era um trabalho árduo — levaria quase cinco semanas apenas para inserir o som —, mas Lucas adorou cada segundo. "Eu amo rock'n'roll", disse ele. "Enquanto fazia *Loucuras de verão*, pude sentar diante da minha Steenbeck e tocar todo esse rock'n'roll o dia inteiro; esse foi meu trabalho na edição. Os editores estavam editando as cenas, e eu estava inserindo o rock'n'roll dizendo: 'Uau, isso é ótimo!' É como entalhar algo; o objeto assume uma forma, e é muito divertido."[88]

Tão divertido, na verdade, que a primeira versão do filme tinha quase três horas de duração. Lucas agonizou durante a rodada seguinte de edições — manter a música alinhada à medida que as cenas eram removidas representava um grande desafio —, mas conseguiu cortar apenas uma hora. "Com todos os carros e a música, [originalmente o filme] acabou com 160 minutos", disse Lucas. "Nós sabíamos que não podia ser tão longo assim, porque o contrato dizia 110 minutos."[89] E ele voltou para a sala de edição, onde Marcia editava o filme, enquanto Lucas e Murch trabalhavam com o som, até que enfim reduziram o filme para os 110 minutos contratuais. Os cortes foram difíceis de fazer, mas pelo menos *ele* os supervisionara, e não algum burocrata de estúdio que não entendia o filme.

Ele enviou a versão terminada para a Universal em dezembro de 1972. Lucas estava feliz com ela. Entretanto, os executivos da Universal não tinham a mesma certeza.

No final de janeiro de 1973, Ned Tanen embarcou em um avião para Los Angeles com destino a São Francisco — e não estava feliz. A Universal ainda não tinha certeza sobre *Loucuras de verão* e agendara uma exibição pública do filme em São Francisco às 10 da manhã de domingo, 28 de janeiro, para avaliar a reação da plateia. Porém, Tanen já estava de mau humor; o estúdio estava deixando de acreditar cada vez mais no projeto, preferindo dedicar seu tempo e dinheiro à promoção de *Jesus Cristo Superstar*. ("Eles se esqueceram de nós", suspirou Lucas.)[90] E, embora o próprio Tanen ainda precisasse ver mais do que alguns minutos do filme, estava cada vez menos inclinado a se entusiasmar com o produto final. Ele pensou que ainda pudesse ser salvo, talvez como um filme para a televisão, mas nada mais que isso.

A caminho de seu assento no avião, Tanen passou por Matthew Robbins, o roteirista Hal Barwood — outro dos "Doze Condenados" da USC — e o agente de Lucas, Jeff Berg, e todos eles também estavam indo para a estreia de *Loucuras de verão*. "Nós o cumprimentamos e ele nos cumprimentou, mas me lembro vividamente de como ele estava com cara de poucos amigos", disse Robbins.[91] "Ned não sentou conosco no avião e não dividiu um táxi até o cinema. Estava furioso antes mesmo de ter assistido ao filme."[92] Em São Francisco, o humor de Tanen não melhorou nem quando seu táxi o deixou do lado de fora do Northpoint Theater, na esquina da Bay Street e Powell, na parte de North Beach da cidade.

No interior do cinema, os oitocentos lugares estavam todos ocupados. Contudo, Tanen ainda se mostrava cético. O cinema ficava praticamente no quintal de Lucas, e o executivo estava convencido de que Lucas enchera a casa com amigos e familiares dispostos a aplaudir qualquer coisa. Apesar de Lucas *ter* convidado amigos, membros do elenco e familiares — seus pais estavam lá, prontos para ver o filme que o filho lutara para fazer com dinheiro emprestado —, a plateia era, em sua maioria, jovem, da idade de Lucas ou mais nova, uma nova espécie de frequentador de cinema, criado a rock and roll e desmamado por *Sem destino*. Tanen olhou para tudo isso com o rosto fechado e, então, afundou em um assento perto da parte frontal do cinema; George e Marcia, Coppola e Kurtz recolheram-se aos seus assentos no fundo.

"O filme começou", disse Marcia, "e, no instante em que 'Rock Around the Clock' foi ouvida, as pessoas simplesmente começaram a vibrar e gritar. E, quando Charlie Martin Smith chegou dirigindo sua Vespa e bateu na parede, a plateia gargalhou. Eles acompanharam o filme até o fim."[93] Ron Howard concordou. "A plateia enlouqueceu", disse ele, e quando os créditos finais subiram ao som dos Beach Boys, "houve aplausos, gritos e falatório", recordou Robbins, uma "sensação incrível de generosa boa vontade e espanto. Foi uma exibição fabulosa".[94]

Lucas suspirou aliviado. "Francis, George e eu ficamos eufóricos", recordou Marcia.[95] E, então, lá foi Tanen, subindo o corredor com passos determinados na direção deles. Ao passar, agarrou Kurtz e Coppola e os arrastou até a passagem escura entre as últimas fileiras de assentos. "[Tanen] estava lívido; ele achava [que o filme] tinha fracassado", disse Murch. "Ele estava dizendo isso a Francis... e George estava sentado lá, pensando, 'Ah, meu Deus, é como *THX*, tudo de novo, eles vão tirar o filme de mim'."[96] Marcia também ficou atônita com a reação de desdém do executivo. "Eu estava em estado de choque", disse ela.[97]

Coppola chegava a espumar pela boca. "Do que você está falando?", berrou ele a Tanen. "Você estava bem aqui no cinema nas últimas duas horas! Não viu e ouviu o que todos nós vimos e ouvimos?"

"Não estou falando disso", disse Tanen, seco. "Vamos ver se conseguimos lançar o filme."

"Vão ver se conseguem *lançar* o filme?", esbravejou Coppola. "Você devia se ajoelhar e agradecer a George por salvar seu emprego! Esse garoto se matou para fazer esse filme para vocês. Ele terminou a tempo e cumprindo o cronograma. O mínimo que você pode fazer é agradecer a ele por isso!" Coppola, em um gesto dramático, simulou puxar um talão de cheques inexistente para comprar o filme da Universal ali mesmo. "Se odeia o filme tanto assim, livre-se dele", disse ele a Tanen. "Vamos levá-lo para outro lugar e você vai receber todo o seu dinheiro de volta."[98]

Tanen recusou-se a morder a isca de Coppola e saiu do cinema pisando firme. Coppola ficou furioso e guardaria rancor por um longo tempo; ele e Tanen não falariam um com o outro por quase vinte anos. (Anos mais tarde, Coppola examinou os números e chegou à conclusão de que, caso Tanen tivesse permitido que ele financiasse *Loucuras de verão*, ele teria lucrado 20 milhões de dólares.)[99] Quanto a Lucas, ele ficou comovido com a defesa inflamada de Coppola. "Francis realmente bateu de frente com Ned", disse posteriormente. "Eu causara problemas [a Francis] quando aconteceu tudo aquilo com a Warner por causa de *THX*, e o culpei por isso — 'Você vai deixar que eles editem, não vai lá impedi-los?' — e, quando *Loucuras de verão* saiu do papel, eu disse: 'Lá vamos nós de novo'. Mas Francis fez o que devia fazer. Fiquei muito orgulhoso dele."[100]

Robbins fez o que pôde para consolar Lucas quando ele saiu do cinema em estado de choque. "O fato de o Estúdio, com 'E' maiúsculo, ainda poder representar a si mesmo de uma maneira tão cega, insensível e obtusa apenas reafirmou vários dos sentimentos de George sobre aquilo de que Hollywood era feito", disse Robbins.[101] No entanto, Tanen não estava preocupado com os sentimentos de Lucas; ele temia ter outra das bombas artísticas de Lucas em suas mãos, dessa vez com uma trilha sonora cara de rock and roll. *Loucuras de verão* foi tirado de Lucas para ser reexaminado e reeditado.

Lucas voltou para casa, a fim de pôr para fora sua raiva com Marcia, os amigos e qualquer um que quisesse escutar. "Não sei o que fazer", queixou-se com Willard Huyck. "Esse filme — a reação das pessoas está sendo fora do comum, e eles continuam me dizendo que vão colocar o filme na televisão."[102] Marcia mostrou-se solidária, mas só até certo ponto. "George era só um joão-ninguém que havia dirigido um filminho artístico que não rendera nada", disse ela mais tarde. "Ele não tinha o poder de fazer as pessoas lhe darem ouvidos."[103] Ainda assim, ela o encorajou a lutar, a falar com Tanen e a defender o próprio filme. Porém, Lucas, mal-humorado, recusou-se a ter qualquer contato com Tanen e deixou as negociações com a Universal nas mãos de Kurtz. Eram os produtores, e não os artistas, que deviam brigar com os engravatados dos estúdios.

Kurtz acabou convencendo Tanen a permitir que Lucas reeditasse pessoalmente o filme, desde que o resultado final refletisse as mudanças recomendadas por Tanen. Lucas passou os três meses seguintes reeditando, ignorando, de bom grado, todas as sugestões de Tanen, com um resultado previsível: sem achar a menor graça, Tanen entregou o filme aos editores da própria Universal. No entanto, com um pouco de persuasão de Coppola, até mesmo os editores da Universal puderam ver que Lucas tinha razão: o filme simplesmente funcionava. No fim, a Universal cortou apenas três cenas, totalizando um pouco mais de quatro minutos, de *Loucuras de verão*. Mas Lucas ficou indignado. "Não havia motivo para o corte", reclamou ele. "Foi simplesmente arbitrário."[104]

Foi uma "experiência educativa" para Lucas, disse Walter Murch.[105] Lucas agora vira Hollywood adulterar — não, *mutilar* — a sua arte não uma, mas duas vezes. Ele não deixaria isso acontecer de novo. "É mais uma questão moral do que qualquer outra coisa", disse Lucas, simplesmente.[106] "Aquele foi o início de sua paixão de se tornar um cineasta independente", disse sua irmã Wendy, "de modo que tivesse controle total sobre seus filmes e não ficasse à mercê de um executivo de estúdio formado em administração que nunca escrevera ou dirigira ou editara um filme desde o início".[107]

"São pessoas que nunca fizeram um filme na vida — agentes e advogados sem qualquer ideia de fluidez dramática", disse Lucas com desdém. "Mas eles podem chegar, assistir a um filme duas vezes e, nessas poucas horas, lhe dizer para tirar isso ou encurtar aquilo. A indústria do cinema foi construída por empreendedores independentes, ditadores com opiniões muito fortes sobre filmes. Eles sabiam o que queriam e fizeram acontecer."[108] Aqueles quatro minutos cortados dariam origem a um império que obedeceria ao único empreendedor independente e ditador que importava: George Lucas.

Kurtz passou boa parte da primavera de 1973 garantindo que a versão recém-editada de *Loucuras de verão* fosse vista pelos executivos da Universal da melhor maneira possível, exibindo o filme em cinemas lotados de jovens, e não nas salas de exibição apertadas da Universal. "Normalmente, 14 velhos enfadonhos ficam sentados em uma sala e é isso", disse Lucas. Steven Spielberg, que compareceu a uma exibição em Beverly Hills em 15 de maio, tinha certeza de que o amigo tinha um sucesso nas mãos. E, mesmo assim, Tanen *ainda* não tinha certeza disso. Porém, o filme estava conquistando seus fãs, e vários outros estúdios, incluindo a 20th Century Fox e a Paramount, expressaram interesse em distribuir o filme caso a Universal perdesse a coragem. De repente, disse Lucas, a Universal "sabia que tinha um filme".[109]

Loucuras de verão estreou em uma quarta-feira, dia 1º de agosto de 1973, com um lançamento limitado, visto somente em cinemas de Nova York e Los Angeles. No Avco Theater na Wilshire Boulevard, houve filas dando a volta no quarteirão naquela primeira noite. *Loucuras* se sairia bem nas bilheterias desde o momento de sua estreia, recebendo boas críticas e aumentando sua popularidade através do boca a boca. Quando, enfim, estreou nos cinemas de todo o país, duas semanas depois, o filme já havia adquirido um pequeno impulso que se transformaria em um sucesso absoluto. "Ele não chegou a explodir, nunca foi um sucesso tão grande assim", disse Tanen. "Apenas ficou nos cinemas por, tipo, dois anos."[110]

Os críticos eram só elogios em suas resenhas de *Loucuras de verão*. A revista *Time* o chamou de "magnífico e singular",[111] enquanto o *Wa-*

shington Post o chamou de "uma adorável concepção nostálgica... [que] promete tornar-se aquele artigo cada vez mais raro, porém encorajador, um novo filme americano do qual quase todo mundo irá gostar".[112] Charles Champlin, o crítico influente do *Los Angeles Times*, chamou-o de "um dos filmes mais importantes do ano" e declarou que "perdê-lo é perder algo muito especial".[113]

Um de seus maiores fãs foi o *New York Times*, que teve tanto o filme quanto Lucas como tema de várias matérias no decorrer de dois meses e chamou *Loucuras de verão* de "obra de arte".[114] Lucas não sabia se irritava-se ou não com esse rótulo. "Meu negócio com arte é que não gosto da palavra *arte* porque significa pretensão e besteira, e equiparo diretamente essas duas coisas", disse ele à *Filmmakers Newsletter*. "Não penso em mim como um artista, e não acho que serei um algum dia... Sou um artesão. Não faço uma obra de arte; faço um filme. Se ele transmite o que quero, então outra pessoa pode ver e entender por conta própria."[115]

Os únicos críticos que realmente não conseguiam entender eram aqueles de sua própria região. O resenhista do *San Francisco Chronicle* odiou o filme, chamando-o de "sem dúvida, o filme mais entediante a que já assisti".[116] O filme recebeu a avaliação de uma "cadeira vazia" — o equivalente a zero estrela. Mesmo com todas as críticas positivas por trás do filme, para Lucas a resenha do *Chronicle* era a única que importava — porque foi a que seus pais leram e a única que sua família e seus amigos no norte da Califórnia viram. "Por causa daquelas resenhas ruins em São Francisco", disse Coppola, solidário, "todos os seus amigos e vizinhos achavam que ele era um fracasso".[117]

Contudo, sem dúvida, a opinião do *Chronicle* fazia parte de uma minoria. Fora alguns resmungos de críticos como Gene Siskel, do *Chicago Tribune*, que acusou Lucas de apoiar-se um pouco demais na nostalgia, o pequeno filme de Lucas era o queridinho dos críticos — assim como Lucas.[118] "Um dos diretores magistrais do mundo", declarou o *New York Times*, "o atual prodígio do mundo do cinema".[119] A revista *Time* observou que, após o relativamente antisséptico *THX*, *Loucuras de verão* mostrava Lucas com "uma nova e bem-vinda dimensão de sensibilidade",[120] enquanto o *Washington Post* achava que Lucas se tornara "um diretor cinematográfico completo",[121] uma descrição que Lucas achou apropriada. "Ah, ele *adorou*", provocou Marcia.[122] Mas Lucas insistia que ele [não] dava ouvidos a nada disso. Se você acredita nisso, então precisa acreditar no que é dito de ruim".[123] Mesmo assim, ele não estava disposto a ser modesto demais. "Sei quanto sou bom", disse ele casualmente ao *New York Times*. "*Loucuras de verão* é bem-sucedido porque saiu inteiramente da minha cabeça. O conceito foi *meu*. E é só dessa forma que consigo trabalhar."[124]

O filme acabaria em inúmeras listas dos "Melhores" de 1973 e ganharia vários prêmios, incluindo o Golden Globe de Melhor Musical ou Comédia e um New York Film Critics Circle Award para Lucas e os Huyck, por Melhor Roteiro Original. Quando chegasse a época do Oscar, ele seria indicado a cinco prêmios, incluindo o de Melhor Filme, Diretor e Edição. O filme não ganharia nenhum deles e perderia para *Um golpe de mestre* em quase todas as categorias. Marcia chorou; George não se importou. Ele jamais esperou que seu pequeno filme ganhasse *qualquer* coisa.

No entanto, o filme foi bastante lucrativo. Com custos de direção de pouco mais de 1 milhão de dólares, *Loucuras de verão* arrecadou mais de 55 milhões de dólares em bilheteria, tornando-o um dos investimentos mais rentáveis do cinema, em qualquer época. Com sua porcentagem no filme, Lucas recebeu quase 4 milhões de dólares, descontados os impostos. Tal como prometera ao seu pai mais de uma década antes, Lucas tornara-se milionário antes dos 30 anos. Na verdade, ele fizera isso com dois anos de sobra.

Lucas não foi o único que ficou rico com *Loucuras de verão*. Lucas dividiu igualmente 1% de seus lucros entre os atores do filme — o que era justo, pensou, visto que a maioria deles trabalhara por pouco mais do que o valor de tabela. "Quando você tem um filme bem-sucedido, é esse o resultado", disse Candy Clark. "Não pedimos que ele fizesse isso; ele simplesmente fez."[125] Wolfman Jack ficou com sua porcentagem e com uma parte da trilha sonora incrivelmente bem-sucedida de *Loucuras*.[126]

Haskell Wexler, que fornecera seus serviços de graça a Lucas, também recebera sua porcentagem, assim como Kurtz, os Huyck e o advogado Tom Pollock — uma porcentagem que renderia a cada um mais de 1 milhão de dólares nas décadas seguintes.

Como distribuidora do filme, a Universal também ganhara sua fatia — e Lucas teve ânsias de vômito com cada centavo. "A ideia de que os engravatados de fato lucraram com seu filme era simplesmente escandalosa para ele", disse Gloria Katz.[127] Porém, não era só a Universal que incomodava Lucas; ele também estava irritado com Coppola. Como produtor do filme, Coppola recebera 10% dos lucros — até aí, tudo bem. Mas ele e Lucas também haviam concordado em dividir igualmente entre si os outros 40%, e os detalhes desse acordo estavam causando atrito entre mestre e aprendiz. "George é como um contador quando se trata de dinheiro", disse Willard Huyck. "A quantia que George teve de enviar a Francis o irritou."[128]

Lucas concordara em pagar aos atores, a Pollock e aos Huyck com seus 20%. Ele esperava que Coppola pagasse a Kurtz com sua metade — produtor cuidando de produtor, afinal de contas — e dividisse uma parte com Wexler. Mas Coppola não gostou dessa ideia, argumentando que fora Lucas quem contratou Kurtz, e não ele, e, portanto, Kurtz era responsabilidade de Lucas. Quanto a Wexler, Lucas o trouxera no meio do filme, e Coppola achava que o cameraman também devia ser responsabilidade de Lucas. Entretanto, Coppola estava planejando trabalhar com Wexler em *A conversação*, então sugeriu que Wexler recebesse 3%, 1% saindo da parte de Lucas e 2% de sua própria metade. Lucas pagou sua parte de imediato; Coppola, não.

Lucas, furioso, acusou Coppola de retroceder no acordo que haviam feito. Após muitas negociações, Coppola enfim pagou tanto a Kurtz quanto a Wexler com sua parte, mas o estrago já estava feito. A relação entre Lucas e Coppola azedaria de novo e permaneceria dessa forma durante boa parte de uma década. Para Lucas, nunca foi pelos lucros; era pelos *princípios*. "Francis estava questionando a minha honestidade", disse Lucas, em 1983. "Ele pensou que eu estava agindo da mesma forma que ele agia. Estava me acusando de ser como ele, e isso me irritou. Não tivemos qualquer tipo de desentendimento gigante", acrescentou ele com cautela. "Mas foi um dos motivos que nos afastou mais do que qualquer outra coisa."[129]

Com os lucros de *Loucuras de verão*, Lucas pagou rapidamente todo o dinheiro que pedira emprestado a amigos, colegas e aos pais na época de dificuldades em que tentara vender o próprio filme, menos de dois anos antes. George Sr. recebeu o pagamento do filho com orgulho; mais uma vez, ele apostara no cavalo certo. Contudo, mesmo com 4 milhões de dólares no banco, Lucas ainda estava convencido de que perderia tudo se não fosse cuidadoso — e o dinheiro já estava sendo gasto depressa. "Ele tinha essa ideia de ser fogo de palha", disse Marcia. "Você acerta uma vez, e isso é tudo o que sempre terá. Não há garantia."[130] Logo, a riqueza não o mudaria *muito*. "O dinheiro não é a coisa mais importante para ele", disse John Plummer. "Ele não é um esbanjador... Ele ainda dirigia um Camaro 69 muito tempo depois de *Loucuras de verão*."[131] Assim, Lucas investiu discretamente em propriedades e ações e depositou dinheiro na poupança — nada muito chamativo. Ao contrário de Coppola, ele não compraria carros vistosos ou mansões enormes nas colinas.

Ou pelo menos nada *tão* vistoso ou enorme. No outono de 1973, Lucas comprou uma mansão vitoriana térrea no número 52 da Park Way, na minúscula cidade de San Anselmo, não muito longe de uma casinha colonial para onde ele e Marcia haviam se mudado no início daquele verão no número 30 da Medway Road. O lugar estava em mau estado — fora construído em 1869 e já era um marco de Marin County — e se parecia um pouco com uma casa mal-assombrada, com suas telhas escuras e empenas inclinadas. Mas ele e Marcia adoravam; Marcia chamaria o lugar de Parkhouse, e George, em pouco tempo, arrumaria uma sala de exibição, escritórios e uma sala de edição no sótão. Foram oferecidos de graça escritórios e locais de trabalho a amigos do cinema e membros da Máfia da USC, como Carroll Ballard, Matthew Robbins e Walter Murch. "Era um pequeno e completo estúdio cinematográfico", disse Lucas, com orgulho — sua própria Zoetrope em miniatura.[132]

Entretanto, o local de trabalho mais importante provavelmente ficava na casa deles em Medway, onde Lucas — sempre um aspirante a arquiteto — estava reconstruindo uma torre no segundo andar usando fotografias antigas como referência. Ali ele construiria um escritório aconchegante com uma lareira e janelas em três lados, proporcionando uma vista bastante arborizada que dava ao cômodo a aparência de uma casa de árvore.[133] A maior parte do espaço do piso seria ocupada por uma mesa gigantesca que Lucas construíra sozinho, usando três portas grandes para o tampo. Essa era sua sala de escrever, e Lucas, no momento, estava trabalhando nos primeiros rascunhos do roteiro para seu "negócio ao estilo de *Flash Gordon*". Era uma mistura, disse ele à *Filmmakers Newsletter*, "[um] gênero de ficção científica tipo *Flash Gordon*, *2001* com James Bond, espaço sideral e espaçonaves voando". Era "um filme muito mais roteirizado, mais estruturado do que [*THX*] ou *Loucuras de verão*", disse ele. "Como nunca fiz isso antes, é difícil dizer o que é exatamente."[134]

Contudo, ele tinha um esboço de duas páginas, escrito à mão em folha de caderno, e um título, escrito em letra cursiva no meio da capa do esboço: *The Star Wars*.

PARTE II
IMPÉRIO

1973-1983

6

Sangrando na página

1873-1976

"Não tenho talento natural para escrever", confessou George Lucas à *Filmmakers Newsletter* em 1974. "Quando me sento, sangro na página, e isso é simplesmente medonho. Escrever simplesmente não flui em uma ascensão criativa como as outras coisas que faço."[1]

Mas nenhum outro projeto faria Lucas sangrar mais do que *Star Wars*. Durante quase três anos, ele sofreria com tramas e personagens, estudando romances de ficção científica, folclore, revistas em quadrinhos e filmes em busca de inspiração. Ele lutaria com um rascunho após o outro, escrevendo e reescrevendo, recuperando cenas e histórias paralelas de que gostara em esboços anteriores, angustiando-se com as grafias de planetas e personagens, e tentando dar sentido a um roteiro que não parava de crescer e começava a sair de seu controle. E repetidas vezes veria tanto amigos quanto executivos de estúdios perplexos com sua história, duvidando de que, algum dia, conseguiria pôr alguma parte daquilo em película.

Lucas trataria o roteiro de *Star Wars* como um trabalho em tempo integral, arrastando-se escadaria acima para seu escritório toda manhã às 9 horas, instalando-se lentamente na cadeira de madeira da escrivaninha e olhando para uma página em branco durante horas, à espera de que as palavras surgissem. "Fico sentado em minha cadeira por oito horas diárias, não importando o que aconteça, mesmo que não escreva nada", explicou. "É um estilo de vida terrível. Mas eu faço isso; sento e faço isso. Não posso me levantar da cadeira até cinco horas ou cinco e meia da tarde. (...) É como estar na escola. É a única forma de me forçar a escrever."[2]

Acima da escrivaninha, ele havia pendurado um grande calendário para acompanhar seu progresso, jurando escrever cinco páginas por dia e marcando cada dia com um grande e dramático X. Em um dia produtivo, ele podia ter uma página concluída às 16 horas — e então, de olho no relógio, apressava-se em escrever as quatro páginas remanescentes na hora seguinte. Se conseguisse concluir as páginas mais cedo, permitia-se uma folga pelo resto do dia, talvez se recompensando com um pouco de música de um de seus bens mais valorizados, uma reluzente, espalhafatosa e totalmente funcional jukebox Wurlitzer 1941, que Lucas abastecera com sua própria coleção de discos de rock'n'roll 45 rotações. Enquanto "Little Darlin", dos Diamonds, saía pelos alto-falantes pulsantes da Wurlitzer, Lucas se recostava na cadeira, tirava os tênis e desabotoava a camisa, perdido na música e grato por ter encerrado o dia.

Na maior parte dos dias, contudo, a jukebox permanecia silenciosa, com suas luzes neon apagadas — e nenhuma palavra era escrita. Às 17h30, ele descia as escadas pesadamente para assistir ao noticiário vespertino com Walter Cronkite, furioso enquanto comia uma refeição congelada, remoendo as páginas em branco que deixara para trás. "Você enlouquece escrevendo", diria Lucas depois. "Você se torna psicótico. Entra tanto no clima e vai em direções tão estranhas em sua cabeça que é surpreendente que todos os escritores não sejam trancafiados em algum lugar."[3]

Seria possível afirmar que *Star Wars* foi, em parte, responsabilidade de Coppola.

No final de 1972, com *Loucuras de verão* em pós-produção, Lucas estava pronto para começar a trabalhar no projeto seguinte, que estava convencido de que seria *Apocalypse Now*. Para Lucas, o fato de Coppola ainda ser o dono do filme não passava de um detalhe técnico. "Tudo o que Francis fez foi pegar um projeto no qual eu estava trabalhando, incluí-lo em um pacote fechado e, de repente, ele era o dono", resmungou.[4] No que lhe dizia respeito, a intenção era quase inteiramente essa — e ele sem dúvida pretendia fazer de *Apocalypse* seu próximo filme, enviando o roteiro para diversos estúdios. E, para sua grande surpresa, "consegui logo um acordo" com a Columbia.[5] Então, em novembro, Gary Kurtz foi enviado a Filipinas e Hong Kong para estudar as locações adequadas, "e todos estávamos prontos para começar", disse Lucas. Ou melhor, prontos até que a Columbia, ainda tentando colocar o negócio no papel, começou a pechinchar os percentuais.

Coppola se recusou a abrir mão de sua própria parcela no filme; se a Columbia quisesse uma fatia maior, teria de tirá-la da parte de Lucas. "Minha parte iria encolher, e eu não iria fazer o filme de graça", queixou-se Lucas. Acabaria devolvendo *Apocalypse Now* a Coppola, pelo menos por ora — mas não ficou feliz com isso. "[Francis] tinha o direito de fazer aquilo, é da natureza dele, mas, ao mesmo tempo, fiquei muito aborrecido com tudo", declarou Lucas mais tarde.[6]

Se Coppola tivesse escolhido negociar, em vez de fincar o pé, o projeto seguinte de Lucas poderia muito bem ter sido *Apocalypse Now*, e *Star Wars* teria continuado a ser um acréscimo contratual, talvez a ser desenvolvido posteriormente — ou talvez nunca. Em vez disso, Lucas abandonou o projeto contra a vontade, reclamando da sovinice de Coppola. Então, *Star Wars* nasceria da necessidade de Lucas de preencher um vazio ao mesmo tempo criativo e financeiro. "Eu tinha dúvida", recordou-se Lucas mais tarde. "Precisava muito de trabalho. Eu não sabia o que iria acontecer com *Loucuras* [*de verão*]."[7] Com *Apocalypse Now* engavetado, Lucas voltou-se para seu único outro projeto viável, aquele que ainda integrava o acordo de dois filmes com a Universal. "Eu pensei, que droga, tenho de fazer alguma coisa", contou Lucas. "Vou começar a desenvolver *Star Wars*."[8]

Só que, àquela altura, não era *Star Wars*. Nem de longe.

Enquanto Lucas se sentava para escrever em seu pequeno escritório de Mill Valley, em fevereiro de 1973, tudo o que tinha era uma ideia vaga. Depois de a King Features se recusar a lhe vender *Flash Gordon*, Lucas decidiu que podia facilmente criar os próprios personagens segundo um padrão similar. "É seu super-herói básico no espaço sideral", explicou ele. "Eu me dei conta de que o que realmente queria fazer era uma fantasia épica."[9] Como se tornaria seu hábito, Lucas começou o processo de escrita fazendo listas de nomes e locações para sua fantasia, rabiscando *Imperador Ford Xerxes XII* — um nome que soava adequadamente heroico — no alto de uma das páginas de seu caderno, seguido por nomes como *Owen, Mace, Biggs* e *Valorum*. Após tentar várias combinações, Lucas dividiu sua lista entre nomes de personagens e de planetas, dando um título ou uma descrição breve a cada um. Luke Skywalker estava na lista desde o princípio, mas ele era "Príncipe dos Bebers", enquanto Han Solo era o "líder do povo Hubble". Os planetas Alderaan e Yavin também estavam lá, assim como locações batizadas em homenagem à Herald Square e ao ator japonês Toshiro Mifune.[10]

Em seguida, Lucas começou a inserir os nomes e lugares em uma narrativa breve, não muito mais que um fragmento de história chamada de "The Journal of the Whills". Ele pensara em tomar emprestado um recurso narrativo dos antigos desenhos da Disney, mostrando um livro de histórias — no caso, *The Journal of the Whills* — caindo aberto no instante inicial do filme, a fim de enfatizar que o que se seguiria vinha de um livro",[11] revelou ele certa vez a um entrevistador. "Esta é a história de Mace Windy", escreveu Lucas, sublinhando o nome para enfatizar "um reverenciado Jedi-Bendu de Opuchi, como nos foi relatado por C. J. Thorpe, aprendiz padawan do famoso Jedi". Ao longo de duas páginas cobertas de uma escrita apertada, Lucas enfiou muitos nomes e um contexto, e estava começando a se lançar em um vestígio mínimo de trama — seus heróis eram "convocados até o desolado segundo planeta de Yoshiro por um mensageiro misterioso do presidente da Aliança" — quando se deteve praticamente no meio da frase, já sem energia. Não iria dar certo, e Lucas sabia muito bem disso.

Então, ele recomeçou, fazendo outra relação de nomes, rabiscando fragmentos de tramas e cenas que sabia que iria querer incluir. "Uma das principais visões que eu tinha do filme quando comecei foi uma batalha no espaço com espaçonaves — duas naves voando pelo espaço e atirando uma na outra. Aquela era minha ideia original. Eu disse que queria fazer esse filme. Queria ver aquilo." Contudo, passar a batalha da cabeça para o papel era mais difícil, então Lucas começou a gravar antigos filmes de guerra na televisão, reunindo cenas de batalhas aéreas de longas como *As pontes de Toko-Ri* e *Tora! Tora! Tora!*. "Eu simplesmente as editava segundo a minha história", contou ele mais tarde. "De fato, era um modo de ter uma noção do movimento das espaçonaves."[12] Ele acabaria com mais de vinte horas de fitas, que transferiu para uma película 16mm, editando, em seguida, um rolo com cerca de oito minutos de duração. "Coloquei o avião indo da direita para a esquerda", explicou Lucas, "e um avião vindo em nossa direção e voando para longe de nós, para descobrir se o movimento produzia empolgação".[13] Embora ele ainda não soubesse, o rolo com aeronaves duelando, passando em disparada e caindo em parafuso seria um dos fragmentos de filme mais importantes que ele montaria — o concreto fresco que ele verteria no molde para a pedra fundamental de seu próprio império cinematográfico.

Em 17 de abril, Lucas começou a escrever outra versão, essa intitulada *The Star Wars*. Esse rascunho continha a batalha voadora que Lucas queria ver, bem como uma trama mais bem-acabada, que usava toques de *Flash Gordon* e de *A fortaleza escondida*, de Kurosawa. Lucas colocou na versão tudo aquilo que sempre amara nas séries das manhãs de sábado, com muitas perseguições, escapadas, criaturas exóticas e ações ousadas em geral. De *A fortaleza escondida*, tomou emprestados alguns elementos fundamentais da trama — especificamente, uma princesa sendo escoltada por território inimigo por um sábio general com cicatrizes de batalha e, ainda mais importante, dois burocratas desajeitados e brigões, que serviam como alívio cômico.

Luke Skywalker faz sua primeira aparição, embora nesse esboço inicial ele seja um general envelhecido protegendo uma jovem princesa no planeta Aquilae. Ele e a princesa encontram dois burocratas brigões que haviam escapado de uma fortaleza espacial em órbita, e os quatro rumam para um "porto espacial", em busca de um piloto que os leve ao planeta Ophuchi. Skywalker — habilidoso com uma "espada laser" — recruta e treina um grupo de dez garotos como guerreiros antes de escapar do planeta em uma nave roubada. Há uma batalha espacial — *sempre* haveria uma batalha espacial —, uma caçada por um campo de asteroides e uma queda em Yavin, um planeta de alienígenas peludos gigantescos. A princesa, então, é capturada, e Skywalker lidera um ataque à prisão imperial, escapando em meio a mais uma batalha espacial espetacular. Há uma cerimônia de premiação — e *sempre* haveria uma cerimônia de premiação — na qual a princesa revela "sua verdadeira identidade divina".[14]

Mesmo com 14 páginas manuscritas, essa proposta bastante movimentada ainda pareceu muito vaga a Lucas.[15] De qualquer modo, ele a colocou em uma pasta de couro preto com *The Star Wars* gravado em dourado na capa e a passou ao agente Jeff Berg, para que a United Artists desse uma olhada. Berg confessou que não entendera uma só palavra, e realmente não sabia como vender aquilo. Lucas sabia mesmo que sua descrição era confusa. "[É] uma ópera espacial na tradição de *Flash Gordon* e *Buck Rogers*", explicou ele. "É *James Bond* e *2001* combinados — superfantasia, capas e espadas, armas a laser e naves espaciais atirando umas nas outras, e todo esse tipo de coisa. Mas não é exagerado", insistia. "A ideia é que seja um filme de aventura e de ação empolgante."[16] Para Lucas, o entusiasmo sempre prejudicou a clareza.

Em 7 de maio, Berg levou a versão de Lucas à United Artists, colocando-a nas mãos de David Chasman, o mesmo executivo que acreditara em *Loucuras de verão*. Lucas sabia que a versão que estava dando a Chasman era difícil de compreender — colocar no papel as imagens que ele tinha na cabeça sempre seria difícil —, então incluiu dez páginas de ilustrações para tentar transmitir o visual e o clima do que tinha em mente: fotos de astronautas da Nasa, tanques anfíbios e desenhos de heróis espaciais recortados de revistas em quadrinhos. Chasman ficou intrigado, mas estava indo para Cannes, e prometeu a Berg estudar o material e entrar em contato em breve. Três semanas torturantes se passaram antes de Chasman enviar sua resposta. Não.

Deprimido, Lucas pediu que Berg apresentasse a proposta a Ned Tanen, na Universal. "Eu odiava a Universal, mas tinha de apelar com eles", confessou Lucas. "Parte do meu acordo para fazer *Loucuras de verão* era que eu tinha de ceder minha vida para eles por sete anos (...) Eles eram meus donos."[17] E, para piorar a situação, Lucas e Tanen ainda estavam se desentendendo sobre *Loucuras*, que Tanen exigia que fosse remontado, ao mesmo tempo que Lucas procurava o estúdio, de chapéu na mão, com uma proposta para seu filme seguinte. "Foi bem no meio do período mais raivoso de Ned", contou o advogado de Lucas, Tom Pollock. "Não foi apresentado com empolgação."[18] Ainda assim, Berg, diligentemente, enviou a versão a Tanen no começo de junho, prometendo que o filme poderia ser realizado a baixo custo. Lucas, de má vontade, descreveu aquilo como "uma ideia de 6 milhões de dólares que eu faria por 3 milhões".[19] Assim como Chasman antes dele, Tanen recebeu a pasta de Berg e prometeu entrar em contato em breve.

Mesmo enquanto Tanen ruminava, Berg iniciara uma conversa informal com a 20th Century Fox, e o novo vice-presidente de assuntos criativos, Alan Ladd Jr. "Laddie", como era chamado por quase todos, era filho do ator Alan Ladd. Tinha o *show business* no sangue e alguma intuição para sucesso comercial, além de apreciar o talento, não importando quão peculiar fosse. Pouco antes, ele resgatara o roteirista e diretor Mel Brooks de uma Warner Bros. em pânico, depois de o estúdio haver perdido a fé no inédito *Banzé no Oeste*, e Berg achou que Ladd poderia apreciar tanto o talento quanto as dificuldades de seu cliente, que estava travando uma batalha criativa similar com a Universal, por causa do ainda inédito *Loucuras de verão*. Certa tarde, durante um encontro para tomar um drinque, Berg se ofereceu para mostrar *Loucuras* a Ladd e enviou uma cópia para o escritório dele. "Eu o li nas instalações da Fox às 9 da manhã e me causou uma grande impressão", recordou Ladd. "Foi quando eu disse a Jeff [Berg] que gostaria de me encontrar com George e conhecer as ideias nas quais ele estava trabalhando."[20]

Lucas voou para Los Angeles, ansioso pela conversa. Mais do que qualquer outro estúdio na época, a Fox parecia saber o que fazer com ficção científica. Em 1968, ela havia lançado o imensamente popular *O planeta dos macacos*, que acabou por se tornar uma sequência de cinco filmes. Mas, depois do *Planeta*, a Fox estava precisando de um sucesso. Depois da partida em 1971 do magnata Darryl F. Zanuck, que comandara a empresa em diversas oportunidades desde 1935, o estúdio estava sendo dirigido por Dennis Stanfill, um ex-executivo da Lehman Brothers. Mais contador que inovador, Stanfill, ainda assim, era esperto o bastante para seguir uma tendência quando a identificava; além de levar *O planeta dos macacos* por suas várias sequências, ele havia bancado, com sucesso, a moda do cinema-catástrofe, distribuindo filmes como *Inferno na Torre* e *O destino de Poseidon*. Mas o estúdio continuava perdendo dinheiro bem depressa, e o moral era baixo. "Era triste", reconheceu um executivo da Fox. "Um lugar muito deprimente ao qual tinha de ir todos os dias."[21]

Lucas talvez tenha lembrado do mesmo dia em que, seis anos antes, entrara nas instalações virtualmente abandonadas da Warner. Lá, ele havia encontrado Coppola, o irmão mais velho encorajador, mas passional, que iria estimular, inspirar e enfurecer Lucas enquanto abria seu caminho como jovem cineasta. Agora na Fox, iria encontrar Ladd, o novo irmão mais velho, promotor e defensor, que o guiaria pelo estágio seguinte de sua carreira; bem diferente de Coppola, contudo, havia pouca grandiloquência no discreto Ladd, o que fazia dele uma boa combinação de temperamentos com o igualmente contido Lucas. "Ele e eu, juntos, não dávamos meio extrovertido", lembrou Ladd.[22] Assim como Lucas, Ladd não falava muito — e, quando por fim o fazia, era de forma tão silenciosa e calma que alguns achavam que ele soava assustadoramente como o malicioso computador HAL de *2001: Uma odisseia no espaço*.[23] Embora Lucas se referisse com desprezo à maioria dos executivos de Hollywood como "vendedores de automóveis usados", algo em Ladd fez com que gostasse dele de imediato.[24]

Para começar, ele e Ladd falavam a mesma língua: cinema. Em vez de apresentar suas fotos de astronautas ou tentar descrever a trama ou o clima, Lucas conversava com Ladd sobre os filmes que os dois amavam. "Essa sequência será como *O gavião do mar*", revelou a Ladd, empolgado, enquanto outras cenas lembrariam *Capitão Blood* ou *Flash Gordon*. "Eu soube exatamente o que ele estava dizendo", disse Ladd, que também gostou de Lucas. "Eu soube (...), depois de passar um tempo com ele, que era uma pessoa totalmente franca e que sabia o que estava fazendo."[25] Ladd tinha interesse — mas naquele momento Lucas ainda estava obrigado por contrato a esperar a resposta da Universal. Se Tanen e a Universal dissessem não a *The Star Wars*, Ladd e a Fox poderiam ficar com ele.

Ladd não precisaria esperar muito. No final de junho, a Universal abriu mão. Embora Tanen tivesse problemas com o orçamento sugerido, basicamente ficara perturbado com a proposta em si, admitindo que tivera "muita dificuldade em compreendê[-la]".[26] Berg achou que talvez "eles [os executivos da Universal] não estariam psicologicamente preparados" para investir em um filme de grande orçamento cheio de efeitos especiais. Mais provavelmente, eles talvez não estivessem preparados para investir em Lucas, cujo ainda inédito *Loucuras de verão* estava sendo remontado — e, na cabeça de muitos no estúdio, parecia destinado ao fracasso. Por que, afinal de contas, eles bancariam um filme de 3 milhões de dólares de um diretor autoral que provavelmente estragara um filme com um orçamento de 750 mil dólares? A resposta da Universal foi negativa.

Com a Universal fora do caminho, os agentes de Lucas começaram a negociar de verdade com a Fox em meados de julho, com uma proposta de acordo de oito páginas. Lucas receberia 50 mil dólares para escrever o roteiro, 100 mil por seu trabalho como diretor e 15 mil pelo "desenvolvimento" do projeto, com um orçamento de filmagem de 3 milhões de dólares. O número mais importante no acordo, contudo, eram os 10 mil dólares que Lucas receberia na assinatura do acordo. Aquele era um dinheiro que ele embolsaria imediatamente... E era necessário. "Eu estava muito endividado", lembrou Lucas. "Foi por isso que fechei o acordo."[27] Sem isso, disse depois, "Não sei o que teria feito. Talvez arrumasse um emprego. Mas a última ação desesperada é 'arrumar um emprego'. Eu realmente queria manter a minha integridade".[28]

Para Lucas, a integridade sempre seria mais importante que o dinheiro, e ele, desafiadoramente, insistiu em que seu contrato lhe desse o máximo controle possível sobre o filme. Então, explicitamente deu o trabalho de produção a Gary Kurtz, a montagem a Verna Fields e Marcia Lucas, e nomeou Walter Murch como seu supervisor de pós-produção — além de estipular que a Fox não poderia determinar um produtor executivo para ele nem controlar a produção. "Eu não estava muito disposto a escutar as ideias de outras pessoas — queria que tudo fosse do meu jeito", disse Lucas. "Não me importava de ouvir a opinião das pessoas criativas ao meu redor, mas quanto à dos executivos... Eu lutei muitos anos para garantir que nenhum deles me dissesse o que fazer."[29]

A despeito da arrogância, Lucas sabia que tivera sorte em fechar o acordo. "Não tínhamos nenhum poder de negociação", recordou o advogado Tom Pollock. "Eles [a Fox] eram os únicos que o queriam."[30] Parte do problema era o próprio gênero. Embora no começo dos anos 1970 os filmes de ficção científica estivessem no meio de sua lenta ascensão para a respeitabilidade, ainda eram considerados um negócio arriscado. Ao ser lançado em 1968, *2001: Uma odisseia no espaço* — que Lucas adorava, chamando-o de "o maior filme de ficção científica" — fora um sucesso de crítica, mas um fracasso financeiro, e seriam necessários muitos anos para que desse lucro.[31] Ladd, portanto, estava correndo um risco real com Lucas e sua proposta um tanto incoerente — mas, ao contrário dos céticos da Universal, Ladd estava suficientemente convencido do talento de Lucas para fazer essa aposta criativa. "Era um jogo, e eu estava apostando todas as minhas fichas em Lucas", disse Ladd.[32] Lucas concordou: "[Ladd] investiu em mim, não no filme."[33]

Não demorou muito para que Ladd parecesse decididamente brilhante. Em 1º de agosto de 1973 — quando ainda estava negociando seu acordo com a Fox —, houve o lançamento, e o sucesso, praticamente da noite para o dia, do azarão *Loucuras de verão*. De repente, Lucas era o diretor da vez no setor. Os executivos da Fox podem ter ficado preocupados com a possibilidade de Lucas tentar usar sua nova reputação para conseguir uma remuneração maior pela direção de *The Star Wars* — o agente Jeff Berg estava convencido de que poderiam facilmente negociar uma remuneração de meio milhão de dólares —, mas, como era típico, Lucas não queria dinheiro; queria *controle*. "Ele tivera problemas com os estúdios por causa de controle", reconheceu Pollock mais tarde. "Ele realmente achava que aquela era uma questão de controle, e não uma questão de dinheiro."[34]

"A Fox achou que eu voltaria e exigiria milhões de dólares e todas aquelas questões grosseiras", lembrou Lucas. "Eu disse: 'Vou fazer pelo definido no acordo, mas ainda não conversamos sobre coisas como direitos sobre merchandising [e] direitos sobre continuações.'"[35] Ele insistiu em que essas cláusulas específicas — normalmente consideradas questões menores em um contrato — continuassem negociáveis enquanto ele e a Fox avançavam com o contrato formal. Também insistiu em que *The Star Wars* fosse produzido pela Lucasfilm, garantindo, desse modo, que ele pudesse ficar de olho nas finanças e que qualquer despesa colocada na conta do filme fosse realmente dele — pois, mesmo três anos depois de concluir *THX 1138*, continuava irritado com Coppola por colocar os custos da Zoetrope em seu filme.

Lucas assinou o acordo com a Fox no final de agosto. Embora, publicamente, a Fox se vangloriasse por ter conseguido os direitos de um grande produto — foi anunciado com entusiasmo no *Los Angeles Times* que Lucas fora contratado para concluir "rapidamente" *Star Wars*, sucedido pela produção de época *Assassinatos na rádio WBN*, escrito por Huyck —, nos bastidores o estúdio se mostrara cauteloso na redação do acordo.³⁶ Aquele era apenas um memorando, e não um contrato. Não havia um orçamento acordado, nem mesmo garantias de que o filme seria feito — e a Fox garantira uma cláusula de saída, permitindo que se pudesse voltar atrás a qualquer momento após ler o roteiro. Mas, ainda assim, Lucas criou uma nova empresa, chamada The Star Wars Corporation, para administrar as finanças, e depois fez com que a Lucasfilm formalmente "emprestasse" à empresa seus serviços como diretor. Tendo embolsado os 10 mil dólares que recebera ao assinar o acordo, Lucas começou a trabalhar na redação do primeiro rascunho do roteiro — que, pelo acordo, ele prometera entregar em 31 de outubro de 1973. Lucas temia não terminar a tempo — e, de fato, ele nem sequer chegaria perto disso, citando "um número infinito de distrações".³⁷

Em parte, podia atribuir isso ao sucesso de *Loucuras de verão*. Com um verdadeiro hit nas mãos, Lucas tinha, pela primeira vez na vida, uma fonte de renda regular, chegando quase mais rápido do que pensava em como gastá-la. A maior parte, ele poupou. Mas fez três grandes aquisições, uma delas pessoal, as outras duas práticas. Em primeiro lugar, Lucas comprou uma sociedade em uma loja de quadrinhos em Nova York chamada Supersnipe, de propriedade e administrada por um sujeito formado em cinema pela New York University chamado Edward Summer.

Embora Lucas nunca fosse partilhar o entusiasmo do pai pelo varejo, adorava examinar as fileiras de revistas na lojinha sempre que estava em Nova York, e apreciava a companhia de Summer, que conseguia falar de filmes e quadrinhos com a mesma facilidade e o mesmo entusiasmo que Lucas. Para o garoto que um dia passara as noites de verão lendo exemplares rasgados de *Tommy Tomorrow* na varanda da frente mal iluminada de John Plummer, ser dono de uma loja de quadrinhos era um sonho realizado.

No lado prático, estavam as casas na Medway e na Park Way que ele comprara em San Anselmo e onde planejava dedicar-se a escrever o roteiro de *The Star Wars* — se, claro, encontrasse tempo. Estava gostando de supervisionar o trabalho dos carpinteiros e eletricistas que instalavam a sala de projeção e os escritórios na antiga casa vitoriana da Park Way. Aos poucos, o lugar estava se tornando seu próprio clube, a nova sede da Lucasfilm Ltd. — e era *muito* mais divertido trabalhar nisso que no roteiro de *The Star Wars*. "Eu estava reformando meu escritório", lembrou Lucas, dando de ombros. "Construir uma sala de projeção me manteve ocupado por nove, dez meses."[38]

Lucas não estava comprando e reformando casas apenas para poder construir seu próprio complexo cinematográfico; ele e Marcia queriam formar uma família. Mas era difícil. Lucas trabalhara até ficar exausto pelos quase dois anos que passara escrevendo, filmando, montando e brigando por *Loucuras de verão*. Escrever *The Star Wars* também estava esgotando sua motivação e sua energia, mas o fato é que ele e Marcia simplesmente estavam muito afastados. Durante boa parte do inverno e da primavera de 1973, Marcia estivera trabalhando em locações em Los Angeles e no Arizona, montando *Alice não mora mais aqui*, do diretor Martin Scorsese. Era um trabalho grande, o primeiro no qual ela seria a montadora sênior, e não uma assistente — e, na época em que aceitara, ela e George precisavam desesperadamente do dinheiro. Essa não era mais uma preocupação, mas agora Marcia descobrira que queria mais do que apenas o dinheiro; queria ser levada a sério como montadora de cinema, e não apenas como montadora dos filmes de George Lucas. "Eu pensei: se um dia quero receber créditos de verdade, terei de montar um filme para alguém que não seja o George", contou Marcia. "Porque, se estiver montando para meu marido, todos pensarão que George deixa que a mulher brinque na sala de montagem. George concordava com isso."[39]

George pode muito bem ter concordado que Marcia precisava de projetos que não apenas seus filmes — "é difícil para uma montadora de cinema chegar em casa e chamar o diretor de filho da puta quando se é casada com ele", declarou ele ao *New York Times* —, mas isso não significava que ele gostasse disso.[40] Embora, com frequência, Lucas pudesse ser frio ou mesmo ríspido com Marcia quando estavam no mesmo aposento, sempre sentia muito a sua falta quando ela estava longe. Durante os meses em que Marcia esteve no Arizona, Lucas vivia na ponte aérea entre São Francisco e Tucson, onde passava os dias sentado em um pátio, lendo romances de ficção científica ou fantasia, escrevendo seu roteiro e — se pressionado a admitir — de olho em Scorsese. Embora não fosse exatamente um tipo ciumento, Lucas esperava que sua presença pelo menos pudesse conter as mãos ágeis do outro diretor. A estratégia acabou funcionando, embora isso não impedisse, necessariamente, o manhoso Scorsese de tentar. Contudo, no final das contas, Scorsese reagiria mais ao talento de Marcia, fazendo dela sua montadora nos dois filmes seguintes, *Taxi Driver* e *New York, New York*. Esses dois trabalhos também manteriam Marcia longe por semanas ou meses seguidos.

Mesmo quando sentado ao sol de Tucson, Lucas lia tudo o que podia, mergulhando em temas, tons e artifícios de tramas. Havia o romance de Edgar Rice Burroughs *A princesa de Marte*, no qual o herói, John Carter, resgata a princesa destemida, e a série de romances de Lensman, de E.E. "Doc" Smith, sobre policiais espaciais com superpoderes, uma variação das revistas em quadrinhos *Tommy Tomorrow*, que Lucas adorava. Lucas também devorava qualquer coisa escrita por Harry Harrison — seu romance de 1966 *Make Room! Make Room!* havia sido, pouco tempo antes, adaptado para o cinema como *No mundo de 2020* — e Lucas adorava especialmente seus romances cômicos agitados como *The Stainless Steel Rat* e *Bill, the Galactic Hero*, em que o personagem-título é um garoto de fazenda frustrado. Havia livros sobre mitologia e religiões — Scorsese se lembrava de Lucas lendo o *Guia da Bíblia*, de Isaac Asimov, bem como o volume de sir James George Frazer *O ramo de ouro: um estudo de religião comparada* — e quadrinhos, como os movimentados, vibrantes e um tanto psicodélicos *Novos Deuses*, de Jack Kirby, nos quais Orion, o herói, era filho do vilão Darkseid.

Lucas absorveu tudo, lendo livros e quadrinhos, assistindo a filmes, arquivando os elementos e as peças de que gostava, descartando o que não agradava. "Pesquisei filmes infantis, como eles funcionam e como os mitos funcionam, e estudei cuidadosamente os elementos dos filmes do gênero conto de fadas que fazem deles um sucesso", disse Lucas.

"Descobri que o mito sempre existe além da montanha, em alguma terra distante e exótica. Para os gregos, foi Ulisses partindo rumo ao desconhecido. Para os Estados Unidos, foi o Oeste (...). O último lugar 'além da montanha' que existe é o espaço."[41]

Mesmo o Vietnã iria penetrar em seu raciocínio, um subproduto do abandonado *Apocalypse Now*. "Descobri que não conseguiria fazer aquele filme por ser sobre a Guerra do Vietnã", contou Lucas, "então basicamente lidaria com alguns dos mesmos conceitos interessantes, que iria utilizar e transformar em uma fantasia espacial, de modo que você tivesse um grande império tecnológico indo atrás de um pequeno grupo de combatentes pela liberdade". Então, à medida que Lucas fazia anotações para seu rascunho seguinte, o planeta Aquilae se tornou "um pequeno país independente como o Vietnã do Norte, ameaçado por um vizinho ou uma rebelião provincial", enquanto o Império "é como os Estados Unidos daqui a dez anos (...), permitindo que a criminalidade aumente até o ponto em que um Estado policial com 'total controle' seja bem-recebido pelo povo". [42] Isso era Lucas escondendo, timidamente, sua posição política liberal à vista de todos. "A maioria das pessoas não se dá conta de que parte dele [*Star Wars*] é sobre a situação do Vietnã", disse um associado mais tarde.[43]

Em maio de 1974 — quase oito meses depois do prazo —, Lucas concluiu o rascunho de *The Star Wars*. Com 191 cenas e 33 mil palavras, estava abarrotado de política e contextualização, mas, mesmo nesse esboço inicial, algumas partes soam familiares. O personagem principal é um jovem chamado Annikin Starkiller, que estuda para se tornar um Jedi-Bendu sob o general de 70 anos Luke Skywalker. Existem dois androides que garantem alívio cômico, um baixo e atarracado, o outro um robô reluzente "ao estilo *Metrópolis*", uma referência à mulher mecânica do diretor Fritz Lang em seu filme *art decó* de 1926. Há um "enorme monstro de pele verde sem nariz e com grandes guelras" chamado Han Solo, uma corajosa princesa Leia, de 14 anos, referências a "espadas laser" e *wookiees*, bem como a um "general alto de aparência severa" — um personagem relativamente menor — chamado Darth

Vader. E, pela primeira vez, um personagem se despede dizendo "Que a Força dos Outros esteja com você". Lucas ainda estava mantendo os elementos de que gostava do primeiro esboço, incluindo uma briga em uma cantina, uma perseguição em meio a um cinturão de asteroides, o resgate de uma prisão e a cerimônia de premiação de encerramento. Mas continuava a ter problemas com parte dele: ainda não estava bem certo daquilo que o Império estava buscando, e ainda havia personagens demais, locações demais, contextos demais com que lidar.[44] Mas pelo menos estava terminado.

O roteiro — com SIGILOSO! grafado divertidamente na página de rosto — foi mandado para Alan Ladd, na Fox. "Demorou demais", disse Ladd.[45] Mas ele gostou do que leu — pelo menos do que conseguiu entender daquilo — e, provavelmente para a perplexidade de alguns dos executivos da Fox, pediu a Lucas para começar a trabalhar em um segundo esboço. Lucas, então, voltou ao seu escritório, para se sentar à escrivaninha por oito horas todos os dias, girando um lápis na mão, olhando pela janela, esperando sua musa. Como filho de um dono de papelaria, Lucas era meticuloso quanto ao seu material de escrita; usava apenas lápis número 2 e papel pautado azul e verde comum. Os rascunhos eram escritos em sua caligrafia cursiva inclinada para a frente, as palavras se tornando mais grossas à medida que o lápis ficava rombudo sobre a página. Ele também carregava um pequeno caderno o tempo todo, para poder anotar nomes e ideias assim que lhe ocorressem.

Aparentemente, a inspiração podia vir de qualquer lugar. Certa tarde, Marcia saiu de casa de carro com o cachorro deles — um enorme malamute do Alasca chamado Indiana — sentado alegremente no banco do carona ao seu lado, a cabeça raspando no teto do carro. Lucas achou que o cachorro, quase do tamanho de uma pessoa, parecia o copiloto de Marcia — uma imagem que acabaria se transformando em Chewbacca, o copiloto da *Millennium Falcon*. Outro personagem importante havia encontrado seu nome em um comentário sem importância feito por Walter Murch enquanto ele e Lucas montavam *Loucuras de verão*. Os dois haviam desenvolvido um sistema próprio para lidar com as pilhas de rolos de filme e quilômetros de película, dando a cada um dos rolos, trilhas de diálogos e trilhas sonoras um número de identificação. Em uma das sessões vespertinas, Murch pediu a Lucas o Rolo 2, Diálogo 2 — mas, para acelerar, disse apenas R2 D2. Lucas adorou o som daquilo — o modo como um nome soava sempre seria algo importante para ele — e, depois de entregar as latas de filme a Murch, anotou depressa *R2D2* em seu caderno. "Enquanto escrevia, eu repetia os nomes e, quando tinha dificuldade para lidar foneticamente com um deles, o modificava", disse ele mais tarde. "Tinha a ver com ouvir o nome muitas vezes, e se eu me acostumava ou não com ele."[46] Até aquele momento, porém, parecia que não se acostumara com *nenhum* deles, pois, em julho de 1974, quando Lucas repassou novamente seu esboço, de repente decidiu mudar quase todos os nomes no roteiro. *R2D2* se tornou simplesmente *A-2*. Jedi-Bendu se tornou *dai nogas*. Annikin Starkiller foi rebatizado de Justin Valor. Leia se tornou Zara, os *wookiees* se tornaram *jawas*.

Ainda assim, mudar os nomes dos personagens era a parte fácil. Revisar a história era mais difícil — e, durante semanas, Lucas fitou seu caderno, depois a página datilografada, esperando que alguma coisa, qualquer coisa, deflagrasse sua imaginação. "Eu me sentava lá e esperava que o correio chegasse, depois me sentava e esperava que desse 17 horas", contou, suspirando.[47] Pelos brancos começaram a aparecer em sua barba. Às vezes, ele cortava os pelos com tesouras, distraído, enchendo a lata de lixo com os fios. Sua mente divagava. "Não consigo deixar de pensar em outras coisas que não aquelas nas quais deveria estar pensando", admitiu ele — e, certa manhã, enquanto pensava nos antigos episódios de *Flash Gordon* que inicialmente haviam inspirado *Star Wars*, deu-se conta de que também gostava muito de outros seriados antigos. Tinha carinho especial por *Don Winslow na Marinha*, sobre um oficial de informações da Marinha que combate espiões enquanto localiza e explora uma base submarina secreta. Lucas gostava do fato de Winslow valer-se tanto do cérebro quanto dos punhos. "Comecei a pensar que poderia ser uma boa ideia ter um arqueólogo em um seriado ao estilo anos 1930", contou

Lucas. "Então, comecei a fazer breves anotações sobre como seria, quem era o personagem e como tudo funcionaria. Foi assim que tive a ideia de Indiana Smith."[48] O nome — inspirado em seu amado malamute — também seria levemente modificado.

O progresso era lento; seu humor se tornou soturno, mas Marcia continuou animada e dando apoio, pacientemente levando o jantar para ele diante do televisor toda noite, uma refeição congelada ou sanduíches de atum sem casca, como a mãe dele costumava fazer. Marcia nem sempre entendia o que estava acontecendo à medida que os rascunhos iam progredindo, mas encorajava George a continuar trabalhando e permanecer fiel à visão que tinha do filme. "George sabe qual é a sua plateia", explicou. Ainda assim, ela não tinha medo de dizer o que pensava quando achava que o roteiro ficava arrastado ou demasiadamente confuso. "Sou mesmo dura, mas só digo o que ele já sabe", admitiu.[49] George podia apertar os lábios, mas levava a sério as sugestões da mulher. Como ficaria comprovado no que dizia respeito a uma história, os instintos de Marcia quase sempre estavam certos.

Lucas também pediu a opinião dos amigos em quem confiava, incluindo Milius, os Huyck e Coppola. Lucas estava verdadeiramente interessado em seus comentários, voando para Los Angeles com nada além de desodorante e uma muda de roupa de baixo para poder passar a noite conversando com os Huyck sobre suas páginas. "Ele pegava suas anotações e visitava todos os amigos", contou Huyck. "Depois voava de volta para casa e reescrevia [*Star Wars*] um pouco mais." A maioria ainda achava o roteiro incompreensível. Coppola, porém, dava poucas sugestões de mudanças. "Eu achei tremendo", disse a Lucas, tranquilizando-o.[50]

De fato, a relação de Lucas e Coppola era novamente calorosa: em uma entrevista publicada na *Film Quarterly* naquela primavera, Lucas descreveu a relação deles como verdadeiramente afetuosa, quase fraternal. "Nós mais ou menos trabalhamos juntos como colaboradores. (...) Podemos trocar ideias porque somos totalmente diferentes. Eu sou mais voltado para visual, filmagem e montagem, enquanto ele é mais voltado para escrever e atuar. Então nos complementamos, e confiamos um no outro", explicou Lucas. "Na metade do tempo, ele diz que eu sou um idiota e, na outra metade, eu digo que ele é um idiota. Não é como um produtor lhe dizendo que você tem de fazer uma coisa. Francis diz: 'Corte aquela cena, ela definitivamente não funciona'. E então posso dizer: 'Não, você está maluco? Essa é a minha cena preferida. Eu a adoro'. E ele retruca: 'Certo, por que eu me preocupo com isso? Você é um idiota mesmo.' Na verdade, ele me chama de moleque fedorento. Ele diz: 'Você é um moleque fedorento, faça o que quiser.' E eu digo a mesma coisa para ele. Isso funciona muito bem, porque você realmente precisa de alguém para testar suas ideias. E recebe um conselho profissional ao qual dá valor."[51]

Outro amigo cuja opinião ele valorizava era Steven Spielberg. Lucas gostava cada vez mais de Steven. No verão de 1974, Lucas estava fazendo *Tubarão* para a Universal, um projeto que teria um gigantesco tubarão mecânico que ainda estava sendo construído em um hangar em North Hollywood. Certa tarde, Spielberg levou Lucas, Milius e Scorsese até o galpão para dar uma olhada no monstruoso animal parcialmente concluído, ainda com escoras e suspenso por correias. A coisa era enorme — na verdade, tão grande que Milius pensou que os artesãos estavam "exagerando". Enquanto Lucas olhava para os *storyboards* que os artistas usavam como referência, viu-se com um pouco de inveja. "Se você conseguir colocar metade disso na tela, vai ter o maior sucesso de todos os tempos", disse ele a Spielberg. (Ele estaria certo: logo depois de seu lançamento, em 1975, *Tubarão* se tornaria o filme de maior bilheteria de todos os tempos — pelo menos até que Lucas o superasse, com *Star Wars*, dois anos mais tarde.) Sempre fascinado por *gadgets*, Lucas subiu em uma escada e se meteu na boca aberta do tubarão para ver como funcionava — e, nesse instante, Spielberg fez uma brincadeira, pegando os controles e, lentamente, fechando a boca sobre Lucas... Mas depois não conseguiram abri-la novamente. Lucas acabou conseguindo se libertar, e os quatro cineastas fugiram, convencidos de que haviam quebrado o valioso elemento cenográfico da Universal.[52]

Em agosto de 1974, quase um ano se passara desde que Lucas assinara o acordo com a Fox para fazer *The Star Wars* — e *ainda* não havia um contrato formal. Embora tivesse entregado a primeira versão do roteiro com atraso e corresse o risco de perder a data final de setembro para a segunda versão, não era esse o motivo de hesitação da Fox. Em grande medida, os executivos da Fox continuavam incertos sobre o orçamento — quanto aqueles efeitos especiais iriam custar, e quantos cenários precisariam ser construídos? — e faziam corpo mole em vez de tomar uma decisão. "Lento para cacete", reclamava grosseiramente o advogado Tom Pollock. "Eu fiquei louco", contou Lucas.[53]

Contudo, ao ver uma oportunidade no acordo não concluído, Lucas mandou Pollock enviar uma carta à Fox em 23 de agosto pedindo o que viriam a ser duas concessões cruciais. "Fui muito cuidadoso ao dizer: 'Não quero mais dinheiro. Não quero nada financeiro, mas quero o direito de fazer aquelas continuações", explicou Lucas mais tarde.[54] Amigos como os Huyck ficaram chocados com a teimosia de Lucas — mas eles não partilhavam, nem mesmo compreendiam, a visão que ele tinha do filme. "Ele dizia: 'Não estão me dando o controle, não estão me dando o direito às continuações'", recordou Willard Huyck. "E eu parava e dizia: 'George, você tem sorte de conseguir 10 milhões de dólares para fazer esse filme. Vamos simplesmente fazer o primeiro.'"[55]

Com as negociações com a Fox se arrastando, Coppola surgiu com uma oferta que Lucas considerou quase atraente demais para ignorar. Após passar um ano tentando conseguir que um estúdio bancasse *Apocalypse Now*, Coppola finalmente decidira financiar ele mesmo o filme — e queria que Lucas o dirigisse. Coppola talvez visse aquilo como uma colaboração de dois dos maiores cineastas de Hollywood — "Eu estava ansioso para que George Lucas fizesse o filme em qualquer circunstância", disse Coppola a um repórter —, mas Lucas não estava pronto para se ligar novamente a Coppola, pelo menos não ainda.[56] Embora Lucas tivesse trabalhado de forma intermitente em *Apocalypse Now* por mais de quatro anos — fazendo revisões no roteiro com John Milius, enviando-o para executivos de estúdios de olhos vidrados e mandando Kurtz procurar locações —, descobriu que, de repente, estava muito mais interessado em *The Star Wars*. "Eu tinha aquele enorme esboço de um roteiro, e meio que tinha me apaixonado por ele", contou Lucas.[57] Lucas recusou a oferta — e, embora pudesse ter esperado que Coppola ainda fosse lhe dar a oportunidade de dirigi-lo mais tarde, seu tempo com *Apocalypse Now* havia passado. Coppola ocuparia ele mesmo a cadeira de diretor e passaria dois anos de pesadelo nas Filipinas, com uma produção cheia de problemas.

Lucas tinha outras razões para recusar; para começar, ele simplesmente não achava que os espectadores precisavam de mais um "filme raivoso e socialmente relevante". Com Watergate e o Vietnã ainda ocupando os noticiários noturnos e as manchetes por toda a parte, o mundo real já parecia raivoso o suficiente. "Eu pensava: 'Todos nós sabemos a bagunça que fizemos com o mundo'", disse Lucas. "Também sabemos, como mostram todos os filmes feitos nos últimos dez anos, como somos terríveis, como arruinamos o mundo, como somos idiotas e como tudo é podre. E eu disse: precisamos realmente de algo mais positivo."[58]

Para Lucas, a ideia de *The Star Wars* tinha um apelo diferente, até mesmo mais elevado. "Eu me dei conta de que havia outra relevância que era ainda mais importante — sonhos e fantasias, fazer com que as crianças acreditassem que a vida é mais que lixo e morte, e todas aquelas coisas reais, como roubar calotas —, que você ainda podia se sentar e sonhar com terras exóticas e criaturas estranhas", explicou Lucas à *Film Quarterly* em 1977. "Assim que mergulhei em *Star Wars*, dei-me conta de que tínhamos perdido tudo aquilo — uma geração inteira havia crescido sem contos de fadas. Você simplesmente não tem mais isso, e essa é a melhor coisa do mundo — aventuras em terras distantes. É *divertido*."[59]

Então, naquele momento, *Star Wars* se tornara mais que apenas uma paixão; era uma obrigação moral — e Lucas, em sua negociação com a Fox, estava determinado a controlar o máximo disso que pudesse, indo atrás de direitos de merchandising e produtos comerciais derivados, deixando claro que a sua empresa teria "direito único e exclusivo" de usar o nome *Star Wars* para comercialização. "Enquanto eu escrevia, tinha visões de canecas *R2-D2* e pequenos robôs de corda, mas achei que não passaria disso", disse Lucas. "Lutei pelo merchandising porque era uma das poucas coisas que ainda não tínhamos discutido."[60] Mas Lucas, espertamente, reconhecera que a Fox e outros estúdios haviam subestimado — e em muitos casos desperdiçado — oportunidades de comercialização para promover seus filmes. "Descobrimos que a Fox estava cedendo os direitos de comercialização apenas em troca da publicidade gerada", contou Lucas. "Eles faziam promoções associadas a uma grande rede de lanchonetes. Na verdade, estavam pagando a essas pessoas para fazer essa grande campanha para eles. Nós dissemos que isso era loucura."[61] Lucas aproveitou a oportunidade. "Eu simplesmente disse: 'Vou fazer camisetas, vou fazer cartazes e vou vender esse filme mesmo que o estúdio não o faça'. Então, pude fazer tudo o que foi deixado de lado."[62] John Milius se lembrava de Lucas falando sobre o dinheiro que ele tinha certeza de que ganharia, vangloriando-se: "Vou ganhar cinco vezes mais dinheiro que Francis com esses brinquedos de ficção científica. E não vou ter de fazer *O Poderoso Chefão*".[63]

A Fox demorou para responder às duas exigências de Lucas; embora direitos de sequência e comercialização em geral fossem cláusulas menores, a Fox ainda tomava cuidado suficiente para não dar simplesmente de graça. No final, contudo, o estúdio concordou com Ladd. Eles estavam dispostos a abrir mão dos direitos de continuação e comercialização sobretudo por terem conseguido por tão pouco o diretor de *Loucuras de verão*. "George nunca apareceu dizendo: 'Agora eu valho dez vezes mais do que quando vocês fizeram um acordo comigo'", disse Ladd. "Sua postura sempre foi: 'Eu fiz um acordo. Serei fiel a ele.'"[64] Como Lucas disse: "Eu não pedi mais 1 milhão de dólares, apenas os direitos de comercialização. E a Fox achou que era um negócio justo."[65] A Fox ainda não estava preparada para fechar o contrato — ainda era necessário definir a questão do orçamento final do filme —, mas pelo menos as coisas estavam andando mais uma vez. E ninguém, nem mesmo Lucas, compreendia que, ao garantir direitos de continuação e comercialização, acabara de negociar para si uma cláusula de 1 bilhão de dólares. Décadas depois, Gareth Wigan, executivo da Fox, balançaria a cabeça de espanto com os instintos e a audácia de Lucas. "George tinha uma visão impressionante, e o estúdio não, porque eles não sabiam que o mundo estava mudando", contou Wigan. "George *sabia* que o mundo estava mudando. Quero dizer, *ele o mudou*."[66]

No final das contas, *Loucuras de verão* salvou *Star Wars* mais de uma vez.

"O retorno financeiro [de *Loucuras de verão*] é bom, mas dinheiro não é a coisa mais importante", observou Kurtz em 1973. "O sucesso de *Loucuras* nos permite fazer o que queremos e ter alguma influência no setor."[67] Isso era verdade em certa medida; o enorme sucesso de *Loucuras de verão* dera a Lucas a influência necessária para arrancar da Fox algumas concessões cruciais durante as negociações do contrato. Mas as concessões da Fox ainda não haviam levado a um contrato formal — e, sem um contrato formal, não havia dinheiro para continuar a desenvolver *Star Wars*. Então, àquela altura — independentemente da declaração de princípios de Kurt —, dinheiro era de fato a coisa mais importante. Se a Fox não ia investir em *Star Wars*, então Lucas o faria. Os lucros de *Loucuras de verão* iriam ajudar Lucas a lançar vários salva-vidas para *Star Wars*, determinantes para seu posterior desenvolvimento.

No final de 1974, um dos primeiros investimentos dele foi em um talentoso criador de modelos chamado Colin J. Cantwell, que construíra as miniaturas para *2001: Uma odisseia no espaço* e *O enigma de Andrômeda*. O trabalho de Cantwell em *Star Wars* seria projetar e construir os protótipos das muitas espaçonaves e os muitos veículos mencionados, mas apenas vagamente descritos, no roteiro. Lucas normalmente tinha uma ideia geral de como uma nave ou um veículo deveria parecer — ele queria que suas espaçonaves parecessem realistas, disse a Cantwell, mas com "uma nobreza de revista em quadrinhos" —, e os dois trocavam desenhos, lidando com detalhes, até Cantwell finalmente ter um esboço final para trabalhar.[68] Cantwell fazia mágica combinando partes de vários modelos comerciais de plástico — carros, barcos, aeronaves, tanques, tudo — para criar espaçonaves com um volume incrível de detalhes técnicos que pareciam realmente capazes de funcionar. Mas o criador de modelos também tinha uma boa noção de drama; seria Cantwell a se sair com os projetos dos caças X-wing e FIE, usando sua aparência marcante como um recurso narrativo. "Minha premissa era que você precisava distinguir instantaneamente os caras maus dos caras bons (...) pela aparência e o modelo [de uma nave]", explicou Cantwell.[69]

Assim que os modelos de Cantwell ficavam prontos, Lucas os levava ao seu segundo, e talvez ainda mais importante, novo funcionário: o artista Ralph McQuarrie, um ex-ilustrador da Boeing que Lucas conhecera por intermédio de Hal Barwood e Matthew Robbins, vários anos antes. "Eu vira algumas das pinturas dele, e achei que era realmente brilhante", contou Lucas.[70] Tudo em uma pintura de McQuarrie, desde os personagens e suas roupas até os prédios e as naves de batalha, parecia elegante, mas ligeiramente gasto, dando aos seus trabalhos a mesma estética de "universo usado" que Lucas aplicara a *THX* e esperava repetir em *Star Wars*. McQuarrie, portanto, era o artista ideal para ajudar a criar os inúmeros mundos e personagens incluídos no ambicioso roteiro de Lucas. Mas, tipicamente, Lucas não daria total liberdade a McQuarrie. "Eu simplesmente descrevo o que quero e, então, ele faz", foi como Lucas explicou a colaboração. Assim como Lucas insistira em vigiar o trabalho de Cantwell, também iria interferir e modificar os esboços de McQuarrie até que estivesse feliz com eles. Só nesse momento, McQuarrie era autorizado a pintar a imagem final.

Ainda assim, seria McQuarrie quem iria estabelecer a coerência artística do universo de *Star Wars*, pintando locações exóticas plenamente realizadas como Tatooine e Cloud City, no planeta Bespin, e criando personagens icônicos como os Tusken Raiders, C-3PO, R2-D2 e Darth Vader. O projeto de Vader, na verdade, havia sido um feliz acaso. O artista dera ao "general de aparência severa" um traje espacial que ele achava que o personagem precisaria para embarcar em uma espaçonave — mas Lucas gostou tanto que se tornou o uniforme habitual do vilão.

Mais do que qualquer outra coisa, contudo, as pinturas de McQuarrie tornariam muito mais compreensível para os executivos e outros o universo imaginado e por vezes confuso de Lucas. Para ele, nunca houve nenhuma dúvida sobre o valor da contribuição de McQuarrie. "Quando as palavras não conseguiam transmitir minhas ideias, eu sempre podia apontar uma das fabulosas ilustrações de McQuarrie e dizer: 'Faça isso assim'", contou Lucas.[71]

A primeira pintura de McQuarrie — de versões primitivas de R2-D2 e C-3PO em um planeta deserto — foi completada em 2 de janeiro de 1975, bem a tempo de Lucas incluí-la na pasta gravada em dourado contendo a última revisão de seu roteiro, que, na ocasião, tinha o longo título de *As aventuras de Starkiller, ep. 1: As guerras nas estrelas*. "Acho que elas [as pinturas] foram feitas como substitutos para gestos com os braços e descrições verbais, e para começar a discussão do orçamento", disse McQuarrie.[72] Isso provavelmente é verdade, já que Lucas e a Fox ainda estavam discutindo por causa dos custos estimados do filme. Parte do problema era que o roteiro continuava aumentando, com novas locações, novos personagens e novas batalhas sendo acrescidas a cada versão. "Acabou se revelando um roteiro muito gordo, e a história acabou se perdendo", concordou Lucas.[73]

Em seu mais recente esboço, Lucas apresentara mais cuidadosamente o conceito da Força — ainda chamada de *Força dos Outros* nessa versão —, dividindo-a claramente em um lado bom chamado Ashla e um lado mau chamado Bogan. Também decidira que a Força podia ser intensificada por intermédio da posse de um místico Cristal Kiber — o primeiro grande, mas de modo algum último, MacGuffin de Lucas. "O conceito da Força era importante na história, e a dificuldade é tentar criar um conceito espiritual religioso que funcione de modo muito simples sem uma exposição pesada", disse Kurtz.[74] Infelizmente, a confiança de Lucas em exposição pesada ainda era um problema, embora as coisas estivessem melhorando. Lucas decidira dar a Threepio e Artoo papéis mais centrais em sua história — seu cumprimento aos dois camponeses que haviam amarrado *A fortaleza escondida* —, mas essa foi uma decisão que incomodou Coppola, que achou que Lucas estava transformando a história em uma comédia. "Ele tinha todo um (...) roteiro que eu achava legal e, então, desistiu dele", disse Coppola. "Ele estava concentrado nos dois empregados." Coppola continuava mais intrigado com a ideia de uma princesa adolescente no meio da história — mas Lucas também jogara isso fora, rebaixando Leia à condição de prima de Luke na nova versão, posteriormente eliminando-a da trama. Em vez disso, decidiu focar em um poderoso guerreiro Jedi conhecido como "Starkiller" e seus filhos.

Dessa vez, Luke entra em ação quando recebe uma mensagem em holograma do irmão Deak, que pede que Luke leve o Cristal Kiber ao pai ferido, o Starkiller. Luke contrata Han Solo, agora um "garoto de barba espessa, mas beleza bruta" — muito como Coppola vivendo um piloto estelar — e seu copiloto Chewbacca ("lembrando um enorme macaco gálago cinzento") para levá-lo a Cloud City, onde Deak é mantido prisioneiro. Luke e Han resgatam Deak, escapam com a Estrela da Morte em seu encalço, depois seguem para Yavin, onde usam o Cristal Kiber para reviver o Starkiller. Luke lidera um ataque à Estrela da Morte — e, embora não seja ele a disparar o tiro que destrói a estação espacial, Luke retorna a Yavin como herói para liderar uma revolução ao lado do pai. E agora que Lucas tinha comprado os direitos de continuação, queria deixar claro que pretendia usá-los, já que os créditos finais prometiam que o Starkiller e sua família voltariam em breve, "na perigosa busca pela PRINCESA DE ONDOS".[76] Ele colocaria a princesa no filme *seguinte*.

Ainda assim, a estrutura de *Star Wars* estava se encaixando: os androides estão à procura de seu antigo mestre; Luke contrata Han e Chewie; há uma missão de resgate, uma queda em um túnel de lixo e um ataque à Estrela da Morte. Mas ainda há locações demais, nomes demais, planetas demais e — um dos maiores problemas de Lucas — contexto histórico demais e discursos longos demais. Ladd ficava confuso com isso — não era muito como o esboço que ele vira em maio de 1974 — e também Coppola deixou claro que achava uma bagunça, perguntando-se, em voz alta, por que Lucas estava "jogando fora" todos os elementos de que ele tinha gostado no primeiro esboço.

Pior ainda, mesmo com as pinturas de McQuarrie oferecendo uma noção melhor da aparência das coisas, o novo roteiro pouco servia para ajudar os executivos da Fox a tomar a decisão sobre o orçamento final. Com a Fox relutante, Lucas pediu a Kurtz que fizesse um orçamento que eles pudessem levar a Ladd, basicamente dizendo ao estúdio qual deveria ser. Isso não era problema para Kurtz, que, por meses a fio, quisera dar início à produção. Em particular, Lucas e Kurtz achavam que provavelmente podiam fazer o filme com menos de 4 milhões de dólares, com Kurtz estimando os custos em 2,5 milhões de dólares, e Lucas — que estava convencido de conseguir fazer um filme de ficção científica em seu estilo preferido de documentário com a câmera na mão — estimando um orçamento de 3,5 milhões. Na Fox, porém, a reação era de contínua perplexidade. Um analista de orçamento da Fox estimou que apenas os efeitos especiais elevariam os custos a mais de 6 milhões de dólares. Kurtz desistiu. "Eu dei um orçamento de 25 milhões, um de 6 milhões e um de 10 milhões", disse Kurtz. "E foi algo totalmente arbitrário. Você tem de projetar os cenários antes de saber quanto as coisas irão custar."[77]

Cansados da indecisa Fox, Lucas e Kurtz estavam determinados a seguir em frente como se tivessem um negócio fechado, continuando a colocar seus próprios lucros de *Loucuras de verão* no desenvolvimento da "coisa de Flash Gordon" de Lucas. Em abril, Kurtz começou a procurar estúdios de filmagem. Mesmo sem projetos de cenário formais, Kurtz estimava que precisariam de 11 estúdios, incluindo um de porte gigantesco, para a cerimônia final de premiação que Lucas estava determinado a manter na história.

Os estúdios da Columbia e da Warner Bros. eram pequenos demais, então Kurtz seguiu para Londres, onde uma das maiores instalações era dos estúdios Pinewood, lar de muitos filmes de James Bond. Mas os funcionários de Pinewood exigiam que os cineastas usassem o pessoal de Pinewood — uma concessão que Lucas, sempre obcecado por controle, não estava disposto a fazer. Até que Kurtz deu uma olhada em Elstree Studios, uma instalação decrépita ao norte de Londres, abandonada desde a conclusão de *Assassinato no Expresso do Oriente*, em 1974. Elstree tinha muito espaço e — ainda melhor — Lucas poderia levar sua própria equipe para cuidar de tudo, desde cinema até alimentação. Kurtz reservou Elstree por um período de 17 semanas, começando em março de 1976, pouco menos de um ano depois. Mas mesmo Kurtz, que se orgulhava de subestimar seus orçamentos, via que aquele não seria um filme que pudesse ser feito com pouco. Ele imaginou que iria custar por volta de 13 milhões. Lucas fez uma careta; isso era *muito* além do que ele inicialmente imaginara que poderia custar — e, àquela altura, 13 milhões soava caro demais. E o valor de 10 milhões de dólares soava mais razoável. Esse, então, foi o valor que ele apresentou à Fox como proposta de orçamento. A Fox prometeu responder. Lucas teria de continuar esperando — mas, a cada dia que se passava, sua raiva e impaciência aumentavam.

A necessidade talvez obrigasse Lucas a fazer o investimento que se tornaria a pedra angular do império que iria criar. Desde o primeiro dia, Lucas queria que seu filme incluísse uma dramática batalha no espaço sideral, com espaçonaves girando e espiralando de modo semelhante a aviões de guerra de verdade. Mas um visual assim exigiria alguns efeitos especiais excepcionais — e a Fox, como todos os outros grandes estúdios, já não produzia esses efeitos internamente. No passado, os estúdios usavam efeitos especiais basicamente para manter os custos baixos, produzindo miniaturas, modelos e panos de fundo para fazer com que cenários externos parecessem maiores ou recriar locações exóticas. Mas filmes como *Sem destino* e *Caminhos mal traçados* tinham mudado a mentalidade da produção de Hollywood. Por que criar uma realidade alternativa em um estúdio quando você simplesmente pode filmar em locações? Departamentos de efeitos foram fechados, criadores de efeitos — quase exclusivamente homens — aposentaram-se. Então, sem nenhuma alternativa, Lucas decidiu que precisava criar o próprio departamento de efeitos especiais. Ele só precisava da pessoa certa para comandá-lo: alguém criativo e agressivo, que partilhasse a visão que ele tinha do filme, mas que não fosse visionário demais, já que Lucas ainda pretendia controlar as coisas o máximo que pudesse. A velocidade também era importante. Ele precisaria que seu administrador não apenas montasse o departamento o mais rápido possível, como também que começasse a produzir efeitos quase imediatamente.

Inicialmente, Lucas procurou Jim Danforth, um animador de *stop motion* mais conhecido por seu trabalho no filme de 1970 *Quando os dinossauros dominavam a Terra*. Mas Lucas irritou o animador, que se sentiu incomodado com a natureza improvisada do projeto. "Gostei da ideia do filme, ficção científica com um toque de diversão, mas simplesmente não queria o problema de trabalhar com Lucas", disse Danforth. "Ele foi totalmente sincero comigo, dizendo: 'Não sei como vamos fazer essa coisa toda, talvez escureçamos um estúdio e joguemos modelos sobre uma câmera, mas, seja lá o que for, estarei lá com você.' Não posso trabalhar assim, então recusei."[78]

Depois Lucas se voltou para o veterano Douglas Trumbull, que supervisionara os efeitos especiais de *2001: Uma odisseia no espaço*, *Corrida silenciosa* e *O enigma de Andrômeda*. Trumbull também disse não, provavelmente para aceitar uma oferta melhor de Steven Spielberg para produzir os efeitos visuais de *Contatos imediatos de terceiro grau* — que, diferentemente do filme de Lucas, já tinha um orçamento e um cronograma de filmagem. Em seu íntimo, Lucas talvez tenha ficado aliviado, já que logo se deu conta de que colocar o projeto nas mãos de Trumbull significaria perder totalmente o controle. "Se você contrata Trumbull para fazer seus efeitos especiais, ele faz seus efeitos especiais. Eu fiquei muito apreensivo com isso", disse Lucas mais tarde. "Eu queria poder dizer: 'Tem de ser assim, e não assim.' Não quero receber um efeito depois de cinco meses e ouvir: 'Aqui está o seu efeito especial, senhor.' Quero poder opinar sobre o que está acontecendo. Tudo realmente se torna binário — ou você mesmo faz, ou você não dá palpite."[79] Então, Lucas também não conseguiu Trumbull. Mas Trumbull recomendou um de seus assistentes de *Corrida silenciosa*, um jovem teimoso e altamente independente chamado John Dykstra.

O que Dykstra, de 27 anos, não tinha em anos de experiência prática compensava com brilhantismo, entusiasmo e uma crença em que nenhum projeto era impossível. Lucas e Kurtz foram entrevistar Dykstra juntos em um bangalô, nas instalações da Universal, e ficaram imediatamente impressionados. Lucas explicou a Dykstra a trama da mais nova versão de *The Star Wars* da melhor forma que conseguiu (o que envolveu "muitos gestos de mão", como lembrou Dykstra mais tarde) e projetou o rolo de combates aéreos que havia montado a partir de antigos filmes de guerra.[80] Dykstra ficou imediatamente intrigado. "O conceito inicial [de George] era o de que queria algo muito rápido e sujo", contou Dykstra. "Ele queria algo que pudéssemos produzir rapidamente e com baixo custo."[81]

Mas, enquanto os dois assistiam à colagem de combates aéreos e conversavam sobre os efeitos visuais, Lucas mostrou-se inflexível em não querer "homens em ternos pretos com modelos em varetas". Já estava gastando dinheiro com Colin Cantwell e Ralph McQuarrie para projetar e construir espaçonaves de aparência realista; não queria que essa ilusão se partisse no momento em que as naves decolassem. "Vamos ter de fazer algo mais sofisticado", disse Lucas a Dykstra.[82] Isso não era um problema para Dykstra, que achava saber exatamente aquilo de que Lucas precisava. Vários anos antes, Dykstra trabalhara com tecnologia de controle de movimento no Instituto de Desenvolvimento Urbano e Regional em Berkeley, onde, como parte de um projeto de planejamento, havia programado um computador PDP-11 para guiar uma pequena câmera 16mm por uma maquete de cidade. Diferentemente de efeitos em *stop-action*, que exigem que o obturador da câmera seja aberto e fechado sempre que um modelo é movido uma fração de centímetro, o controle de movimento envolve mover a câmera, e não o modelo. Portanto, o controle de movimento daria a Lucas exatamente aquilo de que precisava, permitindo que a câmera, com precisão programada por computador, fizesse os mergulhos e as passagens necessárias para sua batalha espacial. O que Lucas realmente queria, Dykstra lembrou, era "fluidez de movimento, a capacidade de mover a câmera ao redor para conseguir criar a ilusão de realmente registrar espaçonaves a partir de uma plataforma no espaço".[83] Era quase como efeitos especiais ao estilo documentário, com a câmera na posição de um observador. Não espanta o fato de Lucas ter adorado isso.

Havia um único problema de verdade: a câmera necessária para filmar um projeto na escala de *The Star Wars* — com muitos modelos exigindo muitas passagens da câmera — ainda não existia. "[Dykstra] estava ansioso para realmente construir uma, porque era uma ideia que John já tinha havia algum tempo, e aquela parecia a oportunidade perfeita para tentar", disse Lucas.[84] Mas o relógio estava correndo. Lucas queria que o trabalho nos efeitos espaciais começasse o mais rápido possível e, idealmente, estivesse encerrado no final de 1976 ou começo de 1977, para que pudesse montá-los com as sequências com atores. Nesse tempo, Dykstra teria não apenas de produzir os efeitos especiais; para começar, teria de desenvolver a tecnologia necessária para filmá-los. "A essa altura", recordou Dykstra, "eu disse: 'Vai ser difícil fazer isso em um ano, George', e ele falou: 'Não importa, garoto, simplesmente faça.' Então, nós fizemos."[85]

Contudo, não foi tão simples *assim*. Para começar, Lucas tinha de encontrar um imóvel para abrigar seu departamento de efeitos espaciais. Lucas queria que a instalação ficasse perto de casa, de preferência nas proximidades de Parkhouse, em Marin County, mas Dykstra o convenceu a ficar perto de Hollywood, onde teriam fácil acesso a revelação e copiagem. Kurtz, que sempre parecia saber como encontrar locações, achou um armazém simples e recém-construído no número 6.842 da Valjean Avenue, em Los Angeles, em frente ao aeroporto Van Nuys. O prédio era basicamente uma caverna abafada — "provavelmente 120 metros quadrados, e cheirava como um vestiário de academia", como definiu Dykstra —, sem paredes internas, sem escritórios, sem equipamentos, sem refrigeradores de ar.[86] Lucas achou que era perfeito.

Jim Nelson, um ás da pós-produção e velho amigo de Kurtz de *Corrida sem fim*, foi encarregado de colocar o armazém em forma, e passou seis semanas quentes montando três grandes departamentos: construção de modelos, filmagem e composição óptica, onde todas as filmagens seriam combinadas. Quanto à contratação de pessoal, "tratamos os efeitos especiais como uma experiência grandiosa", disse Kurtz, "[perguntando-nos:] 'podemos fazer isso com um monte de gente que trabalha em maquetes arquitetônicas e comerciais e nunca antes fez um longa-metragem?'".[87] Encontrar funcionários nunca seria um problema; todos os criadores de modelos, artistas e loucos por cinema que adoravam ficção científica — sobretudo aqueles que tinham visto *THX 1138* — queriam trabalhar para Lucas. O fotógrafo Richard Edlund e o artista de efeitos especiais Dennis Muren só tinham feito curtas-metragens, alguns comerciais e trabalhos para a televisão. O desenhista de *storyboard* Joe Johnston e o animador Peter Kuran ainda estavam na faculdade, e Kuran queria tanto a vaga que se ofereceu para trabalhar de graça. Era "basicamente um bando de garotos", disse Lucas. "Pouquíssimos haviam trabalhado em um longa."[88]

Nelson, embora tecnicamente estivesse no comando, na verdade era apenas um dos internos dirigindo o lugar, e ele e Dykstra estimulavam abertamente um clima de brincadeira universitária que gerava tanto inspiração quanto colaboração. "Contratei pessoas jovens, pessoas que na verdade não tinham muita experiência no setor, mas muito talentosas, com quem eu havia trabalhado antes", contou Dykstra. "E formamos um grupo que era cooperativo (...) Não há como não insistir nisso: cooperativo."[89] Também ajudou o fato de Lucas ter ativamente desencorajado a contratação de sindicalizados; eles sempre deixavam um gosto ruim em sua boca, e ele não tinha paciência para as regras que teriam imposto em uma produção sem tempo para ficar enrolada. "Todo mundo meio que podia aprender e trabalhar em diferentes técnicas", como definiu Dennis Muren. "Isso era diferente de um sistema hollywoodiano com regras sindicais muito rígidas. Não havia como esse trabalho ser feito daquele modo, e de jeito nenhum os sindicatos de Hollywood conseguiriam entender o que estávamos fazendo."[90]

Não que os sindicatos não tentassem. Mais tarde naquele outono, quando Dykstra e sua equipe estavam começando a construir sua câmera computadorizada de controle de movimento — à qual todos já se referiam como a Dykstraflex, nome que um sagaz Dykstra não fez qualquer esforço para evitar —, alguns representantes sindicais fizeram uma visita para argumentar que Lucas deveria estar contratando especialistas em efeitos que já atuavam na área. Dykstra insistiu em que havia tentado, mas, "para ser bem franco, não encontrei ninguém que eu quisesse". Lucas escolheu simplesmente ignorar os sindicatos. "George mostrou-se inflexível quanto a montarmos o departamento com nosso próprio pessoal", explicou o advogado Tom Pollock. "Essa era uma das questões de controle pelas quais vínhamos lutando desde o começo."[91]

Naquele momento, contudo, efeitos especiais eram outra despesa na qual a nervosa Fox não estava disposta a investir. Lucas assegurara a Ladd que podia fazer os efeitos funcionarem por um pouco mais de 2 milhões de dólares — um número que, na verdade, nem sequer chegaria perto de seus custos —, mas a Fox continuara a hesitar, insistindo com Lucas para cortar o orçamento de efeitos para 1,5 milhão de dólares. "Eles simplesmente supunham que isso de algum modo seria feito", suspirou Lucas. "Simplesmente acharam que poderíamos fazer por 1,5 milhão, e que isso era problema nosso, não deles."[92] Enquanto Dykstra e seus magos trabalhavam, Lucas continuou colocando seu dinheiro de *Loucuras de verão* no armazém discreto em frente ao aeroporto Van Nuys, gastando perto de 88 mil dólares nas primeiras três semanas de funcionamento.[93]

Mais tarde, Lucas argumentou que o nome de sua nova empresa de efeitos especiais simplesmente surgira em sua cabeça enquanto esboçava os artigos do contrato social.[94] "Nós dissemos: 'Como vamos chamar esta coisa?'" Lucas explicou que estavam em um parque industrial. "Eles estavam construindo aquelas enormes máquinas Dykstraflex para filmar as coisas, então foi de onde veio 'Light', a luz. No final, eu disse: 'Esqueçam o industrial e a luz — isso tem de ser mágico. Do contrário, estaremos condenados, fazendo um filme que ninguém quer."[95] Então, seria "Industrial Light and Magic", uma subsidiária oficial da Lucasfilm Ltd. Nascida da necessidade, alimentada com seu próprio dinheiro e atendendo ao desejo de Lucas de controlar todos os aspectos da produção, a ILM seria uma das bases do império cinematográfico de Lucas — um investimento que o colocaria no rumo de se tornar um multi*bilio*nário. "Quantas pessoas acham que a solução para ter controle de qualidade, aumentar a responsabilidade fiscal e estimular a inovação tecnológica é criar a própria empresa de efeitos especiais?", perguntou Ron Howard, impressionado. "Mas foi o que ele fez."[96]

Na sexta-feira, 20 de junho de 1975, *Tubarão*, de Steven Spielberg, estreou em 409 cinemas e mudou os filmes para sempre. Como Lucas previra, Spielberg tinha nas mãos um enorme sucesso — o que surpreendeu até mesmo Spielberg, que havia estourado o orçamento e atrasado o cronograma em cem dias, e quase tivera um colapso nervoso, convencido de que acabara de fazer um fracasso espetacular. Mas *Tubarão* era mais do que apenas um grande filme; pela primeira vez, um estúdio de Hollywood — no caso, a Universal — reconhecia que distribuição e publicidade eram elementos importantes, sobretudo publicidade na televisão. Em vez de estrear em apenas alguns cinemas de cidades selecionadas, *Tubarão* estreou em centenas de cinemas de todo o país. E, com quase 2,5 milhões de dólares em marketing e promoção — o dobro do gasto com a maioria dos filmes —, *Tubarão* foi uma presença inescapável no verão de 1975, com anúncios aterrorizantes no horário nobre da televisão, um cartaz memorável e marketing que incluía jogos de tabuleiro e toalhas de praia.

Assim como o personagem principal do filme, *Tubarão* simplesmente continuou ali por todo o verão, arrastando multidões, semana após semana. Spielberg se lembrava de ler a arrecadação todo fim de semana e "esperar que ela caísse no fim de semana seguinte, mas isso não acontecia, e ela subia sem parar."[97] No lançamento, *Tubarão* estabeleceria um recorde de 129 milhões de dólares em receita. Outros estúdios acompanhavam com inveja enquanto a Universal contava o lucro. Mas esse lucro tinha um custo. Publicidade era cara, assim como as cópias necessárias para um lançamento nacional, e os estúdios queriam recuperar esses custos o mais rápido possível. Como recuperá-los? Mais publicidade, e lançamento em mais salas de cinema. Era uma cobra — ou, no caso, um tubarão — devorando o próprio rabo. Tinha nascido o sucesso de bilheteria moderno.

Enquanto Spielberg saboreava o sucesso, Lucas estava novamente recolhido, fazendo revisões em seu roteiro. Ao ler sua versão mais recente, Lucas se deu conta de que não tinha personagens femininos de peso — ele dera status secundário a Leia rápido demais — e, assim, decidiu que Luke seria uma garota, decisão que só durou até McQuarrie completar uma pintura com a heroína. Em maio, Luke era novamente do sexo masculino, e Lucas apresentou a Ladd uma nova sinopse de seis páginas escrita às pressas na qual acrescentara um novo personagem, um ancião místico que ele tomara emprestado diretamente das páginas do livro de Carlos Castañeda *A erva do diabo*, de 1968. Castañeda, antropólogo formado pela UCLA, estava escrevendo uma série de livros descrevendo seu aprendizado com o xamã yaqui Don Juan Matus, e Lucas mergulhara em tudo o que encontrara de Castañeda enquanto lutava com a questão das relações entre pai e filho e mestre e aprendiz em seu roteiro. "O velho consegue fazer mágica, ler mentes, falar com coisas como *Don Juan*", anotou Lucas em sua versão de maio de 1975.[98] Quando Lucas concluiu a versão seguinte, no mês de agosto, o velho já tinha até nome: general Ben Kenobi.

De fato, na terceira versão, concluída em agosto de 1975, Lucas consolidou e melhorou ainda mais o roteiro, deslocando Luke solidamente para o centro do roteiro como o herói, e fazendo de Leia — em vez de Deak — o personagem que é capturado e precisa ser resgatado. Lucas ainda mantinha no roteiro o Cristal Kiber, mas começava a se dar conta de que caçar as plantas roubadas da Estrela da Morte era uma história muito mais interessante. "Acho as tramas tediosas, por serem muito mecânicas", insistia Lucas.[99] Mecânica ou não, a trama que costumamos reconhecer como *Star Wars* está começando a se formar. Após mais de dois anos escrevendo, ou sangrando na página, Lucas descobriu que por fim estava perto de acertar. "Cada história era totalmente diferente, sobre personagens totalmente diferentes, antes que eu enfim encontrasse *a* história", disse ele mais tarde, com um alívio quase perceptível.[100]

Ainda assim, seu próprio progresso o deprimiu. Enquanto Lucas via *Star Wars* como sua resposta a um mundo cansado que necessitava de novos heróis e novas mitologias, seus amigos o viam como um exercício juvenil que não valia seu talento. Aquele não era o garoto prodígio cujos filmes experimentais e "poemas sinfônicos" haviam perturbado intelectuais e impressionado plateias? "Eles diziam: 'George, você devia estar fazendo mais afirmações artísticas'", resmungou Lucas. "As pessoas diziam que eu devia ter feito *Apocalypse Now* depois de *Loucuras* (...) Diziam que devia estar fazendo filmes como *Taxi Driver*."[101] Marcia finalmente chamou de lado um dos mais novos amigos de Lucas, o diretor Brian De Palma — que, como Lucas, começara com filmes autorais ao estilo documentário e, então, estava tentando um sucesso mais comercial, com uma adaptação do romance de 1974 de Stephen King *Carrie* — e suplicou que ele animasse George. "George acha que não tem talento", disse francamente. "Ele o respeita. Diga a ele que tem."[102]

Lucas começou a selecionar o elenco em agosto. De Palma estava ao seu lado, por motivos pessoais e práticos: De Palma queria começar a montar o elenco de *Carrie*, e ele e Lucas — que estava selecionando os intérpretes de Luke, Leia e Han — precisavam de atores mais ou menos da mesma faixa etária. Usando os escritórios da Zoetrope que Coppola mantinha nos estúdios da Goldwyn em Los Angeles, Lucas e De Palma — juntamente com Fred Roos, o esperto diretor de elenco de Lucas em *Loucuras de verão* — viram "centenas de jovens", com os testes começando às 8 ou 9 da manhã e continuando até bem depois de 8 da noite.[103] Nesse ritmo, a maioria dos atores passava pouco mais de alguns minutos diante dos diretores. "Brian foi quem falou, porque George não disse nada", recordou Carrie Fisher.[104] A maioria dos testados supôs que Lucas fosse assistente de De Palma.

Lucas pode ter ficado calado, mas estava levando os testes muito a sério. Ele pretendia que houvesse um triângulo amoroso entre os três personagens principais — um *Casablanca* intergaláctico —, então a química entre os três seria algo fundamental. Isso na verdade era ainda mais importante em um filme no qual a maioria do elenco era composto de robôs e alienígenas, ou com os corpos inteiramente cobertos de armaduras. Como em qualquer dos inúmeros filmes da série *Road to* dos anos 1940, em que a interação entre Bob Hope, Bing Crosby e Dorothy Lamour podia carregar o filme quando a trama fracassava, Lucas precisava que seus protagonistas ajudassem a garantir a suspensão de descrença da plateia, para que ela não se confundisse com detalhes. Não haveria canastrões nem piscadelas para a câmera; *Star Wars* podia ser uma homenagem afetuosa aos antigos seriados de ficção científica dos anos 1930 e 1940, mas não era afetado. Portanto, seus atores tinham de interpretar sobriamente. A aparência também era importante. Para um diretor, "sua primeira impressão deles é mais ou menos a mesma impressão que a plateia tem quando os vê", disse Lucas.[105] Como disse Mark Hamill, "eles não iriam [simplesmente] nos deixar ler. Primeiro você precisava da aparência certa".[106]

Aparentemente, quase todos os jovens atores de Hollywood e Nova York queriam fazer um teste. John Travolta, Nick Nolte e Tommy Lee Jones compareceram na primeira semana. Lucas dispensaria os três de imediato, embora De Palma escolhesse Travolta para um papel em Carrie. Mark Hamill, de 23 anos, que tinha um longo currículo de pequenos papéis na televisão, apareceu para um teste após certa insistência do amigo Robert Englund, que se candidatara sem sucesso ao papel de Han Solo. (Embora tivesse perdido o papel de Han, Englund conseguiria outro papel icônico anos depois, interpretando Freddie Krueger em inúmeros filmes de *A hora do pesadelo*.) Tendo sido a vida inteira um nerd de ficção científica e quadrinhos, Hamill adorava a ideia de ser o herói de um filme de ficção científica, mas, mal se sentara para se apresentar, Lucas o dispensou. Hamill — que não passara em um teste para *Loucuras de verão* — achou que havia fracassado novamente. Lucas parecia muito mais interessado em Robbie Benson e Will Seltzer, a quem pedira que voltassem.

A seleção para Leia foi mais difícil, pelo menos para Marcia, que só em parte brincou com o marido sobre testar todas as jovens atrizes da Costa Oeste. "Eu sabia que ele olharia para as mais bonitas garotas de 18 ou 19 anos em Hollywood para o papel da princesa Leia, e me senti muito insegura", recordou ela. "Eu disse: 'George, você vai ser um bom menino quando estiver lá?" Lucas fez uma careta. "Minha primeira promessa quando entrei em um estúdio cinematográfico foi nunca namorar uma atriz", observou ele. Lucas se via como "apenas um cara engraçado. E alguém como uma Coelhinha do Mês iria se interessar [por mim]? A vida é curta demais para isso."[107] Marcia não tinha com o que se preocupar; Lucas era basicamente um cérebro em um pote, sentado estoico durante as sessões de testes, e por fim descartando Amy Irving — outra atriz que De Palma iria pegar —, Jodie Foster e Linda Purl. Embora duvidasse que fosse escolher qualquer de suas estrelas de *Loucuras de verão* para seu novo projeto, ele lealmente fez um teste com Cindy Williams antes de também riscá-la da lista de possibilidades. Depois, Williams ouviu dizer que Lucas dissera a outros estar procurando por "uma Cindy Williams jovem". "Eu quase morri", contou, suspirando. "Toda atriz espera, aterrorizada, ouvir essas palavras."[108] Após várias semanas de testes, Lucas achou ter encontrado a princesa perfeita em uma jovem atriz chamada Terri Nunn, que acabara de completar 14 anos em junho, embora parecesse muito mais velha e, na verdade, acrescentasse vários anos à idade quando ia fazer um teste.[109]

Encontrar o Han Solo certo revelou-se a tarefa mais difícil de todas. Solo evoluíra nas páginas mais que a maioria dos outros personagens, começando como um alienígena de pele verde com guelras, passando por uma fase corpulenta ao estilo Coppola e, no fim, se transformando em um pirata calejado e um tanto cínico, parte James Dean, parte Humphrey Bogart. Era um papel que iria demandar a dose certa de insolência e sinceridade. Por um breve período, Lucas havia considerado escolher um afro-americano, estudando atentamente o ator Glynn Turman, de 28 anos. Mas, considerando que ele pensava em um romance entre Han e Leia, Lucas temia que um relacionamento inter-racial pudesse ser perturbador demais para as plateias dos anos 1970. "Ele não queria um *Adivinhe quem vem para jantar*", disse Kurtz. Turman permaneceu na lista de Lucas para o papel de Han — mas, depois de avaliar outras possibilidades promissoras, entre elas Al Pacino e Kurt Russel, Lucas se fixara em um nova-iorquino imprevisível e levemente perigoso: Christopher Walken, de 32 anos.

O elenco central de Lucas não seria definido antes de dezembro, quando ele convocou diversos grupos de atores — sobretudo Lukes e Leias — para três dias de testes. Dessa vez, haveria uma câmera filmando, para que Lucas, assim como fizera com os testes para *Loucuras de verão*, pudesse ver como seus atores apareciam. Embora Lucas achasse que estava perto de encontrar seu elenco, o diretor de elenco Fred Roos timidamente salpicara a seleção de Lucas para Luke e Leia com algumas sugestões pessoais. De uma forma bem inteligente, ele também colocara outro possível Han Solo bem debaixo do nariz de Lucas, ao contratar um carpinteiro para instalar uma porta nos escritórios da Zoetrope: Harrison Ford. Ford vivia uma escassez de trabalhos como ator desde *Loucuras de verão*, e retornara à carpintaria para alimentar sua jovem família. Mas Roos gostava de Ford e achava que ele merecia ser visto. "Fazer George considerar Harrison demandou algum trabalho", disse Roos.[111] Para começar, Ford nem sequer queria estar na sala trabalhando de joelhos como carpinteiro quando aconteciam testes; era humilhante demais. "Não vou trabalhar na porra de uma porta enquanto Lucas está ali", resmungava ele com Roos.[112] Mas Roos tinha um plano: quando os atores apareciam para fazer testes para outros papéis, Roos sugeriu a Lucas que Ford lesse as falas de Han com eles. Embora ainda cauteloso sobre a contratação de alguém do elenco de *Loucuras*, Lucas se dispôs a deixar Ford trabalhar com os outros atores — e, depois de observar Ford por vários dias, Lucas ficou intrigado. "Eu pensei, *essa é uma possibilidade*", disse Lucas. "Mas eu tinha de passar pelo processo inteiro. Não iria ficar com alguém só porque o conhecia, ou sabia que era capaz de atuar bem — eu realmente queria ver todas as possibilidades e de mente aberta."[113]

Em 30 de dezembro, Ford se tornaria oficialmente uma dessas várias possibilidades quando leu com dois atores sugeridos por Roos, um dos quais Lucas já havia testado e descartado, e outro que ele ainda não vira. Mark Hamill saíra de seu teste em agosto dando de ombros, confuso, e já se esquecera completamente de *Star Wars*, quando seu agente o informou de que voltaria ao teste, dessa vez interpretando quatro páginas da última versão do roteiro, cheio da variedade única de fala tecnológica de Lucas. "Há uma fala de que me lembro do teste original", disse Hamill, "na qual (...) eu digo: 'Não podemos voltar. O medo é a maior arma deles. Duvido que a segurança aqui seja muito maior do que em Aquilae ou Sullust e, se houver, é mais provável que esteja voltada a um ataque em grande escala'. [E] pensei: *quem fala assim?*"[114] Mas Hamill disse as falas com uma dose tão precisa de empolgação e ingenuidade que Lucas ficou impressionado. "Certo, bom", disse ele — o mais perto que Lucas chegaria de apoio e entusiasmo —, mas Hamill ainda estava convencido de que havia perdido o papel.[115] "Eu não me senti mal ou desapontado", contou Hamill. "Evidentemente, só não havia funcionado."[116]

O outro candidato que Lucas viu naquele dia foi Carrie Fisher, a filha de 19 anos dos atores de Hollywood Debbie Reynolds e Eddie Fisher, que fizera sua estreia apenas um ano antes, com um papel pequeno, mas memorável, em *Shampoo*. Fisher perdera os testes em agosto, mas Roos encorajara um encontro entre ela e Lucas. Fisher recebeu suas páginas do roteiro e também revirou os olhos, embora por um motivo diferente. "Leia era muito inconsciente", recordou Fisher. "Eu tenho uma afinidade com inconscientes. Mas também queria me envolver naquilo tudo."[117] Fisher fez a leitura com Ford, sua Leia respondendo agressivamente, às vezes exasperada, ao assédio do outro personagem. Embora Lucas achasse Fisher um pouco agressiva para uma princesa, se ele estava em busca de química, encontrou-a entre Fisher e Ford.

Ford também estava cada vez mais animado com suas chances de conseguir o papel que não buscara ativamente. Ao longo de um mês,

Sangrando na página

ele ensaiara as mesmas falas com um número de atores suficiente para conhecer o diálogo de trás para a frente e interpretá-lo de um modo descontraído, quase exageradamente confiante. Era inegável que, em três semanas, Ford havia moldado Han Solo ao seu próprio caráter — e, embora Lucas ainda estivesse interessado em Christopher Walken para o papel, Ford estava rapidamente se tornando um forte concorrente. Mesmo os Huyck pressionavam a favor dele, dizendo a Lucas que Ford era "mais divertido".[118] Mas Ford — diferentemente de Hamill e Fisher — saiu dos testes envolto em uma nuvem de incerteza.

Lucas reduzira seu trio principal a dois grupos concorrentes: em um, estavam Walken, Will Seltzer e Terri Nunn, um trio que Lucas descrevia como "um pouco mais sério, um pouco mais realista"; no outro, Ford, Hamill e Fisher, um grupo que Lucas chamava de "um pouco mais divertido, mais palhaço". Ele se estenderia até janeiro para tomar uma decisão. Lucas gostava dos trios, mas um deles parecia apresentar mais problemas que o outro. Para começar, Nunn era menor de idade, o que limitaria bastante o número de horas diárias que poderia trabalhar. E Seltzer... Bem, Lucas simplesmente sentia que ele era "intelectual" demais, ao passo que Hamill era "idealista, ingênuo e esperançoso".[119] Lucas, então, ficaria com o trio Hamill, Ford e Fisher, com uma única condição: "Eu consegui [o papel] com a condição de que fosse a um spa e perdesse quatro quilos e meio", contou Carrie Fisher, secamente.[120]

Lucas ficou feliz com seu elenco — "Eu procuro mágica", diria ele depois. "O que posso dizer?" —, mas nem todos estavam tão certos de que ele havia tomado a decisão correta.[121] "Discordei da escolha de George, mas não cabia a mim dizer isso", disse Coppola.[122] Ladd contou: "Eu estaria mentindo se dissesse: 'Meu Deus, Harrison é perfeito...'. Não, eu estava muito apreensivo com a escalação."[123] Ladd também estava apreensivo porque, até o momento, Lucas não havia contratado um grande nome para o filme. Para Lucas, usar atores desconhecidos era importante; ele queria que a plateia se relacionasse com os personagens, e não com os atores. Mas tinha em mente um ator famoso para o papel de Ben Kenobi, e pediu que a diretora de elenco Dianne Crittenden marcasse um encontro com o ator inglês Alec Guinness, que estava em Los Angeles encerrando as filmagens do longa *Assassinato por morte*. Crittenden conseguiu que uma cópia da mais nova versão do roteiro fosse entregue no camarim de Guinness, junto com um pacote de pinturas de McQuarrie. Guinness ficou imediatamente aborrecido; não gostava que as pessoas empurrassem roteiros para cima dele, e nutria dúvidas acerca da ficção científica. Mas Guinness estava se preparando para produzir uma peça em Londres, e precisava do dinheiro. Vendo *Star Wars* como nada além de um pagamento, ele concordou em almoçar com Lucas.

O almoço foi muito bom. Em seu diário, Guinness descreveu Lucas como "um jovem baixo de rosto cansado com barba negra (...), com mãos pequenas bem formadas, dentes fracos, óculos e pouco senso de humor. Mas eu gostei dele".[124] Um colega contara a Guinness que era "um diretor de verdade" e, depois de conhecê-lo, Guinness estava inclinado a concordar,[125] embora admitisse que o achara "[um] tanto tedioso".[126] Mas ele não estava pronto para se comprometer; teria de haver dinheiro suficiente envolvido para Guinness superar suas dúvidas quanto ao roteiro. "Eu *posso* aceitar, se eles chegarem com dinheiro de verdade", escreveu Guinness em seu diário. "Ficção científica — o que me faz hesitar —, mas será dirigida por Paul [*sic*] Lucas, que fez *Loucuras de verão*, o que me faz pensar. Grande papel. Uma bobagem de conto de fadas, mas que talvez *possa* ser interessante."[127] Ele e Lucas continuariam conversando, e Ladd ficou contente por Lucas pelo menos estar acrescentando um nome reconhecível ao elenco. "Guinness não vende ingressos sozinho, mas era bom ele estar no quadro", disse Ladd.[128]

Além do elenco, Lucas passou boa parte do verão de 1975 reunindo mais pessoal criativo fundamental, todos brilhantes a seu próprio modo, e cada um escolhido a dedo por um Lucas controlador. John Barry, um talentoso projetista de cenários que havia trabalhado em *Laranja mecânica*, fora um feliz acaso, descoberto enquanto Lucas visitava os Huyck no México, onde o diretor Stanley Donen estava filmando seu roteiro sobre os anos 1930 *Os aventureiros do Lucky Lady*. Lucas ficou impressionado com o realismo dos cenários; quando estava em um cenário construído para parecer uma velha fábrica de sal, ele até mesmo arregaçou as mangas de sua camisa xadrez para ver se conseguia pegar uma pá de sal. Para seu encanto, conseguiu — e chamou Barry e o decorador de cenários Roger Christian para conversar sobre projetarem e construírem os cenários para *Star Wars*, dizendo que ele "queria tudo [parecendo] verdadeiro e usado". Christian ficou exultante. "Minha primeira conversa com [Lucas] foi que as espaçonaves deviam ser coisas que você via em garagens com óleo pingando, e eles não paravam de consertar para que continuassem funcionando, porque o mundo é assim", contou Christian.[129] Lucas concordou, em parte por entusiasmo. *Star Wars*, ele explicou, era um grande projeto que teria de ser barato e realizado rapidamente — Lucas queria começar a filmar em fevereiro de 1976, dali a apenas sete meses. "Acho que alguém com mais experiência teria simplesmente dito: 'Não acho que possa fazer isso com esse prazo'", disse Barry, mas ele tinha se decidido. "Tenho experiência suficiente para conseguir lidar com os problemas, e inexperiência suficiente para poder assumir aquilo."[130] Lucas contratou os dois, pagando a ambos com mais do seu dinheiro de *Loucuras de verão*.

Barry e Christian ajudariam Lucas a assegurar que seu filme parecesse ótimo; mas Lucas também queria garantir que seu filme *não soasse* como nada feito antes dele. O som sempre fora importante para Lucas, fosse ao orquestrar a sequência assustadora de zumbidos e falas em que ele mergulhara *THX 1138* ou ao garantir que *Loucuras de verão* tivesse uma trilha de rock que complementasse, mas não sufocasse, a ação na tela. Então, no que dizia respeito ao som, a primeira opção sempre fora Walter Murch — e Lucas chegara a garantir que seu acordo com a Fox estabelecesse que Murch ficaria encarregado do som. Mas isso havia sido em 1973; no verão de 1975, Murch estava comprometido com vários outros projetos, e indisponível para *Star Wars*. Então, Lucas foi à USC, perguntou quem era o "próximo Walter Murch" e foi encaminhado a um estudante de 27 anos chamado Ben Burtt — que, como Murch, desde a infância, enfiava um microfone embaixo de praticamente tudo. A primeira missão de Burtt, cortesia de Gary Kurtz: encontrar a voz para um *wookiee*.

Armado com um gravador Nagra e microfones emprestados da Zoetrope, Burtt gravou animais do zoológico, estudou coleções de sons em estúdios cinematográficos e até alugou animais, acabando por conceber os característicos rugidos, gemidos e choramingos de Chewbacca a partir de uma mistura cuidadosa de sons produzidos por quatro ursos, um leão, uma foca e uma morsa presa no fundo de um poço seco em Marineland, perto de Long Beach.[131] Impressionado, Lucas pediu a Burtt para criar toda uma fonoteca para o filme. "Colete sons estranhos e bizarros", disse Lucas a ele, e Burtt percorreu aeroportos, bateu em cordas esticadas e gravou projetores de cinema vibrando em busca dos melhores sons para aeronaves, armas a laser e sabres de luz.[132] Burtt achou que montar a fonoteca poderia envolver "algumas semanas de trabalho (...) mas, 29 anos e dez meses depois, finalmente cheguei ao final da criação daquela fonoteca".[133] O que Burtt acabaria dando a Lucas definiria não apenas seis filmes *Star Wars*, mas também os efeitos sonoros de ficção científica para uma geração de espectadores.

Mas, se Lucas realmente queria dar a *Star Wars* uma personalidade sonora única, encontraria isso na escolha inteligente que fez do compositor da trilha sonora. Lucas sabia que queria uma trilha de tom clássico, algo grandioso e empolgante, com personalidade própria, para reforçar as imagens na tela. No começo da primavera, enquanto visitava Spielberg em Martha's Vineyard, onde Spielberg fazia a pós-produção de *Tubarão*, Lucas mencionou que estava procurando um compositor que pudesse lhe dar "uma trilha sonora ao estilo de um filme antiquado e romântico de Max Steiner".[134] Spielberg imediatamente recomendou John Williams, um indicado ao Oscar de 43 anos que compusera para *Tubarão* e *Louca escapada*. "Eu trabalhei com esse cara, e ele é ótimo!", disse-lhe Spielberg.[135] Eles foram apresentados e, depois de ler o roteiro de Lucas, Williams concordou em compor a trilha de *Star Wars*... Mas não antes do ano seguinte, já que estava compondo músicas para dois thrillers, *Trama macabra*, de Alfred Hitchcock, e *Domingo negro*, de John Frankenheimer. Seria Williams, talvez mais que qualquer outro colaborador, que daria a *Star Wars* a atmosfera de excitação e dignidade que Lucas imaginava — e sua trilha se tornaria icônica, os metais iniciais aplaudidos por plateias em sete filmes. Lucas sempre proclamaria sua admiração por Williams. "Ele está lá em cima com Buddy Holly and the Drifters", diria Lucas mais tarde, o maior elogio que faria a qualquer músico.[136]

À medida que o verão avançava, Lucas continuava se arrastando pelas revisões de seu roteiro, ainda se sentando diante dos noticiários noturnos com o cenho franzido. Marcia, porém, não estava mais lá para fazer ruídos tranquilizadores ou dizer a George como ele era brilhante. Ela pegara outro trabalho com Martin Scorsese, dessa vez como supervisora da montagem de *Taxi Driver*: os planos do casal de começar uma família seriam, mais uma vez, suspensos. De todo o modo, não era como se Lucas passasse muito tempo em casa; no final de agosto de 1975, ele e Kurtz foram para a Inglaterra para começar a pré-produção em Elstree, supervisionando o trabalho de John Barry em um *landspeeder*, bem como em um protótipo de R2-D2 feito de madeira não pintada com uma cabeça giratória coberta de base cinza. Lucas também escolheu vários outros componentes do elenco. O fisiculturista galês de 1,97 metro David Prowse pôde optar entre Darth Vader e Chewbacca, e ficou com o vilão, deixando o papel do *wookiee* para Peter Mayhew, de 2,15 metros, um simpático porteiro de hospital que, diziam, tinha os maiores pés de Londres.

Para o papel de C-3PO, Lucas teve de fazer uma busca mais ampla e especializada. Ele não estava necessariamente interessado em como o ator soava — planejava dublar a voz de Threepio posteriormente, de preferência com o ritmo de um vendedor de carros usados do Bronx —, mas precisava de um ator que conseguisse interpretar um robô de modo convincente, quem sabe alguém com grande habilidade em mímica. Anthony Daniels, de 29 anos, que odiava ficção científica e saíra no meio de uma sessão de *2001: Uma odisseia no espaço*, quase não se candidatou ao papel. Acabou se encontrando com Lucas e gostou dele, mas permaneceu cético quanto a aceitar o papel até ver a pintura de McQuarrie retratando Threepio e Artoo e travar os olhos no androide dourado. "Ele parecia estar dizendo: 'Venha! Venha ficar comigo!', e a vulnerabilidade de seu rosto me fez querer ajudá-lo", contou Daniels. "Isso não é bizarro?" Três décadas depois, após interpretar o androide em seis filmes, Daniels gritava para McQuarrie em fingida perturbação: "Você entende que isso tudo é culpa sua?"[137]

A pré-produção em Londres prosseguia, Dykstra e os magos na ILM começavam a trabalhar nos efeitos especiais — embora ainda estivessem basicamente construindo as câmeras e outros equipamentos necessários para filmá-los — e Lucas estava quase decidido sobre o elenco final. Mas faltava uma coisa, algo crítico: ainda não tinha a aprovação oficial da Fox para o projeto. Isso significava que não havia um orçamento, portanto ele não podia concluir seus cenários, construir os robôs ou mesmo desenhar e reunir fantasias e vestuário. Mais de dois anos se passaram desde o acordo com a Fox, e Lucas não vira mais um centavo além dos 10 mil dólares que recebera pela primeira versão do roteiro. "Eu tinha escrito quatro roteiros [e] eles só tinham me pagado por um deles", reclamou Lucas. "O mínimo que poderiam ter feito nesse tempo seria produzir um contrato."[138] Até que isso acontecesse, ele e Kurtz continuariam colocando o próprio dinheiro para cobrir as despesas, por intermédio da empresa The Star Wars Corporation; acabariam gastando, juntos, quase 1 milhão de dólares. Os amigos se preocupavam com a possibilidade de Lucas perder tudo na sua "coisa de Flash Gordon", mas Marcia continuava a seu lado. "George assume riscos enormes. Ele é muito determinado", contou. "Investiu esse dinheiro porque sabia que iria fazer aquele filme. Ele sabe o que quer e sabe como conseguir. É uma aposta, mas ele está apostando em si mesmo e em sua capacidade de realizar."[139]

Ainda assim, os custos estavam começando a atingir uma escala que nem mesmo o dinheiro de *Loucuras de verão* conseguiria pagar por muito mais tempo; Lucas precisava de uma liberação oficial do estúdio, com contrato e orçamento — e precisava disso logo. Apenas o trabalho na ILM custava cerca de 25 mil dólares por semana. Nos três primeiros meses, a empresa absorvera mais de 241 mil dólares em custos. "Eu tive de construir meu próprio estúdio, produzir os *storyboards*, conceber os equipamentos ópticos e coloquei muito do meu próprio dinheiro nisso", comentou Lucas, acrescentando: "Odeio desperdiçar dinheiro. Eu não o gasto levianamente."[140] O mesmo valia para a Fox — e, em outubro, o estúdio de repente mergulhou em uma paralisia que, por muito pouco, não lhes custou *Star Wars*.

Na verdade, foi *Os aventureiros do Lucky Lady*, projeto com roteiro dos Huyck que estava sendo filmado no México, que deixara o estúdio temeroso. O diretor do filme, Stanley Donen, era bem parecido com Lucas: independente e visionário, com tendência a fazer tudo sozinho. Mas, na metade da produção do filme, "ele se meteu em graves apuros", recordou Kurtz. "O estúdio mandava gente para lá o tempo todo, e eles acabaram assumindo toda a produção."[141] Essa experiência assustara tanto os executivos da Fox que decidiram não ser pegos desprevenidos novamente por outro diretor independente e gastador. Para manter Lucas sob controle, a Fox suspendeu a produção de *Star Wars* até uma revisão pela diretoria na reunião marcada para dezembro. Até então, Lucas estava efetivamente suspenso por dois meses.

Com raiva da Fox por fugir do compromisso, Lucas decidiu transferir o projeto para algum outro lugar, até mesmo levando o roteiro de volta para a United Artists e a Ned Tanen na Universal, para ver se reconsideravam ficar com *Star Wars*. Ambas decidiram dar uma olhada — Lucas era um produto valorizado demais para ser ignorado —, mas ninguém se convenceu de que Lucas pudesse produzir seu roteiro ambicioso, algo que dependia tanto de efeitos especiais. A Universal foi particularmente ríspida em sua recusa, circulando um memorando que descartava a história e a visão que Lucas tinha dela. "No final, a questão é quanta fé temos na capacidade do Sr. Lucas de realizar tudo isso", escreveu um executivo em um documento particular.[142] Aparentemente, a resposta era *nenhuma*. Pelo resto da vida, Lucas se lembraria da descortesia da Universal — e nunca permitiria que Ned Tanen se esquecesse disso. Mais tarde, ficaria muito feliz de saber que a falta de fé da Universal nele custara ao estúdio uma franquia de 1 bilhão de dólares. "Eu sou rancoroso", contou à *Rolling Stone* em 1980. "A Universal tentou ser gentil comigo, mas eu estava com muita raiva, e continuo com raiva até hoje."[143]

Então, no final das contas, ele teve de continuar lidando com a Fox, portanto ele e Kurtz finalmente começaram a fazer seu próprio orçamento detalhado, cortando custos sempre que podiam, de modo a manter o número final o mais baixo possível. Trabalhando com o projetista de cenários Roger Christian, repassaram o roteiro em busca de pontos em que os custos pudessem ser minimizados, eliminando personagens, trocando a locação de certas cenas para reduzir o número de cenários necessários, fundindo cenas ou eliminando inteiramente algumas sequências. Em diversas oportunidades, essas decisões acabaram melhorando o roteiro, com Lucas decidindo eliminar Cloud City e, em vez disso, prendendo Leia na Estrela da Morte, o que tornava seu resgate muito mais perigoso e excitante. Lucas e o artista Joe Johnston também desenharam cuidadosamente quase todas as tomadas, tentando determinar exatamente quantas cenas, quantos cenários e efeitos especiais seriam necessários. Lucas estava confiante de que cortara a gordura do roteiro, mas temia estar começando a cortar ossos e tendões — uma preocupação partilhada por Dykstra, que chamava a notória avareza do estúdio de "babaquice".[144]

Mesmo com a produção suspensa, Lucas era um homem em movimento constante, voando entre Londres — onde ainda discutia cenários e robôs com Barry — e Los Angeles, onde se sentava com a equipe na ILM. Ali, ele rabiscava desenhos, circulava *storyboards* e ajustava modelos enquanto estavam sendo construídos. E, para seu desalento, encontrara um grande problema em uma espaçonave muito importante. Em setembro de 1975, estreara na televisão americana a série de ficção científica *Espaço: 1999*, produzida por Lew Grade. Mal passara dos créditos iniciais, Lucas se deu conta de que as principais naves do programa, os Eagles Transporters, pareciam demais com a nave pirata ainda sem nome de Han Solo, que a equipe da ILM acabara de construir e iluminar. Lucas não queria que houvesse nenhuma insinuação de que ele havia copiado o projeto de sua nave de *Espaço: 1999*, então insistiu para que a equipe da ILM recomeçasse tudo. Lucas disse ao pessoal que queria algo como um disco voador, mas também "algo com muito mais personalidade", basicamente um carro turbinado voador, que parecesse ter sido construído para ser veloz, a partir de peças retiradas de outras naves.[145] Então, Lucas, Dykstra e Johnson formularam um projeto de nave que chamaram de "Porkburger": em suma, dois pratos invertidos com mandíbulas na frente e o cockpit em um dos lados. Apenas em março de 1976, poucas semanas antes do começo das filmagens, Lucas encontraria o nome da nave. A "Porkburger" se tornaria conhecida como *Millenium Falcon*.

A diretoria da Fox fez sua reunião de inverno em um sábado, 13 de dezembro de 1975. Felizmente para Lucas, Ladd foi quem mais falou. "Eu acredito nisso", disse ele a uma diretoria cética e quase silenciosa, que escutava sua defesa de *Star Wars* — entre eles, a princesa Grace de Mônaco, que fora nomeada para a diretoria no verão. Com Ladd se mostrando bem vigoroso e dando a cada diretor não apenas o roteiro, mas um conjunto de arte conceitual de McQuarrie e Joe Johnston, a diretoria concordou em liberar o projeto com um orçamento de 8,3 milhões de dólares — deixando bem clara a expectativa de que o orçamento final apresentado por Lucas ficasse nesse limite. Após muita negociação por parte de Kurtz, o orçamento final projetado foi fechado em precisos 8.228.228 dólares. Lucas resmungou que a Fox estava pedindo que ele fizesse um filme de 15 milhões com metade do orçamento.

Ainda assim, com o projeto oficialmente aprovado, Lucas — por intermédio da The Star Wars Corporation — enfim podia negociar um contrato oficial com a Fox. Lucas, corretamente, reclamara dos dois anos de procrastinação da Fox, mas o atraso havia trabalhado a seu favor. Com sua reputação e suas finanças fortalecidas por *Loucuras de verão*, "George não precisava mais do dinheiro", contou o advogado Tom Pollock, "então fomos atrás das coisas que queríamos desde o início (...) que era controle — controle sobre a realização do filme e controle da exploração dos direitos subsidiários".[146] Além disso, Lucas teria — *controlaria* — cerca de 40% do lucro bruto do filme; mas o que realmente queria estava enterrado nos detalhes. Como resultado, o memorando de nove páginas se transformara em um contrato de produção e distribuição de quarenta páginas, segundo o qual Lucas ficaria com os direitos sobre continuações, televisão, publicação editorial e merchandising — "áreas que eram importantes para George, pois ele sabia que *Star Wars* teria vida além do primeiro filme", contou o agente Jeff Berg.[147] Demorou até quase fevereiro de 1976 — praticamente duas semanas antes que as câmeras fossem ligadas — para que o contrato fosse assinado, e Pollock, que tivera sua parcela de táticas pesadas, achou o documento final "um dos contratos cinematográficos mais brilhantemente redigidos que já li. Não do ponto de vista do estúdio, mas de um cineasta conseguindo o que deseja".[148]

Àquela altura, o que Lucas realmente queria era começar. No final de 1975, ele vinha lidando com *Star Wars* por quase três anos, sofrendo a rejeição nas mãos de dois estúdios, lidando com o ceticismo de seus amigos, o fim de sua poupança e uma falta de fé quase letal da 20th Century Fox. Agora estava prestes a finalizar seu contrato e seu orçamento, o elenco estava sendo fechado, as locações eram estudadas e seus estúdios em Londres estavam reservados para março. Enquanto isso, a equipe da ILM construía câmeras e filmava efeitos na Califórnia, John Barry e Roger Christian trabalhavam nos cenários em Londres, e Ben Burtt colecionava efeitos sonoros por toda a parte. As coisas pareciam estar nos trilhos para o começo das filmagens em março de 1976, exceto por uma coisa: o roteiro sempre problemático. "Esse filme foi um assassinato", reclamou Lucas em dezembro de 1975. Comparado com aquilo, escrever *Loucuras de verão* tinha sido moleza. "É muito difícil escrever sobre algo que você inventou do zero. E o problema era que havia muita coisa que eu podia incluir — era como estar em uma loja de doces, e foi difícil não ficar com dor de barriga com toda a experiência."[149]

Com 1976 se aproximando, Lucas estava concluindo sua quarta versão, agora oficialmente intitulada *The adventures of Luke Starkiller, as Taken from the Journal of the Whills, Saga I: Star Wars*. Lucas continuava a cortar subtramas e personagens, retirar elementos que ou desaceleravam as coisas, ou demandavam contextualização demais. Àquela altura, ele tinha uma noção muito melhor da Força e, sabiamente, decidira eliminar por completo da história o Cristal Kiber, tornando a Força "mais etérea, em vez de solidificá-la em algo como um cristal", explicou.[150] A Força era "uma grande ideia", contou ao escritor de ficção científica Alan Dean Foster, que ele escolhera pessoalmente para escrever uma romantização do filme. "[Luke] tem de confiar em seus sentimentos, em vez de seus sentidos e sua lógica — basicamente, isso é a Força dos Outros."[151]

Não há nenhum indício de que Lucas tenha um dia pretendido que Darth Vader fosse Anakin Skywalker, ou o pai de Luke e Leia, gêmeos separados no nascimento. Embora Lucas, por três décadas, fosse insistir em uma espécie de continuidade retroativa, afirmando que esse sempre fora seu plano, em 1975 ele claramente pretendia que Vader e o pai de Luke fossem personagens distintos. O histórico de Vader, explicou, era "sobre Ben, o pai de Luke e Vader quando eram jovens cavaleiros Jedi. Vader mata o pai de Luke, depois Ben e Vader têm um confronto, assim como eles têm em *Star Wars*, e Ben quase mata Vader".[152] Quanto ao nome "Vader", Lucas se valera muito da coincidência linguística de que *vader* é a palavra holandesa para "pai", mas também era um nome que ele provavelmente ouvia todos os dias na Downey High School, onde tinha um colega uma série à frente, um atleta chamado Gary Vader. Para Lucas, que adorava o som das palavras, era um sobrenome bom demais para *não* ser usado.

Quando Lucas concluiu sua quarta versão, em 1º de janeiro de 1976, já avançara muito desde o fracassado *Journal of the Whills*, mas ainda estava infeliz. "Eu tinha muitos conceitos vagos", lembrou anos depois, "mas não sabia realmente para onde ir com tudo aquilo, e nunca cheguei a uma conclusão de verdade. É muito difícil cambalear pelo deserto, escolhendo pedras, sem saber o que estou procurando, e saber que a pedra que peguei não é a correta. Eu continuava simplificando, e continuava pedindo que as pessoas lessem, continuava tentando ter uma história mais coerente — mas, até hoje, ainda não estou muito satisfeito com o roteiro. Nunca estive".[153]

"No fim", disse Lucas mais tarde, "eu realmente não achei que fôssemos ganhar algum dinheiro com *Star Wars*".[154]

7

"Tenho um mau pressentimento sobre isto"

1976-1977

Com menos de duas semanas de filmagens de *Star Wars*, George Lucas já estava pronto para matar sir Alec Guinness.

"É um grande choque para um ator quando você diz: 'Sei que você tem um grande papel (...) Mas decidi matar você'", contou Lucas a um jornalista da revista *Rolling Stone* em 1977. Mas, na cabeça de Lucas, matar o personagem de Guinness, Obi-Wan Kenobi, era vital para o filme, corrigindo o que Lucas considerava uma grande deficiência da última versao de seu roteiro em constante evolução: "Não havia nenhuma ameaça real à Estrela da Morte", explicou Lucas. Em sua última versão, Kenobi sobrevivia ao duelo de sabres de luz com Darth Vader, escapando por uma porta blindada que se fechava atrás dele. E isso não apenas deixou Vader "com cara de idiota", segundo Lucas, como também tornava o ataque à Estrela da Morte pouco mais que uma versão galáctica de uma simples invasão, com Vader como um lojista confuso agitando o punho raivoso enquanto os heróis escapam ilesos. "Isso era idiota", disse

Lucas secamente. "Eles invadem a Estrela da Morte, meio que assumem o controle e depois fogem. Isso reduz totalmente qualquer impacto que a Estrela da Morte tivesse."[1]

Fora Marcia quem colocara a cabeça de Ben Kenobi no cepo, mostrando a George que, depois de escapar da Estrela da Morte, o velho general não tinha muito mais a fazer pelo resto do filme. Lucas teve de concordar — "o personagem ficava por ali com o polegar no ouvido" —, e Marcia sugeriu que Kenobi fosse morto nesse duelo de sabres de luz e, depois, desse conselhos a Luke como um espírito-guia no último ato.[2] Lucas pode ter se arrepiado diante da ideia de matar o único ator em seu filme que já tinha ganhado um Oscar, mas sabia que Marcia estava certa. "Marcia era obstinada e tinha opiniões muito boas sobre as coisas, e não as deixava [de lado] quando achava que George estava indo na direção errada", contou Walter Murch. "Havia acaloradas e produtivas discussões criativas entre eles."[3] Debater o caso com Marcia, contudo, não era nada comparado com dar a notícia ao próprio Guinness.

No começo de abril de 1976, Lucas estava com Guinness na Tunísia, onde passariam boa parte de uma semana filmando as cenas ambientadas no planeta deserto de Tatooine. Lucas, tendo finalmente reunido coragem, puxou o ator de lado para dar a notícia sobre o destino de Ben Kenobi — mas, então, vacilou, dizendo a Guinness que ainda não havia tomado a decisão. Segundo Lucas, Guinness "se controlou", mas, em seu íntimo, o ator estava furioso, "irritado com Lucas dizendo que ainda não decidira sobre matar meu papel ou não. Um pouco tarde para esse tipo de decisão".[4] Lucas só se decidiria alguns dias mais tarde. Com a filmagem começando nos estúdios Elstree em Londres, Lucas informou a Guinness que Ben Kenobi morreria nas mãos de Darth Vader. Dessa vez, Guinness não se controlou. "Eu não vou fazer isso", disse secamente a Lucas, e ameaçou abandonar o filme.[5]

Tentando ajeitar as coisas — e impedir que seu ator mais famoso fosse embora —, Lucas levou Guinness para almoçar e defender sua posição. "Expliquei que, na segunda metade do filme, ele não teria nada a fazer, que não seria interessante deixá-lo por perto, e eu queria que o personagem tivesse impacto", contou Lucas. Guinness pensou com cuidado, escutando enquanto Lucas argumentava que ter Kenobi como um espírito-guia "era realmente uma coisa tipo *Porta para o infinito*, de Castañeda".[6] Guinness concordou em ficar — "Eu simplesmente confiei no diretor", explicaria mais tarde —, mas na verdade Guinness nunca se sentira de todo confortável na túnica de Obi-Wan. Ainda assim, Lucas estava lhe pagando bem — "uma quantia adorável", admitiu Guinness em particular — e ainda lhe dera dois pontos do lucro, o que tornava o "diálogo vagabundo" mais fácil de dizer e engolir.[7] "Devo dizer que estou um tanto perdido em relação ao que se espera de mim", admitiu Guinness ao *Sunday Times* um mês depois. "O que eu deveria estar fazendo, não sei dizer ao certo."[8]

Publicamente, contudo, Lucas contou que Guinness "aceitou tudo muito bem (...) e desenvolveu o personagem de acordo com o proposto".[9] A crise havia sido evitada — mas de modo algum seria a última. Desde o primeiro dia, *Star Wars* seria uma produção tão cheia de problemas que iria estourar o orçamento, esgotar física e mentalmente Lucas e abusar tanto da paciência dos executivos da Fox que, por muito pouco, o estúdio não suspendeu de vez o filme. "Esqueci de como realmente é impossível fazer filmes", escreveu um desgastado Lucas em uma carta enviada a Marcia durante as filmagens. "Fico muito deprimido, e acho que nunca vou superar isso."[10]

Três meses antes do começo das filmagens — e bem antes de ele sequer considerar matar o Obi-Wan de Guinness —, Lucas deixou a Califórnia em janeiro de 1976, seguindo para a Inglaterra, onde ocupou os escritórios de produção nos amplos estúdios Elstree, no norte de Londres. Enquanto isso, em Los Angeles, John Dykstra e a ILM deveriam estar filmando o primeiro dos 360 efeitos especiais que Lucas pedira. Infelizmente, a maior parte do tempo deles ainda era dedicada a construir as câmeras, impressoras ópticas e os outros equipamentos necessários para filmar e montar os efeitos visuais. "Nós projetamos e construímos nossos próprios eletrônicos a partir do zero", disse Dykstra, orgulhoso.[11] Mas cada dia passado fabricando a tecnologia significava outro dia perdido na filmagem dos efeitos em si. E, com Lucas em Londres, sem poder comparecer e acompanhar o trabalho, a ILM ficaria cada vez mais para trás.

Lucas levou consigo a quarta versão do roteiro, concluída em 1º de janeiro. Como de hábito, ainda não estava feliz com ele, embora ficasse contente com a nova linha inicial do roteiro: *Há muito, muito tempo, numa galáxia muito distante, uma aventura inacreditável teve lugar...* O restante do texto, contudo, ele achava "doloroso, atroz", e decidiu que, com as filmagens programadas para começar em 12 semanas, provavelmente era chegada a hora de chamar um escritor — ou, naquele caso, escritores — para repassar o roteiro. "Nunca atingi um grau de satisfação em que achasse o roteiro perfeito", disse mais tarde. "Se não tivesse sido obrigado a fazer o filme, sem dúvida ainda o estaria reescrevendo agora."[12] Lucas chamou Willard Huyck e Gloria Katz, seus confiáveis colaboradores de *Loucuras de verão*, e os levou a Londres, para trabalhar em uma nova redação. Os Huyck trabalharam com sua velocidade típica, suavizando parte dos trechos mais cheios de jargões do roteiro de Lucas, refinando o diálogo em alguns momentos determinantes e dispensando especial atenção às brincadeiras entre os personagens, em especial a interação entre Han e Leia. (Também adicionariam uma piada interna com Leia sendo mantida cativa na cela número 2.187 da Estrela da Morte, uma homenagem a um filme de Arthur Linsett que Lucas adorava.) Como pagamento, Lucas deu a eles algo que acabaria se revelando muito mais lucrativo: dois pontos percentuais.

Enquanto isso, em Elstree, Lucas colocou o maquiador Stuart Freeborn — que criara os convincentes macacos retratados nos momentos iniciais de *2001* — dando duro para criar a maquiagem e as próteses de Chewbacca e outros alienígenas. Em outro ateliê, estava o figurinista John Molloi, um historiador apaixonado por uniformes militares, que fora encarregado de projetar e produzir armaduras e trajes, tarefa à qual se entregou com tanto entusiasmo que produzia mais rápido do que Lucas conseguia olhar para eles. Os cenários de John Barry também estavam sendo construídos durante todas as horas do dia, espalhados por oito dos estúdios de Elstree, incluindo um inteiramente tomado por uma *Millennium Falcon* em tamanho real. A maioria dos cenários continuava sendo construída quando as filmagens em Elstree começaram, em abril.

O ritmo era exaustivo, e Lucas ainda não havia filmado uma única tomada. Para tornar as coisas ainda mais insuportáveis, Lucas odiava Londres. "George não estava feliz lá — não gosta de ficar longe de casa", disse Kurtz. "Tudo é muito diferente para desequilibrar você."[13] Não era apenas dirigir do lado errado da rua que o deixava nervoso; ele não gostava da comida — achava impossível conseguir um hambúrguer decente — e se irritava que os interruptores ficassem "de cabeça para baixo". Pior ainda, a casa que estava alugando na região de Hampstead, em Londres, fora invadida, e o televisor, roubado. Não que isso importasse muito; com frequência, ele se queixava de que não havia mesmo nada decente para ver na TV.

Com poucos dias até que as câmeras começassem a filmar, Alan Ladd apareceu para revisar com Lucas e Kurtz as letras miúdas do orçamento. Os executivos da Fox haviam mandado Ladd avisar a Lucas que, assim que figurinos, maquiagem, armaduras, cenários e os custos de viagem fossem adicionados, o orçamento final precisava ficar abaixo de 10 milhões de dólares. "Isso só irá funcionar se tudo funcionar à perfeição, e isso raramente acontece", alertou Kurtz a Ladd.[14] Devidamente censurado por Ladd e pela Fox, Lucas fechou seu orçamento em insolentes US$9.999.999. Não importava; isso nunca seria suficiente, e Ladd deixou Londres cada vez menos certo de que Lucas tinha seus custos de produção sob controle.

Na manhã de uma quinta-feira, 18 de março, Lucas e grande parte da equipe de *Star Wars* partiram de Londres para Djerba, uma ilha no litoral da Tunísia, norte da África. De lá, uma viagem de seis horas rumo ao interior da Tunísia os levou até as planícies salgadas e alvejadas pelo sol de Nefta, onde os artesãos de John Barry, após se arrastarem pelo deserto com seu material nas caçambas de caminhões e em lombos de burro, tinham construído a moradia de Luke, bem como a metade inferior de um enorme *sandcrawler jawa*. Obedecendo à estética do "universo usado" de Lucas, tudo parecia ter passado pelo menos um século ali — e, na verdade, o *sandcrawler*, com suas gigantescas lagartas de tanque, despertara o interesse do governo da vizinha Líbia, que mandara inspetores até o outro lado da fronteira para garantir que a equipe de Lucas não estava montando um novo veículo militar.

A filmagem de *Star Wars* começou às 6h33 de uma segunda-feira, 22 de março de 1976. Foi uma catástrofe quase desde o começo. "As coisas começaram a dar errado", contou Kurtz, com típica contenção.[15] Vento e chuvas pesadas — a primeira chuva no deserto tunisiano em quase uma década — danificaram cenários e elementos cenográficos, e a luz, que acabava rapidamente, tornava quase impossível para Lucas filmar Hamill, na pele do personagem Luke Skywalker, silenciosamente contemplando seus sonhos contra um causticante pôr do sol no deserto. (Três dias se passariam antes de Lucas conseguir colocar em celuloide a cena agora icônica.) Robôs movidos por controle remoto deram defeito, e Anthony Daniels, em seu traje mal-ajustado de C-3PO, mal conseguia ver e ouvir, e não dava mais que alguns passos antes de cair. "Eu estava muito, muito cansado, e muito irritado", contou Daniels.[16]

E havia a infelicidade autoimposta por Lucas envolvendo o roteiro e sua indecisão quanto a matar Ben Kenobi. Guinness pode ter ficado irritado com Lucas, mas, em geral, sir Alec apoiou plenamente, até mesmo com entusiasmo, a visão que Lucas tinha do filme. No primeiro dia de filmagens, teve grande prazer de rolar pela terra para dar a seu próprio figurino a mesma aparência de "universo usado" do restante do filme. Lucas admitiu que estava assombrado com o inglês. "Ele é enorme, e eu sou muito pequeno", contou. "Não sei onde me enfiar."[17]

No final das duas semanas de filmagem na Tunísia, Lucas estava "desesperadamente infeliz". Mas, com o trabalho encerrado nas locações, a produção iria se transferir para Elstree, que Lucas esperava que fosse um ambiente de estúdio mais estável e controlável.

"Eu esperava que as coisas melhorassem", disse Lucas mais tarde. "Mas não melhoraram."[18]

As coisas estavam muito mais sob controle em Elstree — mas, infelizmente, não era Lucas quem as controlava. Os sindicatos britânicos mantinham toda a atividade em um cronograma altamente regulado e rotineiro: início às 8h30, chá às 10 horas, almoço de uma hora começando às 13h15, com outro intervalo para o chá às 16 horas. E a equipe parava precisamente às 17h30, estivesse o trabalho concluído ou não. O horário de saída de 17h30 era particularmente irritante para Lucas, que nunca tivera paciência para sindicatos, e estava acostumado a trabalhar até tarde da noite para conseguir a tomada certa ou concluir uma cena mais longa. Lucas apelaria a Kurtz para ajudá-lo a pedir aos representantes do sindicato tempo adicional, quase sempre sem sucesso. "A equipe acabou ficando aborrecida com nós dois", contou Lucas. "E eu me vi obrigado a ser gentil com todos, o que é difícil quando você não gosta de muitas dessas pessoas."[19]

Os membros britânicos da equipe também estavam perplexos com o tipo de filme que aqueles americanos estavam fazendo, referindo-se, debochadamente, a Chewbacca como "o cachorro" e observando, divertidos, enquanto Lucas ficava furioso com mais uma unidade R2 travada. "A equipe britânica achava que todos tínhamos perdido a cabeça", lembrou Harrison Ford. "Eles simplesmente achavam que aquilo era absurdo e idiota."[20] Como disse Lucas, "eu era apenas aquele americano maluco que estava fazendo aquele filme realmente idiota".[21]

Lucas só podia culpar a si mesmo por parte dos atritos; seu estilo silencioso e um tanto seco irritava os britânicos. "Todas as equipes de filmagem são uma questão de química", disse Kurtz com diplomacia. "George não é uma pessoa particularmente social. Ele não para o que está fazendo para socializar. Leva um tempo até ele conhecer alguém e se tornar íntimo o bastante para partilhar seus problemas com as pessoas. Para ele, é mais fácil trabalhar com as pessoas que já conhece."[22] Para Lucas, porém, *pessoas* eram exatamente o problema. "Dirigir é muito difícil, porque você está tomando mil decisões — não há respostas diretas e rápidas — e você está lidando com *pessoas*, às vezes pessoas difíceis, pessoas emotivas", desabafou, suspirando. "Eu simplesmente não sinto prazer nisso."[23]

Quando as filmagens começaram em Elstree, em 7 de abril, não apenas o roteiro e os cenários ainda estavam sendo construídos, como também, além de sua decisão de matar Ben Kenobi, Lucas acabara de decidir dar o sobrenome "Skywalker" a seu herói. Foi uma decisão difícil para ele — o sobrenome "Starkiller" estava no seu roteiro havia mais de três anos —, mas, com os assassinatos de Charles Manson, em 1969, ainda uma memória recente, Lucas temia que o nome fizesse Luke soar muito como um assassino em série. O nome do filme também estava indefinido. Embora a equipe usasse claquetes e cadernos marcados com o logo *The Star Wars*, Lucas decidira abandonar o artigo definido, preferindo simplesmente *Star Wars*.

Enquanto as câmeras começavam a rodar, Barry e sua equipe davam os últimos retoques em quase cem cenários espalhados pelos oito estúdios. Um dos mais impressionantes estava no estúdio 3, onde ficava a *Millennium Falcon* em tamanho real, baseada em um modelo detalhado enviado da ILM. Contudo, a equipe de construção de Barry logo descobriu que, ampliada, a nave inteira não caberia no estúdio; então, apenas metade foi construída junto a uma parede; o restante seria adicionado depois como pano de fundo, conforme fosse necessário. De fato, a nave era tão enorme que Lucas decidiu que seria melhor simplesmente deixá-la no mesmo lugar e construir os cenários necessários em torno dela, incluindo o hangar Doca de Atracação 94, onde Han Solo iria confrontar Jabba the Hutt — uma sequência com a qual Lucas iria se atrapalhar, engavetar e depois reviver quase vinte anos depois, com a ajuda de novas tecnologias de filmagem.

Para onde quer que olhasse, Lucas só conseguia ver os problemas. Os robôs continuavam a funcionar mal e se chocar contra as paredes. Mesmo após alguns ajustes, o traje de C-3PO, de Anthony Daniels, ainda se encaixava mal, acumulando a maior parte do peso da parte de cima do corpo apoiada em suas mãos e deixando os polegares totalmente dormentes durante toda a tomada. Havia tão pouco dinheiro que quase todas as cenas da Estrela da Morte foram filmadas no mesmo cenário, decorado de várias formas diferentes — e John Barry discutia com o diretor de fotografia de Lucas sobre a melhor forma de iluminá-lo.

Contudo, talvez pela primeira vez, Lucas estava gostando de trabalhar com seus atores — mesmo que eles nem sempre conseguissem ver isso. Em geral, Lucas dava pouca ou nenhuma resposta depois das tomadas, deixando os atores carentes de orientação. Quando gostava de uma tomada, dizia simplesmente: "Corta. Encerrado. Perfeito." Quando não gostava, dava apenas um ou dois fragmentos de direção: "Mais rápido, mais intenso" ou "Mesma coisa, só que melhor". Isso acabou se tornando meio que uma brincadeira para os atores, que olhavam, ansiosos, para Lucas ao fim de cada tomada, esperando por sua reação com fingida empolgação. "George tem na cabeça uma visão tão clara do que quer que realmente tentar transmitir isso a um ator é, de certo modo, uma inconveniência", contou Harrison Ford. "Essa não é a parte preferida do trabalho para George."[24] Como Mark Hamill definiu, "eu tenho uma leve desconfiança de que, se houvesse um modo de fazer filmes sem atores, George faria".[25]

Ainda assim, Lucas *de fato* gostava de seus atores. Ele tinha especial carinho por Hamill, que era exatamente seu tipo de nerd: baixo, com um interesse entusiasmado de *geek* por quadrinhos e brinquedos. De fato, Hamill não iria demorar a perceber que Lucas colocara muito de si mesmo no personagem Luke. "Estou interpretando Lucas no filme", disse Hamill, que o observara atentamente enquanto encenava o momento em que Luke encontra o Artoo fugido.[26] "Eu estava pensando: *Ele está fazendo isso tão pequeno, e vou fazer exatamente como ele, e ele verá como está errado*", contou Hamill.[27] Mas Lucas adorou, e Hamill acabaria adicionando a seu personagem alguns dos comportamentos de Lucas — pequenos gestos, diálogos baixos. Lucas passaria a chamar Hamill afetuosamente de "o moleque", uma leve variação do apelido *moleque fedorento* que Coppola lhe dera.

Fisher, por outro lado, lembrava a ele sua própria irmã mais jovem, ríspida e boba ao mesmo tempo. A atriz tinha um senso de humor malicioso e uma boca suja — às vezes alimentados por um consumo de drogas que ela quase sempre conseguia esconder —, e não demonstrou nenhum problema em interpretar uma princesa durona. Ainda assim, Lucas não queria que ela parecesse feminina e agressiva em excesso, usando fita isolante para conter seus seios. "Nada de peitos sacudindo no espaço, nada balançando no Império", ironizou Fisher, acrescentando: "Gary Kurtz precisou me dizer isso. George não teve a coragem."[28] Ainda assim, a despeito de sua insolência, Fisher sentia-se insegura ao interpretar Leia; nunca se achara bonita o suficiente, não gostava do penteado de protetor de orelhas, não conseguia decidir qual sotaque deveria usar e tinha medo de deixar cair a arma cenográfica durante seu balanço sobre o abismo com Hamill; mas também temia, caso demonstrasse qualquer desprazer ou desconforto, ser demitida e substituída por Jodie Foster ou outra das inúmeras atrizes que Lucas havia rejeitado para o papel.

Ford, contudo, não tinha essas inibições. Como que dizendo *ao inferno com isso* — e parecendo divertir-se mais que todos —, ele deu a Han Solo o equilíbrio preciso entre a bajulação e o charme. Mais que os outros atores, Ford não tinha medo de deixar claro seu desprazer com o roteiro, repleto dos jargões e diálogos desajeitados de Lucas. "Você pode datilografar essa merda, mas você não diz isso", dizia a Lucas com bravura — e repassava suas falas a cada dia, distorcendo ligeiramente o diálogo e alertando Lucas para quando pretendia improvisar em determinada tomada. "Pode me interromper se eu estiver me saindo mal", dizia a Lucas — mas raramente era interrompido.[29] Na verdade, nenhum deles era. Lucas manteve mesmo o improviso de Hamill, quando ele piscou para dar a Chewbacca o número da cela 1.138, uma sutil referência ao outro filme de ficção científica de Lucas. "Quanto a mudar as falas deles, bem, a questão é deixar que façam como quiserem", contou Lucas.[30]

A química — a "mágica", como Lucas a chamava — entre seu elenco continuava também fora da tela, e Lucas sentiu-se aliviado pelo fato de seus atores não serem muito problemáticos. "Só quero pessoas que sejam boas, talentosas e fáceis de trabalhar, porque a vida é curta demais para atores malucos", comentou Lucas. Segundo Hamill, o elenco regularmente se esforçava para fazer Lucas rir, "porque ele de fato parecia prestes a cair em lágrimas, então a gente tentava alegrá-lo".[32] No final, acabaram por confiar em Lucas e em seus instintos como diretor, mesmo que nem sempre entendessem o que estava acontecendo. "Durante *Star Wars* às vezes eu talvez me sentisse um pouco confuso, mas nunca perdi a fé no projeto", contou Guinness. "Havia pessoas ao redor que duvidavam da sanidade da empreitada e que criticavam George e Gary [Kurtz]. 'Lucas não sabe o que está fazendo', diziam, ou, então: 'Chamam isso de filmagem?' Mas eu tinha confiança neles."[33]

Ainda assim, mesmo Guinness teve momentos em que revirou os olhos para o que chamava de diálogos "lamentáveis" de Lucas, assim como Anthony Daniels e Mark Hamill, que se aproximavam do deboche nas falas. Quando Hamill provocou Daniels dizendo que o diálogo de Threepio era pior que o de Luke, Daniels lembrou que pelo menos ele próprio estava "atrás de uma máscara. Nenhum dos meus amigos sabe que estou neste filme, então tudo bem".[34] Quando Kenny Baker, de 1,10 metro, se escondia na casca de alumínio de R2-D2 nos momentos em que o roteiro pedia que o pequeno androide deslizasse ou balançasse, também "ficava imaginando sobre o que era o filme. Nenhum de nós sabia".[35] E ele também faria de tudo para satisfazer Lucas, dando um grande sorriso dentro de sua unidade para transmitir as emoções de R2, embora ninguém pudesse vê-lo. "Você precisa fazer alguma coisa para entrar no clima", explicou Baker, dando de ombros.[36]

Mesmo os vilões de Lucas eram fáceis. Dave Prowse andava determinado pelos cenários entre as tomadas, vestindo o traje completo de Vader e esforçando-se ao máximo para permanecer no personagem, mas não se incomodou quando soube que seus colegas de elenco o haviam apelidado de "Darth Farmer", em uma referência brincalhona ao sotaque inglês de West Country com o qual ele dizia suas falas assustadoras, que depois seriam dubladas por James Earl Jones. Enquanto isso, Peter Cushing, interpretando o frio Grand Moff Tarkin, era um cavalheiro tão simpático que Carrie Fisher achou difícil criticá-lo por seu "fedor medonho". "O homem cheirava a linho e lavanda", contou ela.[37]

Em 13 de abril, no estúdio 6 de Elstree, Lucas afinal filmaria a sequência da cantina que imaginara desde a versão de *The Journal of the Whills*, incluindo o momento em que alguém perde um braço com um golpe de sabre de luz. Infelizmente, ela não correspondeu às suas expectativas — e é provável que isso nunca aconteceria. Antes da filmagem, o maquiador e criador de máscaras Stuart Freeborn ficou gravemente doente e teve de ser hospitalizado, deixando a maioria dos monstros da cantina inacabada. "O que tínhamos eram monstros de fundo, que não deviam ser os principais", contou Lucas. Embora, quase um ano depois, ele fosse filmar cenas adicionais com alguns novos monstros, sempre ficaria decepcionado com as criaturas relativamente inexpressivas, cuja maioria mal conseguia mover as mãos. Mesmo o sempre entusiasmado Hamill não ficou impressionado. "Era tão imaginativo quando descrito, aí você entra lá e parece *O quebra-nozes*", contou Hamill. "Você sabe, um cara que é um sapo, uma garota que é um rato (...) Foi bem decepcionante."[38]

Mas o que decepcionava Lucas mais do que tudo era a sensação de estar perdendo o controle do próprio filme. Parte disso se devia ao tamanho da equipe necessária para um filme de 10 milhões de dólares. Aquilo não era *Loucuras de verão*, um filme de 700 mil dólares filmado em 28 dias nas ruas de Petaluma com uma equipe de menos de vinte pessoas; *Star Wars* exigia uma equipe de mais de novecentas pessoas. "Quanto maior o filme, menos tempo você tem para cuidar dos detalhes", disse Kurtz. "Em um filme pequeno, você pode fazer tudo pessoalmente."[39] Era assim que Lucas teria preferido; com uma equipe tão grande, ele não tinha como controlar tudo. Em vez disso, precisava usar uma cadeira de comando, um processo que considerava excruciante. Assim que uma decisão era tomada, "eu contava a um chefe de departamento, que contava a um assistente de chefe de departamento, que contava a outro cara, e, quando isso chegava ao final, a coisa não existia", reclamou Lucas. "Eu passava o tempo todo berrando e gritando com as pessoas, e nunca precisei fazer isso antes."[40] "No final das contas, tentei ter o controle total, fazer tudo sozinho, mas isso quase me matou. Era difícil demais, e eu estava infeliz porque as coisas não estavam saindo do meu jeito."[41]

Aquilo era particularmente verdadeiro no caso da montagem do filme — sempre a parte do processo preferida por Lucas, e a tarefa que se revelava mais difícil para ele entregar a outro. Assim como tinha feito com *Loucuras de verão*, Lucas estava enviando material filmado para ser montado quase tão rápido quanto ele filmava; dessa vez, o trabalho de cada dia seria confiado ao montador britânico John Jympson. Embora Jympson fosse um veterano com mais de vinte filmes no currículo, Lucas o contratara de má vontade; a primeira escolha de Lucas, Richard Chew — que montara para Coppola e Miloš Forman —, foi descartada pelos executivos da Fox, que recomendaram a contratação de um editor em Londres. Ainda assim, Jympson parecia uma boa escolha; um dos muitos filmes que ele editara fora *Os reis do iê-iê-iê*, e Lucas esperava que ele desse a *Star Wars* a mesma montagem rápida ao estilo *cinema vérité*. Isso não aconteceu. "Eu não estava feliz com aquilo", contou Lucas. "Tentei fazer o editor montar do meu modo, e ele realmente não queria."[42]

Na opinião de Lucas, Jympson estava deixando cada cena longa demais e usando planos abertos em demasia. Reforçou que queria que *Star Wars* parecesse um *documentario* — uma descrição estranha aplicada a um filme de ficção científica, mas adequada, já que *Star Wars* não se pareceria com nenhum outro filme de ficção científica. Sua sensibilidade de "universo usado" já dava ao filme um realismo e uma intimidade inexistentes na maioria dos filmes do gênero, mas Lucas queria o que John Barry descrevera como "clima de noticiário". Como era seu hábito, Lucas usara várias câmeras para cada tomada, percorrendo os cenários à noite para descobrir os melhores ângulos e, então, filmando todas as cenas com três ou quatro câmeras em operação. E, em vez de começar uma nova cena com uma tomada ampla para permitir que os espectadores vissem cada um dos enormes cenários detalhados de Barry, Lucas mantinha a câmera fechada, deixando que os atores entrassem no quadro — "como se fosse filmado em locações", explicou Barry.[43] "O filme tinha de nos fazer acreditar que realmente existia, que realmente tínhamos ido a outra galáxia para filmar", explicou Lucas. "O sucesso do imaginário é fazer algo totalmente inventado parecer real (...) tudo ser crível e totalmente fantástico ao mesmo tempo."[44]

Mas Jympson não havia capturado nada desse clima em sua montagem, obrigando Lucas a enviar um material sem graça a Los Angeles para que Alan Ladd e os executivos da Fox vissem. Pior ainda, a ILM ainda não completara nenhum efeito especial, mesmo com o orçamento de efeitos continuando a subir. "Minha cabeça estava por um fio", gemeu Dykstra, que fez de tudo para se justificar.[45] "Estávamos projetando e construindo impressoras ópticas, câmeras e miniaturas; consequentemente, de início, o processo não produzia muito filme", explicou mais tarde. "Posso entender que [Lucas] estivesse nervoso com isso; ele estava no leme do projeto — e o estúdio estava apreensivo."[46]

Não surpreende, portanto, que Ladd tenha decidido voar para Londres no começo de maio para ver exatamente o que estava acontecendo. "Eu havia recebido informações muito negativas de Londres sobre o filme", recordou Ladd. "E o filme estava ficando cada vez mais caro, então pensei em ir ver com os próprios olhos."[47] Ladd acompanhou alguns dias de filmagem, percorreu os cenários, depois se reuniu com Kurtz e Lucas, esperando ser tranquilizado. Lucas admitiu que o material de Jympson parecia péssimo. "Eu só gostaria que você nunca tivesse visto essa coisa", disse a Ladd.[48] "Isso *não* é o que eu quero, e *não* é assim que ele vai ser", garantiu Lucas. Ladd retornou ao estúdio e garantiu à diretoria que as coisas estavam bem — "mas minha verdadeira reação foi de *total e absoluto pânico*", contou Ladd.[49]

Ele não estava sozinho. À medida que a filmagem prosseguia ao longo de maio, Lucas — que conseguira permanecer relativamente estável por oito semanas — por fim cedeu e caiu doente, desenvolvendo uma tosse seca e uma infecção no pé tão dolorosa que nem sequer queria levantar da cama. Parte disso foi por causa do ritmo. "Trabalhávamos furiosamente, vinte horas todos os dias", contou o supervisor de produção Robert Watts.[50] Nas lembranças de Carrie Fisher, "era como uma filmagem de guerra (...) porque não tínhamos tempo, não havia orçamento".[51] Mas o problema principal era que, não importava quanto Lucas tentasse, nada parecia dar certo. "Eu me preocupava com *todos* os detalhes", contou Lucas.[52] "É muito difícil entrar em outro método no qual todos fazem coisas para mim e dizer 'legal'. Se eu continuar a realizar esse tipo de filme, terei de aprender a fazer isso."[53] Previsivelmente, quando chegou o momento de filmar a cena do compactador de lixo — outra sequência que Lucas mantivera no roteiro quase desde o primeiro dia —, sua visão havia sido comprometida pela cadeia de comando. O monstro assustador com tentáculos que ele imaginara em seu roteiro fora reduzido até lembrar nada mais que "um grande pedaço de cocô marrom".[54]

Ainda assim, nem mesmo o ritmo frenético de Lucas conseguia superar os intermináveis atrasos provocados por objetos cenográficos com defeito, robôs com falhas de funcionamento e o horário de encerramento determinado pelo sindicato. Em junho, Lucas estava mais de uma semana atrasado no cronograma — e Dykstra e a ILM não tornavam as coisas mais fáceis, enviando efeitos especiais filmados que estavam fora de foco, mal iluminados e impossíveis de usar. "A ILM estava uma bagunça", contou Marcia Lucas. "Eles gastaram 1 milhão de dólares e os efeitos que conseguiram criar eram inaceitáveis, como recortes de papelão, com as linhas das máscaras aparecendo."[55]

E ainda havia o montador John Jympson, que continuava montando o material de cada dia no que Lucas achava ser um filme absolutamente impossível de ver. "Acho que ele não entendeu bem o filme e o que eu estava tentando fazer", contou Lucas.[56] Por fim, decidindo que já era o bastante, Lucas dispensou o montador problemático em meados de junho, resmungando que a demissão era "uma experiência muito frustrante e infeliz".[57] Aquela uma hora de filme que Jympson já havia montado teria de ser inteiramente remontada.

Dykstra e a ILM eram um tipo diferente de problema. Embora Lucas não tivesse qualquer intenção de demitir Dykstra, claramente chegara a hora de ter uma conversa séria com ele e sua equipe na ILM. Dykstra chegou a Londres em 23 de junho para se encontrar com Kurtz e Lucas em Elstree, e Kurtz foi quem mais falou, já que Lucas, mais doente que nunca, perdera a voz. "Nós nos sentamos com John e repassamos os efeitos ópticos", recordou Kurtz. Como os efeitos de projeção haviam sido impossíveis de usar, decidiu-se que Lucas filmaria contra uma tela azul, com os efeitos sendo adicionados depois. Mas jogar fora até mesmo os poucos efeitos de projeção que eles tinham significava recomeçar — e o relógio estava correndo, restando aproximadamente um ano para concluir os efeitos. "Temos 360 efeitos, o que dá um efeito por dia", disse Kurtz a Dykstra. "Vamos terminar a tempo ou não?" Foi necessário apenas um breve momento para Dykstra avaliar, depois deu uma resposta cautelosa: "Se as coisas derem certo, é, podemos fazer isso", disse a Kurtz.[58]

De volta a Hollywood, Ladd estava sofrendo pressão similar de seus colegas de diretoria na Fox, que aos poucos perdiam a fé em Lucas e em seu filme atrasado e caro. Havia uma ampla gama de preocupações, de sérias a tolas — será que Chewbacca deveria vestir calças? —, mas Ladd continuava colocando em risco sua reputação, defendendo o filme e fazendo o máximo para manter os executivos longe de Elstree e das costas de Lucas. "Havia muitos problemas, sim", contou Ladd, cansado. "Em todas as reuniões de diretoria a que eu ia, o assunto era sempre *Star Wars*. (...) Era bastante desagradável."[59] Ainda assim, Ladd fez um trabalho tão bom em manter os executivos da Fox no escuro que, quando o crítico de cinema do *Los Angeles Times* Charles Champlin viajou a Londres para fazer uma matéria sobre Lucas, foi encurralado na volta por membros da diretoria da Fox, que lhe pediram um relato completo do que Lucas estava fazendo.

"Tenho um mau pressentimento sobre isto"

Em meados de julho, contudo, com Lucas ainda 15 dias atrasado, Ladd não conseguiu mais manter sua diretoria à margem com garantias remotas. Os planos para lançar *Star Wars* a tempo do Natal de 1976 já haviam sido descartados, e a diretoria estava perdendo a paciência. "Você tem de terminar na semana que vem, porque temos outra reunião da diretoria e eu não posso ir lá e dizer que ainda estamos filmando", disse Ladd a Lucas.[60] Assim, correndo para terminar, Lucas dividiu a produção entre diversas unidades, pedalando freneticamente entre estúdios para supervisionar o máximo que pudesse. Spielberg, ansioso para colocar as mãos em *Star Wars*, chegou a se oferecer para supervisionar uma das segundas unidades. "George não permitiu", contou Spielberg, uma recusa que ele atribuiu à crescente rivalidade pessoal e profissional entre ambos. "Eu admirava e invejava o estilo dele, sua proximidade das plateias. Mas ele não queria minhas digitais perto de *Star Wars*."[61]

Na sexta-feira, 16 de julho de 1976, Lucas concluiu o principal da filmagem. Embora tivesse terminado vinte dias depois do programado, chegou muito perto do orçamento, graças a uma desvalorização da libra esterlina, que reduziu seu estouro para cerca de 600 mil dólares. A Fox ainda resmungou, mas Lucas, no geral, ficou satisfeito de ter sobrevivido a Tunísia e Elstree praticamente no orçamento. "Para o que era, *Star Wars* foi feito muito barato, um verdadeiro filme de baixo orçamento", disse mais tarde.[62]

Ainda assim, isso não significava que estivesse feliz. Em uma manhã de sábado, Lucas retornou aos Estados Unidos, parando rapidamente em Nova York, para ver De Palma, e, depois, no Alabama, para visitar Spielberg, que estava concluindo *Contatos imediatos de terceiro grau*. Spielberg estudou um caderno de *stills* em preto e branco de *Star Wars* que ele levara e ficou "simplesmente assombrado", como contou, "mas George estava muito deprimido. Ele não gostava da luz, não gostava do que seu fotógrafo (...) tinha feito por ele. Estava realmente aborrecido".[63]

Após deixar Spielberg, Lucas seguiu para Los Angeles, para conferir Dykstra e a ILM. Seu humor não iria melhorar.

A despeito da conversa séria com Dykstra em julho, a ILM ainda estava lamentavelmente atrasada. "Eles tinham gastado um ano e 1 milhão de dólares, e tinham uma cena", recordou Lucas. Embora aquela cena — a cápsula de fuga sendo ejetada da nave de Leia e rodopiando na direção de Tatooine — fosse boa, Dykstra e sua equipe não davam qualquer sinal de aumentar o ritmo. "Aqueles caras simplesmente não entendiam a natureza crítica de fazer um filme", disse Lucas mais tarde. "Você não pode estar um dia atrasado; simplesmente não funciona. Tudo se encaixa em um gigantesco mosaico. Todas as peças precisam se encaixar." Do modo como Lucas via, as peças corriam o risco de ser totalmente perdidas. "Eu pensei: 'É isso. Realmente me meti em uma enrascada da qual nunca irei sair'."[64]

Ele foi de Los Angeles para o norte da Califórnia em um estado de quase depressão — e, pouco depois de pousar em São Francisco, Lucas de repente sentiu fortes dores no peito. Temendo um ataque cardíaco, Marcia levou George para o hospital, onde ele foi diagnosticado com hipertensão e exaustão, recebendo ordens de reduzir o estresse em sua vida. "Foi quando eu realmente confirmei para mim mesmo que iria mudar, que não iria mais fazer filmes", contou Lucas. "Eu não iria mais dirigir. Teria uma vida um pouco mais controlada."[65]

Mas esse momento ainda não havia chegado. Lucas não tinha qualquer intenção de abrir mão do controle sobre seu filme, mesmo que isso o matasse. "Se eu deixasse algo de lado por um dia, tudo iria desmoronar, simplesmente porque organizei desse modo, e não há nada que possa fazer quanto a isso", temia ele. "Aquilo não foi montado para que eu pudesse me afastar. Sempre que há um vazamento na represa, tenho de enfiar o *meu* dedo nele."[66]

Então, era hora de enfiar o dedo na represa. A primeira questão era colocar a ILM em forma, o que significava mudar a liderança na oficina. Dykstra, com seu estilo universitário descontraído, comandava o lugar como uma fraternidade — "quase uma mentalidade hippie", como definiu Kurtz. A equipe era totalmente fiel a Dykstra, mas, para Lucas, isso era parte do problema: queria que fossem leais a *ele*, não a Dykstra. Afinal, era seu filme, sua visão e seu dinheiro que eles estavam torrando. Portanto, a melhor forma de Lucas controlar a produção era *literalmente* controlar a produção. Lucas anunciou que iria supervisionar pessoalmente o trabalho na ILM às segundas e terças, e levou George Mather, um experiente supervisor de produção, para cuidar das coisas no resto da semana. Para o pessoal da ILM era como levar o diretor para uma sala de aula indisciplinada. "No começo houve algum ressentimento", Kurtz contou. Dykstra considerou aquilo "um obstáculo desnecessário ao meu trabalho", mas tentou mostrar-se pragmático.[67] "George levou pessoas para estalar o chicote", disse Dykstra mais tarde. "Não sei se acharam que tiveram sucesso ou não. Eles queriam ir de zero a cem em 1,2 segundo, e isso não era possível."[68]

Mesmo com Lucas e Mather supervisionando, ainda houve excesso de custos — explosões saíram por 65 mil dólares, em vez dos 35 mil orçados —, mas, gradualmente, a ILM começava a imprimir um ritmo mais produtivo. "No fim, chegamos a 16 pessoas no Departamento Óptico, trabalhando em dois turnos, 11 horas por dia, seis dias por semana", recordou um artista da ILM.[69] Ainda assim, havia uma razão pela qual a ILM passara a ser chamada com desdém de "o clube de campo": a equipe ainda trabalhava em horário irregular, basicamente à noite, para ter condições suportáveis em um prédio sem ar-condicionado. Durante o dia, Dykstra, com frequência, se via combatendo o calor afundando em um grande tanque cheio de água fria junto com o maior número de funcionários da ILM que coubessem, ou pulando para um escorregador de água feito de uma saída de emergência inflável resgatada no aeroporto do outro lado da rua. "Nossa reputação não era estelar, porque estávamos quebrando muitas regras", admitiu Dykstra.[70] Mas não eram apenas regras que eles estavam quebrando: certa tarde, Lucas e Kurtz chegaram ao estacionamento da ILM bem a tempo de ver Dykstra se atrapalhar com os controles de uma empilhadeira e deixar uma geladeira cair no chão. Lucas saltou do carro, deu uma volta ao redor dos restos e entrou no galpão. Nunca disse uma palavra.

A primeira tarefa de verdade da ILM fora reunir as filmagens necessárias para o ataque à Estrela da Morte — sobretudo porque a Fox, citando possíveis custos dos efeitos, estava pressionando Lucas a retirar a sequência inteira do filme. Lucas descrevera a sequência minuciosamente em cinquenta páginas do roteiro, mas continuava preocupado com a possibilidade de que ela não ficasse do modo como imaginara. "Estou tentando fazer tudo parecer muito natural, um visual relaxado, algo como *eu já vi isso antes*", explicou ele. "Como a batalha entre o X-wing e o caça TIE, em que você diz: 'Já vi isso antes, é Segunda Guerra Mundial, mas, espere, esse não é qualquer tipo de jato que eu tenha visto antes.' Quero que o filme inteiro tenha essa qualidade. É algo muito difícil de conseguir, porque deve parecer muito familiar, mas, ao mesmo tempo, nada familiar."[71] Em busca de orientação, a equipe da ILM estudou o rolo de cenas de batalha aérea de Lucas para ter uma noção melhor de como ele esperava que as naves se movessem, além do que era descrito nas páginas. "Foi extremamente útil", disse o artista da ILM Ken Ralston. "É impossível descrever aquele mundo abstrato (...) Aquelas [cenas] foram algo grandioso."[72]

As cenas também seriam muito úteis para o montador que Lucas recentemente instalara na Parkhouse para substituir Jympson: Marcia Lucas. George não quisera Marcia montando *Star Wars* — e, verdade seja dita, Marcia também não quisera montá-lo. Não apenas ela ainda estava tentando ser vista como mais que apenas uma montadora dos filmes do marido, como também, no que lhe dizia respeito, *Star Wars* estava abaixo do talento de George. Ela queria que ele trabalhasse em filmes artísticos mais sérios — do tipo que Coppola fazia, por exemplo, e do tipo que ela montara para Martin Scorsese e Michael Ritchie. Lucas, por sua vez, queria que Marcia tirasse uma folga depois de concluir *Taxi Driver*, na esperança de que conseguissem conceber um filho. Mas a gravidez nunca aconteceu, e Lucas, sofrendo na busca de um substituto para Jympson — e precisando de um montador que conhecesse e entendesse seu ritmo como diretor —, finalmente pedira a ajuda dela.

Enquanto Marcia esperava a ILM concluir as filmagens, colocava imagens de aviões Tomahawk disparando e Messerschmitts rodopiando entre tomadas de pilotos de X-wing conversando uns com os outros nas cabines e Leia monitorando o combate de sua base em Yavin — e, no momento em que os efeitos chegassem da ILM, ela substituiria as cenas em preto e branco pelas novas imagens. Com muita frequência, ela teve de usar todos os centímetros de filme que a ILM havia produzido, sendo que alguns não passavam de pouquíssimos segundos de projeção. Lucas poderia ter ficado em cima de Marcia, como fizera em *Loucuras de verão*, mas simplesmente não havia tempo; teve de transferir para ela o trabalho duro e o controle — e, no final, Lucas admitiu estar impressionado com o resultado. "Acho que ela trabalhou oito semanas para montar aquela batalha", contou mais tarde. "Foi algo extremamente complexo, e tínhamos 12 mil metros de diálogos filmados entre pilotos dizendo isso e aquilo. E ela precisava juntar tudo aquilo e também colocar toda a batalha."[23]

Lucas posteriormente iria comparar a montagem de *Star Wars* com uma prestidigitação, destacando que, na verdade, não eram muitas naves em determinada cena, e notando a falta de continuidade entre certos cortes. Mas os efeitos foram reunidos tão cuidadosa e impecavelmente com as cenas filmadas com os atores que as tecnicalidades quase não importavam; os cortes rápidos dos efeitos são parte do que torna a sequência tão empolgante. Diferentemente de em *2001*, as naves de Lucas não giravam e roncavam lentamente ao som de uma valsa de Strauss; elas tombavam e zuniam ao som dos trompetes altos de John Williams. A orientação de Lucas a seus atores, *mais rápido e mais intenso*, também se aplicaria à montagem; não havia demora ou passeios de câmera; a necessidade obrigara Marcia a cortar cenas rapidamente, fazendo com que toda a sequência da Estrela da Morte pulsasse em um ritmo próprio, de tirar o fôlego. Ainda mais impressionante, sob o atento olhar editorial de Marcia, era sempre fácil dizer o que estava acontecendo; em diversos momentos, ela tomou decisões de montagem para tornar a história mais clara e acelerar ainda mais as coisas, como, por exemplo, ao reduzir o número de pilotos de X-wing na tela para manter a atenção voltada para Luke, e diminuir a corrida na trincheira, de modo que Luke fizesse apenas uma tentativa de disparar o tiro fatal, em vez das duas que Lucas traçara em seu roteiro.

Com Marcia mergulhada na sequência da Estrela da Morte, Lucas chamou Richard Chew — sua primeira escolha de montador antes que a Fox lhe impusesse Jympson — para eliminar o copião problemático de Jympson e começar tudo de novo. E então, assim que tivesse remontado a primeira hora do filme, Chew passaria para o combate de naves, que se seguia à fuga da Estrela da Morte. Chew se sentou à mesa de montagem da Parkhouse em agosto; Lucas queria um copião pronto para ser visto no Dia de Ação de Graças — mas, com mais de 100 mil metros de filme com atores para ver, era uma tarefa que exigia outros pares de olhos e mãos experientes. Por sugestão de Brian de Palma, Lucas contratou um terceiro montador, Paul Hirsch, que montara *O fantasma do paraíso* e *Carrie, a estranha* para ele. Mas nem mesmo sua experiência montando aqueles filmes peculiares o havia preparado para a gigantesca tarefa que era *Star Wars*. "Eu nunca havia trabalhado em algo tão complicado assim antes", disse Hirsch a Lucas.

"Tudo bem", disse Lucas, de uma forma bem objetiva. "Ninguém nunca trabalhou em nada assim."[74]

Lucas passou a maior parte do outono de 1976 correndo entre a Parkhouse em San Anselmo e a ILM em Los Angeles, tentando desesperadamente manter o dedo na represa. Ele e Dykstra estavam dando cada vez mais cabeçadas, mesmo com Mather e Kurtz tentando colocar-se entre os dois. Lucas se cansava de Dykstra ter de explicar por que certas tomadas não estavam funcionando, enquanto Dykstra, por sua vez, simplesmente sentia que estava tentando administrar as expectativas de Lucas. "Diretores e diretores de efeitos especiais discordam de modo inacreditável", disse Dykstra, "porque [o diretor] conceitualiza uma coisa, mas *eu* sei o que é possível de ser produzido (...) É difícil explicar que um conceito não funciona por causa de algo tecnológico, e isso se torna objeto de discórdia."⁷⁵ Mas Lucas não estava interessado em desculpas. "Eu estava interessado nas tomadas", disse secamente. "Não me interessava como fazemos as tomadas; eu só queria que a composição e a luz estivessem boas, e queria que isso ficasse pronto a tempo."⁷⁶ Mesmo o contido Kurtz começou a partilhar a irritação de Lucas. "John [Dykstra] tende a falar de tudo sem parar", contou Kurtz. "Tanto George quanto eu ficávamos muito frustrados com isso. John reuniu muito talento, mas nunca foi devidamente comandado. Era como uma anarquia organizada."⁷⁷ Mas também estava funcionando. Em 11 de outubro de 1976, Lucas aprovou a primeira tomada de efeitos especiais da ILM, rubricando-a com um pequeno GL em cursiva. "Eles haviam gastado um ano e 1 milhão de dólares, e tinham uma tomada — um canhão fazendo *bum, bum, bum*", recordou Lucas. "Eu disse: 'Certo, pelo menos estamos no caminho.'"⁷⁸

Como Lucas esperara, um copião do filme estava pronto no começo de novembro. Era reconhecidamente imperfeito; a maioria dos efeitos especiais estava ausente, os efeitos sonoros estavam incompletos, nenhuma das vozes havia sido dublada — Vader ainda falava com o sotaque inglês operário de Prowse — e não havia música, mas Lucas estava pronto para mostrá-lo, ansioso para ouvir os comentários sobre o filme, sobretudo agora, que finalmente estava começando a remeter à versão que ele tivera em mente por tanto tempo. "Para mim, foi uma coisa muito recompensadora mostrá-lo às pessoas, embora estivesse em má forma", contou Lucas.⁷⁹

A primeira plateia de Lucas foi a equipe de montagem. Ele e seus três editores viram o filme na sala de projeção da Parkhouse — e, então, assistiram novamente e mais uma vez, conversando sobre cada cena e procurando pontos em que as coisas pudessem ser cortadas ou melhoradas. Contra as objeções de Marcia, Lucas eliminara uma cena inicial em Tatooine em que Luke discutia a rebelião com vários outros jovens amigos. Lucas achava que parecia muito com uma cena de *Loucuras de verão* e, estruturalmente, não gostava de introduzir Luke na história tão cedo — então, ela saiu. A outra cena problemática, contudo — uma conversa entre Harrison Ford como Han Solo e o ator Declan Mulholland, interpretando Jabba the Hutt —, iria exigir um pouco mais de trabalho para ser corrigida.

    Lucas esperara sobrepor um Jabba em *stop motion* a Mulholland, mas isso demandaria um tempo que ele não tinha e mais dinheiro do que a Fox estava disposta a fornecer. A cena podia ser cortada, mas, então, Lucas precisaria de um novo diálogo para explicar a situação complicada de Solo. A solução foi filmar cenas adicionais na cantina com Greedo — e, ele esperava, inserir algumas tomadas com monstros novos, já que nunca ficara feliz com o que havia filmado em Elstree com as criaturas de fundo de Freeborn. Mas refilmar ainda exigiria pedir mais dinheiro à Fox — e, com o filme chegando a um estouro de orçamento de quase 2 milhões de dólares, tudo o que Ladd conseguiu arrancar do estúdio foram míseros 20 mil dólares.

    Teria de bastar. Com Freeborn ainda indisponível, Lucas contratou o maquiador de 25 anos Rick Baker e deu a ele seis semanas para construir o maior número possível de criaturas. Em janeiro, Lucas passaria dois dias fazendo novas filmagens em um estúdio em La Brea, Hollywood, onde Baker de fato lhe dera um impressionante novo conjunto de monstros, incluindo a memorável banda de jazz. Mas Lucas continuou desapontado com o resultado final. "Eu realmente queria ter monstros horríveis, loucos, impressionante mesmo", contou depois à *Rolling Stone*. "Acho que conseguimos alguns, mas não nos saímos tão bem quanto eu tinha esperado."[80] As plateias adoraram — mas Lucas continuaria infeliz com a cena por quase vinte anos, até que a evolução da tecnologia digital finalmente lhe permitiria inserir o que considerava monstros muito mais aceitáveis.

    Perto do Natal, Marcia foi para Los Angeles trabalhar em *New York, New York* depois de um telefonema apaixonado de Martin Scorsese, cujo montador morrera antes que o filme pudesse ser completado. Foi uma mudança que irritou Lucas, que ainda desaprovava Scorsese, suas drogas e múltiplas namoradas. "Para George, a coisa toda era que Marcia estaria indo para aquele covil de iniquidade, disse Willard Huyck. "George era uma pessoa de família. Não conseguia acreditar nas histórias que

Marcia lhe contava. George ficava furioso por Marcia estar andando com essas pessoas. Ela adorava estar com Marty." De fato, Marcia nunca diria não a Scorsese, que fazia o tipo de filme que ela desejava que o próprio marido estivesse fazendo. Paul Hirsch, ouvindo de sua mesa de edição o debate entre os Lucas, achava que conseguia entender. "Marcia respeitava Marty mais que todos os outros diretores, e não acreditava muito em *Star Wars*. Não era seu estilo", contou Hirsch.[81] Marcia partiu para Los Angeles e para o filme sério e artístico de Scorsese, transferindo suas obrigações de montagem para Hirsch. Lucas acenou em despedida, com a boca em uma fina linha branca apertada.

Ao mesmo tempo que olhava por sobre o ombro de Hirsch, Lucas também trabalhava com Ben Burtt para melhorar o modo como o filme soava — sempre uma das maiores preocupações de Lucas. Até que Williams pudesse entregar a música, Lucas tinha colocado uma trilha temporária de música clássica, incluindo trechos de *The Planets*, de Holst, e a sinfonia *New World*, de Dvořák. Enquanto isso, Burtt montara um escritório na Parkhouse, já que Lucas insistira para que todos os sons ouvidos no filme fossem criados. "Quando uma porta batia, não usávamos o som de uma porta batendo na Terra", contou Lucas.[82] Embora Burtt tivesse encontrado os sons certos para disparos de laser, processadores de alimentos e motores de robôs zumbindo, ele e Lucas ainda tinham de lidar com três vozes fundamentais: R2-D2, C-3PO e Darth Vader.

Para Burtt, Artoo provavelmente era o mais difícil. "Tínhamos de decidir sua mentalidade e sua personalidade", contou Burtt. "Decidimos que ele era inteligente, mas, emocionalmente, uma criança de 5 anos. Assustado, mas corajoso."[83] Então, o truque para conseguir o "som orgânico" desejado era Lucas e Burtt se gravarem gorjeando, apitando e assoviando em um gravador, que Burtt depois passou por um sintetizador, distorcendo tom e velocidade, até encontrar a voz certa para qualquer situação. "Eu soube que tinha sido bem-sucedido porque os montadores começaram a cortar para Artoo em busca de uma reação", lembrou Burtt.[84]

No caso de Threepio, a voz que Lucas tinha em mente era a de um persuasivo vendedor de carros usados, com um toque do Bronx. Contudo, durante as filmagens, Anthony Daniels dissera suas falas à moda de um mordomo inglês suscetível, que ele achava se encaixar melhor no personagem. Lucas se preocupava com o fato de a voz de Daniels ser "fortemente britânica (...) Eu não queria isso, embora todos gostassem dela". Mas, depois de fazer testes com diversos dubladores — incluindo Stan Freberg —, Lucas teve de admitir que a voz de Daniels "tinha mais caráter".[85] Ela permaneceria.

O mesmo não ocorria com a voz de Darth Vader. Embora sua respiração característica tivesse sido obtida por Burtt gravando a si mesmo bufando em um bocal de equipamento de mergulho, Burtt não tinha ideia de como realmente soaria a voz do personagem falando. Lucas queria uma voz autoritária para Vader e, originalmente, pensara em Orson Welles, antes de decidir que ele poderia ser reconhecível demais. Em vez disso, procurou o ator James Earl Jones, indicado ao Oscar em 1970 por *A grande esperança branca*, cuja voz era um baixo natural intimidador. "Ele escolheu uma voz que havia nascido no Mississippi, fora criada em Michigan e gaguejava", contou Jones.[86] Ela também tinha o timbre perfeito, embora Jones tivesse pedido que seu nome não constasse dos créditos, insistindo que eram "apenas efeitos especiais".[87]

No começo de 1977, Lucas organizou outra sessão do copião, dessa vez para o compositor John Williams. Ao longo de dois dias, Williams veria o filme diversas vezes, fazendo anotações cuidadosas e procurando pontos do filme em que pudesse inserir música. "Voltei para o meu quartinho e comecei a trabalhar em temas", contou Williams. "Passei os meses de janeiro e fevereiro compondo a trilha."[88]

Mais tarde naquele mês, Lucas chamou Ladd e vários outros executivos da Fox para que pudessem ver pessoalmente o projeto no qual Ladd estivera apostando sua reputação. Gareth Wigan, um dos poucos executivos da Fox que apoiara firmemente Ladd e Lucas ao longo do ano anterior, ficou tão comovido com o filme que chorou de alegria na poltrona ao lado de Lucas, que só conseguiu se contorcer, desconfortável. "Não conseguia acreditar naquilo", disse Lucas. "Eu pensei: 'Isso é *realmente* bizarro.'"[89] Mas, mesmo naquele estado primitivo, Wigan soube que vira algo impressionante. Ao voltar para casa naquela noite, ele disse à esposa: "O dia mais extraordinário da minha vida acabou de acontecer."[90]

Ainda assim, a reação emocional de Wigan não preparou Lucas para aquela que talvez fosse sua plateia mais difícil. No final de fevereiro, George e Marcia convidaram para Parkhouse um pequeno grupo de amigos — incluindo Spielberg, De Palma, os Huyck, John Milius, Hal Barwood e Matthew Robbins —, para ver a mais nova montagem. "Eu mostro a eles tudo o que filmei, e eles me dão opiniões importantes e confiáveis", explicou Lucas mais tarde. "Quando você não conhece bem as pessoas, ou elas lhe fazem cumprimentos desonestos, ou dizem como teriam filmado. E não é isso que você está pedindo."[91] Naquele grupo, porém, a honestidade não seria um problema. "A reação não foi boa", disse Spielberg francamente.[92]

Quando as luzes foram acesas, Marcia — que não vira o filme desde a primeira montagem — caiu em lágrimas, certa de que era um desastre. Huyck murmurou que achara o texto inicial "instável, e não terminava nunca".[93] Barwood tentou dar apoio, garantindo a Lucas que ainda havia tempo suficiente para consertar tudo caso pudessem filmar um pouco mais. De Palma, porém, foi severo em sua crítica, reclamando de tudo, desde os cabelos de Leia até a entrada nada dramática de Vader na cena de abertura. "O que é essa merda de Força?", trovejou De Palma. "Onde está todo o sangue quando eles atiram nas pessoas?" De Palma continuaria criticando Lucas durante o jantar em um restaurante "como um cão raivoso", como lembrou Gloria Katz.[94] "Brian meio que exagerou um pouco em termos de franqueza", concordou Spielberg.[95] Ainda assim, Lucas se recusou a recuar. "Você pode falar", disse Lucas a De Palma sarcasticamente. "Nenhum de seus filmes rendeu um centavo."[96] Para a surpresa da maioria dos espectadores, De Palma concordou em ajudar Lucas a reescrever e refilmar o texto inicial.

Ainda assim, havia uma pessoa na sala que ficara impressionada. "Eu adorei, porque adorei a história e os personagens", disse Spielberg.

"Eu provavelmente fui o único a gostar, e disse a George quanto tinha amado."[97] Naquela noite, Ladd ligou para Spielberg discretamente para perguntar o que ele achava do que tinha visto. Spielberg disse ao executivo que achava que ele tinha um sucesso nas mãos — algo que acabaria rendendo 50 ou 60 milhões de dólares. "Uau, estávamos errados!", riu Spielberg.[98]

Em 5 de março de 1977, Lucas se acomodou em uma poltrona na sala de controle de equipamentos do Anvil Studios, na pequena cidade inglesa de Denham. Estava exausto; apenas quatro dias antes, estivera nos estúdios da Goldwyn em Los Angeles para passar o dia gravando as falas de Darth Vader na voz de James Earl Jones e, naquele momento, estava em Anvil para supervisionar uma semana de sessões de gravação da trilha sonora de John Williams. Do outro lado do vidro à prova de som, Williams estava, pela primeira vez em sua carreira, regendo a London Symphony Orchestra. Enquanto os momentos iniciais do filme eram projetados acima em uma tela de dez metros e a orquestra dava início à fanfarra heroica de Williams, Lucas ficou visivelmente comovido. "Ouvir Johnny tocar a música pela primeira vez foi um prazer além de qualquer coisa que eu possa descrever", disse Lucas, que sabia ter algo especial na trilha de Williams e nos temas imediatamente identificáveis que ele criara para personagens fundamentais.[99] "Muito do conteúdo emocional é transmitido tanto pela música como pelas próprias cenas", disse Lucas.[100]

Não foi surpresa Lucas insistir em ser o produtor das sessões de gravação de Williams. Com a pós-produção ganhando ritmo na primavera, Lucas continuava supervisionando o máximo de detalhes que conseguia, até mesmo interpretando cada um dos monstros holográficos que lutariam uns contra os outros no xadrez da *Falcon*. Mas visitava a ILM cada vez menos, deixando que Kurtz enviasse à Fox relatórios detalhados enquanto as filmagens de efeitos avançavam em abril — e Lucas admitiu que, "no final, estava feliz com muitos dos efeitos especiais. A operação ficou muito boa".[101] Ainda assim, continuava aborrecido com os contadores da Fox, que contabilizavam moedas a cada passo. "O fato é que não temos dinheiro, e o segredo para efeitos especiais é tempo e dinheiro", disse, com raiva. "Tive de economizar feito louco (...) O filme é cerca de 25% do que eu queria que fosse."[102] Aquela economia iria irritar Lucas por anos — parte do motivo pelo qual continuaria mexendo no filme nas quatro décadas seguintes, tentando fazer com que os efeitos fossem como sempre os imaginara.

No final de março, outro grupo de executivos da Fox — dessa vez, a equipe de vendas, encarregada de programar o filme nas salas de cinema — ocupou a sala de projeção de Parkhouse para ver a última montagem de *Star Wars*. Ladd estava sentado junto ao telefone em seu escritório de Hollywood, esperando as más notícias. Esse telefonema nunca foi dado. Em vez disso, os representantes de vendas estavam extasiados. "Extraordinário", disse um deles, sucinto, enquanto outro gritou para Ladd pelo telefone: "Não acredito no que vi!"[103] Ainda assim, o entusiasmo da equipe de vendas não superou o ceticismo dos inseguros figurões da Fox, que continuavam incertos de que *Star Wars* pudesse competir em um mercado de cinema de verão agressivo; estavam particularmente preocupados com o thriller de William Friedkin *O comboio do medo*. Então, esperando reduzir o prejuízo, decidiram antecipar a data de lançamento do verão para a primavera — 25 de maio, a quarta-feira anterior ao Memorial Day, quando poderia ter a oportunidade de recuperar parte de seus custos antes de ser afogado pela enchente de filmes de verão. Mais tarde, Lucas alegou que, na verdade, fora *ele* quem convencera o estúdio a fazer o lançamento em maio, argumentando que as crianças veriam o filme e depois fariam propaganda na escola. De todo o modo, menos de quarenta salas de cinema concordaram em exibi-lo.

Lucas passou os meses e as semanas antes do lançamento do filme tentando controlar suas expectativas. "Fazer um filme é uma experiência terrivelmente dolorosa", declarou ao *New York Times* — e jurou que, com *Star Wars*, ele havia eliminado filmes de grande orçamento do seu sistema, para nunca mais voltar, fosse o filme um sucesso ou não. "Eu sou muito mais um cineasta que um diretor de cinema", insistiu, traçando o que achava ser uma distinção importante entre artista e *auteur*. "Então, quero mesmo me aposentar e fazer muitos trabalhos experimentais com filmes que provavelmente nunca serão vistos por ninguém."[104] Ao periódico francês *Ecran*, ele reiterou que havia assumido *Star Wars* simplesmente porque "queria saber se conseguia fazer (...) Mas agora que está feito, não há mais necessidade de repetir isso. Quero voltar para filmes mais experimentais".[105] Era uma promessa vazia, algo que ele faria repetidas vezes ao longo de sua carreira, jurando que não queria nada além de abandonar o cinema comercial e retornar ao tipo de filme artístico eclético que fizera quando estudante.

Ainda assim, mesmo enquanto Lucas o rebaixava, o filme conquistava um silencioso impulso subterrâneo. Certa vez, Marcia observara que George sabia quem era a sua plateia — mais especificamente, o homem que Lucas e Kurtz tinham colocado como vice-presidente de anúncios, publicidade, promoção e merchandising de The Star Wars Corporation: Charles Lippincott. O esperto Lippincott entendia que fãs de ficção científica e quadrinhos, mesmo em seus respectivos estados desorganizados de meados dos anos 1970, eram a plateia natural para *Star Wars*. Por que não conceber uma campanha sob medida a partir disso?", indagou Lippincott. "Fazer cedo uma romantização e uma adaptação para quadrinhos."[106] Então, dois anos antes, em novembro de 1975, Lippincott procurava a Ballantine Books para discutir a publicação de uma adaptação do roteiro de Lucas pelo *ghost-writer* Alan Dean Foster, um autor de ficção científica em ascensão que tinha talento em adaptações para TV e cinema. Judy-Lynn del Rey, editora de ficção científica da Ballantine, viu imediatamente o potencial de *Star Wars*. "Eu disse (...) que ganharíamos milhões, mas todos continuavam respondendo: 'É, certo, agora vá embora.'"[107] O romance fora lançado em novembro de 1976, pouco antes do primeiro trailer improvisado do filme, e, em fevereiro de 1977, já havia esgotado a primeira tiragem de 125 mil exemplares, com o lançamento do filme ainda meses à frente.

Lippincott também dera duro para fechar um negócio com a Marvel Comics para uma adaptação para quadrinhos em seis números. Após ser dispensado por um desinteressado Stan Lee, Lippincott usara Ed Summer, um dos donos da loja de quadrinhos Supersnipe, de Lucas, para ser apresentado ao escritor de quadrinhos Roy Thomas, no começo de 1976. Com Thomas e o artista Howard Chaykin a bordo, Lippincott retornou ao ainda cético Lee para fechar o acordo. Lee insistiu que a Marvel não pagaria um centavo à Lucasfilm até que os quadrinhos tivessem vendido pelo menos cem mil exemplares — termos com os quais Lippincott concordou sob a condição de que pelo menos dois números da série fossem publicados *antes* da data de lançamento do filme, em 25 de maio. "Eu fechei o negócio, retornei à 20th [Century Fox] e eles me disseram que eu era um idiota", recordou Lippincott. "Eles não se importavam com a questão do dinheiro. Só achavam que eu estava perdendo tempo com um acordo para quadrinhos."[108] Assim como o romance, os quadrinhos rapidamente esgotariam as edições iniciais.

Lippincott também se valeu dos fãs para espalhar a notícia do filme, realizando uma das primeiras sessões relacionadas a cinema na Comic-Con de San Diego, em julho de 1976, quando ele, Thomas e Chaykin responderam a perguntas e venderam cartazes criados por Chaykin. Várias semanas depois, na Worldcon de Kansas City, Lippincott fez um sucesso ainda maior ao expor reproduções em tamanho natural de Darth Vader, Threepio e Artoo, bem como fotos de cena, a arte conceitual de McQuarrie e canhões e sabres de luz cenográficos. Com a ajuda de Gary Kurtz e do sempre disposto Mark Hamill, Lippincott fez uma apresentação de slides de uma hora de duração que deixou a convenção inteira empolgada.

Os meses seguintes viram artigos surgindo no momento certo em diversas revistas de ficção científica e cinema — *American Film, Sight and Sound, Fantascene* —, bem como um trailer que revelava apenas o suficiente dos espetaculares efeitos especiais do filme (embora Lucas tenha ficado chocado quando as plateias riram da tomada de um Artoo caindo após ser atingido por um *jawa*), e enigmáticos cartazes que simplesmente diziam CHEGANDO NESTE VERÃO À SUA GALÁXIA, em letras gigantescas. Houve alguns artigos na grande imprensa, embora a maioria tenha entendido tudo errado. Os *stormtroopers* foram identificados como robôs. Vader era um Cavaleiro Negro. Chewbacca era um homem-macaco. Não parecia importar muito para os fãs, que sabiam que aquele filme com aeronaves amassadas e robôs cheios de graxa era diferente de tudo que já tinham visto. Na primavera de 1977, o entusiasmo por *Star Wars* era como uma panela esquentando lentamente — e a tampa estava prestes a explodir.

A estreia de *Star Wars* aconteceu em um domingo, 1º de maio, no Northpoint Theater de São Francisco — exatamente o mesmo cinema em que *Loucuras de verão* estreara com sucesso, quatro anos antes. Lucas se sentou com Marcia, em uma folga da montagem de *New York, New York*, e se preparou para o pior; ele alertara o montador Paul Hirsch que provavelmente teriam de remontar o filme inteiro. Marcia lhe dera um bom indicador do sucesso do filme: "Se a plateia não aplaudir quando Han Solo chegar em cima da hora com a *Millennium Falcon* para ajudar Luke, que está com Vader no seu encalço, então o filme não vai funcionar", disse a ele.[109] Enquanto as luzes se apagavam, Lucas olhou bem nos olhos de Alan Ladd, cuja reputação estava tão dependente do filme quanto a sua própria. O filme *tinha* de funcionar.

E funcionou.

No momento em que a enorme *Star Destroyer* roncou acima na tomada de abertura do filme, a plateia rugiu com uma excitação que ecoou cada vez mais alta à medida que o filme ia avançando. McQuarrie se lembrava de muitos "berros e aplausos".[110] E — certamente — o lugar explodiu de empolgação quando a *Falcon* apareceu para o resgate no último rolo. No final do filme, os aplausos vieram em ondas. "Aquilo continuava, não parava, e eu nunca tinha experimentado aquele tipo de reação a qualquer filme, jamais", disse Ladd. "Quando finalmente terminou, tive de me levantar e sair, por causa das lágrimas." Fora do cinema, o pai de Lucas estava orgulhosamente apertando as mãos de qualquer um e de todos. "Obrigado", dizia ele, iluminado. "Muito obrigado por ajudar George!"[111] Hirsch se reuniu a Lucas enquanto deixava a sessão, tentando avaliar a reação dele.

"Bem", disse Lucas ao editor, pensativo, "no fim, acho que não teremos de mudar nada".[112]

Mas Lucas estava tentando não ficar confiante *demais*. Em outra exibição para executivos da Fox, vários dias depois, no Metro Theater, a reação não foi tão entusiasmada. Gareth Wigan, o executivo que chorara abertamente na exibição fechada alguns meses antes, lembrou que três executivos adoraram, três gostaram, dois pegaram no sono e os outros "não entenderam nada e estavam muito perturbados, de fato muito preocupados com o que fariam para conseguir seu dinheiro de volta".[113] Ladd só conseguiu ficar sentado com a cabeça nas mãos, insistindo: "Vocês deviam ter visto no Northpoint!"[114]

A Fox havia escolhido a dedo os 37 cinemas nos mercados em que *Star Wars* iria estrear, a maioria equipada apenas com sistemas de som mono, e não estéreo. Era uma diferença importante, porque não era do modo como Lucas queria que *Star Wars* soasse; ele queria que a plateia ficasse totalmente imersa no filme, significando que queria a trilha sonora clara como cristal, em estéreo, sem chiados de fundo — e isso significava que ele queria o filme em Dolby Stereo. O som tendia a ficar distorcido quando o filme ia para os cinemas; um filme em Dolby soaria do modo como soara quando Lucas estava mixando.

Infelizmente, em 1977, não havia muitos cinemas equipados para exibir filmes com trilhas sonoras em Dolby Stereo — e aqueles que o eram com frequência apresentavam problemas com caixas de som explodindo. Lucas insistiu: queria o filme em estéreo, e queria que soasse ótimo — pelo menos naqueles cinemas equipados com Dolby —, de modo que supervisionaria pessoalmente a mixagem estéreo em abril. Então, em maio, estava pessoalmente editando também em mono, trabalhando a noite inteira nos estúdios da Goldwyn em Hollywood — na verdade, o mesmo estúdio em que Marcia trabalhava o dia inteiro para concluir a montagem de *New York, New York*.

No começo da tarde de quarta-feira, 25 de maio, Lucas saiu com os olhos pesados de outra sessão de trabalho virando a noite na Goldwyn. Enquanto saía, Marcia estava chegando, e os dois decidiram almoçar juntos, indo ao Hamburger Hamlet, no Hollywood Boulevard, em frente ao Grauman's Chinese Theater. De sua mesa nos fundos, ele e Marcia podiam ver pela vitrine que a rua estava ficando cada vez mais cheia de gente. "Era como uma cena de multidão", lembrou Lucas. "Uma faixa de tráfego estava bloqueada. Havia polícia ali (...) Havia filas, com oito ou nove pessoas de largura, caminhando nos dois sentidos ao redor do quarteirão."[115] Ele e Marcia terminaram de almoçar e saíram para descobrir o que era tudo aquilo. "Achei que alguém devia estar lançando um filme", contou Lucas mais tarde.[116]

Alguém estava. Gravadas em letras enormes no letreiro de ambos os lados da via, acima da multidão barulhenta e agitada, havia duas palavras:

STAR WARS

8

Contra-atacando

1977-1979

O telefone tocou no estúdio da Goldwyn, onde Lucas e vários engenheiros de som continuavam montando a versão mono de *Star Wars*. Era Ladd, que ligava com boas notícias: *Star Wars* estava com a lotação esgotada em cada um dos 23 cinemas nos quais era exibido, e filas se estendiam pelo quarteirão, mesmo para as sessões de meia-noite. Enquanto Ladd lia os números, Lucas colocava a mão sobre o bocal e os repetia para os engenheiros. Os engenheiros ficaram chocados — ali estavam eles dando os retoques finais em um já confirmado sucesso de bilheteria! —, mas Lucas não estava comprando aquela ideia; embora tivesse visto a multidão reunida na entrada do Grauman's, apenas algumas horas antes, não estava convencido de que tinha nas mãos um sucesso. "Eu sentia como se fosse uma espécie de aberração", contou mais tarde, e alertou Ladd de que filmes de ficção científica tendiam a ter um desempenho sólido nos primeiros dias, antes de declinarem fortemente.[1] "Aquilo não significava nada", disse a Ladd. "Não quero contar meus ovos ainda dentro das galinhas (...) Acho que tudo desaba na próxima semana."[2]

Não desabou. E não desabaria nunca.

No Avco Center Cinema em Los Angeles, as filas começavam a se formar antes das 8 da manhã, com muitos espectadores aparecendo ainda com o café matinal nas mãos. Todos os mil lugares foram vendidos para todas as sete sessões, incluindo uma que começava bem depois de meia-noite. Outras cinco mil pessoas simplesmente não conseguiram ingressos. "Nunca vi nada assim", disse o gerente do cinema, que suplicou reforço adicional pelo jornal. "Isso não é uma bola de neve, é uma avalanche."[3] Em Washington, as filas no Uptown Theater se estendiam pelos bairros vizinhos, irritando os moradores, que descobriam que o ar estava tomado por fumaça de maconha, e seus jardins, cobertos de latas de cerveja. ("Isso é uma invasão!", reclamou um vizinho.)[4] Em São Francisco um dono de posto de gasolina frustrado trancou seus banheiros para impedir que fossem tomados pelos espectadores, enquanto um bar próximo criou um "*Star Wars* especial" para aqueles que se cansassem de esperar na fila e optassem pelo bar.[5] No Grauman's — onde as limusines que Lucas vira estavam desembarcando Hugh Hefner e uma comitiva de coelhinhas da Playboy, os quais haviam assistido a várias sessões do filme —, os funcionários mal tinham tempo de remover as enormes pilhas de copos e caixas de pipoca vazias entre as sessões. "Esperávamos que fosse algo grande, mas ninguém sabia que envolveria tanto movimento", disse um gerente incrédulo.[6]

Era uma sensação partilhada por Lucas, que recebeu aquilo tudo com uma incredulidade chocada. "Eu não tinha ideia do que iria acontecer", disse Lucas mais tarde. "Quero dizer, eu *não tinha ideia*."[7] Gary Kurtz também percebeu que ele e Lucas tinham nas mãos algo especial quando estava fazendo promoção na rádio, no dia da estreia, e as pessoas telefonavam dizendo que já tinham visto o filme várias vezes. "Esperávamos e acreditávamos que o filme seria popular. Mas achávamos que levaria algum tempo", contou Kurtz a um repórter. "Não esperávamos por isto."[8]

Numerosas sessões e longas esperas em filas logo se tornaram parte da grande experiência *Star Wars*, o grande elemento unificador, independentemente do status; mesmo o famoso senador Ted Kennedy esperou na fila, como todos os outros. (O presidente Carter, porém, foi autorizado a ter uma projeção particular em Camp David.) "Nossa pesquisa descobriu que, em cada mercado em que as pessoas esperam nas filas, parecem gostar ainda mais do filme", vangloriava-se um executivo da Fox,[9] embora a humorista Erma Bombeck tivesse brincado que a espera em seu cinema fora tão longa que, quando uma jovem chegou ao caixa, não tinha mais direito à meia-entrada.[10] Os fãs se vangloriavam sobre quantas vezes haviam visto o filme, citando diálogos uns para os outros enquanto esperavam na fila pela quinta, décima, vigésima vez. No outono, uma sala de cinema estimou que 80% de sua plateia de *Star Wars* eram compostos de espectadores repetidos. Para atender à demanda, alguns cinemas exibiam o filme quase ininterruptamente durante semanas, acabando por desgastar a película. A Fox ficava feliz em substituir qualquer cópia desgastada por 700 dólares.[11]

O entusiasmo da crítica também foi imediato e praticamente contagiante. "*Star Wars* é um filme magnífico", proclamou a *Variety* no dia da estreia.[12] O crítico Charles Champlin, do *Los Angeles Times*, que visitara Lucas durante a produção do filme um ano antes, mostrou-se positivamente efusivo, chamando-o de "o filme para a família mais empolgante do ano". Para o provável encanto de Lucas, Champlin até mesmo criticou a mentalidade dos estúdios, notando que *Star Wars* provou que "não há substituto empresarial para a paixão criativa de um cineasta".[13] Uma capa da revista *Time* saudou *Star Wars* como "o melhor filme do ano" em sua primeira semana, enquanto, dentro da revista, o crítico Jay Cocks — outro fã de Lucas — elogiava o filme como "uma criação impressionante: uma história subliminar dos filmes, envolta em uma história fascinante de suspense e aventura, ornamentada com alguns dos efeitos mais engenhosos já concebidos para o cinema".[14]

Louvores de Champlin e Cocks poderiam ser esperados; afinal, eles eram fãs entusiasmados de Lucas. Mas logo ficou claro que Lucas havia virado a mesa com *Star Wars*, conquistando um crítico depois do outro. Gary Arnold, no *Washington Post*, claramente identificou as homenagens de Lucas às suas inspirações, classificando *Star Wars* como "uma síntese inteligente e alegre de temas e clichês de quadrinhos e seriados como *Flash Gordon* e *Buck Rogers*" e reconhecendo que Lucas tinha "um grandioso controle de sua própria vida fantasiosa alimentada por filmes".[15] Enquanto isso, embora Vincent Canby, o tão temido crítico do *New York Times*, achasse *Star Wars* carente de qualquer verdadeira profundidade, o aplaudiu por ser "sagaz e engraçado".[16] Gene Siskel, escrevendo no *Chicago Tribune*, tentou soar irritado, resmungando que Vader parecia "um sapo coberto de vinil preto", mas admitiu que fora cativado pela sensibilidade *zap-bang* de Lucas. "É simplesmente um filme divertido", escreveu Siskel. "O que o coloca, em grande medida, acima do trivial são seus efeitos visuais espetaculares."

Ainda assim, houve algumas opiniões dissonantes, sobretudo de críticos que sentiam que Lucas havia criado algo novo — o tipo de pura diversão cinematográfica que muitos depois chamariam de "filme-pipoca" — e não estavam bem certos sobre o que pensar a esse respeito. Um crítico da United Press International disse ter assistido ao filme "com um tédio desesperado, não me importando nem um pouco com o que aconteceria com qualquer dos personagens bidimensionais", e lamentou que o filme de Lucas fosse "uma jornada nas estrelas de 9,5 milhões de dólares que nada significa".[18] As críticas mais negativas, porém, acusaram Lucas de rebaixar os filmes e atender ao denominador comum mais inferior. Joy Gould Boyum, no *Wall Street Journal*, achou "deprimente" Lucas haver desperdiçado seu tempo, dinheiro e magia de efeitos especiais "em um material tão pueril" — uma crítica que deve ter doído, já que Marcia fizera ao marido uma queixa similar, conclamando-o a fazer filmes mais profundos e artísticos.[19] Enquanto isso, nas páginas do *New York Post*, o jornalista Pete Hamill chamava *Star Wars* de "o mais verdadeiro indício de que entramos em mais uma Era do Absurdo Maravilhoso". No entanto, embora reconhecesse que *Star Wars* era um "Grande Filme Idiota", pelo menos era "um dos bons".[20]

Outros críticos sugeriram que o filme de Lucas simplesmente era preto e branco — e não no bom sentido. "O sucesso de bilheteria *Star Wars* é um dos filmes mais racistas já produzidos", escreveu Walter Bremond sob o título "*Star Wars* e os negros" no jornal afro-americano *New Journal and Guide*. "A Força do mal em *Star Wars* é inteiramente vestida de preto e tem a voz de um homem negro (...) Aquele personagem reforça o antigo estereótipo de que negro é o mal."[21] Outro jornalista negro destacou que os dois androides agiam, e eram tratados, como escravos, a ponto de serem vendidos a um jovem branco a quem chamavam de "Mestre".[22] O ator Raymond St. Jacques foi particularmente cáustico em sua censura. "A compreensão aterrorizante [é] a de que pessoas negras (...) não existirão nos impérios espaciais galácticos do futuro."[23]

Lucas ficou perplexo — e ligeiramente magoado — com as acusações, ainda mais considerando que, por muito pouco, não escolhera um ator negro para o papel de Han Solo. Charles Lippincott se apressou para defender o empregador na imprensa. "Mal estudamos esta galáxia e como ela é", disse ele ao *Washington Post*.[24] À medida que o debate chegava às cartas dos leitores por todo o país, muitos fãs de *Star Wars* saíram em sua defesa, destacando no *Los Angeles Times* que havia muitas espécies vivendo em harmonia no universo de Lucas.[25]

Em outros lugares, quando *Star Wars* não estava sendo destacado por racismo, era estudado em busca de alegorias ou significados religiosos. Um colunista atribuiu o sucesso do filme às suas referências à Bíblia, com Obi-Wan como o salvador cujos discípulos se tornam mais poderosos depois de sua morte.[26] Kurtz, com típica calma zen, alertou contra o risco de identificar demais qualquer teologia específica no filme. "A questão é que praticamente qualquer um consegue ver certos elementos que se encaixam em suas vidas", declarou ele ao *Los Angeles Times*.[27] A colunista Ellen Goodman chegou mais perto do ponto, ao identificar em *Star Wars* as visões do próprio Lucas sobre a humanidade lutando com máquinas e tecnologia — um tema que Lucas explorava desde que Peter Brock lutara com seu carro esportivo em *1:42.08*.

"Nós queremos uma era dos computadores com espaço para sentimentos. Queremos máquinas, mas não do tipo que nos comanda", escreveu Goodman. "Queremos tecnologia, mas queremos estar no comando dela."[28] E houve os que identificaram a alegoria de Lucas para o Vietnã, embora este, desconfiado de política, descartasse toda e qualquer teoria sociopolítica e rejeitasse especulações sobre o significado profundo do seu filme.

Para Lucas, era suficiente que *Star Wars* fosse simplesmente divertido — e essa era a questão. Apenas mais ou menos um ano antes, espectadores compareceram em grande número a filmes como *Taxi Driver*, *Todos os homens do presidente*, *Rede de intrigas* e *Sem medo da morte* — filmes que glorificavam anti-heróis e reforçavam a crescente desilusão dos espectadores americanos com imprensa, justiça e política. Lucas achava deprimente esse mundo desencantado; ele se preocupava com o efeito disso em uma geração criada à sombra de Watergate e do Vietnã e acostumada com filmes sobre criminosos e conspirações. *Star Wars*, portanto, era sua resposta ao cinismo, uma injeção de otimismo na veia da psique americana. "É divertido — essa é a palavra para este filme", explicou Lucas. "É para pessoas jovens (...) Os jovens não têm mais uma vida de fantasia (...) Tudo o que eles têm é *Kojak* e *Perseguidor implacável*. Todos esses garotos correndo por aí querendo ser assassinos de policiais porque os filmes que eles veem retratam tragédia, insegurança e violência realista."[29]

Com *Star Wars*, Lucas não oferecia ambiguidade moral; em seu universo, havia poucas dúvidas sobre quais eram os caras bons e quais eram os maus. Lucas gostava disso assim — do mesmo modo que as plateias. O final feliz de *Star Wars*, observou a *Time*, era "uma raridade nestes dias", e mesmo Gene Siskel estava inclinado a concordar que o sucesso do filme enviara uma mensagem clara: os americanos estavam novamente prontos para se divertir com o cinema. "Dê-nos filmes antiquados e escapistas com finais animadores", escreveu Siskel.[30] Um crítico do *Boston Globe* seria ainda mais conciso: "Vá e aproveite."[31]

George Lucas tinha sumido.

Quando Lucas concluiu a trilha em mono no começo da manhã de quinta-feira, 26 de maio, seu filme havia sido lançado pouco mais de 24 horas antes. Já tinha quebrado recordes de audiência em todos os cinemas em que era exibido e estabelecera o recorde de maior lançamento de meio de semana entre todos os filmes.[32] À tarde, os telefones tocavam na Parkhouse, com repórteres querendo entrevistá-lo. Não conseguiriam. "Eu fui para o Havaí", recordou Lucas. "Estava acabado."[33]

Lucas fora para as ilhas com Marcia, para fugir das multidões, dos críticos e das conversas sobre *Star Wars* — ou era o que ele esperava. Mas, mesmo no Havaí, era impossível evitar *Star Wars*. Walter Cronkite, a cujo programa Lucas assistira todas as noites enquanto era escravo dos rascunhos iniciais de *As aventuras de Luke Starkiller*, mencionara as longas filas no noticiário noturno. Lucas ergueu as sobrancelhas. "Bem, isso é bastante bizarro."[34] Várias horas depois, Johnny Carson brincou sobre as filas em seu monólogo no *Tonight Show*. E havia Ladd, que mantinha o telefone do quarto de Lucas no Mauna Kea Hotel tocando regularmente com atualizações dos números. "Prepare-se", dizia ele a Lucas — e então lia os números de mais um dia de quebra de recordes.

Apenas no fim de semana, Lucas se permitiria acreditar em sua própria imprensa. Steven Spielberg, acompanhado pela namorada Amy Irving, reuniu-se a George e Marcia no Havaí e encontrou Lucas "em estado de euforia".[35] Lucas enfim começara a relaxar, confiante de que tinha nas mãos um sucesso que duraria mais do que o fim de semana. Na verdade, os contadores da Fox já estavam prevendo que, de acordo com a trajetória de então, *Star Wars* provavelmente superaria *Tubarão* como o filme de maior arrecadação de todos os tempos. Não surpreende, portanto, que quase como se estivesse avaliando a concorrência, enquanto os dois se deixavam ficar na praia e começavam a juntar e socar areia para erguer um castelo, Lucas, descontraidamente, tenha perguntado a Spielberg: "O que você quer fazer agora?"[36]

Spielberg, que acabara de concluir *Contatos imediatos de terceiro grau*, nem piscou: havia anos, ele estava de olho em James Bond. Contudo, a United Artists, que era dona da franquia Bond, educada, mas firmemente, recusara-se a ceder o elegante espião. E, então, Spielberg recordou: "George disse que tinha um filme que era ainda melhor que um James Bond."[37]

Lucas começou a descrever o personagem que criara enquanto se arrastava com o roteiro de *Star Wars*: um audacioso e esperto professor universitário de arqueologia e caçador de tesouros em meio expediente chamado Indiana Smith. Na verdade, Lucas tentara fazer Indiana Smith decolar em 1974, passando-o para o cineasta artístico Philip Kaufman, que buscava um projeto após concluir *The White Dawn*. Lucas descrevera o personagem a Kaufman com entusiasmo, mas admitira não saber que espécie de tesouro Indiana estaria procurando. Kaufman, então, contou a Lucas uma história que ouvira de seu dentista em Chicago, sobre a Arca da Aliança perdida — e Kaufman e Lucas começaram a trabalhar na ideia até Kaufman partir de repente, contratado por Clint Eastwood para dirigir *Josey Wales, o fora da lei*.[38] Mas, graças a Kaufman, Lucas tinha tanto seu MacGuffin quanto seu título: *Os caçadores da arca perdida*.

Enquanto explicava o projeto a Spielberg, ele também mencionou que as aventuras de Indiana Smith, assim como fora em *Star Wars*, seriam uma homenagem aos antigos filmes seriados semanais — particularmente *Don Winslow na marinha* — e que ele imaginava Smith usando um chapéu de feltro e carregando um chicote, parecendo um pouco com o minerador grisalho de Humphrey Bogart em *O tesouro de Sierra Madre*. Spielberg, que falava a mesma língua fílmica que Lucas, imediatamente viu as possibilidades e foi "totalmente fisgado".

"Está interessado?", perguntou Lucas.

"Eu quero dirigir", respondeu Spielberg.

Isso não era problema para Lucas. Dirigir *Star Wars* havia sido exaustivo e não muito divertido. Então, era melhor atuar como produtor — o que realmente *iria* lhe dar grande controle — e transferir o aborrecimento cotidiano da direção para alguém.

"É seu", respondeu Lucas.[39]

Mas não tão depressa. Lucas e Spielberg retornaram ao continente, tomando caminhos separados — Spielberg, para começar a trabalhar na comédia de guerra *1941*, e Lucas, para preparar a continuação de *Star Wars*. Publicamente, porém, Lucas dava a impressão de estar relaxado. "Posso aproveitar o sucesso do filme, um belo escritório no qual trabalhar, reformar minha casa, sair de férias", disse a um repórter. "Decidi tirar mais ou menos um ano para desfrutar dessas distrações. Além do mais, estou criando uma empresa e colocando as continuações nos trilhos."[40] Até mesmo Marcia pareceu acreditar que o marido enfim estava pronto para começar uma nova fase em sua vida, com outra prioridade que não seus filmes determinando a agenda do casal. "Aproveitar nossa vida privada juntos e ter um bebê", contou ela à revista *People*. Esse é o projeto para o restante deste ano."[41]

Não seria o caso. Lucas, a despeito de suas palavras sensatas, já estava concentrado em outras coisas. Havia um relógio embutido em seu contrato para *Star Wars* — uma cláusula determinando que, se Lucas não tivesse a continuação a caminho em dois anos, os direitos se reverteriam à Fox, para que o estúdio fizesse o que bem entendesse. Por um momento, Lucas considerou deixar que eles assumissem. "A princípio contemplei vender a coisa toda para a Fox, para que fizessem o que quisessem. Eu só queria pegar minha porcentagem, ir para casa e nunca mais pensar em *Star Wars*", contou Lucas a um entrevistador em 1979. Mas ele também vira Spielberg abrir mão da oportunidade de se envolver na continuação de *Tubarão* — o projeto seguia em frente sem ele no verão de 1977 —, e Lucas empalidecia diante da ideia de alguém além dele controlando as continuações de *Star Wars*. "A verdade é que me senti cativado pela coisa", contou Lucas. "Ela agora está em mim."[42] Então, Lucas ia fazer sua continuação. Começar uma família teria de esperar. Mais uma vez.

Lucas ia fazer o próximo filme do seu modo, nos seus termos. "Esperei mais de *Star Wars* do que era humanamente possível", lamentou Lucas. "Eu tinha esse sonho, e ele é apenas uma sombra [desse] sonho."[43] Para a continuação, portanto, ele tentaria realizar o máximo possível de seu sonho — e isso significava *controlar* ao máximo tudo isso, a começar por aquele que talvez seja o componente vital na filmagem: os recursos.

Embora *Star Wars* estivesse estabelecendo recordes e ganhando muito dinheiro, era uma afronta para Lucas que a Fox embolsasse 60% dos lucros por fazer o que ele considerava absolutamente nada. Na verdade, *Star Wars* deu ao estúdio tanto dinheiro e tão rapidamente que suas ações estavam entre as mais negociadas em Wall Street, dobrando de valor e tornando a Fox — e o CEO Dennis Stanfill — uma grande força a enfrentar.

A última coisa que Lucas queria fazer era encher os bolsos dos executivos e tornar os estúdios ainda *mais* poderosos. Ele continuava, como sempre, a desprezar os estúdios e a mentalidade que tinham. "São pessoas bastante desonestas e inescrupulosas", resmungou ele para a *Rolling Stone*, referindo-se aos executivos de estúdios. "Eles não se importam com as pessoas. É inacreditável o modo como tratam os cineastas, porque não têm ideia do que é fazer um filme."[44] Quando começou a negociar com Ladd naquele verão, Lucas deixou claro que pretendia aferrar-se ao máximo ao próprio filme — afinal, era ele quem estava fazendo todo o trabalho. "Fiquei com cinquenta por cento dos lucros líquidos porque minha empresa estava se adiantando e fazendo o filme", explicaria Lucas, quarenta anos depois, ainda irritado com a lembrança de suas negociações com a Fox. "E disse: 'Eu sei o que estou fazendo pelos meus cinquenta por cento. Coloco todo o meu coração e minha alma nisso, toda a minha carreira está em jogo. De fato, tenho de me adiantar e fazer o filme (...) O que vocês estão fazendo pelos seus cinquenta por cento?' [Alan Ladd] disse: 'Bem, eu dou o dinheiro.' E eu falei: "Você não dá o dinheiro! Você vai a um banco com uma carta de crédito e eles fornecem o dinheiro, de modo que não estão fazendo nada! E ainda ficam com cinquenta por cento do filme!'"[45]

Willard Huyck tinha ouvido Lucas fazer queixas semelhantes no passado. "O que o aborrecia era o fato de que devia estar ganhando mais pelo filme", contou Huyck. "George via aquilo como um empresário, dizendo: 'Espere um momento. Os estúdios pegaram dinheiro emprestado, cobraram uma taxa de distribuição de 35% sem justificativa (...). Isso é loucura. Por que nós mesmos não pegamos o dinheiro emprestado?'

Então, alguns dos atos mais corajosos e/ou [mais] irresponsáveis não foram estéticos, mas financeiros."[46]

Assim, para a continuação, Lucas objetivamente informou a Ladd que ele mesmo financiaria o filme, usando seus lucros com *Star Wars* como garantia para um empréstimo bancário, enquanto a Fox ficaria encarregada da distribuição. "Isso mudou toda a natureza do negócio — ninguém havia esperado por isso", disse Lucas,[47] observando com algum prazer que, "quando a mesa foi virada e o mesmo sistema trabalhou contra eles, eles se sentiram traídos e enganados".[48] A Fox também concordou em entregar a Lucas a montagem final, prometeu não interferir na produção e abriu mão de todo o merchandising e os direitos para a televisão. Com essa postura de não intervenção, o estúdio receberia uma parcela menor dos lucros se o filme ganhasse mais dinheiro, chegando a um piso percentual de 22,5, contra assombrosos 77,5 da Lucasfilm.

Ladd não tinha realmente escolha. Havia muitos outros estúdios que teriam aceitado um acordo semelhante ou pior para colocar as mãos em *Star Wars*: pelo menos ainda seria o logotipo da 20th Century Fox aquele visto antes dos créditos iniciais. Spielberg não ficou de modo algum surpreso com as táticas cruéis de Lucas. "Se você é um executivo e de repente se dá conta de que vai fazer um negócio com George Lucas, não é mais um negócio da 20th Century Fox; é um negócio de George Lucas, e George irá determinar tudo", contou Spielberg.[49]

Lucas fora duro com a Fox, mas apenas porque — em sua opinião — o estúdio desempenhara um papel pequeno em fazer de *Star Wars* um sucesso. Contudo, com aqueles cujas contribuições ele valorizava, Lucas podia ser um grande benfeitor. Assim como tinham feito com os lucros de *Loucuras de verão*, tanto Lucas como Kurtz haviam partilhado boa parte de sua porcentagem com colaboradores, distribuindo pontos — e fragmentos de pontos — para os Huyck, John Williams, Ben Burtt, o escritório de advocacia de Pollock, Rigrod e Bloom, o diretor de elenco Fred Roos e os atores. "Eu recebi 0,25% de *Star Wars*", contou Mark Hamill, empolgado, ao *Chicago Tribune*. "Vou ganhar uma pilha de dinheiro com esse filme."[50] Hamill não seria o único. Steven Spielberg também ganharia uma parte de *Star Wars*, resultado de uma aposta inesperada com Lucas sobre qual filme — *Contatos imediatos* ou *Star Wars* — faria mais sucesso. "[George] disse: 'Certo, é o seguinte. Eu vou trocar alguns pontos com você (...) Vou lhe dar 2,5% de *Star Wars* se você me der 2,5% de *Contatos imediatos*", lembrou Spielberg. "Então, eu disse: 'Certo, aposto nisso. E aposto alto'."[51] Era uma boa aposta, que renderia a Spielberg mais de 40 milhões de dólares nas quatro décadas seguintes.

Naquele outono, Lucas criou uma nova organização, The Chapter II Company, para supervisionar a produção e o financiamento da continuação ainda sem nome. Ela cuidaria do lado administrativo das coisas para a Lucasfilm; mas ainda havia a questão da ILM, que quase fora dissolvida após concluir os trabalhos em *Star Wars*. Lucas estava determinado a reiniciar a empresa, mas dessa vez queria seus magos dos efeitos no norte da Califórnia, mais perto de sua base na Parkhouse. "Mudar os efeitos para o norte saiu da ideia da Zoetrope, que era a de que iríamos fazer nossos filmes com o apoio de nossas próprias instalações", explicou Lucas. "E, se tivéssemos as melhores instalações, poderíamos fazer filmes melhores, e pagaríamos isso com os filmes. Essa é a filosofia que estou tentando levar adiante."[52] O que Lucas não precisava dizer era que ter a ILM no norte também tornava mais fácil para ele se envolver na produção. Durante o trabalho em *Star Wars*, ele deixara a ILM por conta própria em Los Angeles, onde — em sua opinião — Dykstra desperdiçara tempo, atrasara e estourara demais o orçamento ao desenvolver uma câmera com o próprio nome nela. Lucas não iria deixar que isso se repetisse.

Para começar, ele não iria levar Dykstra para o norte. Embora a explicação oficial fosse a de que Dykstra se recusara a integrar a ILM para permanecer e criar a própria empresa, a verdade foi que "eu não fui convidado", como claramente declarou Dykstra.[53] As coisas entre Lucas e Dykstra se tornaram pessoais. Embora Lucas tivesse distribuído alguns pontos percentuais e presentes para alguns funcionários fundamentais da ILM, Dykstra não foi um deles: Lucas o via meramente como trabalho contratado, e não como integrante de uma equipe. Furioso, e precisando de trabalho, Dykstra montou a própria empresa e alugou equipamento da ILM para começar a produzir efeitos para o programa de televisão da rede ABC *Battlestar Galactica*. Foi uma provocação deliberada a Lucas, que já havia acusado o criador de *Galactica*, Glen Larson, de plagiar *Star Wars*, um bate-boca que continuaria praticamente até o momento da estreia do programa, e com bons motivos: quando o programa estreou, os críticos notaram que os efeitos de Dykstra para *Galactica* eram impressionantemente parecidos com — e por vezes superiores a — aqueles em *Star Wars*. "Talvez eu me sinta culpado por isso", observou Dykstra, timidamente.[54]

Em vez de Dykstra, Lucas escolheu o incansável da ILM Dennis Muren, junto com Brian Johnson, um veterano de *Espaço: 1999*, para comandar a equipe de efeitos. Lucas ficou particularmente satisfeito em contar com Johnson, que tinha a fama de trabalhar rápido e barato. Se *mais rápido e mais intenso* havia sido o mantra de sua orientação aos atores em *Star Wars*, para sua continuação o bordão seria *mais barato e mais rápido*. E, para abrigar a empresa, Lucas comprou um armazém no Kerner Boulevar, em San Rafael, antes de propriedade da Kerner Optical, a menos de dez quilômetros de sua própria casa em San Anselmo — perto o suficiente para que ele aparecesse sem aviso a qualquer hora do dia. Lucas também manteve na fachada as placas da Kerner Optical, a fim de afastar curiosos e fãs enxeridos; vários modelos de *Star Wars* haviam sido roubados do armazém da ILM em Los Angeles, e fãs ansiosos já estavam revirando lixo atrás do prédio em busca de pedaços descartados de caças TIE. Escondidos em seu imóvel não identificado em San Rafael, Muren e Johnson começariam lentamente a instalar a nova oficina e contratar pessoal para um filme que sequer existia, nem mesmo no papel.

Manter a ILM funcionando — assim que a produção da continuação começasse — seria algo caro, e apenas os lucros do filme não bastariam. No final, Lucas iria financiar a continuação com um boneco de ação de cada vez, usando não apenas os lucros substanciais dos próprios filmes, mas também a renda de um fluxo quase interminável de mercadorias *Star Wars*. Lucas concebera comercializar *Star Wars* de algum modo desde o início, imaginando potes de biscoito R2-D2, brinquedos de corda e armas de raios. "Tenho um afeto especial por jogos e brinquedos; não há dúvida de que não cresci", declarou à revista francesa *Ecran* em 1977. "Tudo isso fez parte do filme, a intenção de lançar brinquedos em supermercados, criar livros e tudo o mais."[55] Mas nem mesmo ele tinha noção da avalanche que estava iniciando: os valores das ações das fábricas de brinquedo Mattel e Ideal dispararam apenas com o rumor de que as empresas poderiam adquirir os direitos de brinquedos *Star Wars*.

Quando procuradas por Lippincott, nem a Mattel, nem a Ideal expressaram suficiente interesse em fazer brinquedos *Star Wars*. Segundo o raciocínio convencional, brinquedos baseados em filmes tinham pouca vida de prateleira, com as vendas rateando pouco depois de o filme sair das telas do cinema. Mas Bernard Loomis, presidente da Kenner, encontrara uma mina de ouro com brinquedos baseados no programa de televisão *O homem de seis milhões de dólares*; os acessórios e os inimigos do homem biônico serviam bem ao que Loomis chamava de qualidade "lúdica" — e ele achou ter identificado qualidade semelhante em *Star Wars*. Loomis entrou em contato com o diretor de licenciamento da Fox e, rapidamente, fechou o negócio em uma reunião em maio, no Century Plaza Hotel, em Los Angeles. (O *press release* da empresa ousadamente anunciou que o acordo tinha validade "galáctica".)[56] O acordo, Loomis recordou, havia sido feito com uma condição imposta pelo próprio Lucas em um ataque de ressentimento competitivo: se Kenner fizesse os brinquedos de *Star Wars*, não poderia fazer também os de *Contatos imediatos de terceiro grau* ou de qualquer outro filme de ficção científica. "Quando alguém me diz que não posso ter algo, quero saber por quê", disse Loomis. Pouco depois de assinar o contrato em Los Angeles, Loomis se encontrou com Spielberg nos estúdios da Columbia para saber mais sobre o filme cujos direitos lhe haviam sido negados. Spielberg descreveu *Contatos imediatos* entusiasmadamente, e Loomis admitiu que, embora soasse um grande filme, não parecia *lúdico*.

"Bem, não é *Star Wars*", suspirou Spielberg.[57]

E não era. *Nada* era — e Kenner logo se veria tentando atender a uma gigantesca demanda por brinquedos. Embora Kenner tivesse garantido o contrato de licenciamento em maio, quando chegou o verão, ele só tivera tempo de lançar alguns itens, principalmente quebra-cabeças e jogos de tabuleiro. Os *verdadeiros* brinquedos — os bonecos e veículos — estavam em desenvolvimento, mas, para a decepção de Loomis e de milhões de crianças, não ficariam prontos a tempo para o Natal de 1977. Apressando-se, a Kenner anunciou uma "garantia de conjunto pássaro madrugador" (a "infame campanha da caixa vazia", como Kurtz a chamou), na qual os pais podiam pagar 14 dólares por um envelope com um cenário de papelão, alguns adesivos e uma garantia que podia ser enviada por correio para reservar os quatro primeiros bonecos — Luke, Leia, Artoo e Chewbacca —, que seriam enviados à sua casa no momento em que ficassem prontos. A Kenner lançou o pacote em uma feira de brinquedos, no outono de 1977, e ele se esgotou quase de imediato, mas concorrentes e varejistas debocharam e gargalharam abertamente. "Nós vendemos brinquedos, não promessas", descartou um varejista, que se recusou a vender o conjunto pássaro madrugador,[58] enquanto outro insistiu que "as crianças não se importam realmente se terão um produto oficial ou não. Um robô é um robô".[59] Mas Loomis era paciente — "As crianças vão querer o item real de *Star Wars*, mesmo que tenham de esperar", retrucou — e estava certo.[60] A Kenner venderia 40 milhões de bonecos de *Star Wars* em 1978.

Outro grande licenciado, a Image Factory, também vira cedo o potencial de *Star Wars* e oferecera a Lucas 100 mil dólares adiantados pelos direitos exclusivos de vender cartazes, bótons e decalques. Foi uma oferta que chocou até mesmo um Lippincott obcecado por lucros. "Imaginamos que ou eles realmente sabiam o que estavam fazendo, ou tinham enlouquecido", disse Lippincott.[61] Até *Star Wars*, a Image Factory fabricara fivelas de cinto para gravadoras e camisetas com bandas de rock, conseguindo números respeitáveis, mas não grandiosos. No final do ano, o cartaz da Image Factory de um Darth Vader brandindo um sabre de luz venderia mais que cartazes de uma Farrah Fawcett-Majors de maiô vermelho — dando à empresa um retorno de 750 mil dólares para seu investimento de 100 mil dólares.

"*Star Wars* poderia ser um fenômeno ao estilo *Davy Crockett*", sugeriu Lucas, referindo-se ao seriado de televisão dos anos 1950 que iniciara uma onda de marketing. "Não sei se fiz isso. Não sei."[62] Mas tinha feito e, enquanto a onda Crockett tivera seus chapéus de pele de guaxinim, *Star Wars* tinha... bem, tudo. Havia fantasias de Halloween, lancheiras e figurinhas de gomas de mascar. A Coca-Cola venderia copos de plástico *Star Wars*. A Burger Chef venderia cartazes. Um programa de vinte páginas como suvenir vendeu 300 mil exemplares. O álbum duplo com a trilha sonora de Williams tinha vendido mais de 650 mil cópias em meados de julho — o primeiro e, em alguns casos, único álbum de música sinfônica que muitas pessoas teriam. Enquanto isso, um tocador de trombone transformado em produtor musical que chamava a si mesmo de Meco lançaria um disco *remix* do tema principal de Williams que venderia mais de 2 milhões de cópias e permaneceria por duas semanas no topo das listas da *Billboard*. A Ken Films lançou uma versão de oito minutos do filme em Super-8 enquanto o filme estava nos cinemas, uma prática inédita na época. A Marvel Comics, resgatada de sua própria situação financeira perigosa pelo sucesso dos quadrinhos *Star Wars*, continuaria criando novas histórias da série ao longo da década seguinte, chegando a 107 números. E, enfim, Lucas teria seu pote de biscoitos R2-D2.[63]

Não que Lucas fosse licenciar qualquer coisa. Naquele verão, ele criara mais uma empresa dentro da Lucasfilm — chamada Black Falcon, nome emprestado do seriado *O Falcão Negro* — para supervisionar todo o merchandising. Era a única forma, explicou ele, "de controlar as coisas. Eu não queria o mercado inundado de lixo (...) Se levava o nome *Star Wars*, tinha de atender aos nossos padrões".[64] Que Lucas pudesse um dia recusar uma oferta de licenciamento — ele recusara bijuterias e protetores de assentos sanitários — chocou a divisão de marketing da

Fox, que raramente vira um negócio do qual não gostasse. Mas Lucas não ligava para o que a Fox pensava, e ficou irritado com o fato de que o estúdio recebia automaticamente metade de todos os lucros de merchandising sem fazer nada além de administrar os contratos. Então, em seus contratos para a continuação, Lucas deixou claro que continuaria a dividir os lucros de merchandising igualmente com a Fox apenas até 1º de julho de 1978; a partir de então, a Black Falcon passaria a receber 80%, e a Fox, 20%. Essa fora outra cláusula contratual desigual com que Ladd concordara, de modo a manter Lucas e *Star Wars* na Fox, mas os executivos da Fox estavam ficando cada vez mais cansados de Ladd e do que viam como sua tendência a dar a Lucas quase tudo que ele queria.

Mas o que Ladd compreendia, e a Fox não — pelo menos ainda não —, era que Lucas dera ao estúdio mais do que um filme de sucesso; ele havia criado uma mitologia moderna que estava rapidamente criando raízes na cultura popular americana — e o logotipo da Fox, com seus metais característicos, estava bem à frente daquilo. Em agosto, Threepio, Artoo e Darth Vader colocariam os pés no concreto em frente ao Grauman's, onde *Star Wars* continuava em cartaz. No outono, a Filarmônica de Los Angeles apresentou um concerto de *Star Wars* no Hollywood Bowl. Os críticos tamparam os narizes, mas o público compareceu em massa, levando a uma nova apresentação na primavera seguinte. John Milius, com sua clareza típica, julga ter entendido por que *Star Wars* conseguira tanta afinidade com a plateia. "O que a minha geração fez foi trazer de volta alguma inocência", explicou Milius. "É fácil ser cínico. Difícil é ser sentimental."[65]

Mas Milius também entendia que a inocência tinha suas consequências, e que Lucas mudara o próprio panorama do cinema com sua diversão acessível, *lúdica*, leve — e não necessariamente para melhor. Em junho de 1977, George e Marcia tinham viajado a Nova York para a estreia do *New York, New York*, de Scorsese, o tipo de filme artístico sério que Marcia continuara defendendo junto ao marido como estando num patamar superior do cinema. Mas o filme de Scorsese foi um grande fracasso, mal cobrindo os custos, um revés que lançou seu diretor em um redemoinho de drogas e depressão. "*Star Wars* era o máximo... Nós estávamos acabados", disse Scorsese amargamente. "*Star Wars* pegou todas as fichas da mesa", concordou o diretor William Friedkin, que vira sua própria peça artística de 1977, *O comboio do medo*, chutado do Grauman's em benefício da ópera espacial de Lucas. "O que aconteceu com *Star Wars* foi o mesmo que se passou quando o McDonald's conquistou espaço; o gosto pela boa comida simplesmente desapareceu."[66]

Talvez existisse a "imbecilização" dos filmes que Canby deplorara, ou a "infantilização" do filme que a crítica Pauline Kael condenara nas páginas de *The New Yorker*, mas isso não era necessariamente culpa exclusiva de Lucas. É verdade que *Star Wars* foi o maior filme de 1977, mas o filme com a segunda maior arrecadação fora a agitada perseguição automobilística de Burt Reynolds *Agarra-me se puderes*. "Filmes-pipoca sempre estiveram no topo", diria Lucas mais tarde. "Por que as pessoas vão ver esses filmes-pipoca, mesmo não sendo bons? Por que o público é tão idiota?", perguntou ele, retoricamente. "Isso não é culpa minha. Apenas entendo o que as pessoas gostam de ver."[67]

E não eram apenas as plateias americanas que gostavam de ver *Star Wars*; seus temas atemporais, sua história objetiva e os efeitos especiais de tirar o fôlego também funcionaram igualmente bem com as plateias estrangeiras. A empolgação com o filme aumentou nas semanas que antecederam o lançamento na Inglaterra, em dezembro; a versão do filme em Super-8 esgotou em dois dias, as peças licenciadas vendiam bem, e os fãs em quase todas as cidades britânicas telefonaram para os cinemas locais, pedindo, suplicando para que exibissem o filme. "Nunca tínhamos visto nada igual", disse um gerente de cinema.[68] Quando houve a estreia internacional do filme, no final do ano, ele estabeleceu recordes de público em Genebra, Sidney e Melbourne, e se saiu bem em Roma e Milão. O filme foi brevemente proibido para menores em Bruxelas — em grande medida, por causa do braço decepado — e depois reclassificado como "livre" quando a devida edição foi feita.[69] Ele foi exibido até mesmo na embaixada americana em Moscou, para uma plateia composta de americanos, alguns britânicos e alguns russos. Talvez identificando uma metáfora da Guerra Fria, vários espectadores suspiraram no momento da destruição da pacífica Alderaan pela Estrela da Morte imperial. "Que coisa terrível!", murmurou diplomaticamente um espectador.[70]

Fato que não surpreendeu a ninguém, em dezembro de 1977 *Star Wars* se tornou oficialmente o filme de maior bilheteria de todos os tempos, gerando um faturamento de 120 milhões de dólares para a Fox e ultrapassando *Tubarão* — com o faturamento de 115 milhões de dólares para a Universal — para chegar ao primeiro lugar. Spielberg recebeu isso muito bem e se curvou publicamente a Lucas, com um anúncio de página inteira na *Variety* que mostrava Artoo fisgando um tubarão com uma vara de pescar. "Parabéns à turma do bar", escreveu Spielberg, "e a todas as forças de sua imaginação que tornaram *Star Wars* tão merecedor do trono. Usem-no bem".[71]

"*Star Wars* é mais ou menos 25% do que eu queria que fosse", contou Lucas à *Rolling Stone* no outono de 1977. "Acho que as continuações serão muito, muito melhores."[72] Kurtz também deixou claro que não queria fazer uma sequência a não ser que fosse pelo menos tão boa quanto o primeiro filme. Então, a história seria fundamental. Já em junho de 1977, Lucas e Kurtz mencionaram, de passagem, ao *Chicago Tribune* que estavam desenvolvendo um "romance continuação" — na verdade, o romance sobre Luke e Leia, *Splinter of the Mind's Eye*, de Alan Dean Foster — "e, se a história funcionar, estamos considerando seriamente fazer um segundo filme", disse Kurtz.[73] Em julho, Ladd — que lera vários rascunhos e versões de *Star Wars* nos quatro anos anteriores — garantia ao *Wall Street Journal* que Lucas tinha em mãos muito material para escrever um segundo filme.[74]

Mas não tinha. O que ele *de fato* tinha eram muitas ideias, que ele datilografara em um esboço de continuação com nove páginas intitulado *O Império contra-ataca*. Era mais sofisticado que seu primeiro esboço confuso para *Star Wars*, em grande medida porque Lucas, pouco antes, lera o livro de Joseph Campbell sobre mitologia comparada *O herói de mil faces* e estava determinado a traçar, de um modo mais deliberado, a jornada heroica de Luke. "Insinuar que uma vida boa e recompensadora está ao alcance de todos, a despeito da adversidade", escreveu Lucas, "mas apenas se a pessoa não fugir das lutas perigosas, sem as quais não é possível encontrar a verdadeira identidade".[75] Muito da estrutura básica do que acabaria se tornando *O Império* já existia no primeiro esboço, e Lucas tinha em mente várias cenas que sobreviveriam até o roteiro final. Haveria um apostador do passado de Han que convidaria Han, Leia e Chewie para jantar, "eles entram na sala e lá está Vader".[76] Ele sabia que Luke estudaria a Força sob um velho mestre Jedi, teria uma longa luta contra Vader e terminaria pendurado na beirada de uma cidade no céu. Ele queria reforçar o triângulo Luke-Leia-Han, e incluir um momento em que Threepio seria destruído. Também decidira que Luke teria uma irmã gêmea, embora, naquela fase inicial, não estivesse claro que essa irmã seria Leia. Talvez, Lucas sugeriu, ela estivesse do outro lado da galáxia e Luke fosse procurar por ela.

Outros detalhes eram ainda mais nebulosos. O destino de Han Solo ainda tinha de ser decidido, em grande medida porque Harrison Ford ainda não se havia comprometido a fazer três filmes. Lucas precisava dar espaço suficiente na história para descartar Solo caso Ford saísse, então concluiu seu esboço com Han deixando o grupo para sair em uma missão para localizar um financista poderoso — que provavelmente era seu padrasto — que financiaria a rebelião. Darth Vader também era outro ponto de interrogação, já que Lucas ainda tentava decidir quem ou o que Vader realmente era. O verdadeiro conflito, como Lucas o via então, não era se Vader seria redimido, retornando, então, ao lado bom da Força, mas se Vader conseguiria persuadir Luke a passar para o lado sombrio. E, finalmente, havia talvez a ideia mais ambiciosa, sobretudo porque ele não tinha ideia de como realizá-la: um pequeno e enrugado mestre Jedi chamado Minch Yoda, que Lucas achava que poderia ser "aquele que treinara Ben [Kenobi]".[77]

Contudo, depois da infelicidade de escrever *Star Wars*, Lucas estava determinado a entregar a tarefa de escrever o roteiro a outra pessoa. No final de novembro de 1977, ligou para Leigh Brackett, uma romancista de ficção científica que escrevera livros populares — exatamente o ponto sensível de Lucas —, e também roteiros para *À beira do abismo*, *Hatari!* e *Rio Lobo*, todos filmes que Lucas admirava. Durante vários dias do final de novembro e começo de dezembro, Lucas e Brackett discutiram o esboço de Lucas e imaginaram detalhes adicionais para a trama. Em 2 de dezembro, Brackett — que teria uma remuneração de 50 mil dólares — pegou as anotações de Lucas e foi escrever sua primeira versão. Enquanto isso, McQuarrie já estava trabalhando em uma nova série de pinturas — incluindo a de um castelo para Vader, em um planeta vulcânico —, e Kurtz estudava outras produções em busca de possíveis membros da equipe.

Ao mesmo tempo que trabalhava em *O Império*, Lucas começou a trabalhar em outro tipo de império, contratando novos empregados e comprando as instalações necessárias para transformar a Lucasfilm em uma empresa de verdade. Naquele momento, a companhia era pouco mais que Lucas, Kurtz, Lippincott e outros dois trabalhando na Parkhouse em San Anselmo, com alguns trailers em um lote vazio em frente à Universal, e a ILM como uma instalação separada. "Era basicamente uma pequena empresa familiar com enormes recursos potenciais", disse Charlie Weber, primeiro CEO da Lucasfilm — um antigo executivo imobiliário que Lucas encontrara por intermédio de um anúncio no jornal. Mas ter a Lucasfilm no norte da Califórnia quando a maioria dos negócios da empresa acontecia em Los Angeles ameaçava o controle de Lucas sobre a produção. Sempre que Lucas saía de Los Angeles para San Anselmo, McQuarrie dizia, "muitas coisas ficam pendentes até que ele volte".[78] Por mais que Lucas detestasse admitir, sabia que precisava de um escritório mais permanente no sul da Califórnia.

Com o dinheiro do merchandising começando a pingar naquele inverno, Lucas dispunha dos recursos para comprar um prédio no Lankershim Boulevard, em Los Angeles, bem em frente ao Universal Studios. O prédio era uma antiga empresa de ovos, então, assim como fizera com a sede da ILM no prédio da Kerner Optical, no norte da Califórnia, Lucas se referiria à sua sede no sul da Califórnia pelo nome de seu antigo dono, apelidando-se de The Egg Company. A Lucasfilm estava oficialmente em Hollywood, gostasse Lucas disso ou não. "Tudo se multiplicou", disse ele com alguma frustração. "Antes, eu tinha aqueles sonhos modestos. Agora estou sentado em cima de uma corporação que está tomando muito do meu tempo. Tive de contratar pessoas e criar novas hierarquias, novas burocracias, novos tudo para fazer a coisa inteira funcionar."[79]

Não que todos pudessem acusar o próprio Lucas de "virar Hollywood". No final de 1977, a parcela pessoal de Lucas em *Star Wars* rendera a ele cerca de 12 milhões de dólares líquidos, mas ele ainda se vestia como um estudante de cinema, com jeans bem gastos, tênis e camisas de flanela. Embora agora houvesse uma Ferrari estacionada em sua garagem, em San Anselmo, Lucas preferia dirigir seu velho Camaro. O restante do dinheiro estava indo para sua empresa e a produção de *O Império contra-ataca*. Mas ele estava torrando seu capital bem rápido. Enquanto Lucas estudava as contas com Richard Tong, novo contador da Lucasfilm, algo estava ficando bastante claro. "O licenciamento e o merchandising de *Star Wars* teriam de garantir a base financeira para sustentar a empresa até que *O Império* fosse lançado", disse Tong.[80]

Entre os primeiros negócios feitos em The Egg Company, esteve a aprovação do memorando inicial de *Os caçadores da arca perdida*. No clima dos antigos seriados matinais de sábado, Lucas queria fazer o projeto com pouco — o orçamento foi definido em 6 milhões de dólares — e o mais rápido possível. Spielberg pediu para ter a montagem final — um diretor parecido com Lucas — e também chamou a atenção de Lucas para outro colaborador que ele considerava perfeito para o projeto, um redator publicitário de 28 anos que se tornou roteirista chamado Lawrence Kasdan. Spielberg ficara impressionado com uma comédia romântica que Kasdan escrevera, intitulada *Brincou com fogo... acabou fisgado*, e Lucas, depois de ler, achou que Kasdan poderia escrever exatamente o tipo de roteiro que eles estavam procurando: trama amarrada, centrada nos personagens e com muitos diálogos rápidos.

Assim como fizera com Brackett, ele chamou Kasdan para vários dias de reunião, discutindo ideias com ele e Spielberg enquanto repassavam o rascunho de roteiro de Lucas com 23 páginas manuscritas. Mesmo nessas sessões iniciais, Lucas já revelava exatamente o tipo de produtor executivo que seria: embora sempre se vangloriasse de sua capacidade de comprar a melhor ideia oferecida, não importando de quem fosse, Lucas estava certo de que as melhores ideias oferecidas eram as suas próprias. Às vezes Spielberg insistia, e Lucas simplesmente dava de ombros, uma expressão de resignação no rosto. "Certo, Steven, o filme é seu", dizia Lucas.[81]

Kasdan foi embora levando o rascunho de Lucas e resmas de anotações de suas discussões com Lucas e Spielberg, prometendo uma primeira versão muito em breve. Com Lucas envolvido em reuniões de roteiro, coube a Kurtz fazer a maior parte do trabalho duro para encontrar o diretor certo para *O Império*. Por um breve tempo, Lucas considerara transformar *Star Wars* em uma longa série dirigida por seus amigos — Spielberg, Milius, talvez até mesmo Coppola —, tratando-a quase como um daqueles festivais universitários de cinema em que cada um tentava superar os filmes dos outros. "Fico achando que, se colocar meus amigos, eles irão querer fazer um filme muito melhor, tipo 'vou mostrar a George que consigo fazer um filme duas vezes melhor'", declarou Lucas à *Rolling Stone*. "E acho que eles conseguem, mas então vou querer fazer o último para que possa fazer um duas vezes melhor que todos eles."[82]

Kurtz, porém, simplesmente saiu à caça de bons diretores, seguindo uma longa lista de possíveis candidatos, considerando seriamente John Badham, que acabara de concluir *Os embalos de sábado à noite*, e o inglês Alan Parker, recém-saído do filme musical de gângsteres feito apenas com crianças, *Quando as metralhadoras cospem*. Porém, depois de pensar melhor, Kurtz decidiu promover um encontro entre Lucas e uma única pessoa: Irvin Kershner — *Kersh*, como quase todos os chamavam —, um antigo professor da USC que acabara de concluir o trabalho no thriller *Os olhos de Laura Mars*.

Kersh se lembrava de vários dos filmes de Lucas como aluno da USC, e ficara particularmente impressionado com *6-18-67*, que achara "inacreditavelmente bonito".[83] Kersh estava perto o suficiente de ser da Máfia da USC para que Lucas se sentisse à vontade com ele — além disso, ele se formara na televisão, levando Lucas a acreditar que conseguia trabalhar depressa e barato. (As duas suposições se revelariam equivocadas.) Mais que qualquer coisa, Lucas queria "alguém com uma enorme experiência em filmes e que gostasse de lidar com pessoas e personagens".[84] Esse era Kersh.

Alto e magro, careca e com uma barba grisalha bem aparada, Kershner também era pintor, violinista e um zen-budista que via o cinema como uma contribuição ao bem maior. Kersh era sério, embora nunca reservado, e gostava de pessoas e atores — provavelmente o motivo pelo qual era tão bom com personagens. Também gostava de Lucas, mas entendia suas manias, e insistiu para que Lucas não se metesse na produção ou ficasse olhando por cima do seu ombro nos cenários. Lucas prometeu não fazer isso. "Se eu fizer uma continuação, serei uma espécie de produtor executivo", declarou Lucas à revista *People*. "Vou aprovar o copião, dizer 'vocês estão ótimos', e esse tipo de coisa."[85] Mas, como Kersh e outros iriam aprender, essa era uma promessa que Lucas não estava pronto para cumprir.

Leigh Brackett entregou sua primeira versão de *O Império contra-ataca* em 21 de fevereiro. Lucas ficou desapontado; embora Brackett tivesse, em grande medida, seguido sua trama, o roteiro — com um sentimento que um mestre Jedi poderia compreender — simplesmente *soava* errado. O diálogo era desajeitado — em dado momento, Vader chamava alguém de "idiota incompetente" —, e Brackett colocara os personagens discutindo, com Han, em determinada cena, censurando Luke raivosamente. Lucas considerou aquilo pessoal; admitiu que *Star Wars* estava "dentro de mim, e não consigo deixar de ficar aborrecido ou agitado quando algo não é como deveria ser".[86] Lucas folheou as páginas, primeiro fazendo anotações e depois, por fim, simplesmente rabiscando *NÃO* sobre trechos particularmente problemáticos, como, por exemplo, Ben levando Luke a fazer um voto solene "à causa da liberdade e da justiça".[87] Lucas convidou Brackett a se encontrar com ele para revisar o roteiro e ficou chocado ao descobrir que ela estava no hospital. Em 18 de março, três semanas depois de entregar sua primeira versão, Brackett morreu de câncer, aos 62 anos.

Ainda abalados, Lucas e Marcia fizeram uma viagem planejada de férias ao México com o diretor Michael Ritchie e a esposa. Se Marcia esperava que aquela viagem fosse outro retiro relaxante, um momento em que eles podiam esperar conceber um filho, ficaria mais uma vez desapontada; Lucas se trancou no quarto do hotel durante a maior parte das férias para escrever um novo roteiro para *O Império contra-ataca*. Produzir continuações, não herdeiros, seria sua principal prioridade na primavera e no verão de 1978.

A redação, embora sempre difícil, foi mais rápida dessa vez — Lucas disse ter achado o processo "quase prazeroso" —, e ele concluiu o próprio primeiro rascunho em apenas três semanas, um piscar de olhos em comparação com o ano inteiro dedicado à primeira versão de *Star Wars*.[88] Em abril, ele enviou o roteiro a Ladd, rabiscando na frente: "Eis uma ideia geral do filme — que a Força esteja conosco!"

Lucas remodelara o roteiro de Brackett à sua própria imagem, eliminando cenas problemáticas, trocando de lugar e criando novos personagens. Alguns dos diálogos ainda eram desajeitados — Solo sempre parecia estar recitando um fluxo interminável de tecnobaboseiras —, mas Lucas agora estava lidando melhor com Vader (embora tivesse eliminado todas as cenas que mostravam o castelo do vulcão). E, na página 128 de seu roteiro manuscrito, enquanto Luke lutava com Vader, Lucas inserira uma fala fundamental para o vilão que ele estava certo de que definiria seu caráter, mesmo chocando profundamente a plateia: *"Eu sou o seu pai."* Lucas estava determinado a manter em segredo a ligação entre Luke e Vader, chegando a retirar a página com o diálogo revelador de todas as cópias do roteiro, com receio de que vazasse.

Ele também introduziu, nesse rascunho inicial, o enigmático caçador de recompensas Boba Fett, baseando o personagem no Homem sem Nome de Clint Eastwood, dos faroestes de Sergio Leone. Lucas queria Fett concebido sem demora, já que comprometera o personagem com um especial de férias que concordara em fazer para a CBS naquele inverno, e a Kenner estava suplicando por um personagem de *O Império* que pudesse colocar no mercado antes do filme. Do modo como foi criado por McQuarrie e Joe Johnston, da ILM, Boba Fett, com seu traje bacana e bem equipado, era claramente um boneco de ação ideal. Lucas não tinha ideia de que, quase despreocupadamente demais, acabara de criar um ícone; daria a ele apenas quatro falas curtas.

Embora Lucas tivesse seu roteiro — e muitas ideias que não estava certo de como desenvolver, como, por exemplo, um planeta de *wookiees* —, o que ele não tinha era um roteirista. A morte precoce de Brackett o pegara desprevenido, e não surgiam alternativas reais. Quando Lawrence Kasdan apareceu para entregar sua primeira versão do roteiro de *Os caçadores da arca perdida* mais tarde, ainda naquele verão, Lucas ainda se queixava da dificuldade que encontrava para avançar com o roteiro de *O Império*, uma conversa que prosseguiu durante o almoço. No meio da conversa, Lucas de repente teve uma epifania. Será que Kasdan aceitaria ser o roteirista de *O Império contra-ataca*?

O jovem escritor ficou chocado. "Não acha que devia ler *Caçadores* primeiro?", perguntou a Lucas.

Lucas deu um sorriso malicioso: "Bem, se eu odiar *Caçadores*, retirarei esta oferta amanhã."[89]

Mas Lucas sabia que não iria odiar; ele e Spielberg tinham confiança de que Kasdan faria um bom trabalho com *O Império*, embora Lucas admitisse que aquilo fora uma espécie de aposta arriscada. "Eu estava desesperado. Não tinha mais ninguém", disse ele, mais tarde.[90] Kasdan ficou preocupado em dividir seu tempo entre os dois roteiros, mas Lucas lhe disse para colocar *Caçadores* na prateleira e se concentrar em *O Império*, já que, naquele momento, a prioridade de Spielberg era a comédia *1941*.

Enquanto isso, Lucas conseguira reunir todo o seu elenco de *Star Wars* para *O Império*, embora Ford ainda não tivesse se comprometido com um *terceiro* filme. Hamill, contudo, estava encantado, tendo ficado totalmente convencido, depois da experiência filmando o primeiro *Star Wars*, de que Lucas nunca iria querer fazer outro. "Certa vez, ele me disse que nunca mais iria fazer um longa, que queria voltar a fazer filmes universitários", disse Hamill, garantindo: "Eu também faria esses."[91] O orçamento foi definido em pouco mais de 15 milhões, o que excedia o total dos lucros de Lucas com *Star Wars*. "O dinheiro que eu tinha não era nada", confessou ele. "Eu não conseguia dirigir rápido o bastante para pagar todas aquelas pessoas. Então, tinha de criar uma empresa. A verdade é que estou muito comprometido no momento."[92] Como Tong havia previsto, o merchandising teria de continuar rendendo para fazer *O Império* decolar.

Em 3 de abril de 1978, Lucas foi com Marcia a Hollywood, para a quinquagésima cerimônia do Oscar, com *Star Wars* indicado em dez categorias, incluindo Melhor Filme, Melhor Diretor e Melhor Roteiro. Lucas assumiu uma expressão neutra — "ele nunca achou que era importante ter um Oscar para ser feliz, bem-sucedido, realizado ou algo do tipo", disse Marcia — e alegou, apenas em parte brincando, que só estava indo porque Marcia também fora indicada.[93] Mas, à medida que a noite avançava e *Star Wars* começava a arrematar quase todos os prêmios técnicos — John Barry e Roger Christian por direção de arte, John Mollo por figurinos, John Williams pela música —, Lucas ficou visivelmente empolgado, em dado momento olhando para Kurtz com as sobrancelhas erguidas, ansioso. Dykstra e uma pequena equipe da ILM levaram para casa o Oscar de efeitos especiais — um momento glorioso para o rejeitado mestre dos efeitos, e Marcia, Paul Hirsch e Richard Chew receberam o primeiro de Melhor Montagem, com Hirsch elegantemente destacando em seu discurso as formidáveis habilidades do próprio Lucas como montador. Mas Lucas foi deixado de fora das categorias roteiro e direção, e *Star Wars* acabaria perdendo o prêmio de Melhor Filme para *Noivo neurótico, noiva nervosa*, de Woody Allen.

Lucas sempre insistiria que prêmios não significavam nada para ele, mas pode ter havido alguma frustração por saber que, em *Star Wars*, a necessidade o obrigara a ceder sua verdadeira paixão cinematográfica — a montagem — a outros, que, então, receberam o Oscar por seu esforço, enquanto ele fora para casa de mãos vazias. Mesmo Coppola achou que a decepção poderia estimular Lucas. "Bom", Coppola comentou, na manhã seguinte àquela em que Lucas perdeu o Oscar. "Agora George vai voltar com outro filme. Não vai se aposentar como um magnata. Ele gosta demais de vencer."[94]

Star Wars se saiu ainda melhor com a turma da ficção científica — a Science Fiction Writers of America deu ao filme um prêmio especial pela atenção popular que atraiu para o gênero —, mas os autores de ficção científica estavam um pouco cautelosos com o fenômeno de cultura pop de Lucas. Eles queriam ser vistos como seguindo a tradição mais séria de Ted Sturgeon e Isaac Asimov, e não a de George Lucas e sua ópera espacial. "Aqueles de nós que trabalham profissionalmente no campo da ficção científica buscamos algo mais do que bangue-bangues de sábado à tarde", disse o escritor Ben Bova, com desprezo. "Eu esperava mais de Lucas."[95] Lucas tinha pouca paciência com esse tipo de postura. "Acho que a ficção científica ainda tem uma tendência a se mostrar devota e séria demais, que foi o que tentei eliminar", retrucou.[96]

Ainda assim, Lucas não precisava de prêmios para confirmar sua reputação como o cineasta mais influente do momento. De fato, em meados de 1978, a Máfia da USC — e Spielberg — era vista como o grupo de cineastas rebeldes mais bem-sucedidos de Hollywood, fazendo tudo do seu jeito, realizando filmes que correspondiam às suas próprias visões únicas, trocando pontos percentuais uns com os outros, e tudo isso fora do esquema dos estúdios. Os magnatas podiam ter criado o sistema, Milius disse, e podem estar distribuindo os filmes, mas foram os rebeldes ferozmente independentes, de Chaplin e Welles até Lucas e Coppola, que sempre fizeram os filmes interessantes e de sucesso — e eles tinham grandes planos. "Estávamos reclamando de como as coisas estavam ruins em Hollywood", contou Milius ao *New York Times*. Então, Francis disse: 'Certo, vamos mudar as coisas. George e eu vamos assumir tudo no vale, e vocês pegam o resto.'"[97]

Mas, além de Spielberg e Lucas, a maioria da turma não assumiria muito de nada. Os Huyck cambalearam com *De Paris com amor*, enquanto Milius fracassou com sua homenagem ao surfe *Amargo reencontro*. "Todos querem se ajudar", insistia Willard Huyck. "Todos querem que o outro faça sucesso."[98] Ainda assim, começavam a surgir fissuras de ressentimento na fachada normalmente sólida da turma da USC. Lucas, por exemplo, embora com frequência generoso, podia às vezes ser mesquinho e explicitamente vingativo com seus pontos de *Star Wars*. Coppola não ganhou nenhum. "Por que deveria?", questionou Lucas. "Ele não tinha nenhuma ligação com o filme."[99] E Milius, que recebera um ponto de *Star Wars* em troca de um de *Amargo reencontro*, recebeu o pedido de devolver seu ponto a Lucas depois que seu filme fracassou. Milius nunca se esqueceria disso. "Esses caras são bons demais para os outros", disse ele. "Todos ficaram muito, muito distantes. George tem uma *entourage* ao seu redor. Nunca faz nada errado. Tudo é para ele."[100]

Essa provavelmente era uma avaliação justa — e era como Lucas queria que fosse. Lucas havia demitido muitos empregados que não conseguiam alinhar-se com sua própria visão do universo — ou simplesmente se recusavam a fazê-lo. "Você precisa concordar com George, e, se não concorda, então ele não gosta de você", contou um funcionário da ILM.[101] Até mesmo Jeff Berg, o agente que tão diligentemente vendera o confuso roteiro inicial de *Star Wars*, foi dispensado; Lucas, por intermédio de sua equipe de habilidosos advogados, assumiria seus deveres a partir de então. "Eu simplesmente não precisava mais dele", contou Lucas, sem dar sinal de arrependimento.[102]

Mas Lucas precisava mesmo era de completa independência. "Eu tinha de me tornar autossuficiente", explicou mais tarde. "Tive de construir um império simplesmente para fazer os filmes do modo como queria fazê-los. Eu queria construir meu próprio futuro, e não queria ter de suplicar, pedir ou roubar para conseguir o dinheiro para fazer meus filmes. Não queria ter de escutar os estúdios e fazer os filmes segundo seus termos e, felizmente, *Star Wars* me deu a oportunidade de ser independente do sistema dos estúdios."[103]

Exatamente o que esse império se tornaria, disso Lucas ainda não estava certo. No começo, ele se imaginava fazendo negócios com Coppola mais uma vez e ligou, empolgado, para seu antigo mentor. "Eu vou ter todo esse dinheiro, podemos realizar todos os sonhos que sempre tivemos, e quero fazer isso com você", disse Lucas a Coppola. Por um breve período, os dois pensaram em comprar a rede de cinemas Mann, ou mesmo a 20th Century Fox. "Mas, na época, eu estava em uma clara posição inferior e, então, seis meses depois, não houve mais conversas, e seguiu-se um período de ruptura", revelou Coppola. "Nunca entendi o que foi aquilo."[104] Muito provavelmente Lucas estava cansado dos hábitos imprevisíveis e extravagantes de Coppola. Vários anos antes, quando estava cheio de dinheiro, Coppola comprara um prédio em São Francisco, um Learjet, um cinema, até mesmo um jornal — e tudo isso ele hipotecou no instante em que *Apocalypse Now* enfrentou problemas financeiros. Lucas não se imaginava assumindo esse tipo de dívida. "Eu nunca fui como Francis e alguns dos meus outros amigos, que estão construindo enormes impérios e constantemente endividados, e precisam continuar trabalhando para manter seus impérios", contou Lucas.[105]

Lucas e Coppola simplesmente eram tipos diferentes de idealistas. Coppola queria ser um magnata; Lucas queria ser um artista. "Prefiro brincar com filme cinematográfico a me tornar o empreendedor por trás de uma operação gigantesca", contou Lucas, que empalidecia à simples ideia de dar ordens às pessoas, ir a reuniões e aprovar projetos. "Eu quero me afastar de tudo isso. Ao passo que Francis (...) quer cada vez mais poder, eu não. (...) Eu aceito o poder de fazer o que quiser com a minha câmera. Mas recuso o poder de comandar outras pessoas."[106] Então, em vez de uma sede empresarial, ou um prédio em São Francisco, Lucas ainda imaginava trabalhar com seus amigos em uma casa de fazenda "no meio do nada", parecida com aquela na qual crescera. "Eu queria um lugar cheio da tecnologia mais avançada, no qual pudéssemos nos sentar, ver as árvores e pensar em outras coisas."[107]

Para Lucas, o meio do nada acabou sendo a pequena cidade de Nicasio, cerca de 19 quilômetros a noroeste da sede da Lucasfilm, na Parkhouse, San Anselmo, e perto — embora não perto *demais* — de São Francisco, 88 quilômetros ao sul. Lucas visitara uma propriedade isolada conhecida como Rancho Bulltail, com cerca de 690 hectares na coincidentemente chamada Lucas Valley Road, batizada em homenagem a John Lucas, que se assentou ali no século XIX, tendo recebido grande parte das terras circundantes como presente de casamento em 1882. Quase cem anos depois, George Lucas percorreu a propriedade, sombreada e com colinas, e viu quilômetros e mais quilômetros de paz e possibilidades. Era ali que ele iria construir sua fazenda, o rancho *Skywalker*.

"Certo, é isto", disse ele aos seus contadores. "Eu vou comprar."[108]

Na metade do verão, Kasdan tinha concluído cerca de 25 páginas do roteiro de *O Império contra-ataca*, que ele, Lucas e Kersh começaram a estudar, decidindo quais ideias mereciam ser adotadas e como poderiam ser realizadas na tela. Como criador de seu universo ficcional, Lucas mantinha toda a enciclopédia de *Star Wars* na cabeça, e tomaria a maior parte das decisões sozinho. Demorou um pouco até Kasdan compreender o tipo particular de comunicação passivo-agressiva de Lucas. "Na verdade, o modo segundo o qual George trabalha é nunca lhe dizer do que gosta, apenas do que não gosta", revelou Kasdan. "O silêncio era a própria recompensa."[109]

A questão mais difícil ainda envolvia o personagem Yoda. "Vamos fazê-lo pequeno", sugeriu Lucas. "Talvez ele seja um pouco como um sapo." Mas ninguém estava exatamente certo de como fazer um pequeno personagem anfíbio funcionar de modo convincente na tela. Por um momento, consideraram usar um macaco de fantasia e máscara — uma sugestão que um teste de câmera revelou que não era nada convincente, e era quase impossível controlar o macaco. Lucas achou que tinha uma solução melhor. Durante as filmagens de *Star Wars* em Elstree, o mestre dos Muppets Jim Henson estava gravando *Muppet Show* bem em frente, nas instalações da emissora. Ele e Lucas tinham tendências artísticas similares — ambos eram quase desafiadoramente independentes — e prometeram descobrir um modo de trabalhar juntos. Aquela poderia ser a oportunidade: talvez Yoda pudesse funcionar como uma espécie de *muppet*. "Ele teria a personalidade de um *muppet*, só que seria realista", decidiu Lucas.[110] Anotou que devia ligar para Henson.

Com *O Império* começando a ganhar forma no papel, Lucas passou a acelerar a produção. Os lucros do merchandising estavam chegando regularmente à Black Falcon, que de imediato emprestava o dinheiro à Chapter II, à ILM e a uma nova divisão que Lucas criara pouco antes para Ben Burtt: a Sprocket Systems, totalmente dedicada ao som. Kersh e McQuarrie foram enviados a Londres, onde os escritórios da Chapter II haviam sido abertos em Elstree, enquanto mais de 1 milhão de dólares era investido na ILM para equipamento e funcionários. Mas, mesmo depois dessa injeção de dinheiro, manter a ILM operacional exigiria cerca de 400 mil dólares por mês, enquanto a Chapter II exigiria quase 2 milhões de dólares por mês para cobrir os custos de produção e pessoal. Lucas estava investindo tudo o que tinha em *O Império contra-ataca* — e seus recursos já estavam se tornando perigosamente baixos.

Embora parecesse não haver nenhum detalhe pequeno demais para que Lucas se envolvesse — ele ainda escolhia a dedo a equipe e aprovava as mercadorias —, havia um projeto que transferira totalmente para outros: um especial de férias de *Star Wars*, que a CBS planejava transmitir uma semana antes do Dia de Ação de Graças. Lucas se envolvera cedo no processo, sentando-se com o roteirista de televisão Bruce Vilanch para estudar um roteiro que só tinha conceitos muito vagos, mas ambiciosos: ele se passaria no planeta natal de Chewbacca, Kashyyyk, a família *wookiee* derrotaria imperiais a caminho de celebrar o feriado do Dia da Vida, e muito do especial envolveria *wookiees* conversando uns com os outros em sua própria linguagem de grunhidos e rugidos — sem a ajuda de legendas.

Vilanch escutou com atenção, depois exalou lentamente. "Você escolheu desenvolver uma história em torno de personagens que não falam", disse ele a Lucas, incrédulo. "O único som que eles emitem é como os de gente gorda tendo um orgasmo." Lucas olhou feio, nada divertido, e Vilanch ergueu os braços, rendendo-se. Lucas, Vilanch disse, "tinha aquilo que era necessário em um diretor, que é essa crença insana em sua visão pessoal, e de algum modo iria fazer aquilo funcionar".[111]

Não funcionou. Lucas, preocupado em fazer *O Império* e construir sua empresa, colocou o especial inteiramente nas mãos de seus produtores veteranos, Dwight Hemion e Gary Smith, escolhendo ver as gravações do trabalho à medida que eram concluídas. Mas, enquanto via seus personagens participando de cenas cômicas dolorosamente sem graça com Harvey Korman e interlúdios musicais com o Jefferson Starship, Lucas não conseguiu perceber que tinha um problema em mãos. Nem mesmo Ford, Hamill e Fisher, corajosamente repetindo seus papéis do cinema, conseguiam ir além do material; os três pareciam infelizes, embora Fisher estivesse empolgada com a possibilidade de cantar uma canção do Dia da Vida com a melodia tema de Williams para *Star Wars* — outro momento constrangedor. O único momento que despertou algum interesse em Lucas foi uma sequência animada de 11 minutos feita pela empresa canadense Nelvana Ltd., que daria ao público a primeira visão de Boba Fett. Com as fitas chegando, tudo o que Lucas pôde fazer foi deixar para lá — e tirar seu nome do programa.

Muito anunciado pela CBS e ansiosamente aguardado pelos fãs — afinal, aquilo era *Star Wars* na TV —, *The Star Wars Holiday Special* foi ao ar em 17 de novembro de 1978, e foi uma catástrofe completa. O produtor Dwight Hemion o chamou de "o pior lixo que já fiz"; Lucas o classificou como uma "paródia".[112] Ele abrira mão do controle, e *Star Wars* acabara parecendo idiota. Era um equívoco que ele estava determinado a não repetir.

Por ora, o especial de férias seria descartado como uma baixa criativa da concentração, firme como um laser, de Lucas em *O Império contra-ataca*, que parecia estar esgotando seus recursos antes mesmo de um único quadro ser filmado. Em dezembro, os contadores da Lucasfilm estimaram o orçamento de *O Império* em impressionantes 21 milhões de dólares. Lucas, com seus recursos minguando, emprestou à sua empresa 20 milhões de dólares do seu dinheiro em garantia para um empréstimo bancário. Em Elstree, a construção de cenários prosseguia a um custo de 3,5 milhões de dólares. Além disso, ele e Kurtz haviam gastado outros 2 milhões construindo um estúdio permanente, grande o bastante para acomodar uma *Millenium Falcon* em tamanho real: dessa vez, seu modelo não seria serrado ao meio.

Mesmo aqueles que conheciam muito bem Lucas estavam chocados com sua obstinação em financiar pessoalmente o filme inteiro. Independência era uma coisa; falência era outra. Mas aquelas pessoas não estavam entendendo; Lucas não estava pagando um filme; ele estava comprando sua própria liberdade criativa. "Aquela era a oportunidade perfeita para ficar independente do sistema de Hollywood", disse ele. Não haveria contadores de clipes sendo mesquinhos com ele, negando o dinheiro de que precisava para filmar direito uma tomada — e, ainda melhor, não haveria executivos de estúdios olhando por cima do seu ombro na sala de montagem, forçando-o a fazer o que ele considerava mudanças arbitrárias. "Essa era a parte que eu queria evitar."[113]

Mas mesmo um *O Império contra-ataca* completamente independente de Hollywood era apenas um meio para alcançar um fim maior. A verdadeira liberdade criativa de Lucas estava no rancho Skywalker. Ele já estava rabiscando projetos de prédios em cadernos e folhas de papel, quase do mesmo modo como rabiscara carros no ensino médio. De fato, as paredes da Parkhouse estavam cobertas de plantas e desenhos de conceitos, e Lucas adorava mostrá-los e falar sobre o rancho com qualquer um disposto a ouvir — e isso incluía Irving Kershner, que visitou a Parkhouse para falar de *O Império* e acabou conversando mais sobre o império de Lucas. "Era realmente um sonho extraordinário", disse Kershner. "Tantos bilhões de dólares foram ganhos com cinema e ninguém nunca investiu isso em biblioteca, pesquisa, em colocar diretores juntos, criando um ambiente no qual o amor por filmes pudesse atingir novas dimensões."[114]

Mas, enquanto estudava os desenhos e as plantas, Kershner também entendeu a verdadeira posição nada invejável na qual Lucas o colocara: *O Império* era mais do que apenas fazer uma continuação forte o bastante para manter em funcionamento a franquia *Star Wars*. "Esse era o motivo pelo qual estávamos fazendo o segundo [filme]", contou Lucas, apontando para os desenhos do rancho presos na parede. "Se ele funcionar, eu construirei isso. Se não funcionar, é o fim."[115]

9

Céus ameaçadores

1979-1983

Lucas estava enfrentando problemas sérios com a sequência do filme. Um de seus atores — controversamente, o astro de grande sucesso do primeiro filme — havia deixado claro que não voltaria para o segundo sem um aumento significativo. O roteiro era fraco — "é uma daquelas histórias que não deviam ter sequência, de verdade", disse Gary Kurtz —, e Lucas, apesar de suas promessas, não conseguia parar de interferir na produção.[1] Quando não estava pairando sobre cada movimento do diretor escolhido a dedo, Lucas simplesmente passava por cima dele, dirigindo, ele próprio, várias sequências e assumindo o controle da ilha de edição.

A sequência era *American Graffiti: E a festa acabou*, e infernizaram a vida de Lucas para realizá-la. "Não me envergonho de tê-la feito", diria ele mais tarde, "mas não significa que estivesse satisfeito com ela".[2]

Tentando faturar em cima do nome de Lucas em meio ao tsunami de *Star Wars*, a Universal havia relançado *Loucuras de verão* em maio de

1978, com um sucesso considerável — "ainda mais doce da segunda vez", empolgou-se Gary Arnold no *Washington Post* —, e Ned Tanen lembrara a Lucas, sem a menor sutileza, que ainda devia à Universal pelo menos mais um filme.[3] Para Tanen, uma sequência de *Loucuras de verão* era natural, mas Lucas, que já estava desenvolvendo a sequência de *Star Wars*, rejeitava a ideia de voltar àquela obra. Sagaz, Tanen ameaçou produzir a sequência sem o envolvimento de Lucas, uma ideia que ele sabia que o cineasta consideraria inaceitável. Relutante, Lucas cedeu — exatamente por *isso* ele havia insistido em todos os direitos da sequência em seu contrato de *Star Wars* —, concordando em entregar uma continuação de seu primeiro grande sucesso.

Provavelmente, a sequência estava condenada desde o início. Lucas já havia fechado a questão quanto ao fim de *Loucuras de verão*, com a revelação, ao término da película, do destino de cada um dos quatro personagens principais. De todo o modo, ele desenvolveu um esboço da história e começou a cortejar o elenco do primeiro filme, garantindo a maioria sem mostrar a eles um esboço de história ou roteiro. No entanto, Richard Dreyfuss, que fizera o papel de Curt, abrira caminho para o estrelato em *Tubarão*, em 1975, seguido por um desempenho vencedor do Oscar em *A garota do adeus*, em 1977 — e, com o orçamento parcimonioso oferecido pela Universal, Lucas não teve a chance de conquistá-lo. "O cachê não era suficiente", reclamou Dreyfuss, indignado, ao *Los Angeles Times*. "Eles me ofereceram um décimo do meu salário habitual, e eu recusei... Ainda me dou bem com Lucas, mas ele não vai contar a história de Curt Henderson."[4]

Lucas delegou a tarefa de encontrar um roteirista a outro velho amigo da USC, Howard Kazanjian, a quem havia recrutado para ser o produtor de linha de *American Graffiti: E a festa acabou* — um título descartável, que indicava o interesse cada vez menor de Lucas pelo projeto. Kazanjian levou B.W.L. "Bill" Norton, um colega de turma de Gloria Katz, da UCLA, que atendia à maioria dos requisitos que Lucas procurava em seu roteirista: era californiano, com idade próxima à de Lucas — e, com uma bomba, o drama sobre drogas *Cisco Pike*, de 1972, em sua pequena lista de créditos, ele também estava em busca de uma oportunidade para escrever e dirigir novamente. "George não queria dirigir o filme", disse Kurtz. "Ele queria alguém que pudesse controlar", acrescentou.[5] Norton era esse cara.

Norton foi levado a Parkhouse para discutir a sinopse que Lucas havia traçado para seus quatro personagens principais — alguns, "George já havia trabalhado em detalhes", recordou Norton, mas "outros ainda necessitavam de ajustes".[6] Lucas havia imaginado quatro histórias paralelas, acontecendo ao longo de uma série de vésperas de Ano-Novo, acompanhando John Milner, Steve e Laurie, Terry (Toad) e — com Dreyfuss fora do quadro — a namorada eventual de Toad do primeiro filme, a sisuda Debbie Dunham. Lucas também imaginou filmar a história de cada personagem em quatro estilos diferentes, com a aventura hippie de Debbie filmada em estilo psicodélico de tela dividida, por exemplo, enquanto as proezas de Toad no Vietnã seriam filmadas em preto e branco, em película 16mm arranhada, parecendo muito com a maneira como Lucas tinha imaginado filmar *Apocalypse Now*. Na verdade, Lucas enfatizou para Norton que esperava que ele trabalhasse rápido, obtendo o filme escrito, filmado, editado e lançado antes de meados de agosto de 1979, quando a versão de Coppola de *Apocalypse Now* era esperada nas salas de cinema. Quando John Milius soube o que Lucas andava aprontando, limitou-se a balançar a cabeça, incrédulo. "Ele quer roubar os holofotes de Francis, sabia?"[7]

Norton escrevia depressa, embora Lucas tenha mandado Kazanjian vigiá-lo, desencorajando-o a criar novos personagens ou se afastar muito da história de Lucas.

"O roteiro não era nenhuma maravilha", disse Kurtz, que provavelmente estava feliz por se livrar do projeto — mas o roteiro pouco importava a Caleb Deschanel, outro amigo da USC que Lucas escolhera para ser seu diretor de fotografia. Filmar em múltiplos formatos, disse Deschanel mais tarde, foi "uma ideia maluca, mas nos divertimos muito. Foi mesmo uma continuação da atmosfera da USC".[8]

Lucas deu a Norton meros 44 dias para concluir a fotografia principal — ainda assim, uma eternidade em comparação à filmagem em 28 dias de *Loucuras de verão*, em 1972. As filmagens começaram em uma pista de aceleração na Califórnia, as arquibancadas lotadas de figurantes atraídos pela promessa de Lucas de distribuir, gratuitamente, bonecos de *Star Wars*. Lucas apareceu no primeiro dia e prometeu deixar Norton em paz, mas descobriu que não conseguiria ficar de fora. Ele próprio dirigiria praticamente todas as sequências do Vietnã, filmando diversos helicópteros militares perto de Stockton, Califórnia; depois assumiu o processo de edição, deixando Norton ainda mais à margem de todo o processo. Lucas sabia que não tivera consideração por seu diretor e, mais tarde, admitiu que suas abordagens conflitantes do filme não deram certo. "Acho que toda a minha ideia de um estilo para *American Graffiti: E a festa acabou* não foi, em última instância, bem-sucedida", admitiu Lucas. "Bill é um tipo de contador de histórias mais conservador, e acho que o forcei a fazer coisas com as quais, em seu coração, ele não se sentiu confortável."[9]

O conflito artístico ficou evidente também na tela; em seu lançamento, em agosto de 1979, *American Graffiti: E a festa acabou* foi um fracasso, tanto de público quanto de crítica, embora tenha sido Norton quem sofreu toda a pressão pelas decisões de Lucas no que diz respeito ao aspecto visual do filme. O *Washington Post* chamou de "gozação displicente" do original, sofrendo "de um caso terminal de frivolidade".[10] Enquanto isso, em uma crítica do *New York Times*, Janet Maslin arrasou o filme, dizendo que era "grotescamente malconcebido" e — em um pouco de crítica que deve ter tocado fundo em Lucas — comparou desfavoravelmente suas sequências do Vietnã com as de *Apocalypse Now* de Coppola.[11]

Kazanjian ficou perplexo com as críticas, mas Lucas deu de ombros. "Existem certas coisas das quais não gosto; de outras, contudo, eu gosto", disse ele, enigmático.[12] Mas ele tinha de estar preocupado; independentemente de não gostar do projeto, sua primeira tentativa de uma sequência havia desmoronado. Agora estava fazendo outra sequência, com cada dólar que ganhara em jogo, mas a experiência com *American Graffiti: E a festa acabou* o deixara assustado. "Tudo que tenho, tudo que já ganhei na vida, está empregado no *Império* [*contra-ataca*]", disse ele, apreensivo.[13] "Não sabemos se *O Império* será outro *American Graffiti: E a festa acabou...* Se for um fiasco, vou perder tudo."[14]

E as coisas não estavam indo bem com a sequência.

O roteirista Lawrence Kasdan havia reconfigurado o roteiro de *O Império contra-ataca* quase até o último momento antes do início das filmagens, fazendo o melhor possível para imprimir um colorido, dentro das diretrizes fornecidas por Lucas e pela finada Leigh Brackett. Lucas deixara claro que, em respeito a Leigh, pretendia dar a ela crédito pela história — e isso não era um problema para Kasdan, que, enquanto dava forma ao roteiro, às vezes discutia se queria o próprio nome nos créditos. "Havia algumas partes do roteiro", recordou Kasdan, "que, quando li, fizeram-me dizer para mim mesmo: 'Não acredito que George escreveu esta cena. Está horrível.'"[15]

Também o tempo estava horrível. Quando o diretor Irvin Kershner começou a filmar em Finse, Noruega, em março de 1979, uma grande nevasca, mesmo para os padrões noruegueses, castigou a produção, deixando tudo branco e sem sombras, pois era impossível enxergar a mais de poucos metros de distância. (Improvisando, Kershner apontou uma câmera pela porta de seu quarto de hotel para filmar Hamill cambaleando pela neve.) Lucas chegou a Elstree no fim de março e encontrou o imenso estúdio de som que ele e Kurtz se dispuseram a construir com o próprio dinheiro — o qual para sempre seria chamado "Palco de *Star Wars*" — ainda em construção, com seus interiores expostos às chuvas da primavera, e um Palco 4 que havia sido destruído pelo fogo. Além disso, o dólar estava enfraquecendo cada vez mais em relação à libra esterlina, empurrando os custos para cima a cada dia que passava. O orçamento de Lucas, inicialmente definido em $18 milhões, agora estava em torno dos $22 milhões; até junho, subiria para $25 milhões. Era um dinheiro que Lucas não tinha.

Ele jurou, repetidas vezes, que não dirigiria mais — "Acho que posso funcionar melhor como produtor executivo", insistia —, mas jamais se sentiria inteiramente confortável delegando tarefas de direção a outra pessoa.[16] "É muito difícil olhar por cima do ombro de outro diretor", observou Kurtz.[17] E, mesmo assim, a qualquer hora que Lucas estivesse no set, ficaria olhando fixamente, observando — com os braços cruzados e os lábios comprimidos —, controlando-se para não olhar pelos binóculos. "Não sinto um desejo muito intenso de que o filme estivesse sendo feito de outra maneira", declarou ele e, logo em seguida, se corrigiu. "Bem, talvez de vez em quando", continuou ele. "Mas prefiro que outra pessoa faça esse trabalho." Kasdan se encantava com a habilidade de Lucas de fazer as coisas ao seu modo, "tentando levar [todo mundo] a fazer exatamente o que [ele] queria que fosse feito", além de ser "muito bom, engraçado e charmoso do seu próprio jeito".[18] Ou, como observou Kershner diplomaticamente, "Eu o peguei olhando pela câmera apenas duas vezes até agora".[19] À medida que as filmagens avançavam, as coisas não mudavam. Longe de Elstree, Lucas havia assumido a tarefa de supervisionar grande parte do trabalho de efeitos especiais tanto quanto possível na ILM. "Como tenho controle sobre os efeitos especiais, sinto-me confiante de que não vamos ter problemas com isso", declarou a um jornalista. "Meu único problema agora é o ritmo da produção."[20] Lucas se estressara com Dykstra durante a produção de *Star Wars* por causa do ritmo glacial na criação da tecnologia necessária. Ele agora descobria que os equipamentos meticulosamente construídos empregados em *Star Wars* já demandavam atualização para lidar com os efeitos mais sofisticados de *O Império*. Algumas tomadas — como, por exemplo, a perseguição da *Millennium Falcon* por um campo de asteroides — exigiram a composição de mais de duzentos pedaços de filme, o que, por sua vez, fez com que a ILM construísse uma nova impressora óptica. A confiança nos efeitos era uma coisa; o controle de custos, por sua vez, era outra bem diferente. Ao que parecia, os efeitos especiais, como tudo o mais associado a *O Império*, estavam queimando o dinheiro dele mais depressa que o esperado.

Quando a primavera deu lugar ao verão, a situação passou de ruim a péssima. Kershner, que fora contratado por sua habilidade em lidar com os atores, estava se demorando cada vez mais em cada cena, ensaiando e reescrevendo diálogos, bem como encorajando os atores a dar sua colaboração nos diálogos ou na encenação. Durante a maior parte do tempo, sua dedicação aos atores compensou — uma longa discussão com Ford e Carrie terminou com o Han Solo de Ford respondendo à declaração de amor de Leia com o inesquecível improviso "Eu sei" —, mas o ritmo lento estava atrasando a produção e irritando Lucas.[21]

Nas poucas vezes que Kurtz ficava entre Lucas e seu diretor, a tendência era tomar o partido de Kershner — e, para a maior irritação de Lucas, até Marcia defendeu a visão de Kershner para o filme. "Marcia e eu concordávamos muito", contou Kershner. "Achávamos que os filmes [*Star Wars*] podiam ter mais personagens e mais complexidade. George achava que eles deviam ser simples de outro modo. Era uma séria diferença filosófica. Para mim, não era uma questão emocional. Eu sentia que o filme era dele e que eu estava trabalhando para ele."[22]

Outra peça de dominó caiu como um mau presságio em junho, quando Alan Ladd anunciou sua demissão após uma discussão acalorada com alguns executivos da Fox, deixando Lucas sem seu maior defensor junto ao problemático e imprevisível estúdio. A saída de Ladd, na verdade, fora desencadeada, em grande parte, por sua dedicação a Lucas, a qual — argumentaram os contadores sovinas do estúdio — tinha resultado no contrato parcial de *O Império*, que tendia significativamente a favor de Lucas. Ladd não deixaria o estúdio até o inverno, mas a notícia fez Kurtz se apressar em assegurar que todos os seus contratos fossem assinados e que os acordos estivessem estabelecidos.

Em seguida, em 5 de junho, John Barry — o talentoso cenógrafo vencedor do Oscar de Lucas, que atuava como diretor da segunda unidade — desmaiou em Elstree e morreu horas depois de meningite, aos 43 anos. Sua morte deixou toda a equipe em choque. Kurtz assumiu as funções de Barry, enquanto Lucas pegava um avião para Londres a fim de tentar entender melhor a desgastada produção. Quase ao mesmo tempo, o Bank of America, observando, com certa ansiedade, o orçamento cada vez maior, com uma folha de pagamento semanal de quase $1 milhão, de uma hora para outra ameaçou retirar o empréstimo de Lucas e encerrar a operação. Lucas ficou furioso e jogou a culpa pelo orçamento estourado aos pés de Gary Kurtz, que, na opinião de Lucas, havia mimado Kershner com seu ritmo vagaroso, falhando em manter a produção com rédeas curtas. "George ficou realmente preocupado com o tempo que estávamos levando", disse Kurtz sem rodeios, "e me acertou com o excesso de custos de *O Império*".[23]

Enquanto os advogados da Lucasfilm imploravam por paciência, Lucas garimpava fundos, conseguindo 525 mil dólares da Black Falcon para o Capítulo II, e esticou o pouco dinheiro que lhe restara fazendo uma programação de pagamento — qualquer coisa para evitar ir à Fox pedir de joelhos o dinheiro necessário para acabar o filme. Lucas jamais lhes daria essa satisfação. "Todo o dinheiro que ganhei com *Star Wars* foi colocado nesse filme. Ainda por cima, eu não queria ir à Fox e entregar a eles a produção, porque, senão, eu teria que devolver todos os direitos", disse Lucas. "Precisava, de algum modo, seguir eu mesmo com a produção, conseguir que as pessoas trabalhassem sem receber... com a forte esperança de que o que quer que pedissem não significasse ter de retornar e renegociar alto com a Fox."[24] Como sempre ocorria com Lucas, era uma questão de controle: "Eu queria muito a minha independência." Ele acabou concordando em conceder um percentual à Fox, para que o estúdio garantisse um novo empréstimo com o First National Bank of Boston — uma concessão que ambas as partes consideraram razoável. "Acho que a Fox estava tão preocupada quanto nós em terminar o filme", afirmou Lucas.[25] No entanto, a Lucasfilm permaneceu como o avalista básico do empréstimo; se *O Império* não desse lucro, a Lucasfilm provavelmente estaria acabada.

Com tanto em jogo, Lucas sentiu que não tinha opção além de pairar sobre Kershner pelo restante do filme. "Tinha que estar lá todo dia, e tinha que ajudar Kershner", disse Lucas depois, "o que se tornou um bocado de trabalho".[26] Quando indagado diretamente se poderia realizar o trabalho com mais rapidez que Kershner, Lucas respondeu de forma direta: "Acho que sim."[27] Ele também se inseriu no processo de edição, tecendo uma segunda edição do primeiro corte de Paul Hirsch do filme quase tão depressa quanto Hirsch conseguia montá-lo. Mesmo com Lucas envolvido mais diretamente, ainda havia alguns problemas para além de seu controle: diversos rolos de filme foram arruinados no processo de revelação, enquanto outros chegavam com a imagem turva demais para usar, o que obrigava Lucas a abandonar várias sequências em benefício do tempo.

As cenas mais importantes que ainda não haviam sido filmadas eram as que envolviam Yoda, cujo desenvolvimento Lucas deixara, em grande parte, nas mãos do criador dos Muppets, Jim Henson, em colaboração com Stuart Freeborn e os magos da ILM. Lucas gostava imensamente de Henson; ambos eram independentes ao extremo, presidindo as próprias empresas agressivas, livres da interferência de Hollywood, e ambos se autoproclamavam fanáticos por inovações tecnológicas, comprometidos em desenvolver a tecnologia necessária para dar vida vibrante às suas ideias na tela. Yoda, na época, era um importante projeto para ambos. Lucas precisava de um fantoche bem realista e de um talentoso manipulador de marionetes, enquanto Henson estava ansioso para aplicar as lições aprendidas na ILM — a maioria sobre usar mecanismos menores e operados por controle remoto para mover os olhos, as orelhas e as bochechas do fantoche — ao filme que ele estava desenvolvendo, *O cristal encantado*.

No entanto, embora Henson tenha supervisionado boa parte da construção de Yoda, para a surpresa de Lucas, escolheu não operar o boneco, recomendando, em vez disso, que o personagem fosse posto nas mãos de seu sócio de longa data, Frank Oz. O versátil Oz, que manipulava personagens como Miss Piggy e Urso Fozzie, do *The Muppet Show*, era admirado por sua habilidade na criação de personagens praticamente à vontade — ele se considerava um ator, e não apenas um manipulador de marionetes — e, ao longo dos últimos meses, havia mergulhado no personagem de Yoda, imaginando seu próprio histórico para o personagem, dando ao diminuto mestre Jedi não só seriedade, como também um senso de humor sutil, além de uma maneira de falar bem distinta.

Lucas tinha dúvida quanto a dar um papel tão essencial a um fantoche de borracha, não importava quão talentoso fosse o bonequeiro. "Aquilo foi um salto de verdade", contou Lucas, "porque, se aquele fantoche não tivesse dado certo, o filme inteiro teria ido por água abaixo".[28] Ele não precisava ter se preocupado; não só Yoda foi cuidadosamente construído — com pequenos motores e rotores para abrir os olhos, balançar as orelhas e puxar para trás as bochechas —, como também brilhantemente manipulado por Oz, com uma equipe de dois e, algumas vezes, três outros bonequeiros de apoio. No momento em que as filmagens começaram com Oz e Yoda, no início de agosto, ficou claro que o personagem daria espetacularmente certo. Na verdade, Oz foi tão convincente em seu desempenho que Kershner, com frequência, surpreendeu-se dirigindo Yoda diretamente, em vez de direcionar seus comentários a Oz, agachado desconfortavelmente fora do campo de visão, bem abaixo do set. Até Lucas deixou-se levar pelo momento, sentando-se no chão de pernas cruzadas no lar de Yoda, completamente envolvido na conversa com o fantoche, mesmo com Oz bem à vista.

Com Yoda literalmente em boas mãos, Lucas dedicou-se a persuadir o outro mestre Jedi do filme, a última pendência de seu elenco original. Durante o almoço, Lucas conseguiu atrair de volta Sir Alec Guinness, com a promessa de lhe dar mais um terço do percentual acertado por dia de trabalho. Com a última peça do quebra-cabeça do elenco encaixada, Lucas voltou para San Rafael no fim de agosto, a fim de supervisionar a ILM, deixando cautelosamente as coisas em Londres nas mãos de Kershner — mas não sob a supervisão de Gary Kurtz. Com as filmagens agora atrasadas mais de cinquenta dias além do programado, o orçamento ainda subindo constantemente e os banqueiros ansiosos, Lucas decidiu que já tinha tolerado muito Kurtz e sua indulgência com relação a Kershner, colocando em seu lugar Howard Kazanjian, seu produtor de *American Graffiti: E a festa acabou*. "Eu precisava terminar o filme", declarou Lucas sem nenhum toque de sentimentalismo "e, àquela altura, eu, de fato, só me importava com isso".[29]

Sob o olhar de Kazanjian, Kershner concluiu a fotografia principal de *O Império contra-ataca* em 24 de setembro de 1979. Lucas sentiu-se aliviado; agora *realmente* podia pôr as mãos no filme trabalhando com o editor Paul Hirsch, primeiro em Parkhouse e depois em um espaço alugado no número 321 da San Anselmo Avenue. Lucas não ficara satisfeito com o primeiro corte de Hirsch, e remontou o filme para lhe imprimir um ritmo mais rápido, muito mais próximo do estilo que ele mesmo preferia. O resultado, porém, foi um desastre — as cenas passavam depressa demais, o que tornava impossível investir em qualquer sinopse —, e Lucas brigou com Kershner, Hirsch e Kurtz, os quais acabaram por convencê-lo a retornar para o ritmo mais lento e calculado da edição de Hirsch.

Nesse ínterim, o confiável Ben Burtt continuava editando os efeitos sonoros, e Lucas ainda tinha várias vozes importantes para mixar. James Earl Jones retornaria para fazer a voz de Vader, incluindo uma frase fundamental de um diálogo — "Não. *Eu* sou seu pai" — de que apenas Hamill, Kershner e algumas poucas pessoas tinham conhecimento durante as filmagens. (Oculto pela máscara de Vader, Dave Prowse dissera a fala "Obi-Wan matou seu pai", e só saberia a verdadeira reviravolta na trama ao assistir ao filme no cinema.) De sua parte, quando Jones gravou o diálogo de Vader, no inverno de 1980, ele continuava convencido de que Vader estava mentindo.

A outra voz importante era a de Yoda. Mesmo quando assistiu a Oz representando o personagem no estúdio de som de Elstree, Lucas ainda não tinha certeza de que queria Oz falando como o mestre Jedi. "George não queria a minha voz", disse Oz, naturalmente. "Entreguei a ele a fita [de voz]; ele disse 'Não, obrigado.'"[30] No entanto, à medida que Lucas foi escutando as audições de voz uma atrás da outra, acabou por apreciar que, "em termos de fantoches, a pessoa que está representando o papel realmente o incorpora",[31] e que Oz — tal como Anthony Daniels com a voz de C-3PO — tinha sido a escolha natural desde o começo.

Na maior parte dos dias, porém, Lucas passava na Kerner, observando enquanto Dennis Muren, Richard Edlund e a equipe da ILM, lenta mas paulatinamente, montava os efeitos especiais. Assim, para o lançamento de *O Império*, previsto para maio de 1980, os efeitos tinham de estar concluídos, no máximo, em março. Além de utilizar a mesma tecnologia de controle de movimentos, pioneira em *Star Wars*, a ILM também iria empregar efeitos de *stop motion* tradicionais para os AT-ATs blindados que atravessavam a neve, bem como para os ágeis tauntauns usados por cavaleiros nas cenas de abertura do filme. À medida que o número de efeitos necessários aumentava, acompanhar cada tomada implicava mais do que os bibliotecários do filme podiam anotar com lápis e papel. Então, pela primeira vez, Lucas e sua equipe investiram em uma nova ferramenta para ajudá-los a registrar e localizar cada um dos fotogramas do filme: sobre uma mesa na ILM, estava um computador da Apple novinho em folha.

Lucas, sempre um caçador de tecnologia, viu-se intrigado com as possibilidades cinematográficas oferecidas pelos computadores. A câmera controlada por computador na ILM e o sistema de arquivos do desktop da Apple eram muito bons, mas Lucas já imaginava o dia em que os computadores fariam do filme algo totalmente obsoleto. "Qualquer um que já trabalhou com filmes se dá conta da estupidez da ideia do século XIX", argumenta Lucas.[32] E isso porque, com o filme tradicional, cada elemento individual em uma tomada — atores, efeitos especiais, brilhos do sabre de luz, raios laser — tinha de ser montado isoladamente e, em seguida, unido no compositor óptico, um processo que era uma dor de cabeça de longa duração e criava consideráveis chances de erro, frequentemente deixando o filme arranhado ou desbotado. Para alguém que ansiava por controle, sobretudo alguém que desenvolvia seus filmes no processo de edição, o cinema digital — em que todos os elementos podiam ser manipulados diretamente em uma tela de computador, sem degradação da imagem — parecia ideal. O único problema real era que Lucas não fazia ideia de como aquilo iria funcionar. A tecnologia que ele imaginava ainda não existia, nem mesmo no papel.

Em resumo, era uma espécie de projeto perfeito de pesquisa e desenvolvimento para ser empreendido no rancho Skywalker.

Não que já houvesse alguma instalação. Naquele momento, o rancho ainda era, em sua maior parte, uma série de desenhos afixados às paredes em Parkhouse, embora Lucas estivesse lentamente começando a contratar vice-presidentes e diretores de divisão para se instalarem em escritórios assim que fossem construídos. A divisão de computação era uma de suas prioridades absolutas, e Lucas estava determinado a contratar apenas os mais inteligentes e mais visionários entre os designers, programadores e engenheiros de computação disponíveis. Seu primeiro empregado foi um brilhante cientista da computação e físico chamado Ed Catmull, então diretor do Instituto de Tecnologia de Nova York, que morava em um quarto de motorista e garagem convertidos em Long Island. Ele e Lucas tornaram-se amigos quase de imediato, e Catmull foi logo instalado no último andar de um prédio que Lucas estava alugando em San Anselmo, com uma sala contígua à de Marcia. No ano seguinte, Catmull traria seus ex-colegas do NYIT um a um e, astutamente, também seu antigo sócio, Alvy Ray Smith, e outros, para assegurar que a divisão de computação da Lucasfilm tivesse a equipe mais inteligente disponível, tal como Lucas queria.

Para Catmull e sua equipe — todos *geeks* de ficção científica, muito impressionados com *Star Wars* —, trabalhar para Lucas era o emprego dos sonhos. "Em toda Hollywood, George era a única pessoa que realmente investia em tecnologia de cinema de forma séria", disse Catmull. "Os grandes estúdios eram avessos demais a riscos, mas George compreendia o valor da mudança tecnológica. Era ele quem fornecia esse tipo de suporte quando ninguém mais o fazia."[33] Lucas os colocou para elaborar um workshop de cinema digital completo, com um sistema de edição digital, um sistema de áudio digital e uma impressora digital, em que as imagens eram combinadas e manipuladas.

Catmull, que admirava Walt Disney quase tanto quanto admirava Albert Einstein, tinha esperança de convencer Lucas a permitir que ele dedicasse tempo também à animação digital; Lucas, porém, considerava esse um desvio da rota. Queria que Catmull desenvolvesse ferramentas para fazer filmes digitais, e não que perdesse tempo no que via como desenhos animados high-tech. Catmull se esforçou ao máximo para seguir essas ordens, embora continuasse contratando o pessoal que *ele* queria, mesmo quando isso por vezes significava agir furtivamente; quando contratou um jovem animador ex-funcionário da Disney chamado John Lasseter, Catmull deu um jeito de conseguir a aprovação dos executivos da Lucasfilm ao dar a Lasseter o cargo de "designer de interface".

A divisão de computadores trabalharia de forma diligente, embora lenta, ao longo dos anos seguintes para criar as ferramentas digitais que Lucas imaginou — e, enquanto Catmull e sua equipe divergiam de Lucas acerca dos objetivos finais dos novos equipamentos, eles realmente compartilhavam sua aptidão para pensar depressa em nomes para seu projeto. Uma noite, durante o jantar, um designer sugeriu que chamassem seu novo computador de composição digital de "Fabricante de Imagens". Alvy Ray Smith sugeriu que criassem algo um pouco mais moderno — talvez fazendo referência ao laser que o computador usava para a maior parte da varredura — e propôs o nome de Pixer. Depois de um pouco mais de discussão, eles decidiram ajustar a palavra ligeiramente, surgindo um nome que todos gostaram um pouco mais: *Pixar*.

O Império contra-ataca estreou em uma quarta-feira, 21 de maio de 1980, em 126 salas de cinema, e quebrou os recordes de público em 125 delas. Nenhum outro estúdio estreou um filme junto com ele. Mais uma vez, os fãs esperaram na fila — muitos acamparam durante a noite, alguns de pé, sob chuva pesada —, enquanto inúmeros pais escreveram bilhetes à escola avisando sobre a ausência dos filhos, e depois ficaram na fila ao lado deles. Na mesma semana, a revista *Time* trouxe Darth Vader na capa e saudou o filme como "melhor do que *Star Wars*".[34] Na semana seguinte, o presidente Carter convidou o vice-ministro da China, Geng Biao, então em visita ao país, para assistir ao filme com ele e a primeira-família na Casa Branca. "Geng Biao passou o filme todo sentado na beira da poltrona", relatou Carter. "Felizmente, ele não me pediu nenhuma das armas que viu no filme", brincou.[35]

Em geral, as críticas foram positivas; Lucas conquistou os críticos da *Time* e do *Los Angeles Times*, e — em um golpe real — até mesmo a extremamente dogmática Pauline Kael, da *New Yorker*, declarou: "Em nenhum sentido essa saga jovem e efervescente está acabando em termos de imaginação." Muitos críticos, porém, ficaram desconcertados com o tom intencionalmente mais sombrio e adulto do filme. Janet Maslin argumentou no *New York Times* que "o filme atual é tão bem acabado e tecnicamente competente [quanto *Star Wars*], mas raramente tão alegre e divertido".[36] Enquanto isso, o colega de Maslin, Vincent Canby, achou o filme efetivamente "insípido" descartando-o como "uma operação grande, cara, demorada e essencialmente mecânica", acrescentando: "Parece um filme dirigido a distância".[37]

Lucas também confundiu os críticos — e os fãs — ao adicionar, antes do letreiro de abertura, que o público estava prestes a ver O EPISÓDIO V — O IMPÉRIO CONTRA-ATACA. Aqueles que estavam prestando atenção apontaram que Lucas revelara a intenção de relançar *Star Wars*, com um novo título no letreiro em que se lia EPISÓDIO IV — UMA NOVA ESPERANÇA. Desse momento em diante, Lucas sempre afirmaria que pegou a primeira versão extensa de *Star Wars*, dividiu-a em três e, em seguida, decidiu filmar o terço do meio primeiro, com *Uma nova esperança* como a quarta parte de uma saga de nove partes.

Kurtz limitava-se a balançar a cabeça. "Isso não é verdade", disse ele mais tarde. "Havia muitos pedacinhos que eram ideias razoavelmente boas e que foram parar na versão final [de *Star Wars*]", mas "não havia material suficiente para fazer outros filmes".[38] Lucas, no entanto, sustentava que ele tinha em mente uma mitologia épica abrangendo galáxias o tempo todo, embora às vezes vacilasse entre seis ou nove partes. De todo o modo, pelo menos um crítico mostrou-se indignado com a ousadia de Lucas ao provocar os fãs com a promessa de ainda mais *Star Wars*. "George Lucas revelou que os dois filmes são as partes quatro e cinco de uma saga de nove partes", reclamou Judith Martin no *Washington Post*, "como se o público fosse algum dia receber o todo, do jeito que os devotos hoje vão a Seattle para uma semana de imersão no Ciclo do Anel completo de Wagner" — um conceito que ela desprezava como "*nonsense*".[39]

Nas semanas que antecederam o lançamento de *O Império contra-ataca*, Lucas ficou incerto se tinha um sucesso nas mãos. "Acho que o filme tem tanta chance de ser um sucesso quanto de não ser", disse ele. "Acho que sou o maior pessimista por aqui — afinal, eu disse a mesma coisa sobre o primeiro."[40] Ele também estava preocupado com a matemática; depois dos custos com impressão, publicidade e distribuição, *O Império* teria de faturar 57 milhões de dólares apenas para que Lucas recebesse de volta o que investiu. E, para construir o rancho Skywalker, conforme o tipo de complexo que ele imaginava, *O Império* teria de faturar muito mais do que meramente se pagar.

Ele não precisava ter se preocupado com isso. Em cinco semanas, o filme faturou 64 milhões de dólares; em setembro, superaria os 160 milhões. *O Império* encerraria 1980 como o maior filme do ano e, ao fim de sua estreia, o faturamento bruto seria de quase 210 milhões de dólares, tornando-se o terceiro filme mais bem-sucedido de todos os tempos, atrás apenas de *Star Wars* e *Tubarão*. A Lucasfilm embolsou um lucro de mais de 100 milhões de dólares.

Lucas literalmente havia apostado o rancho Skywalker em *O Império* e ganhou.

Com *O Império* agora no passado, Marcia esperava que ela e o marido pudessem ter ao menos alguns dias de descanso juntos. "Minha mulher gosta de tirar férias", declarou Lucas à revista *Starlog*. "Ela não gosta de não poder ir a lugar nenhum, ano após ano. Ela gostaria de poder dizer: 'Olha, vamos viajar por duas ou três semanas e relaxar...' Sempre acabo dizendo [a ela]: 'Semana que vem. Espera só até eu terminar este negócio.' Quando, enfim, você termina esse negócio, sempre existe algo mais. E você não consegue sair."[41]

Dessa vez, o algo mais era *Os caçadores da arca perdida*. Mais uma vez, Marcia teria de esperar.

Lucas já havia oferecido *Os caçadores* por toda Hollywood por quase um ano, enviando a primeira versão de Kasdan para Universal, Warners, Orion e Paramount — acompanhada de uma lista de condições. Em um acordo semelhante ao que havia estabelecido com a Fox para *O Império*, Lucas estava oferecendo financiar ele próprio *Os caçadores* até a quantia de 20 milhões de dólares e, então, permitiria que um estúdio distribuísse o filme concluído em troca de uma porcentagem dos lucros.

A Warner, ainda tentando compensar Lucas depois de sua amarga experiência com o estúdio na época de *THX 1138*, logo expressou interesse, mas depois fez corpo mole por tanto tempo que foi superada pela Paramount e por seu presidente agressivo e pioneiro, Michael Eisner. "George veio à minha casa", lembrou Eisner, "e disse: 'Vamos fechar o melhor negócio que já fizeram em Hollywood.'"[42] Em 7 de novembro de 1979, a Paramount anunciou um acordo com a Lucasfilm e The Raiders Company em que o estúdio deu a Lucas praticamente tudo que ele havia pedido. Os lucros do filme seriam divididos 60-40 em favor do estúdio, até o filme se pagar, e a partir daí os lucros seriam divididos por igual. Não era um mau negócio, mas os executivos da Warner advertiram a Paramount de que dar a um cineasta o que ele queria significava o fim da indústria do cinema — uma crítica que já custara a Ladd seu trabalho na Fox. Mas Eisner não estava nem um pouco preocupado. "Se nos déssemos mal nesse acordo, gostaríamos de nos dar mal assim duas ou três vezes por ano", disse ele.[43]

Mesmo quando Kasdan continuou com seu roteiro durante o ano de 1979, já entrando em 1980, houve um momento de lucidez da parte de Lucas quanto ao nome de seu personagem principal. Spielberg continuou a insistir que não gostava do nome Indiana Smith, que o fazia lembrar-se do faroeste de Steve McQueen de 1966, *Nevada Smith*. Para Lucas, que queria apenas que o personagem principal tivesse um nome essencialmente americano, não foi problema mudar o nome para Indiana Jones.

O nome foi fácil; o elenco, no entanto, mostrou-se mais difícil. Como costumava fazer, Lucas havia jogado uma grande rede, trazendo muitos atores e atrizes para os papéis principais de Indy e Marion — Christopher Guest, Debra Winger, David Hasselhoff, Jane Seymour, Sam Elliott, Karen Allen — e depois gravando várias combinações para ver se as faíscas surgiam. Ele ficou impressionado com Tom Selleck, que, até então, fizera sobretudo comerciais e pequenos papéis na televisão, mas recentemente havia conseguido o papel principal na série para televisão da CBS, *Magnum, P.I.* A emissora, porém, farejando a estrela em ascensão de seu ator, prendeu Selleck ao contrato, tornando-o indisponível.

Lucas admitiu a Spielberg que, pessoalmente, pensou que Harrison Ford seria um Indiana Jones ideal; até o descreveu em um esboço como interpretado por "alguém como Harrison Ford".[44] Mas Lucas usara Ford em todos os filmes que dirigira ou produzira desde *Loucuras de verão*, e não queria ser visto como contando com um "estábulo" de atores, da mesma forma que Scorsese repetidamente utilizou o ator Robert De Niro ou Coppola usou James Caan. Ainda assim, Lucas e Spielberg se reuniram com Ford e imediatamente souberam que haviam encontrado seu Dr. Jones. O contrato de Ford foi assinado em junho de 1980, apenas algumas semanas antes do início previsto das filmagens principais na França.

Algumas pessoas dentro da Paramount ainda estavam céticas quanto à habilidade de Spielberg de fazer um filme dentro do prazo e do orçamento — e Spielberg, apesar do sucesso de *Tubarão* e de *Contatos imediatos*, vinha do fiasco de *1941: Uma guerra muito louca*. Para Spielberg, na época, "*Os caçadores* era um filme para limpar meu organismo", como posteriormente descreveu, "[para] tirar a saliva do meu microfone".[45] Lucas aconselhou Spielberg a abordar o filme quase como se estivesse dirigindo um seriado cinematográfico antigo, filmando, disse Lucas, "rápido e sujo".[46] Em um lance inteligente, Lucas também avisou à Paramount que o filme seria filmado em 88 dias, enquanto ele e Spielberg haviam concordado que provavelmente terminariam antes disso.

Dessa forma, se a Paramount perguntasse, Lucas sempre poderia dizer ao estúdio que estavam à frente do cronograma e o deixariam em paz.

Lucas também havia fornecido a Spielberg uma equipe de apoio de primeira categoria, utilizando grande parte do mesmo pessoal em Elstree que Lucas usara em *O Império contra-ataca*, instalando Howard Kazanjian como produtor executivo e colocando a ILM inteiramente à sua disposição para efeitos especiais. (Spielberg também poderia contratar um produtor associado de sua escolha, trazendo Frank Marshall, um veterano de vários filmes feitos para Peter Bogdanovich.) "O que aprendi em *Os caçadores* é que você define tudo", disse Lucas. "Deixe o roteiro bem próximo do que você quer. Depois, se contratar a pessoa certa com quem você concorda, deve seguir a visão dela... Mas a verdade é que concordamos completamente com essa visão."[47] Ou quase. Lucas e Spielberg ainda discordavam acerca da natureza do personagem de Indy: Lucas o via como um playboy engenhoso que usava a caça ao tesouro para sustentar um estilo de vida elegante, traços que Spielberg — que via Indy como alguém mais nobre do que isso — tentou amenizar. E, em última instância, como fizera com Han Solo, Harrison Ford conseguiu incorporar um pouco de sua personalidade ao personagem, dando a Indy a combinação certa de vitalidade e vulnerabilidade.

As filmagens começaram em 23 de junho de 1980 e, na maior parte do tempo, Lucas deixou Spielberg em paz — um dos poucos diretores sobre o qual ele não pairava nem implicava. "Você é o diretor", dizia ele a Spielberg. "Este é o seu filme." Spielberg, que se considerava sobretudo um especialista contratado, não aceitava isso. "Espere um minuto, você é o produtor", revidava Spielberg. "Este é o SEU filme."[48] Em geral, Lucas se contentava sobretudo em resolver problemas e ficar de olho no resultado final. Quando os custos da construção de uma asa voadora de quatro motores ameaçaram jogar a produção acima do orçamento, por exemplo, Lucas simplesmente quebrou dois motores do modelo conceitual e disse à equipe para construí-la daquele jeito. O avião ficou dentro do orçamento. Houve, porém, momentos em que ele se viu ansioso para olhar pela câmera — e, com a tolerância de Spielberg, ele dirigiria uma equipe da segunda unidade. "É ótimo ver George de um lado para o outro com seu boné de diretor, seguindo a equipe, definindo tomadas e filmando", disse Spielberg.[49] A certa altura, Kasdan perguntou a Lucas por que ele mesmo não havia dirigido *Os caçadores.* "Porque assim eu não conseguiria vê-lo", respondeu Lucas sem evasivas.[50]

No momento, porém, ele estava realmente sujeito a uma tecnicalidade que o teria impedido de dirigir — ou pelo menos de receber o crédito de diretor —, mesmo que quisesse. No lançamento de *O Império* nos cinemas, Lucas posicionara todos os créditos no final do filme — como também fizera em *Star Wars* — e, com isso, Irvin Kershner não recebeu o crédito de diretor no início do filme, conforme as diretrizes das associações de roteiristas e de diretores.[51] Embora tenham feito vista grossa em *Star Wars* — a logo da Lucasfilm, decidiram, contava com o nome do diretor e do roteirista —, dessa vez as associações ameaçaram retirar o filme dos cinemas, a menos que Lucas cortasse de novo o filme com os créditos no início, e multaram o diretor Irvin Kershner em 25 mil dólares pela rebeldia de Lucas. Para ele, tratava-se de uma exigência absurda. Por que entediar o público com créditos quando você pode entrar direto na ação? Ele se recusou a fazer um novo corte, pagou ele mesmo a multa de Kershner ("Considero isso extorsão", fumegou Lucas) e depois se retirou de ambas as associações.[52] Os créditos permaneceriam no final — onde, desde então, a maioria dos filmes passou a colocá-los —, e Lucas continuaria desdenhando de associações e sindicatos, como de hábito.

George e Marcia acompanharam Spielberg quando ele trocou Elstree pela Tunísia — onde filmou em muitas das mesmas locações que Lucas usara em *Star Wars* — e, por fim, pelo Havaí, onde os primeiros momentos do filme seriam rodados na última semana de produção. Spielberg concluiu as filmagens no 73º dia — bem no cronograma que ele e Lucas haviam planejado em particular, mas 15 dias antes do cronograma submetido à Paramount. Comemoraram o aniversário de Marcia na festa de despedida, quando, então, Lucas desafiou o produtor Frank Marshall a pular dentro do bolo de aniversário. E ele pulou.

Embora a fotografia principal tivesse sido concluída rapidamente, Lucas ficou decepcionado ao descobrir que a ILM estava atrasada, lutando sobretudo com os efeitos necessários para a sequência com a abertura da arca. A ILM recebera passe livre — a única orientação fornecida pelo roteiro era "Eles abrem a caixa e o inferno todo se liberta" —, mas todos, desde Lucas até o último animador, ficaram descontentes com a sequência.[53] Com seis meses para terminar a cena, alguém sugeriu entregar os efeitos a uma empresa externa. Lucas perdeu a paciência. "Eu fiz *Star Wars*, pelo amor de Deus", explodiu ele. "Soube o que é preocupação de verdade."[54] A ILM terminaria os efeitos a tempo e de uma forma espetacular, mas o fariam com Lucas praticamente montado em seus ombros.

Lucas prometera a Spielberg o corte final — mas isso não significava que não iria se envolver no processo de edição. Spielberg insistiu em usar seu próprio editor, Michael Kahn, com quem trabalhara em *Contatos imediatos*, e Lucas sentou-se com Kahn para examinar o primeiro corte do filme. Spielberg não estava preocupado com o que Lucas poderia fazer. "Posso mudar tudo de volta se eu não gostar do que George está fazendo com o filme", disse ele, "mas nunca me aconteceu de não gostar do que George fez".[55] No final das contas, Lucas pediu pouquíssimas mudanças, como, por exemplo, a retirada de uma piada que julgava sem graça. Mas houve uma sequência na qual Indy atira em um espadachim que gira sua cimitarra, em vez de enfrentar uma luta prolongada, sobre a qual Lucas ainda se sentia inseguro. Spielberg filmara a cena com e sem a luta, e Lucas na verdade preferiu a versão mais longa. Spielberg, porém, exercendo o poder do corte final, insistiu na versão abreviada — e Lucas, quando viu a reação do público de teste, teve de concordar. "Bem, acho que vai funcionar", admitiu ele a Spielberg.[56]

Havia uma última opinião editorial que importava. Após assistir ao corte final, Marcia Lucas chamou a atenção para o fato de que o público não vira o que aconteceu a Marion depois de ela e Indy terem sobrevivido à provação com a Arca. Houve tapas na testa coletivos, e Harrison Ford e Karen Allen voltaram para filmar uma breve cena nos degraus da prefeitura de São Francisco, na qual Marion e Indy se afastam de braços dados, no que Allen chamou de "momento Casablanca".[57] George podia saber intuitivamente quando um filme não funcionava em termos de lógica, mas Marcia sempre sabia dizer quando ele oferecia emoções de menos ao público.

Ao fim de 1980, *O Império contra-ataca* e *Os caçadores da arca perdida* não eram os únicos projetos em que Lucas esteve envolvido ao longo do ano. Em novembro, Lucas doou cerca de 5 milhões de dólares à Universidade do Sul da Califórnia para financiar a construção de uma instalação de pós-produção de quase 1.400 metros quadrados, com equipamentos de última geração para — o que mais? — edição, gravação de som e animação, três das paixões de Lucas. "Para mim, é lógico e correto apoiar o lugar que me proporcionou os meios para começar no cinema", disse ele.[58] Um ano depois, Marcia participaria da cerimônia de lançamento da pedra fundamental, e o projeto de 14 milhões de dólares seria concluído em novembro de 1984. Os prédios frágeis e o pátio central desgastado se foram; em seu lugar, estavam o George Lucas Instructional Building, o Steven Spielberg Music Scoring Stage, o Marcia Lucas Post-Production Building e o Gary Kurtz Patio.

Outro projeto chegou a pedido de Coppola, que solicitou a Lucas ajuda para um de seus ídolos, o diretor Akira Kurosawa, de 70 anos, obter o financiamento necessário para terminar seu drama de samurais, *Kagemusha*. Kurosawa fora deixado na mão pelos estúdios Toho, do Japão. "Foi uma tragédia", contou Lucas. "Foi como dizer a Michelangelo: 'Certo, você tem 70 anos e não vamos mais deixá-lo pintar.'"[59] Levando consigo a importância de *Star Wars*, Lucas procurou Ladd, que garantiu o financiamento da Fox enquanto o guiava porta afora. Em seu lançamento, em 1980, *Kagemusha* ganhou a Palma de Ouro no Festival de Cinema de Cannes, uma retratação para o venerável cineasta, bem como para Lucas, que considerava praticamente uma obrigação moral ajudar os colegas cineastas que precisavam, "sejam jovens diretores que ainda não tiveram uma oportunidade", disse Lucas, "sejam diretores mais velhos que foram preteridos, mas que ainda têm ideias criativas".[60]

Quanto ao jovem diretor que ainda não tivera uma oportunidade em 1980, tratava-se do roteirista favorito de Lucas, Lawrence Kasdan, que estava procurando dirigir um de seus próprios roteiros, o sensual *thriller Corpos ardentes*. Ladd estava interessado em produzi-lo em sua produtora, The Ladd Company, mas informou a Kasdan — em um movimento semelhante à experiência de Lucas em *Loucuras de verão* — que ele precisava encontrar um produtor "de nome" que pudesse intervir se o filme tivesse problemas. Lucas achou a ideia de que Kasdan precisava de um supervisor "ridícula", mas, mesmo assim, ele jogou o peso de seu nome no projeto, e assegurou a Ladd que poderia adiar o recebimento de seus honorários para cobrir o custo de quaisquer excedentes. Publicamente, no entanto, Lucas foi discreto, mantendo seu nome fora dos créditos ("teria havido uma gigantesca controvérsia sobre *eu* fazer esse filme", disse ele) e garantindo que todo o crédito pelo sucesso do filme fosse de Kasdan.[61] *Corpos ardentes* estreou com excelentes críticas em 1981 e gerou um lucro saudável; a crença de Lucas em Kasdan para conseguir isso nunca vacilou. Kasdan continuaria escrevendo roteiros e dirigindo sucessos como *O reencontro* e *Silverado*, e voltaria para escrever o roteiro de *O retorno de Jedi* e, mais de trinta anos depois, *O despertar da Força*.

Com menos sucesso, Lucas também ajudou a obter financiamento para o projeto de outro velho amigo. John Korty — que, talvez mais do que qualquer outra pessoa, havia inspirado o American Zoetrope com seu estúdio cinematográfico em frente à praia, no norte da Califórnia — vinha experimentando um novo tipo de animação que ele chamava de "lumage", em que uma imagem era recortada e depois iluminada por baixo da truca de animação, e não por cima. Lucas, como sempre, intrigado pela animação, providenciou uma reunião entre Korty e Ladd, que concordou em financiar *Twice Upon a Time*, de Korty, pela The Ladd Company. O filme estreou em 1982 e silenciosamente desapareceu de vista. "Ninguém sabia como vendê-lo", lamentou Korty.[62]

Lucas, porém, não teria nenhum problema em vender outro filme que ele já tinha em pré-produção em 1980. Em 14 de maio — uma semana antes da estreia de *O Império contra-ataca* —, Lucas anunciou, em uma coletiva de imprensa, que já tinha um título para seu próximo filme: *O retorno de Jedi*.

George Lucas finalmente estava fora de Hollywood.

O trabalho em *O Império contra-ataca* exigira que Lucas mantivesse escritórios no sul da Califórnia; no entanto, com esse filme terminado — e antes do início da produção de *Jedi* —, Lucas fechou The Egg Company e levou tudo para o norte. A mudança levaria vários meses, e Lucas estava com pressa. "No que me diz respeito, Hollywood é como uma escola grandiosa", disse ele com ironia — e, para sua decepção, os funcionários da The Egg Company não se haviam comportado muito melhor.[63] "Era um monte de gente mimada", disse o chefe de operações da Lucasfilm, Robert Greber.[64] O assistente Bunny Alsup lamentou que "nossa deliciosa e informal Lucasfilm estava se tornando uma corporação de grandes negócios".[65] Lucas também bateu de frente com seu presidente, escolhido a dedo, Charlie Weber. "O foco de George era construir o rancho, fazer *Jedi* e criar essa espécie de comunidade de cineastas", declarou um integrante da Lucasfilm, "enquanto Charlie estava em busca de outras empresas para diversificar o investimento do dinheiro de George. Mas George não tinha interesse em diversificar".[66] Lucas demitiu Weber e promoveu Greber. A Egg Company acabou; agora, a Lucasfilm ficaria toda no norte da Califórnia, grande parte no rancho, depois que este foi terminado.

Naquele momento, Lucas concentrava-se sobretudo na construção do que ele chamava de "grupo da fazenda", um pequeno conjunto de prédios que iria abrigar o administrador e zelador do rancho, com a sede mais acima de uma estrada sinuosa, depois de um lago artificial. Lucas queria que tudo fosse interessante e bem projetado; os prédios, com influência vitoriana, seriam octogonais, com janelas de batente e vitrais, painéis de madeira, abóbadas e lareiras — modernos, com equipamentos de última geração, mas parecendo estar naquelas colinas há gerações. "[George] começou a trazer a visão que compartilhamos [para o Zoetrope] para a realidade — do jeito como *ele* via", disse Coppola, que, com dinheiro, vindo do sucesso de *Apocalypse Now*, estava tentando voltar, ele próprio, à construção de um império. Em busca de uma nova sede para o Zoetrope, estava inclinado a comprar uma propriedade pela qual não podia pagar dentro do Hollywood General Studios. "Lucas tem um banco chamado *Star Wars*", disse Spielberg, timidamente. "Coppola não tem banco — só coragem e resistência."[67]

O corajoso Coppola abordou Lucas e Spielberg para obter financiamento, mas não conseguiu. Coppola ficou irritado, mas Lucas ficou ainda mais zangado com o que interpretou como uma audácia colossal de Coppola ao tentar tirar vantagem dele. "Francis me ajudou e me deu uma oportunidade, mas, ao mesmo tempo, ganhou muito dinheiro comigo", disse Lucas posteriormente. "Francis tem uma tendência a ver o desfile marchar rua abaixo e correr na frente dele com uma bandeira e se tornar o líder." Mais do que qualquer outra coisa, o que aborreceu Lucas foi a ideia de que Coppola abandonaria o norte da Califórnia em favor da pestilência de Hollywood. "Achei que Francis estava traindo a nós todos em San Francisco, que tínhamos lutado para tornar essa comunidade uma alternativa viável para o cinema."[68] Coppola levantou o dinheiro e foi para o sul — e, como esperado, perdeu o estúdio três anos depois, logo em seguida ao fracasso de seu musical *O fundo do coração*.

Era típico de Coppola — e típico de Lucas. Sentados juntos para uma entrevista anos depois, ambos foram questionados sobre o que fariam se, de repente, recebessem 2 bilhões de dólares para fazer o que desejassem. Enquanto Coppola respondeu com seu discurso bombástico habitual — "Eu pegaria emprestados mais 2 bilhões de dólares e construiria uma cidade!" —, a resposta de Lucas veio direto de Modesto, sua cidade natal: "Eu investiria 1 bilhão", disse ele, "e usaria o outro bilhão para construir uma pequena cidade."[69] Era exatamente o que ele estava fazendo com o rancho Skywalker. Nenhum detalhe era pequeno demais para não merecer a obsessão de Lucas. Os visitantes de Parkhouse encontrariam um quarto cheio de retalhos de tecido, plantas e amostras de móveis, como se Lucas quisesse que todos entendessem a seriedade daquele seu empreendimento. Dentro de um ano, ele caminharia orgulhoso pela propriedade com um repórter do *New York Times*, exibindo a sede quase concluída, a piscina e as quadras de tênis. O lago de 12 mil metros quadrados — que, mais tarde, Lucas apelidaria de Lago Ewok — seria abastecido com trutas, enquanto uma cerca eletrônica contra cervos contornava o perímetro, para o aborrecimento dos vizinhos. Sob seus pés, uma série de túneis interligava os prédios, e as câmeras do circuito fechado de televisão varriam o complexo, procurando invasores ou simples curiosos. "É um ambiente totalmente controlado", disse Lucas, orgulhoso. *Totalmente controlado*. Do jeito que ele gostava.

Com a mudança da empresa para o norte, a outra grande tarefa foi garantir que a ILM — ainda instalada fora do Kerner Building — continuasse funcionando de forma permanente. Até então, como descreveu um maquetista da ILM, "um tipo de estilo de vida havia sido estabelecido. Nele, todos trabalhavam em um só filme e, quando este terminava, tudo chegava ao fim".[71] Lucas queria que isso mudasse. Enquanto Weber se gabava de que a ILM poderia tornar-se uma "empresa de primeira classe", criando efeitos para os filmes produzidos por Lucas, este não estava de fato envolvido com filmes suficientes em nenhum momento para manter a ILM aberta em tempo integral.[72] Em vez disso, ele anunciou que a ILM poderia ser contratada para criar efeitos para qualquer um. "Estávamos tentando trazer projetos externos, a fim de manter todos aqui trabalhando", disse Lucas.[73]

O primeiro projeto não pertencente a Lucas a entrar pela porta seria *O dragão e o feiticeiro*, da Paramount-Disney, apesar de o filme ter um toque de família, pois fora escrito, produzido e dirigido por dois membros da Máfia da USC, Hal Barwood e Matthew Robbins. Ao longo dos três anos seguintes, a ILM assumiria mais uma dúzia de projetos no caminho para se tornar a empresa de efeitos especiais mais importante; por um período de 15 anos, de 1980 a 1995, ela ganharia o Oscar de melhores efeitos especiais 13 vezes, com frequência competindo consigo mesma na mesma categoria.

Um efeito especial em particular resultaria em um impacto de longo alcance, embora o filme em que apareceu, *Jornada nas estrelas II: A ira de Khan*, nem tenha concorrido ao Oscar. A sequência notável — um sobrevoo gerado por computador da criação de um planeta, com vulcões explodindo e nuvens se formando — foi, na verdade, fruto da frustração de Ed Catmull, que passou os dois anos anteriores tentando convencer Lucas de que sua divisão de computação podia fazer mais do que equipamentos de edição e mixagem digitais. Determinado a provar seu argumento, Catmull e sua equipe reuniram as sequências animadas por computador que se tornariam a continuação de *Jornada nas estrelas II*, "Efeito Gênesis". Catmull chamou-as de "um comercial de George Lucas de sessenta segundos" para provar que eles eram capazes de criar animações realistas com o computador, e esperaram que tudo desse certo. Foi um trabalho inovador — a primeira sequência totalmente animada por computador a aparecer em um filme — e surpreendeu a todos, exceto Lucas, que assistiu a tudo de uma porta, parabenizou a equipe por uma das tomadas de câmera e desapareceu.[74]

No entanto, Lucas era pragmático o suficiente para apreciar a sequência como o tipo de trabalho de que a ILM precisava. Quando soube que a divisão de computação estava fazendo uma animação digital para a franquia rival, *Jornada nas estrelas*, Mark Hamill — com uma atitude compreensivelmente protetora da franquia *Star Wars* — confrontou Lucas com um protesto simulado. "Seus traidores!", rugiu Hamill. "George, como pôde fazer isso?"

"São os negócios, garoto", respondeu Lucas.[75]

Lucas não fazia ideia do que iria acontecer em *O retorno de Jedi*. Além do título, ele tinha pouco mais do que algumas notas rabiscadas em blocos amarelos. Harrison Ford, cansando-se de Han Solo, insistira com Lucas para matar seu personagem — mas Lucas havia restringido suas apostas em *O Império*, simplesmente congelando Solo em carbonita. Seu destino, ao que parecia, dependia de Ford assinar ou não o contrato para o terceiro filme — mas, agora que Lucas havia deslizado uma terceira cláusula de *Star Wars* no contrato de Ford para vários filmes de Indiana Jones, Solo parecia seguro.

Gary Kurtz ainda não tinha tanta certeza disso. A certa altura, Kurtz e Lucas sentaram-se para discutir o *plot* do filme final, que Kurtz — que adorara o clima mais sério e mais adulto de *O Império* — queria que terminasse com uma nota mais comovente, quase pessimista. "A ideia original era a de que eles iriam resgatar Han Solo na primeira parte da história", recordou Kurtz, "e que ele morreria no meio do filme durante uma invasão a uma base imperial".[76] Isso teria deixado Leia sozinha para assumir seus novos deveres como rainha da presunçosa Aliança, "com Luke afastando-se na direção do pôr do sol, metaforicamente, sozinho. Teria sido um final agridoce", disse Kurtz, "porém dramaticamente mais forte".[77]

Lucas nem sequer pensou nisso — e Kurtz achou que sabia o motivo. Durante a produção de *O Império*, Kurtz tinha passado boa parte do tempo rebocando pelo set representantes da fábrica de brinquedos Kenner. Lucas estava claramente observando a vocação lúdica de sua franquia — e, então, "George decidiu que não queria que nenhum dos personagens principais morresse", disse Kurtz.[78] Ou, como colocou Ford com mais sarcasmo, "George achou que brinquedos de um Han morto não tinham futuro".[79] "É uma pena", disse Kurtz, mais tarde. "Eles ganham três vezes mais com brinquedos do que com filmes. É natural tomar decisões que protejam o negócio de brinquedos, mas isso não é o melhor para fazer filmes de qualidade."[80]

A parceria Lucas-Kurtz — que produzira três dos filmes mais bem-sucedidos da história em menos de uma década — estava caminhando cada vez mais sobre gelo fino. Lucas ainda estava irritado com o estouro de Kurtz no orçamento de *O Império*, e Kurtz estava cauteloso quanto à crescente influência do merchandising. Mas, enquanto Lucas se dedicava ao seu primeiro esboço de história para *Jedi* — desconsiderando as ideias de Kurtz de um final agridoce —, um elemento do *plot* terminou por quebrar o gelo de uma vez por todas: Lucas transformou um ataque na Estrela da Morte em parte crucial de sua história. "Parece redundante", admitiu ele, "mas vamos repetir".[81]

Kurtz não ia repetir. "Tínhamos uma espécie de ponto de divergência, porque eu simplesmente não queria fazer outro ataque na Estrela da

Morte", contou ele a um entrevistador.[82] "Então concordamos que eu provavelmente deveria sair."[83] Lucas designou Howard Kazanjian, que já tinha entrado em cena no final de *O Império* e fora seu produtor em *Os caçadores*, para exercer a mesma função em *Jedi*. Nesse ínterim, Kurtz foi trabalhar com Jim Henson em seu ambicioso filme *O cristal encantado*. "Não houve briga", disse Kurtz sobre a sua saída. "[Lucas] apenas sentiu que provavelmente ficaria mais confortável com outra pessoa cuidando da produção de *Jedi*, e eu senti que preferia um tipo diferente de desafio, que, de certa forma, não repetisse algo que eu já tinha feito."[84] Embora Kurtz sempre se refira a seu relacionamento com Lucas como "profissional", os dois não voltaram a trabalhar juntos.

Com um novo produtor assegurado, Lucas se voltou para a importante questão do diretor. Em resumo, ele considerou Kershner; apesar de lento, Lucas gostava dele, mas Kershner rejeitou a ideia de imediato. "Eu não queria me tornar simplesmente outro empregado de Lucas", disse Kershner. "Adoro George, mas queria seguir meu caminho."[85] Nesse meio-tempo, Lucas havia encarregado Kazanjian de pesquisar possíveis diretores, embora com o status atual de *persona non grata* de Lucas para com a Associação de Diretores, Kazanjian teve de ser exigente — para o bem tanto de Lucas quanto do diretor. Um diretor da associação poderia ir para a lista negra por trabalhar com Lucas, ou a associação poderia forçar o diretor a deixar o filme no meio do projeto — e multá-lo caso se recusasse a fazê-lo.

Lucas estava considerando seriamente diretores experientes como Richard Donner, nomes promissores como Joe Dante e vários *artistes* peculiares, como David Cronenberg e David Lynch. Mas era Lynch, de fato, quem mais intrigava Lucas; por sugestão de Stanley Kubrick, Lucas tinha exibido uma cópia do sombriamente perturbador *Eraserhead*, de Lynch, e achou-o "bizarro... mas interessante".[86] Era o tipo de cinema altamente pessoal que Lucas admirava. Infelizmente, disse Lynch, "eu não tinha quase nenhum interesse, mas sempre admirei George. Ele é um cara que faz o que ama. E eu também faço o que amo". Lynch, então, foi visitar Lucas no rancho, onde Lucas o levou para um passeio em sua Ferrari e depois para almoçar em um bufê de saladas. Lynch foi derrubado por uma forte enxaqueca e, segundo sua própria lembrança, "rastejou até uma cabine telefônica" e ligou para seu agente. "Não posso fazer isso de jeito nenhum", gemeu ele ao telefone. "De jeito nenhum!" O motivo era simples. "Lynch decidiu que não queria fazer um filme de George Lucas", disse Mark Hamill. "Ele sentiu que não conseguiria responder constantemente a outro produtor. E George não queria restringir alguém tão original." Lucas concordou com a avaliação de Hamill. "Talvez eu tenha exagerado dessa vez."[87]

Mais do que um visionário, Lucas decidiu que seria melhor alguém que trabalhasse duro — de preferência, que tivesse trabalhado em televisão, onde, em geral, se aceitava que o diretor fosse subordinado ao produtor executivo. No início de 1981, Lucas exibiu o *thriller O buraco da agulha*, do diretor galês Richard Marquand, que passara grande parte de sua carreira dirigindo filmes para a televisão, incluindo o biográfico *Beatles: Nasce um sonho*, de 1979. Como Lynch, Marquand também fora convidado para o rancho e passara o dia inteiro com Lucas e Marcia, jantando e conversando até tarde. "[Lucas] pensou que Richard fosse um diretor com quem se sentiria confortável", disse uma pessoa próxima, "alguém capaz de entender que, essencialmente, seria um filme de George".[88] Isso não era problema para Marquand. "Fiquei muito impressionado com *Star Wars*", disse ele. "O que me fez hesitar sobre dirigir *Jedi* foi o fato de que alguém pensasse no *meu nome* para um filme desses."[89] Além disso, Lucas gostou do fato de Marquand respeitar a necessidade de realizar um projeto no prazo e dentro do orçamento — mas, sobretudo, de o afável Marquand estar disposto a aderir ao máximo à visão de Lucas para o filme. Mais tarde, Marquand diria: "Sempre tive a sensação de que possivelmente me encontraria em uma situação em que eu seria um cavalo puxando esse negócio, com George segurando as rédeas."[90] Ele não fazia ideia.

A última peça que faltava a ser encontrada era o roteirista. Para *Jedi*, Lucas queria primeiro escrever ele próprio um roteiro inteiro, em vez de entregar apenas um esboço de história a um roteirista, como fizera com

O Império. Mas escrever seria uma tarefa tediosa, como de costume, e Lucas se viu deixando em branco as páginas finais de um rascunho revisado, sabendo muito bem que podiam ser preenchidas quando o entregou ao seu roteirista favorito, Lawrence Kasdan. Lucas ficara em dúvida se Kasdan ia aceitar o trabalho, agora que *Corpos ardentes* o colocara no mapa como um roteirista e diretor de sucesso, mas, no final das contas, tudo que Lucas precisou fazer foi pedir. "Fiquei surpreso ao me ver escrevendo *Jedi*, porque eu já era diretor e não tinha mais a intenção de escrever para ninguém", disse Kasdan. "Mas George me pediu como um favor, e ele já me ajudou muito."[91]

No início do verão de 1981, Lucas chamou Kasdan, Kazanjian e Marquand a Parkhouse para uma reunião a fim de trabalharem os detalhes do *plot*. Havia vários elementos que Lucas sabia precisar. Ele queria apresentar Jabba, o Hutt, agora que finalmente dispunha dos recursos para construir o personagem que imaginara e depois descartara em *Star Wars*. Ele queria que Luke tivesse uma irmã gêmea, embora *ainda* não estivesse certo de que seria Leia. Queria também uma sociedade primitiva ajudando os rebeldes, outra ideia que tirara dos primeiros rascunhos de *Star Wars*, em que um planeta de *wookiees* ajuda os heróis. Ao mesmo tempo, pediu a McQuarrie e Joe Johnston, da ILM, esboços de navios e criaturas, com pouca ideia de onde ou de como se encaixariam no filme — "um concurso aberto a todos", como um artista da ILM descreveu. "O processo foi o mesmo para *Jedi* e *O Império*", recordou Kasdan. "Havia desenhos e imagens das coisas antes de eu começar a escrever."[92]

A parte mais difícil do roteiro foi garantir que cada personagem recebesse algo memorável para fazer — e Kasdan, buscando impacto dramático, sugeriu matar alguém, argumentando que o filme ganharia "mais peso emocional se alguém que você ama se perdesse no caminho". Mas Lucas rejeitou por completo essas sugestões. "Não precisamos matar ninguém", disse ele a Kasdan com um traço de aborrecimento. "Você é um produto da década de 1980. Não andamos por aí matando pessoas. Isso não é bom."[93] No entanto, Lucas não desistiu de provocar Kasdan sobre seu desejo de injetar uma pequena angústia no roteiro. Quando ele descreveu Luke arrastando Vader, mortalmente ferido, para um lugar seguro, perto do fim do filme, Lucas, com ar sério, sugeriu "a última guinada": "Luke tira a máscara [de Vader]... e, em seguida, a recoloca e diz: 'Agora eu sou Vader.' Surpresa!... 'Agora vou matar a frota e governarei o universo.'"

Kasdan mal podia conter seu entusiasmo. "Isso é o que eu acho que devia acontecer", disse ele a Lucas.

"Não, não, não", retrucou Lucas, um pouco exasperado. "Convenhamos, isso é para crianças."[94]

Star Wars nascera do amor de Lucas pelos quadrinhos, contos de fadas e seriados das manhãs de sábado — seu jeito, como disse na época, de dar a uma nova geração uma mitologia própria. Não haveria finais agridoces, nem morte de personagens centrais, nem heróis se transformando em vilões. "A finalidade do filme... é elevar, emocional e espiritualmente, e fazer você se sentir absolutamente de bem com a vida", explicou Lucas a Kasdan. "Essa é a coisa mais importante que podemos fazer."[95]

Nem todos compartilhavam o otimismo de Lucas. "George tem predisposição para finais felizes", suspirou Harrison Ford.[96] Até mesmo Hamill, o fã de quadrinhos que estava quase sempre inclinado a dar à história o benefício da dúvida, admitiu estar um pouco decepcionado com a falta de peso de *Jedi*, reclamando com Lucas que "tudo parecia muito conveniente".

Lucas sorriu. "Assim também são os contos de fadas."[97]

Enquanto Kasdan começava a escrever o rascunho seguinte do roteiro, a equipe jurídica de Lucas trabalhava para concluir as negociações legais e financeiras com a Fox, que se arrastavam havia quase dois anos. Agora, com Ladd fora do circuito, Lucas não estava disposto a negociar de maneira amigável, e as discussões não haviam caminhado bem, com a Fox queixando-se de que a porcentagem dos lucros que Lucas estava oferecendo era tão baixa que o estúdio não teria muito incentivo para promover o filme. Lucas não tinha muita simpatia por suas queixas nem paciência; mais uma vez, arriscaria todo o seu dinheiro. Mas, depois de investir quase todo o lucro de *O Império* no rancho, Lucas não tinha o suficiente em mãos para cobrir os 30 milhões de dólares que ele pensava que seriam necessários para fazer *Jedi*. Isso deu à Fox uma alavancagem muito desejada — financiamento em troca de lucros —, mas Lucas não iria facilitar para eles. E, quando as negociações entre a Lucasfilm e a Fox começaram a balançar — com Greber brincando com o papel de tira mau —, Lucas, por fim, deu um ultimato à Fox: ou chegava a um acordo no prazo de trinta dias, ou ele levaria seu filme para outro estúdio.

A Fox, agora sob a liderança do CEO Marvin Davis — ex-executivo de uma companhia de petróleo e um presunçoso suficientemente amável — fez todo o possível para se manter firme. O estúdio ainda estava disposto a assumir um acordo desigual sobre a receita bruta, embora forçasse para que sua fatia da torta *aumentasse* à medida que o filme ganhasse mais e mais dinheiro, ao invés de diminuir ao mínimo, como ocorrera com *O Império*. Finalmente, Lucas concordou que, em troca de um empréstimo de 20 milhões de dólares, a participação da Fox nos lucros aumentaria gradativamente à medida que o filme ganhasse dinheiro, chegando a 40 por cento quando o filme lucrasse 105 milhões. Havia outros detalhes difíceis a resolver envolvendo direitos de televisão, cabo e vídeo — "a Fox era gananciosa", reclamou Greber —, mas, apesar disso, o acordo se inclinou fortemente a favor da Lucasfilm. Depois de assinar o contrato final de 224 páginas, Davis, com seu 1,93m, passou um enorme braço pelo ombro de Lucas. "Georgie, garoto", disse Davis, "você vai me deixar rico com filmes".[98]

Lucas estava indo bem nesse ponto sem Davis. Em junho de 1981, o filme *Os caçadores da arca perdida* havia estreado com elogios rasgados quase unânimes de público e crítica. "Um dos filmes americanos de aventura mais delirantemente divertidos, engenhosos e elegantes de todos os tempos", escreveu Vincent Canby no *New York Times*, aplaudindo Lucas e Spielberg pela "feliz parceria".[99] Nas páginas da *Time*, Richard Schickel saudou o filme como "certamente as melhores duas horas de puro entretenimento que alguém vai encontrar", comparando-o favoravelmente com "o tipo de filme que Walt Disney poderia ter feito se tivesse vivido na década de 1980".[100] No *Chicago Sun-Times*, Roger Ebert analisou o filme de forma quase febril, festejando *Os caçadores* como "uma experiência fora do corpo, um filme de imaginação gloriosa e velocidade vertiginosa que prende o espectador na primeira tomada, arrasta-o por uma série de aventuras incríveis e o coloca de volta na realidade duas horas depois — sem fôlego, tonto, espremido e com um sorriso infantil no rosto".[101]

Mas nem todo mundo estava tão entusiasmado. Apesar de ter sido conquistada pela temática mais adulta de *O Império contra-ataca*, Pauline Kael estava decepcionada tanto com Lucas quanto com Spielberg, por retornarem ao que ela considerava um entretenimento infantil. "Não há alegria nessa empolgação estúpida e motora", lamentou Pauline. "Se Lucas... não estivesse preso nas bobagens de sua infância — se trouxesse seus recursos para aplicar em alguns projetos com seres humanos neles —, o resultado seria inimaginável... No fundo, George Lucas está no negócio de brinquedos."[102] Foi um soco que Pauline não acertou; Lucas *gostava* de estar no negócio de brinquedos. Aqueles em busca de *arte*, insistia ele, deviam procurar em outro lugar. "Eu não levo isso tão a sério", disse Lucas. "Meus filmes estão mais próximos das atrações de um parque de diversões do que de uma peça de teatro ou romance. Você entra na fila para uma segunda volta no brinquedo."[103] Roger Ebert diz isso melhor de uma forma sucinta: "[*Os caçadores*] só quer entreter. E consegue."[104]

Ele conseguiu espetacularmente, ainda que devagar. A bilheteria do primeiro fim de semana, que totalizou pouco mais de 8 milhões de dólares, foi um pouco decepcionante, embora talvez não seja surpreendente, já que o filme fora lançado com pouco estardalhaço e promoção. Até mesmo o cartaz do filme enfatizava a colaboração de Lucas e Spielberg mais do que o próprio filme. Mais uma vez, Lucas e Spielberg observaram as coisas de uma praia no Havaí, construindo seu habitual castelo de areia de boa sorte à medida que os números iam chegando. "Pensei que tínhamos fracassado", disse Spielberg, "[exceto que] dessa vez o castelo de areia durou muito. Não foi levado pelas ondas de imediato, o que é sempre nosso jeito de adivinhar se o filme tem futuro. Temos essa estranha superstição".[105] *Os caçadores da arca perdida* iria faturar mais de 160 milhões de dólares antes do fim de 1981, tornando-se o filme de maior bilheteria do ano. Em abril de 1982, seria a quarta maior bilheteria de todos os tempos, atrás somente de *Star Wars*, *Tubarão* e *O Império contra-ataca*. Superstição de fato.

George e Marcia Lucas chegaram a Londres em 7 de janeiro de 1982, quatro dias antes do início programado das filmagens de *O retorno de Jedi*, em Elstree. Eles não chegaram sozinhos; cinco meses antes, depois de anos tentando conceber sem sucesso, os Lucas tinham adotado uma menina recém-nascida, a quem batizaram de Amanda. Lucas a segurou nas mãos apenas algumas horas depois de nascer e, imediatamente, sentiu-se um homem mudado — "como se um raio me atingisse", disse ele. "O desafio está em sempre tentar fazer algo desgastante e, ao mesmo tempo, ter uma vida pessoal", explicou ele mais tarde. "Eu havia tomado a decisão, depois de *Star Wars*, de me dedicar a certos objetivos em minha vida privada. Um deles consistia em ser independente de Hollywood, o outro era ter uma família. Quando temos filhos, temos uma prioridade na vida."[106] Lucas pode ter sido sincero, mas, à medida que o trabalho progredia em *Jedi*, era cada vez mais difícil para ele fazer da família sua prioridade. E, no momento em que o trabalho no filme foi concluído, sua vida pessoal estava em ruínas.

Lucas contratara Richard Marquand, em boa parte, porque sentiu que ele ficaria o mais próximo possível de sua própria visão do filme — não haveria improvisos cômicos nem reencenações artísticas de tomadas já ilustradas no *storyboard* — e, com sua chegada a Londres, Lucas praticamente assumiu o filme. "George veio e não foi mais embora", disse o produtor Robert Watts. "Richard não estava compreendendo o filme, e George estava preocupado. Então, não saiu mais." Lucas tinha pairado sobre Kershner durante *O Império*, mas Kershner era um diretor mais velho, mais experiente, que ainda estava disposto a reagir ao produtor. Não era bem assim com o discreto Marquand. "Ele se sentiu intimidado por George", disse o designer de produção Norman Reynolds.[107] Marquand comparou seu trabalho a "tentar dirigir *Rei Lear* com Shakespeare na sala ao lado".[108]

Lucas sabia que estava no caminho de Marquand — mas não se importava com isso. Marquand estava "basicamente fazendo um filme já estabelecido, [e] no fim eu vou ter a última palavra", disse Lucas.[109] O elenco e a equipe tendiam a procurar Lucas para direção ou orientação, mesmo com Marquand por perto. Marquand, lutando pelo controle do filme, tentava ver a situação pelo melhor ângulo, insistindo que realmente queria Lucas no set, trazendo contribuições. "Para eu fazer isso bem, preciso de um pouco do seu tempo", disse ele a Lucas. "Gosto de ter o produtor por perto. E você é mais do que um produtor — você escreveu esta coisa toda, então vamos entender isso direito."[110] Mas Lucas fez mais do que apenas dar sugestões ou dirigir a segunda unidade. "George atormentava Richard Marquand para fazer mais ou menos o que ele queria", contou Kurtz.[111] Quase toda manhã, Lucas pedia para ver a lista de tomadas de Marquand para o dia — uma lista extremamente privada, que a maioria dos diretores guarda como um diário. Para garantir que teria as tomadas desejadas, Lucas insistia que Marquand filmasse no estilo de "documentário" — que Lucas tinha usado em *Star Wars*, com múltiplas câmeras capturando a ação de vários ângulos — e que depois escolhesse a melhor tomada na edição. Marquand achava tudo aquilo exasperante. "Impus um pouco a minha vontade, como tendo a fazer", admitiu Lucas.[112] "Eu não havia percebido que, em última análise, provavelmente é mais fácil fazer eu mesmo essas coisas do que delegá-las."[113] Só restava a Marquand ficar a postos, disse Watts, e "acatar o que George dizia, fazendo parecer que era sua ideia também."[114]

Isso não significava que todas as ideias de Lucas fossem populares. Tanto o elenco quanto a equipe achavam seus novos heróis, os *ewoks*, um tanto irritantes. Lucas havia devolvido os personagens ao design várias vezes, enfim decidindo-se por uma aparência do tipo urso de pelúcia fofinho. ("Ouse ser fofo", disse Lucas à *Rolling Stone* posteriormente. "O pior que podíamos fazer era sermos criticados por isso.")[115] Ralph McQuarrie tinha jogado as mãos para o céu em resignação quanto às criaturas. "Havia a sensação de que talvez fosse uma ideia de marketing muito óbvia", disse um designer. "Acho que Ralph não gostou muito disso." Mas Lucas os adorou, instruindo o diretor da segunda unidade, Roger Christian, a obter um monte de tomadas dos *ewoks* dançando e celebrando para a cena final de *Jedi*. "Comecei a fazer isso, e George se apaixonou, mas eu disse: 'Por favor, me tire disso'", contou Christian. O fato era que "George os amava". E mais ninguém."[116] Lucas ficou tão encantado com um dos jovens atores dentro das roupas, Warwick Davis, de 11 anos, o qual interpretava o vigoroso *ewok* Wicket, que o contratou para outro filme que ainda era apenas o traço de uma ideia, um conto de fadas com uma pessoinha como o herói que Willow acabaria por se tornar.

As semanas finais de *Jedi* foram passadas nas locações, com o deserto ao redor de Yuma, Arizona, servindo como Tatooine e as sequoias de Crescent City, Califórnia, como a lua florestal de Endor. Para manter a produção em segredo, Lucas, Kazanjian e o Departamento de Marketing da Lucasfilm tinham bonés, pranchetas e latas de filmes identificados com o nome de um filme de terror fictício chamado *Blue Harvest* [Colheita azul]. No entanto, o disfarce caiu rapidamente em Yuma quando entusiastas de passeios de buggy nas dunas avistaram Harrison Ford no enorme barco de Jabba, o Hutt, e deduziram o que realmente estava acontecendo. Como em Londres, Lucas foi a sombra de Marquand pelo deserto do Arizona, fazendo mais do que apenas aconselhar enquanto Marquand filmava as lutas e acrobacias elaboradas. "Richard definia várias tomadas, mas George estava sempre lá, meio como [um] consultor", disse o coprodutor Jim Bloom, diplomático. Lucas estava particularmente frustrado com a boca do *sarlacc*, visível no fundo de um enorme poço cavado na areia do deserto. Lucas discutiu se o monstro devia ser visto e brigou com Kazanjian por causa dos custos. A criatura final — uma grande boca redonda cheia de fileiras de dentes — era horrível, embora carregasse certa semelhança com uma parte do corpo que levou Carrie Fisher a se referir ao monstro como "a vagina de areia".[117] Lucas limitava-se a suspirar de irritação.

Quando chegou a Crescent City, seus nervos estavam em frangalhos e sua paciência com Marquand — e praticamente com todos os outros — estava quase no fim. "Não estou me divertindo", disse ele a um repórter com irritação. "Não importa quanto eu ache que todos saibam sobre *Star Wars* agora, eles não sabem. Dei a Richard as respostas a um milhão de perguntas ao longo do ano passado, informei a todo mundo sobre tudo em que posso pensar e, ainda assim, quando chegamos aqui, a equipe vem com mil perguntas por dia — não estou exagerando — às quais só eu posso responder... Só estou fazendo isso porque comecei e agora tenho que terminar. A próxima trilogia terá a visão de outra pessoa."[118]

A fotografia principal de *Jedi* terminou em meados de maio de 1982; Marquand fizera o filme dentro do prazo e do orçamento. Os membros da equipe observaram que Marquand parecia pálido e doente — e, verdade seja dita, Lucas também não parecia bem. Ele tinha perdido 9 quilos nos últimos cinco meses, o que a maioria das pessoas atribuía à exaustão. O que apenas pouquíssimas pessoas sabiam era que a vida pessoal de Lucas estava se despedaçando. Mesmo quando Lucas se instalou na ILM para supervisionar os efeitos especiais de *Jedi*, Ken Ralston, um membro da equipe da ILM desde *Star Wars*, notara uma mudança definitiva em seu chefe. "Estávamos nos perguntando o que tinha acontecido com George", disse Ralston. "*Jedi* não foi a mesma experiência que tivemos antes. (...) Havia uma clara falta de envolvimento direto com ele; não recebíamos o tipo de feedback e de informações como antes, e dava para sentir que algo não ia bem."[119]

O que não estava bem era que o casamento de 13 anos de George e Marcia estava implodindo depressa, sobretudo devido à negligência de Lucas. Ele sabia que poderia ser difícil viver com ele. "Tem sido muito difícil para Marcia viver com alguém que está constantemente em agonia, tenso e preocupado, ausente na terra do nunca", declarou Lucas à

Rolling Stone.[120] Charles Lippincott, chefe de marketing da Lucasfilm, não ficou inteiramente surpreso com isso; ele era um dos poucos em quem Marcia havia confiado, reclamando com Lippincott que George simplesmente não conseguia deixar as tensões da produção na ilha de edição. "George levava os problemas para a cama com ele", disse Lippincott, "e [Marcia] disse que isso criou muitos problemas".[121] Mas era ainda mais profundo do que isso; para George Lucas, os filmes seriam sempre *a outra*. Por mais dedicado a Marcia que fosse, havia sempre mais um filme, mais um projeto, exigindo o tempo e a atenção que ele não podia ou não queria dedicar à sua mulher. E, quanto àquela conversa dele sobre a família ser prioridade, foi Marcia quem interrompeu a carreira enquanto ele perseguia um projeto após o outro, passando de *Star Wars* para *American Graffiti: E a festa acabou*, depois para *O Império*, para *Os caçadores* e para *Jedi*, sem quase nenhum descanso entre eles.

Marcia finalmente cansou. "Para mim, o fundamental era o fato de ele ser todo trabalho e nenhuma diversão", explicou mais tarde. "Sentia que pagávamos nossas dívidas, lutávamos nossas batalhas, trabalhávamos oito dias por semana, 25 horas por dia. Eu queria parar e sentir o perfume das flores. Queria alegria na minha vida. Mas George, não. Ele estava muito bloqueado emocionalmente, incapaz de compartilhar sentimentos. Ele queria continuar nesse caminho de *workaholic*. O construtor do império. O dínamo. E eu não me via vivendo desse jeito pelo resto da vida."[122] Lucas insistia que parte daquele império era para ela; se ele pudesse equipar Skywalker com um sistema de edição e mixagem de última geração, ela poderia basicamente editar de casa. "Se um diretor quiser que ela faça a edição, será muito mais fácil convencê-lo a fazer isso aqui", disse Lucas. "Na verdade, a razão para a existência do rancho — é apenas uma instalação gigantesca para permitir que minha mulher corte filmes no Condado de Marin."[123]

Era pouco demais, tarde demais — depois que o casamento esfriara, Marcia começou a procurar em outro lugar o calor que ansiava de Lucas, encontrando-o na companhia de Tom Rodrigues, um artista nove anos mais novo que ela, que fora contratado para criar os vitrais ornamentados na cúpula da biblioteca no rancho Skywalker. Marcia insistiu que não tinha sido infiel ao marido — ao menos não ainda — e que havia sugerido aconselhamento matrimonial, na esperança de salvar o relacionamento com terapia. Mas Lucas se recusou a fazê-lo; no que lhe dizia respeito, terapeutas e psiquiatras eram quase tão pouco confiáveis quanto os executivos de Hollywood. Marcia, então, sugeriu uma separação temporária; Lucas também descartou essa opção. Com a esperança de reverter a discussão para algo menos conflituoso, ele havia concedido recentemente ao jornalista Dale Pollock acesso necessário para escrever uma biografia autorizada, na esperança de que Marcia se lembrasse de como costumavam divertir-se juntos e quanto ainda se amavam. Os dois até mesmo compareceram juntos ao vigésimo encontro da escola secundária de George, ocasião em que ele, em um esforço para se livrar da imprensa, mostrou um lado mais tolo ao trocar sua etiqueta de identificação com um colega de turma com uma barba semelhante.

Nada disso fez diferença. Marcia por fim pediu o divórcio, e tudo que Lucas pôde fazer foi pedir-lhe para não tornar pública essa decisão até depois do lançamento de *Jedi*, dali a um ano aproximadamente. Mas isso não seria fácil para ninguém. Depois de ficar de fora de *O Império*, Marcia estava determinada a ajudar a editar *Jedi*, junto com Duwayne Dunham e o editor favorito de Marquand, Sean Barton, que havia cortado *O buraco da agulha*. A essa altura, ela e o marido mal se falavam; quando Kazanjian perguntou a Lucas se Marcia iria ajudar a editar *Jedi*, Lucas ignorou a pergunta com um "Você vai ter que perguntar a ela".[124] Marcia ia tratar sobretudo das sequências que Lucas, ironicamente, chamava de "morrer e chorar", embora, como a mais experiente dos três editores, ela em geral desse a última olhada em todos os cortes antes de irem para Lucas.[125] Kazanjian, que havia saído em casal com George e Marcia, anos antes, agora via com tristeza os dois seguirem caminhos separados todas as noites. "George ia para casa", contou Kazanjian, "e Marcia ficava na ilha de edição".[126]

Apesar de seus melhores esforços para manter a situação civilizada, os dois às vezes brigavam na frente da equipe. Barton lembrou-se de estar debruçado sobre sua mesa de edição uma tarde, quando Marcia mencionou a George que queria cortar de novo uma cena que Barton acabara de concluir. "Você pode fazer diferente", disse Lucas rispidamente, "mas não vai fazer melhor".[127] Marcia estava se cansando depressa desse tipo de depreciação. "Eu sentia que podia contribuir muito", disse ela posteriormente. "Eu era mais emotiva e usava o coração, enquanto George sempre foi mais intelectual e visual, e achava que isso oferecia um bom equilíbrio. Mas George nunca reconheceria isso. Acho que ficava ressentido com minhas críticas, pensava que tudo que eu fazia era para derrubá-lo. Na cabeça dele, eu continuava sendo a garota burra de Valley. Ele nunca achou que eu tivesse talento, nunca me achou muito inteligente, nunca me deu muito crédito."[128]

Marcia não era a única com quem Lucas brigava; outros membros da equipe o achavam sensível, alguém que se irritava com as mínimas coisas. Certa noite, Lucas se aborreceu particularmente com Dunham, por apontar que o corte atual do filme deixava pouco claro o destino de Vader. "Nós simplesmente o deixamos lá [na Estrela da Morte] e não o vimos mais", disse Dunham a Lucas. "Ele explodiu na Estrela da Morte? Luke o levou? O que foi feito dele?" Kazanjian acrescentou que também estava preocupado com o fato de o público não saber se Vader estava realmente morto. "George ficou bem zangado", lembrou Dunham. "É raro ver George assim, mas aquilo o irritou. Eu disse: 'Ok, me desculpe por ter perguntado.'"[129] Mas Lucas sabia que Dunham e Kazanjian estavam certos; Mark Hamill e uma equipe da segunda unidade foram rapidamente despachados para o rancho Skywalker, a fim de filmar Luke ateando fogo à pira funerária de Vader.

Posteriormente, ao recordar essa época, Lucas sabia que estava sensível e triste. "Eu estava tentando terminar o filme, mas também estava passando por um divórcio", disse ele. "Tentei me segurar emocionalmente e ainda fazer o filme, mas foi muito, muito difícil. O ato de simplesmente me levantar e ir para o trabalho me exigia um grande esforço. Eu estava muito deprimido mesmo."[130] Um dia, no final de novembro de 1982, que veio a ser conhecido na ILM como "Sexta-feira Negra",

Lucas reordenou ou descartou quase uma centena de tomadas de efeitos especiais. "Tudo aquilo, todo aquele material, foi jogado fora", lamentou Ken Ralston, "e nem pudemos usá-los em outras tomadas. Foi péssimo". Lucas apenas revirava os olhos; não tinha tempo para bebês chorões. "Quando eles começam a gritar", comentou ele, "dá para saber se é um grito de verdade ou só choradeira".[131]

A ILM, então, teria de correr para concluir todos os efeitos necessários até fevereiro de 1983 — uma tarefa que parecia quase impossível. Marcia, ainda editando o filme ao lado, na Sprocket, estava tão preocupada com a equipe da ILM que chamou o gerente, Tom Smith, em lágrimas. "Ela estava preocupada que não estivéssemos cientes da seriedade do prazo", lembrou Smith, "e disse que estava perdendo o sono com aquilo". Lucas não acreditava nisso. "Se ela estava chorando, provavelmente não teve nada a ver com o filme", disse ele com desdém.[132]

Ainda assim, a ILM adicionou turnos extras para manter a produção funcionando quase 24 horas por dia, e Lucas chegava todas as manhãs às 8h45, a fim de verificar tudo de perto. Ele assistia às sequências na aconchegante sala de projeção — seu lugar reservado ficava no centro da segunda fila — tomando nota daquilo que aprovava ou desaprovava, e depois corria para a Sprocket, a fim de supervisionar a edição de som de Ben Burtt, ou ficar atrás de Dunham, enquanto ele cortava as tomadas com efeitos. Mas o prazo iminente estava afetando tanto os efeitos especiais quanto a edição; na ILM, Lucas se viu aprovando efeitos que ele sabia que não estavam em consonância com seus padrões habituais, enquanto na Sprocket ele estava rangendo os dentes de frustração com a batalha problemática no poço do *sarlacc*, uma sequência que continha mais edições do que qualquer outra cena do filme. Lucas ficou particularmente aborrecido com o personagem de Boba Fett. "Não sei se foi a maneira como foi baleado, mas Boba não estava à altura dos padrões de George", declarou Dunham. Lucas finalmente deu um basta. Por questões de tempo e de uma considerável frustração, Boba Fett teria um dos mais anticlimáticos fins da história do cinema.

"Joguem-no no poço", suspirou Lucas.[133]

Como a produção de *Jedi* continuou durante todo o ano de 1982, provavelmente não foi surpresa para Marcia que seu marido — apesar de suas repetidas promessas de que a família seria sua nova prioridade — já tivesse começado a trabalhar em mais um filme, caindo, dessa vez, nos braços abertos de Indiana Jones. Com o enorme sucesso de *Os caçadores da arca perdida*, começaram as conversas sobre uma inevitável sequência, e Lucas assumiu a tarefa de escrever um esboço chamado *Indiana Jones and the Temple of Death*, concluindo o rascunho de vinte páginas no fim de maio de 1982, ao mesmo tempo que *Jedi* era finalizado em Londres.

Dessa vez, as relíquias que estavam sendo buscadas eram pedras sagradas de Sankara ("Não consegui pensar em outro MacGuffin que pudesse dar certo", admitiu Lucas posteriormente), que Indy devia resgatar de um templo indiano, salvando as crianças escravizadas de uma vila próxima no processo. A história era mais sombria, o humor tão negro quanto a própria disposição de Lucas, enquanto seu casamento desmoronava. "Eu não estava de bom humor", admitiu ele.[134] Spielberg também estava sob uma nuvem negra, por causa de um recente acidente no set de *No limite da realidade*, produzido por ele, que matara o ator Vic Morrow e duas crianças. Spielberg nunca foi acusado nem investigado no incidente, o qual havia resultado na acusação formal de vários membros da equipe, incluindo o diretor John Landis,[135] mas a experiência havia abalado e deprimido o normalmente otimista Spielberg. Seus respectivos estados de espírito espantaram o roteirista Lawrence Kasdan, que Lucas abordou para transformar suas anotações em um roteiro. "Eu não queria ser associado a *Templo da perdição*", disse Kasdan mais tarde. "Achei horrível. É tão malévolo. Não há nada de agradável nele. Acho que *Templo da perdição* representa um período caótico na vida de ambos, e o filme é muito feio e mesquinho."[136]

Lucas, então, entregou seu esboço a Willard Huyck e Gloria Katz, seus colaboradores em *Loucuras de verão*, instruindo-os a escrever rápido para que pudessem submeter um roteiro completo a Spielberg, ambivalente e cada vez mais ocupado. "Tenho medo de perdê-lo", disse Lucas aos Huyck, "então é melhor que vocês terminem logo com isso".[137] Os

Huyck, acostumados havia muito a trabalhar nos esboços das histórias de Lucas, colocaram um primeiro rascunho de roteiro diante de Spielberg em agosto. Havia muitas piadas internas (mantendo o hábito de batizar personagens em homenagem a animais de estimação, o do cachorro dos Huyck deu nome ao personagem Short Round), e os Huyck infundiram no roteiro um pouco de seu amor pela cultura e pelos filmes indianos, como *Gunga Din*, mas o tom sombrio e às vezes assustador que Lucas deu ao seu esboço permaneceu intacto. Alguns empregados da Lucasfilm também ficaram preocupados com o fato de o filme ser muito violento — uma preocupação que afetaria o longa até seu lançamento.

Huyck e Gloria continuariam nessa empreitada até 1983, concluindo o roteiro de filmagem — agora chamado *Indiana Jones e o templo da perdição* — em 10 de abril, menos de duas semanas antes do início programado das filmagens. Lucas, procurando distração antes da estreia de *Jedi* em maio, reuniu-se a Spielberg e à equipe de *Templo da perdição* nas locações no Sri Lanka no fim de abril, pousando de helicóptero perto do rio Kandy, onde a equipe de filmagem havia construído uma longa ponte de cordas sobre um desfiladeiro. Seis dias depois, Lucas levou uma equipe da segunda unidade para filmar a sequência em que Indiana Jones corta as cordas de sustentação da ponte com sua machete, derrubando um monte de vilões no rio lá embaixo. Enquanto Lucas filmava, uma pequena explosão estourou os cabos de sustentação, e a ponte — agora partida ao meio — desabou, batendo contra os lados opostos do penhasco, e 14 bonecos mergulharam no desfiladeiro abanando os braços mecânicos. Lucas adorou. Ficou no Sri Lanka por mais alguns dias, brincando com pistolas de água com Spielberg e observando as centelhas românticas entre Spielberg e a protagonista Kate Capshaw. A maioria das pessoas achava que Lucas parecia cansado. Quando se sentou para dar uma longa entrevista à *Rolling Stone*, mais tarde, ainda naquele mês, o jornalista observou que ele parecia "muito sombrio, muito infeliz, muito apagado".[138] Ken Ralston, da ILM, achava que Lucas parecia "completamente exaurido".[139]

GEORGE LUCAS

Exaurido ou não, ainda havia *Jedi* para cuidar — e, em 7 de maio, Lucas exibiu uma prévia especial do filme para os empregados da Lucasfilm no Coronet Theatre de San Francisco. Para a maioria, ele estava satisfeito com o filme final, embora ainda lamentasse por não ter sido capaz de fazer os *ewoks* piscarem. (Ele iria corrigir isso décadas depois, com a tecnologia digital.) Também mudou o nome do filme praticamente no último instante, decidindo, com razão, que *vingança* era um traço inadequado para um cavaleiro Jedi, e substituindo a palavra por *retorno*. A mudança exigiu a retirada de cartazes do filme que já haviam sido impressos com o título antigo. Eles seriam disponibilizados para venda exclusivamente aos membros do Fã-Clube de *Star Wars*.

A estreia de *O retorno de Jedi* em uma quarta-feira, 25 de maio de 1983, foi oficialmente um evento. As situações deixadas em suspenso em *O Império* fizeram o público formar uma fila com um dia de antecedência, contando horas, minutos e segundos até a estreia do filme, no qual eles veriam como tudo se resolva. Fãs discutiam o destino de Han Solo e brigavam sobre a identidade do "outro" que Yoda havia mencionado. As pessoas fugiram do trabalho — muitas daquelas que não quiseram levar os filhos para a exibição da meia-noite —, deram festas, comemoraram aniversários, até mesmo fizeram exibições dos primeiros dois filmes enquanto aguardavam na fila. Um fã até tentou roubar o filme apontando uma arma.

Como sempre, *Star Wars* era feito da experiência de assistir ao filme. *O retorno de Jedi* estreou em 820 salas de cinema nos Estados Unidos e no Canadá — um aumento e tanto em comparação às 126 salas em que *O Império* havia estreado, três anos antes — e estilhaçou os recordes de maior bilheteria no dia de estreia, com as vendas de ingressos somando 6,1 milhões de dólares. Assim como havia acontecido quando *O Império contra-ataca* estreou, a maioria dos estúdios não se deu ao trabalho de estrear um filme junto com *Jedi*, segurando grandes lançamentos, como *Super-Homem II* e o mais recente filme de James Bond, *007 contra Octopussy*. *Jedi* teria de faturar 115 milhões de dólares para se pagar — mas, desde o primeiro dia, seu sucesso parecia inevitável. "Depois de faturarmos cerca de 46 milhões de dólares na primeira semana, sabíamos que iríamos recuperar nosso dinheiro logo", disse Kazanjian. Isso ocorreria em menos de cinco semanas — e, até o final de 1983, quando o filme ainda estava em cartaz, 32 semanas após o lançamento, *O retorno de Jedi* estava se aproximando rapidamente da marca dos 250 milhões de dólares.

Os críticos estavam divididos, e mesmo aqueles que fizeram críticas positivas frequentemente encontravam motivos para limitar suas apostas. Gary Arnold, do *Washington Post*, chamou de "um triunfo", embora tenha achado que Harrison Ford parecia cansado.[140] A revista *Time*, que apostara corretamente no sucesso do filme ao colocar Lucas na capa, saudou *Jedi* como "uma brilhante e imaginativa obra de cinema", mas alertou Lucas e outros cineastas quanto a depender demais de efeitos especiais e criaturas — uma crítica que seria levantada contra ele e suas três sequências de *Star Wars*, vinte anos depois. Joe Johnston, artista da ILM, ao conversar sobre *Jedi* com o jornalista Gerald Clarke, disse, talvez com demasiada sinceridade: "Nunca tivemos certeza se o filme era um veículo para os efeitos ou para a história."[141] Alguns até imaginaram que Lucas tinha finalmente feito seu filme sobre o Vietnã. "Você pode olhar para *Jedi* e ver a Guerra do Vietnã", disse Kazanjian. "Você pode ver os guerrilheiros *ewok* escondidos nas selvas, enfrentando essa força inadequada de valentões mecanizados — e vencendo."[142]

A maior parte das críticas negativas tendeu a apontar sua artilharia para as atuações ou para a direção de Marquand. Um dos críticos mais severos do filme, John Simon, da *National Review*, foi para o telejornal *Nightline* lamentar que *Jedi* era "desumanizador" e, enigmaticamente, que deixava as crianças "mais burras do que o necessário". Um divertido Gene Siskel e Roger Ebert, comparecendo ao mesmo programa para refutar Simon, disseram ao crítico, sem rodeios, que ele precisava levar as coisas menos a sério.[143]

Lucas não ouviu nada disso; como de costume, quatro dias antes do lançamento do filme, ele partira para o Havaí, dessa vez passando duas semanas em Honolulu, à espera dos telefonemas que lhe comunicariam as cifras da bilheteria. Sentiu-se aliviado ao terminar — não apenas *Jedi*, mas *Star Wars* como um todo. "Esse roteiro tolo que escrevi pela primeira vez há dez anos está ao menos terminado", disse à *Rolling Stone*. "Está tudo em um filme agora. Faz dez anos que comecei isso. (...) E não houve um só dia na minha vida em que eu não tenha levantado pela manhã, dizendo: 'Nossa, tenho que me preocupar com este filme.' Literalmente. Nem um único dia."[144] Para a revista *Time*, ele comparou fazer a trilogia *Star Wars* com empurrar um trem lentamente morro acima e depois segurá-lo com toda força quando ele se precipita para baixo, do outro lado. "Estou esgotado", admitiu ele, cansado. "Na verdade, eu estava esgotado alguns anos atrás, e tenho seguido em frente por inércia desde então. *Star Wars* pegou minha vida e tomou conta dela contra a minha vontade. Agora tenho de pegá-la de volta — antes que seja tarde demais."[145]

Pegar a vida de volta significava seguir sem Marcia. Na segunda-feira, 13 de junho, Lucas convocou uma reunião geral no rancho Skywalker. Os empregados se reuniram e encontraram George e Marcia de mãos dadas, anunciando, entre lágrimas, que estavam se divorciando. Todos se espantaram; ninguém imaginava isso. "Eles eram uma equipe", disse o gerente da Sprocket, Jim Kessler. "Se ele era preto, ela era branco, e vice-versa. Era um negócio bem equilibrado. Independentemente disso, eles eram como bolas paralelas sem peso, de modo que giravam de um jeito meio doido."[146] Marcia se mudaria imediatamente para Los Angeles; a filha deles, Amanda, então com dois anos, permaneceria grande parte do tempo com George — uma das poucas condições do divórcio de que Lucas realmente não abriu mão. "Tenho uma filha agora, e ela está crescendo perto de mim; ela não vai esperar", disse Lucas. "Não quero que ela chegue aos 18 anos e me diga: 'Ei, pai, onde você esteve a minha vida inteira?'"[147]

O rancho continuaria a ser seu trabalho em progresso, mas, à exceção de *Indiana Jones e o templo da perdição*, que ainda estava em produção em Londres, ele ia parar com os filmes, ao menos por um tempo; ia tirar no mínimo dois anos sabáticos do cinema, declarou à *Time*. "[A família] passou a ser minha prioridade número um", disse ele posteriormente. "Eu não achava que seria assim, porque, antes disso, fazer filmes [era] minha prioridade número um. (...) Mas então percebi que essa era a minha vida. E depois... Eu me divorciei e aquela realmente *era* a minha vida. Então simplesmente disse: 'Ok, vou me aposentar.' Deixei de lado minhas empresas, a realização de filmes e tudo o mais."[148]

Steven Spielberg não estava tão certo de que Lucas conseguiria se aposentar; já ouvira tudo aquilo antes. "Toda vez que está fazendo um filme, George fala em se aposentar e nunca mais trabalhar", disse Spielberg. "Mas, no minuto em que conclui o filme, ele já está pensando em seu próximo *opus*. Posso vê-lo administrando a Lucasfilm, fazendo de três a cinco filmes por ano e, depois, um dia voltando à direção, que, para mim, é o seu lugar. Acredito que seu destino está atrás da câmera."[149]

Mas Lucas insistiu que falava sério — sobretudo quando se tratava de *Star Wars*. "Olho os três filmes *Star Wars* como os capítulos de um livro. Agora o livro está terminado e tenho de colocá-lo na prateleira."[150] No que lhe dizia respeito, ele nunca mais iria tirar aquele livro da prateleira. *Jamais.*

PARTE III
O RETORNO

1983-2016

10
Brilho vazio

1983-1994

O céu estava escuro e cinzento quando Lucas chegou ao norte de Londres, no fim de junho de 1983 — clima que se adequava perfeitamente ao seu estado de espírito ao voltar ao Elstree Studios, onde a produção de *Indiana Jones e o templo da perdição* prosseguia. Desde que anunciara seu divórcio, um mês antes, Lucas sentia-se física e emocionalmente esgotado. Em parte, admitiria mais tarde, ele desmoronou sob o peso do próprio sucesso, o que o fez negligenciar sua vida pessoal. "O sucesso... é uma experiência emocional muito difícil", disse ele. "É muito devastador quando acontece. Algumas pessoas conseguem lidar com [isso], outras, não. No início, pensei que fosse fácil. Tinha feito algum sucesso com *Loucuras de verão* e um grande sucesso com *Star Wars*, mas, durante alguns anos, o impacto total não me atingiu."[1] Era o começo, disse ele, de "uma espiral descendente de vários anos".[2]

Em Elstree, Lucas interviria de tempos em tempos para dirigir algumas segundas unidades, sobretudo supervisionando a briga na cena de abertura do filme no Club Obi Wan — a qual, embora complexa, não envolvia nenhuma atuação real, sendo apenas o tipo de sequência de que Lucas normalmente gostaria. Mas não foi divertido para ele, e até sua aparência era de alguém infeliz. A barba, embora sempre aparada, estava mais espessa do que nunca, escura e com mechas brancas no queixo. Entre as tomadas, ele muitas vezes se apoiava na parede e olhava para o vazio, as mãos enfiadas profundamente nos bolsos ou acariciando a barba, distraído.

Apesar de Lucas sempre afirmar que Spielberg sentia considerável satisfação em dirigir algumas das cenas mais sangrentas ou perturbadoras do filme — fosse comer insetos e cérebros, ou quando Indy bate em uma criança —, Spielberg também recordaria *Templo da perdição* como uma experiência infeliz. "Era sombrio demais, subterrâneo demais, tenebroso demais", refletiu ele — palavras fortes, considerando que ele acabara de escrever o roteiro e produzir um filme sobre uma casa mal-assombrada, *Poltergeist*, em 1982. Mas Spielberg o considerou ainda "mais assombrado que *Poltergeist*. Não há resquício de meus sentimentos pessoais em *Templo da perdição*".[3]

Para Lucas, porém, houve um momento que resumiu perfeitamente seus sentimentos: enquanto está se preparando para baixar um sacrifício humano no flamejante poço do templo, o sacerdote Mola Ram estende a mão, lenta e deliberadamente, e arranca o coração ainda batendo do peito da vítima — uma metáfora literal do sofrimento de Lucas como ele jamais colocaria na tela. "Eu estava me divorciando", lembrou Lucas a um jornalista posteriormente, "e meu estado de espírito era péssimo". Frank Marshall, um dos produtores de *Templo*, acha que provavelmente o filme foi um pouco catártico para o melancólico Lucas. "Como acho que é possível ver no filme", disse ele depois, "há muita escuridão sendo trabalhada".[4]

A fotografia principal de *Templo da perdição* foi concluída em 26 de agosto de 1983. Com isso, Lucas fechou seus escritórios de produção em Elstree — e agora, pela primeira vez em mais de uma década, a

Lucasfilm não estava produzindo nada. Como havia prometido, quer Spielberg acreditasse, quer não, George Lucas estava se aposentando do cinema. Para alguém que amava filmes como ele, era estranho não ter projetos próprios para ajustar. Mas a conclusão da trilogia *Star Wars* havia minado sua energia criativa — "[e] em seguida", lembrou Lucas, ainda estremecendo diante da lembrança, "o divórcio. O divórcio é uma coisa muito difícil, financeira e emocionalmente".[5]

"Difícil", para dizer o mínimo, especialmente quando se tratava dos termos do acordo de divórcio. Apesar de Marcia ter direito à metade de tudo, de acordo com a lei da Califórnia, Lucas não estava disposto a aceitar isso com benevolência; no que lhe dizia respeito, *ele* era a parte prejudicada. "Ele estava muito amargo e vingativo", lembrou Marcia.[6] Na época da separação, a Lucasfilm, incluindo o rancho ainda inacabado, valia entre 50 e 100 milhões de dólares — e Lucas deixou claro que não tinha intenção de dar a Marcia nem um metro quadrado sequer do rancho Skywalker; tampouco queria pagar pensão alimentícia eternamente. Para encerrar o assunto, ele daria a ela quase todo o dinheiro que tinha na mão — cerca de 50 milhões de dólares — e ficaria com o rancho.

Lucas recusava-se a ser magnânimo. Embora eles se vissem apenas o tempo necessário para tomar decisões sobre a criação conjunta de Amanda, Lucas ia reduzindo os amigos em comum, para garantir que Marcia não mais fosse convidada para festas e celebrações de fim de ano. "Isso realmente doeu", disse Marcia posteriormente. "Não bastava me apagar da vida dele, ele também queria me boicotar com pessoas que eram minhas amigas."[7] Mas a raiva ultrapassou o trato pessoal; embora a Lucasfilm tivesse de reconhecer o Oscar de edição de Marcia como um dos sete prêmios da Academia conquistados por *Star Wars*, suas contribuições para os filmes de Lucas e para a empresa seriam praticamente apagadas da maioria dos históricos autorizados pela Lucasfilm.[8] No entanto, um relacionamento digno de nota melhorou nas sombras do divórcio. "George aproximou-se e quis ser meu amigo", disse Francis Ford Coppola, ainda sofrendo a humilhação da falência depois de perder sua versão mais recente de Zoetrope.[9] "Francis tinha perdido tudo financeiramente", observou um amigo. "George tinha perdido tudo emocionalmente."[10] Os dois se reconciliaram. Mais uma vez.

Sem filmes em produção, aquele não era o melhor momento para a Lucasfilm desembolsar uma grande soma a fim de liquidar um acordo. Felizmente, o dinheiro continuava entrando na divisão de licenciamento. *O retorno de Jedi* se transformara em um colosso do merchandising, com mais de cinquenta licenciados para tudo, de condicionador de cabelos a vasos de flores e à linha de brinquedos da confiável marca Kenner. Por ora, Lucas poderia continuar construindo o rancho Skywalker graças a bonecos de ação e refrigerantes. "Ainda vou passar uma quantidade mínima de tempo na empresa, mas não será muito", explicou Lucas. "Eu meio que consegui levar a empresa a um ponto em que ela pode funcionar sozinha."[11] Ele assegurou aos jornalistas que não estava fazendo muito mais do que "dar com a cabeça em algumas portas".[12]

Mas é claro que ele estava fazendo mais do que isso. Para levar a Lucasfilm e o rancho Skywalker ao ponto de realmente poderem funcionar sozinhos, Lucas imaginou sua organização como uma empresa de prestação de serviços completos para outros cineastas. Para os roteiristas, o rancho oferecia um retiro idílico, no qual podiam trabalhar nos roteiros com conforto e silêncio; para os editores de filmes, oferecia acesso aos melhores equipamentos de edição disponíveis. E, para os efeitos especiais, a ILM ainda oferecia seus serviços como o padrão-ouro em relação ao qual todos os outros eram comparados. Naquele momento, a ILM estava trabalhando com vários projetos externos — entre eles, *Jornada nas estrelas III* e *Starman, O homem das estrelas* —, mas sua principal prioridade era finalizar os efeitos de *Indiana Jones e o templo da perdição*. "Como era um projeto de George e Steven, não existia a opção de dizer não, nem *Que tal no ano que vem?*", disse o supervisor da oficina de modelos, Lorne Peterson.[13]

Além da ILM, Lucas também estava ajustando outras divisões que ele planejava alojar permanentemente na propriedade. Um ano antes, havia orientado Ed Catmull, da Divisão de computação, a encontrar a pessoa certa para liderar um novo grupo de jogos eletrônicos. Lucas nunca seria o viciado em videogames que Spielberg e Howard Kazanjian eram, mas estava fascinado com a ideia da narrativa interativa, em que as decisões de um jogador afetam diretamente o desfecho da história, tornando única cada viagem pelo jogo. (Também havia uma questão financeira de natureza prática: o reinvestimento em sua própria empresa permitia a Lucas reduzir sua carga tributária.) Catmull cortejou Peter Langston, um mestre Jedi em Unix, se algum dia houve um, e Lucas finalmente o atraiu com uma oferta irrecusável: o diretor de Operações da Lucasfilm, Roger Faxon, havia fechado um acordo com a gigante dos videogames, a Atari, que oferecera à Lucasfilm 1 milhão de dólares para nada mais além de, segundo Langston, "ver o que vocês podem fazer".[14] Com isso, o Grupo de Jogos da Lucasfilm estava funcionando a todo vapor.

Lucas ainda não estava pronto para entregar as chaves do universo de *Star Wars* à divisão de jogos; os jogos tinham de ser autônomos, sem nenhuma referência a *Star Wars* nem a *Indiana Jones* — mas, depois de dizer à equipe o que eles *não podiam* fazer, Lucas deixou seus programadores em paz. Empregando as lições que a Divisão de Computação aprendera com a criação do Efeito Gênesis para *Jornada nas Estrelas II*, Langston e sua equipe descobriram como criar tecnologia fractal — em que as imagens se tornam mais claras e detalhadas à medida que o jogador se aproxima de um objeto — para computadores pessoais menos potentes, como o Atari 800 de oito bits, tarefa que muitos programadores consideravam impossível. Os programadores da Lucasfilm concentraram seus esforços em dois jogos: um híbrido de basquete e futebol futurista chamado *Ballblazer* e um jogo de busca e salvamento de ficção científica chamado *Resgate em Fractalus!*, no qual o jogador pilotava um *star fighter* através de uma paisagem alienígena para resgatar pilotos derrubados. (O título havia sido *Rebel Rescue* [Resgate de Rebeldes], uma ligação com o universo de *Star Wars* a que Langston e sua equipe não conseguiram resistir.)

Lucas jogou algumas das primeiras versões demo e, mesmo nos videogames, seu senso do que o público poderia experimentar estava afiado como sempre. Após pilotar sua nave pela paisagem em uma versão inicial de *Fractalus*, Lucas ficou impaciente apenas voando, aterrissando e apanhando pilotos, e perguntou por que não havia nada em que atirar. Quando lhe disseram que o jogo fora projetado sem o uso do botão de tiro, Lucas ergueu os olhos, um tanto perplexo. "Foi um design de jogo", perguntou ele, "ou uma escolha moral?". A equipe de design se remexeu apreensiva. Lucas assentiu. "Princípios, *arrã*", disse ele. "Não vai funcionar."[15] O botão de tiro foi adicionado, assim como canhões antiaéreos na tela para o jogador destruir.

Infelizmente, embora a divisão de jogos tivesse sido pioneira com seus primeiros dois jogos, a Atari estava afundando depressa, em grande parte por causa de um investimento de 25 milhões de dólares nos direitos de *E.T. — O Extraterrestre*, seguido da montagem às pressas de um jogo horrível que ninguém comprou. Houve infinitos atrasos e discussões — a certa altura, Lucas até se envolveu na briga para negociar a logomarca — até que a Lucasfilm finalmente cortou relações com a Atari (mas manteve seu milhão de dólares) e chegou a um acordo com a empresa em ascensão Epyx, que colocou os dois jogos nas prateleiras em 1986. Ambos venderam muito bem, e Lucas estava disposto a continuar financiando a divisão, permitindo que ela se tornasse uma empresa independente dentro da Lucasfilm e mantendo-se, em grande parte, longe dela. A única orientação real que ele daria a Langston e sua equipe seria um mantra constantemente repetido: "Mantenha-se pequeno. Seja o melhor. Não perca dinheiro." Hal Barwood, um amigo de longa data e, mais tarde, chefe de projeto na Divisão de Jogos, comparou o envolvimento de Lucas ao de um tio rico: "Ele pagou as mensalidades da faculdade, mas nunca soube no que você se formou."[16]

Lucas se envolveria um pouco mais em outra *startup* da Lucasfilm, esta oriunda da Sprocket Systems, na qual o sonoplasta Tom Holman tinha trabalhado duro projetando um novo auditório no Edifício C da Sprocket. Kazanjian observou que o novo cinema tinha "o melhor sistema de som do mundo".[17] Isso porque Holman, depois de levar em conta a acústica da sala, o posicionamento dos alto-falantes, o ruído ambiente no cinema e muitos outros pequenos detalhes, desenvolveu um conjunto preciso de especificações que proporcionava ao público uma experiência de som imersiva e trepidante. Holman referiu-se ao sistema simplesmente como uma rede cruzada, em que os agudos e os graves são separados eletronicamente, e não apenas divididos em dois alto-falantes diferentes, e a configuração logo passou a ser chamada de "Tom Holman Crossover". Outros chamaram de "Tom Holman Experiment" [O Experimento de Tom Holman], mas, de todo o modo, acabou conhecido como sistema de som THX, um aceno ao filme de Lucas *THX 1138*.

Templo da perdição estava sendo mixado no Sprocket especificamente para que o filme soasse de uma forma incrível em um cinema com o sistema THX. O problema era que, se o filme fosse exibido nos cinemas com um sistema de som que *não* estivesse configurado conforme as especificações de Holman, o som ficaria terrível. Diante da insistência do gerente da Sprocket, Jim Kessler, "chegamos à conclusão [de que seria] ótimo se pudéssemos conseguir que o som dos cinemas que o público frequenta... fosse tão bom quanto o nosso", disse Lucas. "Porque, assim, o que ouvimos aqui [na ilha de edição de som] seria a mesma coisa que eles ouviriam lá [no cinema]. E isso deu início a todo o programa THX."[18] Para Lucas, foi um grande negócio. Ele levava a sério o som de seus filmes — só de ter os sons de Ben Burtt e a música de John Williams, seus filmes já soavam como os de mais ninguém — e o aborrecia o fato de seus filmes terem um som maravilhoso na ilha de edição, mas horrível dentro do cinema. "O som corresponde à metade da experiência de se assistir a um filme", explicou Lucas posteriormente — uma questão óbvia, embora subestimada, em particular para um público que procurava a logo do Dolby como indicação da qualidade de som de um filme.[19] Mas o Dolby Stereo, sozinho, não era capaz de assegurar que o som de um filme seria ótimo depois de deixar a ilha de edição de som; o THX tinha mais a ver com a *sala de cinema* na qual o filme era exibido — uma parte da experiência do cinema que Lucas não podia controlar. Até então.

Ao contrário da maioria dos sistemas de som, o THX não exigia — e ainda não exige — que os cinemas adquirissem equipamentos ou alto-falantes específicos. Contudo, o cinema precisava reconfigurar seu arranjo de alto-falantes, alterar a acústica e, em alguns casos, até modificar a iluminação do filme para atender a especificações muito precisas. Em 1º de março de 1983, a Lucasfilm emitiu aos cinemas a notificação sobre seu "Programa de Alinhamento de Cinemas" (TAP, na sigla em inglês), que fornecia as especificações para que as salas se adaptassem de modo a propiciar o melhor som possível para os filmes. Cerca de cem cinemas participaram do programa, arrendando novos equipamentos da Lucasfilm e pagando para fazer a reconfiguração de suas salas a fim de refletirem os requisitos acústicos do THX. "O THX tornou-se um tipo de processo de controle de qualidade para a (...) exibição do filme", disse Lucas com orgulho.[20]

Nas décadas seguintes, mais de 4 mil cinemas ao redor do mundo passariam pelo processo de controle de qualidade de Lucas para se tornarem "Cinemas Certificados THX". O público também passaria a reconhecer a logo metálica do THX mostrada logo antes do filme — acompanhada por sua "nota profunda", que lentamente aumenta de volume enquanto gira através do sistema de som até fazer o cinema inteiro ressoar — como a marca definitiva de um som excelente. Lucas havia controlado a forma como seus filmes eram filmados, editados, financiados e comercializados. Agora, ele controlaria a maneira como soariam nos cinemas também — e, ainda por cima, seria pago para isso.

E, então, havia a Pixar. Lucas ainda não tinha certeza do que fazer com Ed Catmull e sua equipe no grupo de imagens da Divisão de Computação, que ainda estavam mais interessados em fazer filmes no computador Pixar do que em desenvolver o sistema de edição digital que Lucas lhes pedira. "Acho que o maior medo de Ed era que, em algum momento, alguém em posição mais elevada — George, em particular — dissesse: 'Espere um minuto, você não fez o trabalho que deveria ter feito'", disse Bob Doris, um dos codiretores de Catmull. "E foi se tornando cada vez mais claro que isso era um problema."[21] Entretanto,

Catmull e sua equipe *estavam* trabalhando; além do computador Pixar Image Computer, eles teriam um editor de imagens digitais chamado EditDroid, e um editor de som digital chamado SoundDroid, prontos para mostrar, em 1984. Mas o coração de Catmull não estava nisso; na verdade, ele e John Lasseter estavam planejando um curta de animação que pretendiam divulgar na conferência SIGGRAPH de 1984, uma reunião anual de cientistas, engenheiros e devotos da computação gráfica. Ali, mostrariam a Lucas o que realmente podiam fazer. Lucas ficaria impressionado. Catmull tinha certeza.

Por enquanto, porém, Lucas estava muito mais interessado em criar Amanda, de dois anos, e em "se divertir, pegar sol, esquiar, ler e escrever coisas prazerosas".[22] Estava até fazendo aulas de dança e violão, e dirigindo carros de corrida de novo — um *hobby* que abandonara pouco depois do nascimento de Amanda. Ele estava tentando aprender a descontrair — uma das principais queixas de Marcia era que ele se mostrava incapaz de relaxar — e, em dezembro de 1983, começaria a namorar novamente, depois de ser apresentado à cantora Linda Ronstadt nos bastidores de um de seus quatro shows no Concord Pavilion, em 23 de outubro.

Aparentemente, era um casal improvável; Lucas era quieto, introspectivo e — outra reclamação constante de Marcia — muito pouco dado a aventuras na cama. Linda, ao contrário, era destruidora de corações e devoradora de homens, conhecida por seus romances badalados com celebridades como o músico J.D. Souther, o jornalista Pete Hamill e o governador da Califórnia Jerry Brown. No entanto, ela também tinha uma queda pelos tipos criativos — namorou Steve Martin por um curto período e, havia pouco tempo, terminara um relacionamento com Jim Carrey — e gostava do fato de Lucas proteger sua privacidade, tendo o cuidado de garantir que nunca fossem fotografados juntos. Na verdade, Lucas era tão discreto que, ao percorrer uma farmácia em San Anselmo atrás de Linda, o proprietário pensou que ele fosse empregado dela. "George tem sorte de estar com ela", disse um amigo. "Ele vai se divertir como nunca na vida. Depois ela vai partir o coração dele em milhares de pedaços e recomeçar com outra pessoa."²⁴ Lucas desafiaria as probabilidades; ele e Ronstadt namorariam por cinco anos. Nenhum dos dois jamais falou publicamente sobre os detalhes do relacionamento.

Além disso, os jornalistas estavam muito mais interessados em perguntar a Lucas sobre o futuro de *Star Wars*. Haveria mais filmes? Em 1983, Lucas dizia apenas que estava lendo sobre mitologia e rabiscando notas vagas com temas e ideias para as duas trilogias seguintes. A primeira trilogia, explicou, seria melodramática, mostrando a política que instalou o Império. As três últimas, continuou, seriam sobre "escolhas morais e a sabedoria necessária para distinguir o certo do errado".²⁵ Mais do que isso, porém, ele não podia ou não queria contar.

Para o pessoal do rancho Skywalker, a chamada aposentadoria de Lucas significava que ele estava mais envolvido do que nunca nas operações cotidianas. Ele não precisava mais das atualizações semanais do CEO Robert Greber nem do gerente da Sprocket Jim Kessler; em vez disso, ele simplesmente aparecia na ILM para ver a equipe de efeitos especiais trabalhar, ou sentava-se atrás de Ben Burtt enquanto ele editava os efeitos sonoros de *Templo da perdição*, o que levava os empregados a sentirem como se o diretor da escola estivesse sentado na sala de aula. Para Greber, ficou claro que agora havia muitos CEOs dentro da empresa. Lucas concordou. "O único problema", diria Greber posteriormente, "foi que concordamos em que [o CEO] deveria ser ele, e não eu".²⁶ Lucas tornou-se simplesmente o chefe — sem um cargo formal, mas claramente no controle. Nesse meio-tempo, Greber deslizou para um assento no Conselho de Administração de quatro membros — um Conselho que podia se reunir e aconselhar, mas que continuava a responder ao único acionista da empresa: George Lucas. Para este, a Lucasfilm era um negócio familiar, como a papelaria de seu pai. E empresas familiares não precisavam de acionistas.

As empresas familiares provavelmente também não tinham tanta terra quanto Lucas. À medida que a construção do rancho avançava — a enorme sede em estilo vitoriano estava quase pronta, e as obras prosseguiam no gigantesco Tech Building, que abrigaria as instalações de pós-produção —, Lucas continuava comprando na surdina os terrenos adjacentes ao rancho, adquirindo o rancho Grady e o rancho Big Rock em Lucas Valley Road. Ele pensava em usar parte da terra adquirida para a segunda fase do rancho, onde construiria uma nova sede para a ILM e o restante das instalações de produção digital,[27] cuja maioria, na ocasião, situava-se a diversos quilômetros de distância, no Kerner Building e em um conjunto de armazéns circundantes. Lucas, porém, lidava mal com a política da situação, mais uma vez realizando a aquisição das propriedades em nome de seu contador — e, novamente, os residentes da área acusaram Lucas de ter algo a esconder, dessa vez condenando os planejadores do Condado de Marin por permitirem que ele estabelecesse "uma base industrial". Lucas, pronto para a briga, destacou que iria deixar a maior parte do terreno livre de construções e argumentou que o fato de a Lucasfilm ser a proprietária mantinha desenvolvedores mais indesejáveis a distância. Os vizinhos não acreditaram nisso e sugeriram sarcasticamente que os planejadores do Condado de Marin logo estariam emitindo isenções de zoneamento para a Union Carbide.[28] Lucas limitou-se a revirar os olhos. A discussão provocaria aborrecimentos por quase uma década. Enquanto isso, a ILM permanecia encalhada em Kerner.

A primavera de 1984 trouxe a Lucas outra controvérsia criada por ele mesmo, dessa vez envolvendo *Indiana Jones e o templo da perdição*. Depois de enviar o filme à Motion Picture Association of America (Associação Americana de Cinema, MPAA, na sigla em inglês), que determinaria a respectiva classificação etária, Lucas foi informado de que, por causa da violência explícita do filme, a MPAA estava inclinada a atribuir ao filme a classificação R [menores de 17 anos só podem assistir ao filme acompanhados por responsáveis] — um desastre para uma franquia que estava tentando atrair a todas as idades. "[*Templo da perdição*] era muito pesado para ser PG [necessária a orientação dos responsáveis]", admitiu Lucas, mas "não a ponto de ser um R".[29] No entanto, o filme intencionalmente perturbador de Lucas e Spielberg teria impacto de longo alcance sobre a classificação dos filmes. Embora tenha enfim cedido e aprovado a classificação PG, mais desejável para *Templo da perdição*, a MPAA, pouco depois, criou a classificação PG-13, que significa que os pais foram "fortemente advertidos" de que algum material pode ser impróprio para menores de 13 anos.

Ao mesmo tempo que a data de lançamento de *Templo da perdição*, 23 de maio, se aproximava, alguns anúncios de jornal ainda advertiam os pais de que o filme poderia ser "muito intenso" para crianças. O aviso não logrou êxito em espantar os pais nem os filhos; no dia da estreia, *Templo da perdição* estabeleceu o recorde de bilheteria de um dia, arrecadando mais de 9 milhões de dólares — "'Jones' constrói um templo de ouro", gritou a primeira página da *Variety*. Ao fim de sua carreira internacional, o filme faturaria 333 milhões de dólares. E isso partindo do orçamento de Lucas de pouco menos de 29 milhões de dólares.

Embora o público o tenha tornado o maior filme de 1984, as críticas de *Templo da perdição* variaram de meramente impressionado a imensamente decepcionado. "Sombrio" foi a palavra que os críticos mais usaram para descrevê-lo, embora o crítico do *Washington Post* tenha usado mais recursos, chamando-o de "malévolo e corrupto em sua essência".[30] Lucas admitiu que "ficamos mais sombrios do que qualquer um de nós realmente queria ficar", mas achou que ele e Spielberg deviam receber o crédito por "fazer um filme diferente de *Caçadores*. Não queríamos fazer o mesmo filme de novo".[31] Analisando o filme quase trinta anos depois, Lucas ainda mostrou disposição favorável a ele, mesmo que parecesse resumir na tela os lutos pessoais dele e de Spielberg. "Gosto de *Templo da perdição*", insistiu Lucas, "[mas] será que é emocionalmente divertido para nós voltar a pensar sobre essas coisas?". Ele balançou a cabeça tristemente e respondeu devagar: "Nããão."[32]

Todos os anos, na festa do Dia da Independência que organizava no rancho Skywalker, Lucas distribuía o que ele chamava de Anuário da Lucasfilm, descrevendo as realizações da empresa e de cada divisão ao longo do ano anterior, com fotos e biografias breves de todos os empregados. Em 1984, entre as fotos de Indiana Jones e Luke Skywalker, o anuário observava que o computador Pixar logo seria transferido para a ILM para uso nos efeitos especiais. Mas a ILM não o queria — e, apesar de a Divisão de Computação ficar bem a seu lado no Kerner Building, a ILM não estava nem um pouco interessada em trabalhar com Ed Catmull e seu grupo de imagens. "Fomos tratados como um show secundário", disse o animador digital Tom Porter. "Não fomos desrespeitados, mas decerto não fomos incluídos."[33]

Desde a criação do Efeito Gênesis para *Jornada nas Estrelas II*, Catmull e sua equipe de imagens tinham usado os computadores apenas uma vez, proporcionando a sequência da reunião em *O retorno de Jedi*, na qual a imagem digital de um campo de força se projeta de Endor e cerca a Estrela da Morte — muito aquém das coisas fenomenais que Catmull sabia que seriam capazes de fazer. "O efeito não foi tão inovador quanto as ferramentas usadas para produzi-lo", disse o programador Tom Duff. A ILM não ficou absolutamente impressionada — nem Lucas. "Ficamos à espera de que George viesse nos pedir para colaborarmos no cinema", disse Alvy Ray Smith, "mas ele nunca veio".[34]

Durante meses, Catmull e Bob Doris tinham tentado descobrir um meio de provar que o grupo de imagens e seu computador Pixar valiam o tempo e o investimento de Lucas. Isso era especialmente crítico agora, que grande parte do equipamento de edição digital que Lucas pedira fora recentemente concluído, pelo menos em protótipo, e apresentado em abril, na convenção da Associação Americana de Emissoras de Rádio e TV em Las Vegas. O console de edição de vídeo, chamado EditDroid, impressionou os participantes por sua elegância, várias telas de video e *trackball*; alguns acharam que parecia pertencer à Estrela da Morte. Nem sempre funcionava — tendia a travar —, mas cada demonstração ainda atraía uma enorme multidão, sobretudo quando o líder da equipe, Ralph Guggenheim, conseguiu, de uma forma bastante inteligente, pegar um trecho da filmagem de *O retorno de Jedi* para demonstrar os recursos de edição da máquina. "As pessoas nem sequer olhavam para o sistema de edição", contou um participante. "Elas só queriam ver *Star Wars*."[35] Enquanto isso, o editor de som digital SoundDroid continuava no porão do Edifício C da Sprocket. O SoundDroid era menos chamativo do que o EditDroid, porém muito mais funcional; o diretor Miloš Forman já o tinha usado para melhorar a qualidade do som de *Amadeus*.

Agora, Lucas tinha o hardware de edição que pedira — ou pelo menos o começo dele —, mas Catmull ainda estava determinado a provar que o valor do grupo de imagens e do computador Pixar estava no cinema, e não apenas no hardware. Nas semanas que antecederam a conferência SIGGRAPH de 1984, em Minneapolis, Catmull, Alvy Ray Smith e sua equipe colocaram todos os cinco computadores de última geração da Lucasfilm — bem como um computador Cray emprestado em Minnesota — para funcionar 24 horas por dia, fazendo o trabalho necessário para apresentar um curta de animação de dois minutos, intitulado *As aventuras de Andre e Wally B*. O filme foi sobretudo um exemplo extraordinário da capacidade da Pixar; nele, o personagem principal, Andre, é perseguido por uma abelha em um ambiente realista de campos, florestas, montanhas, rochas e estradas. Mas, com o design dos personagens a cargo de John Lasseter, tanto Andre quanto Wally B tinham personalidades reais, uma característica que tornaria o filme uma agradável raridade na SIGGRAPH.

Lucas estaria na plateia da SIGGRAPH para a estreia de *Andre e Wally B* — mas apenas por acaso; na verdade, ele estava em Minneapolis para ajudar Linda Ronstadt, que iria se apresentar na cidade naquela mesma semana como parte da turnê de seu novo álbum, *What's New*. Smith engoliu o orgulho; estava feliz com o fato de o chefe estar lá para assistir ao filme — e para ver a reação do público. Quando as luzes se apagaram no Minneapolis Auditorium, Lucas e Ronstadt estavam sentados em silêncio com Catmull e Smith, em meio a um mar de milhares de participantes da SIGGRAPH. Foi melhor do que Smith esperava; o público começou a rugir com a tomada de abertura de árvores animadas por computador e continuou assim até os créditos de encerramento. "As pessoas ali *sabiam* que estavam vendo algo novo e notável", disse Smith. "Fiquei empolgado, é claro, porque eu era o diretor e porque George Lucas estava lá. Finalmente, ele estava vendo o que tinha nas mãos."[36]

De fato, Lucas vira o que tinha nas mãos — e não gostou. Sem perceber as possibilidades do que acabara de assistir, Lucas reclamou que os personagens eram primitivos e que a história era horrível. "Ele não conseguiu ver além das imperfeições e vislumbrar as potencialidades", disse Smith. "Ele apreendeu o filme literalmente pelo que era, e supôs que aquilo era tudo o que podíamos fazer."[37] Lucas estava farto de Catmull e de seus filmes. Catmull estava frustrado, assim como Lucas; a Divisão de Computação estava se tornando um buraco dispendioso, onde ele estava despejando seu dinheiro e recebendo muito pouco em troca. Ele queria que se concentrassem no sistema de edição, e não em fazer desenhos animados. Catmull e seu grupo da Pixar estavam resistindo em uma sobrevida e sabiam bem disso. No que dependesse de Lucas, a única pessoa dentro da Lucasfilm que fazia cinema era ele mesmo.

Embora Lucas tivesse se aposentado do ramo do cinema, televisão era outro assunto. Durante as filmagens de *O retorno de Jedi*, Lucas ficara tão enamorado dos lindinhos e fofos *ewoks* — e estava convencido de que as crianças iriam querer vê-los mais — que começou a discutir uma ideia para um filme em *live-action* para TV. No entanto, ainda sofrendo por conta do desastroso *Star Wars Holiday Special*, de 1978, não estava inclinado a ceder o controle a estranhos; dessa vez, escolheria a dedo sua equipe de criação. Ainda assim, era preciso perguntar até que ponto Lucas estava levando o projeto a sério. Como produtor, Lucas contratou Tom Smith, que acabara de se demitir do cargo de gerente da ILM e estava procurando oportunidades para produzir ou dirigir. As tarefas de roteirista, ele entregou a um jovem chamado Bob Carrau, babá da filha de Lucas, que não tinha experiência como roteirista — o que servia bem a Lucas, pois, de todo o modo, ele pretendia lhe ditar a maior parte da história.

Para juntar tudo isso, porém, havia contratado como diretor seu velho amigo John Korty — que, apesar do fracasso de *Twice Upon a Time*, produzido por Lucas, ainda estava dirigindo filmes bem-sucedidos feitos para a TV. "Não consegui descobrir se eu estava fazendo um favor a George ou se ele estava me fazendo um favor", diria Korty, posteriormente. "Não é um filme que eu teria escolhido fazer sozinho." No entanto, mesmo com o experiente Korty no comando, Lucas não conseguia deixar de intervir, reescrevendo cenas e tentando conduzir o diretor a distância. "À medida que as filmagens avançavam, o importante para George era 'Vamos ter mais conflitos, vamos ter mais brigas, vamos ter mais explosões'", lembrou Korty. "Eu provavelmente estava tentando lidar mais com os relacionamentos e, a certa altura, mais para o fim das filmagens, recebi dele um memorando ou algo assim, com 'Precisamos de outra luta, e por que não fazemos isso com o monstro e soltamos uma bomba sobre ele ou algo assim', e respondi: 'George, se fizermos mais alguma coisa com esse monstro, o público vai ter mais simpatia pelo monstro do que pelos heróis!'"[38]

Caravana da coragem: Uma aventura de ewoks foi ao ar pela ABC em 25 de novembro de 1984, com sucesso suficiente para que Lucas começasse imediatamente a produção de uma sequência, *Ewoks: A batalha de Endor*, contratando os irmãos cineastas Ken e Jim Wheat para escrever e dirigir. O produtor Tom Smith, depois de aprender a lição com *Caravana da coragem: Uma aventura de ewoks*, incluiu no orçamento global um item para o que ele chamou de "Fator George", a fim de cobrir os custos de filmagem de quaisquer novas cenas imaginadas por Lucas durante a filmagem e a edição. Lucas se mantinha boa parte do tempo fora do caminho dos Wheat, apesar de Joe Johnston, da ILM, ter lhe fornecido alegremente um conjunto de três carimbos de borracha — dizendo ÓTIMO, CBB ("could be better" — podia ser melhor, em inglês) e 86 ("tente novamente") —, que Lucas podia usar para carimbar seus comentários sobre roteiros e design dos personagens. "Ele parecia uma criança com um brinquedo novo quando viu os carimbos", contou Ken Wheat, mais tarde. "Não havia como alguém se confundir sobre as escolhas dele."[39] Lucas, que aparentemente nunca parecia estar contente com uma sequência a menos que ela fosse mais sombria que a anterior, também dissera aos Wheat: "Quero que esta seja toda sobre a morte."[40] O filme resultante, então, *Ewoks: A batalha de Endor*, iria ao ar em 24 de novembro de 1985, com um aviso aconselhando "critério dos pais", uma vez que os Wheat iniciavam o filme com uma sequência em que a família de uma menina é morta por Marauders.

Embora sem o mesmo sucesso de *Caravana da coragem: Uma aventura de ewoks*, *Ewoks: A batalha de Endor* ainda atrairia números respeitáveis o bastante para que Lucas considerasse, em breve, outra sequência antes de pôr o projeto na prateleira indefinidamente. Seu sucesso também o encorajou a investir em dois desenhos animados nas manhãs de sábado para a ABC, *Droids* e *Ewoks*, produzidos pelos animadores na Nelvana — a mesma empresa que havia fornecido o desenho animado de Boba Fett para o *Star Wars Holiday Special*. Lucas declarou publicamente ter grande expectativa para os dois desenhos, mas, quando o baterista do Police, Stewart Copeland, que tinha sido contratado por Lucas para compor a música para Droids, reuniu-se com ele para discutir a série, ele achou que as verdadeiras motivações de Lucas eram óbvias. "Em sua mesa", lembrou Copeland, "havia fileiras de brinquedos, e era para isso que seria a música. 'Este é o produto, aqui estão os brinquedos'."[41] Qualquer generosidade relacionada aos brinquedos não iria longe; *Ewoks* seria cancelado depois de duas temporadas; *Droids*, depois de apenas uma, ambos derrotados em seus horários por *Os Smurfs*.

Em janeiro de 1985, Lucas vinha dirigindo, sozinho, a Lucasfilm, sem um presidente de verdade, por pouco mais de um ano. Ainda que ele gostasse de fazer as coisas à sua maneira, a empresa, com seus vários projetos e fontes de receitas diversas, havia crescido a um ponto em que Lucas não conseguia mais controlar tudo. Estava na hora de trazer um presidente que pudesse atuar como gerente de projeto, de preferência alguém com experiência em finanças e, idealmente, alguém que fosse um administrador de pulso firme e que pusesse os interesses da empresa na frente de sua popularidade. Mas ele se recusava a contratar qualquer um que tivesse sido ligado a um estúdio, ou seja, a dar as chaves da

Lucasfilm a alguém de dentro de Hollywood. "Lá embaixo", como ele sempre se referia a Hollywood, "para cada cineasta honesto e verdadeiro, tentando fazer seu filme decolar, há uma centena de vendedores de carros usados desprezíveis tentando tomar seu dinheiro".[42]

Lucas encontrou o candidato ideal sentado em seu próprio Conselho de Administração — Doug Norby, formado em Harvard e ex-diretor financeiro da Itel, uma empresa que tinha lucrado, e depois perdido, milhões de dólares em negócios escusos envolvendo a aquisição e a locação de equipamentos da IBM. Quando a empresa faliu, Norby cooperou com os investigadores financeiros para descobrir o que havia acontecido — e, com base em seus achados, vários de seus parceiros da Itel foram presos. Norby, não, e, quando ele foi trazido para a Lucasfilm, alguns empregados o julgaram bem escorregadio e rápido em proteger seus interesses. Mas Lucas confiava nele e gostava de seu estilo franco e um tanto agressivo. "Faça o que tem que fazer", disse a Norby, "e eu vou ficar fora disso".[43]

A contratação de Norby foi anunciada em fevereiro, em uma reunião geral realizada no estúdio de som da ILM. Norby fez uma apresentação melhor do que Lucas naquela manhã, soando confiante e entusiasmado ao descrever as tarefas difíceis para o ano seguinte. Lucas, por outro lado, mostrou-se rabugento, queixando-se de que estava na hora de o pessoal começar a agir como se trabalhasse para uma empresa, e não como visitantes não convidados e indesejados em sua casa, que comiam toda a sua comida e gastavam todo o seu dinheiro.[44] Norby, retomando a palavra, afirmou diplomaticamente que estava na hora de a Lucasfilm começar a ganhar seu sustento. A empresa tinha de fazer mais do que apenas ganhar dinheiro com licenciamento e merchandising, ou esperar que Lucas fizesse outro filme. Lucas sustentara a empresa do próprio bolso por tempo suficiente. A Lucasfilm precisava começar a dar lucro. Todas as divisões teriam de mudar.

Isso incluía até mesmo a ILM. No momento, a ILM estava trabalhando quase exclusivamente nos filmes de Lucas e de seus amigos, bem como nos filmes de *Jornada nas estrelas*, a confiável franquia externa.

Mas Norby queria que eles assumissem ainda *mais* trabalhos externos, e emitiu um comunicado à imprensa anunciando que agora a ILM estava aberta aos negócios de todos. Foi solicitado aos contadores da ILM que desenvolvessem um preço fixo para os serviços da empresa — em geral, cerca de 25 milhões de dólares por filme —, bem como que determinassem custos mais confiáveis para trabalhos como criação de modelos ou *matte painting*, de modo que a ILM pudesse concorrer para esses trabalhos específicos. Era uma grande mudança de mentalidade para a ILM, e alguns rejeitaram a ideia de trabalhar por obra contratada, ou seja, basicamente, de ir aos estúdios de chapéu na mão. "Muitos resistiam a encarar a realidade", disse Norby.[45]

Trabalhando com o novo diretor financeiro da Lucasfilm, Doug Johnson (o pessoal se referia ironicamente a Norby e Johnson como "Os Dougs"), Norby até mesmo direcionou o olhar para o projeto de estimação de Lucas do momento, o rancho Skywalker, onde o trabalho continuava em um ritmo que Norby considerava intencionalmente glacial, permitindo a alguns contratados ter um comportamento irresponsável com relação às horas faturadas. Até que ele e Johnson tivessem melhor controle sobre as finanças, Norby deu ordens para que todos os trabalhadores não envolvidos em construção — basicamente, artistas, vidrieiros e paisagistas — fizessem as malas e fossem para casa. Lucas pode ter erguido as sobrancelhas, surpreso, mas gostava do fato de "Os Dougs" não terem problema em serem os vilões, cuidando da única grande tarefa que Lucas temia: lidar com gente.

O fluxo de caixa, porém, continuava um problema. Não só o acordo de divórcio tinha esgotado a maior parte das reservas financeiras de Lucas, como também uma das fontes de receita mais confiáveis — o dinheiro dos brinquedos da Kenner — estava começando a evaporar. Em 1985, a Kenner estava passando por mudanças, de uma forma muito semelhante ao que estava acontecendo na Lucasfilm, pois a empresa estava se desligando da General Mills. Em um esforço para melhorar suas finanças, a Kenner tinha saturado o mercado de brinquedos *Star Wars*. No entanto, sem novos filmes no horizonte, a demanda frenética por todos os produtos *Star Wars* estava mais do que apenas em declínio; como afirmou um especialista em vendas de brinquedos ao *Wall Street Journal*: "Já era."[46] Em 1985, as vendas dos brinquedos de *Star Wars* despencaram para cerca de 35 milhões de dólares, muito abaixo dos 135 milhões do ano anterior. Fazendo as contas, Norby calculou que, em cerca de cinco meses, a Lucasfilm ficaria sem dinheiro. Norby estava disposto a buscar o aumento do fluxo de caixa da empresa em qualquer lugar, até mesmo persuadindo Marcia — agora casada com Rodrigues e com uma nova filha — a permitir que Lucas parcelasse o pagamento do acordo de divórcio ao longo de dez anos. (Lucas acabaria pagando tudo em cinco.) Ele inclusive se atreveu a tocar no assunto de mais filmes *Star Wars* com Lucas — um meio infalível de encher os cofres da Lucasfilm —, mas ele se desculpou e recusou, dizendo-se exausto.

Era inevitável, então, que Norby começasse a demitir gente. Isso não era um problema para Lucas, que achava que a empresa estava cheia de funcionários dispensáveis. "Eu saía para fazer um filme e, quando voltava, dois anos depois, descobria que todo mundo tinha contratado um assistente", declarou ele ao *New York Times*, em uma demonstração de ressentimento.[47] Dentro da empresa, porém, a equipe estava convencida de que Norby e Johnson estavam passando por cima de Lucas — que este, se realmente soubesse o que estava acontecendo, *jamais* permitiria uma medida tão insensível quanto demissões. Foi essa percepção entre os empregados de que Lucas não era capaz de fazer nada de mau, disse Bob Doris, que mostrou sua verdadeira força como administrador. "É algo próprio do George", disse Doris. "Ele é bem-sucedido na criação de um mito para si mesmo. Tenho certeza de que 'Os Dougs' não estavam fazendo nem mais nem menos do que George queria que fizessem."[48] Na verdade, Lucas sempre havia sido um administrador um pouco indiferente; quando estava por perto, o pessoal trabalhava de acordo com um protocolo não escrito que eles, jocosamente, chamavam de "regras da Rainha":

Não se aproxime de George.
Não tente bater papo com George.
Se George iniciar uma conversa, limite-se a tópicos relacionados ao trabalho.

"A mim, parecia que a empresa fora cuidadosamente projetada para proteger [Lucas], a fim de manter o restante do mundo a distância, para que ele pudesse fazer o que quisesse", disse Malcolm Blanchard, da Pixar. "Essa é a personalidade dele, um cara tímido que gosta de fazer filmes."[49]

Em última análise, Lucas queria que sua empresa fosse uma companhia de cinema. Qualquer outra coisa — além da Divisão de Jogos, que era um dos poucos braços da empresa que faturavam algum dinheiro — era considerada desvio de escopo. "Essa empresa ficou diversificada demais", reclamou Lucas com o pessoal. "Vamos nos concentrar nos filmes."[50] O grupo de imagens estava tentando; recentemente, a equipe havia criado outro efeito especial de cair o queixo, dessa vez para *O enigma da pirâmide*, produzido por Spielberg, que trazia um cavaleiro de vidro colorido — o primeiro personagem totalmente gerado por computador em uma tela de cinema. O crédito do efeito foi para a ILM, mas o trabalho tinha sido executado pelo computador Pixar, baseado em um design de personagem de John Lasseter. A essa altura, porém, nada disso parecia importar; qualquer coisa que não fosse dedicada ao cinema tinha de ser recolhida, reembalada, reorganizada ou vendida.

Isso incluía os equipamentos de edição digital. Com o EditDroid e o SoundDroid, agora Lucas tinha seu sistema de edição digital — ou, pelo menos, o começo de um. Mas ambas as máquinas estavam cheias de bugs, e a tecnologia, que tanto dependia de videodiscos, era cara. "George queria licenciar toda a tecnologia bacana que eles tinham desenvolvido", disse Bob Doris, "mas não estava interessado em ser o fabricante".[51] O EditDroid e o SoundDroid, então, foram transformados em uma nova divisão, chamada The Droid Works, que entrou em uma *joint venture* com a Convergence, uma empresa de equipamentos de edição, agora também encarregada de vender e comercializá-los. Lucas iria monitorar a empresa de perto, vigiando o avanço da tecnologia de edição digital que ele tanto contribuíra para estabelecer — e esperando que, por fim progredisse o suficiente para ser usada em um filme com qualidade.

Com isso, restaram apenas o grupo de imagens e seu computador de imagens Pixar. "Não dispomos dos recursos para financiar isso", disse Norby a Lucas, quando este voltou a atenção para Catmull e sua divisão. "Ficou claro que Lucas tinha de nos dispensar", disse Alvy Ray Smith.[52] Por um momento, Catmull pensou que Lucas pudesse desfazer o grupo por completo e vender o computador Pixar pela maior oferta, mas Lucas esperava fazer com a Divisão de Imagens o mesmo que fizera com The Droid Works: ligá-la a um capitalista de risco capaz de apreciar o potencial da tecnologia. Lucas realmente tinha esperanças nobres para a Pixar; achava que poderia ser útil para imagens médicas ou simulações científicas, e houve conversas sérias com a Siemens e a Philips, que viram seu potencial para tomografias computadorizadas de alta resolução. Nenhuma das possibilidades foi adiante. A maioria achou o preço pedido por Lucas, de 35 milhões de dólares, muito alto, embora não estivessem apenas levando a Pixar; estavam recebendo Catmull e toda a Divisão de Imagens. Quando as conversas se arrastaram até o fim de 1984, Alvy Ray Smith perguntou a um amigo, Alan Kay, se ele conhecia investidores em potencial — de preferência, alguém com um pouco de *expertise* em computadores que fosse capaz de apreciar o que estaria adquirindo com a Pixar, e que também pudesse entender que ter Catmull e sua equipe no acordo valia o custo total da transação. Kay pensou que conhecia a pessoa certa, e ligou para um velho amigo, que, por acaso, era ao mesmo tempo conhecedor de computadores e multimilionário: o cofundador da Apple, Steve Jobs.

Encantador e volátil, Jobs — que naquele momento estava travando uma guerra com o Conselho de Administração da Apple, a qual ele acabaria por perder — reuniu-se com Catmull, Smith e contadores da Lucasfilm para conversar sobre a Pixar e repassar os números. Quando chegaram ao hardware, Jobs gostou do que viu. "Foi um daqueles momentos apocalípticos", disse ele posteriormente. "Lembro-me de que, depois de dez minutos vendo a interface gráfica do usuário, eu sabia que todos os computadores funcionariam daquele jeito um dia; ficava óbvio depois que se via." Mas Jobs, como os outros, achou o preço alto demais — "Estou mais na faixa de 10 a 15 milhões de dólares", disse a eles — e optou por esperar pelo momento certo para ver se o preço cairia.[53]

E de fato caiu. Em novembro de 1985, depois de um acordo complicado envolvendo a Philips Electronics e a General Motors ter fracassado no último minuto, Jobs ligou para Norby e o encontrou ansioso para se desfazer da Pixar por um preço de ocasião. Embora, mais tarde, houvesse relatos equivocados de que Jobs comprara a Pixar da Lucasfilm sem ônus ou gravames, a verdade era ligeiramente mais complexa. De fato, Jobs capitalizou a Pixar com 10 milhões de dólares, dos quais 5 milhões a Pixar pagou para adquirir os direitos exclusivos sobre a tecnologia Pixar — embora Lucas tenha assegurado que a Lucasfilm continuaria a poder usar a tecnologia de que fora pioneira. Os outros 5 milhões foram empregados para administrar a empresa, tendo Ed Catmull como presidente e Alvy Smith como vice-presidente.[54] A empresa, portanto, foi comprada por Jobs *e* pelos quarenta empregados da Pixar. O único obstáculo ao acordo era onde assiná-lo. Jobs queria que Lucas fosse a Woodside, pouco mais de cem quilômetros ao sul do rancho Skywalker; Lucas queria que Jobs fosse até ele. Resolveram encontrar-se em San Francisco, no escritório dos advogados de Lucas, a meio caminho entre os dois, fechando o negócio em fevereiro de 1986.

Para muitos, a Pixar parece ser "aquela que escapuliu" de Lucas. Com Jobs, ela acabaria por se tornar uma empresa de 7 bilhões de dólares, responsável por filmes de sucesso voltados para a família, cujos lucros certamente fizeram os contadores da Lucasfilm torcerem as mãos diante da oportunidade perdida. E a Pixar sem dúvida foi um daqueles casos raros em que Lucas interpretou mal ou não compreendeu o enorme potencial da própria tecnologia. Mas foi uma miopia nascida do tipo de impulso e do foco intenso de Lucas. Desistir da Pixar nada lhe custara em termos criativos — afinal, ele ainda poderia usar o computador — e não exigira que ele comprometesse sua concepção de filmes ou de cinema. Para Lucas, livrar-se da empresa havia sido simplesmente a decisão de negócios certa, tomada no momento certo. "Depois que [o computador Pixar] foi desenvolvido, não precisávamos de uma empresa que fabricasse hardware", disse Lucas claramente. "Não quero ser fabricante de hardware. Então, nós a vendemos."[55]

"O entretenimento é feito de boas ideias, e não de tecnologia", diria Lucas posteriormente. "A verdade é que não sou tão apaixonado por novas tecnologias assim; apenas reconheço sua existência."[56]

O rancho Skywalker estava pronto. O sonho de Zoetrope — aquele resplandecente império de cinema com base no "faça você mesmo", longe dos olhos curiosos e das mãos intrometidas de Hollywood — tinha sido, enfim, realizado. Mas não por Coppola. E não por completo.

A primeira fase — sobretudo o chamado Grupo da Fazenda, com prédios administrativos, a sede do rancho e vários anexos — estava concluída. Mas, assim como Thomas Jefferson com Monticello, Lucas nunca terminaria de construir o rancho Skywalker em definitivo. Ainda assim, no verão de 1985, as coisas estavam bem o suficiente para que ele pudesse declarar o rancho oficialmente aberto para os negócios. Lucas pretendia que o lugar fosse "como uma grande casa, uma grande fraternidade em que os cineastas poderiam trabalhar juntos e criar juntos... criar histórias, e você precisa de um lugar para terminar o filme, para fazer a pós-produção, o som e a edição".[57] Não havia estúdios de som, um retrocesso aos primeiros dias de Zoetrope, quando ele e Coppola gostavam de filmar ao estilo guerrilha, nas locações. "A Lucasfilm não é uma produtora", salientou Lucas. "Não temos um estúdio, não temos chefes de produção. Temos um produtor que produz um filme. (...) O restante da Lucasfilm consiste em várias empresas [como a ILM ou a Sprocket]. (...) E agora elas são prestadoras de serviços para outras pessoas que fazem filmes."[58] Quase todo o trabalho de pré ou pós-produção podia ser feito no local, longe dos olhares curiosos e da interferência dos ternos de Hollywood. "Eles não têm ideia do que é fazer um filme", disse Lucas, com desdém. "Para eles, o negócio é o filme pronto. Eles não têm ideia do sofrimento, do trabalho árduo. Não são cineastas. Não quero ter nenhuma relação com eles."[59]

O centro das atenções, é claro, era a Main House, a casa principal, uma mansão vitoriana de quase 5 mil metros quadrados, com telhados pitorescos e torres quadradas, circundada por uma varanda surpreendentemente acolhedora. Na parte de trás, sob uma enorme cúpula de vitrais, ficava a biblioteca de pesquisa do rancho — Lucas a abasteceria continuamente comprando coleções abandonadas de outros estúdios, como, por exemplo, a Paramount — com uma reluzente escada de sequoia, em caracol, construída com materiais recuperados de uma ponte caída. Na realidade, Lucas estava tão orgulhoso da biblioteca que seu escritório particular tinha acesso apenas pelo nível superior da varanda da biblioteca. No começo, Lucas havia decorado as paredes com cartazes de filmes antigos — ele era um colecionador secreto de *memorabilia* —, bem como de pinturas e arte original de quadrinistas como Carl Barks e Alex Raymond. (Mais tarde, as paredes exporiam obras originais de Norman Rockwell, um dos principais investimentos de Lucas.) Muitos dos elementos opulentos — os vitrais, as antiguidades, o mobiliário vitoriano — foram selecionados por Marcia, que, nos últimos e infelizes anos de seu casamento, servira como decoradora do Skywalker.

Espalhados pela área que cerca a Main House — e Lucas tivera o cuidado de planejar a propriedade de modo que nenhuma estrutura fosse visível para outra —, encontravam-se a Carriage House (que abrigava operações de cinema e licenciamento), o Stable (para produção, publicidade e a divisão de jogos), a Gate House (animação, negócios e finanças) e a Brook House (mais da Divisão de Jogos). Ainda em construção, o Tech Building, projetado para lembrar uma adega de tijolos, onde Lucas pretendia acomodar a Sprocket, cujo nome ele mudaria (o que mais?) para Skywalker Sound. Em resumo, mais de uma centena de funcionários se transfeririam dos escritórios alugados no Condado de Marin e se apresentariam para o trabalho no rancho. Apesar dos boatos, Lucas nunca viria a morar ali — ele estabeleceria residência na remodelada Parkhouse, em San Anselmo, agora que a empresa estava no Skywalker —, o que significava que a única coisa que realmente não estava no rancho era a ILM, que ainda funcionava em armazéns em Kerner, a cerca de 25 quilômetros de distância, para a contrariedade de Lucas.

Sempre atento aos detalhes, Lucas inventou uma elaborada história para o rancho Skywalker, explicando a combinação de estilos arquitetônicos que ele havia utilizado na Main House e em outros edifícios no rancho. De acordo com ele, a Main House fora construída em 1869 por um capitão da Marinha aposentado, cujos filhos foram acrescentando anexos ao longo do tempo, abraçando os estilos arquitetônicos do momento. A Brook House, por exemplo, fora executada no estilo Craftsman, que se tornou popular no sul da Califórnia no início dos anos 1900, enquanto o Tech Building estava sendo construído para refletir o estilo modernista dos anos 1930. "É meu maior filme", disse Lucas, referindo-se ao rancho Skywalker. "Eu sempre fui um arquiteto frustrado."[60]

Se o rancho era um filme, então Lucas o estava produzindo, dirigindo e editando com sua propensão habitual para o controle. Mesmo a natureza fora, até certo ponto, controlada: o lago da propriedade era artificial, supostamente para fornecer água para o corpo de bombeiros particular; no entanto, as aves haviam fixado residência na vegetação às suas margens, transformando o abastecimento de água de Lucas em um perfeito santuário de aves artesanal. E, para parecer que o rancho realmente estava instalado nas colinas próximas de Nicásio desde 1869, ele mandou trazer do Oregon mais de 2 mil árvores adultas. A tática funcionou: as árvores maduras deram à nova instalação uma atmosfera perene — um efeito especial digno da ILM. Como Walt Disney, que havia criado a Disneylândia como uma realidade fabricada nos laranjais de Anaheim, Lucas tinha seu próprio ambiente perfeitamente controlado, escondido nas colinas de Nicásio. Lucas, porém, estava construindo seu mundo em particular.

"Adorei criar o rancho — eu acho o trabalho de empresário empolgante e desafiador", declarou Lucas a um repórter da *Gannett* que visitara o Skywalker naquele outono. "Existem partes empolgantes nele. Mas prefiro fazer filmes."[61]

Para 1985, porém, Lucas havia concentrado seus esforços sobretudo no socorro a filmes de velhos amigos, muitas vezes sem crédito, em vez de se envolver diretamente na produção. "Por um lado, sou conhecido por fazer essas imensas produções e, ao mesmo tempo, estou ajudando nessas pequenas produções dos meus amigos", disse Lucas. "Mas, na maioria das entrevistas que dou, elas são ignoradas, como se nunca tivessem existido. Esses filmes, porém, podem estar mais perto do que sou do que *Star Wars*."[62] Isso é verdadeiro no que se refere a *Latino* — um filme duro e com uma carga política sobre o conflito entre o governo sandinista da Nicarágua e os Contras, apoiados pelos Estados Unidos —, escrito e dirigido por Haskell Wexler, um velho amigo de Lucas. Em face de seu tema delicado, embora relevante — em 1987, a Nicarágua se transformaria em um atoleiro político para a administração de Ronald Reagan —, Wexler estava tendo dificuldades em distribuir o filme e, então, ligou para Lucas, pedindo ajuda. "George Lucas ajuda os amigos com o que quer que estejam fazendo", disse o produtor Tom Luddy, amigo tanto de Lucas quanto de Wexler. "Ele é o tipo de pessoa leal aos amigos. Haskell Wexler é um de seus amigos mais antigos."[63]

Lucas também havia intervindo para ajudar outro velho amigo em dificuldade: Walter Murch, que acabara de ser demitido, sem a menor cerimônia, de sua estreia como diretor de *O mundo fantástico de Oz*, da Disney, o qual estava sendo filmado em Londres. Quando Lucas soube da notícia, ligou para o produtor do filme em seu quarto de hotel, acordando-o às 3h30. "Você está cometendo um erro", disse Lucas casualmente. O produtor não se deixou impressionar. "Sou o diretor do estúdio", replicou ele rispidamente, desligou e voltou a dormir. Lucas, então, voou para Londres e conseguiu salvar a reputação de Murch com a Disney, o que permitiu ao amigo concluir o filme sem mais incidentes. Lucas até ofereceu uma exibição prévia do filme para executivos da Disney na sala de projeção de sua casa, em San Anselmo. "Era o braço do Grande Irmão ao redor de Walter", disse a mulher de Murch, Angie. "George estava dizendo: 'É melhor vocês não machucarem meu irmãozinho.'"[64]

A Disney não machucou, mas os críticos, sim. Lucas pensou que havia apenas uma coisa que poderia ter tornado as resenhas do filme ainda piores. "Os críticos caíram matando em cima do filme", observou ele na ocasião, "mas nem de perto com a violência com que fariam se meu nome estivesse nele".[65] Essa era uma queixa que ele continuaria a fazer ao longo de sua carreira. Quanto a Murch, ficou tão abalado com a experiência que nunca mais dirigiu outro filme.

E, então, veio Coppola. Dessa vez, Coppola se envolvera com um filme de outro amigo em comum, Paul Schrader, que escrevera tanto *Taxi Driver* quanto *Touro indomável* para Martin Scorsese, e também recentemente dirigira *Gigolô americano* e *A marca da pantera*. Schrader estava escrevendo e dirigindo um projeto que lhe era particularmente especial chamado *Mishima — Uma vida em quatro tempos*, um filme de arte biográfico baseado na vida de Yukio Mishima, o romancista, poeta e dramaturgo japonês que se matara em um ritual suicida em 1970, aos 45 anos. Coppola se oferecera para financiar o filme, mas, quando a última empreitada da Zoetrope fracassou, ele teve de apelar a Lucas em busca de dinheiro. Lucas disse sim quase de imediato; Schrader estava fazendo o tipo de filme artístico que Lucas admirava, filmando cada uma das três narrativas da história em um estilo diferente — a abordagem que Lucas havia experimentado em *American Graffiti: E a festa acabou*. Lucas acabou convencendo a Warner Bros. a financiar metade do filme, e até viajou para o Japão, a fim de verificar o progresso de Schrader enquanto ele concluía o projeto. *Mishima* seria lançado como uma coprodução da Lucasfilm e da American Zoetrope e, em sua estreia, em outubro de 1985, seria pouco visto mas altamente considerado.

Lucas passou o fim do ano de 1985 no tribunal. E tudo por culpa do então presidente, Ronald Reagan.

Em março de 1983, Reagan havia proposto um sistema de defesa antimíssil que dependeria, em parte, de sistemas de lançamento espacial para derrubar no céu quaisquer mísseis nucleares inimigos. Enquanto Reagan chamava seu sistema de Iniciativa de Defesa Estratégica (SDI, na sigla em inglês), seus oponentes — a começar pelo senador Ted Kennedy —, ironicamente, apelidaram-no de "Star Wars". O termo ganhara força na mídia a tal ponto que "Star Wars" e "SDI" passaram a ser usados de modo intercambiável, para a irritação cada vez maior de Lucas. Quando organizações ativistas antagônicas começaram a usar o termo "Star Wars" em anúncios comerciais para a televisão nas semanas que antecederam uma reunião de cúpula entre Reagan e o líder soviético Mikhail Gorbachev, Lucas finalmente foi aos tribunais, argumentando que afiliar o termo "Star Wars" à SDI era uma violação de sua marca registrada, e que ele não queria seu filme associado a um tema nocivo, especialmente o holocausto nuclear.[66]

Os advogados da Lucasfilm foram, no fim, derrotados no tribunal em 25 de novembro. As coisas não correram bem. O juiz Gerhard A. Gesell (o mesmo que presidira, em 1974, o julgamento dos réus do Watergate) mais que depressa decidiu contra Lucas, alegando o "uso não comercial" do termo "Star Wars". "Quando políticos, jornais e o público em geral usam o termo Star Wars para sua conveniência", escreveu Gesell em seu parecer, "[o] demandante não tem direito como dono da marca de evitar esse uso de Star Wars".[67] Essa não foi a última vez que Lucas iria ao tribunal para proteger *Star Wars*; em 1990, ele processaria o rapper Luther Campbell, do 2 Live Crew, por chamar a si mesmo de Luke Skywalker, pedindo ao cantor uma reparação de US$300 milhões. Dessa vez, Lucas teria mais sorte; Campbell acabaria fazendo um acordo, pagando a Lucas US$300 mil e concordando em deixar de usar o nome.[68] Mas Campbell nunca se esqueceria disso. Ao ver cartazes anunciando *Star Wars: O despertar da Força* em Nova York, 25 anos depois, Campbell extravasou sua raiva novamente. "Toda vez que vejo um trailer, ou um anúncio desse filme", fervilhou ele, "só consigo pensar que quero que aquele safado do George Lucas devolva meu dinheiro".[69]

E a pergunta continuava a perseguir Lucas: ele faria mais algum *Star Wars*? "Não sei", respondeu Lucas a um repórter no fim de 1985. "Provavelmente eu mesmo não vou fazer mais." Tinha esboços de tramas em sua cabeça, garantiu, mas "não estão organizadas como histórias".[70] "Por ora", dizia ele, "quero produzir filmes de outros diretores, ser apenas o produtor executivo e fazer alguns filmes meus, que serão experimentais, e não comerciais", acrescentando: "Quero tentar fazer alguns filmes que ninguém fez ainda, [independentemente] de serem vistos, de terem sucesso."[71]

No entanto, é pouco provável que fosse esse o destino que ele pretendia para *Howard, o super-herói*.

Depois de quase dois anos de uma vida discreta, em 1986 Lucas estava pronto para voltar ao centro das atenções. Enquanto o CEO da Lucasfilm, Doug Norby, continuava cortando funcionários e reorganizando as divisões dentro da empresa — e com os rumores de que as despesas gerais se aproximavam dos US$20 milhões anuais —, os analistas de mídia e negócios se perguntavam se Lucas estava voltando aos filmes porque precisava do dinheiro. "O apelo do principal patrimônio do Sr. Lucas, a saga de 'Star Wars', parece estar diminuindo", escreveu Michael Cieply no *Wall Street Journal*.[72] Os fãs de *Star Wars*, argumentava-se, haviam partido para outra. As vendas dos brinquedos continuavam a despencar, e até mesmo a Marvel Comics estava se preparando para encerrar a revista em quadrinhos mensal *Star Wars*, após nove anos.

Os cortes e a reorganização de Norby, embora pouco populares, haviam contribuído muito para estabilizar a Lucasfilm. Com a receita de merchandising em queda, porém, a ILM teria de ocupar o posto de fonte de receita mais confiável. Durante o ano anterior, a empresa de efeitos havia efetivamente assumido cada vez mais trabalhos externos, produzindo efeitos para *Os Goonies*, *Os exploradores*, *De volta para o futuro* e até a sequência de abertura com os créditos de *Entre dois amores*. Na cerimônia de entrega dos prêmios da Academia, em março, a ILM ganharia mais um Oscar, dessa vez pelos efeitos especiais de *Cocoon*, de Ron Howard, ator de *Loucuras de verão*, agora diretor. No entanto, mesmo enquanto a ILM expandia seu trabalho, Lucas se queixava de que a empresa estava se tornando complacente. "Grande parte do entusiasmo selvagem e rebelde parece estar empalidecendo um pouco, para o bem ou para o mal", disse Lucas à *Time*. "Embora seja reconfortante ver a empresa tornar-se mais estável e profissional, é um desafio manter a inovação."[73]

Dentro da Lucasfilm, todos pareciam certos de que Lucas tinha outro grande projeto em desenvolvimento, outra franquia revolucionária como *Star Wars* ou os filmes de Indiana Jones. "Acho que George vai lançar mão de seus instintos em busca de algo novo", disse um empregado,[74] enquanto outro observou, com orgulho, que Lucas "tem esse instinto fantástico para o gosto popular. Tenho certeza de que ele tem algo completamente diferente escondido na manga".[75]

Não tinha. O que tinha, porém, eram muitos velhos amigos cujo trabalho ele respeitava, de cuja companhia gostava e para quem ficava mais do que feliz em agir como produtor — e, para Lucas, isso em geral era mais do que suficiente. Os filmes resultantes seriam recebidos com graus variados de entusiasmo da crítica e do público — um até seria considerado entre os piores filmes de todos os tempos —, mas Lucas nunca se arrependeu de fazer nenhum deles ou de lançá-los com o selo da Lucasfilm. "A empresa foi projetada de modo a não precisar que eu faça filmes comercialmente lucrativos", explicou Lucas com paciência. "O principal pressuposto tem de ser o de que todo filme perde dinheiro. Isso não acontece, é claro, mas você parte desse pressuposto. É como o beisebol. Você nem sempre entra na World Series, mas continua jogando."[76]

Um colaborador de que Lucas gostava muito era Jim Henson, de quem ficara amigo desde que trabalharam juntos no desenvolvimento do Yoda para *O Império contra-ataca*. Seguindo a morna acolhida que seu filme inovador de 1982, *O cristal encantado*, teve, Henson estava à procura de um produtor renomado para seu novo filme, o misto de fantasia e conto de fadas *Labirinto*. "Jim e eu queríamos trabalhar juntos, e aquele era um filme que ninguém queria", contou Lucas mais tarde.[77] Embora a visão para o filme pertencesse a Henson por completo, o roteiro continuava problemático, e vários escritores — inclusive Dennis Lee, Laura Phillips, Terry Jones, Elaine May e o próprio Henson — tinham falhado em decifrar a estrutura da história. Lucas ofereceu-se para tentar também. "Sou bom com roteiro e edição", observou. "Uma contribuição que eu podia dar a *Labirinto* era manter o roteiro focado. É um verdadeiro truque manter um roteiro focado."[78]

Depois de Lucas participar de dois dias de reuniões discutindo a história em Parkhouse, com Henson e seu consultor de criação, Larry Mirkin, estes se perguntavam quanto de ajuda ele realmente poderia dar. Mirkin lembra-se de Lucas pegar uma prancheta, desenhar três ou quatro círculos concêntricos e traçar uma linha atravessando-os enquanto explicava a jornada do personagem principal pelo labirinto. Lucas era "um cara muito agradável e despretensioso", contou Mirkin, "mas não me lembro de isso levar a algo de útil para o escritor".[79] Mais memorável — pelo menos para Mirkin — foi o almoço em um restaurante local, quando Linda Ronstadt foi ao encontro de Lucas e, ao entrar, fez todas as cabeças se virarem.

Lucas gostava de trabalhar com Henson e divertiu-se muito providenciando para que Darth Vader aparecesse no primeiro dia de filmagem em Elstree como um presente de boa sorte para Jim. Tanto ele quanto Lucas precisariam dessa sorte; *Labirinto* foi um fracasso de bilheteria quase imediatamente após o lançamento, em junho de 1986, reavendo apenas US$12 milhões de seu orçamento de US$25 milhões. Henson ficou arrasado; Lucas, não. "É decepcionante quando algo não funciona, mas faz parte do jogo", declarou ele ao *Los Angeles Times*. "Você ganha alguns, perde outros."[80]

A produção seguinte de Lucas, que estreou apenas seis semanas depois, se sairia igualmente mal.

De início, *Howard, o super-herói* parecia um projeto ideal para Lucas. Baseava-se em uma revista em quadrinhos que ele adorava, e o cocriador do pato Howard, o escritor Steve Gerber, era justamente o tipo de artista desafiadoramente independente que Lucas tanto admirava. Logo depois de concluir *Loucuras de verão*, na verdade, Lucas entregou exemplares da revista *Howard the Duck* a Williard Huyck e Gloria Katz, dizendo a eles que as histórias eram "muito engraçadas" e que poderia valer a pena transformá-las em filme.[81] Huyck e Katz acabaram produzindo um roteiro que, então, ofereceram a toda Hollywood por quase uma década, sem que ninguém se interessasse, exceto a Universal, que prometeu financiá-lo na condição de levarem Lucas como produtor executivo. Mais uma vez, Lucas permitiria que seu nome fosse usado como um favor a amigos. E, mais uma vez, isso lhe custaria caro.

A produção de *Howard, o super-herói* foi um desastre desde o início — e o maior problema era o próprio Howard. Depois de Huyck e Katz fracassarem na tentativa de convencê-lo a fazer uma versão em desenho animado, Lucas sugeriu que, em vez disso, eles trabalhassem com Howard como um efeito especial, e o colocou nas mãos da ILM. Infelizmente, a ILM tratou Howard como pouco mais do que um complicado traje de pato, enfiando um dos sete atores dentro do traje — em geral, Ed Gale, que, com pouco mais de um metro de altura, mal conseguia enxergar, caía constantemente e tinha de ser carregado de cenário em cenário.

A experiência foi ruim também para Huyck e Katz, ambos sentindo-se marginalizados em seu próprio filme. Recorrendo a uma estratégia do próprio Lucas, eles viajaram para o Havaí na semana em que o filme estreou, em agosto de 1986 — o que significa que não estavam por perto para ver as críticas desastrosas. O título das resenhas praticamente falava por si mesmo: "Howard, o super-herói' põe um Ovo", ironizou o *Washington Post*, enquanto o *New York Times* chamou o filme de "Uma patacoada". E essas foram as críticas *generosas*. Para Lucas, o filme nunca chegou a ter uma chance; o material promocional do longa-metragem havia destacado, com bastante vigor, seu envolvimento — seu nome estava acima do título nos primeiros cartazes —, o que, segundo Lucas acreditava, levara os críticos a julgar a película de uma forma injusta. Ainda assim, Lucas tentou manter-se otimista. "Se eu tivesse que refazê-lo, faria novamente", disse ele um ano depois. "Olha — fazer filmes é como participar de um evento esportivo. Jogar é a melhor parte. Você põe todos os seus esforços ali e, às vezes, tem sucesso, mas, outras vezes, o público não se conecta."[82] Os executivos da Universal não foram tão compreensivos assim; duas cabeças na produção quase rolaram em uma discussão acalorada sobre quem era o culpado de ter dado sinal verde ao filme.

Curiosamente, o filme de maior sucesso de Lucas nesse ano não foi exibido nos cinemas tradicionais — e resultou de uma oferta de trabalho que Lucas nunca aceitou. Em 1984, a Walt Disney Company, em busca de sangue fresco para reenergizar sua marca, procurara Lucas, oferecendo-lhe o cargo de chefe de produção. Lucas, que a vida toda fora fã da Disney, sentiu-se lisonjeado, mas recusou; afinal de contas, tinha sua própria empresa para gerenciar e não estava atrás do tipo de dor de cabeça e de drama que, naquele momento, abalava o conselho de administração da Disney, que mal conseguira sobreviver a uma aquisição hostil pelo financista Saul Steinberg. Ainda assim, Lucas havia aconselhado o novo acionista majoritário da Disney, a bilionária família Bass, do Texas, em sua aquisição de 25% da empresa e aprovara energicamente a seleção de Michael Eisner, seu batalhador aliado na Paramount, como CEO. Uma vez no cargo, Eisner imediatamente procurou Lucas e Spielberg para o desenvolvimento de atrações, baseadas em *Star Wars* ou *Indiana Jones*, para os parques temáticos da Disney. Spielberg declinou, preferindo concentrar-se em filmes com conteúdo mais adulto — na ocasião, ele tinha *A cor púrpura* e *Império do Sol* em fase de preparação —, mas Lucas estava entusiasmado com a oportunidade de atuar no reino da Disney, que tanto o inspirara na infância. Embora sempre se mostrasse cético em relação a estúdios, para a Disney ele abriria uma exceção.

Em fevereiro de 1985, em uma reunião de acionistas da Disney em Anaheim, com a presença de 6 mil acionistas empolgados, a Disney e a Lucasfilm anunciaram formalmente um acordo em que a Lucasfilm desenvolveria várias atrações para os parques da Disney, inclusive uma nova, baseada em *Star Wars*.[83] O brinquedo, chamado Star Tours, usaria simuladores de voo de nível militar para dar aos visitantes a sensação de voar pelo universo de *Star Wars*, inclusive colocando-os no meio de uma batalha produzida pela ILM com caças TIE e um ataque à Estrela da Morte. Com quatro minutos e meio de duração, era a mais longa sequência de efeitos visuais da ILM até então. Quando a atração foi inaugurada, em janeiro de 1987, Lucas estava na Disneylândia com Eisner para cortar a fita, ambos acenando entusiasticamente para as multidões recordistas, que manteriam o brinquedo funcionando em sua capacidade máxima pelas sessenta horas seguintes. "Eu sempre achei que só existe uma única operação de parque de diversões de primeira classe, e é esta aqui", disse Lucas, lisonjeiro. "Em tudo que fiz, sempre quis me certificar de que fosse feito corretamente... [Este] é o único lugar no mundo assim."[84]

Enquanto a Star Tours era a atração de maior visibilidade, Lucas e Eisner tentavam manter em sigilo seu outro projeto ambicioso para os parques: um filme 3-D chamado *Captain EO*, que apresentaria outra celebridade classe A com quem a Disney havia recentemente assinado contrato, o megastar do pop Michael Jackson, ainda desfrutando de seu brilho de invencibilidade pós-*Thriller*. A Disney, querendo adicionar um pouco de vigor à sua programação de filmes exibidos no parque, lançou a Lucas e Jackson várias ideias durante uma reunião do Dia dos Namorados com a Disney Imagineers, em 1985. "Pediram-nos que apresentássemos alguns conceitos com três elementos", disse Rick Rothschild, da Imagineer. "Os elementos eram George Lucas, Michael Jackson e 3-D."[85] Tanto Lucas quanto Jackson preferiram uma sinopse intitulada *The Intergalactic Music Man*, na qual o personagem de Jackson chegaria a um planeta frio e sem paixão, onde convenceria uma rainha do mal — por meio da música e da dança — que as coisas são melhores com calor humano e cor. Mas, embora Lucas tenha concordado em servir como produtor executivo do filme, não tinha nenhuma intenção de assumir as tarefas diárias da direção. Jackson esperava que Lucas pudesse persuadir Steven Spielberg a aceitar o trabalho, mas, com Spielberg ocupado,

Lucas trouxe um velho conhecido com quem, ele prometeu, Jackson e Eisner ficariam felizes: Francis Ford Coppola.

A primeira diretriz de Coppola: mudar o título para *Captain EO*, uma alusão a Eos, a deusa grega do amanhecer ou da luz — uma decisão que não encontrou nenhuma objeção da parte de Lucas, de Jackson ou do produtor e roteirista escolhido pela Disney para o projeto, Rusty Lemorande. Coppola começou a filmar nos Laird Studios, em Culver City, em junho de 1985, e completou o trabalho em agosto — um trabalho rápido, certamente, mas não tão isento de complicações quanto Lucas prometera. Coppola, embora fascinado com o processo 3-D tão aprimorado — que envolvia duas câmeras filmando de forma simultânea em ângulos ligeiramente diferentes —, muitas vezes se esforçara para descobrir a iluminação certa. Jackson mantinha seus números de música e dança em segredo, recusando-se a mostrar a Coppola o que faria até quase o dia em que a sequência seria filmada. E Lucas não tornava as coisas mais fáceis, aparecendo de forma inesperada e insistindo em mudanças que eram tecnicamente difíceis ou muito dispendiosas, chegando até mesmo a descartar tudo que já havia sido filmado usando as naves espaciais modelo. Harrison Ellenshaw, supervisor de efeitos especiais da Disney, achou que Lucas estava um tanto distraído com outros projetos — especificamente, a conclusão do rancho Skywalker —, "de modo que nunca podia dar ao *Captain EO* ou a qualquer outra coisa plena atenção", disse Ellenshaw. "Assim, era como ter Michelangelo vindo a cada dois dias por meia hora e lhe dizendo: 'Se eu tivesse tempo, faria a Capela Sistina, mas, como não tenho, deixe-me dizer o que você precisa fazer.' E, então, dois dias se passavam, e ele aparecia outra vez e dizia: 'Você não fez certo; faça isto, faça aquilo.' Tudo estava mudando constantemente."[86]

Captain EO estreou na Disneylândia e na Disney World em setembro de 1986. Lucas compareceu à estreia na Disneylândia, cortando a fita diante de quase dois mil convidados. Ambos os parques tinham reconstruído ou remodelado seus teatros para acomodar o filme e todos os seus efeitos especiais incorporados; o teatro em si, como Lucas sempre argumentava, era uma parte importante da experiência. Na Disneylândia, o filme era exibido no Magic Eye Theatre, de setecentos lugares, que fora equipado com luzes intermitentes, máquinas de neblina e som impactante — elementos que pulsavam, sopravam e latejavam em perfeita sincronia com a ação na tela, fazendo do filme um entretenimento imersivo. (Lemorande observou que o filme não era um filme, era um "feelie", em referência ao verbo "sentir", *feel* em inglês).[87] Transcorrendo em um ritmo acelerado de 17 minutos, o filme se gabava de um valor superior a US$20 milhões — quase o dobro do que Lucas havia gasto em *Star Wars* —, o que o tornava um dos filmes mais caros, por minuto, já produzido.

A Disney ficou encantada com o filme e o exibiria por mais de uma década (e, após a morte de Jackson, em 2009, o reapresentaria por mais cinco anos) para dezenas de milhões de frequentadores dos parques, fazendo dele um dos filmes de Lucas mais vistos. Os críticos de cinema podem ter tentado argumentar que *Captain EO* não era um grande filme — "[é] só o quarto melhor filme no EPCOT", insistia Richard Corliss —, mas os clientes da Disney não se importavam com isso;[88] a maioria faria pelo menos uma visita obrigatória durante uma ida ao parque, ao passo que os fãs mais acirrados assistiriam a ele repetidas vezes. Ainda assim, o crítico Charles Solomon, escrevendo no *Los Angeles Times*, queixou-se de que, tendo em conta o calibre dos talentos envolvidos, o público tinha direito a mais do que "o vídeo de rock mais elaborado da história". Claro, "ninguém espera que uma atração em um parque de diversões seja um *...E o vento levou*", escreveu Solomon, enfastiado, "mas com essa lista de créditos e o generoso orçamento do filme... o público deveria esperar mais do que um brilho vazio".[89]

Falando de filmes, haveria mais episódios de *Star Wars*? Essa era uma pergunta que continuaria a ser lançada a Lucas aonde quer que fosse, gritada em saguões de hotel ou postulada ao fim até mesmo da mais breve das entrevistas. Isso acontecia especialmente em 1987, quando tanto os fãs quanto a mídia celebravam o décimo aniversário do lançamento do primeiro *Star Wars*. Lucas ficou surpreso com todo o estardalhaço. Embora os três filmes de *Star Wars* houvessem gerado US$1,4 bilhão de bilheteria, e mais US$2,6 bilhões em merchandising, a rosa já havia claramente perdido o viço. As vendas de produtos relacionados a *Star Wars* haviam praticamente se esgotado. As séries animadas *Droids* e *Ewoks* já haviam desaparecido da televisão nas manhãs de sábado. Embora os três filmes houvessem tido sucesso em videocassete, a estreia de *Star Wars* na TV aberta, em 1984, perdeu o horário para a minissérie trash *Lace*, na ABC.

Assim, foi uma surpresa para Lucas quando a revista de ficção científica *Starlog* convidou a Lucasfilm para sediar, com eles, a primeiríssima convenção *Star Wars* no Stouffer Concourse Hotel, em Los Angeles, em maio de 1987. Mais de 9 mil fãs, muitos deles vestidos como personagens, lotaram o hotel, pagando US$18 por três dias de eventos e a oportunidade de comprar mercadorias e *memorabilia*, saudando uns aos outros com "Que a Força esteja com você". Lucas impressionou a multidão fazendo uma aparição no palco do Grand Ballroom na última noite da convenção, ao som da música de John Williams e de aplausos estrondosos. "Ah, pensei que houvesse apenas sete de vocês aqui", brincou ele enquanto se preparava para responder às perguntas da plateia.[90]

E, à inevitável pergunta, Lucas apenas responderia evasiva e enigmaticamente, dando informações diferentes para diferentes entrevistadores. "A ideia está adormecida na minha cabeça", disse ele ao *New York Times*. "Continuo ruminando a história para deixá-la mais interessante para mim mesmo."[91] No *Los Angeles Times*, ele imprimiu um tom menos otimista, dizendo: "Realmente não tenho pensado em *Star Wars*. Quero dizer, penso de tempos em tempos, mas vou refletir muito antes de reunir energia para fazer mais três."[92] No *Wall Street Journal*, porém, Lucas pareceu mais encorajador. "Neste momento, existem muitas outras coisas nas quais estou mais interessado", disse ele. "Mas haverá mais; é só uma questão de *quando* será."[93]

Entre essas "outras coisas", estava seu relacionamento com Linda Ronstadt. Embora ele e Linda ainda conseguissem evitar ser fotografados juntos em público, ela continuava a visitar Lucas com regularidade em sua casa, em San Anselmo, ou no rancho. Os amigos estavam surpresos com a duração do relacionamento; "Linda tem um olho inquieto", disse o produtor musical Peter Asher, "e ela não está interessada em sossegar".[94] Entretanto, Linda estava genuinamente apaixonada; ela até alugou uma propriedade no norte da Califórnia para ficar mais perto de Lucas e, alegremente, carregava uma lancheira de *O Império contra-ataca*.[95] Lucas, também, parecia disposto a se tornar mais aventureiro por ela; além da dança e das aulas de guitarra, ele tinha até tentado — por alguns meses, pelo menos — cultivar um visual mais moderno, descartando os óculos em prol de lentes de contato e raspando a barba, sua marca registrada.

Mesmo enquanto Lucas resmungava para a imprensa que tivera de "trabalhar duro para ter uma vida reservada", continuavam a correr rumores sobre o status de seu relacionamento; as revistas de fofocas especulavam que os dois haviam se casado.[96] Não se casaram. Mas *tinham* ficado noivos em segredo — "anel no dedo e tudo", como disse Linda.[97] Com uma frequência cada vez maior, ela podia ser encontrada no rancho Skywalker, montando a cavalo no campo intocado — e, quando chegou a hora de gravar seu álbum de 1987 com canções folclóricas tradicionais do México, *Canciones de Mi Padre*, escolheu usar as instalações do estúdio Skywalker Sound. Lucas tinha até, sonhadoramente, sugerido construir um chalé para a lua de mel deles no rancho Grady, adjacente ao complexo Skywalker,[98] uma proposta que acabou se perdendo nas contínuas disputas de zoneamento com os vizinhos do Condado de Marin.

Em um âmbito mais público, Lucas estava trabalhando em duas produções, ambas muito mais queridas e de seu interesse do que qualquer um dos filmes que ele havia produzido nos últimos dois anos. Durante a produção do *Captain EO*, Coppola mencionara a Lucas que ainda esperava fazer um filme que tinha na gaveta havia anos, uma biografia sobre o designer de automóveis e empresário Preston Tucker. Coppola — cujo pai investira na empresa de automóveis de Tucker na década de 1940 — comprara os direitos da história de Tucker em 1976, e imaginara filmá-la como "uma espécie de musical brechtiano no qual Tucker seria a história principal", mas que também incorporaria as vidas de Henry Ford e Thomas Edison, como parte de uma fábula americana maior. Coppola conseguira até fazer com que Leonard Bernstein concordasse em escrever a música, quando — a origem da contínua dor de cabeça de Coppola — a Zoetrope faliu.

Coppola, em busca de um financiador, declarou-se "constrangido e tímido" por ir até Lucas em busca de apoio. "Foi uma inversão de papéis, como pedir ajuda a um irmão mais novo, muito bem-sucedido e ocupado", disse Coppola. "Eu não queria que George sentisse que eu estava invadindo, tentando capitalizar seu sucesso."[99] Mas Lucas garantiu a seu antigo mentor que o pedido "não era nenhum grande drama", lembrando-lhe que ele havia contado com o apoio financeiro de Coppola para o *Loucuras de verão*. Além disso, Lucas adorou a história, referindo-se a ela como "o melhor projeto com o qual Francis já esteve envolvido".[100] De fato, além de ser sobre carros — um tema que Lucas sempre amou —, ele se identificou com a história de Tucker, na qual um rebelde designer automotivo se opõe ao sistema para criar um novo tipo de carro condizente com sua visão única. "[É] sobre como você pega um sonho e o transforma em realidade, e o que você enfrenta", explicou Lucas. "As pessoas apresentam ideias interessantes e criativas que são importantes e relevantes para o mundo em que vivemos, mas não são ouvidas e são sufocadas quando estão no topo. Soa exatamente como o negócio em que Francis e eu estamos."[101] Mas a queda de Tucker, na qual ele perdeu quase tudo, comparava-se mais estreitamente às aventuras de Coppola na indústria cinematográfica. Não era de admirar que Lucas e Coppola estivessem encarando o projeto de uma forma tão pessoal.

Lucas concordou em levantar o orçamento de US$24 milhões, e até conseguiu espremer fundos adicionais e um acordo de distribuição da Paramount, aproveitando o desejo do estúdio de assegurar Coppola para um terceiro filme de *O Poderoso Chefão*. Mas, para a silenciosa decepção de Coppola, Lucas, invocando seus direitos como produtor, assumiu boa parte do projeto. "A sorte de George estava subindo, enquanto a minha estava caindo", observou Coppola. "Isso criou uma situação dramática, na medida em que a pessoa que sempre foi o patrocinador das coisas não podia mais ser."¹⁰² Para escrever o roteiro, Lucas chamou Arnold Schulman, um respeitado escritor que, pouco antes, entregara o roteiro para a adaptação cinematográfica de *A Chorus Line*. Schulman quase resistiu à oferta, dizendo a Lucas que não queria escrever um filme sobre carros. "Não se trata de um filme sobre carros", disse Lucas a ele. "É sobre Francis."¹⁰³ Lucas orientou Schulman para que escrevesse um roteiro animado e divertido, e não intelectual e informativo. "Eu queria fazer dele uma experiência edificante que mostrasse alguns dos problemas da América corporativa, e Francis não se opôs", disse Lucas. "Francis às vezes é tão esotérico que pode ser difícil para o público se identificar com ele."¹⁰⁴

Tucker: Um homem e seu sonho estreou em agosto de 1988, sendo recebido por críticas, de modo geral, positivas ("a melhor coisa que o Sr. Coppola faz há anos", escreveu Janet Maslin),¹⁰⁵ mas a resposta do público foi morna, e a produção ganhou um pouco menos do que seu orçamento de US$24 milhões, o que fez dele oficialmente um fiasco. Cercado por repórteres nas semanas que antecederam o lançamento do filme, Coppola, descuidado, entrou no modo controle de danos pré-lançamento, declarando a um repórter do *New York Times* que havia perdido o comando do filme para Lucas. "Acho que é um bom filme", admitiu Coppola. "É excêntrico, um pouco maluco, como o carro de Tucker, mas não é o filme que eu teria feito no auge do meu poder."¹⁰⁶ Lucas não podia acreditar no colossal descaramento de Coppola e, imediatamente, em uma entrevista com um repórter de San Francisco, esclareceu a situação, pelo menos da forma como ele a via. "A verdade é que Francis e eu trabalhamos juntos no filme, e ele fez o filme que queria fazer... Quem sabe o que teria sido se fizesse o filme sozinho?", declarou Lucas. E então, em sua despedida, desferiu um golpe mordaz em Coppola: "E quem sabe o que seria se ele o tivesse feito no auge de seu poder — o que foi há uns cinco ou seis anos?"¹⁰⁷ Era mais um tranco no relacionamento fraterno dos dois, sempre tumultuado e complicado.

Embora sua amizade com Coppola fosse diferente da que teria com qualquer outro cineasta, Lucas teria um relacionamento genuinamente caloroso — e nada turbulento — com Ron Howard, o diretor que ele escolheu para o outro filme que estava produzindo em 1987: *Willow — Na terra da magia*, o conto de fadas com matizes de Tolkien, projeto que Lucas vinha cogitando desde os primeiros rascunhos de *Star Wars*. Howard, em uma sequência de sucessos com *Splash — Uma sereia em minha vida* e *Cocoon*, fechou com Lucas o acordo para *Willow* com um aperto de mãos em 1985, quando o filme ainda não passava de algumas páginas nos cadernos de Lucas. "Vamos só assumir um compromisso", disse Geroge, com seriedade. Por sugestão de Howard, Lucas contratou Bob Dolman, que escrevera um piloto de TV malsucedido para Howard, mas também criara episódios de *SCTV* e *WKRP em Cincinnati*, que Lucas tanto admirava. Dolman foi despachado para o rancho Skywalker, para passar vários dias com Lucas e Howard em reuniões sobre a criação da história, sempre uma das partes do processo preferidas de Lucas, pois ele podia falar através de tramas e personagens, depois entregá-los a um roteirista sem nunca ter de, ele mesmo, pôr seu sangue na página.

Com sua história para *Willow*, Lucas destilara todos os elementos de que mais gostava nos contos de fadas, filmes e histórias folclóricas — há um pouco de Moisés, uma pitada de *Senhor dos anéis*, um toque de *O mágico de Oz* — para contar a história de Willow Ufgood, um fazendeiro de uma raça de pessoas pequenas que encontra um bebê de tamanho regular, uma garotinha que ele deve devolver ao seu povo, o qual ela está destinada a governar como princesa. Ao longo do caminho, Willow encontra um guerreiro aliado, fadas e monstros, e luta contra uma rainha maligna e dragões. Lucas cavou fundo a inspiração em seu próprio trabalho — estava determinado, por exemplo, a fazer um filme com pessoas pequeninas como heróis, uma ideia com que flertou, mas acabou abandonando, em *Star Wars*. No fundo, esse era um tema que Lucas adorava: "Sr. Homem Comum mostra-se à altura da ocasião".[108] Dolman trabalhou em sete rascunhos antes de ele, Howard e Lucas finalmente estarem satisfeitos.

Conseguir o financiamento era igualmente difícil; mesmo com Lucas e Howard envolvidos no projeto, os filmes de fantasia não haviam tido sucesso nos últimos anos. Lucas era testemunha disso, pois *Labirinto* fora um desses fracassos. Além disso, o filme não tinha estrelas de verdade; iria contar com alguns efeitos especiais muito caros; e seu personagem principal seria uma pessoa pequenina, interpretada por Warwick Davis, que havia encantado Lucas como o *ewok* Wicket. Basta dizer que as carteiras não estavam exatamente voando abertas nos estúdios. O salvador de Lucas — mais uma vez — foi Alan Ladd, agora CEO da MGM, que concordou em financiar metade do orçamento de US$35 milhões do filme em troca de direitos teatrais e televisivos. Lucas providenciaria a outra metade, e ficaria com os direitos de TV a cabo e vídeos domésticos.

As filmagens de *Willow* começaram na Nova Zelândia, em abril de 1987, depois voltaram ao País de Gales, para Elstree, onde Lucas tinha enormes cenários espalhados por vários estúdios. Embora Lucas se esforçasse para permanecer discretamente no set, Howard sabia que estava sendo observado de perto. *Willow* foi a primeira história original que Lucas escreveu desde *Indiana Jones e o Templo da perdição*, e Howard entendeu que ele deveria cuidar bem do projeto. "Sei que ele ficou desapontado com o resultado de *Labirinto* e *Howard, o super-herói*", lembrou Howard. "Mas esses filmes não eram ideias suas, e o que ele mais gosta na vida é cozinhar suas próprias ideias e realmente segui-las."[109] Howard estava se empenhando muito para não estragar tudo.

Um dos momentos mais memoráveis de *Willow*, no entanto, não foi feito em um estúdio; saiu das salas de trabalho da ILM. Uma sequência no filme exigia que Willow, um mágico aspirante, tentasse transformar uma cabra encantada outra vez em mulher, mas o feitiço dá ligeiramente errado, e a cabra se transforma em avestruz, depois em tartaruga e tigre antes de, por fim, voltar à forma humana. O supervisor Dennis Muren ponderou algumas formas de fazer o efeito com adereços e modelos, depois pensou melhor e transferiu os efeitos para o Departamento de Informática. Começando com a definição das filmagens de cada criatura, o computador foi usado para a transição harmoniosa de um animal para outro de uma só vez. Foi o primeiro uso de *morphing* [transformação] por computador (ou "morfing", como Lucas sempre escrevia), e esse efeito maravilhoso, por si só, seria suficiente para angariar para a ILM outra indicação ao Oscar de Melhores Efeitos Visuais. Ela perderia para si mesma, novamente, por seu trabalho no inovador *Uma cilada para Roger Rabbitt*.

Nos meses que antecederam o lançamento de *Willow*, especulava-se que Lucas poderia ter outra grande franquia em mãos — que Willow Ufgood poderia tornar-se o próximo Luke Skywalker ou Indiana Jones. E, por um momento, pareceu que Lucas tinha conseguido; em seu lançamento, em 20 de maio de 1988, *Willow* estreou como número um de bilheteria. Mas as críticas não foram tão generosas — e, em alguns casos, mostraram-se brutais — e o público nunca se conectou com *Willow* como Lucas esperara. Janet Maslin, escrevendo no *New York Times*, aplaudiu Lucas por tentar encenar outra "fantasia grande e ambiciosa", observando que o esforço "tem certa nobreza, mesmo quando o filme em si não tem".[110] Mas muitos críticos acharam que Lucas estava não só reciclando clichês de conto de fadas, como também descaradamente roubando a *si mesmo*, usando velhos truques e temas, mas não tão bem quanto antes. "Um 'Star Wars' sem a qualidade estelar", declarou a *Time*, ao passo que David Ansen, da *Newsweek*, chamou Lucas de "O Grande Regurgitador".[111] Essa doeu, e Lucas acusou os críticos de tentarem bancar os inteligentes. "Eles falam um pouco sobre o tema do filme e, então, inventam alguma observaçãozinha afetada. Eu realmente não me preocupo muito com eles."[112] Isso, no entanto, não era de todo verdadeiro; de forma catártica, Lucas fez questão de chamar um dos vilões de *Willow* de general Kael, em "homenagem" a uma de suas críticas mais criteriosas, porém muitas vezes severa, Pauline Kael.

Em 3 de março de 1988, Lucas e Spielberg sentaram-se lado a lado a uma mesa diante do Comitê Judiciário do Senado dos Estados Unidos, parecendo um tanto desconfortáveis em seus ternos, como estudantes que haviam sido forçados a se vestir formalmente. A questão em foco parecia banal — o Senado, como parte de seu papel de "aconselhar e consentir", constitucionalmente determinado no caso de tratados, estava examinando a Convenção de Berna, parte de um acordo internacional sobre direitos autorais. Mas, para Lucas, essa não era uma questão menor; o tratado garantia formalmente aos artistas o direito de reivindicar a autoria de seu trabalho e — o que era decisivo para Lucas — a capacidade de se opor formalmente à desfiguração de suas obras. "A questão prática é a colorização", afirmou Lucas em seu depoimento, referindo-se ao recente movimento do magnata da TV a cabo Ted Turner para adicionar cor aos antigos filmes em preto e branco exibidos em suas redes de TV a cabo. Mas Lucas, que estava na vanguarda da tecnologia digital, pensava que o problema estava além da simples colorização. "A tecnologia atual e futura", advertiu, "irá alterar, mutilar e destruir" filmes e outras obras de arte para as próximas gerações. "No futuro, as tecnologias mais avançadas poderão substituir os atores", continuou Lucas, "ou alterar o diálogo e mudar o movimento dos lábios dos atores de acordo com as necessidades".[113]

De forma irônica, em menos de uma década Lucas faria praticamente o mesmo com seu próprio trabalho, quando começou a mexer nos três primeiros filmes de *Star Wars*, ampliando os efeitos especiais, adicionando diálogos e modificando um pouco algumas cenas-chave. Mas Lucas argumentaria que, como criador dos filmes, ele — e apenas ele — tinha o direito de fazer qualquer mudança que considerasse adequada ao seu trabalho. "Quem melhor do que a pessoa cujos trabalho árduo e talento único criou a arte para determinar o que é uma alteração apropriada?", argumentou ele. O Senado aprovaria o tratado um ano depois, fornecendo a Lucas e a outros artistas as proteções esperadas — mas, embutido no testemunho de Lucas, havia uma acusação que provavelmente poderia ser lançada contra ele mesmo pelos fãs de *Star Wars* mais irritados: "Pessoas que alteram ou destroem obras de arte e nossa herança cultural com fins lucrativos, ou como um exercício de poder, podem ser chamadas de bárbaras."[114]

Mas haveria mais *Star Wars*? Durante uma extensa entrevista em 1988 com o crítico de cinema Charles Champlin, Lucas mencionou que tinha ideias e anotações suficientes não para apenas três trilogias, mas para *quatro*. "Não sei bem como eu poderia tratar de todas elas durante a minha vida", acrescentou ele antes de passar para outros tópicos. Lucas, que acabara de completar 44 anos, estava pensativo e parecia otimista naquele momento. Os destinos de *Willow* e *Tucker* ainda eram desconhecidos. Ele estava entusiasmado com tudo que estava acontecendo no rancho — recentemente, uma pequena videira fora plantada perto do Tech Building, emprestando ainda mais veracidade à sua fictícia história de a propriedade ter sido uma antiga vinícola —, mas ele continuava frustrado com a oposição local à sua proposta de transferir a ILM para lá. Havia pouco tempo, Lucas tentara agir de forma simpática com um grupo de cerca de quarenta vizinhos, convidando-os para comer uns sanduíches e fazer um tour pela propriedade, mas ainda havia muita preocupação na comunidade em relação à ideia de um edifício de quase 30 mil metros quadrados subindo nas colinas, maior do que qualquer edifício do condado. "Não tenho nada contra George Lucas", disse um dos vizinhos no Lucas Valley. "Ele é um homem simpático... Ei, gosto de Walt Disney também, mas isso não significa que eu queira morar perto da Disneylândia."[115]

Em algumas reportagens na imprensa, o rancho Skywalker era comparado desfavoravelmente a Xanadu, o retiro que se assemelha a um castelo, em *Cidadão Kane*, e Lucas ao ermitão Charles Foster Kane. Lucas argumentou que não era um recluso — ele ainda gostava de sair e fazer coisas —, mas valorizava, sim, a privacidade. Em 1988, na verdade, ele e Linda Ronstadt terminariam amigavelmente seu relacionamento, e o fizeram de uma forma tão discreta que a notícia nem chegou às revistas de fofocas. Após o rompimento, Lucas adotou outra filha, Katie, e em 1993 adotaria um filho, Jett.[116] "Meu foco principal era criar meus filhos", disse Lucas mais tarde. "Eu sabia que não podia dirigir filmes e criar essas crianças ao mesmo tempo. Um diretor... não é livre para participar de reuniões de pais e professores. Então, eu disse: 'Bem, serei produtor. Posso tirar dias de folga quando precisar e basicamente me concentrar em criar meus filhos.'"[117] Segundo Coppola, ser pai e cuidar da família mudaram Lucas para melhor. "Ele criou essas crianças como mãe, de verdade", disse Coppola. "Ele queria ter uma família... Via o que meus filhos significavam para mim. E percebeu que, na realidade, isso é tudo que você tem no fim das contas."[118]

O clima de privacidade e segredo em torno do Skywalker continuava a intrigar — e, até certo ponto, confundir — a mídia, os críticos e até alguns amigos. John Milius acreditava que Lucas estava desperdiçando energia, concentrando-se no rancho, e não no cinema. "Francis realmente tentou fazer coisas com seu poder", disse Milius. "Ele fez filmes com [o cineasta alemão] Wim Wenders, produziu *O corcel negro*, produziu George Lucas. George construiu Lucasland lá em cima, seu pequeno feudo particular — que estava produzindo o quê? Um monte de papinha."[119] Palavras fortes provenientes do escritor-diretor de *Conan, o bárbaro*, e um tanto injustas; embora Lucas *houvesse* produzido vários filmes populares, também ajudara — com frequência, sem o crédito — filmes de arte subestimados, como *Mishima* e, em 1988, *Powaqqatsi: A vida em transformação*, um documentário experimental do cineasta Godfrey Reggio com música do compositor Philip Glass. Era o tipo de filme que uma parte de Lucas ainda desejava fazer; como seus filmes de estudante, *Herbie* e o primeiro *THX 1138*, *Powaqqatsi* tinha um quê de "poema sinfônico", com imagens e som evocando respostas emocionais do espectador. Lucas e Coppola foram produtores executivos, e Lucas ajudou a negociar um acordo de distribuição com a Cannon Films.

Na extremidade oposta de *Powaqqatsi*, estava a animação de dinossauros *Em busca do vale Encantado*, de Don Bluth, com produção executiva de Lucas e Spielberg. Tinha sido ideia de Spielberg, explicou Lucas, uma aventura do tipo Bambi "sobre dinossauros bebês, e ele queria que eu fizesse a produção executiva com ele".[120] No começo, Lucas quis fazer o filme sem diálogo, à semelhança do segmento "A sagração da primavera" no filme *Fantasia*, da Disney, mas fora voto vencido: esse era um filme para crianças, não um poema sinfônico. Lucas também se envolveu no processo de edição, quando tanto ele quanto Spielberg sugeriram que Bluth amenizasse algumas das sequências mais assustadoras do filme — isso vindo da dupla que se deleitara com o sacrifício humano e com a degustação de cérebro no *Templo da perdição*, uma ironia que não passou despercebida a Bluth. *Em busca do vale Encantado* seria um sucesso de público e crítica, gerando várias sequências e um desenho animado para a TV a cabo.

O filme mais bem-sucedido que Lucas tinha em produção em 1988, porém, era um terceiro longa-metragem de *Indiana Jones*, que tanto ele quanto Spielberg esperavam que viesse a ser uma recuperação após o fracasso do sombrio e aterrador *Templo da perdição*. Lucas, na verdade, havia terminado um esboço para o terceiro filme já em setembro de 1984, enquanto o *Templo da perdição* ainda estava sendo exibido nos cinemas, escrevendo uma sinopse de oito páginas intitulada *Indiana Jones and the Monkey King*. Dessa vez, Lucas punha Indy em busca da Fonte da Juventude, aventura que o levava até um macaco-aranha mágico que possuía vida eterna. Era uma busca estranha, mas a motivação preferida de Lucas, o Santo Graal, fora vetada por Spielberg. "Steven não gostou", lembrou Lucas. "Ele disse: 'Não entendo.'"[121] Lucas, porém, tampouco estava contente com a sinopse do *Monkey King*, e trouxe o promissor Chris Columbus, que escrevera *O jovem Sherlock Holmes* e *Gremlins* — e que mais tarde dirigiria *Esqueceram de mim* e *Harry Potter e a Câmara Secreta* —, para transformar seu esboço em um argumento original. Aquele roteiro, também, Lucas deixaria na prateleira.

Em janeiro de 1986, Lucas tentou novamente, desta vez trazendo o escritor Menno Meyjes, que havia escrito o argumento de *A cor púrpura* para Spielberg. Não haveria nenhum rei macaco nessa tentativa; Spielberg havia encontrado o gancho necessário para fazer uma busca ao Graal funcionar. "A procura pelo pai é a procura pelo Santo Graal", disse ele a Lucas.[122] Se Lucas e Meyjes pudessem criar uma história em que uma busca pelo Graal funcionasse como metáfora para o próprio relacionamento de Indy com o pai, Spielberg ficaria feliz. No entanto, o roteiro final de Meyjes também não ficou muito bom; seria preciso haver mais um escritor, Jeffrey Boam, de *Máquina mortífera*, para dar ao roteiro sua forma final — e mesmo a versão de Boam seria impulsionada pelo dramaturgo Tom Stoppard, sob o crédito de "Barry Watson".

Enquanto escrevia a história, Lucas havia imaginado o pai de Indy "mais para um professor... [um] Laurence Olivier, um tipo de Obi-Wan Kenobi". Spielberg, porém, tinha algo diferente em mente. *Indiana Jones* fora criado em parte pelo desejo frustrado de Spielberg de dirigir um filme de James Bond — portanto, de certa forma, isso fazia de James Bond o pai de Indiana Jones. Assim, fazia todo o sentido para Spielberg que Sean Connery — o primeiro e, para ele, o *melhor* James Bond — representasse Henry, o pai de Indy. Lucas não estava tão certo disso — ele temia que Connery pudesse "querer assumir o comando um pouquinho" —, mas deixou para Spielberg a tarefa de conter e controlar o ator. Não precisava se preocupar; no fim das contas, Lucas considerou trabalhar com Connery uma "experiência divertida".[123]

Isso também poderia ser dito de quase toda a filmagem. Em contraste com a experiência do *Templo da perdição*, tanto Lucas quanto Spielberg no geral desfrutaram o tempo que dedicaram a *Indiana Jones e a última cruzada*. A maior parte do filme foi rodada em Elstree, que, a essa altura, Lucas via quase como sua casa. "Não podíamos imaginar não filmar em Elstree", contou Frank Marshall, que estava produzindo *A última cruzada* com a esposa, Kathleen Kennedy. No entanto, no fim da década de 1980, Elstree, assim como a maior parte da economia inglesa, encontrava-se em uma situação delicada, e em risco de ser vendido para demolição por seu proprietário, a Thorn-EMI Screen Entertainment. Spielberg compareceu diante do Parlamento para defender a importância do estúdio, e Lucas tentou comprá-lo, mas foi barrado pela Thorn. Seus esforços salvaram metade dele — cerca de três cenários —, enquanto o restante foi demolido para abrir caminho para uma loja Tesco. Mesmo o cenário de *Star Wars* que Lucas e Kurtz haviam construído para *O Império contra-ataca* foi desmantelado e transferido para o estúdio concorrente Shepperton.

As últimas semanas de filmagem foram passadas nos Estados Unidos, sobretudo no Colorado, onde Spielberg filmaria a sequência de abertura do filme, uma aventura de 1912 de um Indiana Jones dos tempos de escoteiro, representado por River Phoenix, então com 18 anos. Tal como a escolha de Connery, a de Phoenix — que representara o papel de filho de Ford três anos antes em *A Costa do Mosquito* — foi uma decisão acertada, com o jovem ator imitando perfeitamente os maneirismos e as inflexões vocais de Ford enquanto era perseguido pelo trem de um circo. A sequência era algo como a história das "origens secretas" do astuto arqueólogo, explicando seu chicote, seu chapéu, seu medo de cobras, até mesmo a cicatriz em seu rosto. Também definiu o personagem mais ao gosto de Spielberg e Ford; enquanto Lucas continuava a argumentar que Indy deveria ser um soldado moralmente ambíguo que vendia artefatos para financiar um estilo de vida exótico, a sequência de abertura da *Última cruzada* finalmente mostrou Indy, no fundo, como um ativista histórico comprometido com a preservação de relíquias no museu a que pertenciam. Lucas só pôde sacudir a cabeça em silenciosa objeção. A discussão estava definitivamente perdida.

Indiana Jones e a última cruzada estreou em 24 de maio de 1989, e chegaria à marca de US$100 milhões no tempo recorde de 19 dias, a caminho dos US$450 milhões mundiais em março de 1990. Os críticos ficaram mais impressionados, assim como muitíssimo aliviados, com o fato de Lucas e Spielberg terem abandonado o clima tenebroso do *Templo da perdição* em troca da efervescência da *Última cruzada*. Peter Travers, na *Rolling Stone*, julgou que o filme funcionou quase perfeitamente, chamando-o de "o mais louco e inteligente Indy de todos".[124] Roger Ebert deu ao filme o que via como uma quase obrigatória aprovação, enquanto a Associated Press afirmou que ele "certamente restauraria o brilho do toque de ouro [de Lucas]".[125]

Embora Spielberg tenha tentado terminar o filme com uma mensagem final, mostrando Indy e o pai cavalgando no pôr do sol (sim, sim, Sallah e Brody estavam lá também) — uma cena que parece muitíssimo com os momentos finais de *THX 1138* —, alguns críticos e fãs já perguntavam se essa seria mesmo a última vez que veriam Indiana Jones. "Provavelmente", disse Lucas, "a menos que me ocorra alguma ideia bem inspirada. Na minha opinião, três é um número muito bom". A pergunta seguinte, é claro, era se haveria mais *Star Wars*. "Ainda está na prateleira", respondeu Lucas a um repórter da Associated Press. "Vai levar alguns anos até eu voltar a isso. É assim que essas coisas funcionam. Tenho de me sentir motivado por ideias, temas e esse tipo de coisa antes de voltar e fazer outro."[126]

No momento, porém, Lucas não se sentia nem um pouco motivado por *Star Wars*. Nos dois anos desde o seu lançamento, *Indiana Jones e a última cruzada*, em que Indy e seu pai distante haviam chegado a um entendimento e se reconciliado, parecia estar ganhando um significado especial. Desde o início da década de 1980, George Lucas Sr. vinha lutando contra a doença de Alzheimer, precisando de cuidado e atenção constantes. Lucas providenciara para que seu pai fosse acomodado em uma casa de repouso no norte da Califórnia — e, quando a mãe de Lucas, Dorothy, faleceu, em março de 1989, aos 75 anos, apenas dois meses antes da estreia da *Última cruzada*, Lucas e a irmã passaram a cuidar cada vez mais das necessidades do pai. Embora George Jr. e o pai nunca tivessem estado inteiramente em conflito, havia muito tinham colocado quaisquer diferenças de lado — e com *Indiana Jones e a última cruzada* Lucas parecera quase subconscientemente oferecer ao pai tanto uma despedida quanto o perdão (como os espectadores descobriram nos momentos finais da *Última cruzada*, Indiana Jones, assim como Lucas, recebera o nome do pai). Quando George Sr. faleceu, em dezembro de 1991, Lucas certamente soube que fora motivo de orgulho para ele. A irmã Kate tinha certeza disso. "Quando meu irmão fez tanto sucesso, foi uma verdadeira emoção para ele, claro", recordou ela. "Foi bom que ele tenha vivido para ver isso."[127]

Deixando de lado as associações pessoais, *Indiana Jones e a última cruzada* levou Lucas a se interessar novamente por Indiana Jones, embora não como os fãs talvez esperassem, a ponto de fazer outro filme. Depois de ver Jones como adolescente na sequência de abertura da *Última cruzada*, Lucas ficou impressionado com as infinitas possibilidades de histórias relevantes oferecidas por um jovem Indy vivendo aventuras na era de Teddy Roosevelt, Amelia Earhart e Pancho Villa. Lembrando-se do pouco interesse que tivera em sua própria educação formal, Lucas perguntou-se se poderia usar Indy para tornar o aprendizado divertido e cativante. E se conseguisse expandir o prólogo da *Última cruzada*, mostrando as aventuras de Indy da infância até os vinte e poucos anos, e fazê-lo encontrar gurus famosos da história? Seria uma verdadeira oportunidade, pensou, para educar e inspirar — para corrigir alguns dos problemas do sistema educacional, que, ele acreditava, o haviam decepcionado como aluno.

Lucas já estava explorando métodos de aprendizado interativo, unindo-se à Apple e à National Geographic para criar um videodisco interativo chamado *GTV: A Geographic Perspective on American History* [GTV: Uma perspectiva geográfica da história americana], que continha quarenta vídeos sobre fatos históricos. A associação com a MTV foi deliberada; os vídeos da GTV eram parte vídeo de música, parte *Schoolhouse Rock*, parte esquetes cômicos. Também incluído no pacote, estava um programa chamado Showmaker — "como um sistema de edição de vídeos júnior", declarou, feliz, Lucas —, com o qual os alunos podiam fazer seus próprios curtas, usando as imagens e os vídeos do disco.[128] Trabalhando com educadores, Lucas tivera o cuidado de garantir que o conteúdo refletisse de fato o currículo aprovado — e, em março de 1990, 18 das escolas que ofereciam o equivalente ao segundo segmento do ensino médio de São Francisco estavam utilizando GTV em suas salas.

Lucas achou o trabalho inspirador. Em 1991, ele fundaria a George Lucas Educational Foundation (GLEF), em um esforço para reacender o que ele via como um sistema educacional dócil e pouco inspirador — "um atoleiro", disse ironicamente —, ao equipá-lo com novas e excitantes ferramentas tecnológicas de ensino. De repente, o jovem que se entediara com a escola estava se esforçando para melhorá-la — um instinto paterno que George Lucas Sr. teria aprovado. "Às vezes, na escola, você encontra um professor que acende o seu fogo e faz com que você caminhe, e esse se torna um daqueles grandes momentos. Isso acontece uma vez ou duas na vida", disse Lucas. "E eu fico pensando: por que a educação não pode ser assim empolgante o tempo todo?"[129] Ele supervisionaria a criação de dois outros programas multimídia interativos para uso em escolas secundárias e faculdades — *Life Story: The Race for the Double Helix* [História de vida: a corrida pela dupla hélice], criado em associação com a Apple e o Smithsonian, e o *Mystery of the Disappearing Ducks* [Mistério dos patos que desaparecem], de tema ambiental, produzido com a cooperação da Apple e da National Audubon Society. Em 1992, quase 2.300 escolas estariam usando os programas — no entanto, Lucas reconheceu que tanto o hardware quanto os videodiscos eram caros, o que tornava o custo do programa proibitivo para muitas instituições de ensino. Assim como fizera com a EditDroid e a Pixar, Lucas logo abandonou a ideia de ser um fabricante da tecnologia; em vez disso, a GLEF acabaria por se dividir em duas empresas: a Edutopia, um centro de coordenação on-line para conhecimento e melhores práticas ligados à educação, e, em 2013, a Lucas Education Research.

O projeto educacional mais ambicioso de Lucas, porém, seria *O Jovem Indiana Jones*, no qual ele poria muito de si por quase três anos e reviveria seu entusiasmo com a produção de filmes. Desde o começo, sempre foi a intenção de Lucas que *O Jovem Indiana Jones* acabasse como outra ferramenta educacional interativa, com cada episódio transferido para vídeo, no qual os espectadores poderiam acessar horas de informação adicional a um clique do mouse. Quando Indiana Jones encontra Teddy Roosevelt em um safári, por exemplo, Lucas imaginava o espectador podendo clicar em um animal visto na tela, que, então acessaria artigos sobre o ambiente do animal, mapas de seu hábitat, e horas de vídeos. "[*O Jovem Indiana*] começou como um projeto de ensino de história na virada do século XIX no oitavo ano para um protótipo interativo que estou desenvolvendo", explicou Lucas ao *Los Angeles Times*.[130]

Em 1990, Lucas sentou-se com Rick McCallum, um produtor alemão que conhecera vários anos antes em Londres, quando analisava os cenários do filme *No mundo do sonhos*. Lucas apresentou a McCallum não só suas ambições grandiosas para a série de TV — ele queria um programa que ao mesmo tempo educasse e divertisse —, como também sua abordagem pouco ortodoxa para redigir, filmar, editar e produzir essa série. Lucas escreveria todas as histórias básicas — e ele tinha muitas figuras históricas em mente para Indiana Jones encontrar, de Louis Armstrong a Albert Schweitzer —, mas, em vez de estabelecer um cronograma de filmagem para cada episódio, Lucas queria que McCallum usasse um plantel de diretores talentosos, incluindo Nicolas Roeg e Terry Jones, que iriam filmar continuamente. As gravações, então, seriam enviadas para Lucas no rancho Skywalker, onde ele começaria a montar os episódios, usando, pela primeira vez, o EditDroid. Se houvesse pontos nos quais ele achasse que uma cena adicional seria necessária, pediria a McCallum que a fizesse, mesmo no meio da filmagem de outro episódio. Em suma, Lucas estava tratando a série como um longa estendido — e, por essa razão, *O Jovem Indiana Jones* ficou em produção quase contínua por cerca de dois anos, indo de uma locação exótica para outra, enquanto Lucas editava freneticamente no Skywalker. Era uma abordagem intuitiva à produção de filmes, quase um retorno ao estilo guerrilha que Lucas havia usado na escola de cinema. E ele adorava isso.

O Jovem Indiana Jones era mais do que apenas uma iniciativa educacional; para Lucas, era também uma espécie de experimento em cinema digital. Embora ele houvesse, na década anterior, desenvolvido e implementado a tecnologia digital no cinema, ainda tinha de usá-la de algum modo em um projeto próprio. Quando, inevitavelmente, as perguntas surgiam sobre novos filmes de *Star Wars*, Lucas sempre salientava que esses filmes dependiam fortemente de efeitos especiais, o que os tornava muito caros; além disso, criar os mundos que ele imaginava em sua cabeça muitas vezes superava a capacidade de qualquer estúdio em Hollywood ou Elstree. Mas e se ele pudesse criar esses efeitos especiais e esses cenários digitalmente? Com *O Jovem Indiana Jones*, começaria a experimentar com a tecnologia digital que tinha à mão, usando o computador para preencher cenas de multidão, transformando dez atores em uma multidão de duzentos ou criando fundos digitais em vez de usar a técnica de *matte painting*, mais demorada.

A simples ideia de ter Lucas envolvido em uma série de TV de Indiana Jones foi suficiente para persuadir a ABC a financiar a maior parte do projeto; mesmo com a tecnologia computacional de Lucas mantendo os custos baixos, cada episódio consumiria cerca de US$1,6 milhão. Mas, embora Lucas tenha conseguido negociar um acordo agressivo, não tinha controle sobre tudo. Com efeito, caberia à ABC supervisionar a promoção do programa — e, ao que parecia, a rede não sabia o que fazer disso, promovendo-o como "uma grande série de ação", queixou-se Lucas.[131]

Após quase dois anos de redação, gravação, edição e pós-produção, o episódio piloto finalmente estreou em março de 1992, recebendo resenhas, em sua maioria, corteses. Os críticos aplaudiam seus objetivos nobres, mesmo que achassem tudo um pouco entediante. No *New York Times*, o respeitado crítico John J. O'Connor louvou a iniciativa como uma "ideia perfeitamente admirável", mas achou a execução "tosca" e pesada. "Toda vez que alguma informação é inserida no roteiro", escreveu O'Connor, "o som do Sr. Lucas pegando o ponteiro do professor para apontar no quadro-negro pode quase ser ouvido no fundo".[132] Ainda assim, a ABC ficou satisfeita o suficiente com o piloto para conceder a Lucas uma temporada completa — e, então, pareceu insegura sobre o que fazer com os episódios que Lucas lhes entregou, encerrando a primeira temporada depois de apenas seis episódios. Embora desapontado com a forma como a ABC tratava o projeto, Lucas estava vivendo sua melhor fase, raramente se queixava das cinquenta horas que semanalmente dedicava a ele, entre redigir, editar e supervisionar os efeitos digitais. "Só estou fazendo isso porque quero fazer", insistia ele. "Isso me dá uma imensa vantagem, porque não dou a mínima se [as redes] não vão gostar. Deixei de lado meu trabalho remunerado como produtor de filmes para fazer isso. Então, estou fazendo por amor."[133] Era seu momento de maior felicidade e maior envolvimento com um projeto desde a faculdade.

Infelizmente, esse trabalho de amor nunca veio a significar uma bonança no ibope da ABC. Tentando dar um empurrão na audiência já na segunda temporada, Lucas trouxe Harrison Ford para assumir novamente o indefectível chapéu e representar um Indiana de 50 anos contando a história da solução de um assassinato junto com Sidney Bechet e Ernest Hemingway jovem, na Chicago da década de 1920. Ford, parecendo um tanto acabado com a barba que cultivara para filmar *O fugitivo*, gravou sua parte em menos de um dia em seu próprio rancho — e Lucas ficou intrigado ao ver Ford como um Indy de meia-idade vivendo na década de 1950. Era uma premissa interessante, pensou, para um novo filme de Indiana Jones.

Dessa vez, porém, nem mesmo Harrison Ford pôde resgatar Indiana Jones. Depois de duas temporadas e 24 episódios, *O Jovem Indiana Jones* silenciosamente desapareceu das telas de TV.[134] Ainda assim, valeu o esforço. O programa contava com excelentes valores de produção — tinha múltiplos prêmios Emmy em edição, direção de arte e efeitos visuais para provar —, e a maior parte dos críticos concordava que se tratava de um fracasso bem-intencionado e de qualidade. Mas, se *O Jovem Indiana Jones* foi um experimento fracassado quando a questão era criar uma série de TV com uma missão superior, foi um completo sucesso em se tratando de explorar as possibilidades da produção digital de filmes. Os truques digitais que ele aprendera com *O Jovem Indiana Jones*, apontou Lucas, tornariam possível fazer inclusive outro *Star Wars*.

Mais de uma década se passara desde o Grande Fiasco dos Créditos de 1980, quando Lucas deixou a Academia de Artes Cinematográficas em repúdio à disputa pela inserção do crédito de diretor de Irvin Kershner. Em 1992, porém, a Academia, talvez reconhecendo que o filho pródigo era responsável por alguns dos maiores filmes na história do cinema, estava pronta para uma reparação. O conselho de diretores votou por lhe outorgar o Prêmio Memorial Irving G. Thalberg, reservado a "produtores criativos, cujo corpo de trabalho reflita uma qualidade consistentemente elevada de produção cinematográfica". Era uma clara e bem-intencionada oferta de reconciliação da parte da Academia, e algo que Lucas aceitaria, mesmo que *ainda* se recusasse a se tornar um de seus membros.

Em 30 de março, Spielberg subiu ao palco do Pavilhão Dorothy Chandler para apresentar o prêmio pessoalmente, anunciando Lucas como seu "bravo colega, amigo querido e leal".[135] Lucas atravessou o palco em um smoking preto e, em palavras emocionadas, lembrou a Hollywood que fazer filmes era mais do que acordos comerciais e executivos:

> Eu gostaria de agradecer aos membros da Academia e ao Conselho de Governadores essa tremenda honra, não só para mim, como também para os milhares de homens e mulheres talentosos, robôs e alienígenas e outros com quem tive a sorte de compartilhar a experiência criativa dos últimos anos. Os filmes não são feitos em isolamento; trata-se de uma atividade em grupo. E é somente por causa do trabalho — do trabalho bastante árduo — de muitos atores, escritores, diretores, produtores, técnicos de criação, milhares de assistentes de todos os tipos e operadores de projeção que eu posso subir aqui e aceitar este prêmio. Estou muito, muito grato a todos eles.[136]

O prêmio — um pesado busto de Thalberg montado em um bloco de madeira — foi o único da Academia que George Lucas ganhou. ("Sou muito popular para isso", resmungaria Lucas em 2015. "Eles não premiam filmes populares.")[137] Ainda assim, o Prêmio Thalberg foi uma homenagem digna feita a Lucas; ao apresentá-lo naquela noite, Spielberg — que recebera o mesmo prêmio em 1987 e, finalmente, ganharia um Oscar de Melhor Diretor em 1994 por *A lista de Schindler* — destacou que Lucas "mudou a imagem e o som não só de seus filmes, mas dos filmes de todos os outros cineastas".[138]

Em 1992, era esse certamente o caso. Sabendo que a Lucasfilm não podia mais contar com o merchandising de *Star Wars*, o presidente da companhia, Doug Norby, havia reunido todas as divisões básicas da empresa — THX, ILM, Lucasfilms Games e algumas outras — em uma nova divisão chamada LucasArts Entertainment Company. E era a LucasArts que estava realmente mudando a imagem e o som de todos os filmes. O sistema de som da THX estava rapidamente se tornando o padrão-ouro em filme — e não apenas nos cinemas. Empresas de eletrônicos como a Technics passaram a produzir versões domésticas do sistema também, dando a cada proprietário de home theater a oportunidade de assistir a videocassetes com um som capaz de sacudir a janela. "É apenas o desejo de apresentar um filme como os cineastas pretendiam que fosse visto, ouvido e vivenciado", explicou Lucas.[139]

Mas os verdadeiros avanços vinham da ILM, que parecia estar produzindo um efeito revolucionário após o outro, ano após ano. Em 1989, criou o mutante pseudópode aquático — um tubo de água capaz de, contorcendo-se, fazer rostos humanos — para o filme de James Cameron *O segredo do abismo*, um efeito tão espetacular que foi quase responsável, sozinho, pelo Oscar que o filme ganhou. Ainda assim, a concorrência estava aumentando; havia um número cada vez maior de empresas de efeitos se estabelecendo, inclusive algumas lideradas por ex-funcionários da ILM, como a Boss Films, de Richard Edlund. Esse tipo de competição havia convencido Steve Ross, gerente da ILM, de que tinha de transformar a empresa em uma marca própria, e ele pensou que talvez tivesse conseguido isso com os efeitos para *O Exterminador do futuro 2: O julgamento final*, com seu Exterminador de metal líquido mutante gerado em computador. "Acredito que as pessoas ficarão interessadas em ver um filme da ILM tanto quanto um filme de Arnold Schwarzenegger", disse Ross.[140] E, de fato, na cerimônia de entrega do Oscar de 1992 — a mesma em que Lucas recebeu o Prêmio Thalberg —, os filmes da ILM receberam todas as três indicações na categoria Melhores Efeitos Visuais, com o *Exterminador 2* vencendo *Hook — A volta do capitão Gancho* e *Cortina de fogo*.

E então veio *Jurassic Park: O parque dos dinossauros*.

Depois de adquirir os direitos do best-seller de Michael Crichton sobre um parque de diversões com temática de dinossauro que vira um desastre, Spielberg havia refletido sobre a melhor maneira de criar dinossauros convincentes na tela. A princípio, pressionou a ILM a considerar o uso de uma combinação de *stop motion*, animação e animatrônica, cético de que as imagens geradas por computador (CGI) houvessem avançado a ponto de serem convincentes. Mas Dennis Muren, supervisor de efeitos especiais da ILM, achava que poderiam fazer essa técnica funcionar. "Prove", disse Spielberg.[141]

Lucas jamais esqueceria o dia em que provaram. "Fizemos um teste para Steven e, quando colocamos [os dinossauros] na tela, todos ali presentes tinham lágrimas nos olhos", recordou Lucas. "Foi como um desses momentos da história como a invenção da lâmpada ou o primeiro telefonema. Um abismo importante havia sido cruzado, e as coisas nunca mais seriam as mesmas."[142] Com seus dinossauros totalmente convincentes, Muren e sua equipe haviam basicamente mudado o papel do computador na criação de efeitos especiais, elevando-o de *uma* simples ferramenta para o status de *a* ferramenta. A Spielberg, com os olhos arregalados de assombro, só restou concordar. "Lá estávamos nós, observando nosso futuro se desdobrar", disse ele.[143] Muren, embora impressionado, era mais contemplativo. "Eu não sei no que isso vai dar", disse ele. "Quero dizer, quão real é a realidade?"[144]

Quando Lucas percorreu o palco para receber seu Prêmio Thalberg, a orquestra do Pavilhão Chandler havia começado a tocar o tema de *Os caçadores da arca perdida*, e não a marcha de *Star Wars* — uma indicação da reputação desbotada da trilogia no início da década de 1990. Fazia quase uma década desde *O retorno de Jedi* e, embora Lucas fosse sempre perguntado se havia mais a caminho, os filmes originais começavam a ser considerados — se é que eram considerados — através de uma neblina de nostalgia reservada a filmes como *O mágico de Oz*, *...E o vento levou* ou até mesmo *Loucuras de verão*: todos filmes fantásticos com seguidores leais, mas nenhum com uma saturação de cultura pop difundida. *Star Wars* passara de uma sensação para uma lembrança agradável, embora distante.

Ou, pelo menos, era assim que parecia.

Em 1988, Lou Aronica, editor-chefe das publicações de massa da Bantam Books, havia escrito a Lucas uma carta que era parte uma proposta comercial, parte mensagem de um fã. Aronica ouvira Lucas mostrar-se hesitante sobre os futuros filmes de *Star Wars* e achou que seria uma pena se ninguém jamais soubesse o que acontecera com Luke, Han e Leia depois de *O retorno de Jedi* — e, então, sugeriu que a Bantam poderia produzir uma série de livros dando continuidade à história a partir do ponto em que Lucas havia parado. "Essa obra é muito importante para a cultura popular para terminar com esses três filmes", escreveu Aronica. Levou um ano para que Lucas lhe respondesse — e sua resposta, embora encorajadora, era isenta de entusiasmo: "Ninguém vai comprar isso", disse Lucas.[145] Mas, assim mesmo, concedeu a Aronica o licenciamento e sua bênção, e também algumas condições: os livros tinham de ser pós-*Jedi* — não se poderia falar de *prequels*, pois Lucas planejava explorar ele mesmo esse espaço — e não poderia ocorrer a morte dos personagens existentes nem a volta de outros que já estivessem mortos. Aronica contratou mais que depressa o autor Timothy Zahn, detentor de um Prêmio Hugo e um grande fã de *Star Wars* — e, em 1991, o primeiro romance de *Star Wars*, de autoria de Zahn, *Herdeiro do Império*, lenta mas consistentemente avançou até o primeiro lugar na lista de best-sellers do *New York Times*.

Em seguida ao *Herdeiro do Império*, Zahn publicou dois outros romances de *Star Wars* igualmente bem-sucedidos, em 1992 e 1993. Enquanto isso, a Dark Horse Comics, mostrando força com sua própria licença da Lucasfilm, produziu a série bimestral *Dark Empire*, de seis números, tão bem-sucedida que geraria duas sequências. Estava claro que *Star Wars* ainda tinha força. A LucasArts também sentira isso, lançando finalmente, em 1993, vários videogames baseados em *Star Wars*, a primeira vez que Lucas concordara em deixar seus programadores tocarem no universo *Star Wars*. Foram lançados jogos *Star Wars* para

Nintendo e Super Nintendo, novos cartões colecionáveis e figuras flexíveis. Até mesmo a revista *Lucasfilm Fan Club*, lançada discretamente em 1987, foi rebatizada como *Star Wars Insider*.

Então, haveria mais *Star Wars*? Para Lucas, agora parecia uma questão de ter a tecnologia digital disponível para mostrar o filme na tela do jeito que ele imaginava em sua cabeça — mas isso poderia sair caro, e Lucas, mesmo após o sucesso de *Jurassic Park*, ainda não tinha certeza de que a tecnologia de CGI estava onde ele queria. "Se eu fosse fazê-las [as *prequels*] da maneira que fiz os outros filmes de *Star Wars*, elas seriam astronomicamente caras, ultrapassando os US$100 milhões", declarou ele ao *Wall Street Journal*. "Então, temos de reinventar a roda... e ter a capacidade de produzi-las com um orçamento razoável. Tudo depende, em parte, da rapidez com que a nova tecnologia se ajusta, mas agora está sendo tudo muito rápido."[146]

E quão rápido isso seria? Lucas pretendia colocar a tecnologia à prova em um filme que estava tentando fazer desde o início da década de 1970, chamado *Assassinatos na rádio WBN*. Concebido aproximadamente ao mesmo tempo que *Loucuras de verão* — era um dos filmes que ele tinha oferecido à Universal no acordo inicial —, Lucas queria que *Assassinatos* explorasse o mesmo tipo de nostalgia dos antigos programas de rádio que *Loucuras* explorara em relação ao automóvel para o jovem. Mas Lucas o queria mais abrangente que *Loucuras*, citando sua própria admiração pelo filme *Quem é o culpado?*, de Abbott e Costello, em que a dupla cômica investigava um assassinato em uma estação de rádio. Lucas havia passado o esboço de sua história para Willard Huyck e Gloria Katz, e seu roteiro teve força suficiente na Universal para que o estúdio anunciasse que o filme estava em produção, com Lucas como diretor e Kurtz, produtor. Mas as coisas se desmantelaram depois disso, e o projeto ficou em uma zona morta de desenvolvimento pela década seguinte.

Quando, por fim, Lucas o retomou, prometeu à Universal que o filme seria barato — pensou em cerca de US$10 milhões —, pois pretendia usar CGI para finalizar os cenários parcialmente construídos e criar *matte paintings* digitais que eliminariam a necessidade dos elaborados e dispendiosos cenários da década de 1940 construídos em um estúdio. A Universal, embora cética, concordou, sob a condição de que Lucas reescrevesse o roteiro com um toque mais dinâmico e moderno. Ron Howard recomendou a equipe de Jeff Reno e Ron Osborn, que havia escrito e produzido a singular série de televisão *A Gata e o Rato* — mas, mesmo tendo em mãos o animado roteiro de Reno e Osborn, Lucas pegaria o que ele considerava as melhores partes de todas as versões e os reuniria no roteiro final. Esse não foi um bom começo.

Procurando um diretor com um toque intencionalmente cômico, Lucas contratou o comediante inglês Mel Smith, um veterano do seriado de humor da televisão inglesa *Not the Nine O'Clock News*, e cuja única experiência de direção fora o malsucedido *As trapalhadas de um conquistador*, de 1989. Mas o estilo pastelão do filme ("Estamos mais no território de Benny Hill aqui", queixou-se um crítico) agradara a Lucas, que gostava de Smith.[147] Smith tinha seu trabalho planejado para ele desde o momento em que chegava aos Carolco Studios na Carolina do Norte; a maioria dos cenários estava apenas parcialmente finalizada, com o restante a ser preenchido mais tarde, por composição digital. Smith olhava através da ocular da câmera e, então, perguntava secamente: "Bem, me diga o que estou vendo."[148]

Assassinatos na rádio WBN foi um fracasso em seu lançamento, em outubro de 1994, com a audiência despencando espantosos 78% na segunda semana e faturando apenas US$1,3 milhão do orçamento de US$15 milhões. As resenhas eram mordazes — a maioria criticava o ritmo rápido demais e a dependência excessiva do pastelão e das piadas visuais, ambos recursos intencionais da parte de Lucas, que descartou as críticas. "O filme saiu quase exatamente como eu esperava ou ainda melhor", disse ele em tom desafiador aos repórteres.[149] "Gosto dos meus filmes, e sempre fico surpreso quando eles fazem muito sucesso ou fracassam. Mas *Assassinatos na rádio WBN* foi um filme barato, e aprendemos bastante com ele."[150]

Lucas havia aprendido que era possível construir um mundo convincente no computador: cenários podiam ser completados ou inteiramente construídos, fundos podiam ser descartados, céus podiam até ser escurecidos. "Acho que chegamos a um patamar aqui em que, de fato, criamos a realidade", afirmou Lucas, "o que, é claro, é o que estávamos tentando fazer esse tempo todo".[151]

Então haveria mais *Star Wars*? Dessa vez Lucas tinha uma resposta definitiva: "Pretendo começar a trabalhar nos roteiros em breve."[152]

11

Um universo digital

1994-1999

A manhã de terça-feira, 1º de novembro de 1994, começou para George Lucas como a maior parte das manhãs de um dia de semana: com ele descendo para a cozinha de sua casa em San Anselmo — ainda chamada de Parkhouse ou Park Way por aqueles que lembravam — para tomar o café da manhã com os filhos. Estava exausto; passara a noite em claro cuidando de Amanda, de 13 anos, que estava gripada, e o dia amanhecera rápido demais. Ainda assim, a paternidade seria sempre a realização que mais encheria Lucas de orgulho; em 2015, ele diria que queria escrito em seu epitáfio: "Fui um ótimo pai".[1] As horas passadas com as crianças antes de elas irem para a escola, pela manhã, eram a parte preferida do seu dia, quando podia ser totalmente bobo, quer estivesse jogando uma delas por cima do ombro, quer estivesse discutindo de brincadeira a agenda do dia. Depois do café da manhã, ele levou Amanda e Katie, de 6 anos, para a escola, como sempre fazia — só que nesse dia, em vez de seguir para o rancho, Lucas voltou para a Parkhouse, subiu até o escritório, sentou-se à mesa e preparou-se para começar a escrever o roteiro para o próximo filme de *Star Wars*.

Ele sabia que esse era um momento importante; antes de ter escrito sequer uma palavra, parou por um instante para ser entrevistado em vídeo, parecendo confiante e surpreendentemente inabalado pela tarefa que tinha diante de si. "Estou pronto", disse ele ao entrevistador, que não aparecia no vídeo, enquanto afundava na cadeira. "Agora tudo que preciso é de uma ideia." Embora Lucas estivesse com 50 anos, seu traje preferido havia mudado pouco nas últimas três décadas: o atual consistia em jeans, tênis e uma camisa xadrez azul e verde, aberta no colarinho. A barba estava quase totalmente branca. O cabelo — Lucas sempre fora abençoado com uma bela cabeleira — estava penteado para trás, em um imponente topete grisalho. A voz ainda soava aguda, mas havia um fogo novo em seus olhos enquanto ele conversava casualmente com o entrevistador sobre seu processo de escrita ("É preciso ter um alto grau de concentração") e suas esperanças de que a tecnologia digital agora disponível enfim lhe permitisse levar à tela qualquer mundo que ele pudesse invocar nas páginas. "Eu não queria voltar e escrever um desses filmes a menos que tivesse a tecnologia disponível para contar o tipo de história que eu estivesse interessado em contar", explicou ele mais tarde. "Queria poder explorar da forma mais completa o mundo que havia criado. Então, esperei até dispor dos meios tecnológicos para isso."[2]

A tecnologia, porém, não tornaria o ato de escrever nem um pouco mais fácil. Nesse departamento, Lucas continuou quase desafiadoramente analógico, escrevendo o argumento da história à mão em um caderno pautado, exatamente como fizera em 1972. Quando se sentou à mesa naquele mês de novembro, seu plano era escrever os três filmes de uma só vez — um objetivo ambicioso, sobretudo se tratando de alguém para quem o ato de escrever era tão sofrido. Mas ele garantia que havia um método nesse tipo específico de loucura: "Vou levar um ano para escrevê-los, um ano para prepará-los e um ano para filmá-los", explicou ele. "E vou filmá-los de uma só vez." O que ele *não* estava planejando fazer, no entanto, era dirigi-los, sugerindo apenas que "decidiria depois de [ter] os filmes preparados".³ Mas ele achava que havia pouca chance de ocupar a cadeira de diretor; por mais sofrimento que o ato de escrever lhe causasse, dirigir era a parte do processo de fazer um filme que ele mais temia, agora, em grande parte, porque exigia que ele ficasse longe dos filhos por longos períodos.

Coppola sempre se referira a Lucas afetuosamente como "uma mãe solteira", mas esse era um rótulo que Lucas aceitava com orgulho. "Não existe ninguém que eu admire mais do que as mães solteiras", declarou ele ao *New York Times*, "porque elas são os verdadeiros heróis".⁴ De fato, as políticas que Lucas havia colocado em prática em sua empresa eram tão amigáveis à família que a revista *Working Mother*, em 1994, o elegera Campeão da Família, designação dada a CEOs que supervisionam um ambiente de trabalho solidário às necessidades de funcionários que também são pais e mães. A mesma revista havia listado a Lucasfilm entre as melhores empresas para mães trabalharem, citando as duas creches existentes no rancho, horários de trabalho flexíveis e políticas progressistas que ofereciam licença remunerada a empregados para que cuidassem de familiares doentes, assim como cobertura de seguro para companheiros e seus dependentes. "Descobrimos que a qualidade de vida é um ativo muito maior para reter as pessoas do que altos salários", disse Lucas. "Só estamos fazendo o que deve ser feito." Além disso, destacou que ele também era um pai solteiro de três. "Acho que me qualifico como uma mãe que trabalha fora", acrescentou, para o provável deleite de Coppola.⁵

"É através de mim que a organização tenta, assim espero, ter uma visão mais compreensiva de seus empregados e do que fazemos", disse Lucas à revista *Time* em outra ocasião. "Administro segundo a vontade das pessoas que trabalham para mim."⁶ No entanto, ele não administrava ao lado de Doug Norby, que, em 1992, sem a menor cerimônia, se demitira do cargo de presidente e CEO da Lucasfilm para voltar ao Conselho de Diretores. Naquela ocasião, Lucas tinha emitido uma discreta declaração desejando boa sorte a Norby e, então, reservadamente promovera seu vice-presidente comercial, Gordon Radley, ao posto de presidente e diretor de operações, posição que ele conservaria por quase uma década, graças, em parte, à sua habilidade de se manter fora do caminho de Lucas. A mudança radical causara surpresa em Wall Street, com alguns analistas se perguntando em voz alta se Lucas pretendia abrir o capital da empresa. Lucas, porém, como acionista único da Lucasfilm, não tinha a menor intenção de abrir mão desse tipo de controle.

A ditadura benevolente de Lucas estava obviamente funcionando; em geral, o moral era alto, e a rotatividade, baixa. "Eu me vejo com este micropaís", observou Lucas, "com cerca de dois mil habitantes muito complexos. Alguns são muito leais e alguns estão muito insatisfeitos. [...] Você precisa tentar fazer as coisas funcionarem. E não é assim tão fácil. Mas você tenta evitar que as pessoas sejam usadas e abusadas, ouve suas queixas e tenta fazer o que é justo".[7] Consequentemente, os empregados da Lucasfilm podiam optar por uma ampla variedade de serviços e benefícios, em especial no rancho Skywalker, onde podiam desfrutar de três restaurantes e se inscrever em diversas aulas, inclusive yoga, balé e tai chi.

E Lucas ainda estava trabalhando tanto para expandir quanto para consolidar seu império. Nos últimos anos, ele continuara adquirindo terras adjacentes ao rancho — e ainda fazia isso em nome de seu contador —, acrescentando, por fim, cerca de 20 mil metros quadrados ao Skywalker. Enquanto Lucas enfim obtinha aprovação para construir três novos edifícios administrativos no rancho Big Rock, bem ali perto, a ILM permanecia isolada nos armazéns em San Rafael, vítima da contínua resistência dos habitantes do Condado de Marin, que se recusavam a se deixar levar pelas promessas de novos empregos e proteção à área feitas por Lucas.

Mesmo com Lucas resmungando sobre sua ausência do rancho Skywalker, a ILM continuava com sua sucessão de efeitos visuais vencedores de Oscars. Após a farra de *Jurassic Park*, em 1993, a ILM havia deslumbrado o público no ano seguinte com efeitos mais sutis e até mesmo mais convincentes para *Forrest Gump: O contador de histórias*, de Robert Zemeckis, sobrepondo o ator Tom Hanks a uma cena histórica do presidente Kennedy, criando multidões em uma manifestação em

Washington, D.C., e compondo digitalmente a pena que flutuava sobre os créditos iniciais. Com a ILM, Lucas era considerado o mago do cinema digital, com todos os outros tentando alcançá-lo. Steven Spielberg, agora de posse de um Oscar pelo sucesso de *A lista de Schindler*, observava com admiração. "A ILM não tem igual e não há ninguém nem chegando perto disso", declarou Spielberg, que havia acabado de fundar sua produtora Dreamworks em parceria com o magnata da música David Geffen e o ex-executivo da Disney Jeffrey Katzenberg. Jornalistas, farejando uma rixa entre Lucas e Spielberg, sugeriram que a Dreamworks acabaria por eclipsar a Lucasfilm na esfera dos efeitos digitais, mas Lucas ignorou, considerando tudo aquilo uma bobagem. "Quero ver o sucesso de Steven. Não creio que o fato de ele ser bem-sucedido... vá me prejudicar", disse ao *Los Angeles Times*, acrescentando: "Temos um acordo de não prejudicarmos um ao outro abertamente."[8]

Ainda assim, quanto maior e mais bem-sucedida a Lucasfilm se tornava, mais Lucas se enfurecia e vociferava contra a máquina hollywoodiana. Mesmo à frente de uma empresa bilionária, Lucas ainda se via como um rapazinho mirrado e incompreendido. Sua empresa, ele insistia, era apenas "um casebre de barro do lado de fora do castelo".[9] O esquema dos estúdios estava morto, ele proclamava. "Morreu... quando os grandes grupos assumiram. Os mandachuvas dos estúdios de repente se tornaram agentes e advogados e contadores",[10] pessoas "mais interessadas em opções sobre ações do que em fazer bons filmes".[11] Assim como Luke Skywalker e os rebeldes desafiavam as probabilidades para derrotar o Império, Lucas era o líder de um pequeno grupo de revolucionários que havia enfrentado a máquina sem rosto e sem alma de Hollywood. "Eles nos veem como marginais, como aqueles caras malucos lá em cima que causam problemas porque queremos liberdade criativa", declarou Lucas ao *New York Times*.[12] "Aqui, não temos acionistas nem dividendos. Tudo o que ganho volta para fazer outra coisa. Se cometermos um erro, morremos." Por fim, disse Lucas, adotando o tom do hippie radical que muitos acreditavam que ele era, "aprendemos uma regra que veio dos anos 1960: adquira os meios de produção".[13]

Tudo isso soava positivamente revolucionário, mas Carrie Fisher sabia que não era bem assim. "O Skywalker [rancho]", observou, em tom divertido, "é onde George vai para ditar as regras".[14]

Dias antes de se sentar em seu escritório para começar a escrever à mão o argumento para o Episódio I, Lucas já havia mandado Rick McCallum, seu produtor de *O Jovem Indiana Jones*, escolher as locações, faturando toda a viagem para a companhia de produção que Lucas havia constituído para a nova trilogia, a JAK Productions — cujo nome é uma referência aos filhos: Jett, Amanda e Katie. Ao mesmo tempo, Doug Chiang, um artista da ILM, fora contratado como diretor de arte para as *prequels*, desempenhando o papel antes exercido por Ralph McQuarrie na primeira trilogia de *Star Wars*. "Embora eu tivesse acabado de começar a escrever", contou Lucas, "já sabia certas coisas que precisavam ser projetadas", como espaçonaves e planetas. Enquanto isso, outros artistas na ILM haviam sido incumbidos de trabalhar no desenvolvimento de personagens que não passavam de umas poucas e breves frases no papel, com Lucas dando aos artistas vagas descrições — "Este personagem é covarde e inseguro" — e deixando que eles assumissem a partir dali.[15] Isso incluía o desenvolvimento conceitual do anfíbio Jar Jar Binks, um personagem para o qual Lucas tinha grandes expectativas e que passaria por quase 18 meses de desenvolvimento.

Depois de reescrever e revisar mais de vinte vezes, Lucas concluiria o primeiro rascunho para o Episódio I — a essa altura, chamado simplesmente de *The Beginning* — em 13 de janeiro de 1995. O roteiro jamais seria completamente finalizado; prosseguindo com a estratégia que usara em *O Jovem Indiana Jones*, ele revisaria o roteiro durante as filmagens e até mesmo na fase de pós-produção. No entanto, estava satisfeito com determinados elementos da história a ponto de pedir ao supervisor de efeitos especiais, David Dozoretz, e Ben Burtt — que estava se tornando um dos editores mais hábeis de Lucas — que montassem algumas sequências de *storyboards* em baixa resolução e grosseiramente animadas, chamadas "animáticas", com o objetivo de guiar os animadores digitais de um modo bem semelhante ao que Lucas usara em suas cenas de batalha da Segunda Guerra Mundial para inspirar a equipe de efeitos visuais no *Star Wars* original. "A única maneira de você avaliar as filmagens de efeitos que vai precisar é usar cenas de ação temporárias", disse Lucas. "Com o Episódio I, era a primeira vez que eu conseguia usar animáticas computadorizadas para pré-visualizar o filme inteiro antes mesmo de começar a filmar."[16] A primeira sequência que Burtt e Dozoretz foram instruídos a montar, então, foi a cena da corrida de módulos espaciais, o pega de alta tecnologia que Lucas idealizou como bilhete para a liberdade do pequeno Anakin Skywalker. Carros velozes sempre foram o meio de fuga favorito de Lucas, fosse o automóvel de *THX*, o cupê de John Milner em *Loucuras de verão* ou mesmo a *Millennium Falcon*. Não era nenhuma surpresa que Lucas os houvesse incluído no roteiro desde o início.

Embora Lucas estivesse mantendo o desenvolvimento do Episódio I em segredo muitíssimo bem guardado, o simples conhecimento de que ele estava trabalhando no próximo filme parecia suficiente para agitar os fãs de *Star Wars*. "Parte da razão é que essa é a primeira pergunta que me fazem", disse Lucas. "Acho que muitas pessoas querem vê-lo."[17] Certamente era o que parecia, a julgar pelo ressurgimento de *Star Wars* na cultura popular — na televisão, o coelhinho das pilhas Energizer podia ser visto enfrentando Darth Vader em um anúncio — e o interesse renovado por produtos relacionados a *Star Wars*. Em agosto de 1995, Lucas relançou a trilogia *Star Wars* em vídeo doméstico, dessa vez produzindo os três filmes em THX e imagem digitalmente remasterizada. Para surpresa e satisfação de Lucas, mais de 28 milhões de fitas foram vendidos, gerando um lucro de mais de US$100 milhões para a Lucasfilm.

No mesmo ano, a Hasbro — que absorvera a Kenner alguns anos antes — reativou seus direitos para produzir figuras de ação e lançou uma nova linha de brinquedos *Star Wars*, sob o selo "O Poder da Força". Um gerente da FAO Schwarz em Nova York ficou surpreso ao ver que havia mais adultos do que crianças comprando a nova linha de brinquedos — uma particularidade que fez dos novos bonecos alguns dos brinquedos mais vendidos do ano. Diretores de marketing de toda a parte tomaram nota: brinquedos não eram mais só para crianças. Principalmente brinquedos *Star Wars*.

Na verdade, Lucas, de uma forma inteligente, convocou uma "Conferência de Cúpula *Star Wars*" no rancho Skywalker voltada a licenciados e agentes internacionais, a fim de notificá-los sobre seus planos para o futuro da franquia *Star Wars*. Ao longo de dois dias de apresentações, Lucas reforçou a necessidade de manter o controle de qualidade, sobretudo na área editorial, em que alguns personagens — como Luke Skywalker, a quem fora atribuído um interesse amoroso por uma contrabandista passional chamada Mara Jade — levavam vidas muito distintas daquelas que ele havia escrito na trilogia original. Em uma segunda conferência de cúpula, em abril de 1995, Lucas — que apareceu de olhos cansados, brincando que fora arrastado de sua mesa, onde escrevia o roteiro — hipnotizou a sala ao insinuar que estava considerando a possibilidade de dirigir, ele mesmo, a primeira das três *prequels*.

À medida que Lucas ia lentamente acelerando a pré-produção — no início de 1996, ele tinha o Departamento de Arte preparando *storyboards* para um filme que ainda não tinha um roteiro factível —, convencia-se, cada vez mais, de que a tecnologia digital o ajudaria a fazer o Episódio I tanto de forma rápida quanto barata. "As técnicas que experimentamos na série de TV [*O Jovem Indiana Jones*] e que agora estamos usando em longas-metragens serão uma das principais diferenças na forma como os filmes são feitos", proclamou Lucas.[18] Talvez a mais crítica dessas técnicas envolvesse "desfocar a linha" entre produção e pós-produção, de modo que novas cenas poderiam ser adicionadas ou cenas antigas poderiam ser refilmadas ou reencenadas, mesmo durante o processo de edição. "Não se trata de uma linha de montagem. Eu não escrevo primeiro, depois projeto e, em seguida, filmo. Estou fazendo tudo junto", revelou Lucas a um repórter.[19] E porque ele planejava usar o computador para criar ou preencher a maioria dos cenários, estava prevendo uma grande economia nos custos da produção de seus filmes. "Não acho que vai custar muito em relação ao valor limite pelo qual eu faria um filme", previu. "Eu nunca ultrapassaria a faixa dos US$50 milhões."[20]

Isso não chegaria nem perto. Ao final, o Episódio I custaria quase US$115 milhões. E quase tudo sairia do bolso de Lucas.

Nesse meio-tempo, o produtor Rick McCallum — que passara quase um ano procurando locações e instalações para filmar o ainda inacabado roteiro de Lucas — havia encontrado uma base de operação para a produção. Por um breve período, o Elstree em Londres fora considerado, embora mais por razões sentimentais; desde 1976, todos os filmes *Star Wars* haviam sido filmados lá. Com a venda urgente da instalação no fim da década de 1980, porém, o estúdio era a carcaça do que fora antes, e dificilmente grande o suficiente para uma produção nas proporções que Lucas estava imaginando, mesmo com muitos dos cenários sendo construídos no computador. Em vez disso, McCallum encontraria o que Lucas precisava menos de vinte quilômetros a noroeste de Elstree, no Aeródromo de Leavesden — uma gigantesca fábrica antiga de Rolls-Royce que recentemente fora adaptada à produção de filmes, como *007 contra GoldenEye*.

No verão de 1996, então, Lucas mandou que McCallum reservasse todo o estúdio — inclusive o terreno de 40 hectares nos fundos — por dois anos e meio, o que deixaria o lugar à sua disposição, conforme necessário, até quase o dia em que o filme seria lançado. Imediatamente, Lucas enviou uma equipe do Departamento de Arte, liderada pelo designer de produção Gavin Bocquet, para começar a construir cenários nos nove estúdios de Leavesden. Mesmo com toda essa antecedência, a coordenação com a ILM era crítica, pois o Departamento de Arte e a equipe de construção tinham de saber exatamente quais partes do cenário construir e o que deixar para que o computador construísse digitalmente. A maioria dos cenários acabaria se revelando um híbrido de peças parcialmente construídas — uma plataforma, um pouco de parede, uma porta e uma mesa — cercadas por tela azul ou verde sobre a qual o restante do cenário poderia ser digitalmente sobreposto mais tarde. Lucas e outros viriam a se referir a esse amálgama de alta e baixa tecnologias como um "quintal digital". Em dezembro desse ano, quase sessenta cenários seriam espalhados pelos estúdios Leavesden, ocupando cerca de 74 mil metros quadrados.

Recebendo relatórios regulares de Londres e continuando a revisar seu roteiro, Lucas descobriu — em boa parte, para sua surpresa — que estava gostando de novo de brincar em seu cercadinho *Star Wars*. Ele se sentia particularmente intrigado pelas quase infinitas possibilidades que o cinema digital colocava em suas mãos, e tinha mais um teste em mente sobre o qual brandir sua varinha digital antes de lançar seus plenos poderes sobre o Episódio I — um filme tão terrível, disse Lucas, que "cada vez que eu o via, pensava: 'Ah, Deus, isso é horrível, não posso ver isso.'"[21]

Star Wars.

"O *Star Wars* original foi tecnicamente uma piada", insistia Lucas.[22] "Nós fizemos muita coisa, mas não há nada que eu gostaria mais do que poder voltar e refazer todos os efeitos especiais, ter um pouco mais de tempo."[23] Embora não pretendesse ir tão longe a ponto de refazer *todos* os efeitos especiais, esperava "voltar e consertar algumas das coisas que sempre me incomodaram", como disse a um repórter. "Houve coisas em relação às quais eu tive de ceder e que não ficaram do jeito que eu queria."[24]

Lucas começara a delinear suas mudanças digitais para *Star Wars* vários anos antes, em uma reunião ocorrida em 1993 com McCallum e uma equipe da ILM liderada por Dennis Muren. Naquela ocasião, ele se queixara com mais veemência sobre a sequência da cantina, com a qual, quase vinte anos depois, ele continuava insatisfeito, imputando a culpa diretamente aos executivos sovinas da Fox, que haviam recusado seus pedidos de verba para finalizar várias das criaturas. Com a tecnologia digital à sua disposição, ele esperava remover alguns dos monstros com máscara de borracha, impostos por seu minúsculo orçamento, e encher a cantina com os tipos de criaturas exóticas que imaginara desde o primeiro dia. Também lamentava não ter conseguido incluir a conversa de Han Solo com Jabba, o Hutt na Doca de Atracação 94, e agora esperava incorporar um Jabba digital na cena descartada. Muren assentiu, e sugeriu ainda que a ILM aproveitasse a oportunidade para limpar ou até mesmo refazer algumas das outras cenas de efeitos, fazendo alguns ajustes em determinadas batalhas e inserindo explosões aperfeiçoadas. Lucas aprovou essas sugestões também — e depois sugeriu que fossem ainda mais longe, propondo, com veemência que inserissem novas imagens digitais tanto no *Império* quanto no *Jedi*. Ele esperava que as alterações pudessem ser feitas rápido o bastante para lançar a nova edição da trilogia a tempo para o vigésimo aniversário de *Star Wars*, em 1997.

Seria mais difícil do que ele esperava, pois, quando os filmes foram retirados do depósito, em 1994, Lucas descobriu, para sua consternação, que os negativos se haviam deteriorado seriamente nos últimos 15 anos. *Star Wars*, por si só, estava um caos, coberto de sujeira, profundamente arranhado, as cores desbotadas. Lucas gemeu; antes que qualquer trabalho pudesse ser feito em novas imagens, o negativo original precisaria ser restaurado. A ILM levaria mais de um ano para limpar o negativo, com frequência usando o computador para preencher digitalmente os arranhões e acertar as cores, quadro a quadro.[25] Então, os novos efeitos digitais foram integrados ao filme, às vezes feitos direto no negativo original. "Chamamos esse processo de experimento de aprendizado de novas tecnologias, e torcíamos para que o lançamento nos cinemas pagasse pelo trabalho que tivemos", disse Lucas. "Foi basicamente uma maneira de tirar essa pedra do meu sapato e ter a saga finalizada da maneira que eu originalmente queria."[26] O esforço custou quase US$5 milhões para a restauração e um pouco mais de quatro minutos e meio de material novo ou reformulado.

Para muitos fãs do *Star Wars* original, foram quatro minutos e meio desnecessários. Lucas lançou *Star Wars: The Special Edition* nos cinemas em janeiro de 1997 — as edições especiais do *Império* e do *Jedi* se seguiriam em fevereiro e março, respectivamente — sob intensa publicidade e números impressionantes, acumulando US$35 milhões em seus primeiros quatro dias de lançamento. Porém, muitos fãs que haviam crescido com os filmes em seu estado original ficaram furiosos com Lucas, por manipulá-los. Além da sequência da cantina revisada, a ILM adicionou digitalmente personagens e criaturas a outras cenas, enviando mais *stormtroopers* atrás de Han Solo na Estrela da Morte e inserindo droides, *dewbacks*, *jawas* e outras criaturas nas ruas de Mos Eisley, com um apetite um tanto exagerado. Essa trupe digital era inconsequente para a história. O mesmo provavelmente poderia ser dito da nova sequência com Han e Jabba, a qual adicionou um pouco mais de histórico à sua relação antagônica, mas, no fim das contas, deixou os dois personagens inalterados.

Esse não foi o caso, no entanto, de uma alteração vista por Lucas como pouco mais do que um pequeno ajuste, mas que os fãs vieram a considerar uma reinvenção imperdoável de um dos personagens mais populares da trilogia. A pedido de Lucas, a ILM alterou o confronto na cantina entre Han Solo e o caçador de recompensas Greedo — que terminou com Han atirando no infeliz Greedo —, mostrando, em vez disso, Greedo atirando primeiro, transformando, assim, a anterior explosão de agressividade de Han no que Lucas via como simples autodefesa.

Os fãs ficaram irados. Para muitos, esse único tiro de Greedo havia alterado, instantaneamente, a própria natureza do caráter de Han Solo, negando-lhe uma evolução de pirata egoísta e moralmente ambíguo para um herói que se sacrifica. HAN ATIROU PRIMEIRO!, insistiam eles, um grito de guerra que logo seria estampado em camisetas, adesivos e, por fim, em grande parte da internet como um lembrete desafiador dos perigos de se interferir na mitologia.

A princípio, Lucas insistiu ingenuamente que Greedo *sempre* fora o autor do primeiro disparo, e que a edição imprecisa não deixara clara a verdadeira natureza do confronto. "O que fiz agora foi tentar esclarecer a confusão", explicava Lucas, com paciência. "A cena fora feita em close--ups e era confusa em relação a quem fez o que a quem. Incluí uma cena de um ângulo ampliado que deixou claro que é Greedo quem atira primeiro, mas todos queriam pensar que foi Han o primeiro a disparar, porque queriam acreditar que ele simplesmente o matara."[27]

No entanto, a convicção dos fãs vinha mais da continuidade retroativa de Lucas, pois seu roteiro de *Star Wars*, datado de 15 de maio de 1976, claramente nunca deu a Greedo a chance de disparar a arma:

De repente, o alienígena desaparece em um flash de luz ofuscante. Han pega sua arma fumegante embaixo da mesa, enquanto os outros fregueses olham, espantados.

HAN: ... mas vai ser preciso muito mais do que um tipo como você para acabar comigo...

Han se levanta e sai da cantina, jogando umas moedas para o barman ao sair.

HAN: Desculpe a sujeira.[28]

Mas Lucas estava determinado a se ater à sua narrativa de que tivera, desde o início, todos os detalhes da saga *Star Wars* inteira planejados. "Han Solo ia se casar com Leia", insistiu ele, "e você olha para trás e diz: 'Ele deveria ser um assassino de sangue frio?' Porque eu estava pensando mitologicamente — ele devia ser um caubói, devia ser John Wayne? E eu disse: 'Sim, ele devia ser John Wayne.' E, quando você é John Wayne, não atira [primeiro] nas pessoas — você as deixa dar o primeiro tiro. É uma realidade mitológica à qual esperamos que nossa sociedade preste atenção."[29]

Outra boa tentativa, mas os fãs não a estavam comprando, e nunca a comprariam. Embora Lucas jamais se arrependesse dessa alteração — e nunca entendeu muito bem as objeções —, ele também jamais conseguiu fazer com que a esquecessem, esquivando-se de perguntas e mais perguntas sobre ela pelas duas décadas seguintes. "A edição especial, era essa que eu queria circulando por aí", afirmaria ele em 2004, levantando as mãos, em um gesto de aborrecimento. "Esse é o filme que eu queria, e lamento que vocês tenham visto um filme inacabado e tenham se apaixonado por ele."[30] No entanto, não eram só os fãs que estavam aborrecidos; Gary Kurtz, que havia produzido *Star Wars* e *Império*, argumentou que as mudanças digitais eram "provavelmente uma filosofia equivocada... Não é o filme original. O original é como o lançamos".[31] Lucas descartava essas objeções; no que lhe dizia respeito, como o criador da arte, ele — e somente ele — tinha o direito de fazer com ela o que bem entendesse, embora, por toda a sua conversa, seja possível perguntar como ele teria reagido a, digamos, Kurosawa alterando digitalmente mesmo que um único quadro de *A fortaleza escondida*. Ainda assim, ele não estava disposto a reconhecer essa controvérsia para os fãs, até mesmo vestindo uma camiseta em que se lia HAN ATIROU PRIMEIRO enquanto dirigia *A vingança dos Sith*.[32]

Deixando tais controvérsias de lado, as edições especiais provaram a Lucas que ele "poderia de fato tirar as coisas que queria eliminar".[33] E a recepção, em geral entusiasmada, de fãs antigos e novos, comprovou que o público ainda estava ansioso para ver *Star Wars* no cinema — "uma celebração da experiência cinematográfica", foi a forma como Lucas referia-se a ela.[34] Ele provocou uma comoção extra ao anunciar publicamente uma decisão que havia tomado algum tempo antes: depois de vinte anos felizes fora da cadeira do diretor, iria dirigir todas as três *prequels* de *Star Wars*.

Não foi uma decisão fácil para ele. "[Lucas] não queria necessariamente dirigi-los", disse Ron Howard. E, de fato, ele havia abordado Howard, Spielberg e Robert Zemeckis, convidando-os a tomar as rédeas de uma ou mais das *prequels*, apenas para receber a mesma réplica de cada um deles: "George, *você* devia fazer isso." "Eu não acho que alguém quisesse assumir essa tarefa na época", disse Howard. "Era uma honra, mas teria sido muito assustador."[35] No entanto, nem todos foram tão encorajadores. Coppola — que tinha visto sua própria carreira definida e consumada por *O Poderoso Chefão* — acreditava que a devoção de Lucas a *Star Wars* o impediria de fazer os filmes menores e artísticos, que eram sua verdadeira paixão. "Acho que *Star Wars* foi uma pena", disse Coppola, "porque George Lucas era um louco que gostava de experimentar, e ele se perdeu nessa grande produção e nunca saiu disso".[36] Marcia Lucas comparou a decisão a concentrar-se na semente, na base da pirâmide invertida que era a Lucasfilm, semente da qual surgiu uma videira colossal e asfixiante. Para Lucas, porém, era uma questão de controle. "Iríamos tentar coisas novas; e, na verdade, eu não sabia muito bem como iríamos fazê-las", disse ele. "Então, concluí que precisava estar lá o tempo todo."[37]

Havia também um leve toque de fatalismo envolvido. "Levou muito tempo para que eu me ajustasse a *Star Wars*", confessou Lucas. "E enfim consegui, estou de volta a ele. *Star Wars* é o meu destino."[38]

Lucas optara por uma abordagem diferente à seleção do elenco para o Episódio I, passando boa parte desse trabalho para o diretor de elenco Robin Gurland, que, por dois anos, compilou listas, colecionou fotos, reuniu-se com atores e agentes e enxugou a lista de candidatos até que apresentasse um tamanho administrável antes de passá-la para Lucas. Ainda não havia um roteiro para discutir, mas os atores, em sua maioria, estavam dispostos a se encontrar com o cineasta de qualquer forma, animados com a ideia de figurar em um filme de *Star Wars*. Esse foi certamente o caso de Samuel L. Jackson, que, muito claramente, fizera um apelo público a Lucas no *talk show* britânico *TFI Friday*, em dezembro de 1996, implorando para que o considerassem para qualquer papel. "Fui convidado para ir ao rancho para saberem se eu estava falando sério sobre isso", contou Jackson mais tarde. "[Eu disse:] 'Sim, claro! Pode me colocar como stormtrooper se quiser, não me importo — contanto que eu esteja no filme, não me importo se as pessoas vão saber ou não.'"[39] Jackson viria a ter uma presença de grande visibilidade no papel do mestre Jedi Mace Windu, um nome que Lucas recuperou da primeira linha do primeiro rascunho de 1973 do *Journal of the Whills*.

Embora, no passado, Lucas houvesse deixado clara sua aversão a trabalhar com atores de renome — "Não creio que George esteja interessado em parceria com um ator", disse Ron Howard. "Ele não é um cara do tipo de ficar muito tempo batendo a bola" —, não teve a mesma dúvida em relação ao Episódio I.[40] Além de Jackson, Lucas trouxe o ator irlandês Liam Neeson, que disparou para o topo da lista A como astro do premiado *A lista de Schindler*, de Steven Spielberg, e passou a maior parte de seu primeiro encontro com Lucas trocando histórias sobre família. Lucas gostou de Neeson de imediato — ele acreditava que o ator daria ao Episódio I o mesmo tipo de seriedade que Alec Guinness dera ao *Star Wars* original — e o contratou para ancorar o filme como o astuto mestre Jedi Qui-Gon Jinn.

Muito rapidamente, Lucas havia considerado um nome ainda maior do que o de Neeson, deixando-se levar por um telefonema de Michael Jackson, que queria o papel de Jar Jar Binks, com maquiagem e figurino completo, e não como a criação em CGI que Lucas preferia. Lucas recusou gentilmente o superstar — e o dançarino Ahmed Best, que acabaria ficando com o papel, achava que sabia por quê. "Meu palpite é que, no fim das contas, Michael Jackson teria sido maior do que o filme", disse Best, "e não acho que [Lucas] quisesse isso".[41] Assim, o papel foi para Best, que assumiria a posição de Jar Jar durante as filmagens, usando um adereço de cabeça com os olhos do personagem, para que a linha de visão dos atores pudesse combinar, e um traje com partes que se assemelhavam a brânquias, de modo que os animadores pudessem imitar, no computador, a maneira como a luz se refletia nele. Lucas também gostou de como Best se movia e falava, e permitiu a ele que desse uma voz a Binks — o que Best fez com um tipo de sotaque das Antilhas — e um andar gingado, movendo as mãos, que, mais tarde, seria digitalizado. "George me disse que realmente estávamos fazendo algo novo e arriscado", disse Best. O que veio a ser um eufemismo.[42]

A fase principal de filmagem do Episódio I — ainda intitulado *The Beginning* — teria início em 26 de junho de 1997, em Leavesden. A segurança era rígida; o roteiro — que Lucas só concluiria quase no último minuto — permaneceria estritamente guardado, e mesmo Lucas seria obrigado a usar um crachá no set de filmagens, embora no dele estivesse escrito YODA. Apesar de não ter dirigido por quase duas décadas, Lucas não achou "uma coisa difícil" voltar ao ritmo conhecido. "Assim que Liam Neeson entrou no set vestido como um Jedi, pensei comigo: 'Acho que estou de volta'", disse Lucas. "Era como se aqueles vinte anos nunca tivessem passado."[43]

Ainda assim, havia nítidas diferenças entre 1977 e 1997. Em contraste com o ano em que ele passara fazendo o *Star Wars* original, quando todas as manhãs, ao chegar, caminhava pelos cenários, mapeando os ângulos da câmera entre os dedos e correndo as mãos sobre a tinta ainda molhada, em 1997 a maioria de seus cenários parecia vazio — em geral, apenas uma plataforma, um lance de escadas ou uma escultura, posicionada contra um gigantesco fundo azul. "Construíamos o mínimo possível e, então, erguíamos os fundos azuis", disse o produtor Rick McCallum.[44] Mas isso não impedia Lucas de percorrer todos os departamentos de produção diariamente, pegando e cutucando máscaras, examinando trajes e manuseando adereços. Pela primeira vez desde 1982, um novo boneco de Yoda foi construído, todo redesenhado, não só para parecer mais jovem, como também para pesar bem menos no braço de Frank Oz, que se queixara de que o Yoda original era muito pesado.[45] Também havia várias novas unidades R2 que funcionavam mais suavemente e de forma mais confiável do que os droides problemáticos da trilogia original. Threepio — em uma versão esquelética e sem fio no Episódio I — seria uma marionete de bastão em tamanho natural, manipulado por um marionetista que, mais tarde, seria removido digitalmente. O confiável Anthony Daniels, no entanto, continuaria fornecendo sua voz.

Havia outras coisas, também, que nunca mudariam: como sempre, Lucas continuava inflexível com os atores. Embora, dessa vez, estivesse trabalhando com vários atores de renome, não iria se dar ao luxo de profundos exercícios de caracterização ou métodos complexos de representação. "Não se trata de tentar encontrar a motivação para cada momento", insistiu ele. "Não sou como alguns diretores que se sentam por dias analisando o que está acontecendo." E, ao que parecia, para Lucas, não importava que o cinema digital fosse uma experiência nova – não só para ele, como também para seus atores, a quem ele pedia que trabalhassem em cenários incompletos e interagissem com personagens que não existiam. "Levou cerca de dez dias ou duas semanas para que todos se sentissem verdadeiramente à vontade com o fundo azul", lembrou McCallum, mas, mesmo assim, Lucas permanecia indiferente às necessidades dos atores.[46] "Às vezes digo *corta*", afirmou ele, dando de ombros, "[e] outras vezes esqueço".[47]

Apesar da pretensão inicial de Lucas de fazer o filme digitalmente, a tecnologia disponível, para sua decepção, ainda não era avançada o suficiente para filmar tudo em um formato *widescreen* aceitável. Lucas faria algumas cenas digitalmente de todo o modo, como uma espécie de teste, gravando algumas sequências em fita digital de alta definição, que, em seguida, seriam inseridas no filme para exibição nos cinemas. Observando a filmagem mais tarde, Lucas estava convencido de que nunca mais gravaria em película. No entanto, apesar de ter se gabado antes de que seus cenários digitais possibilitariam fazer o filme com cerca de US$50 milhões, os custos haviam escalado depressa durante a pré-produção e continuavam subindo durante a filmagem. Mas Lucas, que, no passado, havia implorado a executivos de estúdio o dinheiro necessário para finalizar um filme, jurou não economizar quando se tratasse de financiar o próprio filme, independentemente do custo. Em consequência, ele agora estava despejando todo o seu dinheiro em um funil chamado Episódio I, arriscando tudo, assim como fizera em *O Império contra-ataca*. "Quando você está fazendo um filme de US$100 milhões e é seu o dinheiro — quase todo o dinheiro que você tem —, o risco é imenso", disse Lucas. "Os estúdios podem assumi-lo e depois amortizá-lo com outra produção. Eu não tinha mais nada... Estava arriscando tudo de novo."[48] O Episódio I estava rapidamente se tornando o filme independente mais caro da história — com tudo sendo pago por uma só pessoa.

Lucas cercou-se da mesma equipe de *O Jovem Indiana Jones*, dos figurinistas ao diretor de fotografia, já familiarizados com seu estilo de trabalho e "conhecedores dos tipos de truques que usaríamos nesse filme". Além disso, "havia uma linguagem que fora desenvolvida no decorrer da produção da série [*Star Wars*]", disse Lucas, "[e] eu queria prosseguir com ela nesse filme, sem ter de treinar um novo grupo de pessoas".[49] Ele contava particularmente com McCallum, que definia seu trabalho como o de "capacitar um diretor para que alcançasse tudo que pudesse".[50] Mas mesmo McCallum era um subordinado, e não um parceiro. "O que é ótimo em Rick é que ele nunca diz não", afirmou Lucas — e isso era parte do problema.⁵¹ Ao contrário da primeira trilogia, quando Lucas tinha muitas vezes enfrentado a resistência de Gary Kurtz, Irvin Kershner, Lawrence Kasdan e Marcia Lucas — que ofereciam opiniões distintas em relação a produção, direção, redação e edição —, as *prequels* seriam inteiramente a visão de Lucas, sem concessões. Seu controle seria completo.

Não que ele conseguisse controlar tudo. Enquanto faziam uma locação na Tunísia, fazendo as vezes novamente do planeta desértico Tatooine, uma enorme tempestade caiu na região, destruindo a maioria dos cenários cuidadosamente erguidos. Repetia-se o que ocorrera em 1976, quando uma tempestade rara havia desmantelado a maior parte dos sets de *Star Wars*. "Era como se a tempestade tivesse se escondido por vinte anos, à espreita, para voltar", observou Lucas, que continuou filmando nos cenários que permaneceram intactos, enquanto a equipe, junto com a assistência militar fornecida pelo governador de Tozeur, limpava e reconstruía o que fora danificado.⁵²

Lucas finalizaria tudo em Leavesden, completando a fase principal de filmagem em 30 de setembro. Ele mantivera um ritmo acelerado nos últimos três meses, supervisionando pessoalmente mais de 2.500 cenas, mas agora o trabalho de pós-produção continuaria em um ritmo que o supervisor da ILM, Dennis Muren, não tinha certeza de que poderiam manter. "George queria que produzíssemos 2.200 cenas em um ano e meio", disse Muren. "E você pensa: não há como fazer isso. E então ele diz, como sempre faz: 'Bem, pense nisso', e vai embora."⁵³

Quando Muren e sua equipe na ILM começaram a montar os efeitos digitais, Lucas estava trabalhando com os editores Paul Martin Smith — outro ex-participante de *O Jovem Indiana Jones* — e Ben Burtt em uma primeira versão do filme, incluindo as animáticas, até os efeitos digitais correspondentes estarem completos. A edição ainda era a parte favorita de Lucas no processo de produção e, agora, ele tinha o controle completo sobre quase todos os aspectos do filme, desde o posicionamento dos atores e adereços até a cor das cortinas ou de um manto. "Por causa da tecnologia que usamos para editar o filme, podíamos manipular tudo no quadro", disse Burtt. "Podíamos interpretar de imediato o que George queria ver." E, tal como fizera ao produzir *O Jovem Indiana Jones*, Lucas pôde notar de cara onde poderia haver algum buraco na história que ele pudesse preencher, ou se havia necessidade de cenas adicionais, para obter maior clareza. De fato, por várias vezes ele retornaria a Leavesden — onde seus cenários ainda estavam no lugar — para filmar as cenas necessárias, incluindo uma breve sequência em que Anakin se despede da criada de Padmé, que havia desaparecido sem explicação na primeira versão. Ao longo dos 18 meses seguintes, Lucas, Burtt e Smith continuariam ajustando e refinando a história, que Lucas ainda via como em construção até o fim. "O roteiro é apenas um esboço aproximado do que vou fazer", explicou ele, "e a filmagem é apenas o processo em que reúno os materiais — mas é na edição que crio a versão final".[54]

O restante do filme estava sendo processado na ILM. Quase toda terça-feira, Lucas ia até a ILM — ainda funcionando nos armazéns da Kerner em San Rafael — para revisar as cenas que haviam sido concluídas na semana anterior. Nesses dias, havia mais programação de computadores do que execução de modelos na ILM; o som de serras circulares e o cheiro de cola haviam dado lugar ao zumbido de servidores e ao cheiro ocasional de ozônio. Embora algumas sequências utilizassem tecnologias antigas e novas, integrando tanto modelos de naves espaciais quanto naves digitalmente criadas em algumas batalhas, a maioria dos efeitos seria inteiramente digital. "Naturalmente você não quer cair na armadilha da tecnologia dirigindo sua visão das coisas", advertiu o supervisor de imagem John Berton, mas Lucas estava se divertindo com a nova tecnologia, pedindo à ILM que enchesse a tela com um número espetacular de naves espaciais e droides.[55] Criar cenários virtuais e multidões gigantescas estava se tornando trivial para a equipe da ILM; agora, cada vez mais, eles eram requisitados para criar personagens verossímeis, que usavam roupas verossímeis e carregavam adereços e armas verossímeis. Se Lucas achasse que um personagem não parecia convincente, ou que se movia de uma forma pouco realista, descartava a cena e pedia à ILM que refizesse. "[Lucas] sempre dizia que dirigia apenas metade do filme durante as filmagens principais", contou John Knoll, supervisor da ILM. "O restante, ele dirigia depois, aqui na ILM."[56]

Lucas, porém, tinha mais do que apenas o filme para cuidar na pós-produção. Havia acordos de licenciamento para finalizar, e ele descobriu que os fabricantes de brinquedos estavam ávidos para agarrar um pedaço do novo universo *Star Wars*. Tanto a Hasbro como a Galoob anunciaram ofertas gigantescas para comercializar brinquedos e figuras de ação, com as empresas dando à Lucasfilm ações com valor superior a US$225 milhões. O Grupo Lego aventurou-se nas águas do licenciamento pela primeira vez, obtendo os direitos de produzir os kits Lego com a temática *Star Wars*, de imensa popularidade, que, até 2012, contribuiriam para fazer da Lego a empresa de brinquedos mais valiosa do mundo. Também haveria as ofertas usuais de fast-food e doces, com o McLanche Feliz do Episódio I, os dispensadores Jar Jar Binks da Pez e um acordo de 1 bilhão de dólares para colocar quase todos os personagens principais nas latas de Pepsi.

A distribuição era outro prêmio em jogo. Como a própria Lucasfilm havia financiado o filme, a distribuição seria, primordialmente, uma grande vantagem. A maioria dos grandes estúdios começou a cortejar Lucas. ("Ele não é fácil de cortejar", disse um executivo de estúdio. "Não é fácil chegar a ele.") No fim, os direitos foram para a Fox, que pagou US$80 milhões sem ver um único quadro do filme.[57] O acordo fazia sentido — afinal, a Fox havia distribuído a trilogia original —, mas Lucas aproveitara a oportunidade para arrancar uma remuneração extra do estúdio, exigindo a transferência de todos os direitos remanescentes do *Star Wars* original para a Lucasfilm, que já possuía os direitos de *Império* e de *Jedi*. E, assim, Lucas passou a ser o detentor de todos os *Star Wars*. O círculo, como diria Darth Vader, estava completo agora.

Mesmo com a Fox a bordo, Lucas manteria o controle total sobre a promoção e a distribuição do filme; qualquer plano de ação, qualquer decisão, precisaria de sua aprovação. Avaliando habilmente o entusiasmo dos fãs — e usando, de uma forma perspicaz, a internet em ascensão para espalhar as notícias —, Lucas ia parcimoniosamente soltando pílulas de informações no novo site starwars.com. Em setembro de 1998, foi feito o anúncio de que o nome oficial do filme iminente não era *Shadows of the Empire*, como os fãs haviam especulado, mas *Star Wars: Episódio I — A ameaça fantasma*, um título que deixou as salas de bate-papo da internet em um frenesi de debates e conjecturas.[58]

Então, no fim de novembro de 1998 — a exatos seis meses da véspera da estreia do filme —, Lucas lançou habilmente um trailer de dois minutos e dez segundos em apenas 26 cidades, criando, de acordo com o *New York Times*, "um evento cinematográfico sem precedentes".[59] As exibições dos filmes *Encontro marcado* e *O rei da água* de repente tiveram os ingressos esgotados, arrebatados por fãs que pagaram a entrada só para ver o *trailer* de *A ameaça fantasma*, aplaudiram e festejaram por três minutos, e então deixaram o cinema assim que o filme principal começou. Vários dias depois, o trailer foi postado no starwars.com, onde teve mais de 10 milhões de downloads, em uma época em que os fãs ainda dependiam de conexões de acesso discado extremamente lentas para navegar na internet. Um segundo trailer foi veiculado em março de 1999, com fãs ansiosos baixando-o tão rapidamente — foram quase 340 downloads por segundo — que a página saiu do ar. Incansáveis, os entusiastas dissecaram cada trailer cena a cena, tentando adivinhar os elementos do enredo.[60] Outros devotos relataram que choraram copiosamente enquanto assistiam aos trailers. *Star Wars* estava voltando — e os fãs tinham certeza de que seria melhor do que nunca.

"O que posso dizer?", perguntou um admirador depois de ver o trailer. "George Lucas deve ser uma forma de vida superior!"[61]

Lucas estava satisfeito com *A ameaça fantasma*. Pela primeira vez, ele sentia que havia conseguido fazer um filme na tela exatamente como se passava em sua cabeça. Os retoques finais — a trilha sonora de John Williams, os efeitos sonoros de Ben Burtt — ainda estavam em andamento em março de 1999, mas Lucas sentia-se satisfeito o suficiente com o que via para abraçar a supervisora Chrissie England, da ILM, que estava com ele desde os tempos da Parkhouse, e agradecer por seu trabalho árduo. "[Ele] me deu um grande abraço", lembrou England, "e disse: 'Você realmente fez um excelente trabalho. Estou muito orgulhoso de você'" — palavras que ele nunca falou para Marcia.[62]

Ainda assim, nas semanas que antecederam o lançamento de *A ameaça fantasma*, Lucas se esforçava ao máximo para gerenciar suas expectativas. "Para cada pessoa que amar o Episódio I, haverá duas ou três que o detestarão", disse ele. "Tudo que posso fazer agora é jogá-lo no mundo real — e esperar para ver o que todos pensam."[63] Ainda assim, a avaliação pública de Steven Spielberg — "Ah, meu Deus. Vocês vão ficar de queixo caído por uma semana" — só serviu para aumentar ainda mais as expectativas e, com mais de um mês de antecedência, os fãs já estavam na fila para comprar ingressos.[64]

Com essa onda de expectativa, não foi nenhuma surpresa que *A ameaça fantasma* tenha estreado com um lucro enorme. No dia 19 de maio de 1999, dia do lançamento, a bilheteria de US$28,5 milhões quebrou todos os recordes, assim como os US$132,4 milhões da semana de estreia. No fim do ano, seriam mais de US$926 milhões em todo o mundo, a maior parte dessa quantia retornando aos cofres da Lucasfilm.

Embora o sucesso de bilheteria provavelmente fosse inevitável — até mesmo o mais ocasional dos fãs de *Star Wars* não iria deixar de conferir o filme —, a maioria dos críticos não ficou impressionada. "O filme é uma decepção. Das grandes", escreveu David Ansen na *Newsweek*. "[Lucas] perdeu o ritmo... Ele não parece preocupado com a construção dos personagens."[65] Ansen admitiu ter ficado impressionado com o design e os efeitos digitais, um sentimento compartilhado por Roger Ebert, que enalteceu *A ameaça fantasma* como "um avanço visionário". Mas, embora os fãs a princípio houvessem saído em defesa do filme — era a igreja de *Star Wars* que os críticos estavam queimando! —, também acabariam por admitir que o Episódio I ficara abaixo das expectativas, com muita história de fundo e falas sobre comércio e impostos, e que a excessiva dependência dos efeitos digitais — "cenas intermináveis de sapos falantes geradas por computador lutando contra robôs gerados por computador" — dera ao filme um aspecto estéril e carente de um coração verdadeiro.[67] Até mesmo Ewan McGregor, estrelando como um Obi-Wan mais jovem, acabaria reconhecendo que o filme era "decepcionante" e "raso".[68]

Lucas arriscou e perdeu feio com o personagem Jar Jar Binks. Apesar de todos os esforços para tornar o personagem uma revelação — ele até apareceu na capa da *Rolling Stone* com a chamada "JAR JAR SUPERSTAR" —, os fãs logo o acharam mais irritante do que cativante. Pior ainda, com o inglês macarrônico de Binks e o comportamento comicamente preguiçoso, foram imediatas as acusações de estereótipos negativos e racismo; Lucas tomou uma surra particular de Joe Morgenstern no *Wall Street Journal*, que chamou Jar Jar de "um irritante cruzamento de Stepin Fetchit rastafári em cascos plataforma com Butterfly McQueen".[69] Enquanto a porta-voz da Lucasfilm, Lynne Hale, descartava tais acusações como "absurdas", a acusação ferroou o ator Ahmed Best, que representou e deu voz a Jar Jar, e que, por acaso, também era afro-americano.[70] "Mesmo que você esteja representando um personagem, você coloca muito da própria personalidade nele, dedica-se emocional e pessoalmente ao trabalho que faz; é o seu trabalho e você se orgulha dele", disse Best. "Então, quando o seu trabalho é criticado negativamente, você sente o golpe."[71]

Pior: Lucas fizera um ajuste na mitologia de *Star Wars* que muitos considerariam tão imperdoável quanto Greedo disparar primeiro — ele dera uma explicação biológica para a Força. Para esclarecer o status único de Anakin como "O Escolhido" que traria equilíbrio à Força, Lucas introduziu o conceito de *midi-chlorians*, formas microscópicas inteligentes que existem simbioticamente nas células dos seres vivos e ajudam a sintonizá-los com o poder da Força. Foi uma explicação imprudente que drenou a Força de seu mistério e assombro, tornando-a um mero atributo biológico, como, por exemplo, ter olhos azuis. Gary Kurtz, cujas próprias visões espirituais ajudaram a moldar o conceito da Força duas décadas antes, chamou a ideia de "a destruição do centro espiritual da

Força, transformando[-a] em DNA e sangue". No entanto, Kurtz também observou sem demora que "George tem uma ideia muito clara do que quer. E concorde você ou não, ele vai lá e faz."[72]

O relacionamento de Lucas com seu público começou a mudar após a exibição. O filme foi um sucesso monstruoso, mas os verdadeiros fiéis de *Star Wars* estavam perdendo a fé tanto na franquia quanto em Lucas — e, com a ascensão da internet, esses mesmos fãs podiam tornar suas opiniões ampla e ruidosamente conhecidas, de uma forma que não existia 15 anos antes, quando o *Jedi* fora lançado e recebido com resmungos discretos sobre *ewoks*. Embora Lucas houvesse, de forma inteligente, usado a internet para cooptar fãs para a promoção do filme, não estava preparado para o modo como a mesma tecnologia, e os mesmos fãs, podiam, tão rapidamente, atacá-lo depois do lançamento. Embora ele sempre insistisse que as críticas on-line não o incomodavam, atribuindo-as a "uma pessoa escrevendo sua opinião", os ataques e as reprovações claramente o irritavam — um flashback dos executivos do estúdio, que se queixavam de seus filmes e exigiam que fossem reeditados. Quando os fãs resmungavam sobre *midi-chlorians* ou reclamavam de Anakin construir o C-3PO, Lucas — insensatamente mordendo a isca — descartava as críticas como "picuinha". "Sinto muito se não gostam", disse com uma irritação palpável. "Deviam voltar e ver *Matrix* ou algo assim."[73]

Claramente, as críticas o haviam incomodado a ponto de ele temer fazer mais uma promoção ou dar mais uma entrevista. E acabaria abandonando por completo a internet. "Quero que as pessoas gostem do que eu faço. Todo mundo quer ser aceito pelo menos por alguém", insistiu ele. "Mas agora vivemos em um mundo no qual você é forçado a se tornar parte dessa grande entidade corporativa chamada mídia... Como eu mesmo estou fazendo os filmes, não tenho essa obrigação. Prefiro deixar meus filmes morrerem a ter de sair e vendê-los em um circuito. E faço o mínimo a que sou obrigado, para me sentir responsável."[74]

Esse tipo de atitude apática, no entanto, não seria bem-vista pelos licenciados, que haviam torrado uma fortuna pelos direitos de merchandising de *Star Wars*, saturando o mercado com produtos, e esperavam que Lucas fizesse a sua parte. A Hasbro, que desembolsara US$650 milhões pelos direitos da marca em brinquedos para as três *prequels*, de repente viu suas ações despencarem 25%, por causa das incontáveis caixas de figuras de ação e naves espaciais encalhadas. Em particular, os executivos da Lucasfilm admitiram que o filme provavelmente fora colocado de uma forma muito agressiva no mercado — alguém iria *mesmo* querer uma gravata com a estampa de Qui-Gon Jinn? — e ainda reconheceram para a Hasbro e outros que o filme "não correspondia às expectativas".[75]

A essa altura, porém, Lucas já tinha os olhos voltados para o Episódio II — e também estava de olho em uma vista espetacular perto da base da Golden Gate Bridge, em São Francisco.

Em 1776, os espanhóis estabeleceram uma guarnição — na verdade, seu posto avançado mais setentrional nas Américas — na ponta da península de São Francisco, protegendo a foz da Baía de São Francisco. Em 1822, esse forte, em estado de degradação, passou para mãos mexicanas, nas quais permaneceu até 1846, quando foi capturado por um pequeno grupo de soldados americanos como parte da Revolta da Bandeira do Urso. O Exército dos Estados Unidos prontamente assumiu o comando, instituindo um posto permanente no local, embora mantivesse o nome espanhol original do forte: o Presidio. O exército ocupou o Presidio pelos 148 anos seguintes, erguendo hospitais e alojamentos, até a base ser finalmente fechada pela Comissão Federal de Redução e Encerramento da Base, que julgou que a instalação não era mais útil para fins militares. Com a partida do Exército, o local do Presidio — mais de 6 mil metros quadrados de um excelente terreno à beira-mar, literalmente à sombra da Ponte Golden Gate — foi entregue à administração do Serviço de Parques Nacionais em 1994.

Manter o local sob administração pública, porém, sairia caro. Assim, em 1996, o Congresso criou uma nova agência federal, o Presidio Trust, com o objetivo de preservar e manter o parque e — em uma diretriz única entre os parques nacionais — trabalhar para atrair recursos não federais que sustentassem e mantivessem o local sem a necessidade de financiamento federal anual. A diretriz veio com um ultimato: se o Presidio não se tornasse autossuficiente até 2013, seria vendido como propriedade excedente. Com esse tipo de sombra pairando sobre a sua cabeça, não era de admirar, então, que o Presidio Trust estivesse ativamente buscando propostas para uso privado da propriedade.

Lucas se interessou. Depois de mais de uma década tentando levar a ILM para o rancho Skywalker, ele mudou de ideia — e mudou seus planos. Em vez disso, ele criaria um complexo de artes digitais autônomo — abrigando a ILM, a THX, a LucasArts e os escritórios principais da Lucasfilm — e faria isso à vista de todos, no composto do Presidio, no local do Centro Médico Letterman do Exército desativado. Ou, pelo menos, era esse o plano. Embora a Lucasfilm fosse talvez uma das empresas mais reconhecidas e bem-sucedidas do mundo, como Lucas havia aprendido em seu trato com os vizinhos do Condado de Marin, nem todos queriam viver ou trabalhar ao seu lado ou ao lado de sua empresa. Vários anos antes, em Modesto, houve algumas objeções a uma estátua proposta em homenagem a Lucas, com algumas autoridades municipais disfarçando suas objeções com um argumento contra o uso de fundos da cidade para erigir estátuas em homenagem a *qualquer um* — mesmo que fosse o mais famoso filho da cidade. Em vez disso, levantou-se dinheiro privado para criar uma escultura de dois adolescentes recostados em um Chevrolet 1957, tirando o chapéu tanto para a época em que Lucas cruzava as ruas de Modesto dirigindo seu carro como para *Loucuras de verão*. O desentendimento tinha sido sem importância, mas a mensagem fora clara: nem todos amavam George Lucas.

A proposta de seu complexo digital havia sido submetida ao Presidio Trust em 1998, competindo com vários desenvolvedores locais, incluindo a poderosa Shorenstein Company. O CEO da Lucasfilm, Gordon Radley, estava fazendo um lobby forte pelo projeto, assegurando aos céticos que "não se trata de *Star Wars*" e comparando o projeto proposto a uma comunidade de artistas. Apesar de Lucas planejar manter pequeno o impacto ambiental e construir tudo da forma mais ecológica possível, muitos habitantes locais não tinham tanta certeza assim disso. "Não acredito que Lucas como inquilino sirva ao interesse público", argumentou um crítico, embora tenha admitido que "será melhor ter Lucas do que um grupo de investidores de risco".[76]

Tais objeções, por mais explícitas que fossem, eram minoria. Em 14 de junho de 1999, o Presidio Trust aprovou os planos de Lucas para transformar o local do Letterman em um complexo de artes digitais. Ali, na base da Golden Gate Bridge — não muito longe do armazém em que Lucas e Coppola estabeleceram a American Zoetrope, quarenta anos antes —, Lucas construiria a outra parcela de seu império cinematográfico.

Enfim, segundo ele, "criaria uma organização para fazer o tipo de filmes que [ele] queria".[77]

Mas primeiro ele tinha mais *Star Wars* pela frente.

12
Otimismo cínico

1999-2005

Na época do lançamento do Episódio I, em maio de 1999, Lucas já vinha escrevendo o roteiro do Episódio II havia quase um ano. Estava lutando com esse episódio mais do que com os outros, sobretudo porque o segundo filme seria, em grande parte, uma história de amor, conduzida por personagens e diálogos, e nada disso era o ponto forte de Lucas. Por sua própria estimativa, seriam necessários 14 ou 15 rascunhos antes que ele se sentisse confortável o bastante para entregar as páginas manuscritas para seu assistente digitar. No centro da folha de rosto, datada de 13 de março de 2000, Lucas havia rabiscado:

EPISÓDIO II
A GRANDE AVENTURA DE JAR JAR

O título era uma piada, o jeito de Lucas indicar claramente que tinha levado a sério uma das principais críticas de *A ameaça fantasma*.

Para o Episódio II, Binks seria relegado a um papel coadjuvante menor, e quaisquer planos maiores que Lucas tivesse feito para o galopante Gungan haviam sido engavetados. Lucas sempre defendia o detestado personagem; chegaria a sugerir, em uma Disney Expo, em 2015, que, em parte, Binks fora inspirado no olhar e nos maneirismos do Pateta. ("Sei que vocês vão olhar para ele diferente agora", disse Lucas com um sorriso. "Adoro Pateta e adoro Jar Jar.") Os fãs se deliciaram, teorizando que aquela sinopse abandonada de Lucas teria revelado o desajeitado toque de humor de um Lorde Sith de sangue-frio.[1] Em resposta, Lucas ofereceu apenas um silêncio modesto.

Ele também havia decidido que não ia mais usar película, e anunciou publicamente que o Episódio II seria todo filmado digitalmente. Após um cuidadoso exame de um pequeno trecho de filmagem digital que ele fizera durante *A ameaça fantasma* — o equivalente a cerca de seis minutos de duelos com sabres de luz —, Lucas estava convencido de que a filmagem digital seria tão clara e estável quanto o filme. Em alguns casos, na verdade, era até mesmo mais clara, exigindo que a filmagem feita digitalmente fosse iluminada de maneira diferente, a fim de atenuar os contornos marcados entre os objetos em primeiro e segundo planos. Para que tudo ganhasse um bom visual e funcionasse de maneira adequada, eram necessárias câmeras e lentes especiais, que a Sony e a Panavision prontamente forneceram.[2] Havia certo nervosismo na indústria — a maioria "lá embaixo", em Hollywood —, que se afligia quanto ao futuro do cinema. Um repórter se perguntou em voz alta se os filmes continuariam a ser chamados de *filmes*. Lucas achou que isso era compreender as coisas de uma forma literal demais. "Serão chamados de *cinema*", respondeu, tranquilizador.[3]

Haveria ainda outra mudança significativa no modo de Lucas fazer o Episódio II: pela primeira vez, a base da produção de um filme de *Star Wars* não ficaria em Londres, embora Lucas ainda pretendesse filmar algumas sequências em Elstree. Em vez disso, tinha estabelecido escritórios para a JAK Productions na Austrália, no Fox Studios, recém-inaugurado em Sydney — tão recentemente, na verdade, que o Episódio II seria o primeiro grande filme a ser rodado lá. Mais uma vez, Lucas fizera um contrato de locação prolongado das instalações completas, o que lhe permitia deixar seus cenários montados durante a pós-produção para qualquer aperfeiçoamento ou para novas filmagens que se fizessem necessárias.

Além disso, como tinha feito em *A ameaça fantasma*, Lucas colocara quase todos os elementos de pré-produção em movimento sem o benefício de um roteiro finalizado. Doug Chiang e sua equipe de artistas começaram a trabalhar no design de novos prédios, naves espaciais e planetas para o Episódio II com base apenas em descrições entusiasmadas do próprio Lucas. Este aparecia na sala de Chiang, na sede do rancho Skywalker, para revisar conceitos e modelos, aprovando alguns, rejeitando outros e pedindo ainda mais naves e cidades para a sequência que estivesse escrevendo naquela semana. Se ele gostasse do conceito básico de um desenho, mas achasse que precisava ser mais trabalhado, carimbava um OK; se adorasse um desenho do jeito que estava, este ganhava o carimbo FABULOUSO [*sic*]. (Ao longo dos 18 meses seguintes, apenas quatro desenhos receberiam um FABULOUSO.)

Nesse meio-tempo, em novembro de 1999, a seleção do elenco havia começado, com o diretor de elenco Robin Gurland procurando atores para representar personagens que ainda não estavam elaborados muito além de breves descrições no papel. E, em Sydney, Gavin Bocquet e sua equipe estavam concentrados na construção de setenta cenários ou cenários parciais, um número ainda maior do que fora necessário para *A ameaça fantasma*. "George sempre nos disse que o Episódio II seria muito menor [do que *Ameaça fantasma*]", relatou Bocquet, "mas não foi o que aconteceu".[4] Tudo relativo ao Episódio II, na verdade, desde o orçamento e os cenários até as câmeras e os efeitos especiais, seria maior, mais extravagante e mais high-tech do que no Episódio I.

Com o início das filmagens marcado para maio ou junho de 2000, Lucas estava começando a sentir a fisgada de seu prazo final quando 1999 chegou ao fim. Ele passava cada vez mais tempo no escritório e menos com Doug Chiang revisando os projetos. "Depois, quando o tempo se esgotou, eu trabalhava aos sábados também, escrevendo quatro dias na semana", disse Lucas. "Mesmo assim, precisei trabalhar muito e depressa para terminar todos os rascunhos no tempo que me restava." Em abril de 2000, faltando apenas pouco mais de dois meses para o início das filmagens, Lucas enfim pediu socorro, convocando o roteirista Jonathan Hales — mais um formado em *O Jovem Indiana Jones* — e reunindo-se com ele no rancho para discutir eventuais alterações no roteiro, um processo que, na maioria das vezes, consistia em Lucas falando, enquanto Hales fazia anotações como um louco. Quando Hales foi para casa, em Londres, para reescrever o roteiro, Lucas rumou para Long Beach para participar da corrida anual Toyota Pro/Celebrity Race. Depois de ressuscitar esse hábito na década anterior, ele não o abandonaria mais.

Hales concluiu o trabalho na última hora, entregando o roteiro revisado a Lucas em 23 de junho, quando este partia para Sydney a fim de iniciar a filmagem principal. Apesar de elenco e equipe já estarem se estruturando, preparando-se para começar a filmar, até então ninguém dispunha do roteiro completo. Com as câmeras praticamente prontas para rodar, Lucas fez uma leitura final do rascunho de Hales e, em seguida, ligou para o roteirista em Londres. "Parte do roteiro é brilhante; outra parte, nem tanto", disse a Hales com sua franqueza típica. "Vamos falar do que não é tão brilhante."[6] Foi uma tática brusca mas eficaz que havia funcionado com Lawrence Kasdan nos anos 1980 e que funcionaria com Hales agora; ele entregaria suas revisões finais em Sydney pouco depois, quando as câmeras já estavam rodando.

Lucas iniciou a filmagem principal em uma segunda-feira, dia 26 de junho de 2000, filmando o ator Ian McDiarmid como o enganoso Supremo Chanceler Palpatine, no Estúdio 6 da Fox, que contava apenas com um tablado e um módulo elevado. O restante do estúdio estava todo forrado com o fundo azul, sobre o qual, mais tarde, a ILM sobreporia uma sequência criada digitalmente das enormes salas do Senado Galáctico. McDiarmid achou tudo isso ligeiramente desnorteante. "O roteiro tinha chegado no último minuto", lembrou McDiarmid. "Eu estava no alto, naquele módulo, havia uma câmera apontando direto para mim, e eu falava com cruzes e marcadores, e não com atores de verdade." No entanto, a primeira aparição de um R2-D2, de tão real que era, fez correr um murmúrio de empolgação pela equipe. "Todos ficam meio bobos [com Artoo]", disse Ewan McGregor.[7]

Haveria uma empolgação semelhante em relação a Anthony Daniels, de 54 anos, que não usava o traje completo de C-3PO desde *O retorno de Jedi*, quase vinte anos antes. No primeiro dia de filmagem, Daniels vestiu a roupa dourada do droide — escurecida e quase cinza para o Episódio II — e, em seguida, lentamente caminhou arrastando os pés pelo estúdio em direção a Lucas. Os membros da equipe, então, abriram caminho respeitosamente, boquiabertos de assombro, alguns sorrindo, outros acenando e chamando: "Olá, C-3PO!" Por fim, Daniels, delicadamente, aproximou-se de Lucas, posicionando-se ao seu lado. "Olá, eu sou C-3PO", disse ele com a voz familiar, abafada apenas um pouco pela máscara e, em seguida, estendeu a mão. "E você é...?"

"Eu sou... alguém que está admirado", disse Lucas com sua cordialidade genuína. "Admirado por você ainda caber nessa roupa!"[8]

Lucas adorava filmar no formato digital de alta definição. Com as filmagens passando para o vídeo digital, que, em seguida, podia ser diretamente carregado em um computador para ser editado, ele podia ver o que havia filmado no fim de cada dia, sem precisar preocupar-se com negativos defeituosos, perfurações do filme rasgadas ou filmes mal revelados — chateações que o haviam atormentado na primeira trilogia de *Star Wars*. Além disso, como as câmeras digitais não precisavam ser paradas e recarregadas com filme — o que exigia mais verificações de foco e de equilíbrio de cores —, Lucas podia, basicamente, apontar suas câmeras e filmar, o que não só tornava a direção menos estressante como também lhe permitia concluir mais tomadas por dia do que com uma câmera de película tradicional. "Era imensamente superior em todos os aspectos, além de mais barato", disse Lucas sem rodeios. "Só um doido *não* filmaria desse jeito."[9]

Quanto mais brincava com sua tecnologia digital, mais apaixonado Lucas ficava. E, quando olhava para os cenários através da ocular da câmera, ele se perguntava se seria possível se virar sem construir nada, filmando seus atores unicamente contra o fundo azul e inserindo todos os cenários digitalmente. O supervisor do grupo ILM, John Knoll, dissuadiu Lucas dessa ideia, explicando que era muito difícil no momento para os animadores digitais reproduzir os tipos de sombras e reflexos criados por objetos tangíveis — um argumento que Lucas aceitou, embora contrariado. Mas o diretor de fotografia, David Tattersall, também não gostava muito da técnica. "O fundo azul é uma parte necessária e essencial das filmagens de *Star Wars*, mas não é minha parte favorita", disse. "George é o único que parece gostar disso. (...) Não há nada de artístico em iluminar o fundo azul; é só um processo técnico."[10]

Lucas, porém, continuou argumentando que o cinema de alta definição era mais do que apenas um truque técnico: em sua opinião, ele realmente forçava os cineastas a se aperfeiçoarem. Como a alta definição, por sua natureza, muitas vezes revelava imperfeições nos cenários ou na maquiagem — até mesmo a menor das manchas ou marcas de pincel apareciam na câmera —, Lucas achava que isso levava todos a trabalharem com mais afinco para tornar cenários, maquiagem e vestimentas convincentes. Para um perfeccionista como Lucas, que agonizava diante de cada detalhe, de cada fotograma do filme, era mais um meio de assegurar que tudo na tela teria exatamente a aparência desejada. Você não podia trapacear nem pegar atalhos; a câmera de alta definição o entregaria.

No entanto, o diretor de fotografia de Lucas não era o único cansado do fundo azul; os atores de Lucas também estavam achando continuamente desconcertante trabalhar sem cenários tangíveis e poucos personagens reais. "É um pouco como jogar xadrez... e não sou muito bom no xadrez", disse McGregor. "Você faz seu papel e só espera que o cara da computação gráfica combine as ações dele com o que você está fazendo. É um processo esquisito."[11] Hayden Christensen, de 19 anos, que tinha sido escalado para o papel de Anakin Skywalker após uma busca de um ano — busca que incluíra um olhar momentâneo sobre Leonardo DiCaprio —, também achava o fundo azul um pouco opressivo. "Normalmente ficávamos em um mar azul, sem saber para o que deveríamos olhar", disse Christensen.[12] Entretanto, o ator inglês Christopher Lee, de 78 anos, que pagara suas penas em filmes de terror de baixo orçamento da Hammer, nos anos 1960, não via problema em atuar contra monstros invisíveis, e entrou com prazer em sua batalha de sabres de luz contra um Yoda gerado por computador, golpeando dramaticamente o diminuto mestre Jedi, que só seria adicionado à cena seis meses depois.

Na verdade, o Yoda digital era uma espécie de sonho realizado para Lucas, que se sentia frustrado com a falta de mobilidade de Yoda desde *O Império contra-ataca*. Com a tecnologia digital agora disponível, Yoda não estava mais limitado a arrastar os pés lentamente pelo chão na extremidade do braço de Frank Oz, nem a ser carregado nas costas de Mark Hamill para disfarçar o fato de ser um fantoche. Embora ainda emprestasse a Yoda sua voz peculiar, Oz já não era mais necessário para fazer a manipulação. Em vez disso, Lucas planejava criar Yoda inteiramente no computador no período de pós-produção, tornando-o capaz de se movimentar livremente pela tela.

Apesar de seu baixo nível de ansiedade em relação ao fundo azul, os atores de Lucas passariam a maior parte do inverno australiano — junho, julho e agosto — buscando uns aos outros por estúdios vazios revestidos com fundo azul, saltando para dentro de cabines de comando de naves espaciais ainda não acabadas e caminhando sob arcos, concentrados em conversas com personagens que não se encontravam ali. Como diretor, Lucas estava se tornando muito mais afetuoso na relação com os atores, oferecendo-lhes incentivo e conselhos, e não apenas "mais rápido" ou "mais intenso". Lucas se afeiçoara genuinamente — e também de um modo um pouco protetor — a Natalie Portman, que fizera em silêncio grande parte do trabalho pesado em *A ameaça fantasma* como Padmé Amidala, a jovem rainha que acabaria dando à luz os gêmeos Luke e Leia. Natalie crescera desde a conclusão de *A ameaça fantasma* e estava terminando seu primeiro ano em Harvard quando o trabalho de produção de *Ataque dos clones* teve início. Exausta por causa das provas finais, ela adormeceu durante sua primeira prova de figurino. Lucas também ficou contente por ter escolhido Christensen para o jovem Anakin/Darth Vader, concordando plenamente com a avaliação que McCallum fez do jovem: "Existe algo nele que faz você pensar: 'É, esse cara poderia perder o controle.'"[13]

O início de julho trouxe a visita de um velho amigo, Francis Ford Coppola, que viajara até a Austrália só para ver como Lucas estava. Os dois foram jantar juntos na cidade, conversando sobre filmes e família como os velhos amigos que eram. No entanto, apesar dos mais de trinta anos de amizade — e, àquela altura, Lucas era claramente o mais bem-sucedido dos dois —, não demorou muito para a dupla retomar quase inconscientemente os velhos papéis conhecidos, com Lucas como o *padawan* do mestre Jedi Coppola. Uma foto da equipe feita no set de filmagem mostra Coppola de pé no meio da imagem, sorrindo, radiante, de camisa estampada de cores vivas, os braços cruzados atrás das costas, confiante, enquanto Lucas está mais para o lado, demonstrando deferência, com as mãos enfiadas nos bolsos. A linguagem corporal falava por si. É difícil abandonar velhos hábitos, mesmo depois de trinta anos.

Depois de filmar nos estúdios da Fox por diversos meses, Lucas foi para a Itália no fim de agosto para a primeira de várias filmagens nas locações. Normalmente, essas filmagens ocorriam *antes* de qualquer filmagem em estúdio, para que a iluminação fosse coordenada entre exteriores e interiores; com a filmagem e a edição digitais, porém, a iluminação podia ser facilmente adaptada no computador para assegurar a coordenação. Isso ainda não tornava outras coisas mais fáceis; as autoridades locais no Palácio Real de Caserta exigiram que Lucas mantivesse todos os equipamentos e a iluminação longe das paredes e dos tetos, o que tornava quase impossível proporcionar a luz necessária. Depois de consultar Tattersall, Lucas optou por uma solução de baixa tecnologia para seu problema de alta tecnologia, pendurando as luzes em grandes balões de hélio, que flutuavam preguiçosamente sobre eles, conferindo a tudo um brilho suave, quase de sonho. Mais tarde, quando as câmeras foram montadas na Plaza de España, em Sevilha, o integrante da equipe mais assediado pela multidão em busca de autógrafos seria o próprio Lucas, que, com paciência, assinava os papéis passados a ele através da cerca ao redor da gigantesca *plaza* espanhola.

As últimas várias semanas de filmagens seriam uma viagem sentimental para Lucas. Na segunda semana de setembro, ele voltou à Tunísia para filmar em várias das locações em que os cenários construídos para *A ameaça fantasma* ainda estavam montados — e, na verdade, estavam muito bem conservados pela Câmara de Turismo tunisiana, que, com razão, os via como um incentivo ao turismo. No entanto, depois de concluir algumas tomadas nos cenários de Mos Espa, Lucas avançou mais para dentro do deserto ao redor, até o local onde havia construído a fazenda dos Lars para o *Star Wars* original. Ali, descobriu que as equipes de construção desenterraram e limparam diversos cenários e acessórios originais que tinham ficado enterrados na areia tunisiana desde 1976; outros locais, como a sala de jantar dos Lars, estavam intactos e ocupados por habitantes locais, mas permaneciam incrivelmente inalterados. Lucas olhava, assombrado, ao seu redor. A trilogia de *Star Wars* — e, verdade seja dita, George Lucas e seu império cinematográfico — tinha nascido ali, naquele deserto, 25 anos antes. "Foi uma experiência muito nostálgica", admitiu ele.[14]

Lucas finalizaria a filmagem principal em 20 de setembro, em outra locação nostálgica: nos estúdios Elstree, em Londres. Cada um dos primeiros três filmes *Star Wars* havia sido filmado ali, desde 1976, mas Lucas não tinha voltado desde a conclusão de *Indiana Jones e a última cruzada*, em 1988. Ali, no familiar estúdio de som de Elstree, ele filmaria Ewan McGregor agarrando-se a um droide voador assassino enquanto uma máquina de vento o fustigava com fúria. E, com isso, a filmagem terminou; Lucas havia finalizado a filmagem principal em sessenta dias, um dia e meio antes do prazo. E imediatamente partiu para o rancho Skywalker, onde Ben Burtt já o esperava com uma versão preliminar do filme — e Lucas mal podia esperar para pôr as mãos nela. "Meu coração está realmente na ilha de edição", disse.[15] Para Lucas, a parte divertida estava prestes a começar.

"Nunca pensei que faria as *prequels* de *Star Wars*, porque não havia jeito de colocar Yoda para lutar", diria Lucas mais tarde. "Mas, depois do digital, não havia mais limite para o que se podia fazer."[16] Na verdade, esse modo de pensar era um pouco inquietante para a equipe da ILM, que sabia que Lucas esperava que eles continuassem a superar os limites dos impressionantes efeitos digitais. De fato, Lucas tinha assustado o supervisor de efeitos visuais, John Knoll, ao informá-lo de que tinha "segurado" o número de efeitos especiais que desejava ter em *A ameaça fantasma* "porque não tinha certeza de que vocês [da ILM] seriam capazes de fazê-los". Knoll garantiu a Lucas que a ILM daria conta do trabalho, mas ele reconheceu, em particular: "Foi uma coisa assustadora de ouvir", sobretudo considerando-se que *Ameaça fantasma* havia exigido mais de duas mil tomadas de efeitos especiais.[17]

Talvez nenhum outro efeito digital fosse mais importante do que criar um Yoda convincente. Coube ao animador Rob Coleman a supervisão da equipe que daria vida digital a um dos mais amados personagens de *Star Wars*, que, para muitos fãs, já era realista o bastante nas mãos de Frank Oz e não devia ser mudado. Coleman entendeu perfeitamente bem o que estava em jogo. "No Episódio II, minha preocupação era estar à altura do que Frank [Oz] tinha criado", refletiu Coleman posteriormente. "Voltei e estudei o que Frank Oz havia feito, quadro a quadro."[18] Entretanto, depois que Lucas decidiu que Yoda entraria em um eletrizante duelo de sabres de luz — indicado no roteiro apenas com a instrução "YODA ataca!" —, tanto ele quanto Coleman sabiam que era importante não permitir que o diminuto Jedi fizesse papel de bobo. "Foi uma daquelas situações em que nos propomos uma tarefa impossível e depois esperamos poder cumpri-la", disse Lucas.[19] Coleman acabaria por criar um Yoda ao mesmo tempo vigoroso e gracioso, que se abaixava e se lançava com destreza ao lutar contra o conde Dooku no que se tornaria uma das mais memoráveis e comentadas sequências do filme.

A ILM também estava trabalhando para Lucas em uma perseguição pelos céus de Coruscant, com Anakin disparando pela cidade no que era basicamente um carro modificado voador, com um motor visível bem na frente, muito semelhante ao velho Fiat Bianchina de Lucas. Era até amarelo — mais um na longa fila de carros de corrida amarelos do cineasta. Essa sequência também seria criada quase inteira no computador, aderindo, de modo perfeito, às animáticas que Burtt e o supervisor de efeitos especiais da ILM, David Dozoretz, haviam cortado na edição da versão preliminar. A maioria dos *stormtroopers* também seria inteiramente digital, dando, enfim, a Lucas os batalhões de guerreiros de armaduras que seu limitado número de figurinos nunca teria permitido incluir na trilogia original. Ainda melhor da perspectiva de Lucas, a tecnologia digital continuava a lhe dar total controle sobre cada elemento na tela, permitindo-lhe remover atores de uma cena e inseri-los em outra, ou alterar o fundo de uma sequência inteira com um clique do mouse. E, como o filme e os efeitos especiais tinham sido digitalmente criados, não havia necessidade de transferir os efeitos para a película antes de montá-los no filme propriamente dito, o que resultaria em perda de qualidade da imagem. Os efeitos no filme acabado ficavam quase exatamente iguais aos produzidos pela ILM com o computador.

Lucas e Burtt exibiram sua primeira versão completa do filme em fevereiro de 2001, avaliando onde poderiam ser feitos os cortes para acelerar o ritmo — a primeira versão tinha quase três horas de duração — e onde seria possível eliminar cenas redundantes ou desnecessárias, ou que apenas não funcionariam. Igualmente importante era o fato de Lucas também poder ver onde podiam estar faltando partes de sua história, onde uma nova cena podia fazer-se fundamental para preencher uma lacuna na trama ou onde novas conversas eram necessárias para transmitir informações importantes ao público. Diversas vezes ao longo de 2001, Lucas voltou e escreveu novas cenas, reconvocando os atores para o estúdio a fim de completar uma série de aperfeiçoamentos. Embora tivesse mantido seus cenários na Fox em Sydney, Lucas não viu necessidade, àquela altura, de voltar a filmar em um cenário; em vez disso, ele filmava toda a nova sequência em Ealing Studios, na zona oeste de Londres, em um pequeno estúdio todo revestido de fundo azul. Todo o resto poderia ser acrescentado depois. *Star Wars* se tornara um universo verdadeiramente digital.

Havia quase 400 mil cavaleiros Jedi na Inglaterra.

Isso, pelo menos, seria a informação oficial do Departamento de Recenseamento do Reino Unido, de acordo com os resultados do censo de 2001 do país, em que pouco mais de 390 mil dos 52 milhões de residentes da Inglaterra e do País de Gales escreveram "Jedi" no espaço em branco do formulário do censo perguntando sua religião. Uma campanha on-line apurou que, se um número suficiente de residentes escrevesse Jedi, a ordem seria formalmente reconhecida como uma religião pelo governo britânico — e, embora isso não fosse realmente verdadeiro, os funcionários do censo creditaram o aumento no retorno dos formulários dos residentes mais jovens ao desejo de ver Jedi receber uma designação oficial do governo. No fim, um número suficiente de fãs respondeu *Jedi*, tornando-a a quarta maior religião do Reino Unido — um fenômeno que o Departamento de Censo reconheceu em um comunicado à imprensa sob um título insolente, imitando o padrão de fala peculiar de Yoda: "390 MIL JEDI EXISTEM".[20]

Quanto a Lucas, suas opiniões religiosas se haviam suavizado e definido com a idade. "Sou um otimista cínico", declarou à revista *Time*, rindo. "Sou um cínico que vê esperança para a raça humana."[21]

Houve momentos em que seria mais fácil ser cínico que esperançoso. Em agosto de 2001, Lucas revelou ao site starwars.com que o título do Episódio II seria *Ataque dos clones* — um anúncio recebido com suspiros e risos quase audíveis de críticos e fãs. A declaração oficial da Lucasfilm foi de que o título "remonta a um sentimento de pura diversão, imaginação e empolgação" dos seriados *trash* que haviam inspirado *Star Wars*.[22] Os críticos não estavam levando a sério. "Quando você gerencia uma franquia de brinquedos de bilhões de dólares", zombou a *Entertainment Weekly*, "talvez não tenha tempo para criar títulos bacanas".[23]

A situação melhoraria em outubro, com o lançamento de *A ameaça fantasma* em DVD — o primeiro filme de *Star Wars* a ser lançado no novo formato digital. Lucas havia usado todos os recursos no conjunto de dois discos, instruindo a ILM a concluir os efeitos especiais nas cenas apagadas e incluí-las como parte dos muitos bônus do conjunto. O DVD faturou um valor recorde de US$ 45 milhões na primeira semana de lançamento. Apesar da surra que o filme levara de fãs e críticos, todos ainda queriam levá-lo para casa.

Mas Lucas iria reduzir, de modo significativo, o merchandising em *Ataque dos clones*. Os executivos de marketing da Lucasfilm admitiram que o Episódio I tinha sido "licenciado, enviado... [e] saturado em excesso", e anunciaram que estavam reduzindo o merchandising em quase dois terços. Não haveria gravatas nem promoções de fast-food, tampouco — para o provável alívio da Pepsi, que tinha distribuído 8 *bilhões* de latas de refrigerante apresentando personagens do Episódio I com um fraco resultado — um refrigerante oficial. Assim como fizera com o Episódio I, Lucas coordenaria de forma restrita, e drástica, a promoção do Episódio II, escondendo um trailer no site starwars.com, que só podia ser acessado inserindo-se um DVD de *Ameaça fantasma* em um computador pessoal. Lucas também estrearia um trailer em novembro, antes do ansiosamente esperado *Harry Potter e a Pedra Filosofal*. Deliberadamente, Lucas enfatizara a história de amor entre Anakin e Padmé, decisão que não empolgou alguns fãs. Além disso, depois de todo o alarde e de todo o entusiasmo que cercaram os trailers do Episódio I — seguidos pela relativa decepção do filme em si —, muitos fãs recusavam-se a ser novamente enganados.

Lucas tentou controlar eventuais danos ao convidar webmasters dos sites de *Star Wars* — sobretudo aqueles que supervisionavam os sites nos quais ele fora duramente criticado no Episódio I — para o rancho Skywalker, aparentemente para discutir o lançamento do Episódio I em DVD, mas, na verdade, para conquistá-los bem antes do lançamento do Episódio II. Os webmasters fizeram um tour pelo rancho, ganharam cópias autografadas do DVD do Episódio I e tiveram vinte minutos para bombardear Lucas de perguntas. Mas a boa vontade iria apenas até ali. Dessa vez, a empolgação dos fãs seria tingida de ceticismo. Lucas havia transformado seus fãs em otimistas cínicos.

À medida que a data de lançamento de *Ataque dos clones*, maio de 2002, se aproximava, Lucas passava mais tempo na ILM, exibindo o material filmado duas vezes por semana, e não apenas uma. Lucas sentava-se sempre no mesmo lugar quando entrava no cinema da ILM, o assento central na segunda fileira. Em um canto da sala, havia um R2-D2 em tamanho real ao lado de um totem que listava todos os filmes para os quais a ILM havia recebido uma indicação ao Oscar de Melhores Efeitos Visuais. Com mais empresas de efeitos especiais adotando a tecnologia digital da qual a ILM era pioneira, a concorrência estava se acirrando ano após ano, e a ILM não havia produzido um vencedor do Oscar desde que levara o troféu em 1995 por *Forrest Gump: O contador de histórias*. Desde então, continuaram recebendo uma indicação por ano — *Poderoso Joe* em 1999, *A ameaça fantasma* em 2000 (quando perdeu para os efeitos revolucionários e de parar o tempo de *Matrix*) e o mais recente filme na linha de frente, *Mar em fúria*, que perderia o Oscar em 2001 para *Gladiador*.

Lucas continuava editando o filme de seu assento na segunda fileira, pedindo que os personagens fossem transferidos de uma cena para outra, combinando diferentes tomadas da mesma cena ou ampliando determinada seção do quadro. Em 8 de abril de 2002 — apenas pouco mais de um mês antes da estreia de *Ataque dos clones* —, Lucas aprovou a filmagem dos efeitos finais. Alguns dias depois, voltou a se reunir com o Departamento de Arte para pedir-lhes que começassem a pensar nos designs para o Episódio III, mais uma vez sem a ajuda de um roteiro ou mesmo de notas. Realmente, naquele momento, o único cenário que podia descrever era o planeta vulcânico onde Anakin Skywalker morreria e Darth Vader iria ressurgir das cinzas. Lucas adorou os desenhos conceituais do castelo de Vader em um mar de lava, que Ralph McQuarrie fizera para ele mais de duas décadas antes, na fase de pré-produção de *O*

Império contra-ataca. Ele queria ver aquilo no próximo filme — ou pelo menos algo parecido. "Nunca sabemos de verdade o que George está fazendo", lamentou McCallum.[24]

Ben Burtt entregou a versão final de *Ataque dos clones* nas mãos de Lucas em 10 de abril, e Lucas faria uma prévia especial para empregados e equipe no Stag Theatre, o cinema de trezentos lugares do rancho Skywalker. Mas não havia nenhum filme enrolado nas enormes bobinas ou encaixado no projetor; como o filme inteiro tinha sido montado digitalmente, *Ataque dos clones* podia ser armazenado em um DVD e exibido por um projetor digital. Esse, pelo menos, era o cenário ideal. Como, na época, a maioria dos cinemas ainda dependia de projetores de filmes convencionais, para a maior parte das salas que exibiam o Episódio II, Lucas teria de escanear a versão digital de seu filme de volta para película — um processo caro que também resultaria em perda de qualidade da imagem. No entanto, assim como ele havia incentivado os proprietários de cinemas em meados da década de 1980 a instalar novos alto-falantes e reconfigurar suas salas para o sistema THX, prometendo-lhes *O retorno de Jedi*, agora os estimularia a usar a tecnologia digital, simplesmente assegurando-lhes que essa tecnologia era a onda do futuro. Eles poderiam evoluir — e exibir filmes como *Ataque dos clones* — ou lentamente desaparecer.

A maioria preferiu evoluir. Estúdios e cinemas seguiram a orientação de Lucas; os estúdios começaram a distribuir filmes tanto digitalmente quanto em película, enquanto os cinemas começaram, pouco a pouco, a se converter aos sistemas de projeção digital. Enquanto Lucas se preparava para lançar *Ataque dos clones* em 2002, apenas cerca de trinta cinemas no *mundo* estavam capacitados para exibir filmes digitais. A tecnologia era cara: os sistemas de projeção digital custavam ao cinema cerca de US$100 mil, dez vezes mais do que os projetores de 35mm tradicionais. Mas estúdios como a Paramount — que, em 2014, seria o primeiro a distribuir seus filmes inteiramente em formato digital — trabalharam com os cinemas a fim de financiar a conversão para sistemas digitais e, em 2014, 92% das 40.045 telas nos Estados Unidos tinham capacidade digital.[25] E Lucas estava na linha de frente, segurando um DVD de *Ataque dos clones* com seu punho erguido.

Ataque dos clones foi lançado em 16 de maio de 2002, em 3.161 cinemas. Arrecadaria US$110,2 milhões nos primeiros quatro dias, rumo a uma arrecadação mundial bruta de US$649 milhões até o fim do ano — cifra impressionante, com certeza, porém bem abaixo de *Ameaça fantasma*, e apenas o suficiente para torná-lo a quarta maior bilheteria do ano.[26] O filme pode não ter estabelecido um recorde, mas foi extremamente lucrativo, um sucesso de bilheteria que não apenas era inevitável — como acreditava o crítico do *New York Times*, A.O. Scott — como também totalmente previsível; afinal, *todos* veriam *Star Wars*. "Como cansados moscovitas da Era Brejnev, o público americano de cinema vai fazer fila por hábito e compulsão", escreveu Scott, "esperando, com certa culpa, que esse episódio seja pelo menos um pouco melhor do que o último".[27]

E, de fato, alguns críticos foram mais camaradas com o Episódio II, com a *Rolling Stone* aplaudindo-o por ter "muita ação, design digital grandioso e um lado obscuro que Lucas não ostentava desde *O Império contra-ataca*, de 1980".[28] Quase todas as críticas elogiaram os efeitos digitais, embora o Episódio II viesse a perder o Oscar para *O senhor dos anéis: As duas torres*, do diretor Peter Jackson, parte central de outra trilogia épica que se desenrolava nas telas de cinema ao mesmo tempo que as *prequels* de Lucas. Roger Ebert passou muito tempo falando da tecnologia digital em sua crítica para o *Chicago Sun-Times*, queixando-se de que as imagens eram com frequência "indistintas", o que ele atribuía — para o provável prazer de Lucas — ao fato de que seu cinema local não contava com o sistema de projeção digital que Lucas recomendara.

Mas, para além dos efeitos especiais, a maioria dos críticos achou o filme pouco relevante, até mesmo chato — uma característica que Ebert atribuiu ao roteiro carregado de diálogos de Lucas. "Eles falam e falam e falam", reclamou,[29] uma queixa que Peter Travers apoiou, acrescentando com sarcasmo: "Lucas ainda não consegue escrever um diálogo que não induza vômitos em jatos."[30] David Ansen, escrevendo na *Newsweek* sob o título "Ataque dos gemidos", reclamou com amargura de quase tudo, desde o roteiro até os efeitos digitais e as atuações inexpressivas — pelas quais Ansen também responsabilizou o roteiro de Lucas. "Sim, é melhor do que *A ameaça fantasma*", admitiu Ansen. "Não, não é ótimo."[31]

Lucas, em geral, desconsiderava as críticas. Qualquer coisa de que os críticos não gostassem — diálogos desarticulados, sequências de batalhas longas demais — Lucas afirmava ter sido intencional. E o que dizer das cenas de amor de revirar os olhos que o *New York Times* chamou de "as mais constrangedoras declarações românticas da história recente do cinema"?[32] "Fiquei muito feliz com o desenrolar do roteiro e das atuações, mas sabia que as pessoas podiam não gostar", disse ele, em tom desafiador. "Tudo é apresentado com muita franqueza, não tem nada de irônico e é realmente representado por completo. (...) Este filme está ainda mais para um melodrama do que os outros."[33] Ele tinha feito tudo de propósito, afirmou.

Um crítico do *Los Angeles Times* não estava engolindo a história. Em um artigo mordaz intitulado "ISOLAMENTO DEIXA LUCAS FORA DE ALCANCE", o crítico Patrick Goldstein argumentou que um dos maiores problemas de Lucas como cineasta era que não havia ninguém em sua organização que lhe dissesse que um melodrama intencional era uma má ideia. "Ninguém parece lhe dar más notícias", escreveu Goldstein. "O melhor trabalho de Lucas foi feito com colaboradores fortes. (...) [Seus] talentos são provavelmente mais adequados a um pensador conceitual e a um produtor do que a um diretor."[34]

Lucas se irritou diante da sugestão de que ele precisava de colaboradores, e não de subordinados. "Esse é um dos problemas da democracia. Você tem essas vozes individuais que são muito altas e pouco funcionais", queixou-se. "E, se você dá atenção a elas, acaba com uma sociedade também disfuncional."[35]

Solução: criar. Supervisionar. *Controlar tudo.*

O limitado espaço do sótão da sede do rancho Skywalker havia sido convertido em um Departamento de Arte improvisado. As mesas dos artistas encostavam umas nas outras, e pilhas de livros e revistas de arte se equilibravam sobre mesas baixas. O espaço era apertado: os artistas trabalhavam praticamente ombro com ombro e alguns usavam fones de ouvido para escutar suas músicas enquanto desenhavam; os mais experientes em dispositivos eletrônicos tinham até o novo iPod da Apple sobre a mesa, os fones de ouvido brancos pendurados. Foi ali, sob os beirais do telhado, que Lucas instalou seus artistas conceituais para começarem a trabalhar nos designs do Episódio III. Lucas caminhava pelo recinto — passando por uma porta de banheiro com uma placa pendurada que dizia: SALA DO TRONO DE DOOKU — espiando sobre ombros ou espalhando desenhos nas mesas laterais. Como de costume, os artistas estavam saltando no vazio sem rede de segurança. Era junho de 2002, um mês após o lançamento de *Ataque dos clones*, e Lucas ainda não escrevera uma só palavra do novo roteiro. McCallum, mais uma vez encarregado de vigiar o limite de custos, comparou friamente o processo criativo de Lucas a "construir de trás para frente, projetando um arranha-céu de 25 andares sem fundações", e suspirou intensamente. "Você sabe como é orçar um filme sem roteiro?"[36]

Mas Lucas não iria se apressar. O roteiro do Episódio III era crucial; não apenas tinha de terminar de contar a história do declínio de Anakin Skywalker ao lado sombrio, como também garantir que o Episódio III levasse de volta, de forma lógica, ao *Star Wars* original. "Fiquei em uma posição complicada", disse ele. "Preciso ficar de lá para cá, e amarrar essas duas coisas [a trilogia original e as *prequels*] de uma forma muito precisa. (...) Escrever envolve resolver muitos quebra-cabeças." Mas, enquanto os lápis voavam e McCallum se estressava, Lucas viajou de férias com os filhos para o Canadá. Nesse meio-tempo, anotou ideias para o Episódio III, bem como para outro filme que esperava começar a produzir em breve, do qual, até então, só tinha um título de trabalho: *Indiana Jones IV*.

Lucas levaria muito tempo para realmente começar a escrever o Episódio III — e, a cada dia que passava, artistas e designers ficavam cada vez mais ansiosos. Em uma reunião realizada em 1º de novembro, com McCallum e Rob Coleman, que, mais uma vez, animariam Yoda,

Lucas mencionou casualmente que começaria a escrever "quando a realidade falasse mais alto". McCallum ficou surpreso. "Você disse que *estava* escrevendo", questionou ele com calma. Lucas fez um gesto se despedindo. "Venho *pensando* nisso", retrucou Lucas. Três semanas depois, Lucas se reuniu com os designers para revisar os desenhos de planetas e de alguns personagens. "Mantenham o bom trabalho. O material está ótimo, rapazes", disse a eles ao sair da sala. "Só preciso descobrir um filme para acompanhar."[37]

Em meados de dezembro, ele, enfim, se obrigara a se sentar à mesa do escritório quatro dias por semana, tentando pôr alguma coisa no papel. McCallum implorava a Lucas por informações sobre os cenários, qualquer informação que ele pudesse transmitir à equipe do Fox Studios em Sydney, onde os carpinteiros aguardavam ansiosamente por uma palavra de Lucas sobre qual aparência determinado cenário deveria ter. Lucas continuou sua escrita durante os feriados de Natal e Ano-Novo, fazendo seu rascunho a lápis e papel pautado, como sempre. "Tudo isso está sujeito a mudanças", insistiu, ao revisar com o designer Gavin Bocquet uma lista de cenários e personagens — incluindo um Han Solo aos 10 anos, a quem Lucas imaginou trabalhando com Yoda para descobrir o paradeiro do vilão general Grievous.

Por fim, Lucas concluiu seu rascunho de 55 páginas — já intitulado *A vingança dos Sith*, uma referência ao título abandonado de *O retorno de Jedi* — em 31 de janeiro de 2003. Mesmo assim, apenas McCallum recebeu o rascunho completo; em vez de entregar um roteiro para a equipe de design, Lucas preferiu descrever a aparência dos cenários pessoalmente para Bocquet e sua equipe, "para que eles saibam o que está acontecendo e possam planejar", disse ele a McCallum, "mas não com informações suficientes para se restringirem — porque tudo vai mudar".[38] Então, voltou para o escritório a fim de trabalhar no rascunho seguinte. McCallum, agora mais divertido do que irritado, partiu para Sydney com o objetivo de conversar com os chefes da produção sobre os cenários e acessórios que começariam a construir, com base em um roteiro que ainda não tinham permissão de ler.

É provável também que o foco de Lucas estivesse em outro lugar, pelo menos no início de 2003. No sábado, 8 de fevereiro, com o prefeito de São Francisco, Willie Brown, e a congressista Nancy Pelosi a seu lado, Lucas presidiu o lançamento oficial de seu Centro de Artes Digitais no Presidio. Aquele dia tinha demorado mais a chegar do que ele imaginara; o acordo oficial com a Presidio Trust só fora assinado em agosto de 2001, quase dois anos depois de seu anúncio. Além disso, o trabalho ficou paralisado por mais dois anos, mas Lucas agora estava determinado a fazer o projeto de US$300 milhões avançar mais rápido e sem problemas, com a intenção de preparar uma grande inauguração em algum momento de 2005.

Dessa vez, porém, o trabalho continuaria sem ele. Embora Lucas tivesse se encarregado de quase todos os elementos do projeto e da construção do rancho Skywalker, a diretora financeira da Lucasfilm, Micheline Chau — que estava perto de substituir Gordon Radley como presidente e diretor de operações — informou, educada mas firmemente, a Lucas que ele só podia visitar o local das obras no Presidio se fosse convidado. Como Chau disse com delicadeza: "George e eu conversamos sobre liberdade e desapego."[39] Ao longo do ano e meio seguinte, Lucas seria convidado a visitar as obras apenas três vezes, o suficiente para analisar obsessivamente vinte desenhos de janelas diferentes e mais de uma centena de amostras de tecido para as paredes do cinema.

A diretriz de Chau provavelmente manteve o trabalho em *A vingança dos Sith* no caminho certo. Com as instalações do Presidio inacessíveis a ele, Lucas teve de voltar à mesa de trabalho todos os dias, escrevendo das 8h30 às 18 horas. Mesmo depois de quarenta anos escrevendo roteiros, a tarefa ainda não era fácil. "Podem me acorrentar à minha mesa e, mesmo assim, não consigo escrever. [Mas] eu faço, você sabe", acrescentou com orgulho. "Eu termino." Em 10 de abril, um grupo de designers entrou em seu escritório e o encontrou sentado à mesa, com o lápis abaixo e a cabeça inclinada. "Terminei a primeira versão", disse a eles.[40] Ele começaria a segunda versão imediatamente; as filmagens na Fox, em Sydney, estavam programadas para começar em dois meses.

Na manhã de 1º de maio, Lucas entrou no Departamento de Arte e jogou o roteiro recém-concluído sobre uma das mesas. Mesmo às 10 da manhã, ele já parecia cansado. "Semana que vem, vou trazer um diretor convidado para que eu não precise mais fazer isso", disse calmamente a seus artistas. "Fiz quase tudo o que podia. (...) O diretor chega na quinta-feira, então quero repassar tudo isso" — e fez um gesto indicando a arte colada nas paredes e espalhada pelas mesas — "e mostrar a ele tudo que temos aqui".[41] Olhares nervosos foram trocados; o supervisor de design conceitual, Ryan Church, lembrou-se de se perguntar se precisaria voltar para Hollywood e procurar trabalho. Durante toda a semana seguinte, o rancho vibrou de entusiasmo e nervosismo, todos especulando sobre a identidade do misterioso diretor. Na quinta-feira, 8 de maio, Lucas apresentou seu diretor convidado à equipe: Steven Spielberg.

Spielberg, porém, não estava ali para dirigir o filme; em vez disso, Lucas o convidou para participar da edição de algumas das extensas animáticas que Ben Burtt havia preparado para uma série de sequências fundamentais. "Eu disse [a Steven], 'vamos lhe dar um notebook e o programa, e eu vou lhe dar algumas cenas'", contou Lucas, "'e você pode dirigi-las enquanto está sentado junto à piscina'. Ele adora fazer isso". Spielberg ia ajustar sobretudo o culminante duelo de sabres de luz entre Anakin e Obi-Wan no planeta vulcânico Mustafar. "Quero esses caras encharcados, pingando suor", disse Spielberg a Lucas, empolgado. "O cabelo deles, em algum momento, deve fumegar." Lucas adorou. "Temos sensibilidades muito, muito semelhantes", disse.[42]

Com o início das filmagens marcado para o fim de junho, na Fox Studios, em Sydney, Lucas chegou à Austrália no dia 15, levando a terceira versão de seu roteiro, que ele ainda estava revisando. Também levou os filhos; *A vingança dos Sith* seria uma espécie de negócio familiar para os Lucas, com os três filhos — e Lucas também — fazendo pontas no filme. Lucas faria sua estreia na tela como o barão Papanoida, de rosto azul, caminhando do lado de fora de um camarote na ópera, com

Katie, de 15 anos — também de rosto azul —, como sua filha. Amanda, agora com 22 anos, seria vista junto aos senadores, enquanto Jett, de 10 anos — que havia encarnado um jovem Jedi chamado Zett Jukassa em *O ataque dos clones* —, reprisou o papel no Episódio III, fazendo algumas acrobacias muito simples, saltando e lutando contra *stormtroopers* com um sabre de luz, e, para seu deleite, ia até morrer heroicamente na tela.

Lucas concluiu a quarta e última versão de *A vingança dos Sith* em 26 de junho, em Sydney; quatro dias depois, começou a filmar no Estúdio 2 do Fox Studios. Bocquet e sua equipe haviam construído 71 cenários dessa vez — aproximadamente o mesmo número do Episódio II —, na tentativa de ajudar Lucas a cumprir sua promessa de que o Episódio III seria menor e menos dispendioso que o filme anterior. E foi — embora por uma margem bem pequena: o teto do orçamento de *A vingança dos Sith* ficou em US$113 milhões, em comparação aos US$120 milhões que gastou em *O ataque dos clones*.

Mais uma vez, ele estava filmando de uma forma totalmente digital, o que lhe permitia analisar de imediato uma tomada nas numerosas telas de plasma de alta definição instaladas no que veio a ser chamado de "Aldeia dos Vídeos", um pequeno acampamento de cadeiras dobráveis, monitores e equipamentos instalados no estúdio de som. Ali, Lucas podia ver todos os ângulos da câmera ao mesmo tempo, exibidos nos vários monitores, e depois selecionar as tomadas que queria e transmiti-las para Burtt, no rancho Skywalker, para edição. Lucas também usava a aldeia como uma espécie de central, recebendo as pessoas enquanto revisava a programação de filmagem a cada manhã, ajustava o roteiro, reunia-se com os atores ou supervisionava eventuais ajustes nos figurinos. Embora Lucas consultasse regularmente McCallum e outros membros da equipe, a decisão final sobre qualquer coisa cabia exclusivamente a ele. McCallum entendia isso perfeitamente. "O filme é o meio do diretor. A televisão é o meio do produtor", disse. "Trabalhar com George é o meio de George." Lucas não discordou. "Acho que fui acusado de ser um microgerente, mas, até onde eu sei, é assim que se faz um filme", disse. "Sou realmente responsável por cada um dos detalhes do filme."[43]

Em 2 de julho, Anthony Daniels, mais uma vez retomando seu papel como C-3PO, fez sua primeira aparição no set de filmagem, abrindo caminho com cuidado entre os cabos em sua brilhante roupa dourada. Lucas apertou-lhe a mão calorosamente, gritando bem alto: "*Star Wars* chegou!" O mesmo provavelmente poderia ter sido dito sobre o amável Peter Mayhew, cuja chegada com o traje completo de Chewbacca foi recebida com suspiros perceptíveis enquanto ele percorria o estúdio. O ator Ewan McGregor admitiu ser fanático, chegando mesmo a se emocionar ao filmar uma cena final com R2-D2 em agosto. "Fico sem fala diante desse robozinho."[44]

Lucas continuava melhorando sua interação com os atores, dizendo a eles com mais frequência quando as tomadas estavam boas e dando-lhes instruções concretas sobre suas falas ou o ritmo de uma cena. No entanto, era difícil abandonar alguns hábitos; durante uma cena particularmente difícil que exigia múltiplas tomadas, mesmo quando os atores pediram um momento para se recuperar, Lucas pôde ser ouvido resmungando: "Ah, eu só quero acabar logo com isso."[45] Ainda assim, estava melhor do que nos dias de "mais rápido e mais intenso".

Se indagado, Lucas provavelmente admitiria estar um pouco mais calmo nos últimos trinta anos. Em parte, tinha a ver com a idade. Agora, sua barba estava branca, mas sempre meticulosamente aparada. O cabelo, ao contrário, agora ondulado e branco, às vezes estava mais longo, e ele o penteava para trás. A intensidade e a teimosia ainda estavam lá também, mas Lucas descobriu que podia relaxar mais no set, uma mudança atribuída sobretudo à presença dos filhos, que garantia que ele nunca se levasse a sério demais. (Crianças e adolescentes em particular, brincou ele, eram "a chave para um colapso nervoso".)[46] Quando a filmagem principal foi concluída, em 17 de setembro — cinco dias antes do prazo no cronograma —, Lucas chegou a dizer que *A vingança dos Sith* foi "o filme mais divertido em que já trabalhei".[47]

No entanto, ele não se deixaria levar pelo sentimentalismo. Enquanto alguns membros da equipe se abraçavam ou enxugavam os olhos ao se despedirem, Lucas permanecia pouquíssimo emocionado; amizades fugazes eram simplesmente parte da vida no cinema. "Somos todos amigos, todos se conhecem", explicou. "Mas eu tenho a tendência de não deixar minha vida particular e minha vida profissional se misturarem — e, quando o filme termina, todos seguem seus caminhos. Quando estamos juntos, estamos juntos; quando não estamos, não estamos." Além disso, para Lucas, ainda era cedo demais para comemorar; *A vingança dos Sith* não estava nem perto de terminar. Enquanto os membros da equipe tomavam drinques para comemorar, Lucas puxou de lado John Knoll, da ILM, que supervisionaria boa parte do trabalho de pós-produção. "Faz um ano e meio que estou trabalhando nisso", disse ele a Knoll, "e tenho exatamente um ano e meio para terminar".[48]

Como o trabalho com os efeitos especiais na ILM estava avançando em um ritmo mais lento do que Lucas esperava, ele decretou a única solução que entendia: ele pairava sobre as pessoas, comparecendo diariamente para revisar as filmagens enquanto almoçava — um sanduíche e um refrigerante dentro de uma embalagem para viagem, preparado pela cozinha no térreo. Outras vezes, Lucas se plantava em uma estação de animação, observando enquanto o animador digital movia elementos para dentro e para fora do quadro e dando sugestões sobre os diferentes ângulos dos quais era possível "filmar" a sequência. Em dezembro, Lucas convidou Coppola para ir ao rancho e ver em primeira mão como o processo digital funcionava; após as primeiras experiências fracassadas de Coppola com a tecnologia, Lucas queria que seu mentor visse como poderia ser feito com sucesso. Coppola, elegante em um terno cinza, olhava, fascinado, enquanto Lucas demonstrava sua habilidade em dirigir o filme digitalmente, tirando personagens de uma cena e colocando em outra, erguendo o braço de um personagem, até mesmo inserindo uma piscadela de olho. Como de hábito, Coppola estava preocupado com o impacto que tal edição espontânea poderia ter sobre a história.

"Você está alterando muito o roteiro", perguntou ele a Lucas, "ou ele está aguentando bem?".

Lucas pensou por um momento. "Está aguentando."

Coppola assentiu, depois olhou ao redor da ilha de edição com um ar de aprovação. "Você está fazendo o que mais gosta", disse a Lucas calorosamente. "Divertindo-se."[49]

Enquanto prosseguia com a edição, Lucas fazia anotações para várias pequenas refilmagens e sequências adicionais. Embora o roteiro estivesse aguentando, havia pontos que demandavam esclarecimentos, e Lucas havia agendado tempo para filmagens adicionais em Shepperton Studios, em Londres, para o fim de agosto de 2004, a primeira vez que voltaria àquele estúdio desde a filmagem da cerimônia da sala do trono para o primeiro *Star Wars*, 25 anos antes. Ali, Lucas filmaria a sequência final de Anthony Daniels vestido como C-3PO. Mesmo com as melhorias feitas na roupa nas duas últimas décadas, ainda era difícil para Daniels ouvir direito, e Lucas aguardou pacientemente por várias tomadas até Daniels, por fim, acertar suas falas e marcações. Lucas gritou "Corta!" e levantou o polegar para Daniels, que se sentia como se tivesse ficado, repetida e pacientemente, encarcerado por décadas dentro da concha de C-3PO.

"Faz apenas 25 anos", disse Lucas a Daniels, gentilmente.

"E ainda não acertamos", provocou Daniels.

"Muito obrigado", disse Lucas, enquanto trocavam um aperto de mãos. "Muito obrigado por tudo."[50]

Lucas tinha muitos outros recantos e fendas do universo de *Star Wars* para cuidar nos meses que antecederam o lançamento de *A vingança dos Sith*. Em setembro de 2004, ele lançou a trilogia original em DVD pela primeira vez — e, como de hábito, não conseguiu manter as mãos fora dela, inserindo vários novos pequenos ajustes nos filmes que ele já havia modificado. Durante as filmagens do Episódio III, ele aproveitou a oportunidade para gravar Ian McDiarmid lendo o diálogo do Imperador de *O Império contra-ataca* — que fora escrito muitos anos antes de McDiarmid ser escalado para o papel — e dublou sua voz sobre o diálogo original, assegurando, assim, a coerência com as *prequels*. Curiosamente, ele também removeu digitalmente o ator Sebastian Shaw da cena final em *Jedi* — na qual o redimido Anakin se materializa para se reunir a Yoda e Ben Kenobi ao lado de Luke — e o substituiu por Hayden Christensen. (Ele tinha brincado apenas em parte quando sugeriu à ILM que também inserisse o Qui-Gon Jinn de Liam Neeson na cena.) Embora os fãs continuassem a se queixar das mudanças de Lucas, o movimento HAN SHOT FIRST [Han atirou primeiro] voltaria à vida, sobretudo porque muitos espectadores domésticos estavam vendo todos os ajustes de Lucas em seus amados filmes pela primeira vez — eles continuariam a comprar qualquer coisa ligada a *Star Wars*, gastando mais de US$ 100 milhões em DVDs no primeiro dia de seu lançamento.

Um ano antes, desde novembro de 2003, ele também havia começado a gerenciar, a distância, uma "microssérie" animada de sucesso — 25 episódios, com a duração de três a 12 minutos cada um — chamada *Star Wars: A guerra dos clones*, que acompanhou Obi-Wan e Anakin em aventuras que ocorrem entre os Episódios II e III. A intenção de Lucas era usar o desenho animado para "criar uma ponte" entre os dois filmes, e ele havia fornecido ao diretor e animador Genndy Tartakovsky, criador de *O Laboratório de Dexter* e *Samurai Jack*, uma sinopse e regras básicas, deixando-o, depois, trabalhar basicamente em paz. Lucas estava tão satisfeito com os desenhos animados resultantes — que eram rápidos, espirituosos e empolgantes — que permitiu que Tartakovsky introduzisse um dos vilões de *A vingança dos Sith*, o general Grievous, em um episódio de março de 2005, dois meses antes da estreia do Episódio III.

Quando o episódio foi ao ar no Cartoon Network, em 25 de março, os fãs já estavam formando fila para assistir ao filme *A vingança dos Sith*. Em Seattle, um jovem fã montou um elaborado acampamento, com um sofá azul-claro no centro. Dali, ele postava atualizações diárias ao vivo em seu blog, até ser despejado pelo prefeito por acampar em propriedade pública. (Mais tarde, ele foi transferido para uma calçada particular no exterior de outro cinema.) Em Los Angeles, os apaixonados por *Star*

Wars se enfileiraram do lado de fora de um cinema no qual o filme nem sequer estava passando, na esperança de convencer a Fox a estrear o filme no Grauman's Chinese Theatre. A manobra não funcionou, mas os fãs se divertiram mesmo assim, encenando lutas de sabre de luz, arrecadando dinheiro para entidades beneficentes e mantendo uma atmosfera de festa genial. "Nerdy Gras",[51] como chamou um fã, em um trocadilho com Mardi Gras, o carnaval de Nova Orleans.

Lucas e McCallum compareceram à estreia de *A vingança dos Sith*, no dia 16 de maio, no UCI Empire Theatre, em Londres, que exibiu o filme como a parte final de uma maratona *Star Wars* de seis filmes. Lucas estava preocupado com a possibilidade de as pessoas acharem o filme deprimente demais; a violência, de fato, custara a *A vingança dos Sith* a primeira classificação PG-13 para um filme de *Star Wars*. "Não é um filme alegre, por mais que se force a imaginação", admitiu Lucas. "É uma tragédia. (...) Provavelmente vai ser o filme *Star Wars* de menor sucesso — mas eu sei disso."[52]

Ele estava errado. *A vingança dos Sith* estabeleceu um recorde de US$50 milhões em um só dia, rumo a um fim de semana de estreia de US$108 milhões e uma bilheteria mundial bruta de US$848 milhões. Além disso, os temas mais sombrios do filme não afastaram nem fãs, nem críticos; na verdade, muitos acharam que Lucas havia recuperado a forma. A.O. Scott, que tinha eviscerado os Episódios I e II no *New York Times*, achou que o Episódio III não só era a melhor das *prequels*, como também ainda melhor do que o *Star Wars* original. O crítico da *Variety* também achou que Lucas se redimira após a decepção dos dois primeiros filmes, declarando que, "apesar dos diferentes graus da perda de fé entre os fãs, instalados com *Ameaça* e *Clones*, a maioria sairá inspirada o suficiente para voltar a acreditar".[53]

Na *Newsweek*, David Ansen comparou o filme favoravelmente com *O Império contra-ataca* e aplaudiu o próprio Lucas por sua coerência artística. "Por todas as mudanças tecnológicas que Lucas abraçou, sua abordagem para contar histórias de natureza infantil continua a mesma", escreveu Ansen. "Pode-se questionar se é para melhor ou para pior.

O que não se pode contestar é que ele permaneceu fiel à sua visão, e que essa visão mudou irrevogavelmente o panorama cultural."[54] No entanto, até Ansen e Scott observaram que também tiveram de suportar os habituais diálogos ruins de Lucas, bem como a total falta de química entre o par romântico principal e o excesso de exibições digitais — embora todos, como sempre, tenham adorado Yoda, um testemunho das habilidades de animação de Rob Coleman.

Lucas ficou encantado com a reação ao filme *A vingança dos Sith*, mas ficou ainda mais emocionado por enfim cortar a fita na grande inauguração de seu centro de artes digitais no Presidio em junho. O complexo foi oficialmente denominado Centro de Artes Digitais Letterman, pelo Hospital do Exército Letterman, que existira no local desde 1898; os arquitetos tinham até mesmo projetado alguns dos edifícios, de modo a utilizar materiais reciclados do hospital, misturando a história singular do Presidio ao próprio DNA do centro. O campus de nove hectares contava com quatro edifícios de cinco andares feitos de tijolos e terracota, totalizando cerca de 80 mil metros quadrados — e tudo isso financiado unicamente pela Lucasfilm, por cerca de US$350 milhões. Para o local, entre bordos japoneses e salgueiros-chorões, com vista para a Golden Gate Bridge e o Palácio de Belas-Artes, Lucas deslocaria a ILM, a THX, a Lucas Arts, a George Lucas Educational Foundation e a sede da Lucasfilm — cerca de 2.500 funcionários ao todo.

Embora não tivesse conseguido levar a ILM para o rancho, Lucas finalmente levou o pessoal da ILM para o grupo, não só lhes fornecendo os melhores equipamentos e instalações de ponta, como também acomodando-os onde poderiam facilmente interagir e colaborar com os colegas da THX e da LucasArts, duas das subsidiárias mais rentáveis da empresa. Do mesmo modo como fizera ao esconder a ILM à vista de todos no prédio da Kerner, Lucas dava poucas indicações no complexo Letterman sobre o que realmente se passava dentro de cada um dos quatro edifícios de aparência bastante formal; a única dica era uma estátua de bronze de Yoda, perto da entrada principal. Depois de 25 anos olhando, boquiaberto, o rancho Skywalker nas colinas de Nicasio e doido para entrar, o público, pela primeira vez, era bem-vindo para dar uma olhada dentro de um complexo da Lucasfilm, mesmo que fosse apenas a menor das espiadas. Os visitantes seriam autorizados a ingressar no saguão do Edifício B, onde poderiam ver os acessórios de *Star Wars* e outras *memorabilia*, incluindo réplicas de tamanho natural de Darth Vader e Boba Fett. E, provando, de uma vez por todas, que não estava acima de ninguém, na hora de rir de si mesmo, Lucas posicionou em uma das laterais um imenso bloco de "carbonita" que encerrava não um Han Solo angustiado, mas Jar Jar Binks, com a língua pendurada.

A presidente da Lucasfilm, Micheline Chau, achava que a exposição pública da empresa na comunidade de São Francisco era boa para a Lucasfilm e para a região — em especial, desde que a queda recente nas receitas havia forçado Coppola e o produtor Saul Zaentz a fechar seus estúdios na área. "Passamos muitos anos escondidos, e não tenho certeza se foi bom para a empresa como um todo", disse Micheline. "O mundo mudou. Para ser o epicentro da revolução digital, devemos estar aqui, propagando a causa."[55] Também houve especulações de que essa maior exposição significava que Lucas estava se preparando para abrir o capital da empresa — um rumor que Micheline contestou de imediato. Só haveria um acionista da Lucasfilm: George Lucas.

Na noite de 9 de junho de 2005, Lucas envergou um raro smoking para receber o Life Achievement Award, do American Film Institute, concedido anualmente a um indivíduo cuja carreira "contribuiu para o enriquecimento da cultura americana".[56] Aos olhos de muitos, era um prêmio que demorara a chegar; Harrison Ford recebera o mesmo prêmio em 2000, e Spielberg, em 1995. Gostassem ou não dos filmes de Lucas, era impossível negar que ele havia enriquecido a cultura americana; ao longo das últimas três décadas, ele praticamente a *criara*, fosse através de grandes inovações tecnológicas e de merchandising, fosse apenas através dos personagens e das histórias de seus filmes.

Embora, em geral, Lucas visse os prêmios com desdém, parecia genuinamente tocado pela pompa e a circunstância envolvendo aquele em particular. Após uma introdução sincera de Spielberg — "você fez mais pela consciência coletiva deste planeta do que algum dia poderá imaginar" —, Lucas subiu ao palco e foi ovacionado de pé e, em seguida, ergueu o prêmio vitoriosamente acima da cabeça por um momento. Agradeceu calorosamente à multidão — "Eu meio que esperava encontrar uma sala cheia de *stormtroopers* e princesas Leias", brincou, provocando as primeiras de muitas gargalhadas — e fez uma reverência a Spielberg, chamando-o de "meu parceiro, companheiro, fonte de inspiração e oponente". Fez grandes elogios a Coppola, por lhe permitir começar. "Ele nunca desistiu de mim", disse Lucas com carinho; "ele me levou da incapacidade de escrever uma única palavra a ser rei do diálogo inexpressivo", frase que fez Harrison Ford rir mais do que qualquer outra pessoa. O maior agradecimento, porém, ele reservou aos filhos, "que tornaram minha vida superespecial". Amanda e Katie, sentadas ao lado de Spielberg, choraram copiosamente.[57]

"Eu amo cinema", concluiu Lucas. "De todo tipo (...) não importa quão grande, não importa quão pequeno é o filme. Amo vê-los. Amo fazê-los. Mas, se não houvesse ninguém para apreciá-los ou para gostar deles, eles não teriam sentido de existir. Então, obrigado a todos por irem ao cinema", disse de uma forma bastante calorosa, "sobretudo para ver os *meus* filmes!"[58]

E eles continuariam indo ao cinema — em especial para assistir aos filmes dele — durante todo o verão. *A vingança dos Sith* fecharia 2005 como a maior bilheteria dos Estados Unidos e a terceira maior dos últimos seis filmes *Star Wars*. Foi também o ponto culminante de duas trilogias que haviam ocupado mais de trinta anos da vida de Lucas. Ele se sentia "feliz e aliviado" por terminar a série, declarou a um repórter local, e agora que tinha acabado — sobretudo agora que tinha o parque de diversões digital no Presidio à sua disposição —, estava pronto para seguir em frente. "Vou me dedicar a outros tipos de projeto", declarou à *American Cinematographer*, "coisas que eu queria fazer há muito tempo, sem dúvida um tipo de cinema muito diferente do que tenho realizado".[59]

Haveria filmes de arte esotéricos, disse ele, e talvez até outro filme de Indiana Jones. Mas, de uma coisa, tinha certeza: não haveria mais *Star Wars*. "*Star Wars* está encerrada", disse Lucas. "Tenho muitos outros filmes que desejo fazer. (...) Não tenho que me reportar a ninguém. (...) Esta é a minha conquista: poder fazer o que quero."[60]

13

Desapegando

2005-2016

George Lucas estava apaixonado.
Aconteceu — como tantas vezes acontece com o amor — de forma inesperada. Aos 61 anos, Lucas estava mais concentrado em ser pai. Por mais piegas que soe, ele sempre consideraria essa a tarefa que mais o fazia feliz. "Houve um ponto lá atrás em que eu vivia apenas para os filmes", disse ele, "mas agora conheço a verdade: as crianças são a chave da vida, a chave da alegria, a chave da felicidade".[1] No entanto, admitia: "Existe um quê de solidão em ter filhos sozinho (...) Sem dois [pais], a carência emocional está sempre presente. Não existe o compartilhamento. Mas também não se tem de fazer concessões. Mas convenhamos", acrescentou ele, um tanto melancólico, "eu preferiria estar casado. Mas não estou. À medida que envelhece, você entende que não existe essa coisa de vida perfeita".[2]

Quando, em 2005, no programa *60 Minutos*, perguntaram sobre sua vida amorosa, Lucas deu uma gargalhada. "Que vida amorosa?", replicou.

"Não mudou muita coisa. (...) Eu adoraria me casar novamente, mas não vou me casar a menos que seja com a pessoa certa." Ele admitiu que, com a sua idade, tinha manias e podia ser "difícil", mas pensava que "quem quer que possa me interessar agora também está na mesma situação".[3] Coppola, entrevistado também para um *60 Minutos* sobre Lucas, vários anos antes, achava que o problema era que Lucas tinha "um nível de exigência muito alto. Quer dizer, ele quer uma rainha Noor ou Grace Kelly ou alguém assim", afirmou Coppola. "Ela não pode ser muito alta, tem de ser maravilhosa com crianças." Lucas, porém, logo refutou a acusação de que era exigente demais. "Falo em nome daqueles que estão solteiros quando digo: 'Eu não sou exigente'", insistiu. "Mas quero a pessoa certa. E não vou me meter em qualquer coisa, porque casamento é coisa séria."[4]

O raio cairia onde Lucas menos esperava: em uma das intermináveis conferências e eventos de arrecadação de fundos que ele frequentava com fastidiosa regularidade. Em uma dessas movimentadas reuniões, alguns amigos o apresentaram a Mellody Hobson, 37 anos, presidente da financeira Ariel Investments, de Chicago, uma das maiores empresas de gestão monetária, de propriedade de um afro-americano, nos Estados Unidos. Mellody, formada em Princeton, era inteligente e carismática, com um admirável e poderoso círculo de amigos, incluindo Oprah Winfrey, Jeffrey Katzenberg, Warren Buffett e o ex-senador Bill Bradley. O reverendo Al Sharpton a chamava de "princesa afro-americana dos negócios".[5] Princesa ou não, Lucas de cara se apaixonou. No início de 2006, os dois estavam namorando discretamente.

Por algum tempo, mantiveram o relacionamento em segredo, e tiveram tanto sucesso que poucos de seus amigos perceberam que eles formavam um casal. Quando Mellody casualmente mencionou para Arianna Huffington que jantaria com Lucas, Arianna recuou, em choque. "Eu disse: 'Você não pode ir'", recorda Arianna. "Eu pensava que ele era um mulherengo" — uma afirmação que certamente teria horrorizado Lucas.[6] Por fim, ele e Mellody seriam vistos juntos em eventos importantes, comparecendo a uma recepção na Casa Branca, em 2006, na qual Spielberg estava sendo homenageado pelo Kennedy Center, e na cerimônia do Oscar de 2007, quando Oprah ficou boquiaberta diante das câmeras, ao mesmo tempo encantada e incrédula ao ver a amiga rindo na plateia, sentada ao lado de Lucas.

Para quem os observasse juntos, ficava claro que não se tratava de um caso passageiro. Lucas e Mellody organizavam suas agendas para se encontrarem todos os fins de semana — e, quando estavam juntos, pareciam ficar de mãos dadas o tempo todo. "Conheço George há muito tempo e nunca o vi assim tão feliz", afirmou David Geffen.[7] Matthew Robbins, que conhecia Lucas havia mais tempo ainda, estava muito contente pelo casal. "Eles estão muito apaixonados", disse ele.[8]

A diferença etária e racial não tinha importância para os amigos — tampouco para eles. "[Nosso relacionamento] funciona porque somos pessoas de mente extraordinariamente aberta", Mellody declarou a Oprah. "E estamos receptivos para o que o universo nos traz. Acho que não tínhamos ideias preconcebidas sobre como um parceiro deveria ser e, então, nos permitimos descobrir algo que era inesperado."[9] Lucas, também, sabia que eles formavam um casal improvável. "Sou um sessentão, da Costa Oeste, liberal, radical, artista, sou parte convicta da maioria. E ela é da Costa Leste, formada em Princeton, gestora de fundos de Wall Street (...) Ninguém nunca poderia imaginar que ficaríamos juntos, que tivéssemos algo em comum", explicou Lucas. "Mas, quando ficamos, percebemos que temos tudo em comum... Eu me senti atraído por ela porque ela é muito, muito inteligente. Se você é mais bonita do que eu e mais inteligente do que eu e me atura, não precisa de mais nada. Estou dentro."[10]

Como dissera Anakin Skywalker no roteiro de Lucas para *O ataque dos clones*: "O amor incondicional é essencial na vida de um Jedi". Essas eram palavras que ele escrevera em 2002, e, quatro anos depois, George Lucas o encontrou.

Na Lucasfilm, havia uma pergunta que todos se faziam: *E agora?*

Lucas havia completado os Episódios I, II e III — mas haveria um VII, VIII e IX? Ele jogava água fria nas expectativas; insistia que tinha encerrado *Star Wars* de vez. "O tempo todo me perguntam: 'O que acontece depois de *O retorno de Jedi*?', e não existe, mesmo, nenhuma resposta para isso", disse ele pacientemente a um repórter. "Os filmes eram a história de Anakin Skywalker e Luke Skywalker, e, quando Luke salva a galáxia e redime o pai, é aí que a história acaba."[11] Para a Lucasfilm, no entanto, isso significava fechar uma torneira que fora muito lucrativa; só as *prequels* haviam gerado US$2,4 bilhões de bilheteria, com a maior parcela desse lucro voltando para a empresa.

Sem nenhum novo filme de *Star Wars* no horizonte, a Lucasfilm seria uma empresa "direcionada a ferramentas", disse Lucas, não inteiramente de brincadeira. Haveria livros, videogames, música e efeitos especiais — mas, com a exceção de outro filme de Indiana Jones, não haveria mais filmes. "Não tenho nenhuma intenção de dirigir uma produtora de filmes. Essa é a última coisa no mundo que eu faria", declarou Lucas ao *New York Times*. "Estou tentando voltar para aquele ponto em que a empresa funciona sem mim e sem *Star Wars*, em que não precisam de nenhum gênio à frente da empresa. O que estou fazendo é para que eu não precise ser um visionário."[12]

Naquele momento, a Lucasfilm encontrava-se em posição invejável; a empresa praticamente não tinha dívidas ("Não acredito em endividamento", Lucas havia resmungado anos antes, e ainda pensava assim), e Lucas queria que a empresa fosse o mais autossuficiente possível. A ILM, a THX e a Skywalker Sound estavam fazendo o máximo para se sustentarem, gerando o grosso de sua receita de projetos não ligados a *Star Wars*. Agora, porém, a ILM era apenas uma de muitas produtoras de efeitos digitais que ofereciam seus serviços — o cara com o carro mais bacana, talvez, mas, ainda assim, só uma entre muitas. *A vingança dos Sith*, na verdade, marcou a primeira vez que a ILM deixou de receber uma indicação para o Oscar por seus efeitos em um filme de *Star Wars*. Chrissie England, a nova presidente da ILM, estava empenhada em tornar a empresa ainda mais proficiente e flexível, emprestando seu pessoal a outras produtoras de efeitos ou prestando consultoria a diretores.

A LucasArts, porém, era mais problemática; uma agressiva reorganização interna, empreendida pelo presidente Jim Ward, não tinha ido bem. "Entrei e encontrei uma bagunça e tanto", lembrou Ward.[13] A divisão havia avaliado mal a crescente popularidade dos sistemas de jogos de console, como o PlayStation e o Xbox, e ainda estava direcionando seus jogos sobretudo para o mercado de PC. Além disso, tanto Ward quanto Lucas sentiam-se frustrados diante da incapacidade de a LucasArts criar conceitos de jogos originais; a maior parte de seus jogos estava profundamente enraizada no universo de *Star Wars*, um hábito que Lucas esperava romper. Tentando cortar custos e reenquadrar o negócio, a divisão reduziu a equipe e interrompeu alguns jogos em desenvolvimento, mas continuaria lutando pela sobrevivência por vários anos.

Um vice-presidente da Lucasfilm cogitou em voz alta se "o desafio de George não seria surgir com a próxima geração criativa". Lucas descartou essa sugestão de imediato. "Não temos de fazer um filme todo ano. Não quero ser a Pixar", disse ele com um leve toque de desdém. "Não estou contando com essas pessoas para transformar a empresa em uma realidade de sucesso. Estou tentando construir uma empresa na qual não fazemos milagres, mas sim um bom trabalho."[14] Mas a comparação com a Pixar era apropriada — e provavelmente ele se sentiu um pouco incomodado com isso. Depois de vender a empresa para Steve Jobs, em meados dos anos 1980, Lucas vira o rival produzir animações que foram megassucessos, um após o outro. Ele tinha aprendido a lição. Depois de desprezar a animação computadorizada por quinze anos, Lucas estava determinado a entrar no jogo agora e, recentemente, estabelecera a Lucasfilm Animation, com escritórios no rancho Big Rock, ali perto, e em um edifício em formato de *sandcrawler* (fortaleza que também era usada como transporte pelos *jawas* em *Star Wars*), que ele estava construindo em Cingapura, proporcionando oficialmente à Lucasfilm presença internacional.

Com os filmes de *Star Wars* descontinuados, Lucas agora voltava todos os seus esforços ao desenvolvimento de várias séries para a TV. Em parte, tratava-se de uma questão de custo; pelos mesmos US$200 milhões que ele gastaria em um único filme, Lucas explicou, podia fazer

52 horas de filmes para a TV. "O mercado futuro, é aí que ele vai aterrissar, porque será tudo *pay-per-view* e disponível para download", previu ele — uma afirmação extraordinariamente profética, antecipando, em essência, serviços sob demanda e de *streaming* para a televisão e filmes dez anos antes de essa tecnologia estar amplamente disponível.[15] Mas esse era o mesmo George Lucas que, em uma entrevista para o *Wall Street Journal* em 1994, previra que as pessoas "optariam de verdade" por serviços de compra no computador doméstico, "para pedir produtos em casa e não terem de sair", praticamente definindo o apelo e a conveniência da Amazon.com um ano antes de a empresa anunciar publicamente sua existência. Na mesma entrevista, ele previu a popularidade do que chamou de videogames "compartilhados", que seriam jogados "com duas ou três outras pessoas que você poderia ver enquanto jogava", descrevendo precisamente a complexa funcionalidade multijogadores dos videogames de hoje em um tempo em que os serviços de internet ainda exigiam conexão discada.[16]

Apesar de seu decreto *Chega de Star Wars*, Lucas agitou os fãs ao anunciar que tinha em produção duas séries de TV relacionadas a *Star Wars*. Uma era uma *live-action* que recebeu o nome de *Star Wars: Underworld* [Star Wars: Submundo], seguindo criminosos e gangues (McCallum, mais tarde, se referiria a ela como uma *Deadwood* espacial) e passada na era entre os Episódios III e IV da franquia *Star Wars*. (A série acabaria definhando no inferno do desenvolvimento, e nunca seria produzida.) A outra era uma série de animação computadorizada intitulada *A guerra dos clones*, uma sequência para a microssérie homônima, de Genndy Tartakovsky, produzida para o Cartoon Network, que acompanhava as aventuras de Obi-Wan e Anakin nas guerras clônicas. Tartakovsky, porém, considerou a ideia péssima e acusou Lucas de voltar excessivamente à fonte. "Acho que é a coisa mais fácil, porque assim ele não precisa criar algo totalmente novo", disse Tartakovsky. "Mas existem tantas outras coisas que ele poderia explorar!"[17]

"Não é uma questão de tentar provar nada a ninguém", insistiu Lucas. "Eu não tenho de fazer isso."[18]

No entanto, Lucas — que, a essa altura, referia-se a si mesmo como "semiaposentado"[19] — estava determinado a "ir e fazer meus próprios longas-metragens, que tratam mais de explorar a estética e as convenções do cinema (...) [o] tipo de filme que não faço desde a faculdade, então estou ansioso para voltar aos fundamentos da arte cinematográfica".[20] A CEO da Lucasfilm, Micheline Chau, já ouvira tudo isso antes. Lucas poderia perseguir quanto quisesse sua grande arte; a preocupação dela era "pensar em como seria a vida após *Star Wars*, e após George".[21]

Só que *Star Wars*, ao que parecia, não estava indo a *lugar nenhum*. Os produtos associados à saga haviam subido em popularidade e bastariam para manter a Lucasfilm no azul por anos, se não décadas, por vir. Os produtos do Episódio III, por si só, renderam mais de US$3 bilhões em todo o mundo, e a Hasbro viu seu próprio lucro saltar 15% na esteira dos brinquedos *Star Wars*.[22] A essa altura, os fãs comprariam praticamente qualquer figura inspirada no universo de *Star Wars*, por mais obscura ou breve que fosse sua passagem pela tela — major Bren Derlin! — ou, em alguns casos, se tinham mesmo aparecido no filme. Havia figuras de Threepio e Artoo baseadas no conceito original de Ralph McQuarrie, e — uma das mais populares, embora difíceis de conseguir — um *stormtrooper* com um capacete removível que revelava, sob ele, o rosto de George Lucas (e, para aqueles que queriam ver Lucas lutando pela Aliança, ele também podia ser encontrado como piloto de um X-wing chamado Jorg Sacul — "Lucas" escrito de trás para a frente).

Podia não haver mais filmes de *Star Wars* no horizonte, mas, sob os acordos de licenciamento feitos pela Lucasfilm, havia muitas revistas em quadrinhos e romances em que os fãs podiam acompanhar seus heróis — e vilões — e que acrescentaram tantos novos personagens, planetas, naves e alienígenas ao universo *Star Wars* que seriam oficialmente classificados como o Universo Expandido da série. A galáxia cresceu tanto, na verdade, que a Lucasfilm acabou contratando uma equipe para acompanhar e catalogar tudo, embora fosse Lucas, e somente Lucas, que, no fim das contas, decidisse o que devia ser considerado "cânone" — ou seja, oficialmente parte do universo *Star Wars*.

Ainda assim, no contexto geral, era tênue o controle dele sobre a mitologia que havia criado — pois *Star Wars* não pertencia mais à Lucasfilm, ou mesmo a George Lucas; pertencia a todos. E não havia momento melhor para reforçar esse fato do que em 2007, o trigésimo aniversário do lançamento da saga. No primeiro dia do ano, Lucas atuou como o grande delegado do desfile Tournament of Roses em Pasadena, acompanhado por centenas de fãs vestidos de *stormtroopers*, cavaleiros Jedi, Povo da Areia e oficiais do Império. Pelo restante do ano, *Star Wars* seria celebrada em todo o mundo. O Serviço Postal dos Estados Unidos lançou selos postais comemorativos, e pintou quatrocentas caixas de correio por todo o país à semelhança do R2-D2. Em maio, a convenção Celebration IV atrairia 35 mil pessoas, tornando-a uma das maiores convenções de *Star Wars* — e, dois meses depois, 30 mil fãs europeus lotaram o ExCel Centre, em Londres, como parte da Celebration Europe, a primeira convenção de *Star Wars* sancionada pela Lucasfilm fora dos Estados Unidos. Em Paris, o Fã-Clube Oficial de *Star Wars* da França exibiria os seis filmes em sua convenção Reunion II, no Grand Rex, o maior cinema de tela única na Europa.

O próprio Lucas participaria desse ato, presidindo uma exibição com painel de discussão do filme em seu aniversário oficial, 25 de maio, no Samuel Goldwyn Theater, em Los Angeles, onde ele fez piada sobre querer voltar e mexer no filme novamente. ("É uma PIADA, gente!", disse ele, escapulindo da multidão.)[23] Cada vez mais agora, Lucas mostrava-se disposto a fazer de si mesmo o alvo da piada — uma mudança de humor que provavelmente podia ser atribuída à influência de Mellody Hobson — e havia até cooperado com os criadores da série cômica *Frango Robô* e com o criador de *Uma Família da Pesada*, Seth MacFarlane, em paródias afetuosas, e muitas vezes mordazes, tanto de *Star Wars* quanto de si mesmo. No caso de *Frango Robô*, na verdade, Lucas emprestaria a própria voz para a versão em *stop motion* de si mesmo, murmurando um "Ai, santo Deus..." perfeito ao sair de um elevador diante de centenas de adoradores — um momento provavelmente inspirado em sua experiência pessoal.

Para a maioria dos cineastas, ver-se cercado pelos fãs ávidos de uma icônica franquia de filmes seria mais do que suficiente. Lucas, porém, tinha outra marca de sucesso da qual cuidar naquele verão. Em junho, ele e Spielberg iriam para a área rural do Novo México, para começar as filmagens principais de uma produção que eles estavam disfarçando sob o codinome *Genre* (Gênero), mas ao qual Lucas, em geral, se referia por um título mais casual: *Indiana Jones IV*.

Talvez com justa razão, levar Indiana Jones à telona outra vez fora uma aventura que ficara vinte anos na forja, deixando múltiplos escritores feridos em seu caminho e gerando certo atrito entre velhos amigos.

Por muito tempo, as coisas não andaram muito bem para o astuto arqueólogo, começando talvez com o elemento mais importante de todo filme de Indiana Jones depois do próprio Indy: a saber, à procura de que objeto o Dr. Jones sairia? Lucas achava que tinha encontrado a resposta já em 1992, apenas alguns anos após o lançamento de *Indiana Jones e a última cruzada*. Depois de trabalhar com Harrison Ford no episódio do *Jovem Indiana Jones*, que se passava na década de 1950, Lucas estava convencido de que o filme seguinte devia se passar na era atômica. "[Eu pensei que] se o fizesse nos anos 1950, talvez pudéssemos fazer [dele] um filme dos anos 1950", disse Lucas, "[e] pensei: *Ei, isso poderia ser divertido (...)* então me ocorreu: *Esse é o MacGuffin: alienígenas. Pelo amor de Deus, não tem como dar errado.*"[24]

Só que deu. Tanto Ford quanto Spielberg vetaram a ideia, com Spielberg opondo-se de forma particularmente firme. "Eu tinha feito *E.T. — O extraterrestre*, tinha feito *Contatos imediatos de terceiro grau*; já tivera a minha cota de alienígenas", disse Spielberg, "então resisti [à ideia] por muitos anos". Lucas, porém, teimoso como sempre, acabou persuadindo Spielberg a deixá-lo arriscar a fazer uma sinopse, e chamou o roteirista Jeb Stuart — recém-aclamado pelo sucesso de *O fugitivo* com Ford — para dar uma mão com o texto. Ele e Lucas completaram a primeira versão, intitulada *Indiana Jones and the Saucermen from Mars* [Indiana Jones e as criaturas de Marte], em maio de 1994. "Tratava-se, em grande parte, de um envolvimento de Indiana Jones no episódio de Roswell", contou Lucas — e, como prometido, o alienígena era o MacGuffin.[25] Lucas continuaria revisando o roteiro ao longo do ano seguinte, primeiro com Stuart e depois com Jeff Boam, que escrevera *Indiana Jones e a última cruzada*. No começo de 1996, tanto Lucas quanto Spielberg estavam suficientemente satisfeitos com o roteiro para considerar o início da pré-produção para meados do ano.

E, então, veio *Independence Day*, o megassucesso de ficção científica de 1996, envolvendo alienígenas e discos voadores. Subitamente, Spielberg perdeu a coragem. "Não vamos fazer um filme de discos voadores", disse sem rodeios a Lucas, "e pronto". O roteiro foi para a gaveta de Lucas, onde ficou até fevereiro de 2000, quando o tributo a Harrison Ford no American Film Institute reuniu novamente Lucas, Ford, Spielberg e os produtores de Indiana Jones Frank Marshall e Kathleen Kennedy. Enquanto o grupo bebia e conversava nos bastidores, Ford casualmente perguntou: "Como está indo o Indy IV?" Dois meses depois, Ford, Lucas e Spielberg se reuniram para discutir possíveis histórias para a próxima aventura de Indiana Jones. A única exigência de Lucas: "Não vou fazer sem alienígenas. Essa é a única coisa que vai funcionar". Por fim, Spielberg cedeu. "Trabalhar com George ainda é a mesma coisa", relatou ele afetuosamente. "Nós ainda discutimos, ainda fazemos concessões e ainda lidamos um com o outro como os irmãos que somos."[26]

Nos dois anos seguintes, Lucas continuaria reescrevendo e revisando, mesmo enquanto se dedicava quase integralmente a *O ataque dos clones*. Apesar das contínuas objeções de Ford e Spielberg, ele insistia nos alienígenas, e recentemente lhe ocorrera um novo MacGuffin. "Tínhamos escrito um episódio [que não foi produzido] do *Jovem Indiana Jones* sobre um crânio de cristal encontrado na Guatemala", disse Lucas. "Pensei que era bacana, por se tratar de um objeto sobrenatural. Assim, começamos a nos perguntar: 'Bem, e se fosse um crânio alienígena?'" Spielberg concordou que se tratava de um objeto digno de ser perseguido por Indiana Jones e, então, ele e Lucas chamaram Frank Darabont, o talentoso escritor-diretor de *Um sonho de liberdade* e *À espera de um milagre*, para trabalhar em um novo roteiro. Era o começo do que, mais tarde, Darabont descreveria como um "ano ou mais de minha vida desperdiçado".[27]

Com Lucas passando a maior parte de 2002 trabalhando em *A vingança dos Sith*, Darabont consultava com regularidade Spielberg, incorporando ao roteiro a sensibilidade e as preferências de Spielberg, e não as de Lucas. Assim, não foi nenhum espanto que, quando Darabont entregou seu roteiro, intitulado *Indiana Jones and the City of the Gods* [Indiana Jones e a Cidade dos Deuses], em maio de 2003, "Steven estivesse em êxtase", segundo Darabont. "Ambos estávamos. Aquele seria seu próximo filme. Ele me disse que era o melhor roteiro que lera desde *Os caçadores da arca perdida*. (...) Como roteirista, você sonha em deixar um cara como Steven Spielberg feliz e entusiasmado." No entanto, Lucas não ficou nem feliz, nem entusiasmado. "George Lucas leu, não gostou e jogou um balde de água gelada em cima de tudo", disse Darabont, com um toque de amargura. "O projeto afundou. (...) Foi uma surpresa horrível, depois de todas as minhas esperanças e todo o meu esforço. Eu tinha acreditado mesmo que acertara em cheio, e Steven achara o mesmo."[28]

Lucas e Spielberg deixaram o projeto de molho por mais um ano, com Lucas implicando com o roteiro de Darabont antes de por fim chamar outro escritor, Jeff Nathanson, que havia roteirizado *Prenda-me se for capaz* para Spielberg. Lucas, que admitiu que o escritor "estava meio travado entre Steven e mim", também rejeitou a revisão de Nathanson, intitulada *Indiana Jones e as formigas atômicas*. Então, veio David Koepp, que não era nenhum novato em relação a franquias, visto que já havia escrito dois filmes de *Jurassic Park* e o primeiro *Missão impossível*. Koepp trabalhou principalmente com Spielberg, embora considerasse Lucas "uma fonte de ideias", e, em julho de 2006, entregou um roteiro com título da era atômica devidamente dramático, *Indiana Jones and the Destroyer of Worlds* [Indiana Jones e o Destruidor de Mundos]. Lucas ainda não se sentia de todo satisfeito — ele estava determinado a manter os discos voadores na história —, mas, após mais algumas revisões e retoques, finalmente ficou feliz, perto do Natal de 2006, quase 14 anos depois de inventar o conceito de filme "imperdível". Mesmo com o roteiro completo, dar nome ao filme seria um ponto de discórdia. Lucas queria que fosse *Indiana Jones e o Reino das Caveiras de Cristal*, enquanto Spielberg queria que fosse uma única caveira de cristal, no singular — uma disputa que Spielberg ganharia. "Steven e eu estamos ficando mais rabugentos à medida que envelhecemos", suspirou Lucas. De acordo com Spielberg, Lucas havia enfim erguido as mãos em fingida rendição. "Não me importo com o título", disse-lhe Lucas. "Só ponha a palavra reino aí em algum lugar."[29]

Indiana Jones e o Reino da Caveira de Cristal entrou em pré-produção com o retorno da maior parte do elenco e da equipe. Embora Spielberg não tivesse conseguido convencer Sean Connery a interromper a aposentadoria, tanto Ford quanto Karen Allen estavam de volta, assim como os produtores Frank Marshall e Kathleen Kennedy, que, nos últimos trinta anos, tinham continuado a produzir um filme de sucesso após o outro. Mas houve uma grande mudança, pelo menos para Lucas: antes que um só minuto do filme fosse gravado, Spielberg deixou claro para Lucas que queria usar o mínimo possível de efeitos digitais. "Steven disse: 'Eu não quero fazer aquilo. Quero a coisa real'", contou Lucas. "E estamos fazendo." Houve poucas queixas. "Adoro estar em um cenário físico", disse Harrison Ford, que aos 65 anos faria a maior parte de suas cenas de ação com um mínimo de assistência digital. "Não gosto muito de ficar diante de uma tela azul."[30]

As filmagens aconteceriam no mesmo ritmo acelerado que Lucas impusera em cada filme da série *Indiana Jones*. A produção foi do Novo México para Connecticut e daí para o Havaí — uma espécie de volta para casa, pois foi ali que Lucas e Spielberg, em uma praia, em 1977, haviam idealizado Indiana Jones — e, por fim, instalou-se em estúdios de Los Angeles, tudo em um período de oitenta dias. Spielberg disse que dirigir o filme era "uma atividade recreativa" — e, na verdade, depois de dirigir uma série de filmes mais sombrios e mais cerebrais, como *Munique* e *Guerra dos mundos*, ele se sentia feliz em se render à visão e aos gostos mais populares e *trash* de Lucas, mesmo quando não partilhava deles inteiramente.[31] "Nunca gostei do MacGuffin", confessou Spielberg mais tarde. "George e eu tivemos grandes discussões a esse respeito. Eu não queria que fossem nem alienígenas, nem seres interdimensionais. Mas sou leal ao meu melhor amigo", observou com afeto genuíno. "Quando ele escreve uma história em que acredita — mesmo que eu não acredite —, vou fazer o filme da maneira que George idealizou. Acrescento meus toques, trago meu elenco, filmo do jeito que quero filmar, mas sempre vou me submeter a George como o contador da história de Indy. Nunca vou contra ele nesse aspecto."[32]

Com relativamente poucas cenas digitais para completar, a pós-produção da *Caveira de Cristal* avançou rápido. Spielberg, desafiando o tecnológico Lucas, havia editado o filme manualmente na película; só restava a Lucas menear com a cabeça, divertido, chamando o amigo de "um cara sentimental". No entanto, Lucas sabia que seu público também era assim. "Existe muita expectativa da parte do público mais velho, porque eles amaram os filmes anteriores", disse ele, sabendo muito bem que estava correndo o risco bastante real de decepcionar fãs que haviam esperado vinte anos por outro filme de Indiana Jones — uma frustração que ele havia experimentado em primeira mão com seu retorno a *Star Wars*.[33] "O que pode acontecer é nos machucarmos", admitiu Lucas à revista *Time*. "O que vai acontecer é ele ser criticado. Ou seja, é basicamente *A ameaça fantasma* que estamos fazendo. Não importa como você faça, não importa o que faça, não será o que os outros foram em termos do impacto ou da maneira como as pessoas se recordam deles."[34]

A princípio, parecia que ele tinha motivos para se preocupar. Resenhas medíocres do filme vazaram antes de sua estreia, em 22 de maio de 2008, embora a maioria fosse em sites de fãs, a despeito das tentativas de Lucas de controlar com rigor o acesso da mídia. A maior parte dos resenhistas, porém, fez uma abordagem mais comedida, com alguns, como Roger Elbert — sob o título "Admito: adorei 'Indy'" —, sentindo quase a obrigação moral de defender o filme. "É preciso ter um coração frio e uma imaginação exaurida para não gostar de um filme de Indiana com todo o seu vigor extravagante", escreveu Ebert.[35] Mais típicas foram as resenhas mornas, como a do *New York Times*, que consideraram o filme bem agradável, porém carente de "qualquer senso de redescoberta", atribuindo a culpa a Spielberg, que "deixou para trás essas coisas pegajosas de criança".[36] A *Newsweek*, tomando emprestada uma metáfora de *O crepúsculo dos deuses*, ofereceu talvez a mais breve e convincente análise da *Caveira de Cristal*: "Indy ainda é grande; a questão é que, no mundo novo de franquias cinematográficas, a *Caveira de Cristal* parece menor."[37]

Ainda assim, o filme gerou US$151,1 milhões em seus cinco primeiros dias, um número impressionante, porém não recordista, mesmo com um considerável empurrão da Paramount e de Spielberg, que promoviam o filme agressivamente.[38] Lucas estava fazendo o seu melhor também, mas sempre seria sofrível nas turnês promocionais, seu aborrecimento quase palpável.

"Adoro fazer filmes; só não sou o maior fã de vendê-los", disse ele ao *New York Times*, no fim de junho. "Vou fazer toda a minha venda por mais duas semanas. Depois disso, ingressos esgotados."[39]

Lucas tinha jurado que, assim que concluísse *Indiana Jones*, iria "fazer meus próprios filminhos — filmes teatrais, mas não tenho certeza se serão exibidos em algum lugar".[40] Coppola acabara de fazer exatamente isso, escrevendo, dirigindo e produzindo *Velha juventude* com um orçamento de US$5 milhões. O filme fora lançado em dezembro de 2007 em apenas 18 cinemas e, talvez como era de se esperar, havia desaparecido. Coppola não pediu desculpas por perseguir a sua arte. "Fazemos filmes para nós mesmos", disse ele. "Se ninguém quer vê-los, o que podemos fazer?"[41] Mas Lucas, apesar de sua postura em prol da arte pela arte, descobriu que tinha pouca paciência com esse tipo de mentalidade de artista martirizado. "Se você estiver fazendo uma obra de arte ou um filme e ninguém tiver a oportunidade de ver, não entendo que benefício isso pode trazer", argumentou Lucas.[42] De todo o modo, seus filmes esotéricos teriam de esperar mais uma vez. "Você se distrai fácil", admitiu ele. "Eu, pelo menos, sim."[43] Ainda mais quando se tratava de *Star Wars*, "um cercadinho no qual adoro brincar".[44]

Dessa vez, era *A guerra dos clones*, a série de animação computadorizada na qual Lucas estava avançando, produzindo-a com a assistência crítica do diretor, escritor e animador Dave Filoni, que havia impressionado Lucas com seu trabalho de animação no sucesso da Nickelodeon *Avatar: A lenda de Aang*. Filoni foi uma boa "aquisição"; além de sua experiência e seu talento como diretor e animador, ele era um fã de *Star Wars* que podia falar sobre a política do Império com tanta facilidade quanto Lucas. Juntos, eles examinaram primeiras versões de *Star Wars* em busca de ideias abandonadas que pudessem tecer em uma nova série de desenho animado, escrevendo roteiros no rancho Big Rock com uma equipe de fãs de *Star Wars* igualmente devotos, que também incluiria Katie, filha de Lucas.

Lucas adotou a mesma abordagem para vender uma série de animação com o *Jovem Indiana Jones*, esperando vários anos para que os animadores produzissem pelo menos 22 episódios antes de começar a correr os canais, à procura de quem quisesse a série. Como era típico de Lucas, ele não tinha nenhuma intenção de negociar; ele era o financiador da série — cada episódio custou-lhe entre US$750 mil e US$1 milhão — e estava pedindo aos canais que pagassem apenas a taxa de licenciamento para distribuir e transmitir o programa. Do seu ponto de vista, os canais deviam estar se acotovelando diante da simples ideia de ter um programa de *Star Wars* oficialmente sancionado em sua grade. Além do mais, não haveria opção de escolha de episódios; o canal teria de pegar todos os 22 episódios ou nada feito. "É muito mais fácil para mim simplesmente fazer o programa que eu quero, [então] dizer: 'Aqui está. Sem observações, sem comentários. Não dou a mínima para a sua opinião. Ou você põe no ar, ou não põe.'"[45]

A maioria recusou. Nem mesmo o Cartoon Network, que exibira a microssérie *A guerra dos clones* em 2003, estava animada com a nova série. Mas, assim que Lucas prometeu à Time Warner que reuniria vários episódios em um filme *A guerra dos clones* lançado nos cinemas, o estúdio — farejando futuros projetos relacionados a *Star Wars* caso se envolvesse com Lucas — concordou em distribuir o filme e encorajou seus parceiros corporativos do Cartoon Network a dar outra olhada nos demais episódios de Lucas. Dessa vez, o Cartoon Network concordou em pegar a série, prometendo a estreia para o segundo semestre de 2008, seguindo o lançamento do filme *A guerra dos clones* em agosto.

Infelizmente, o filme foi um fracasso. Alguns espectadores não gostaram do desenho dos personagens, cujas cabeças pareciam feitas de madeira esculpida — aspecto que Lucas afirmou ter sido deliberadamente inspirado na série de animação com marionetes, exibida na TV nos anos 1960, intitulada *Thunderbirds*. Outros rejeitavam a ideia de ter de torcer para Anakin, sabendo que ele logo se tornaria Darth Vader. O que quer que fosse, *A guerra dos clones* não funcionou. Embora fosse fácil recuperar o orçamento de US$8 milhões a caminho de um faturamento de US$65 milhões, a renda da bilheteria caiu tão bruscamente entre a primeira e a segunda semanas que os críticos apressaram-se a rotulá-lo como o primeiro fiasco completo ligado a *Star Wars*. O *New York Times* pareceu contente em apontar as sombrias finanças do filme, praticamente gargalhando sob a manchete "O Império ficou chato".[46]

Ainda assim, acordo era acordo. Na noite de sexta-feira, 3 de outubro, o Cartoon Network estreou o primeiro episódio da série *A guerra dos clones*, e torceu para que tudo desse certo. Quatro milhões de telespectadores sintonizaram, fazendo dessa a estreia de série de maior público na história do canal.[47] Lucas também havia, astutamente, divulgado a série em várias mídias, oferecendo conteúdo on-line exclusivo, incluindo jogos e episódios com comentários. O *New York Times*, capitulando, admitiu que, embora *A guerra dos clones* não tivesse funcionado como longa-metragem, funcionou como meia hora de entretenimento na TV. O Cartoon Network transmitiu 22 episódios na primeira temporada e, após, renovou o programa anualmente por mais cinco temporadas. Mais importante: Lucas havia levado com êxito *Star Wars* para mais uma mídia. *Star Wars* estava verdadeiramente sempre no ar agora, e em todo o lugar.

Lucas estava gostando de seu descanso da produção de filmes. Como tinha esperado, a empresa estava indo bem naquilo a que ele ainda se referia como "o negócio de ferramentas", embora, na realidade, boa parte de sua receita ainda viesse de merchandising e licenciamento de produtos de *Star Wars*. A LucasArts, recentemente livre da diretriz inicial de *Chega de Star Wars*, havia voltado a desenvolver jogos passados no universo da série, oferecendo infinitas oportunidades para os fãs jogarem como cavaleiros Jedi, caçadores de recompensas, *stormtroopers* e pilotos de X-wing, ou mesmo assumir os controles da Millennium Falcon. E acertou em cheio com sua série *Battlefront*, permitindo aos jogadores comandar exércitos lutando pela Aliança Rebelde ou pelo Império, e seus jogos *Lego Star Wars*, de imenso sucesso, que permitiam aos jogadores avançar pelos seis filmes usando veículos Lego e minifiguras.

Enquanto isso, no complexo Letterman, a ILM ainda estava trabalhando muito para outros, e se tornara a empresa de efeitos preferida de várias franquias de sucesso, entre as quais as séries *Homem de Ferro*, *Harry Potter* e *Piratas do Caribe*. A ILM também contribuiria com efeitos para aquele que se tornaria não só o maior filme de 2010, mas também o maior sucesso de todos os tempos: o ambicioso e quase inteiramente digital megassucesso de James Cameron, *Avatar*. Cameron pretendia que *Avatar* fosse o primeiro filme de uma trilogia, e Lucas — que sabia uma coisinha ou outra sobre os desafios, os perigos e as expectativas que decorriam de se comprometer com uma franquia — publicamente desejou boa sorte a Cameron. "Criar um universo é assustador", disse Lucas a *The New Yorker*. "Fico feliz que Jim esteja fazendo isso — existem poucas pessoas no mundo loucas a esse ponto. Fiz isso com *Star Wars* e, agora, ele está tentando esse desafio. É muito trabalho pela frente."[48]

A Skywalker Sound, por outro lado, estava cuidando do som para quase quarenta filmes e programas de TV simultaneamente, e sua localização pitoresca — aninhada no Tech Building, no rancho Skywalker — a tornara o destino preferido de vários cineastas, incluindo Kevin Smith e o documentarista Michael Moore, que tinham feito ampla utilização das instalações locais. Lucas, na verdade, havia construído uma pousada na qual os cineastas visitantes podiam ficar, com 26 quartos temáticos batizados em homenagem a artistas icônicos, como John Ford, Winsor McCay e George Gershwin. Havia uma brigada de bombeiros no rancho Skywalker, que respondia a chamados tanto no local quanto na região do Condado de Marin, em caminhões de bombeiros pintados em vermelho vivo. "Temos uma pequena comunidade de pessoas ligadas ao cinema aqui em cima, e temos uma forma diferente de ver as coisas", disse Lucas. "Na verdade, estamos mais interessados em fazer filmes do que em fazer dinheiro."[49] Só que a Lucasfilm *estava*, sim, fazendo dinheiro.

Ele e Mellody Hobson ainda se encontravam regularmente, com Mellody indo para São Francisco ficar com ele no rancho, ou Lucas voando para Chicago para passar o fim de semana com ela. Lucas, liberal, porém nunca abertamente engajado, começou a demonstrar interesse mais ativo na política, com o incentivo da esclarecida e antenada Mellody. Um amigo dela de Chicago, o senador Barack Obama, podia ser visto com frequência trabalhando do escritório de Mellody, na Ariel, enquanto estabelecia uma base mais permanente para sua campanha para a presidência dos Estados Unidos. Mellody empenhava-se ativamente em levantar fundos para Obama, e Lucas, também, logo se tornou fã dele, referindo-se a Obama como "um herói em formação".[50] Em 2009, ele se veria no Jantar dos Correspondentes na Casa Branca, acompanhado de Mellody, abotoado até o pescoço em uma sufocante camisa social e um smoking.

Havia momentos, também, em que Lucas parecia estar à procura de algo para fazer. No início de 2010, ele apareceu no *Daily Show with Jon Stewart* — um dos poucos programas de TV, ao lado de *Law and Order*, a que ele assistia com regularidade —, para promover um livro que ele nem mesmo escrevera.[51] Em vez disso, falou sobre *A Guerra dos Clones* e deixou Stewart provocá-lo sobre minúcias e o horror geral de *A ameaça fantasma*. "Meu filho diz que o filme favorito dele é *A ameaça fantasma*", brincou Stewart. "E eu expliquei a ele: Não é não." Adotando um tom mais sério, Stewart perguntou a Lucas como ele reagia tanto ao amor quanto à raiva que havia gerado em seus fãs devotos, passionais e por vezes irracionais. Lucas sorriu ironicamente. "É uma obra de ficção. Uma metáfora. Não é real", disse ele em tom casual. "E, portanto, você pode ou não gostar. Tanto faz."[52]

No entanto, por mais desdenhoso que se mostrasse, Lucas parecia determinado a continuar travando lutas com seus fãs, insistindo em fazer ainda outras pequenas mudanças na trilogia *Star Wars* original para seu lançamento em Blu-ray, em 2011. Houve mais alterações no confronto entre Han e Greedo — pelo visto, Lucas não conseguia deixá-la em paz —, e os olhos dos *ewoks* enfim passaram a piscar. No entanto, a última heresia, segundo os fãs, foi fazer Vader soltar um angustiado "Nãããããão!" pouco antes de erguer o Imperador de cima de Luke e atirá-lo sobre a balaustrada, causando sua morte, no fim de *O retorno de Jedi*. Os fãs de *Star Wars* se viram mais uma vez apopléticos e foram para as mídias sociais queixar-se ruidosamente. "George Lucas odeia os fãs de *Star Wars*", tuitou um deles, "e por acaso se encontra na melhor posição para feri-los".[53] Mas, como sempre, até mesmo o mais furioso dos fãs ainda tinha de adquirir *Star Wars* em seu novo formato; o lançamento em Blu-ray da saga completa venderia quase 3 milhões de cópias, com uma receita bruta de US$258 milhões. Tanto fazia, de fato.

Em maio de 2011, Lucas seguiu para o Walt Disney World, para a celebração de reabertura da Star Tours, a atração que ele havia criado para os parques em 1987. O simulador havia envelhecido relativamente bem, mas, com tudo o que havia sido conquistado em efeitos especiais nas duas últimas décadas, a Star Tours ficara fechada por algum tempo, para uma reconfiguração completa. Com tecnologia digital e mecânica aperfeiçoada, a ILM e a Disney Imagineers haviam criado uma experiência nova e mais convincente para a atração, na qual as pessoas teriam a oportunidade de visitar vários planetas. Lucas vinha supervisionando o projeto duas vezes por mês nos últimos dois anos; ele tinha um apreço especial pela Disney Imagineers, que não parecia conhecer a palavra *não*, e gostava do CEO da Disney, Bob Iger. E o sentimento era mútuo.

Na manhã da visita de Lucas, Iger o convidou para o café da manhã no restaurante Hollywood Brown Derby, que normalmente estava fechado àquela hora. Lucas e Iger tiveram o local só para eles — uma escolha deliberada de Iger, que queria ter uma conversa confidencial com Lucas. Enquanto Lucas beliscava uma omelete e Iger, que tinha acabado de se exercitar, devorava um *parfait* de iogurte, Iger casualmente lançou a pergunta que estava ansioso para fazer a Lucas já havia algum tempo: *Você consideraria vender a Lucasfilm para a Disney?*

Lucas mastigou em silêncio por um momento enquanto refletia. Ele estava pensando em se aposentar, disse a Iger; estava com 67 anos, e a reestruturação da Lucasfilm nos últimos anos fora parte de seu esforço para tornar a empresa menos dependente de sua liderança e visão. Mas ele ainda tinha projetos para cuidar — *A Guerra dos Clones* estava entrando em sua quarta temporada, e um *live-action* de *Star Wars* encontrava-se na mesa de desenho — e ele ainda tinha ideias para vários filmes que talvez ainda colocasse em produção.

A resposta, naquele momento, foi um não com ressalva. "Não estou pronto para isso agora", disse ele a Iger. "Mas, quando estiver, adoraria conversar."

Iger, um negociador que recentemente levara a Pixar e a Marvel Entertainment para o grupo Disney, estava preparado para esperar Lucas. "Me ligue quando estiver pronto", disse.[54]

Lucas esperava fazer mais uma trilogia.

Uma que ele tinha em mente havia muito tempo — desde o fim dos anos 1980, na verdade, quando tivera uma conversa com George Hall, um respeitado fotógrafo de aeronaves militares. Naquela ocasião, Hall, veterano do Vietnã e estudante de história militar, contou a Lucas a história dos aviadores de Tuskegee, um grupo de pilotos militares afro-americanos que haviam superado o racismo, a segregação e o preconceito, tornando-se um dos mais respeitados grupos de combatentes na Segunda Guerra Mundial. Era uma história que se ajustava bem à sensibilidade de Lucas, com um pequeno grupo de indivíduos triunfando sobre grande adversidade — bem como ele ainda via a si mesmo e a Lucasfilm em sua interminável rixa com a

Hollywood comercial. "Assim como *Tucker*, é uma história boa demais para ser verdadeira", disse Lucas.[55] Era justo o tipo de história que ele adorava. E estava determinado a levá-la às telas.

Era uma *grande* história — grande demais, pensou, para contar em um único filme. "A questão era: como torná-la mais curta e pessoal e lidar com ela de uma forma temática?"[56] Sua resposta: transformá-la em uma trilogia. No primeiro filme, ele contaria a história dos pilotos e de seu treinamento no segregado Alabama; no segundo, rastrearia seus sucessos na Segunda Guerra Mundial, em batalhas pela Europa; e, no terceiro, ele os acompanharia no retorno à vida civil, onde eles lutariam para superar o racismo e a segregação reinantes. "Vejo o filme menos como uma história racial do que como uma aventura de ação aérea", disse ele ao *Los Angeles Times* em 1990. "Sempre me senti atraído pelos desfavorecidos e intrigado pelo relacionamento entre homem, máquina e excelência."[57] Para Lucas, isso era parte central da trilogia, com as sequências de batalhas da Segunda Guerra Mundial sendo o lugar óbvio para começar.

Lucas via o filme como parte de uma cruzada social e moral — uma cruzada que ele travaria por mais de vinte anos. Para aqueles que cinicamente pensavam que o engajamento de Lucas com a causa da equidade racial havia começado com seu relacionamento com Mellody Hobson, Lucas poderia, se indagado, apontar o desenvolvimento do que viria a se tornar *Esquadrão Red Tails*. Desde o começo, fora crítico para ele contratar um escritor negro para o roteiro e um diretor negro para o leme. "Pensei: 'Essa é a maneira adequada de fazer isso'", disse Lucas.[58]

Para começar, Lucas convidara o escritor Kevin Sullivan e o diretor Thomas Carter para ajudá-lo a desenvolver o projeto, mas, após vários falsos começos, ele deixara o projeto em fogo baixo em favor das *prequels* de *Star Wars*. Em 2007, tentou novamente, dessa vez contratando John Ridley, romancista e roteirista que trabalhara nas séries de TV *Martin* e *Um Maluco no Pedaço*, para escrever um roteiro focado na parte central da trilogia. Para diretor, Lucas escolheu Anthony Hemingway, um veterano da série de TV *The Wire*, mas novato na direção cinematográfica. Hemingway estava quase certo de que não seria ele o escolhido para o trabalho; depois de sua entrevista no rancho, suas palavras de despedida para Lucas haviam sido: *Que a Força esteja com você.* "Ah, meu Deus, eu saí de lá depois de ter dito isso e queria pular do décimo quinto andar", contou Hemingway, ainda se encolhendo diante da lembrança.[59] No caminho de casa, recebeu uma ligação de Lucas no celular dizendo-lhe que o trabalho era dele. Hemingway parou o carro e chorou.

Esquadrão Red Tails — cujo nome se devia às típicas caudas das aeronaves dos pilotos de Tuskegee — enfim entrou na fase das filmagens principais em abril de 2009. O filme estava sendo feito todo digitalmente, e com mais de uma hora de batalhas aéreas para ser inserida pela ILM na pós-produção, boa parte do filme foi gravada com atores em cabines diante de uma tela verde. Como era seu estilo de trabalho agora, Lucas montou uma edição completa do filme, examinando de perto pontos em que eram necessárias cenas adicionais, então mandou Hemingway voltar às filmagens. Quando Hemingway foi retirado, no começo de 2010, para começar a trabalhar na série *Treme*, da HBO, Lucas foi ele mesmo para trás da câmera, a fim de supervisionar uma série de refilmagens. Lucas também chamou o cartunista Aaron McGruder, o criador da tirinha *The Boondocks*, para ajudar a escrever diálogos para algumas das novas cenas. McGruder, que fizera críticas tanto a Jar Jar Binks quanto a Lucas em sua tirinha ao longo dos anos, ficou ao mesmo tempo radiante e apreensivo com o convite, e sentiu-se "feliz de verdade" ao descobrir que ele e Lucas se davam bem.[60] Jar Jar Binks nunca foi mencionado. "Em absoluto", disse McGruder. "Nem por alto."[61]

Depois de dois anos de pós-produção, Lucas fez algo que sempre relutava em fazer: percorreu Hollywood à procura de um estúdio para distribuir o filme. Encontrou poucos dispostos; os executivos de um dos estúdios nem apareceram para a exibição, uma desfeita que Lucas considerou particularmente irritante. "Não é esse o trabalho deles?", explodiu. "Não deviam pelo menos ver os filmes?"[62] Essa era a típica Hollywood, pensou Lucas: receosa de arriscar com qualquer filme que não parecesse com todos os outros. "É porque é um filme só com negros", disse ele a Jon Stewart, um tanto pesaroso. "Mostrei a todos e eles disseram: *Nããão, não sabemos como comercializar um filme assim*."[63] Lucas por fim persuadiu a Fox a distribuí-lo, embora o estúdio se recusasse a pagar os custos associados. Lucas acabaria pagando tudo de seu próprio bolso, investindo US$35 milhões em distribuição — o que cobria os custos até mesmo de impressão —, além dos US$58 milhões que ele já gastara fazendo o filme. Ninguém podia dizer que Lucas não investia seu dinheiro naquilo em que acreditava.

As primeiras pré-estreias em Atlanta pareceram encorajadoras, com os jovens aparentando estar especialmente entusiasmados. Lucas estava satisfeito. "Estou fazendo isso para os adolescentes negros", declarou ao *New York Times*. "Eles têm direito à sua história como todo mundo. E têm o direito de vê-la no estilo de Hollywood, engrandecida, sentimental e maravilhosa, assim como todo mundo."[64] No fim das contas, a abordagem sentimental de Lucas seria vista como boa parte do problema. As críticas foram brutais. "O filme é desprovido de emoções viscerais, esvaziado de energia emocional e é inacreditavelmente horrível o tempo todo", escreveu um crítico da revista *Mother Jones*. "[*Esquadrão Red Tails*] é um dos piores filmes de guerra dos últimos tempos." Se Lucas chamou de racismo, a *Mother Jones* argumentou que o único preconceito que Lucas estava desafiando era "contra o cinema insípido".[65] Essa doeu.

Muitos críticos aplaudiram Lucas por ter a temeridade de abordar abertamente temas e questões importantes, mas lamentaram que ele os tivesse abordado de forma tão ruim. "Cheio de clichês [e] personagens unidimensionais", depreciou um resenhista inglês,[66] enquanto o *New York Times* comparou o filme a uma bem-intencionada aula, o tipo de pseudodocumentário que Lucas havia feito para o *Jovem Indiana Jones*. Até mesmo a ILM foi reprovada por vários críticos por produzir efeitos especiais exageradamente digitalizados e pouco convincentes, que haviam suscitado sonoras gargalhadas nas plateias durante as cenas de batalha.

Lucas estava magoado e frustrado. Também o preocupava a possibilidade de que o fracasso de seu filme afugentasse os estúdios do apoio a importantes produções de cineastas negros — ou que apresentassem personagens negros —, restringindo-os perpetuamente a produções de baixo orçamento. "Estou dizendo que, se isso não funcionar, há uma boa chance de vocês ficarem onde estão por um bom tempo", disse Lucas, referindo-se a cineastas afro-americanos. "Será mais difícil para vocês escaparem do molde [do baixo orçamento]."[67] Embora ligeiramente condescendente, era uma preocupação sincera e não inteiramente desprovida de fundamento. Lucas, de uma forma intuitiva, havia acessado um movimento crescente que exigia maior diversidade no cinema e na cultura popular. Para seu provável deleite, dois anos depois da estreia de *Esquadrão Red Tails*, um filme escrito, produzido e dirigido por afro-americanos — e apresentando um elenco quase todo negro — ganharia o Oscar de Melhor Filme. Esse filme, *12 anos de escravidão*, também ganharia um Oscar de Melhor Roteiro Adaptado, dado a John Ridley, que havia escrito *Esquadrão Red Tails* para Lucas.

Por ora, porém, toda a experiência do *Esquadrão Red Tails* deixara Lucas amargo e rancoroso. Ele lidara com a insensibilidade de Hollywood em relação a artistas antes, observando, impotente, seus próprios filmes serem golpeados por executivos de estúdios, mas isso era algo mais sórdido, um veio de racismo no sistema que deixava um gosto ruim na boca. "Minha namorada é negra", disse ele ao *USA Today*, "e eu aprendi muito sobre racismo, inclusive o fato de que ele não acabou, sobretudo no mundo americano dos negócios".[68] Ele havia tomado sua decisão. "Estou me aposentando", informou ao *New York Times* num tom de cansaço. "Vou me afastar dos negócios, da empresa, dessa coisa toda."[69]

Várias semanas após a desastrosa estreia de *Esquadrão Red Tails*, Lucas pegou o telefone e ligou para Kathleen Kennedy, a velha amiga que havia produzido os quatro filmes de *Indiana Jones* entre uma sequência de trinta anos de sucessos. Além dos *Indiana Jones* e dos outros filmes que ela produzira para Spielberg — *E.T.*, *Jurassic Park*, *A lista de Schin-*

dler, Guerra dos mundos —, havia também aqueles que ela e o marido, Frank Marshall, produziram com Spielberg como parte de sua produtora Amblin Entertainment, incluindo *Gremlins, Uma cilada para Roger Rabbit* e *De volta para o futuro*. Kathleen tinha um grande talento para filmes e um tino para negócios ainda mais apurado, mas Lucas também contava com ela em seu círculo de amigos íntimos. Ele sabia que ela estava em Nova York dando os retoques finais em *Lincoln* para Spielberg e disse a ela que queria encontrá-la na cidade, para um almoço.

Kathleen supôs que Lucas quisesse apenas colocar os assuntos em dia, mas, durante o almoço, ele passou a falar de negócios — os dele, mais especificamente. "Suponho que você tenha ouvido que estou avançando muito agressivamente para a aposentadoria", disse ele, de uma forma casual.

Kathleen estava chocada. "Para falar a verdade, não", replicou ela.

"Fiquei surpresa com aquilo", revelou Kathleen mais tarde. "E uma parte de mim não acreditou de todo nele." Ela ouviu pacientemente Lucas explicar que, embora pretendesse manter o título de diretor executivo e atuar como copresidente por pelo menos mais um ano, queria alguém que copresidisse a empresa com ele, com o objetivo final de pôr aquela pessoa à frente da Lucasfilm. Kathleen começou a correr sua lista de contatos mentalmente, em busca de nomes de potenciais candidatos para assumir a empresa.

"Não, não, não", disse Lucas incisivo. "Estou pensando em *você* para fazer isso."

Kathleen nem piscou. "Sabe, George, na verdade talvez eu esteja mesmo interessada."[70]

Em 1º de junho, Kathleen Kennedy formalmente assumiu como copresidente da Lucasfilm. Foi fácil tomar essa decisão. "Eu queria fazer isso tanto por ele quanto por mim", disse Kathleen mais tarde, "porque sabia quanto isso era importante para ele".[71] Era o que Lucas admitiria ao anunciar: "Passei minha vida criando a Lucasfilm — e, ao voltar meu foco em outras direções, eu queria ter certeza de que a empresa estava nas mãos de alguém capacitado para dar continuidade à minha visão no futuro".[72] Um de seus primeiros objetivos, disse ele a Kathleen, seria "consolidar essa empresa para que funcione sem mim" — e, para isso, "precisamos fazer algo para torná-la atraente". Não havia maneira mais óbvia de tornar a Lucasfilm atraente — e mantê-la funcionando para além do envolvimento de Lucas — do que aproveitar o bem de maior visibilidade e valor da empresa: *Star Wars*. Embora Lucas houvesse insistido que a história que ele se propusera a contar tivesse sido concluída com *O retorno de Jedi*, agora admitia que talvez tivesse algumas ideias para os Episódios VII, VIII e IX em uma gaveta de seu escritório. "Então, eu disse [para Kathleen]: 'Bem, vamos fazer esses filmes.'"[73]

Lucas e Kathleen trouxeram Michael Arndt, o roteirista vencedor do Oscar por *Pequena Miss Sunshine*, para fazer uma tentativa de escrever o Episódio VII, baseado nas ideias de Lucas — na verdade, somente uma "breve sinopse", como recorda Kathleen, mas o suficiente para começar. Para oferecer apoio e orientação a Arndt em relação ao universo de *Star Wars*, eles também chamaram Lawrence Kasdan, que compreendia o ritmo e a sensibilidade de Lucas, talvez melhor do que qualquer outro roteirista, para que Arndt o consultasse conforme precisasse.

Em agosto, Lucas foi a Orlando sob o pretexto de fazer uma aparição surpresa em um painel da convenção *Star Wars* Celebration VI, mas com um plano ainda mais secreto em mente. Ele subiu ao palco em seu painel, sob aplausos estrondosos, sem dar a menor indicação de que as engrenagens de *Star Wars* estavam lentamente voltando a se mover. Então, ainda em Orlando, Lucas levou para almoçar duas outras pessoas presentes na Celebration — Mark Hamill e Carrie Fisher —, a fim de tentar convencê-los a retomar seus papéis em futuros filmes de *Star Wars*. Hamill ficou chocado. "A ideia de que ele diria 'Queremos fazer VII, VIII e IX' era a coisa que passava mais longe da minha mente", contou Hamill.[74] No entanto, ele e Fisher concordaram em retomar seus papéis — e, depois de uma discussão considerável, também Harrison Ford, em grande medida por causa da promessa de um enredo significativo que daria um desfecho à história de Han Solo de uma vez por todas.

Kathleen ainda estava se acomodando em sua nova posição quando Lucas também a surpreendeu ao, casualmente, mencionar a ideia de vender a empresa para a Disney. "Ele começou a expor o que estava pensando", disse Kathleen, mas de uma forma intencionalmente vaga: "Era algo como: 'Mais adiante, isso é algo em que venho pensando.'"[75]

Só que não foi mais adiante; pouco mais de um ano depois da conversa no café da manhã no restaurante Brown Derby, Lucas voltava a discutir com Iger sobre como seria uma venda para a Disney. Lucas ressaltou que ele e *Star Wars* estariam sempre indelevelmente ligados, quer ele fosse ou não o proprietário da empresa; seu obituário, disse ele a Iger com certa irreverência, inevitavelmente começaria com "criador de *Star Wars*, George Lucas...". Assim, Lucas estava determinado a ter as duas coisas, propondo entregar toda a empresa a Iger e à Disney, enquanto ainda mantinha o controle total sobre *Star Wars*. Ele e sua equipe estavam cuidando da franquia há tempo demais, ele argumentou, e, portanto, sabiam melhor do que ninguém como comercializar, licenciar e produzir filmes de *Star Wars*. "Eu acho que seria sábio manter parte desta [estrutura] intacta", disse ele a Iger com firmeza. "Precisamos de algumas pessoas que supervisionem a propriedade, você sabe, que estejam dedicadas a isso, para termos certeza de que estamos fazendo tudo certo."[76]

Iger, porém, não estava comprando a ideia. Ele estava disposto a oferecer à Lucasfilm o mesmo tipo de autonomia limitada que concedera à Marvel e à Pixar, na qual a empresa permaneceria essencialmente intacta. Mas queria que Lucas compreendesse, de uma forma bem clara, que, se a Disney fosse a proprietária da empresa, seria a Disney — e não a Lucasfilm — que teria a palavra final sobre tudo relacionado a *Star Wars*. Para que o acordo tivesse êxito, era Lucas, e não a Disney, que teria de pagar o preço mais alto: abrir mão do controle. Para Lucas — o rebelde que havia desafiado o sistema de Hollywood e lutado pelo direito de controlar o próprio destino —, esse era um preço quase inaceitável.

Depois de mais discussões com Iger, Lucas acabou concordando em vender a empresa, mas não antes de assegurar uma pequena concessão:

como parte do acordo, a Disney teria de aceitar suas sinopses e usá-las como base para quaisquer futuros filmes. Não era o controle pleno que ele queria, mas pelo menos lhe dava alguma influência residual sobre a franquia que ele havia criado. No entanto, mesmo essa concessão às vezes parecia mais do que Lucas podia tolerar; toda vez que Iger lhe perguntava pelas sinopses, Lucas rispidamente recusava-se a entregá-las até que o acordo estivesse fechado. "No fim das contas, você tem de dizer: 'Olha, eu sei o que estou fazendo. Comprar as minhas histórias faz parte do acordo'", disse Lucas. "Eu poderia ter dito: 'Muito bem, vou vender a empresa para outro.'" Iger simplesmente teria de confiar nele.

À medida que prosseguiam as negociações, Kathleen podia ver o conflito estampado no rosto de Lucas. Toda sexta-feira, antes de se dirigir à saída e voltar para Los Angeles, ela enfiava a cabeça no escritório de Lucas para ver como ele estava. Alguns dias, ele parecia satisfeito e pronto para seguir em frente; outros, parecia inseguro. "Tenho certeza de que, de vez em quando, ele fazia uma pausa para questionar se estava realmente pronto para se retirar", disse Kathleen. Ainda assim, Lucas pensava que a parceria com a Disney fazia sentido e, de certa forma, fechava um ciclo em sua vida; afinal, ele estivera na Disneyworld no dia de sua abertura, em 1955, e na década de 1980 levara orgulhosamente *Star Wars* para os parques da Disney com a abertura da atração Star Tours. Naquela época, ele havia elogiado a Disney por seu compromisso com a qualidade, afirmando: "Em tudo que fiz, sempre quis me certificar de que fosse feito corretamente e mantido assim, que operasse perfeitamente (...) e este é o único lugar no mundo assim".[77] Somente a Disney valorizava de verdade, como Lucas, os benefícios de estar no controle pleno de um universo.

No segundo semestre, Iger enfim disponibilizou para Lucas uma descrição abrangente dos termos do acordo — que incluía o uso dos esboços das histórias de Lucas, que, cauteloso até o fim, só os entregaria depois de Iger assinar um contrato limitando o número de pessoas na Disney que poderiam ler essas sinopses. Iger estava encantado com o que Lucas lhes deu — ou pelo menos foi isso que disse publicamente. "De uma perspectiva narrativa, tinham muito potencial", disse Iger enigmaticamente. Essa não seria a última vez que Lucas questionaria a Disney sobre suas intenções para *Star Wars*.

Em 30 de outubro de 2012, com câmeras deslizando para registrar o momento, George Lucas e Bob Iger, presidente da Walt Disney Company, assinaram o acordo de venda da Lucasfilm para a Disney pela vertiginosa quantia de US$4,05 bilhões — metade em dinheiro, a outra metade em quase 40 milhões de ações da Disney. Esse valor impressionante iria para o único acionista da Lucasfilm: George Lucas. Com uma canetada, Lucas se tornou um dos maiores acionistas da Disney, passando a ser proprietário de 2% das ações da organização; somente o fundo Steven P. Jobs, que vendera a Pixar — "minha empresa", como Lucas ainda a chama —, possui mais ações.

A mão de Lucas estava firme quando ele assinou os papéis, mas aquele era um momento de muita emoção. "Ele estava dizendo adeus", disse Iger. Lucas imediatamente voltou para São Francisco para se despedir da equipe — agora, a equipe de Kathleen — na Lucasfilm e, então, emitiu uma nota cuidadosamente redigida para a imprensa. "Chegou a hora de eu passar *Star Wars* para uma nova geração de cineastas", disse ele. "Estou confiante de que, com a Lucasfilm sob a liderança de Kathleen Kennedy, e tendo uma nova casa dentro da organização Disney, *Star Wars* sem dúvida viverá e florescerá por muitas gerações."[78]

Isso era uma certeza. Ao mesmo tempo que havia anunciado a aquisição da Lucasfilm, a Disney também prometera ao mundo outro filme *Star Wars* para o Natal de 2015. Podiam agradecer isso a George Lucas. Com todas as peças que Lucas pusera no lugar, Kathleen imediatamente deu início à pré-produção do Episódio VII, trazendo J. J. Abrams como diretor e confiando o trabalho de roteiro inteiramente a Lawrence Kasdan. E, de certa forma, as coisas quase pareciam as mesmas, pois Lucas ainda estaria presente nas sessões de roteiro com Kasdan e sua equipe de redação na Disney, tentando explicar as regras do universo que ele havia criado.

No geral, porém, a Lucasfilm e *Star Wars* estavam avançando sem Lucas. Com seus negócios em ordem, a Lucasfilm nas mãos capazes de Kathleen Kennedy e sem outros filmes para fazer, Lucas estava pronto para passar para o próximo evento importante em sua vida, agora em um plano pessoal. Depois de namorarem por sete anos, Lucas pedira Mellody Hobson em casamento, em janeiro de 2013. Estavam preparados para passar o resto da vida juntos, e faziam planos de construir uma família; nesse momento, uma mãe de aluguel já estava gerando um bebê para eles, que nasceria em agosto. O casamento estava programado para dois meses antes disso.

No sábado, 22 de junho, Lucas — com cara de quem não tem nenhuma preocupação na vida — casou-se com Mellody Hobson no rancho Skywalker, sob um daqueles céus impossivelmente azuis e quentes da Califórnia. Mellody foi conduzida ao longo do corredor por um de seus mentores, o ex-senador Bill Bradley, enquanto Lucas esperava, radiante, com o filho Jett, de 22 anos, ao seu lado, como padrinho. Amanda e Katie postavam-se do outro lado como damas de honra. O jornalista Bill Moyers, ex-ministro batista, oficiou a cerimônia. "É preciso apenas uma pessoa para encontrar o amor da sua vida", disse Moyers, emocionado.[79] Por toda parte, viam-se olhos sendo enxugados.

Foi um casamento poderoso, em todos os sentidos da palavra. Entre os duzentos convidados presentes, estavam Harrison Ford, Steven Spielberg, Oprah Winfrey, Jeffrey Katzenberg, Robert De Niro, Samuel L. Jackson, Ron Howard e Quincy Jones — ao som de Van Morrison e Janelle Monáe. Houve piadas carinhosas de que Mellody era uma das pessoas mais *low-profile* em seu próprio casamento. Uma semana depois, porém, em uma segunda recepção na cidade natal de Mellody, Chicago, era de Lucas que se poderia dizer ser um dos mais *low-profile*, pois o evento — na península Promontory Point, projetando-se no lago Michigan — agitava-se com a elite política: um ex-congressista, um prefeito e um ex-prefeito, um reitor, até mesmo um secretário de comércio dos Estados Unidos. E somente Mellody poderia ter providenciado uma banda com 22 integrantes, tendo à frente o astro do rock Prince, para tocar no casamento.

No entanto, a despeito dos pesos-pesados em seu círculo de amigos cada vez mais amplo, Lucas continuava a ser o homem simples de sempre. Ele usava smoking por causa de Mellody, que regularmente o levava a recepções, conferências e outros eventos sociais formais, mas, sozinho, voltava a seus jeans confortáveis, camisas de botões e tênis brancos surrados. Havia restaurantes caros, claro, mas Lucas ainda gostava de passar pelo drive-thru da Taco Bell ou de frequentar o Sizzler. "George me diz: 'Somos normais'", contou Mellody. "E somos mesmo. Vamos ao cinema todo fim de semana. Ele gosta de ter as mesmas experiências que as outras pessoas, portanto não assistimos aos filmes em uma sala de projeção isolada do mundo. Vamos a um cinema local, qualquer que seja a cidade em que nos encontramos."[80]

E ele estava prestes a viver a experiência de ser pai de um bebê novamente. Em 9 de agosto de 2013 — quase sete semanas após o seu casamento —, nasceu, de uma mãe substituta, Everest Hobson Lucas, cujo nome é uma homenagem ao filho de um amigo próximo. Era o primeiro filho biológico de Lucas. Aos 69 anos, ele era pai novamente.

Embora Lucas fosse, havia muito, um dos cineastas mais bem-sucedidos do mundo, com a venda da Lucasfilm, ele também se tornara muito, muito rico. Em 2015, a *Forbes* o incluiria como o número 94 em sua lista dos quatrocentos americanos mais ricos, com um patrimônio estimado em US$5 bilhões.[81] Lucas achava tudo isso um tanto constrangedor. "Nunca fui um cara muito ligado em dinheiro", disse ele à *Businessweek*. "Sou mais ligado em filmes, e a maior parte do dinheiro que ganhei é em defesa de tentar manter o controle criativo dos meus filmes."[82]

Lucas comprometeu-se a doar a maior parte de sua fortuna à caridade; em 2010, ele havia assinado a Giving Pledge, um esforço dos bilionários Warren Buffett e Bill Gates para incentivar americanos ricos "a se comprometer a doar a maior parte de suas fortunas a causas filantrópicas e organizações de caridade de sua preferência". Para Lucas, a causa de sua preferência seria sempre a educação. "Estou doando a maior parte de minha riqueza para melhorar a educação", prometeu ele. "Trata-se da chave para a sobrevivência da raça humana."[83]

Lucas já fizera doações significativas para a Escola de Artes Cinematográficas da University of Southern California em 2006, no valor de US$175 milhões, para uma reforma completa dos edifícios do campus que ele havia construído ou melhorado com uma contribuição nos anos 1980. Em 2014, ele subvencionaria três cadeiras no departamento e, em 2015, ele e Mellody doariam outros US$10 milhões para a escola, a fim de criar o Fundo para Diversidade de Apoio ao Aluno Beneficiado da Fundação George Lucas, oferecendo apoio financeiro a alunos negros e hispânicos da escola de cinema. Outros US$25 milhões iriam para as Escolas Experimentais da Universidade de Chicago, a fim de desenvolver e construir um novo salão de arte, que Lucas pediu que recebesse o nome do influente fotógrafo e cineasta negro Gordon Parks. E, em 2014, Lucas doaria US$500 mil para o Museu Norman Rockwell, em Stockbridge, Massachusetts, para ajudar a instituição a desenvolver ferramentas on-line interativas.

Eles provavelmente poderiam ter começado digitalizando a própria coleção de Lucas, que era proprietário de mais de cinquenta quadros de Rockwell, expostos nas paredes de Skywalker ou emprestados a museus. Em 2010, na verdade, ele e Spielberg emprestaram ao Museu de Arte Americana Smithsonian quase sessenta quadros de Rockwell de sua propriedade, numa exposição que ganhou grande popularidade. Foram seus quadros de Rockwell, em parte, que inspiraram o projeto que Lucas esperava que fosse um de seus legados: um museu no qual pudesse expor e compartilhar toda a arte, celuloides de animação, páginas de quadrinhos, pôsteres de filmes, adereços e *memorabilia* — incluindo a maior parte de sua coleção de *Star Wars* —, além de incontáveis outros trabalhos de arte e artefatos que ele havia colecionado nas últimas cinco décadas. "Não tenho paredes suficientes", explicou ele, "razão pela qual quero construir um museu".[84]

Ele pensou que sabia exatamente onde colocá-lo. Na área do Presidio, perto do Crissy Field, havia uma antiga cantina abandonada de mais de 8 mil metros quadrados que fora brevemente ocupada por uma loja de artigos esportivos, mas que agora estava vazia. O Presidio Trust, o mesmo órgão que concedera a Lucas permissão para desenvolver seu Centro Digital Letterman no local, agora estava aceitando propostas para o uso da cantina. Lucas apresentou uma proposta para gastar US$700 milhões no desenvolvimento de mais de três hectares no Crissy Field, incluindo a transformação da cantina abandonada no Museu George Lucas de Arte Narrativa. Lucas e Mellody reuniram uma poderosa lista de patrocinadores que incluía a senadora Dianne Feinstein, a líder da minoria na Câmara, Nancy Pelosi, o governador da Califórnia, Jerry Brown, e os cofundadores do Twitter e do YouTube. A aprovação parecia inevitável.

Não foi. Em fevereiro de 2014, Lucas ficou perplexo ao saber que o Presidio Trust havia rejeitado categoricamente sua proposta. Alguns pensavam que o Presidio Trust tinha uma implicância pessoal com Lucas, sussurrando acusações de que ele era ou rico demais ou liberal demais ou bem-sucedido demais para ter êxito com o fundo, que tem uma forte carga política — uma campanha que continuou crescendo até que o National Park Service interveio para explicar friamente que "o museu não merece um dos locais mais importantes de todo o Presidio".[85] O fundo ofereceu-se para trabalhar com Lucas e encontrar um local mais adequado. Lucas concordou, e a conversa se arrastou por mais umas oito semanas — o suficiente para que Mellody se cansasse da "enrolação". Se o fundo não podia situar o museu na cidade de Lucas, então por que não na dela? Mellody, amiga de longa data do prefeito de Chicago, Rahm Emanuel, ofereceu-se para dar um telefonema. "Não se preocupe", disse ela ao marido. "Vou falar com o prefeito. Tenho certeza de que ele vai adorar."[86]

Emanuel estava interessado com toda a certeza. Depois de reunir uma força-tarefa para buscar locações adequadas, ele pensou ter encontrado o local ideal para Lucas: um estacionamento de quase sete hectares às margens do lago entre Soldier Field e McCormick Place, e praticamente à sombra do planetário. Além disso, se Lucas mantivesse a promessa de arcar com todos os custos associados ao museu, Emanuel ofereceu alugar o local para ele por US$1 por ano. Lucas concordou que o lugar era ideal e contratou o arquiteto chinês Ma Yansong para começar a trabalhar em desenhos conceituais para o museu, incluindo quadros que o mostrassem à margem do lago. Yansong apresentou um design futurista que, para alguns, parecia uma ameba gigantesca escorrendo para o lago; outros achavam que parecia Jabba, o Hutt. O que quer que fosse, não ajudava Lucas a ganhar a aprovação da comunidade de Chicago. A política também estava começando a se insinuar na discussão — ali era Chicago, afinal —, com alguns alegando que a terra era a compensação de Emanuel a Mellody pelo dinheiro doado para sua campanha a prefeito, acusação que ambas as partes ignoraram.[87]

De volta a São Francisco, o prefeito Ed Lee estava varrendo a orla em busca de uma alternativa para oferecer a Lucas, na esperança de atraí-lo de volta à sua cidade. Lucas, porém, prometera continuar com Emanuel e Chicago durante o longo processo. O comitê de zoneamento do Conselho Municipal de Chicago deu sinal verde para o projeto, e Lucas estava pronto para avançar, quando a organização não lucrativa Friends of the Parks — alegando que um museu consistia em um uso inadequado para a propriedade às margens do lago — registrou uma queixa em um tribunal federal, opondo-se formalmente ao projeto. A proposta parou, e Emanuel saiu em busca de outros locais mais caros, que também resultaram em nada. Lucas, embora se recusasse a desistir, levantava as mãos, frustrado. Era desconcertante. Ele não conseguia doar um museu. "Ao fazer esse museu, percebi que a maioria das cidades não quer museus; elas realmente não se importam com eles", disse Lucas em uma entrevista ao *Washington Post*. "Sabe, é esotérico demais para a maioria das pessoas, e elas não os veem como instituições educacionais."[88] Em maio de 2016, Mellody, mais uma vez cansada daquela lentidão, emitiu um comunicado de imprensa violento no qual acusava a Friends of the Parks de sabotar o processo, "a fim de preservar um estacionamento", e avisou que ela e Lucas estavam "agora procurando seriamente locais fora de Chicago".[89]

No fim de junho, Lucas decidiu que, para ele, bastava de lutar. "Ninguém se beneficia com o aparentemente interminável litígio [da Friends of the Parks] para preservar um estacionamento", repetiu ele, cansado.[90]

Ele, então, decidiu levar seu museu para outro lugar, preferivelmente de volta a São Francisco, onde o prefeito Lee ofereceu uma excelente propriedade litorânea — uma ilha, na verdade — entre São Francisco e Oakland. Se não ficar lá, o prefeito de Los Angeles, Eric Garcetti, também ofereceu ao museu, com muito entusiasmo, um lar no sul da Califórnia. Resta saber se isso não é um tanto perto demais de Hollywood para o gosto de Lucas. Em julho de 2016, ele ainda não havia tomado uma decisão.

Em janeiro de 2015, Lucas surpreendeu todo mundo ao lançar, através da máquina de distribuição da Disney, a fantasia musical *Magia estranha*, uma animação computadorizada. O filme, a interpretação de Lucas para *Sonhos de uma noite de verão*, de Shakespeare, era para suas filhas, ele disse, algo que ele vinha tentando fazer havia anos. Com uma trilha sonora de clássicos do rock and roll por trás — o título foi extraído de uma canção da Electric Light Orchestra (ELO) —, era essencialmente *Loucuras de verão* com fadas e criaturas do pântano e uma lição de conto de fadas sobre não julgar os outros pela aparência. Lançado sem muito barulho — embora com um pôster lembrando às plateias que era produto "DA MENTE DE GEORGE LUCAS" —, *Magia estranha* estreou com resenhas mistas e fracassou no prazo de duas semanas.

Lucas não pareceu se importar com isso. A essa altura, ele estava muito mais interessado em ser um pai dedicado do que em promover filmes, empurrando Everest por aí no carrinho de bebê ou levando-a para a Disneyworld. "Quando ela tiver cinco anos, terá sua própria vida, indo para a escola e falando sobre seus amigos e deveres de casa", disse Lucas. "Os tempos divertidos se tornarão realidade, ao contrário deste momento, [quando] ela não tem mais nada a fazer senão ficar com o pai."[91]

Enquanto isso, a expectativa crescia para o Episódio VII. Até então, Iger, Kathleen e Abrams haviam mostrado que eles também sabiam uma coisinha ou duas sobre promover *Star Wars*. Quando o título do filme foi anunciado, em novembro de 2014, como *Star Wars: O despertar da Força*, os fãs analisaram com o mesmo cuidado obsessivo com que analisaram os títulos *A ameaça fantasma* ou *O retorno de Jedi*. Abrams e Kathleen, cautelosamente, soltaram apenas as menores e mais atraentes pílulas de informação, incendiando o interesse dos fãs até se tornar um frenesi à medida que a data de lançamento do filme, em dezembro de 2015, se aproximava. Como de costume, parecia que todos estavam empolgados com *Star Wars*.

Lucas não era um deles. Publicamente, ele ergueu uma boa fachada, dizendo ao *USA Today* que estava ansioso para ver um filme de *Star Wars* em uma sala de cinema com plateia, sem saber de antemão o que iria acontecer. Lucas nunca conseguiria a experiência completa da multidão; ele acabaria vendo o filme em uma exibição privada com Kathleen e outros no início de dezembro. Mas não deu a conhecer imediatamente sua opinião sobre o filme; coube a Kathleen informar aos repórteres depois que Lucas tinha visto o filme e que "ele gostou muito" — uma resposta morna, na realidade.[92] Quando lhe pediram que esclarecesse, a resposta de Lucas foi deliberadamente vaga. "Acho que os fãs vão adorar", disse ele. "É exatamente o tipo de filme que eles estavam esperando."[93] Mas claramente não era o tipo de filme que George Lucas estava esperando.

Para a grande irritação de Lucas, a Disney havia ignorado as sinopses que ele lhes dera em 2012 — as mesmas que Iger havia declarado "ter grande potencial" — e seguira seu próprio caminho, usando um roteiro com elementos de histórias de Kasdan, Arndt e Abrams, mas nenhum de Lucas. "Eles decidiram que não queriam usar aquelas histórias, decidiram que iriam fazer do próprio jeito", queixou-se Lucas ao jornalista Charlie Rose, em uma entrevista que foi ao ar no dia de Natal de 2015.[94] Além disso, além daquelas primeiras sessões de roteiro em 2012, Lucas não fora envolvido em absolutamente nada de *O despertar da Força*. Kathleen, numa delicada posição entre o antigo chefe e os novos da Disney, fez o possível para ser compreensiva. "Se há uma coisa que aprendi [sobre George] é que ele nunca é contido", disse ela. "Tê-lo cem por cento a bordo depende dele, e ele não pode fazer isso a menos que esteja dando todas as ordens."[95]

É revelador que Lucas tenha comparado seu afastamento de *Star Wars* a um divórcio; seu divórcio de Marcia, em 1983, e o período que o seguiu foram as piores experiências de sua vida, mental, física e emocionalmente. Assistir a *O despertar da Força*, ele disse, foi "uma estranha realidade", como ir ao casamento de seu filho depois de se divorciar. "Eu tenho de ir à cerimônia", observou Lucas. "Minha ex vai estar lá, minha atual mulher vai estar lá, mas vou ter de respirar fundo e ser bonzinho, passar por tudo aquilo e ainda curtir o momento, porque é assim que é e foi uma decisão consciente minha."[96]

Lucas sempre se ressentiria do fato de a Disney ter permitido que Abrams fizesse um filme "para os fãs". "Eles queriam fazer um filme retrô", afirmou Lucas. "Não gosto disso." Para ele, isso era tão ruim quanto ceder à intimidação dos executivos dos estúdios que não sabiam nada sobre filmes, mas, ainda assim, exigiam cortes arbitrários para reduzir o tempo de duração de um filme. Independentemente do que as pessoas acharam das *prequels*, nunca poderiam dizer que Lucas não fora fiel à sua própria visão de *Star Wars*. Não era de admirar, disse Lucas, que as pessoas na Disney "não estivessem assim tão interessadas na minha participação. (...) Se eu entrar lá, só vou causar problemas, porque elas não vão fazer o que quero que façam. E eu não tenho mais controle para fazer isso, e tudo que eu conseguiria seria estragar tudo. E então eu disse: 'Ok, vou seguir o meu caminho e deixar que sigam o deles.'"[97]

E assim George Lucas abriu mão do controle. O que não significava que ele estava feliz com isso.

GEORGE LUCAS

Aos 72 anos, George Lucas está aposentado, aproveitando a vida e sobretudo desfrutando de seu papel de marido e pai. Ele ainda mora na casa da Park Way e, apesar dos rumores, ainda é o proprietário do rancho Skywalker — que agora conta com quase 2.500 hectares —, assim como do Skywalker Sound, que ele aluga de boa vontade para a Disney ou qualquer outro estúdio. Ainda se veste com a familiar combinação de jeans, camisa de flanela e tênis de corrida brancos; os ternos só aparecem em eventos especiais. Lucas é um marido dedicado, continua a ser um pai orgulhoso dos três filhos adultos e sente-se feliz de passar a maior parte do dia andando atrás de Everest. Embora continue afastado das mídias sociais — os venenosos comentários on-line e achincalhes na esteira do lançamento de *A ameaça fantasma* o convenceram a abandonar de vez a internet —, ele está longe de ser recluso: viaja muito, comparece a eventos de caridade e não tem nenhum problema em atender a pedidos de autógrafo.

Ainda assim, ele está em busca de coisas para fazer. Ainda espera construir seu museu em São Francisco, Oakland ou Los Angeles, ou em qualquer outro lugar onde alguém que valorize essas coisas o aceite. Se e quando o museu for construído, pode apostar que Lucas participará ativamente do desenvolvimento do layout, desenho, esquema de cores e iluminação. Como acontece com seus filmes, Lucas nunca ficará inteiramente satisfeito com o projeto de um edifício, a menos que possa pôr as mãos o máximo possível.

Como qualquer outro bom pai, Lucas finalmente viu *Star Wars* sair de casa sem ele; *O despertar da Força* quebrou quase todos os recordes de bilheteria em seu lançamento, em dezembro de 2015, subindo consistentemente até ultrapassar os US$2 bilhões de receita mundial. O Episódio VIII — ainda sem título em meados de 2016 — estava programado para 2017, seguido pelo Episódio IX, em 2019. Nesse meio-tempo, a Disney anunciou vários *spin-offs*, inclusive *Rogue One: Uma história Star Wars*, que cronologicamente se passa pouco antes do Episódio IV, e filmes apresentando Han Solo e Boba Fett. O universo *Star Wars*, nascido do suor e da frustração de Lucas e rabiscado a lápis em seus blocos surpreendentemente *low-tech*, parecia pronto para existir perpetuamente, passado de geração a geração, para as mãos de novos escritores e cineastas, para que os abraçassem e os tornassem seus. *Star Wars* permanecia tão atemporal quanto à imaginação, uma mitologia permanentemente tecida na cultura.

O envolvimento de Lucas com sua outra amada franquia, porém, parece assegurado — pelo menos por ora. Com a Disney abertamente apoiando, Steven Spielberg anunciou que queria trazer Indiana Jones de volta uma quinta vez — e que pretendia trazer não só Harrison Ford, como também George Lucas, para a próxima aventura do Dr. Jones. "George vai ser produtor executivo junto comigo", disse Spielberg durante a promoção de *O bom gigante amigo* — e então, dando uma cutucada não muito sutil na Disney, explicou: "Eu jamais faria um filme de Indiana Jones sem George Lucas. Isso seria insano".[98] Toma essa, *Despertar da Força*.

Lucas também ainda esperava voltar a fazer o tipo de filme despretensioso, pessoal e artístico que vinha prometendo fazer durante toda a carreira — documentários, poemas sinfônicos, divagações vanguardistas, "o que der vontade", disse Lucas, "independentemente de ter ou não potencial comercial".[99] Seus filmes autorais são seu "verdadeiro dom", diz Coppola, afetuosamente.[100] "Espero que ele tenha ganhado tanto dinheiro [com *Star Wars*] que ainda faça alguns filmes despretensiosos. Ele me prometeu que vai fazer."[101] Steven Spielberg acrescentou: "Ainda estamos esperando, George!"[102]

Aos 70 anos, Lucas mostrava-se meditativo, embora generoso, em relação a seu legado como cineasta — e como ser humano. Ele esperava ser lembrado primeiro e sobretudo como um ótimo pai. Depois disso? "Provavelmente serei esquecido por completo", disse, meio de brincadeira. "Espero que eu seja lembrado como um dos pioneiros do cinema digital. No fim das contas, provavelmente é a isso que se resumirá." Então, com uma piscadela, acrescentou: "Talvez se lembrem de mim como o criador daqueles esotéricos filmes de ficção científica do século XX."[103]

É mais provável, porém, que ele seja lembrado como o fervorosamente independente criador de algumas das produções cinematográficas mais memoráveis e lucrativas, assim como de alguns dos personagens mais icônicos da cultura popular. Lucas transformou a maneira como o público assistia — e reassistia — aos filmes; ele desconstruiu e, então, reinventou a maneira como os filmes eram feitos, divulgados e comercializados. Transformou o modo como os fãs abraçavam e *adoravam* não só os filmes, personagens e atores, mas também os diretores, produtores e compositores — todos esses que Lucas tornou colaboradores ativos e visíveis em seus filmes. Ele redefiniu a maneira como os estúdios cinematográficos financiavam, distribuíam e controlavam — e, então, no fim das contas, *não* controlavam — a arte do cinema.

Lucas também investiu no que mais acreditava: em si mesmo. Como resultado, o império cinematográfico que criou não capacitaria apenas a ele, mas também outros cineastas de mentalidade semelhante para produzir filmes exatamente como os imaginavam, sem que um estúdio impusesse suas prioridades, reclamando de orçamentos ou controlando cada etapa do processo. George Lucas — filho do dono de uma papelaria em uma cidade pequena — disse não ao negócio familiar e, então, construiu um império cinematográfico com base em sua visão convicta da indústria do filme — não como ela era, mas como ele achava que *deveria* ser. Boa parte dessa visão apoiava-se nas possibilidades apresentadas por novas tecnologias — tecnologias que Lucas desenvolveu com seu próprio dinheiro —, uma habilidade inerente para contratar as pessoas certas e um talento sobrenatural para fazer as perguntas certas. "Tenho a sensação de que George Lucas nunca foi plenamente valorizado pela indústria por suas inovações extraordinárias", disse o diretor Peter Jackson. "Ele é o Thomas Edison da indústria cinematográfica moderna."[104]

Lucas, tornando-se menos intransigente com a idade, descartou prontamente tais sentimentos. Ele sabia o que tinha feito. Conhecia seu lugar, e parecia confortável com ele. Quando o entrevistador Charlie Rose, em dezembro de 2015, perguntou o que ele achava que a primeira linha de seu obituário diria, Lucas talvez tenha feito o melhor resumo de sua extensa carreira, ou pelo menos o tipo de resposta esperada de alguém tão modesto e audacioso, em duas breves palavras.

"Eu tentei", disse ele, rindo.

Agradecimentos

Embora escrever, quase por definição, seja um ofício solitário — afinal, resume-se somente a você, à página e a uma porta fechada —, os biógrafos, simplesmente pela natureza desse trabalho, ainda dependem da ajuda e da generosidade de outras pessoas. Enquanto eu pesquisava, escrevia e trabalhava neste projeto durante os últimos três anos, foi um prazer falar, ter a companhia e conhecer muitas pessoas maravilhosas. Por causa delas, este livro ficou muito melhor, assim como eu.

A natureza não autorizada deste projeto dificultou muito conseguir entrevistas com parentes, amigos, colegas de trabalho e colaboradores, por isso sou especialmente grato àqueles que se dispuseram a falar comigo. Meu muito obrigado, então, a Randal Kleiser, John Korty, Gary Kurtz, Paul Golding e Larry Mirkin, que concordaram em dar seu depoimento publicamente, e a Justin Bozung e Mani Perezcarro, que me ajudaram a coordenar várias dessas entrevistas. O destemido Ken Plume foi muito útil também, e apreciei muito sua orientação e suas conversas.

Quem escreve sobre fatos históricos ou biografias compreende quanto arquivistas e bibliotecários são importantes para o nosso trabalho — e este projeto não foi uma exceção. Meu agradecimento aos inúmeros bibliotecários e arquivistas da Biblioteca do Congresso, da Biblioteca Pública do Condado de Montgomery, da Biblioteca do Condado de Stanislaus, da Biblioteca Margaret Herrick na Academia de Artes e Ciências Cinematográficas, da Warner e da Universal Studios e da University of Southern California (USC). Agradecimentos especiais vão para Barbara Alexander e Claude Zachary, por sua ajuda com as pesquisas em Modesto e no Departamento de Filmes da USC, respectivamente, e para o jornalista e blogueiro Leo Adam Biga, por sua pesquisa sobre *Loucuras de verão*.

Na Little, Brown, eu não poderia ter pedido um editor melhor e mais paciente que John Parsley, cujo fervor por este projeto foi contagiante e, com franqueza, revigorante à medida que as pilhas de materiais de pesquisa para uma análise minuciosa foram crescendo cada vez mais em minha mesa. Seu ouvido aguçado para minhas falhas e seu lápis vermelho contribuíram, em boa parte, para melhorar este livro — e, em geral, me faziam bater em minha própria testa e exclamar: "É claro! Por que não pensei em dizer isso assim?" Seu jeito calmo de falar também mascarava um forte entusiasmo por tudo que se relacionava a George Lucas — e tive muita sorte de que ele estivesse sempre disposto a me brindar com longos debates sobre o que os engenheiros imperiais poderiam estar pensando quando criaram AT-ATs.

Também sou grato à igualmente paciente Reagan Arthur, na Little, Brown, que me ajudou a manter tudo no caminho certo e no prazo determinado, mesmo quando eu tornava as coisas muito estressantes para ela. Também agradeço o apoio e a energia de Malin von Euler-Hogan, Karen Landry e Amanda Heller, a editora de texto mais impressionante do mundo, que não só teve de lidar com minhas expressões favoritas e manter todas as notas finais em ordem, como também precisou lidar com termos como *Kashyyyk* and *sarlacc*. Se vocês identificarem mais algum erro, são meus, e não dela.

Faz quase uma década agora que meu agente, Jonathan Lyons, está ao meu lado — e às minhas costas. Ele foi o maior incentivador deste projeto, e seu mais barulhento entusiasta, quando ainda era pouco mais que um longo e-mail entre nós dois. Houve vezes em que o fiz trabalhar mais do que pretendia, mas sua resposta era sempre a mesma: "Não se preocupe

Agradecimentos

com isso." Ele é inteligente, generoso e responde prontamente aos meus e-mails estranhos e telefonemas mais estranhos ainda — e agradeço à sua mulher, Cameron, e aos seus filhos, Roan, Ilan e Finn, por dividi-lo comigo.

Como sempre, sou grato aos muitos parentes, amigos e colegas que destinavam alguns minutos de seu tempo para perguntar como estava indo o projeto, oferecer seu apoio e entusiasmo, sempre compreensivos quando eu faltava a jantares ou recusava convites. Meu obrigado, em especial, a James McGrath Morris, Kitty Kelley, Scott Phillips, Marron e Mike Nelson, Mike e Cassie Knapp, Marc e Kathy Nelligan, Jack e Mindy Shaw, Raice e Liselle McLeod, e Bill e Terrie Crawley. Este projeto também não teria sido possível sem o apoio e a paciência de Sidney Katz, Lisa Mandel-Trupp, Lindsay Hoffman e Jackie Hawksford. Além disso, sempre pude contar com o amor e o apoio de meus pais, Larry Jones e Elaine e Wayne Miller, e do meu irmão, Cris, que sempre me deixou ser Han quando brincávamos com nossos bonecos Kenner Star Wars, embora ele seja mais interessante do que eu até hoje.

Por fim, nada do que você tem nas mãos hoje teria acontecido sem o apoio, o amor e o entusiasmo de minha mulher, Barb, e de nossa filha, Madi, que passaram os últimos três anos torcendo por mim e me incentivando a continuar. Se alguém trabalhou tão duro quanto eu ou até mais neste projeto, foi Barb — o verdadeiro Dr. Jones —, que me deixou espalhar minha bagunça em cima de nossa mesa de jantar por mais de dois anos; foi a jantares e levou, sozinha, nosso cão, Grayson, para passear; e sempre vinha ver como eu estava às duas da manhã. Ela é a verdadeira heroína neste projeto. E fez tudo isso sem um sabre de luz.

— *Damascus, Maryland, julho de 2016*

Notas

Prólogo: Fora de controle
1. "'Star Wars' Star Is on Cloud Nine", *Independent* (Long Beach, Calif.), 10 de junho de 1977.
2. J.W. Rinzler, *The Making of Star Wars: The Definitive Story Behind the Original Film* (Nova York: Del Rey, 2007), 160 (daqui em diante *MOSW*).
3. *MOSW*, 146.
4. *MOSW*, 143.
5. Kerry O'Quinn, "The George Lucas Saga", *Starlog*, reimpresso em Sally Kline, ed., *George Lucas: Interviews* (Jackson: University Press of Mississippi, 1999), 104 (daqui em diante, Kline, *GL Interviews*).
6. *GL Interviews*, XIV.
7. Robert Watts, citado em *MOSW*, 151.
8. *MOSW*, 160.

Capítulo 1: Diabinho mirrado
1. Joanne Williams, "Inside George Lucas' Success Allows 'Little Movie' Freedom", *Modesto Bee*, 1º de junho de 1980.
2. Jean Vallely, "'The Empire Strikes Back' and So Does George Lucas", *Rolling Stone*, 12 de junho de 1980
3. Williams, "Inside George Lucas".
4. *Biography: George Lucas: Creating an Empire*, A&E Television, 2002 (daqui em diante *Creating an Empire*).
5. "The Modesto Arch", website Historic Modesto, http://www.historicmodesto.com/thearch.html.

6. Ver Fifteenth Census of the United States, 1930, para Modesto City, Calif., folha 7B.
7. "George Lucas Sr. Story Rivals Son's Film Saga", *Modesto Bee*, 30 de janeiro de 1976.
8. "Play Presented by High School Class to Capacity House", *Modesto Bee and News-Herald*, 8 de dezembro de 1930.
9. "Dorothy Bomberger and George Lucas Marry at Methodist Church", *Modesto Bee and News-Herald*, 4 de agosto de 1933.
10. "George Lucas Sr. Story Rivals Son's Film Saga".
11. Karyn Hunt, "Business Leader G.W. Lucas Dies", *Modesto Bee*, 19 de dezembro de 1991.
12. "Dorothy Bomberger and George Lucas Marry at Methodist Church". Ver também "Dorothy Bomberger and George Lucas to Wed: Invitations in Mails", *Modesto Bee and News-Herald*, 23 de julho de 1933; e "Plan Wedding", *Modesto Bee and News-Herald*, 24 de julho de 1933.
13. Ver "Club's Speaker Lauds Roosevelt", *Fresno Bee*, 19 de dezembro de 1933.
14. Ver "Dorothy B. Lucas Dead at 75", *Modesto Bee*, 12 de março de 1989.
15. "Two Stationery Stores Change Hands Here", *Modesto Bee and News-Herald*, 26 de janeiro de 1949.
16. "George Lucas Sr. Story Rivals Son's Film Saga".
17. Anúncio da L.M. Morris, *Modesto Bee and News-Herald*, 30 de novembro de 1934.
18. Ver "Morris Rites Will Be Tomorrow", *Modesto Bee and News-Herald*, 4 de fevereiro de 1949.
19. Dale Pollock, *Skywalking: The Life and Films of George Lucas*, edição atualizada. (Nova York: Da Capo Press, 1999), 13.
20. "George Lucas Sr. Story Rivals Son's Film Saga".
21. Dale Pollock, *Skywalking*, 14.
22. Ibid.
23. Ibid.
24. *Omnibus Special Edition: George Lucas: Flying Solo*, BBC Television, 1997 (daqui em diante *Flying Solo*).
25. Dale Pollock, *Skywalking*, 15.
26. Gerald Clarke, "I've Got to Get My Life Back Again", *Time*, 23 de maio de 1983.
27. *Creating an Empire*.
28. *Flying Solo*.
29. Dale Pollock, *Skywalking*, 15.
30. "Two Stationery Stores Change Hands Here"; "Morris Rites Will Be Tomorrow".
31. "George Lucas Sr. Story Rivals Son's Film Saga".

32. Williams, "Inside George Lucas".
33. *Creating an Empire.*
34. Ibid.
35. Pollock, *Skywalking*, 37.
36. Ibid., 19.
37. Denise Worrell, *Icons: Intimate Portraits* (Nova York: Atlantic Monthly Press, 1989), 286.
38. *Flying Solo.*
39. Pollock, *Skywalking*, 16.
40. *Creating an Empire.*
41. Alan Arnold, *Once Upon a Galaxy: A Journal of the Making of The Empire Strikes Back* (Nova York: Ballantine, 1980), 219.
42. "George Lucas: A Life Making Movies", entrevista para Academy of Achievement, 19 de junho de 1999, http://www.achievement.org/autodoc/page/luc0int-1 (daqui em diante "GL: A Life Making Movies").
43. Pollock, *Skywalking*, 15.
44. Clarke, "I've Got to Get My Life Back Again".
45. Pollock, *Skywalking*, 37, 39.
46. Ibid., 11. Para uma variante dessa história, ver Peter Biskind, *Easy Riders, Raging Bulls: How the Sex-Drugs-and-Rock 'n' Roll Generation Saved Hollywood* (Nova York: Simon & Schuster, 1998), 37.
47. *Creating an Empire.*
48. Arnold, *Once Upon a Galaxy*, 189.
49. Pollock, *Skywalking*, 20.
50. Arnold, *Once Upon a Galaxy*, 189-90.
51. Pollock, *Skywalking*, 20.
52. Arnold, *Once Upon a Galaxy*, 189-90.
53. Jess Cagle, "Director: So, What's the Deal with Leia's Hair?", *Time*, 29 de abril de 2002.
54. Pollock, *Skywalking*, 22.
55. *Creating an Empire.*
56. Pollock, *Skywalking*, 22.
57. "GL: A Life Making Movies".
58. Arnold, *Once Upon a Galaxy*, 220.
59. Pollock, *Skywalking*, 18.
60. *Creating an Empire.*
61. Clarke, "I've Got to Get My Life Back Again".
62. Arnold, *Once Upon a Galaxy*, 221.

63. Pollock, *Skywalking*, 18.
64. Arnold, *Once Upon a Galaxy*, 220.
65. *Creating an Empire*.
66. Donald Ault, ed., *Carl Barks: Conversations* (Jackson: University Press of Mississippi, 2003), 130.
67. Arnold, *Once Upon a Galaxy*, 221.
68. Virginia Mecklenberg and Todd McCarthy, *Telling Stories: Norman Rockwell, from the Collections of George Lucas and Steven Spielberg* (Nova York: Abrams, 2010), 20.
69. Ibid., 18.
70. Marcus Hearn, *The Cinema of George Lucas* (Nova York: Abrams, 2005), 10-11 (daqui em diante, *COGL*).
71. John Baxter, *George Lucas: A Biography* (Londres: HarperCollins Entertainment, 1999), 24-25.
72. Worrell, *Icons*, 286.
73. Clarke, "I've Got to Get My Life Back Again".
74. Lucas afirmou várias vezes que o único canal disponível em Modesto era o KRON, um afiliado da NBC de São Francisco. Porém, *Have Gun, Will Travel* passava na CBS, e não na NBC. Para assistir a *Have Gun, Will Travel* — como Lucas lembra-se de ter feito —, ele teria de sintonizar no KPIX, um afiliado da CBS que transmitia de São Francisco.
75. Embora Lucas se lembre de assistir a seriados de Flash Gordon em um programa chamado *Adventure Theater*, que ele e inúmeras outras fontes afirmam que era transmitido no KRON todos os dias às 6 da tarde, é possível que haja alguma confusão. *Adventure Theater* não estreou no KRON até 1960 — e, mesmo quando estreou, passava às 14h30. (Às 6 da tarde, KRON exibia *Fireman Frank*.) Lucas certamente *poderia* ter assistido a Flash em *Adventure Theater* em 1960; no entanto, em 1955 o mais provável é que ele assistisse a KTVU de Stockton, que exibia um programa chamado *Super Serial* todos os dias às 6 da tarde. É possível que ele também esteja confundindo *Adventure Theater* com *Science Fiction Theater*, que era exibido todos os dias às 7 da noite no KRON em 1955. Para aumentar ainda mais a possível confusão: em 1956, a NBC exibiu seu próprio *Adventure Theater*, uma série de 13 episódios. Seja como for, os seriados de Flash Gordon eram transmitidos em um canal disponível em Modesto, e Lucas efetivamente assistia a eles.
76. Arnold, *Once Upon a Galaxy*, 220.
77. Ibid., 220-21.
78. "GL: A Life Making Movies".
79. *COGL*, 61.

80. Worrell, *Icons*, 285.
81. *COGL*, 11.
82. Pollock, *Skywalking*, 21.
83. "Newspaper for Juniors Is Published by Two Boys", *Modesto Bee and News-Herald*, 18 de agosto de 1955.
84. Ibid.
85. Ibid.
86. Ibid.
87. Pollock, *Skywalking*, 20.
88. Clarke, "I've Got to Get My Life Back Again".
89. Pollock, *Skywalking*, 37.
90. Ibid., 23.
91. *Creating an Empire*.
92. Embora Pollock (*Skywalking*) diga que Lucas foi a um show de Elvis em São Francisco "logo depois" de sua aparição no *Sullivan*, Presley levou quase um ano para agendar shows no norte da Califórnia.
93. Stephen Farber, "George Lucas: The Stinky Kid Hits the Big Time", *Film Quarterly* 27, n. 3 (primavera de 1974): 2–9
94. *Creating an Empire*.
95. *COGL*, 12.
96. "GL: A Life Making Movies".
97. "An Interview with George Lucas", Milken Institute Global Conference, 30 de abril de 2012, http://www.milkeninstitute.org/events/conferences/global-conference/2012/panel-detail/3586 (daqui em diante, Milken).
98. *COGL*, 12.
99. *Flying Solo*.
100. Pollock, *Skywalking*, 24.
101. *Flying Solo*.
102. Worrell, *Icons*, 285-86.
103. *COGL*, 12.
104. Worrell, *Icons*, 285-86.
105. *COGL*, 12.
106. Pollock, *Skywalking*, 27.
107. "Faros Car Club Members Talk About *American Graffiti* and Cruising", *Modesto News* video, 7 de junho de 2014, http://www.youtube.com/watch?v=rrQiJ3RYODM.
108. Pollock, *Skywalking*, 27.
109. *Creating an Empire*.

110. Milken.
111. *Creating an Empire.*
112. Pollock, *Skywalking*, 29.
113. Ibid.
114. "George Lucas Talks to the *Bee*'s Marijke Rowland", vídeo, *Modesto Bee*, 7 de junho de 2013, http://www.modbee.com/welcome_page/?shf=/2013/06/07/2752579_video-george-lucas-talks-to-the.html.
115. Pollock, *Skywalking*, 25.
116. Richard Heseltine, "The Real American Graffiti Artist", *Motor Sport*, junho de 2009.
117. "George Lucas–Allen Grant", Modesto CruiseRoute, vídeo do YouTube, 13 de julho de 2012, http://www.youtube.com/watch?v=KMxhdiVQv0w.
118. Conforme relatado com fidelidade no *Modesto Bee* durante 1961 e 1962. Ver, por exemplo, "Modesto Sports Car Club Wins Contest", *Modesto Bee and News-Herald*, 20 de março de 1961.
119. Pollock, *Skywalking*, 24.
120. Ibid., 46.
121. "History and Today", website Canyon Cinema, http://www.canyoncinema.com/about/history.
122. *COGL*, 16.
123. Pollock, *Skywalking*, 27.
124. Jason Walsh, "Episode III: A New Hack", *Pacific Sun*, 12–18 de fevereiro de 2010.
125. *COGL*, 13.
126. Pollock, *Skywalking*, 38.
127. John Seabrook, "Why the Force Is Still with Us," *The New Yorker*, 6 de janeiro de 1997.
128. Todos os relatos do acidente são vagos e, às vezes, conflitantes, sobretudo porque a história foi aumentada, relatada de forma incorreta e deixada mais dramática nos cinquenta anos desde o incidente. Ver "DHS Student Is Injured Seriously in Car Crash", *Modesto Bee and News-Herald*, 13 de junho de 1962; Pollock, *Skywalking*, xiii-xvi; e Baxter, *George Lucas*, 38; assim como uma versão dos eventos bastante modificada retroativamente em Mark Cotta Vaz e Shinji Hata, *From Star Wars to Indiana Jones: The Best of the Lucasfilm Archives* (São Francisco: Chronicle, 1994).

Capítulo 2: Geeks e nerds
1. *Creating an Empire.*
2. Pollock, *Skywalking*, XV.

3. *Creating an Empire.*
4. Williams, "Inside George Lucas".
5. "GL: A Life Making Movies".
6. *Creating an Empire.*
7. *COGL*, 13.
8. Arnold, *Once Upon a Galaxy*, 187.
9. Ibid.
10. "GL: A Life Making Movies".
11. Williams, "Inside George Lucas".
12. Pollock, *Skywalking*, 34-35.
13. *Creating an Empire.*
14. *COGL*, 13.
15. George Lucas entrevistado no *CBS This Morning*, julho de 2013.
16. Arnold, *Once Upon a Galaxy*, 188.
17. *COGL*, 14; "GL: A Life Making Movies".
18. *COGL*, 14.
19. Heseltine, "The Real American Graffiti Artist".
20. Michael Rubin, *Droidmaker: George Lucas and the Digital Revolution* (Gainesville: Triad, 2006), 8.
21. "An AFI Interview with Haskell Wexler", AFI, 18 de setembro de 2010, disponível em https://site.douban.com/106789/widget/notes/127384/note/91565727.
22. Williams, "Inside George Lucas".
23. *COGL*, 16.
24. Ver USC School of Cinematic Arts documentary, 2009, disponível em http://cinema.usc.edu/about/history/index.cfm.
25. Pollock, *Skywalking*, 43.
26. *George Lucas: Maker of Films*, documentário televisivo, KCET, 1971.
27. Susan King, "Remastered Classic: Now That's a Birthday Gift", *Los Angeles Times*, 27 de março de 2009.
28. "A Legacy of Filmmakers: The Early Years of American Zoetrope", *THX 1138: The George Lucas Director's Cut*, ed. especial em DVD, Warner Home Video, 2004.
29. "GL: A Life Making Movies".
30. Ibid.; Kline, *GL Interviews*, 35.
31. Terence M. Green, "USC Cinema-Television School Has Close-Knit Ambiance of Mini-Studio: Facility Is Replacement for Old Bungalows", *Los Angeles Times*, 24 de março de 1985.
32. "A Legacy of Filmmakers".
33. Kline, *GL Interviews*, 35.

34. "A Legacy of Filmmakers".
35. Green, "USC Cinema-Television School".
36. Pollock, *Skywalking*, 50.
37. *Creating an Empire*.
38. *COGL*, 16.
39. Pollock, *Skywalking*, 49.
40. "A Legacy of Filmmakers".
41. Trevor Hogg, "Assembly Required: A Walter Murch Profile", website Flickering Myth, 21 de julho de 2010, http://www.flickeringmyth.com/2010/07/assembly--required-walter-murch-profile.html.
42. *COGL*, 16.
43. Kline, *GL Interviews*, 35.
44. Baxter, *George Lucas*, 49.
45. Ibid., 50.
46. *Creating an Empire*.
47. *COGL*, 16.
48. "A Legacy of Filmmakers".
49. Ibid.
50. *COGL*, 16.
51. "GL: A Life Making Movies".
52. Ibid.
53. *COGL*, 17-18.
54. *COGL*, 18.
55. Rubin, *Droidmaker*, 11.
56. *Creating an Empire*.
57. Pollock, *Skywalking*, 56.
58. *Creating an Empire*.
59. Baxter, *George Lucas*, 57.
60. Pollock, *Skywalking*, 50.
61. *Creating an Empire*. Anos depois, Lucas negaria que estava desenhando "soldadinhos espaciais", dizendo que provavelmente eram carros.
62. Pollock, *Skywalking*, 47.
63. Biskind, *Easy Riders*, 317-18.
64. *COGL*, 16, 18.
65. Arnold, *Once Upon a Galaxy*, 188.
66. *Creating an Empire*.
67. Arnold, *Once Upon a Galaxy*, 186.
68. Pollock, *Skywalking*, 57.

69. "Lucas, Coppola, and Kurosawa", *Kagemusha: The Criterion Collection*, DVD, Criterion Studio, 2009.
70. Ibid.
71. *COGL*, 21.
72. Pollock, *Skywalking*, 51.
73. Ver "Writer-Director Paul Golding on Giving *Pulse* Life", website Video Junkie, 10 de maio de 2014, http://originalvidjunkie.blogspot.com/2014/05/writer-director-paul-golding-on-giving.html?zx=4c515a2976ba414c.
74. *Creating an Empire*.
75. *Flying Solo*.
76. *COGL*, 19.
77. Don Glut, *I Was a Teenage Movie Maker* (Jefferson, N.C.: McFarland & Co., 2007), 166.
78. *COGL*, 20.
79. Pollock, *Skywalking*, 44.
80. *COGL*, 19.
81. Baxter, *George Lucas*, 62.
82. William Keck, "USC Grads Honor Film School; Lucas, Zemeckis, Ferrell Reminisce", *USA Today*, 28 de setembro de 2004.
83. *COGL*, 20.
84. Baxter, *George Lucas*, 61.
85. *COGL*, 20.
86. Pollock, *Skywalking*, 57.
87. *COGL*, 20.
88. Glut, *I Was a Teenage Movie Maker*, 158.
89. Stuart Silverstein, "Lucas Seeks to Produce Respect for Filmmaking: 'Star Wars' Creator Speaks at a Ceremony at USC Honoring the $175 Million He Has Pledged to Its Film School", *Los Angeles Times*, 5 de outubro de 2006.
90. Barry Koltnow, "End of the Beginning: A Contented George Lucas Looks Back at the Six Parts of His 'Star Wars' Film Epic", *Orange County Register*, 15 de maio de 2005.
91. Baxter, *George Lucas*, 55–56.
92. Pollock, *Skywalking*, 56, 59–60.
93. *COGL*, 22.
94. *COGL*, 22.

Capítulo 3: O cavalo certo
1. Baxter, *George Lucas*, 71.
2. Gerald Peary, entrevista com Verna Fields, *The Real Paper* (Boston), 23 de outubro de 1980.
3. Kline, *GL Interviews*, 5.
4. Ibid.
5. *Creating an Empire*.
6. Pollock, *Skywalking*, 65, 61.
7. Ibid., 63.
8. Ibid., 64.
9. Ibid., 62.
10. *COGL*, 22.
11. *COGL*, 21-22.
12. *COGL*, 23.
13. Pollock, *Skywalking*, 67.
14. Ibid., 47.
15. Steve Silberman, "Life after Darth", *Wired*, May 2005.
16. Karina Longworth, *Masters of Cinema: George Lucas* (Nova York: Phaidon, 2012), 11.
17. Silberman, "Life after Darth".
18. Pollock, *Skywalking*, 47.
19. Kline, *GL Interviews*, 6.
20. *COGL*, 20.
21. Sheerly Avni, *Cinema by the Bay* (Nicasio, Calif.: George Lucas Books, 2006), 36.
22. *COGL*, 24.
23. Hogg, "Assembly Required".
24. Pollock, *Skywalking*, 46.
25. Ibid., 63.
26. Ibid., 62, 63, 66.
27. Baxter, *George Lucas*, 70.
28. Pollock, *Skywalking*, 65.
29. Paul Golding, entrevista com o autor, 1º de novembro de 2014.
30. *COGL*, 25.
31. Pollock, *Skywalking*, 58.
32. Justin Bozung, "Watch the Amazing George Lucas Film *The Emperor* and Read about How It Was Made", *TV Store Online*, 1º de abril de 2014, http://blog.tvstoreonline.com/2014/04/watch-george-lucas-brilliant-student.html.

33. Ibid.
34. *COGL*, 25.
35. Bozung, "Watch the Amazing George Lucas".
36. Ibid.
37. Ken Plume, "An Interview with John Milius", website IGN, 7 de maio de 2003, http://www.ign.com/articles/2003/05/07/an-interview-with-john-milius.
38. Bozung, "Watch the Amazing George Lucas".
39. Pollock, *Skywalking*, 66, 65.
40. Ibid., 68.
41. *Flying Solo*.
42. *COGL*, 17–18.
43. Pollock, *Skywalking*, 59.
44. Ibid., 70.
45. Ibid.
46. Ibid.
47. *COGL*, 26, 27.
48. *COGL*, 27.
49. *COGL*, 27.
50. Charles Champlin, *George Lucas: The Creative Impulse: Lucasfilm's First Twenty Years* (Nova York: Abrams), 9.

Capítulo 4: Radicais e hippies

1. *George Lucas on Working with Francis Ford Coppola*, vídeo do American Film Institute, http://www.youtube.com/watch?v=kNcdS8L9pcA.
2. *Creating an Empire*.
3. Peter Cowie, *Coppola: A Biography*, ed. rev. (Nova York: Da Capo Press, 1994), 15.
4. Biskind, *Easy Riders*, 149.
5. Cowie, *Coppola*, 20, 22.
6. Biskind, *Easy Riders*, 36.
7. *Creating an Empire*.
8. Biskind, *Easy Riders*, 37.
9. Lester D. Friedman e Brent Notbohm, eds., *Steven Spielberg: Interviews* (Jackson: University Press of Mississippi, 2010), 38.
10. *Creating an Empire*.
11. *COGL*, 27.
12. *COGL*, 27.
13. *Creating an Empire*.

14. Ibid.
15. Resenha rápida, *Finian's Rainbow*, DVD Journal, http://www.dvdjournal.com/quickreviews/f/finiansrainbow.q.shtml.
16. *Lucas on Working with Coppola*.
17. "Show Beat", *Danville Register* (Va.), 30 de julho de 1967.
18. *Flying Solo*.
19. Baxter, *George Lucas*, 84.
20. *Flying Solo*.
21. *Lucas on Working with Coppola*.
22. *COGL*, 28.
23. *Lucas on Working with Coppola*.
24. Audie Bock, "Zoetrope and *Apocalypse Now*", *American Film*, setembro de 1979.
25. Pollock, *Skywalking*, 68.
26. Thomas Kevin, "'A' Grades for Film Festival Students", *Los Angeles Times*, 22 de janeiro de 1968.
27. Charles Champlin, "US Student Film Series Will Open at Fairfax", *Los Angeles Times*, 21 de fevereiro de 1968.
28. J. W. Rinzler e Laurent Bouzereau, *The Making of Indiana Jones: The Definitive Story Behind All Four Films* (Nova York: Del Rey, 2008), 12 (daqui em diante *MOIJ*).
29. *Creating an Empire*.
30. Ibid.
31. *MOIJ*, 12.
32. George Lucas, discurso de agradecimento pelo AFI Life Achievement Award, 2005.
33. Leo Janos, "Steven Spielberg: *L'Enfant Directeur*", *Cosmopolitan*, junho de 1980.
34. Joseph McBride, *Steven Spielberg: A Biography*, 2ª ed. (Jackson: University Press of Mississippi, 2010), 62, 66.
35. Ibid., 137–38.
36. Pollock, *Skywalking*, 62, 63.
37. *Creating an Empire*.
38. Pollock, *Skywalking*, 65.
39. Ibid., 65, 63.
40. Gene D. Phillips e Rodney Hill, eds., *Francis Ford Coppola: Interviews* (Jackson: University Press of Mississippi, 2004), 13.
41. Biskind, *Easy Riders*, 94.
42. *Flying Solo*.
43. Baxter, *George Lucas*, 84–85.

44. *COGL*, 31.
45. Ver George Lucas, *Filmmaker*, Zoetrope/Lucas, 1968.
46. *COGL*, 28.
47. Michael Goodwin and Naomi Wise, *On the Edge: The Life and Times of Francis Coppola* (Nova York: William Morrow and Company, 1989), 87.
48. Cowie, *Coppola*, 53.
49. Biskind, *Easy Riders*, 208.
50. Baxter, *George Lucas*, 87-88.
51. John F. Kearney, "For Film Director Hollywood Out, Stinson Beach Is In", *Daily Independent Journal* (San Rafael, Calif.), 14 de fevereiro de 1967.
52. John Korty, entrevista com o autor.
53. Kearney, "For Film Director".
54. *COGL*, 31.
55. Cowie, *Coppola*, 55.
56. *COGL*, 31.
57. Cowie, *Coppola*, 39.
58. Pollock, *Skywalking*, 88.
59. *COGL*, 34-35.
60. Francis Ford Coppola, entrevista de John Milius, 8 de abril de 2010, https://www.youtube.com/watch?v=JZswrVALi2M.
61. Phillips and Hill, *Francis Ford Coppola*, 95.
62. "A Brief History of Zoetrope Films", Zoetrope.com, http://www.zoetrope.com/zoe_films.cgi?page=history.
63. Phillips and Hill, *Francis Ford Coppola*, 15.
64. Cowie, *Coppola*, 45.
65. Peter Hartlaub, "In a Valley Not Far, Far Away", *San Francisco Chronicle*, 27 de abril de 2007.
66. Pollock, *Skywalking*, 83.
67. *Creating an Empire*.
68. Cowie, *Coppola*, 56.
69. Louise Sweeney, "A Coppola Objective: An 'All-Consuming' Film", *Christian Science Monitor*, 30 de agosto de 1969.
70. Biskind, *Easy Riders*, 92.
71. Hartlaub, "In a Valley Not Far, Far Away".
72. Hogg, "Assembly Required".
73. Sweeney, "A Coppola Objective".
74. Biskind, *Easy Riders*, 258.
75. Phillips e Hill, *Francis Ford Coppola*, 16.

Notas

76. "A Legacy of Filmmakers", disco extra, *THX 1138*.
77. Mel Gussow, "Movies Leaving 'Hollywood' Behind: Studio System Passé; Film Forges Ahead", *New York Times*, 27 de maio de 1970.
78. John Patterson, "American Zoetrope: In a Galaxy Not from Hollywood...", *The Guardian*, 17 de novembro de 2011.
79. "Indies — Francis Ford Coppola and George Lucas on Set of *Rain People*", King Rose Archives, ca. 1968, http://www.youtube.com/watch?v=JhfY4LVpevI.
80. *Creating an Empire*.
81. Biskind, *Easy Riders*, 98.
82. "A Legacy of Filmmakers".
83. Ver Biskind, *Easy Riders*, 92; Goodwin e Wise, *On the Edge*, 96; e Cowie, *Coppola*, 56.
84. Pollock, *Skywalking*, 89.
85. Gerald Nachman, "Coppola of Zoetrope — Older, Wiser and Poorer", *Los Angeles Times*, 7 de novembro de 1971.
86. "A Legacy of Filmmakers". Ver também *COGL*, 36.
87. *COGL*, 36.
88. Gussow, "Movies Leaving 'Hollywood' Behind".
89. John Leighty, "Hippie Capitalist Makes Films in SF", *Fresno Bee*, 10 de abril de 1970.
90. Sweeney, "A Coppola Objective".
91. Nachman, "Coppola of Zoetrope".
92. Cowie, *Coppola*, 57; Gussow, "Movies Leaving 'Hollywood' Behind".
93. Cowie, *Coppola*, 57.
94. Nachman, "Coppola of Zoetrope".
95. "A Legacy of Filmmakers".
96. Kline, *GL Interviews*, 7.
97. Sweeney, "A Coppola Objective".
98. Gussow, "Movies Leaving 'Hollywood' Behind".
99. Leighty, "Hippie Capitalist Makes Films in SF".
100. Trevor Hogg, "Hot Rods & Droids: A George Lucas Profile", website Flickering Myth, 8 de junho de 2011, http://www.flickeringmyth.com/2011/06/hot-rods--droids-george-lucas-profile.html.
101. Kline, *GL Interviews*, 146.
102. Sweeney, "A Coppola Objective".
103. "Movies Leaving 'Hollywood' Behind".
104. *COGL*, 38.
105. George Lucas, faixa de comentário de *THX 1138*.

106. Christine Richert, "Modestan's Movie Will Open", *Modesto Bee and News-Herald*, 1º de junho de 1971.
107. Kline, *GL Interviews*, 4.
108. George Lucas, faixa de comentário de *THX 1138*.
109. "THX 1138 — Made in San Francisco", *American Cinematographer*, outubro de 1971.
110. Kline, *GL Interviews*, 12.
111. George Lucas, faixa de comentário de *THX 1138*.
112. Pollock, *Skywalking*, 90.
113. Kline, *GL Interviews*, 12.
114. George Lucas, faixa de comentário de *THX 1138*.
115. *COGL*, 37.
116. *COGL*, 36.
117. "Hollywood", *The Times* (San Mateo, Calif.), 24 de janeiro de 1970.
118. Pollock, *Skywalking*, 92.
119. "A Legacy of Filmmakers".
120. Kline, *GL Interviews*, 12.
121. Leighty, "Hippie Capitalist Makes Films in SF".
122. "A Legacy of Filmmakers".
123. Ibid.
124. Ibid.
125. Ibid.
126. Biskind, *Easy Riders*, 235.
127. Goodwin and Wise, *On the Edge*, 106.
128. Biskind, *Easy Riders*, 98–99.
129. Ibid., 98.
130. "A Legacy of Filmmakers".
131. George Lucas, faixa de comentário de *THX 1138*.
132. *Creating an Empire*.
133. Biskind, *Easy Riders*, 100.
134. Ibid., 99.
135. *COGL*, 46.
136. *Creating an Empire*.
137. Francis Ford Coppola entrevistado em *The Howard Stern Show*, 8 de junho de 2009.
138. Biskind, *Easy Riders*, 93.
139. "A Legacy of Filmmakers". Há uma grande confusão entre praticamente todos os envolvidos a respeito da linha do tempo relevante para as exibições de *THX*, o

fim da Zoetrope e o envolvimento de Coppola com *O Poderoso Chefão*. Na maioria das versões da história, Coppola concordou em dirigir *O Poderoso Chefão* somente depois dos eventos da "Quinta-feira Negra". Contudo, essa reunião aconteceu em novembro, enquanto Coppola aceitara a direção em setembro. Algumas versões dos eventos passam a Quinta-feira Negra para maio ou junho; porém, Lucas insiste que a reunião aconteceu em novembro. A maioria das versões da história também menciona que Lucas estava editando *THX* quando Coppola recebeu o telefonema, o que não poderia ter acontecido após a Quinta-feira Negra, uma vez que o filme fora tirado de suas mãos. Assim, de acordo com as lembranças de Lucas, isso significa que Coppola aceitou *O Poderoso Chefão* dois meses *antes* dos eventos da Quinta-feira Negra, privando a maioria dos contadores das versões do ponto de exclamação triunfante da história.

140. Biskind, *Easy Riders*, 101.
141. "A Legacy of Filmmakers".
142. Kline, *GL Interviews*, 4.
143. Nachman, "Coppola of Zoetrope".
144. Biskind, *Easy Riders*, 101.
145. *Creating an Empire*.
146. *George Lucas: Maker of Films*, 1971.
147. "Airport 'Junk' — Lancaster", *The Gazette* (Montreal), 8 de março de 1971.
148. Nachman, "Coppola of Zoetrope".
149. *George Lucas: Maker of Films*.
150. Kline, *GL Interviews*, 37.
151. *Creating an Empire*.
152. "A Legacy of Filmmakers".
153. Biskind, *Easy Riders*, 99.
154. "A Legacy of Filmmakers".
155. Kline, *GL Interviews*, 6.
156. "A Legacy of Filmmakers".
157. Cowie, *Coppola*, 61.
158. "A Legacy of Filmmakers".
159. Biskind, *Easy Riders*, 102.
160. "George Lucas at 70: The Star Wars Creator on Filmmaking", *The Telegraph* (Londres), http://www.telegraph.co.uk/culture/star-wars/10828279/George-Lucas-at-70-the-Star-Wars-creator-on-filmmaking.html.
161. "A Legacy of Filmmakers".
162. Pollock, *Skywalking*, 100.
163. Biskind, *Easy Riders*, 102.

164. "A Legacy of Filmmakers".
165. Biskind, *Easy Riders*, 102.
166. Kenneth Turan, "Film: THX 1138", *Washington Post*, 17 de abril de 1971.
167. Roger Ebert, resenha de *THX 1138*, 1971, http://www.rogerebert.com/reviews/thx-1138-2004.
168. Roger Greenspun, "Film: Lucas's 'THX 1138': Love Is Punishable Crime in Future", *New York Times*, 12 de março de 1971.
169. Vincent Canby, "Wanda's a Wow, So's THX", *New York Times*, 21 de março de 1971.
170. "Review: 'THX 1138'", *Variety*, 16 de março de 1971.
171. Pollock, *Skywalking*, 96.
172. Biskind, *Easy Riders*, 235.
173. "A Legacy of Filmmakers".
174. Biskind, *Easy Riders*, 235.
175. Ibid.

Capítulo 5: Loucuras de verão

1. Garry Jenkins, *Empire Building: The Remarkable Real Life Story of Star Wars* (Secaucus, N.J.: Citadel, 1999), 24.
2. Ibid., 25.
3. Ibid., 22, 26.
4. Gary Arnold, "Chalking 'Graffiti' Up to Experience", *Washington Post*, 26 de maio de 1974.
5. David Sheff, "George Lucas", *Rolling Stone*, 5 de novembro–10 de dezembro de 1987.
6. Kline, *GL Interviews*, 42.
7. Jenkins, *Empire Building*, 28.
8. Chris Taylor, "'Star Wars' Producer Blasts 'Star Wars' Myths", Mashable.com, 27 de setembro de 2014, http://mashable.com/2014/09/27/star-wars-myths-gary-kurtz/.
9. Ken Plume, "An Interview with Gary Kurtz", IGN, 11 de novembro de 2002, http://www.ign.com/articles/2002/11/11/an-interview-with-gary-kurtz.
10. Kline, *GL Interviews*, 38.
11. Biskind, *Easy Riders*, 235.
12. *Empire of Dreams: The Story of the Star Wars Trilogy*, dirigido por Kevin Burns, disco extra, *The Star Wars Trilogy*, box de DVD (Nicasio, Calif.: Lucasfilm, 2004).
13. Kline, *GL Interviews*, 38.
14. Chris Murphy e Ken White, "George Lucas Interviewed", *Modesto View*, 1º de junho de 2012.

15. *MOSW*, 4.
16. Vídeo do American Film Institute, "George Lucas on *American Graffiti*", 30 de outubro de 2009, https://www.youtube.com/watch?v=WvmFpj2Bgyc.
17. "GL: A Life Making Movies".
18. George Stevens Jr., *Conversations at the American Film Institute with the Great Moviemakers: The Next Generation, from the 1950s to Hollywood Today* (Nova York: Vintage, 2014), 301.
19. Pollock, *Skywalking*, 102.
20. Ibid.
21. Philip Horne, "'The Godfather': 'Nobody Enjoyed One Day of It'", *The Telegraph* (Londres), 22 de setembro de 2009.
22. *MOSW*, 5.
23. Susy Vader, "Charlie Chaplin Stole the Show at the 1971 Cannes Film Festival". *Australian Women's Weekly*, 23 de junho de 1971. Com frequência, há relatos de que Lucas serviu de cameraman em *Gimme Shelter* para os cineastas Albert e David Maysles — e que até mesmo filmou as facadas fatais em Meredith Hunter. Lucas, com típica desenvoltura, diz que simplesmente não se lembra de ter filmado nada para o documentário.
24. Pollock, *Skywalking*, 103.
25. *MOSW*, 5.
26. Baxter, *George Lucas*, 117.
27. Ibid., 116, 117.
28. Stevens, *Conversations with the Great Moviemakers*, 301.
29. Ibid.
30. *Creating an Empire*.
31. Jenkins, *Empire Building*, 31.
32. "GL: A Life Making Movies".
33. Ibid.
34. Kline, *GL Interviews*, 26.
35. "GL: A Life Making Movies".
36. Paul Scanlon, "The Force behind George Lucas", *Rolling Stone*, 25 de agosto de 1977.
37. Pollock, *Skywalking*, 31.
38. Biskind, *Easy Riders*, 236.
39. Ibid.
40. Gary Arnold, "Cruising through 'American Graffiti': Hot Rods, Good Times and Longings", *Washington Post*, 31 de agosto de 1973.

41. A porcentagem varia de história para história. No fim, Lucas e Coppola lembram-se de ter dividido 40% entre si.
42. Pollock, *Skywalking*, 107.
43. *COGL*, 54.
44. Pat Perry, "San Rafael Is Site for Movie of 1962 Teens", *Daily Independent Journal* (San Rafael, Calif.), 14 de junho de 1972.
45. Pollock, *Skywalking*, 108.
46. *Creating an Empire*.
47. Judy Klemesrud, "'Graffiti' Is the Story of His Life", *New York Times*, 7 de outubro de 1973.
48. *COGL*, 56.
49. *Creating an Empire*.
50. Ibid.
51. Baxter, *George Lucas*, 32.
52. Ibid.
53. "Cindy Williams Interview: Film-Television Star to Appear at Nov. 2 Screening of 'American Graffiti' in Omaha", blog de Leo Adam Biga, 25 de outubro de 2012, http://leoadambiga.com/2012/10/25/cindy-williams-interview-film-television-star-to-appear-at-nov-2-screening-of-american-graffiti-in-omaha/. Usado com permissão do blogueiro-jornalista-autor Leo Adam Biga.
54. *COGL*, 6.
55. *MOIJ*, 14.
56. Contudo, a história não era de Spielberg; era do escritor de ficção científica Philip Wylie.
57. *MOIJ*, 14.
58. *MOIJ*, 14.
59. Kline, *GL Interviews*, 18.
60. George Lucas em *Loucuras de verão*, vídeo do American Film Institute, http://www.youtube.com/watch?v=WvmFpj2Bgyc.
61. Klemesrud, "'Graffiti' Is the Story of His Life".
62. Ibid.
63. *Creating an Empire*.
64. *COGL*, 62.
65. Baxter, *George Lucas*, 127.
66. Kline, *GL Interviews*, 16.
67. *Creating an Empire*.
68. Kline, *GL Interviews*, 16.
69. Klemesrud, "'Graffiti' Is the Story of His Life".

70. Arnold, *Once Upon a Galaxy*.
71. Kline, *GL Interviews*, 16, 41.
72. Biskind, *Easy Riders*, 237.
73. *Creating an Empire*.
74. *COGL*, 64.
75. "George Lucas: A Galaxy Far, Far Away", *Easy Riders, Raging Bulls*, minidocumentário, Shout Factory, 2004.
76. *COGL*, 64.
77. Ver "Shooting Schedule, American Graffiti as Shot", *COGL*, 74–75.
78. Paul Rowlands, "Candy Clark Talks about *American Graffiti*", website Money Into Light, 28 de abril de 2012, http://www.money-into-light.com/2012/04/candy-clark-talks-to-paul-rowlands.html.
79. *MOSW*, 7.
80. Biskind, *Easy Riders*, 237.
81. Informação biográfica de David M. Herszenhorn, "Wolfman Jack, Raspy Voice of the Radio, Is Dead at 57", *New York Times*, 2 de julho de 1995; Richard Harrington, "Leader of the Pack: Deejay Wolfman Jack, the Voice of a Generation", *Washington Post*, 3 de julho de 1995; e website XERB1090, http://www.xerbradio.com.
82. Kline, *GL Interviews*, 29, 39.
83. Ibid., 22–23.
84. Klemesrud, "'Graffiti' Is the Story of His Life".
85. Baxter, *George Lucas*, 128.
86. *COGL*, 66.
87. Hogg, "Assembly Required".
88. Kline, *GL Interviews*, 21.
89. Ibid., 29.
90. *COGL*, 69.
91. *COGL*, 69.
92. Pollock, *Skywalking*, 118.
93. Biskind, *Easy Riders*, 243.
94. *COGL*, 6, 70.
95. Biskind, *Easy Riders*, 243.
96. *Creating an Empire*.
97. Biskind, *Easy Riders*, 243.
98. Ibid., 244.
99. Ver Lillian Ross, "Some Figures on a Fantasy", *The New Yorker*, 8 de novembro de 1982.
100. Biskind, *Easy Riders*, 244.

101. *COGL*, 71.
102. Biskind, *Easy Riders*, 244.
103. Pollock, *Skywalking*, 120.
104. Kline, *GL Interviews*, 43.
105. "A Legacy of Filmmakers".
106. Kline, *GL Interviews*, 77.
107. "Wendy Lucas Comments on *American Graffiti*", State Theatre, Modesto, 31 de maio de 2008, http://www.youtube.com/watch?v=yvEwUOR0kkE.
108. Kline, *GL Interviews*, 77-78.
109. Ibid., 77.
110. Pollock, *Skywalking*, 123.
111. Jay Cocks, "Cinema: Fabulous '50s", *Time*, 20 de agosto de 1973.
112. Gary Arnold, "Cruising through 'American Graffiti': Hot Rods, Good Times and Longings", *Washington Post*, 31 de agosto de 1973.
113. Charles Champlin, "A New Generation Looks Back in 'Graffiti'", *Los Angeles Times*, 29 de julho de 1973.
114. Stephen Farber, "'Graffiti' Ranks with 'Bonnie and Clyde'", *New York Times*, 5 de agosto de 1973.
115. Kline, *GL Interviews*, 21.
116. Peter Hartlaub, "The Chronicle Panned It: 'American Graffiti'", *SF Gate*, 4 de fevereiro de 2015.
117. Ibid.
118. Ver Gene Siskel, "Graffiti — How Many Golden Oldies Can You Handle?", *Chicago Tribune*, 24 de agosto de 1973.
119. Farber, "'Graffiti' Ranks with 'Bonnie and Clyde'"; Klemesrud, "'Graffiti' Is the Story of His Life".
120. Cocks, "Cinema: Fabulous '50s".
121. Arnold, *Once Upon a Galaxy*.
122. Klemesrud, "'Graffiti' Is the Story of His Life".
123. Ibid.
124. Ibid.; Paul Gardner, "'Graffiti' Reflects Its Director's Youth", *New York Times*, 19 de setembro de 1973.
125. *Creating an Empire*.
126. Ao negociar a aquisição de direitos para o filme, Lucas tentara fazer com que a Universal incluísse dinheiro para obter ao mesmo tempo as músicas para um álbum da trilha sonora. Caso a Universal tivesse obtido os direitos da trilha sonora naquele momento, o estúdio teria economizado os milhões que pagou para adquiri-los após o filme se tornar um sucesso.

127. Biskind, *Easy Riders*, 237.
128. Ibid., 320.
129. Pollock, *Skywalking*, 128.
130. Biskind, *Easy Riders*, 319.
131. *Creating an Empire*.
132. *COGL*, 82.
133. Ver *MOSW*, 14.
134. Kline, *GL Interviews*, 32.

Capítulo 6: Sangrando na página

1. Larry Sturhahn, "The Making of *American Graffiti*", *Filmmakers Newsletter*, março de 1974.
2. *MOSW*, 14.
3. *MOSW*, 26.
4. Biskind, *Easy Riders*, 322.
5. *COGL*, 78.
6. Biskind, *Easy Riders*, 322.
7. Vallely, "*The Empire Strikes Back* and So Does George Lucas".
8. *MOSW*, 7.
9. Stephen Zito, "George Lucas Goes Far Out", *American Film*, abril de 1977.
10. Ver *MOSW*, 8–11.
11. *MOSW*, 9.
12. *MOSW*, 15.
13. *MOSW*, 50.
14. *MOSW*, 9–11.
15. *Empire of Dreams*.
16. Kline, *GL Interviews*, 44.
17. Vallely, "*The Empire Strikes Back* and So Does George Lucas".
18. Pollock, *Skywalking*, 126.
19. Bob Thomas, "Lucas Fortune Changes", *Baltimore Sun*, 28 de agosto de 1973.
20. *MOSW*, 12.
21. Jenkins, *Empire Building*, 43.
22. Paul Rosenfield, "Lucas: Film-Maker with the Force", *Los Angeles Times*, 5 de junho de 1977.
23. Ver Gene Siskel, "A Day with the 'Smartest' Film Mogul", *Chicago Tribune*, 9 de abril de 1978.
24. Farber, "George Lucas: The Stinky Kid Hits the Big Time".
25. Jenkins, *Empire Building*, 46.

26. Ibid., 39.
27. *MOSW*, 13.
28. Paul Scanlon, "George Lucas Wants to Play Guitar as 'Star Wars' Takes a Vacation", *Rolling Stone*, 21 de julho de 1983.
29. *MOSW*, 12-13.
30. *MOSW*, 12.
31. Kline, *GL Interviews*, 81.
32. Jenkins, *Empire Building*, 47.
33. *Empire of Dreams*.
34. Biskind, *Easy Riders*, 320.
35. Vallely, "*The Empire Strikes Back* and So Does George Lucas".
36. Mary Murphy, "Radioland by Graffiti Team", *Los Angeles Times*, 27 de setembro de 1973.
37. *MOSW*, 14.
38. *MOSW*, 14.
39. Biskind, *Easy Riders*, 253.
40. Klesmerud, "'Graffiti' Is the Story of His Life".
41. Kline, *GL Interviews*, 80.
42. *MOSW*, 8; e ver página 17 para as anotações manuscritas de Lucas.
43. Charles Lippincott, citado em Jim Hoagland, "The Politics of Star Wars", *Washington Post*, 11 de dezembro de 1977.
44. A grafia corresponde à usada por Lucas no primeiro rascunho, de maio de 1974. Ver *MOSW*, 19-22.
45. *MOSW*, 24.
46. Laurent Bouzereau, *Star Wars: The Annotated Screenplays* (Nova York: Ballantine, 1997), 10.
47. Lee Grant, "Lucas: Feet on Ground, Head in the Stars", *Los Angeles Times*, 10 de dezembro de 1977.
48. *MOIJ*, 16-17.
49. Pollock, *Skywalking*, 142, 147.
50. *Flying Solo*.
51. Farber, "George Lucas: The Stinky Kid Hits the Big Time".
52. Biskind, *Easy Riders*, 255-56.
53. *MOSW*, 25.
54. *Empire of Dreams*.
55. *Flying Solo*.
56. Cowie, *Coppola*, 121.
57. Vallely, "*The Empire Strikes Back* and So Does George Lucas".

58. Scanlon, "George Lucas Wants to Play Guitar".
59. Zito, "George Lucas Goes Far Out".
60. Vallely, "*The Empire Strikes Back* and So Does George Lucas".
61. Kline, *GL Interviews*, 80.
62. *Empire of Dreams*.
63. Biskind, *Easy Riders*, 320–21.
64. Aljean Harmetz, "And It Almost Didn't Get to the Screen", *New York Times*, 26 de maio de 1977.
65. Kline, *GL Interviews*.
66. *Empire of Dreams*.
67. Arnold, "Chalking 'Graffiti' Up to Experience".
68. *MOSW*, 36.
69. Jason DeBord, "World Exclusive Interview with Colin Cantwell", Original PopBlog.com, 13 de novembro de 2013, http://www.originalprop.com/blog/2014/11/13/colin-cantwell-video-interviews-star-wars-prototype-models-nasa/.
70. *Empire of Dreams*.
71. Angela Watercutter, "*Star Wars* Conceptual Artist Ralph McQuarrie Dies at 82", *Wired*, 4 de março de 2012.
72. *MOSW*, 32.
73. *Empire of Dreams*.
74. Ibid.
75. *Flying Solo*.
76. Ver *Adventures of the Starkiller*, resumo, em *MOSW*, 27–30.
77. *MOSW*, 42.
78. Jenkins, *Empire Building*, 62–63.
79. "George Lucas Was More Than a Director for *Star Wars*", *Baltimore Sun*, 7 de julho de 1977.
80. Jenkins, *Empire Building*, 63.
81. "Exclusive Star Wars Interview with John Dykstra", *Fantasy Film Journal*, nº 1 (inverno de 1977). Reproduzida em http://originaltrilogy.com/topic/John-Dykstra-Interview-Circa-July-1977/id/12285.
82. Ibid.
83. *MOSW*, 50.
84. *MOSW*, 51.
85. "Exclusive Star Wars Interview with John Dykstra".
86. Alex French e Howie Kahn, "Inside the Magic Factory: The Definitive Oral History of ILM, the Special Effects Powerhouse that Revolutionized Moviemaking and Changed Entertainment Forever", *Wired*, junho de 2015.

87. *Empire of Dreams*.
88. French e Kahn, "Inside the Magic Factory".
89. "Exclusive Star Wars Interview with John Dykstra".
90. *Empire of Dreams*.
91. *MOSW*, 80.
92. *MOSW*, 51.
93. *MOSW*, 53.
94. *MOSW*, 51.
95. French e Kahn, "Inside the Magic Factory".
96. *COGL*, 6.
97. Biskind, *Easy Riders*, 278.
98. *MOSW*, 49.
99. *MOSW*, 59.
100. *MOSW*, 94.
101. Biskind, *Easy Riders*, 324.
102. Ibid.
103. *MOSW*, 67.
104. *Empire of Dreams*.
105. *MOSW*, 67.
106. Pollock, *Skywalking*, 151.
107. Ibid., 150.
108. Ibid., 151.
109. Uma prática que criaria problemas para Nunn — e para outros — vários anos depois, quando ela apareceu na revista *Penthouse*, aos 16 anos.
110. Jenkins, *Empire Building*, 79.
111. *MOSW*, 101.
112. Jenkins, *Empire Building*, 80.
113. *MOSW*, 102.
114. *Flying Solo*.
115. O teste de câmera de Hamill — bem como os de Fisher e Ford — pode ser visto em vários sites na internet, e vale bastante a pena.
116. *MOSW*, 103.
117. *MOSW*, 104.
118. *Flying Solo*.
119. *MOSW*, 95, 124.
120. *Empire of Dreams*.
121. *MOSW*, 95.
122. Pollock, *Skywalking*, 152.

123. *Empire of Dreams.*
124. Piers Paul Read, *Alec Guinness: The Authorised Biography* (Nova York: Simon and Schuster, 2003).
125. Arnold, *Once Upon a Galaxy*, 229.
126. Read, *Alec Guinness*, 503.
127. Ibid., 504.
128. Pollock, *Skywalking*, 153.
129. Jeremy Skinger, "The Man Who Literally Built Star Wars", Esquire.com, 4 de maio de 2014.
130. *MOSW*, 54.
131. Alexis C. Madrigal, "The Remarkable Way Chewbacca Got a Voice", The Atlantic.com, 7 de agosto de 2014.
132. *MOSW*, 56.
133. J.W. Rinzler, *The Sounds of Star Wars* (São Francisco: Chronicle, 2010), 9.
134. "*Star Wars:* The Hit Film and How It Was Put Together", *Colorado Springs Gazette-Telegraph*, 27 de agosto de 1977.
135. *MOSW*, 54.
136. Ver discurso de aceitação de Lucas, Tributo da AFI a George Lucas, 9 de junho de 2005.
137. *Empire of Dreams.*
138. *MOSW*, 124.
139. Pollock, *Skywalking*, 154.
140. Rosenfield, "Lucas: Film-Maker with the Force".
141. *MOSW*, 82.
142. Ver Jenkins, *Empire Building*, 39–40.
143. Vallely, "*The Empire Strikes Back* and So Does George Lucas".
144. *MOSW*, 85.
145. *MOSW*, 89.
146. *MOSW*, 124.
147. *MOSW*, 124.
148. Jenkins, *Empire Building*, 74.
149. *MOSW*, 94.
150. *COGL*, 98.
151. *MOSW*, 107.
152. *MOSW*, 111.
153. *MOSW*, 132.
154. *MOSW*, 84.

Capítulo 7: "Tenho um mau pressentimento sobre isto"

1. Paul Scanlon, "The Wizard of Star Wars", *Rolling Stone*, 25 de agosto de 1977.
2. Pollock, *Skywalking*, 160.
3. *Creating an Empire.*
4. Read, *Alec Guinness*, 505.
5. *MOSW*, 166.
6. Ibid.
7. Read, *Alec Guinness*, 504.
8. Citado em *MOSW*, 174.
9. Scanlon, "The Wizard of Star Wars".
10. Pollock, *Skywalking*, 168.
11. Alex French e Howie Kahn, "Inside the Magic Factory", *Wired*, junho de 2015.
12. Claire Clouzot, "The Morning of the Magician: George Lucas and *Star Wars*", *Ecran*, 5 de setembro de 1977.
13. Zito, "George Lucas Goes Far Out".
14. Kline, *GL Interviews*, 81.
15. *MOSW*, 141.
16. *MOSW*, 143.
17. Clouzot, "The Morning of the Magician".
18. *MOSW*, 160, 164.
19. Pollock, *Skywalking*, 162.
20. *Creating an Empire.*
21. *MOSW*, 174.
22. Zito, "George Lucas Goes Far Out".
23. O'Quinn, "The George Lucas Saga".
24. *Creating an Empire.*
25. John Seabrook, "Letter from Skywalker Ranch: Why Is the Force Still with Us?", *The New Yorker*, 6 de janeiro de 1997.
26. Robert L. Rose, "Career Comes on Silver Platter for Mark Hamill", *Salt Lake City Tribune*, 12 de junho de 1977.
27. *MOSW*, 148.
28. Pollock, *Skywalking*, 165.
29. Jenkins, *Empire Building*, 116.
30. *MOSW*, 188.
31. *MOSW*, 188.
32. *Empire of Dreams.*
33. Arnold, *Once Upon a Galaxy*, 231.

Notas

34. Chris Hastings, "Anxious He Was (...) Revealed: Why George Lucas Was Convinced His Star Wars Dream Would Be a Flop", MailOnline (Londres), 17 de maio de 2014.
35. Arnold, *Once Upon a Galaxy*, 127.
36. *Empire of Dreams*.
37. *MOSW*, 177.
38. "George Lucas: Heroes, Myths, and Magic", *American Masters*, PBS, 17 de março de 1993.
39. Zito, "George Lucas Goes Far Out".
40. Scanlon, "The Wizard of Star Wars".
41. Arnold, *Once Upon a Galaxy*, 183.
42. *Empire of Dreams*.
43. *MOSW*, 185.
44. Clouzot, "The Morning of the Magician".
45. *MOSW*, 182.
46. John Dykstra, "VFX Then and Now", CreativeCow.net, 2013, https://library.creativecow.net/kaufman_debra/VFX_John-Dykstra/1.
47. *MOSW*, 189.
48. Pollock, *Skywalking*, 169.
49. *MOSW*, 190.
50. *MOSW*, 146.
51. *Creating an Empire*.
52. Pollock, *Skywalking*, 168.
53. Zito, "George Lucas Goes Far Out".
54. Pollock, *Skywalking*, 168.
55. Biskind, *Easy Riders*, 327.
56. *MOSW*, 196.
57. Scanlon, "The Wizard of Star Wars".
58. *MOSW*, 208.
59. *Empire of Dreams*.
60. Ibid.
61. Biskind, *Easy Riders*, 329–30.
62. O'Quinn, "The George Lucas Saga".
63. *MOSW*, 218.
64. French e Kahn, "Inside the Magic Factory"; *Creating an Empire*.
65. Pollock, *Skywalking*, 173.
66. Zito, "George Lucas Goes Far Out".
67. *MOSW*, 223.

Notas

68. Dykstra, "VFX Then and Now".
69. Robbie Blalack, citado em *MOSW*, 228.
70. French e Kahn, "Inside the Magic Factory".
71. *MOSW*, 97.
72. *Creating an Empire*.
73. Scanlon, "The Wizard of Star Wars".
74. Arnold, *Once Upon a Galaxy*, 94.
75. Zito, "George Lucas Goes Far Out".
76. Scanlon, "The Wizard of Star Wars".
77. *MOSW*, 255.
78. French e Kahn, "Inside the Magic Factory".
79. *Empire of Dreams*.
80. Scanlon, "The Wizard of Star Wars".
81. Biskind, *Easy Riders*, 330.
82. Aljean Harmetz, "Star Wars Robots Gaining Stardom", *Des Moines Register*, 15 de junho de 1977.
83. Ibid.
84. Aljean Harmetz, "Inside C3PO and His Sidekick R2D2", *Chicago Tribune*, 24 de junho de 1977.
85. Ibid.
86. *Empire of Dreams*.
87. Frank Lovece, "Fast Chat: James Earl Jones", *Newsday*, 12 de março de 2008. Seu nome apareceria nos créditos a partir de *O Império contra-ataca*.
88. *MOSW*, 246.
89. *MOSW*, 247.
90. *Empire of Dreams*.
91. Clouzot, "The Morning of the Magician".
92. *Empire of Dreams*.
93. *Flying Solo*.
94. Biskind, *Easy Riders*, 334.
95. *MOSW*, 256.
96. Biskind, *Easy Riders*, 334.
97. *MOSW*, 256.
98. *Creating an Empire*.
99. *Empire of Dreams*.
100. Jon Burlingame, "Spielberg and Lucas on Williams", Film Music Society, 8 de fevereiro de 2012, http://www.filmmusicsociety.org/news_events/features/2012/020812.html.

101. Scanlon, "The Wizard of Star Wars".
102. Kline, *GL Interviews*, 82.
103. *MOSW*, 272.
104. Donald Goddard, "From 'American Graffiti' to Outer Space", *New York Times*, 12 de setembro de 1976.
105. Clouzot, "The Morning of the Magician".
106. Ed Gross, "Retrovision Exclusive: The Selling of Star Wars, Part 1", Comic BookMovie.com, 11 de setembro de 2011.
107. "When Movie Becomes a Hit, It Can Make Book Best Seller", *Lincoln (Neb.) Star*, 10 de julho de 1977.
108. Gross, "Retrovision Exclusive".
109. Biskind, *Easy Riders*, 335.
110. *Empire of Dreams*.
111. *MOSW*, 288, 289.
112. Arnold, *Once Upon a Galaxy*, 95.
113. *COGL*, 110.
114. *MOSW*, 290.
115. *COGL*, 110.
116. *MOSW*, 293.

Capítulo 8: Contra-atacando

1. Pollock, *Skywalking*, 185.
2. *MOSW*, 293–94.
3. Lee Grant, "'Star Wars' Out of This World", *Los Angeles Times*, 4 de junho de 1977.
4. Karen de Witt, "The Movie That Ate Cleveland Park", *Washington Post*, 23 de junho de 1977.
5. "Queues for Star Wars Are Creating Havoc in the Street", *Los Angeles Times*, 30 de julho de 1977.
6. Greg Conroy, "Moviegoers Are 'Spacy' over 'Star Wars'", *Bloomington (Ill.) Pantagraph*, 27 de novembro de 1977.
7. Pollock, *Skywalking*, 182.
8. "Star Wars Sends Audiences Wild", *Waukesha (Wis.) Daily Freeman*, 6 de junho de 1977.
9. Bob Thomas, "Star Wars: New Force in Films", *Los Angeles Times*, 12 de agosto de 1977.
10. Ver Erma Bombeck, "At Wit's End: 'Star Wars' Line Inspires Heroism", *Baltimore Sun*, 18 de setembro de 1977.

Notas

11. Conroy, "Moviegoers Are 'Spacy' over 'Star Wars'".
12. A.D. Murphy, "Review: 'Star Wars'", *Variety*, 25 de maio de 1977.
13. Charles Champlin, "'Star Wars' Hails the Once and Future Space Western", *Los Angeles Times*, 22 de maio de 1977.
14. Jay Cocks, "Cinema: 'Star Wars': The Year's Best Movie", *Time*, 30 de maio de 1977.
15. Gary Arnold, "Star Wars: A Spectacular Intergalactic Joyride", *Washington Post*, 25 de maio de 1977.
16. Vincent Canby, "'Star Wars' — A Trip to a Far Galaxy That's Fun and Funny", *New York Times*, 26 de maio de 1977.
17. Gene Siskel, "'Star Wars' Flashes with Space Wizardry", *Chicago Tribune*, 27 de maio de 1977.
18. "Director George Lucas Lost to the Stars", *Playground Daily News* (Fort Walton Beach, Fla.), 29 de maio de 1977.
19. Joy Gould Boyum, "The Triumph of Camp", *Wall Street Journal*, 6 de junho de 1977.
20. Ver Pete Hamill, "Star Wars: Dumb Good Times Here Again?", *Chicago Tribune*, 8 de junho de 1977.
21. Walter Bremond, "Star Wars and Blacks", *New Journal and Guide*, 1º de outubro de 1977.
22. Bernard E. Garnett, "Racism Mars 'Star Wars' Brilliance: Slave-Like Robots Call Owner 'Master' & Accept Discrimination", *Afro-American*, 25 de junho de 1977.
23. Citado em Dorothy Gilliam, "The Black Heavies: What Do Today's Most Notorious Bad Guys Have in Common?", *Washington Post*, 11 de setembro de 1977.
24. Ibid.
25. Ver "More 'Star Wars' Skirmishes", *Los Angeles Times*, 31 de julho de 1977.
26. Ver, por exemplo, James Robison, "'Star Wars' Called a Biblical Remake", *Chicago Tribune*, 24 de setembro de 1977.
27. John Dart, "Star Wars: Religious Impact in Parable Form", *Los Angeles Times*, 1º de maio de 1978.
28. Ellen Goodman, "A Star Wars Fantasy Fulfillment", *Washington Post*, 30 de julho de 1977.
29. "In 'Star Wars' (...) George Lucas Brings Space Fantasy to Life", *Kentucky New Era*, 5 de julho de 1977.
30. Siskel, "'Star Wars' Flashes with Space Wizardry".
31. Bruce McCabe, "Star Wars Is a Blockbuster", *Boston Globe*, 26 de maio de 1977.
32. "Fox's 'Star Wars' Heads for Hyper Space: First Day B.O., 255G; House Records Tumble", *Variety*, 26 de maio de 1977.
33. *MOSW*, 295.

34. *MOSW*, 295.
35. Champlin, *George Lucas*, 79.
36. *MOIJ*, 19.
37. Champlin, *George Lucas*, 79.
38. Kaufman, que discutiu com o protagonista Clint Eastwood, perderia seu emprego quase imediatamente, sendo retirado da cadeira de diretor por Eastwood, que decidiu dirigir ele mesmo o filme.
39. Champlin, *George Lucas*, 79.
40. *MOSW*, 306.
41. "The *Star Wars* Phenomenon," *People*, 18 de julho de 1977.
42. Arnold, *Once Upon a Galaxy*, 183.
43. Scanlon, "The Wizard of Star Wars"; Lee Grant, "Lucas: Feet on Ground, Head in the Stars", *Los Angeles Times*, 10 de dezembro de 1977.
44. Vallely, "*The Empire Strikes Back* and So Does George Lucas".
45. George Lucas e Robert Redford, *The Power of Story: Visions of Independence at 2015 Sundance Film Festival*, 29 de janeiro de 2015, https://www.youtube.com/watch?v=YX-9QCkwHiI.
46. Biskind, *Easy Riders*, 321.
47. J.W. Rinzler, *The Making of Star Wars: The Empire Strikes Back* (Nova York: Del Rey, 2010), 10 (a seguir *MOESB*.)
48. Pollock, *Skywalking*, 199.
49. Biskind, *Easy Riders*, 341.
50. Robert Kerwin, "A Down-to-Earth Mark Hamill", *Chicago Tribune*, 18 de dezembro de 1977.
51. Eric Dodds, "George Lucas Lost a $40 Million Bet to Steven Spielberg over *Star Wars*", Time.com, 31 de março de 2014.
52. *MOESB*, 52.
53. French e Kahn, "Inside the Magic Factory".
54. Pollock, *Skywalking*, 198.
55. Clouzot, "The Morning of the Magician".
56. "General Mills Wins Battle to Make 'Star Wars' Toys", *Wall Street Journal*, 8 de junho de 1977.
57. D. Martin Myatt, "An Interview with Bernard Loomis", Rebelscum.com, http://www.rebelscum.com/loomis.asp.
58. Pamela G. Hollie, "Santa Brings I.O.U's for 'Star Wars' Toys", *New York Times*, 15 de dezembro de 1977.
59. "Caught Short on Production: Star Wars Toys Lost in Time Warp", *Los Angeles Times*, 30 de setembro de 1977.

60. Pam Luecke, "'Star Wars' Toys Top Market, but 'Force' Needed to Find Them", *Hartford Courant*, 21 de dezembro de 1977.
61. William K. Knoedelseder Jr., "Stairway to the 'Star Wars'", *Los Angeles Times*, 4 de julho de 1977.
62. *MOSW*, 224.
63. Bill Knoedelseder, "Merchandise Galaxy", *Los Angeles Times*, 4 de julho de 1977.
64. Arnold, *Once Upon a Galaxy*, 198.
65. Robert Lindsay, "The New New Wave of Film Makers", *New York Times*, 28 de maio de 1978.
66. Biskind, *Easy Riders*, 344.
67. Ibid.
68. "Coming December 27: English Barmy for 'Star Wars'", *Los Angeles Times*, 18 de novembro de 1977.
69. See David Sterrit, "'Star Wars' Creating Worldwide Heroes", *Christian Science Monitor*, 14 de dezembro de 1977.
70. Kevin Klose, "'Star Wars' in Moscow", *Washington Post*, 22 de novembro de 1977.
71. O anúncio foi publicado na *Variety*, 2 de dezembro de 1977.
72. Scanlon, "The Wizard of Star Wars".
73. Robert Kerwin, "Technical Wizardry Wins the 'Star Wars'", *Chicago Tribune*, 19 de junho de 1977.
74. Ver Earl C. Gottschalk, "'Star Wars' Sequels Waiting in the Wings", *Pocono Record* (Stroudsburg, Pa.), 21 de junho de 1977.
75. *MOESB*, 12.
76. *MOESB*, 20.
77. *MOESB*, 22.
78. *MOESB*, 32.
79. *MOESB*, 21.
80. *MOESB*, 32.
81. *MOIJ*, 23.
82. Scanlon, "The Wizard of Star Wars".
83. *MOESB*, 36.
84. Ibid.
85. "The Star Wars Phenomenon".
86. *MOESB*, 39.
87. *MOESB*, 40.
88. *MOESB*, 43.
89. *MOIJ*, 25.
90. Pollock, *Skywalking*, 207.

91. *MOSW*, 249.
92. *MOESB*, 54.
93. Pollock, *Skywalking*, 187.
94. Ibid., 191.
95. Ben Bova, "Letters", *Time*, 20 de junho de 1977.
96. *MOSW*, 306.
97. Robert Lindsay, "The New Wave of Filmmakers", *New York Times*, 28 de maio de 1978.
98. Robert Lindsey, "The 'New-Boy' Network Strikes Hollywood", *Chicago Tribune*, 2 de julho de 1978.
99. Pollock, *Skywalking*, 197.
100. Biskind, *Easy Riders*, 340.
101. Baxter, *George Lucas*, 251.
102. Pollock, *Skywalking*, 200.
103. Stevens, *Conversations with the Great Moviemakers*, 321.
104. Biskind, *Easy Riders*, 340.
105. Scanlon, "The Wizard of Star Wars".
106. Clouzot, "The Morning of the Magician".
107. Stevens, *Conversations with the Great Moviemakers*, 315.
108. *COGL*, 125.
109. *MOESB*, 64.
110. *MOESB*, 22.
111. Frank DiGiacomo, "The Han Solo Comedy Hour!", *Vanity Fair*, dezembro de 2008.
112. Ibid.
113. *Empire of Dreams*.
114. Pollock, *Skywalking*, 208.
115. Champlin, *George Lucas*, 64.

Capítulo 9: Céus ameaçadores

1. Baxter, *George Lucas*, 279.
2. *COGL*, 129.
3. Gary Arnold, "American Graffiti II: The Whole Gang's Made Good", *Washington Post*, 27 de maio de 1978.
4. Gregg Kilday, "Lucasfilm Drafts Flicker for 'Murders'", *Los Angeles Times*, 16 de dezembro de 1978.
5. Baxter, *George Lucas*, 279.
6. Champlin, *George Lucas*, 59.

7. Baxter, *George Lucas*, 261.
8. *COGL*, 129.
9. Champlin, *George Lucas*, 60.
10. Gary Arnold, "'More American Graffiti': Not Necessarily", *Washington Post*, 3 de agosto de 1979.
11. Janet Maslin, "Screen: 'More American Graffiti' Covers '64 to '67", *New York Times*, 17 de agosto de 1979.
12. *COGL*, 129.
13. Arnold, *Once Upon a Galaxy*, 178.
14. *MOESB*, 219-23.
15. Baxter, *George Lucas*, 271.
16. Scanlon, "The Wizard of Star Wars".
17. David Lewin, "Can the Makers of Star Wars Do It Again?", *New York Times*, 2 de dezembro de 1979.
18. *MOESB*, 131, 132.
19. Arnold, *Once Upon a Galaxy*, 162.
20. Ibid., 179.
21. Para ler a transcrição dessa conversa fascinante, ver Arnold, *Once Upon a Galaxy*, 136–140.
22. Baxter, *George Lucas*, 274.
23. Chris Gore, "Gary Kurtz Interview: The Original Star Wars Producer Speaks", FilmThreat.com, March 5, 2000, transcrito em http://nightly.net/topic/1248--excerpts-from-gary-kurtz-interview.
24. *MOESB*, 206.
25. *COGL*, 127.
26. *MOESB*, 206.
27. Arnold, *Once Upon a Galaxy*, 176.
28. *COGL*, 125.
29. *MOESB*, 236.
30. "In Confidence: An Interview with Frank Oz", 2015, https://www.youtube.com/watch?v=0BN-l4r2eIA.
31. *MOESB*, 308.
32. *Star Wars Year by Year: A Visual Chronicle* (Neova York: DK Publishing, 2012), 119.
33. Karen Paik, *To Infinity and Beyond! The Story of Pixar Animation Studios* (São Francisco: Chronicle, 2007), 19.
34. Gerald Clark, "The Empire Strikes Back!", *Time*, 19 de maio de 1980.
35. Hugh Sidey, "The Presidency: To Dare Mighty Things", *Time*, 9 de junho de 1980.

36. Janet Maslin, "Film: Robots Return in 'Empire Strikes'", *New York Times*, 21 de maio de 1980.
37. Vincent Canby, "'The Empire Strikes Back' Strikes a Bland Note", *New York Times*, 15 de junho de 1980.
38. Taylor, "'Star Wars' Producer Blasts Star Wars Myths".
39. Judith Martin, "The Empire Strikes Back", *Washington Post*, 23 de maio de 1980.
40. *MOESB*, 314.
41. O'Quinn, "The George Lucas Saga".
42. *MOIJ*, 28.
43. *MOIJ*, 36.
44. *MOIJ*, 26.
45. *COGL*, 133-34.
46. *MOIJ*, 33.
47. Champlin, *George Lucas*, 80.
48. *MOIJ*, 16.
49. *MOIJ*, 71.
50. *MOIJ*, 23.
51. Houve também um debate sobre a possibilidade de o nome "Lucasfilm" na abertura do filme configurar outra violação da política das associações: o nome do produtor vir antes do nome do diretor.
52. Aljean Harmetz, "Burden of Dreams: George Lucas", *American Film*, junho de 1983.
53. *MOIJ*, 54.
54. *MOIJ*, 112.
55. *MOIJ*, 115.
56. *MOIJ*, 124.
57. *MOIJ*, 116.
58. Aljean Harmetz, "Lucas Gives $5 Million to U.S.C. Cinema", *New York Times*, 20 de novembro de 1980.
59. Diana Waggoner, "In Homage to the Master, George Lucas and Francis Coppola Unleash Their Clout for Kurosawa", *People*, 27 de outubro de 1980.
60. Champlin, *George Lucas*, 76.
61. Ibid., 88.
62. Ibid., 90.
63. Arnold, *Once Upon a Galaxy*, 208.
64. J.W. Rinzler, *The Making of Star Wars: Return of the Jedi* (Nova York: Ballantine, 2013), 19 (daqui em diante, MOROTJ).
65. *MOESB*, 250.

66. *MOROTJ*, 19.
67. Richard Corliss, "Cinema: The New Hollywood: Dead or Alive?", *Time*, 30 de março de 1981.
68. Biskind, *Easy Riders*, 417.
69. Champlin, *George Lucas*, 83.
70. Aljean Harmetz, "But Can Hollywood Live without George Lucas?", *New York Times*, 13 de julho de 1981.
71. *MOROTJ*, 5.
72. *MOROTJ*, 4.
73. *MOROTJ*, 5.
74. David A. Price, *The Pixar Touch: The Making of a Company* (Nova York: Vintage, 2009), 41.
75. *MOROTJ*, 118.
76. Geoffrey Boucher, "Did 'Star Wars' Become a Toy Story? Producer Gary Kurtz Looks Back", *Los Angeles Times*, 12 de agosto de 2010.
77. Taylor, "Star Wars Producer Blasts Star Wars Myths".
78. Boucher, "Did 'Star Wars' Become a Toy Story?".
79. Geoffrey Boucher, "'Star Wars' Sequel: Harrison Ford Open to Idea of Han Solo Role", *Entertainment Weekly*, 5 de novembro de 2012.
80. Boucher, "Did 'Star Wars' Become a Toy Story?".
81. *MOROTJ*, 11.
82. Taylor, "Star Wars Producer Blasts Star Wars Myths".
83. Boucher, "Did 'Star Wars' Become a Toy Story?".
84. Gore, "Gary Kurtz Interview".
85. *MOROTJ*, 9.
86. *MOESB*, 207.a
87. *MOROTJ*, 42.
88. *MOROTJ*, 36.
89. Jon Phillip Peecher, ed., *The Making of The Return of the Jedi* (Nova York: Ballantine, 1983), 69.
90. *MOROTJ*, 46.
91. *MOROTJ*, 46.
92. *MOROTJ*, 16, 59.
93. *MOROTJ*, 64.
94. Para um fragmento maior da reunião sobre o enredo do *Jedi*, ver *MOROTJ*, 62–77.
95. *MOROTJ*, 65.
96. Gerald Clarke, "Great Galloping Galaxies!", *Time*, 23 de maio de 1983.
97. *MOROTJ*, 133.

98. *MOROTJ*, 115.
99. Vincent Canby, "Movie Review: 'Raiders of the Lost Ark'", *New York Times*, 12 de junho de 1981.
100. Richard Schickel, "Cinema: Slam! Bang! A Movie Movie", *Time*, 15 de junho de 1981.
101. Roger Ebert, "Movie Review: 'Raiders of the Lost Ark'", Roger Ebert.com.
102. Pauline Kael, "Whipped", *The New Yorker*, 15 de junho de 1981.
103. Schickel, "Cinema: Slam! Bang! A Movie Movie".
104. Ebert, "Movie Review: 'Raiders of the Lost Ark'".
105. *MOIJ*, 126.
106. Segmento "George Lucas", *60 Minutes*, CBS, 25 de março de 1999.
107. *MOROTJ*, 151.
108. Peecher, Making of The Return of the Jedi, 38.
109. Scanlon, "George Lucas Wants to Play Guitar".
110. *MOROTJ*, 120.
111. Baxter, *George Lucas*, 332.
112. *MOROTJ*, 153.
113. *COGL*, 140.
114. *MOROTJ*, 152.
115. Scanlon, "George Lucas Wants to Play Guitar".
116. *MOROTJ*, 44, 138.
117. *MOROTJ*, 191.
118. *MOROTJ*, 201.
119. *MOROTJ*, 233.
120. Scanlon, "George Lucas Wants to Play Guitar".
121. Jenkins, *Empire Building*, 254.
122. Biskind, *Easy Riders*, 422.
123. Mitch Tuchman and Anne Thompson, "Lucas, Spielberg, and 'Raiders'", *Film Comment*, jullho–agosto de 1981.
124. Baxter, *George Lucas*, 333.
125. Clarke, "I've Got to Get My Life Back Again".
126. Jenkins, *Empire Building*, 253.
127. *MOROTJ*, 238
128. Biskind, *Easy Riders*, 422.
129. *MOROTJ*, 259.
130. *MOROTJ*, 233.
131. *MOROTJ*, 259, 260.
132. *MOROTJ*, 261.

133. *MOROTJ*, 264.
134. *MOIJ*, 130.
135. Uma investigação descobriu que alguns pagamentos haviam sido feitos por baixo dos panos, a fim de contornar as leis trabalhistas com os artistas menores de idade. Todos foram absolvidos ou pagaram multas.
136. Baxter, *George Lucas*, 336-37.
137. Champlin, *George Lucas*, 100.
138. Scanlon, "George Lucas Wants to Play Guitar".
139. *MOROTJ*, 322.
140. Gary Arnold, "Return of the Jedi: Both Magical and Monstrous, the Star Wars Finale Is a Trumph", *Washington Post*, 22 de maio de 1983.
141. Clarke, "Great Galloping Galaxies!".
142. Champlin, George Lucas, 96.
143. Ver *Nightline*, ABC, vídeo não datado de 1983, arquivado em http://abcnews.go.com/Nightline/video/critics-spar-over-star-wars-trilogy-on-1983-nightline--episode-18344732.
144. Scanlon, "George Lucas Wants to Play Guitar".
145. Clarke, "I've Got to Get My Life Back Again".
146. Rubin, *Droidmaker*, 317.
147. "George Lucas Getting a Divorce", *Baltimore Sun*, 16 de junho de 1983.
148. Segmento "George Lucas", *60 Minutes*, 25 de março de 1999.
149. Clarke, "I've Got to Get My Life Back Again".
150. Clarke, "Great Galloping Galaxies!".

Capítulo 10: Brilho vazio

1. Beth Ashley, "Success Took Toll on Lucas, but Studio Still Thrived", *San Bernardino County Sun*, 6 de outubro de 1985.
2. Aljean Harmetz, "'Star Wars' Is 10, and Lucas Reflects", *New York Times*, 21 de maio de 1987.
3. McBride, *Steven Spielberg*, 355.
4. Bryan Curtis, "Temple of Gloom", *Grantland*, 21 de agosto de 2012.
5. Harmetz, "'Star Wars' Is 10, and Lucas Reflects".
6. Biskind, *Easy Riders*, 423.
7. Ibid.
8. Exceções notáveis são os volumes da série de J.R. Rinzler, *Making of Star Wars*, que, embora autorizados pela Lucasfilm, empenham-se, quase sempre com sucesso, em garantir que Marcia receba o crédito por suas contribuições em *Star Wars*, *Os caçadores da arca perdida* e *O retorno de Jedi*.

9. Biskind, *Easy Riders*, 423.
10. Aljean Harmetz, "Filming a Japanese Writer's Dramatic Life and Death", *New York Times*, 30 de dezembro de 1984.
11. Gene Siskel, "And After 10 Years, Lucas Is Taking Break", *Chicago Tribune*, 15 de maio de 1984.
12. Dale Pollock, "George Lucas Comes Back to Earth", *Los Angeles Times*, 29 de maio de 1983.
13. *MOIJ*, 168.
14. Rob Smith, Rogue Leaders: The Story of LucasArts (Nova York: Chronicle, 2008), 12.
15. Steve Bloom, "The Empire Strikes Paydirt: Lucasfilm: How They Created the Incredible Ballblazer and Rescue on Fractalus", *Computer Games*, 1984.
16. Smith, *Rogue Leaders*, 25.
17. *MOROTJ*, 306.
18. "George Lucas on the THX Sound System", American Film Institute, 20 de novembro de 2009, https://www.youtube.com/watch?v=1RxI7Dqq1b8.
19. Hans Fantel, "In the Action with 'Star Wars' Sound", *New York Times*, 3 de maio de 1992.
20. "George Lucas on the THX Sound System".
21. Rubin, *Droidmaker*, 317.
22. Pollock, "George Lucas Comes Back to Earth".
23. Ver Jon D. Hull, "Linda Ronstadt: New Album, New Look", *San Francisco*, abril de 1984.
24. "What's New with Linda Ronstadt? She's Singing Her Love Songs to Star Wars Czar George Lucas", *People*, 26 de março de 1984.
25. Clarke, "I've Got to Get My Life Back Again".
26. Rubin, *Droidmaker*, 335.
27. Carta a Maury Stompe, PEP Housing, de Jeremy Tejirian, Planning Manager, Condado de Marin, 23 de junho de 2015.
28. Michael Cieply, "Turning Point: George Lucas Moves to Produce TV Shows, Movies in Volume", *Wall Street Journal*, 22 de janeiro de 1986.
29. *MOIJ*, 181.
30. Anita Kempley, "'Indiana Jones': No Fun on the Killing Ground", *Washington Post*, 25 de maio de 1984.
31. *MOIJ*, 182.
32. Curtis, "Temple of Gloom".
33. Rubin, *Droidmaker*, 241.
34. Ibid., 241, 278.

35. Ibid., 338.
36. Ibid., 373.
37. Price, *The Pixar Touch*, 59.
38. John Korty, entrevista com o autor.
39. Owen Williams, "Endor's Game: The Story of the Ewok Spinoff", *Empire*, setembro de 2015.
40. Frank Megarelli, "PTS Presents Director's Chair with the Wheat Brothers", podcast, 19 de outubro de 2015.
41. Craig Hunter Ross, "Exclusive Interview: The Police's Stewart Copeland", *On Tour Monthly*, abril de 2014.
42. Harmetz, "But Can Hollywood Live without George Lucas?".
43. Rubin, *Droidmaker*, 394.
44. Ibid., 391-92.
45. Ibid., 395.
46. Michael Cieply, "Turning Point: George Lucas Moves to Produce TV Shows, Movies in Volume", *Wall Street Journal*, 22 de janeiro de 1986.
47. Aljean Harmetz, "A Pained Lucas Ponders Attacks on 'Willow'", *New York Times*, 9 de junho de 1988.
48. Rubin, *Droidmaker*, 396.
49. Ibid., 261.
50. Ibid., 391.
51. Ibid., 336.
52. Ibid., 394, 398.
53. Rubin, *Droidmaker*, 410.
54. Alvy Ray Smith irrita-se até hoje com o fato de, em geral, as pessoas acreditarem que Jobs "comprou" a Pixar de Lucas. "A inferência de 'comprar' é 'ter e administrar'", diz Smith. "A inferência de 'investir' é demonstrar interesse e deixar que os gerentes (responsáveis pelo conselho) administrem [a empresa]. A Pixar seguia o segundo modelo. O uso do termo 'comprar' é uma jogada de marketing para fazer parecer que Steve era o gênio único e inspirado que tinha todas as ideias da Pixar e a fazia andar. Não era assim que funcionava. Longe disso." Embora a propriedade da Pixar inicialmente fosse dividida na razão 70:30 entre Jobs e empregados da Pixar, em 1994 a empresa pertenceria totalmente a Jobs. Ver "Pixar Myth No. 1: Steve Jobs Bought Pixar from Lucasfilm", http://alvyray.com/Pixar/PixarMyth1.htm.
55. Lisa Vincenzi, "A Short Time Ago, on a Ranch Not So Far Away…", *Millimeter*, abril de 1990.
56. Denise Abbott, "George Lucas: His First Love Is Editing", *American Cinemeditor*, primavera de 1991.

57. Charles Champlin, "The Last Maverick: Inside George Lucas's Empire", *Los Angeles Times*, 15 de maio de 1988.
58. *COGL*, 147.
59. Kline, *GL Interviews*, 93.
60. Champlin, "The Last Maverick".
61. Beth Ashley, "George Lucas Is Ready to Roll Again with Films", *San Bernardino County Sun*, 6 de outubro de 1985.
62. Champlin, "The Last Maverick", 117.
63. Deirdre English, "A Conversation about rhe Movies: Dinner with Luddy", *Mother Jones*, dezembro de 1984.
64. Aljean Harmetz, "After 46 Years, Hollywood Revisits Oz", *New York Times*, 16 de junho de 1985.
65. Champlin, "The Last Maverick", 112.
66. "Judge Asked to Bar 'Star Wars' in TV Ads", *Logansport (Ind.) Pharos-Tribune*, 26 de novembro de 1985.
67. Ver a opinião *Lucasfilm Ltd. v. High Frontier*, Tribunal Distrital dos Estados Unidos no Distrito de Colúmbia, 26 de novembro de 1985.
68. Ver Chuck Philips, "Campbell Pays $300,000 in Skywalker Settlement", *Los Angeles Times*, 26 de setembro de 1990.
69. Matt Giles, "Why George Lucas Once Sued 2 Live Crew Front Man Luther Campbell", Vulture.com, 3 de janeiro de 2016.
70. Ashley, "George Lucas Is Ready to Roll Again with Films".
71. Clouzot, "The Morning of the Magician".
72. Cieply, "Turning Point".
73. Richard Zoglin, "Cinema: Lights! Camera! Special Effects!", *Time*, 16 de junho de 1986.
74. Cieply, "Turning Point".
75. William Scobie, "Lucas Strikes Back with His Secret Film Empire", *The Observer*, 20 de julho de 1986.
76. Pat H. Broeske, "The Willow in the Wind", *Los Angeles Times*, 15 de maio de 1988.
77. *COGL*, 150.
78. Aljean Harmetz, "'Star Wars' and Muppet Wizards Team Up in 'Labyrinth'", *New York Times*, 15 de setembro de 1985.
79. Larry Mirkin, entrevista com o autor.
80. Sue Martin, "'Star Wars', Lucas Still a Force", *Los Angeles Times*, 26 de maio de 1987.
81. "A Look Back at Howard the Duck", *Howard the Duck*, DVD (extra), 2009.

82. Bob Thomas, "Studios Say No to George Lucas", *St. Petersburg Times*, 4 de fevereiro de 1987.
83. Ver Thomas C. Hayes, "Disney, Lucasfilm Team Up: Holder Told of '85 Plans", *New York Times*, 7 de fevereiro de 1985.
84. *COGL*, 152.
85. Jack Mathews, "'Captain EO' Is Latest from Lucas; Film to Be Shown at Disney Parks", *Hartford Courant*, 12 de setembro de 1986.
86. Jordan Zakarin, "The Making of 'Captain EO': Lucas, Coppola, and Michael Jackson's Messy, Miraculous Disney Space Adventure", Yahoo Movies, 9 de dezembro de 2015, https://www.yahoo.com/movies/the-making-of-captain-eo-lucas-coppola-and-162110246.html.
87. Richard Corliss, "Let's Go to the Feelies", *Time*, 22 de setembro de 1986.
88. Ibid.
89. Charles Solomon, "Movie Review: A Cosmic Journey in 'Born of Stars'", *Los Angeles Times*, 9 de outubro de 1986.
90. Martin, "'Star Wars', Lucas Still a Force".
91. Harmetz, "'Star Wars' Is 10, and Lucas Reflects".
92. Martin, "'Star Wars', Lucas Still a Force".
93. Stephen J. Sansweet, "Lucas Speaks: 'Star Wars' Is a Rose Is a Rose...", *Wall Street Journal*, 22 de maio de 1987.
94. "What's New with Linda Ronstadt?".
95. Ver Stu Schreiberg, "Linda Ronstadt, to the Beat of a Different Drum", *USA Weekend*, 28–30 de novembro de 1986.
96. Sansweet, "Lucas Speaks: 'Star Wars' Is a Rose Is a Rose...".
97. Jonathan Schwartz, "The US Interview: Linda Ronstadt — Checking in with the Ex-Flower Child at Home in Tucson", *US Weekly*, 25 de dezembro de 2000.
98. Pat H. Broeske, "But Meanwhile, 'Zone Wars' Go On", *Los Angeles Times*, 15 de maio de 1988.
99. Donna Rosenthal, "The Dream and Its Men: Francis Ford Coppola and George Lucas Immortalize a Legendary Car and Its Own Inventor", Sun-Sentinel (Broward County, Fla.), 14 de agosto de 1988.
100. Robert Lindsey, "Francis Ford Coppola: Promises to Keep", *New York Times*, 24 de julho de 1988.
101. Sansweet, "Lucas Speaks: 'Star Wars' Is a Rose Is a Rose...".
102. *COGL*, 158.
103. *COGL*, 159.
104. Lindsey, "Francis Ford Coppola: Promises to Keep".

105. Janet Maslin, "Glimpsing the Soul of an Old Machine", *New York Times*, 12 de agosto de 1988.
106. Lindsey, "Francis Ford Coppola: Promises to Keep".
107. Goodwin and Wise, *On the Edge*, 457.
108. Champlin, "The Last Maverick".
109. Malcolm L. Johnson, "Howard Fulfilling Fantasies with Extravagant 'Willow'", *Hartford Courant*, 20 de maio de 1988.
110. Janet Maslin, "Willow; A George Lucas Production", *New York Times*, 20 de maio de 1988.
111. Ver Pat Broeske, "Weeping over 'Willow'", *Los Angeles Times*, 22 de maio de 1988.
112. Michael Cieply, "Lucas Hits Critics: Applause Greets 'Willow' at Cannes", *Los Angeles Times*, 24 de maio de 1988.
113. "Statement of George Lucas, Chairman of the Board, Lucasfilm, Ltd.", *The Berne Convention*, Subcomitê do Senado dos Estados Unidos de Patentes, Copyrights e Marcas Registradas, 18 de fevereiro e 3 de março de 1988.
114. Ver depoimento oficial de Lucas, ibid., 482-90.
115. Broeske, "But Meanwhile, 'Zone Wars' Go On".
116. Jett foi batizado em homenagem ao personagem de James Dean, Jett Rink, em *Assim caminha a humanidade*.
117. Stevens, *Conversations with the Great Moviemakers*, 320-21.
118. Segmento "George Lucas", *60 Minutes*, 25 de março de 1999.
119. Biskind, *Easy Riders*, 424.
120. *Star Wars Year by Year*, 141.
121. *MOIJ*, 184.
122. *MOIJ*, 186.
123. *MOIJ*, 190, 209.
124. Peter Travers, "Indiana Jones and the Last Crusade", *Rolling Stone*, 24 de maio de 1989.
125. Bob Thomas, "Lucas Brings Back His Golden Touch Again", *Indiana (Pa.) Gazette*, 27 de maio de 1989.
126. Ibid.
127. Karyn Hunt, "Business Leader G. W. Lucas Dies", *Modesto Bee*, 19 de dezembro de 1991.
128. Vincenzi, "A Short Time Ago, on a Ranch Not So Far Away".
129. Bernard Weinraub, "Software: Rescuing Children from Boredom", *New York Times*, 1º de agosto de 1993.
130. Daniel Cerone, "Interactive 'Jones': George Lucas Dreams of Multimedia Adventures for 'Young Indiana Jones'", *Los Angeles Times*, 4 de março de 1993.

131. Daniel Cerone, "Rethinking Indiana Jones: Lucas Picks Up Where Indy Began, Breaking TV's Rules in the Process", *Los Angeles Times*, 1º de março de 1992.
132. John J. O'Connor, "Meeting Indiana Jones as a Boy and a Teen-Ager", *New York Times*, 4 de março de 1992.
133. Cerone, "Rethinking Indiana Jones".
134. Quatro outros episódios seriam exibidos pelo Family Channel, da ABC.
135. Ver "George Lucas Receiving the Irving G. Thalberg Memorial Award", página Oscars no YouTube, disponibilizada em 24 de novembro de 2009, em https://www.youtube.com/watch?v=USJNgbfnpQE.
136. George Lucas, discurso de agradecimento ao receber o Prêmio Irving G. Thalberg Memorial, 30 de março de 1992.
137. Entrevista com George Lucas, *Charlie Rose*, CBS, 25 de dezembro de 2015.
138. "George Lucas Receiving the Irving G. Thalberg Memorial Award".
139. Charles Champlin, "The Home Audience Is Listening: Technology: George Lucas's THX Sound System Has Made Its Way from Movie Theaters to Living Rooms. Cheap It's Not", *Los Angeles Times*, 30 de maio de 1990.
140. Andrew Pollack, "Computer Images Stake Out New Territory", *New York Times*, 24 de julho de 1991.
141. McBride, *Steven Spielberg*, 420.
142. Thomas R. King, "Lucasvision: George Lucas, Creator of 'Star Wars', Talks about the Convergence of Entertainment and Technology", *Wall Street Journal*, 21 de março de 1994.
143. McBride, *Steven Spielberg*, 420.
144. Richard Corliss, "They Put the ILM in Film", *Time*, 13 de abril de 1992.
145. Chris Taylor, How Star Wars Conquered the Universe: The Past, Present, and Future of a Multibillion Dollar Franchise (Nova York: Basic Books, 2014), 288.
146. King, "Lucasvision".
147. Chris Hicks, "Film Review: 'The Tall Guy'", *Deseret News* (Salt Lake City), 7 de dezembro de 1990.
148. *COGL*, 182.
149. Coletiva de imprensa sobre *Assassinatos na Rádio WBN*, Pasadena, Califórnia, 8 de outubro de 1994.
150. *COGL*, 182.
151. King, "Lucasvision".
152. Ibid.

Capítulo 11: Um universo digital

1. Entrevista com Lucas feita por Charlie Rose.
2. Laurent Bouzereau e Jody Duncan, *Star Wars: The Making of Episode I — The Phantom Menace* (Nova York: Ballantine, 1999), 105 (daqui em diante *MOE1*).
3. Bob Thomas, "Return to 'Star Wars': Filmmaker George Lucas Planning to Write, Prepare and Shoot Three Films at Once", *Santa Cruz Sentinel*, 13 de novembro de 1994.
4. Orville Schell, "A Galaxy of Myth, Money, and Kids", *New York Times*, 21 de março de 1999.
5. "Commitment to Women Earns Nod from Magazine", *Santa Cruz Sentinel*, 14 de setembro de 1994.
6. Orville Schell, "Film: 'I'm a Cynic Who Has Hope for the Human Race'", *Time*, 21 de março de 1999.
7. Schell, "A Galaxy of Myth, Money, and Kids".
8. Martha Groves, "George Lucas and Film's Tech Revolution", *Los Angeles Times*, 4 de junho de 1995.
9. Patrick Goldstein, "The Force Never Left Him", *Los Angeles Times*, 2 de fevereiro de 1997.
10. Pollock, *Skywalking*, 246.
11. Bernard Weinraub, "The Ultimate Hollywoodian Lives an Anti-Hollywood Life", *New York Times*, 20 de outubro de 1994.
12. Goldstein, "The Force Never Left Him".
13. Schell, "A Galaxy of Myth, Money, and Kids".
14. Goldstein, "The Force Never Left Him".
15. *MOE1*, 12, 18.
16. *MOE1*, 38.
17. Coletiva de imprensa sobre *Assassinatos na Rádio WBN*.
18. Ibid.
19. David A. Kaplan, "The Force Is Still with Him", *Newsweek*, 12 de maio de 1996.
20. Coletiva de imprensa sobre *Assassinatos na Rádio WBN*.
21. Bruce Handy, "Cinema: The Force Is Back", *Time*, 10 de fevereiro de 1997.
22. Jody Duncan, *Mythmaking: Behind the Scenes of Attack of the Clones* (Nova York: Ballantine, 2002), 218 (daqui em diante, *Mythmaking*).
23. Scanlon, "George Lucas Wants to Play Guitar".
24. Goldstein, "The Force Never Left Him".
25. O lançamento do VHS remasterizado mais recente fora feito a partir de um interpositivo do filme — essencialmente, uma impressão —, e não do negativo.
26. *COGL*, 183.

27. Alex Ben Block, "5 Questions with George Lucas: Controversial 'Star Wars' Changes, SOPA, and 'Indiana Jones 5'", *Hollywood Reporter*, 9 de fevereiro de 2012.
28. Roteiro de filmagem de *Star Wars*, 15 de maio de 1976. Peter Mayhew, com considerável satisfação, publicou as páginas originais do roteiro de *Star Wars* que estavam em sua posse no *feed* de seu Twitter, no início de 2015.
29. Hank Stuever, "George Lucas: To Feel the True Force of Star Wars, He Had to Learn to Let It Go", *Washington Post*, 5 de dezembro de 2015.
30. Associated Press, "Lucas Talks as Star Wars Trilogy Returns", 15 de setembro de 2004.
31. Ken Plume, "An Interview with Gary Kurtz", IGN.com, 11 de novembro de 2002.
32. Em 30 de novembro de 2015, ao debater *O despertar da Força* em um encontro na rádio SiriusXM, perguntaram ao diretor J.J. Abrams se *ele* acreditava que Han havia atirado primeiro. Sua resposta entusiasmada: "Ah, mas é claro que sim."
33. *MOE1*, 105.
34. Claudia Puig, "'Star Wars' Appeal Is a Surprise Even to Creator Lucas", *Los Angeles Times*, 4 de fevereiro de 1997.
35. Jonathan McAloon, "Steven Spielberg Refused to Direct Star Wars Prequels", *The Telegraph*, 26 de novembro de 2015.
36. Wendy Ide, "Francis Ford Coppola: 'I May Only Make One More Film'", *Screen Daily*, 8 de dezembro de 2015.
37. *MOE1*, 75.
38. Biskind, *Easy Riders*, 424.
39. "A Jedi Trio", *Star Wars Insider*, outubro–novembro de 1999.
40. Goldstein, "The Force Never Left Him".
41. Nicola Agius, "Michael Jackson Asked George Lucas to Cast Him as Jar Jar Binks in Star Wars", *Mirror* (UK), 26 de julho de 2015.
42. *MOE1*, 51.
43. *MOE1*, 75.
44. *MOE1*, 78.
45. Brian Jay Jones, *Jim Henson: The Biography* (Nova York: Ballantine, 2013), 308.
46. *MOE1*, 88, 83.
47. Ver o documentário *The Beginning: Making Star Wars — Episode I*, Lucasfilm, 2001.
48. *COGL*, 197.
49. *MOE1*, 77.
50. *COGL*, 201.

51. *MOE1*, 77.
52. *MOE1*, 93.
53. French and Kahn, "Inside the Magic Factory".
54. *MOE1*, 136.
55. Mark Cotta Vaz e Patricia Rose Duignan, *Industrial Light & Magic: Into the Digital Realm* (Nova York: Del Rey, 1996), 294.
56. *MOE1*, 134.
57. Kim Masters, "The Lucas Wars", *Time*, 30 de setembro de 1996.
58. Ver J.C. Herz, "Game Theory: 'Star Wars' World with a Sense of Humor", *New York Times*, 29 de outubro de 1998.
59. Bernard Weinraub, "Now Playing: Two New Minutes of 'Star Wars'", *New York Times*, 23 de novembro de 1998.
60. Ver Adam Rogers, "The Phantom Media Blitz", *Newsweek*, 14 de novembro de 2001.
61. Weinraub, "Now Playing".
62. *COGL*, 207.
63. *MOE1*, 149.
64. Devin Gordon, "Waiting for Star Wars", *Newsweek*, 28 de fevereiro de 1999.
65. David Ansen, "Star Wars: The Phantom Movie", *Newsweek*, 16 de maio de 1999.
66. Roger Ebert, "Star Wars — Episode I: The Phantom Menace", 17 de maio de 1999, reproduzido em rogerebert.com.
67. Adam Rogers "The Phantom Media Blitz", *Newsweek*, 14 de novembro de 2001.
68. "Lucas Admits Star Wars 'Let Down'", BBC News website, 23 de abril de 2002, http://news.bbc.co.uk/2/hi/entertainment/1945447.stm.
69. Joe Morgenstern, "Our Inner Child Meets Young Darth Vader", *Wall Street Journal*, 19 de maio de 1999.
70. Eric Harrison, "A Galaxy Far, Far Off Racial Mark?" *Los Angeles Times*, 26 de maio de 1999.
71. Ross McDonagh, "'I've Done My Damage': Jar Jar Binks Actor Ahmed Best Confirms He Will Never Return to Star Wars", *Daily Mail*, 12 de janeiro de 2016.
72. Plume, "Interview with Gary Kurtz".
73. Ian Freer, "George Lucas Interview", *Empire*, setembro de 1999.
74. Schell, "I'm a Cynic Who Has Hope for the Human Race".
75. John Horn, "The Empire Bounces Back", *Newsweek*, 28 de abril de 2002.
76. Drummond Pike, citado em Patricia Leigh Brown, "Design Notebook: A Force in Film Meets a Force of Nature", *New York Times*, 30 de março de 2000.
77. Freer, "George Lucas Interview".

Capítulo 12: Otimismo cínico

1. Ver os comentários de George Lucas na cerimônia do Disney Legends, D23 Expo, Anaheim, Califórnia, 14 de agosto de 2015.
2. Para aqueles que precisam saber: o Episódio II será filmado com uma câmera digital Sony HDW-F900 24-P.
3. *COGL*, 233.
4. *Mythmaking*, 23.
5. *Mythmaking*, 17.
6. *COGL*, 216.
7. *Mythmaking*, 35, 50.
8. *Mythmaking*, 27.
9. *Mythmaking*, 36.
10. *Mythmaking*, 34.
11. *COGL*, 226.
12. *Mythmaking*, 64.
13. *COGL*, 221.
14. *Mythmaking*, 126.
15. *Mythmaking*, 204.
16. French e Kahn, "Inside the Magic Factory".
17. *COGL*, 227.
18. "The Chosen One", *Star Wars: Revenge of the Sith, featurette* bônus, DVD, 2005.
19. *COGL*, 231.
20. Ver "Census 2001 Summary Theme Figures and Rankings: 390,000 Jedi There Are", Office for National Statistics, Reino Unido, 13 de fevereiro de 2003. Ver também "Jedi Knights Demand Britain's Fourth Largest 'Religion' Receives Recognition", *Daily Mail* (UK), 16 de novembro de 2006.
21. Schell, "I'm a Cynic Who Has Hope for the Human Race".
22. "Lucas Announces Episode II Title", abcnews.com, 6 de agosto de 2001.
23. Adam B. Vary, "Lucas Names 'Episode II'", *Entertainment Weekly*, 20 de agosto de 2001.
24. J.W. Rinzler, *The Making of Star Wars: Revenge of the Sith* (Nova York: Ballantine, 2005), 15 (daqui em diante, *MOE3*).
25. Ver Richard Verrier, "Paramount Stops Releasing Major Movies on Film", *Los Angeles Times*, 18 de janeiro de 2014.
26. Os três filmes de maior bilheteria em 2002 foram *O senhor dos anéis: As duas torres*, com US$ 936 milhões no mundo todo; *Harry Potter e a Câmara Secreta*, com US$878 milhões; e *Homem-Aranha*, com US$821 milhões.

27. A.O. Scott, "Film Festival Review: Kicking Up Cosmic Dust", *New York Times*, 10 de maio de 2002.
28. Peter Travers, "Star Wars: Episode II: Attack of the Clones", *Rolling Stone*, 16 de maio de 2002.
29. Roger Ebert, "Star Wars — Episode II: Attack of the Clones", 10 de maio de 2002, rogerebert.com.
30. Travers, "Star Wars: Episode II: Attack of the Clones".
31. David Ansen, "Attack of the Groans", *Newsweek*, 19 de maio de 2002.
32. Scott, "Film Festival Review: Kicking Up Cosmic Dust".
33. *Mythmaking*, 89, 91.
34. Patrick Goldstein, "Seclusion Has Left Lucas Out of Touch", *Los Angeles Times*, 21 de maio de 2002.
35. Schell, "I'm a Cynic Who Has Hope for the Human Race".
36. *MOE3*, 27.
37. *MOE3*, 31, 35.
38. *MOE3*, 40.
39. Laura Holson, "Is There Life after Star Wars for Lucasfilm?", *New York Times*, 1º de maio de 2005.
40. *MOE3*, 48, 51.
41. *MOE3*, 54-55.
42. *MOE3*, 57, 128.
43. *MOE3*, 19, 78.
44. *MOE3*, 74, 128.
45. *MOE3*, 82.
46. "George Lucas Accepts the AFI Life Achievement Award in 2005", American Film Institute, 9 de junho de 2005, https://www.youtube.com/watch?v=lHvOSZi3t14.
47. *MOE3*, 151.
48. *MOE3*, 151, 149.
49. *MOE3*, 165.
50. *MOE3*, 209.
51. Brian Braiker, "Putting the Hype in Hyperspace", *Newsweek*, 7 de abril de 2005.
52. Ian Freer, "George Lucas Interview", *Empire*, setembro de 1999.
53. Todd McCarthy, "Review: Star Wars: Episode III — Revenge of the Sith", *Variety*, 5 de maio de 2005.
54. David Ansen, "The End of the Empire", *Newsweek*, 15 de maio de 2005.
55. Sharon Wasman, "Lucas's New Headquarters Give Bay Area Film a Lift", *New York Times*, 20 de julho de 2005.
56. "The AFI Life Achievement Award", http://afi.com/LAA/.

Notas

57. "George Lucas Accepts the AFI Life Achievement Award".
58. Ibid.
59. Ron Magid, "George Lucas Discusses His Ongoing Effort to Shape the Future of Digital Cinema", *American Cinematographer*, setembro de 2002.
60. Silberman, "Life after Darth".

Capítulo 13: Desapegando

1. "George Lucas Accepts the AFI Life Achievement Award".
2. Schell, "A Galaxy of Myth, Money, and Kids".
3. George Lucas, entrevista dada a Lesley Stahl, *60 Minutes*, CBS, 10 de março de 2005.
4. *60 Minutes*, 28 de março de 1999.
5. Bryan Curtis, "George Lucas Is Ready to Roll the Credits", *New York Times Magazine*, 17 de janeiro de 2012.
6. Bethany McLean, "Why Sheryl Sandberg, Bill Bradley, and Oprah Love Mellody Hobson", *Vanity Fair*, 30 de março de 2015.
7. Ibid.
8. Curtis, "George Lucas Is Ready to Roll the Credits".
9. "First Look: George Lucas Opens Up about His Relationship", oprah.com, janeiro de 2012.
10. Curtis, "George Lucas Is Ready to Roll the Credits".
11. Geoff Boucher, "George Lucas: 'Star Wars' Won't Go beyond Darth Vader", *Los Angeles Times*, 7 de maio de 2008.
12. Laura Holson, "Is There Life After 'Star Wars' for Lucasfilm?", *New York Times*, 1º de maio de 2005.
13. Smith, *Rogue Leaders*, 176.
14. Holson, "Is There Life After 'Star Wars' for Lucasfilm?".
15. Ibid.
16. Thomas R. King, "Lucasvision", *Wall Street Journal*, 21 de março de 1994.
17. Dave Itzkoff, "Free to Follow His Heart Right Back to 'Star Wars'", *New York Times*, 29 de junho de 2008.
18. Ibid.
19. "Is the Force Still with Him?", *Variety*, 13 de fevereiro de 2005.
20. Ty Burr, "George Lucas Interview", *Boston Globe*, outubro de 2005.
21. "Darth Vader's New Offices", *Newsweek*, 26 de junho de 2005.
22. Associated Press, "Hasbro's Profit Gets a Lift from Sale of 'Star Wars' Toys", *New York Times*, 7 de fevereiro de 2006.

23. "The Month-Long Party Begins: Happy Birthday, *Star Wars*", *Wired*, 25 de maio de 2007.
24. *MOIJ*, 230.
25. *MOIJ*, 231.
26. *MOIJ*, 233.
27. "Interview with Frank Darabont", Lilja's Library: The World of Stephen King website, 6 de fevereiro de 2007, http://www.liljas-library.com/showinterview.php?id=38.
28. Ibid.
29. *MOIJ*, 236, 237, 283.
30. *MOIJ*, 244.
31. Terrence Rafferty, "Indiana Jones and the Savior of a Lost Art", *New York Times*, 4 de maio de 2008.
32. Helen O'Hara, "Spielberg: More Indy & Jurassic Park", Empireonline.com, 26 de outubro de 2011.
33. *MOIJ*, 289, 292.
34. Richard Corliss, "A Conversation with George Lucas", *Time*, 14 de março de 2006.
35. Roger Ebert, "I Admit It: I Loved 'Indy'", *Chicago Sun-Times*, 19 de maio de 2008.
36. Manohla Dargis, "The Further Adventures of the Fedora and the Whip", *New York Times*, 22 de maio de 2008.
37. Jennie Yabroff, "Culture: Indiana Jones 'Crystal Skull' Movie Review", *Newsweek*, 18 de maio de 2008.
38. O recorde de cinco dias, àquela altura, era de Lucas, com *A vingança dos Sith* e sua bilheteria de US$172,8 milhões em cinco dias.
39. Itzkoff, "Free to Follow His Heart Right Back to 'Star Wars'".
40. Hartlaub, "In a Valley Not Far, Far Away".
41. Itzkoff, "Free to Follow His Heart Right Back to 'Star Wars'".
42. Lucas entrevistado por Charlie Rose.
43. Itzkoff, "Free to Follow His Heart Right Back to 'Star Wars'".
44. Ibid.
45. Ibid.
46. Chris Suellentrop, "The Empire Goes Slack", *New York Times*, 15 de agosto de 2008.
47. Kimberly Nordyke, "'Star Wars' a Force for Cartoon Network", *Hollywood Reporter*, 6 de outubro de 2008.
48. Dana Goodyear, "Man of Extremes", *The New Yorker*, 26 de outubro de 2009.

49. Hartlaub, "In a Valley Not Far, Far Away".
50. Ryder Windham, Daniel Wallace e Pablo Hidalgo, *Star Wars Year by Year: A Visual Chronicle* (Nova York: DK Publishing, 2012), 292.
51. O livro era *George Lucas's Blockbusting: A Decade-by-Decade Survey of Timeless Movies Including Untold Secrets of Their Financial and Cultural Success* [Megassucessos de George Lucas: Um estudo década a década de clássicos do cinema, incluindo segredos de seu sucesso financeiro e cultural], de Alex Ben Block e Lucy Autrey Wilson, que, com certeza, detém o prêmio de Título de Livro Mais Longo de Todos os Tempos.
52. *The Daily Show with Jon Stewart*, Comedy Central, 5 de janeiro de 2010.
53. Ver Brian Gilmore, "The Best Internet Reactions to the Star Wars Blu-Ray Changes", Ranker.com, setembro de 2011.
54. Devin Leonard, "How Disney Bought Lucasfilm — and Its Plans for 'Star Wars'", *Bloomberg Businessweek*, 7 de março de 2013.
55. Elaine Dutka, "Lucas' Next Movie: Tuskegee Airmen", *Los Angeles Times*, 11 de agosto de 1990.
56. Weinraub, "The Ultimate Hollywoodian Lives an Anti-Hollywood Life".
57. Dutka, "Lucas' Next Movie: Tuskegee Airmen".
58. Curtis, "George Lucas Is Ready to Roll the Credits".
59. Ibid.
60. Eric Larnick, "Aaron McGruder of 'Boondocks' on Working with George Lucas and His Future in Comics", *Comics Alliance*, 20 de janeiro de 2012.
61. Curtis, "George Lucas Is Ready to Roll the Credits".
62. Ibid.
63. *The Daily Show with Jon Stewart*, 9 de janeiro de 2012.
64. Curtis, "George Lucas Is Ready to Roll the Credits".
65. Asawin Suebsaeng, "Airmen Deserved a Movie That's Not Completely Unwatchable", *Mother Jones*, 21 de janeiro de 2012.
66. John Patterson, "Red Tails Offers the Best — and Worst — of George Lucas", *The Guardian*, 1º de junho de 2012.
67. Curtis, "George Lucas Is Ready to Roll the Credits".
68. "Red Tails Salutes Tuskegee Airmen", *USA Today*, 4 de janeiro de 2012.
69. Curtis, "George Lucas Is Ready to Roll the Credits".
70. Ver Sarah Ellison, "Meet the Most Powerful Woman in Hollywood", *Vanity Fair*, 8 de fevereiro de 2016; e Leonard, "How Disney Bought Lucasfilm".
71. Ellison, "Meet the Most Powerful Woman in Hollywood".
72. Richard Verrier e Ben Fritz, "Kathleen Kennedy to Helm Lucasfilm as George Lucas Phases Out", *Los Angeles Times*, 2 de junho de 2012.

73. Leonard, "How Disney Bought Lucasfilm".
74. Dewayne Bevil, "Mark Hamill's Role in New 'Star Wars' Movie Began with Lunch in Orlando", *Orlando Sentinel*, 16 de maio de 2014.
75. Ellison, "Meet the Most Powerful Woman in Hollywood".
76. Salvo indicação em contrário, as informações nesta seção foram extraídas de Devin Leonard, "How Disney Bought Lucasfilm — and Its Plans for 'Star Wars'", *Bloomberg Businessweek*, 7 de março de 2013.
77. Windham, Wallace, and Hidalgo, *Star Wars Year by Year: A Visual Chronicle*, 134.
78. "Disney to Acquire Lucasfilm Ltd.", comunicado para a imprensa da Walt Disney Company, 30 de outubro de 2012, https://thewaltdisneycompany.com/disney-to-acquire-lucasfilm-ltd/.
79. Zach Johnson, "George Lucas Marries Mellody Hobson: See Their Romantic Wedding Picture!", *Us Weekly*, 25 de junho de 2013.
80. Ellison, "Meet the Most Powerful Woman in Hollywood".
81. Kerry A. Dolan e Luisa Kroll, eds., "Forbes 400", 29 de setembro de 2015, http://www.forbes.com/forbes-400/.
82. Leonard, "How Disney Bought Lucasfilm".
83. George Lucas para Giving Pledge, 16 de julho de 2010, givingpledge.org.
84. John King, "Saying No Thanks to George", *Metropolis Magazine*, abril de 2014.
85. Ibid.
86. Associated Press, "George Lucas Fills in Details on Chicago Museum", 18 de outubro de 2014.
87. Christopher Zara, "Star Wars Museum: Rahm Emanuel Got Campaign Cash from Disney, George Lucas' Wife, before Pushing to Donate City Land", *International Business Times*, 20 de novembro de 2014.
88. Hank Stuever, "George Lucas: To Feel the True Force of 'Star Wars', He Had to Learn to Let It Go", *Washington Post*, 5 de dezembro de 2015.
89. Mellody Hobson, "Statement: We Are Now Seriously Pursuing Locations Outside of Chicago", nota para a imprensa, 3 de maio de 2016.
90. Jason Keyser, "Lucas Abandons Plan to Build Museum in Chicago After Lawsuit", Associated Press, 24 de junho de 2016.
91. Brian Truitt, "Lucas' 'Magic' Lives On, at Home and On Screen", *USA Today*, 12 de janeiro de 2015.
92. Austin Siegemund, "George Lucas to Attend 'Star Wars: The Force Awakens Premiere': He Really Liked It (Exclusive)", *Hollywood Reporter*, 4 de dezembro de 2015.
93. Jen Chaney, "George Lucas Delivered His Veredict on 'The Force Awakens'", vulture.com, 7 de dezembro de 2015.

94. Entrevista dada por Lucas a Charlie Rose.
95. Siegemund, "George Lucas to Attend 'Star Wars: The Force Awakens'".
96. Stuever, "George Lucas: To Feel the True Force of 'Star Wars', He Had to Learn to Let It Go".
97. Entrevista dada por Lucas a Charlie Rose.
98. Ver Matt Kranis, "Steven Spielberg Reveals George Lucas's Role in 'Indiana Jones 5'", MoviePilot.com, 20 de junho de 2016, https://moviepilot.com/posts/3973492.
99. Stuart Silverstein, "Lucas Seeks to Produce Respect for Filmmaking", *Los Angeles Times*, 5 de outubro de 2006.
100. Curtis, "George Lucas Is Ready to Roll the Credits".
101. Ide, "Francis Ford Coppola: 'I May Only Make One More Film'".
102. Sean Smith, "The King of the Worlds", *Newsweek*, 26 de junho de 2005.
103. *COGL*, 251.
104. Mike Fleming Jr., "Star Wars' Legacy I: Five Iconic Directors Recall When George Lucas Changed Everything", *Deadline Hollywood*, 18 de dezembro de 2015.

Bibliografia selecionada

Livros
Alinger, Brandon. *Star Wars Costumes*. Nova York: Chronicle, 2014.
Anderson, Kevin J.; McQuarrie, Ralph. *The Illustrated Star Wars Universe*. Nova York: Bantam, 1995.
Arnold, Alan. *Once Upon a Galaxy: A Journal of the Making of The Empire Strikes Back*. Nova York: Ballantine, 1980.
Avni, Sheerly. *Cinema by the Bay*. Nicasio, Califórnia: George Lucas Books, 2006.
Avni, Sheerly; Emerson, Steve. *Letterman Digital Arts Center*. Programa comemorativo. 25 de junho de 2005.
Baxter, John. *George Lucas: A Biography*. Londres: HarperCollins Entertainment, 1999.
Biskind, Peter. *Easy Riders, Raging Bulls: How the Sex-Drugs-and-Rock'n'Roll Generation Saved Hollywood*. Nova York: Simon & Schuster, 1998.
Bouzereau, Laurent. *Star Wars: The Annotated Screenplays*. Nova York: Ballantine, 1997.
Bouzereau, Laurent; Duncan, Jody. *Star Wars: The Making of Episode I — The Phantom Menace*. Nova York: Ballantine, 1999.
Champlin, Charles. *George Lucas: The Creative Impulse: Lucasfilm's First Twenty Years*. Nova York: Abrams, 1992.
Chen, Milton, ed. *Edutopia: Success Stories for Learning in the Digital Age*. São Francisco: Jossey-Bass, 2012.
Cowie, Peter. *Coppola: A Biography*. Ed. rev. Nova York: Da Capo Press, 1994.
Davis, Warwick. *Size Matters Not: The Extraordinary Life and Career of Warwick Davis*. Hoboken: Wiley & Sons, 2011.
Duncan, Jody. *Mythmaking: Behind the Scenes of Attack of the Clones*. Nova York: Ballantine, 2002.

Friedman, Lester D.; Notbohm, Brent, eds. *Steven Spielberg: Interviews*. Jackson: University Press of Mississippi, 2010.

Galbraith, Stuart, IV. *The Emperor and the Wolf: The Lives and Films of Akira Kurosawa and Toshiro Mifune*. Nova York: Faber & Faber, 2002.

Glintenkamp, Pamela. *Industrial Light & Magic: The Art of Innovation*. Nova York: Abrams, 2011.

Goodwin, Michael; Wise, Naomi. *On the Edge: The Life and Times of Francis Coppola*. Nova York: William Morrow and Company, 1989.

Hayes, David; Bing, Jonathan. *Open Wide: How Hollywood Box Office Became a National Obsession*. Nova York: Hyperion, 2004.

Hearn, Marcus. *The Cinema of George Lucas*. Nova York: Abrams, 2005.

Jenkins, Garry. *Empire Building: The Remarkable Real Life Story of Star Wars*. Secaucus, N.J.: Citadel, 1999.

Kaminski, Michael. *The Secret History of Star Wars*. Kingston, Ontário: Legacy, 2008.

Kenny, Glenn, ed. *A Galaxy Not So Far Away: Writers and Artists on Twenty-Five Years of Star Wars*. Nova York: Henry Holt, 2002.

Kline, Sally, ed. *George Lucas: Interviews*. Jackson: University Press of Mississippi, 1999.

Longworth, Karina. *Masters of Cinema: George Lucas*. Nova York: Phaidon, 2012.

McBride, Joseph. *Steven Spielberg: A Biography*. 2 ed. Jackson: University Press of Mississippi, 2010.

Mecklenberg, Virginia; McCarthy, Todd. *Telling Stories: Norman Rockwell, from the Collections of George Lucas and Steven Spielberg*. Nova York: Abrams, 2010.

Paik, Karen. *To Infinity and Beyond! The Story of Pixar Animation Studios*. São Francisco: Chronicle, 2007.

Peecher, Jon Phillip, ed. *The Making of The Return of the Jedi*. Nova York: Ballantine, 1983.

Phillips, Gene D.; Hill, Rodney, eds. *Francis Ford Coppola: Interviews*. Jackson: University Press of Mississippi, 2004.

Pollock, Dale. *Skywalking: The Life and Films of George Lucas*. Ed. atualizada. Nova York: Da Capo Press, 1999.

Price, David A. *The Pixar Touch: The Making of a Company*. Nova York: Vintage, 2009.

Read, Piers Paul. *Alec Guinness: The Authorized Biography*. Londres: Simon & Schuster, 2003.

Rinzler, J.W. *The Making of Star Wars: The Definitive Story behind the Original Film*. Nova York: Del Rey, 2007.

_____. *The Making of Star Wars: The Empire Strikes Back*. Nova York: Del Rey, 2010.

_____. *The Making of Star Wars: Return of the Jedi*. Nova York: Ballantine, 2013.

_____. *The Making of Star Wars: Revenge of the Sith*. Nova York: Ballantine, 2005.

Rinzler, J.W.; Bouzereau, Laurent. *The Making of Indiana Jones: The Definitive Story behind All Four Films.* Nova York: Del Rey, 2008.
Rubin, Michael. *Droidmaker: George Lucas and the Digital Revolution.* Gainesville: Triad, 2006.
Salewicz, Chris. *George Lucas.* Nova York: Thunder's Mouth Press, 1999.
Schickel, Richard. *Spielberg: A Retrospective.* Nova York: Sterling, 2012.
Smith, Rob. *Rogue Leaders: The Story of LucasArts.* Nova York: Chronicle, 2008.
Smith, Thomas G. *Industrial Light & Magic: The Art of Special Effects.* Nova York: Ballantine, 1987.
Stevens, George, Jr. *Conversations at the American Film Institute with the Great Moviemakers: The Next Generation, from the 1950s to Hollywood Today.* Nova York: Vintage, 2014.
Taylor, Chris. *How Star Wars Conquered the Universe: The Past, Present, and Future of a Multibillion Dollar Franchise.* Nova York: Basic Books, 2014.
Vaz, Mark Cotta; Duignan, Patricia Rose. *Industrial Light & Magic: Into the Digital Realm.* Nova York: Del Rey, 1996.
Vaz, Mark Cotta; Hata, Shinji. *From Star Wars to Indiana Jones: The Best of the Lucasfilm Archives.* São Francisco: Chronicle, 1994.
Windham, Ryder; Wallace, Daniel; Hidalgo, Pablo. *Star Wars Year by Year: A Visual Chronicle.* Nova York: DK Publishing, 2012.
Worrell, Denise. *Icons: Intimate Portraits.* Nova York: Atlantic Monthly Press, 1989.

Documentários

American Masters: George Lucas: Heroes, Myths, and Magic. Dirigido por Jane Paley e Larry Price. PBS Television, 1993.
Biography: George Lucas: Creating an Empire. A&E Television, 2002.
Empire of Dreams: The Story of the Star Wars Trilogy. Dirigido por Kevin Burns. Disco bônus, *The Star Wars Trilogy.* Box de DVDs. Nicasio, Califórnia: Lucasfilm, 2004.
Omnibus Special Edition: George Lucas: Flying Solo. BBC Television, 1997.

Filmes em DVD

American Graffiti: Special Edition. [Loucuras de verão] Dirigido por George Lucas. Universal City: Universal Studios, 2011.
Howard the Duck: Special Edition. [Howard — O super-herói] Dirigido por Willard Huyck. Universal City: Universal Studios, 2008.
Indiana Jones e o reino da caveira de cristal. Dirigido por Steven Spielberg. Hollywood: Paramount Home Entertainment, 2008.

Indiana Jones e a última cruzada. Dirigido por Steven Spielberg. Hollywood: Paramount Home Entertainment, 2008.

Indiana Jones e o templo da perdição. Dirigido por Steven Spielberg. Hollywood: Paramount Home Entertainment, 2008.

Labirinto — A magia do tempo: Edição de aniversário. Dirigido por Jim Henson. Culver City: Sony Home Pictures Entertainment, 2007.

American Graffiti — E a festa acabou. Dirigido por Bill Norton. Universal City: Universal Studios, 2003.

Os caçadores da arca perdida. Dirigido por Steven Spielberg. Hollywood: Paramount Home Entertainment, 2003.

Assassinatos na rádio WBN. Dirigido por Mel Smith. Universal City: Universal Studios, 2006.

Star Wars: Episódio I — A ameaça fantasma. Dirigido por George Lucas. Beverly Hills: 20th Century Fox, 2013.

Star Wars: Episódio II — Ataque dos clones. Dirigido por George Lucas. Beverly Hills: 20th Century Fox, 2013.

Star Wars: Episódio III — A vingança dos Sith. Dirigido por George Lucas. Beverly Hills: 20th Century Fox, 2013.

Star Wars: Episódio IV — Uma nova esperança. Dirigido por George Lucas. Beverly Hills: Fox Home Entertainment, 2006.

Star Wars: Episódio V — O Império contra-ataca. Dirigido por Irvin Kirshner. Beverly Hills: Fox Home Entertainment, 2006.

Star Wars: Episódio VI — O retorno de Jedi. Dirigido por Richard Marquand. Beverly Hills: Fox Home Entertainment, 2006.

THX 1138: The George Lucas Director's Cut. Edição especial. DVD. Dirigido por George Lucas. Burbank: Warner Home Video, 2004.

Tucker — Um Homem e Seu Sonho. Dirigido por Francis Ford Coppola. Hollywood: Paramount Home Video, 2000.

Willow: Special Edition. [Willow — Na Terra da magia] Dirigido por Ron Howard. Beverly Hills: 20th Century Fox, 2003.

Este livro foi composto na tipologia Adobe Caslon Pro,
em corpo 11,5/15,6, impresso em papel off-white
no Sistema Cameron da Divisão Gráfica da Distribuidora Record.